大国通史丛书

总主编 钱乘旦

德国通史
A History of Germany

邢来顺 吴友法 主编

【第三卷】
专制、启蒙与改革时代
（1648—1815）

刘新利 邢来顺 著

江苏人民出版社

图书在版编目(CIP)数据

德国通史.第三卷/刘新利,邢来顺著.--南京:
江苏人民出版社,2019.3(2025.10重印)

ISBN 978-7-214-21492-8

Ⅰ.①德… Ⅱ.①刘… ②邢… Ⅲ.①德国-历史
Ⅳ.①K516.0

中国版本图书馆 CIP 数据核字(2017)第 274874 号

书　　　名	德国通史·第三卷　专制、启蒙与改革时代(1648—1815)
主　　　编	邢来顺　吴友法
著　　　者	刘新利　邢来顺
策　　　划	王保顶
责 任 编 辑	蒋卫国
特 约 编 辑	刘沁秋
装 帧 设 计	刘葶葶
责 任 监 制	王　娟
出 版 发 行	江苏人民出版社
地　　　址	南京市湖南路 1 号 A 楼,邮编:210009
照　　　排	江苏凤凰制版有限公司
印　　　刷	江苏凤凰新华印务集团有限公司
开　　　本	652 毫米×960 毫米　1/16
印　　　张	221　插页 24
字　　　数	2 965 千字
版　　　次	2019 年 3 月第 1 版
印　　　次	2025 年 10 月第 3 次印刷
标 准 书 号	ISBN 978-7-214-21492-8
定　　　价	780.00 元(精装)

(江苏人民出版社图书凡印装错误可向承印厂调换)

目　录

前　言

从 18 世纪中叶到 19 世纪初期，与同时期的欧洲其他国家相比，德国的历史特征非常突出。一方面，启蒙运动在德国发展的显著成就表现在政治领域，导致出现"启蒙专制"，即开明专制；另一方面，开明专制作为德国特色的君主专制制度促进了普鲁士、奥地利等德意志邦国的崛起；终于，也是这段历史的第三方面特征，以普鲁士王国为代表，强盛起来的德意志邦国在法国大革命和革命战争的冲击下，清除了持续八百余年的帝国残余，促使德国历史进入欧洲历史主流，并向着统一大国的方向发展。

首先，开始于英国、兴盛于法国、总结于德国的启蒙运动，主要是一场思想文化解放运动，运动的锋芒所向是禁锢人们思想的君主专制和罗马教会。然而，在德国，所谓君主专制和罗马教会则是启蒙运动发展的起点，甚至是发展平台。就君主专制方面而言，在普鲁士、奥地利、巴伐利亚以及萨克森和汉诺威等德意志邦国，借助启蒙运动的基本理想，君主专制以启蒙专制或说开明专制的形式出现，在获得政治功绩的同时，促进了本邦思想文化的繁荣。就罗马教会方面而言，经过宗教改革运动之后，罗马教会在德意志的发展重点集中于收复失地，即重新天主教化，并集中于振兴信仰，即唤醒信众的神恩感念。结果是，启蒙运动的诸如宗教评判与教会改革、破除迷信与普及教育等等基本理想，逐步地成为统治者和知识阶层的实际观念，从而引发了几乎是德国独有的天主教启蒙运动。此时，德国历史的特征表现为：在启蒙运动的大形势下，专制邦君适应时代的要求，开辟了一条开明专制的、顺应欧洲历史发展的独特道路。

其次，至少在西欧地区，开明专制是德意志地区独有的政治体制。作为"一切为了人民，一切不经过人民"的政治体制，开明专制同时启用君主集权的专制机构和专业官吏的管理部门，其统治战略，不仅为了富国强兵而将经济发展放在万事之先，而且为了争取或巩固国际地位而将稳定本邦的社会秩序当作内政之首要。"开明"专制突出政治民主和司法平等，而开明"专制"则要求邦君的绝对权利。因此，德意志地区大大小小的几百、上千个领地邦君，经过 17 世纪中叶以后《威斯特伐利亚和约》保障之下的君主专制制度的发展，其中的强者，特别是能够通过各种方式增加领地规模的强者，如北部的普鲁士、南部的巴伐利亚，到 18 世纪中叶，已经具备跻身欧洲强国（而不仅仅是德意志强邦）的潜力。但是，此时欧洲的形势已经不再适宜君主专制，英国以及法国的专制君主已经走上或者正在走向断头台。正是在这样的形势下，那些具备强盛潜力的德意志邦君选择了开明专制的治国方针：既要民主也要专制，既要为平民谋福利也要保护贵族的权益。此时，德国历史的特征表现为：在具有德国特色的、开明专制的道路上，德国以地方邦国为基础成功地向着欧洲强国的目标发展。

结果，当法国大革命、革命战争直接决定欧洲历史进程的时候，18 世纪末 19 世纪初，欧洲五大强国中的两个——奥地利和普鲁士，其强国地位的维持和发展直接将德国由来已久的历史问题摆上桌面。这就是神圣罗马帝国解体之后的德国政治体制问题。它直接涉及德意志民族的独立和统一。在奥地利一方，自 15 世纪以降，奥地利是德意志民族神圣罗马帝国的统治核心；16 世纪宗教改革运动以来，它成为罗马教会的德意志堡垒；17 世纪三十年战争结束以后，它又借助《威斯特伐利亚和约》

获得了宗教、军事和外交的邦国自主权。在18世纪实行开明专制统治的过程中，奥地利差不多同时利用了帝国、邦国和以罗马教廷为中心的国际法权优势，成为欧洲强国。然而，被法国大革命颠覆的波旁王朝直接威胁奥地利的哈布斯堡王朝，使之不仅断然失去了已经顶戴数百年的罗马皇冠，而且迅速缩小了世袭领地和势力范围。奥地利的强国地位岌岌可危。与此同时，在普鲁士一方，自15世纪以降，霍亨索伦家族拥有神圣罗马帝国的勃兰登堡选帝侯资格；16世纪宗教改革运动中，这个家族的成员继承了普鲁士骑士团的领地并将之改名为普鲁士公国；17世纪通过家族内部联姻，勃兰登堡选侯国与普鲁士公国合二为一，并在18世纪初年得到皇帝的认可，上升为普鲁士王国。由此开始，在18世纪推行开明专制统治的过程中，普鲁士王国通过发展军备经济，通过战争和外交途径，成功地跻身于欧洲强国的行列。然而，法国大革命及革命战争几乎使普鲁士王国在欧洲地图上消失。原因主要是，为了与奥地利竞争，普鲁士不顾德意志帝国的利益，先是支持尼德兰的雅各宾党人，又在第一次反法战争失败后，解除与奥地利的反法同盟，保持中立，任由法国割让帝国的领土（1795年、1797年），任由帝国的教会领地还俗（1803年），任由法国军队彻底摧毁奥地利与俄国的联军（1805年），任由德意志民族的神圣罗马帝国解体、拿破仑在德意志的土地上建立两个法国附属国、英国开始与法国协商德国的汉诺威（1806年）的时候，曾为"军事强国"的普鲁士才向法国宣战。但是，为时太晚；仅仅经过几天的战斗，法国的军队就开进了王国的首都柏林。普鲁士王国屈辱地存留下来，绝地求生，比其他几个德意志邦国更加努力地推行改革，奋发图强。当法国军队终于退出德意志土地、欧洲列强在维也纳召开和平会议（1815年）的时候，普鲁士已经有能力与奥地利齐头并进，重新试图主宰德国的历史。此时，德国历史的特征表现为：虽然新的邦联形式取代了古老的帝国体制，虽然各种形式的专制集权逐渐地让位于立宪代议制度，虽然曾经遭受城市行会和庄园领主严重束缚的市民和农民得到一定程度的解放等等，但是，德意志邦联的成员与神圣罗马帝国体制下的邦联，几乎没有性质上的差异,它们都是主权成员邦;并且帝国解体后几个德意志邦国在《拿破仑法典》影响下的改革,仍然不同程度地保留了各类贵族的政治特权;市民和农民这一社会的基本劳动者阶层,则在统治者不断变换的过程中陷入新的生存危机。这一切将汇成德国革命乃至德国统一的历史背景。

本卷主持人 刘新利

2016 年 12 月 22 日

第一编

战后重建与邦君专制

第一章　三十年战争结束初期的德国政治与经济

三十年宗教战争（Dreißigjähriger Krieg）结束后的德国（Deutschland），其正名国号仍然是"德意志民族的神圣罗马帝国"（Heiliges Römisches Reich Deutscher Nation）。在帝国的名义下，德国的国家结构采取等级邦国的复合制形式，其政权结构也维持在等级议会制度之中；帝国的疆域由帝国等级邦国的领地组成。从1648年《威斯特伐利亚和约》（Westfälischer Friede）签订到1663年"帝国永久议会"（Immerwährende Reichstag）召开，十几年的战后发展趋势显示出自帝国改革以来的两种建制努力的失败：帝国中央集权制和等级联邦制。自17世纪末叶起，德国政治制度的发展趋势指向帝国涣散、邦国专制。

三十年战争加速了德意志经济在欧洲经济主潮流冲击下的衰退，同时也使德国农业、手工业及商业获得了新的发展基础。15世纪末以后，在西欧各国开辟新航路、开拓新市场的浪潮中，德国经济出现经济部门的重心转移，并出现区域、行业发展不平衡或说差距越来越大的趋势；三十年战争加重了这种趋势。战争结束以后，德意志大大小小的教俗邦国领地以及城市都采取了恢复经济的战后措施，促使某些经济领域的生产不仅迅速恢复到战前水平，而且还呈现出可持续性发展的态势。其间，德国经济技术的改进虽然步幅不大，但也为后来的发展打下了必要的基础。

第一节　德意志政治:帝国和邦国

一、神圣罗马帝国的政治体制

三十年战争的结束,同时结束了皇帝马克西米连一世(Maximilian
Ⅰ,1459—1519,1486—1519 年在位)自 1495 年开始的帝国政治体制的
改革。在宗教改革运动(die Reformation)与持续 30 年的宗教战争期间,
几代皇帝都基本采取了实际的行动,试图削弱割据称雄的帝国等级
(Reichsstände)①,以集中皇权,将帝国政治统一在哈布斯堡王朝(die
Habsburger)的权利之中。然而,结束战争的《威斯特伐利亚和约》最终
宣告了在帝国范围内实行中央集权制的失败;帝国法继续维护德国的政
治分裂。

回顾前述。在三十年战争前期,皇帝费迪南德二世(Ferdinand Ⅱ,
1578—1637,1620—1637 年在位)曾经利用战争胜利的形势,先后两次
"破坏"帝国法(Reichsverfassung),并两次宣布政令,充分表明了其努力
加强皇权的大政方针。一次,1621 年,未经帝国议会(Reichstag)同意,
皇帝直接以破坏帝国和平的罪名,宣布取消普法尔茨(Pfalz)伯爵弗里德
里希五世(Friedrich Ⅴ von Pfalz,1596—1632,1610—1623 年在位②)的
选帝侯资格,代之以巴伐利亚公爵马克西米连一世(Maximilian Ⅰ von
Bayern,1573—1651,1597—1651 年在位③)。这是自 1356 年《黄金诏
书》(Goldene Bulle)颁布以来皇帝首次对帝国等级秩序的"严重破坏"④。
另一次,1625 年,特别在 1631 年,皇帝提封波希米亚(Böhmen)贵族华伦

---

① 帝国等级指神圣罗马帝国时期那些直属于帝国中央且在帝国议会中拥有席位的个人或团
　体,通常分为教会阶层(教会选帝侯、大主教、主教、修道院长等)和世俗阶层(世俗选帝侯、公
　爵和伯爵等诸侯、帝国城市等)。
② 1619—1620 年为波希米亚国王。
③ 1623 年起直到去世为巴伐利亚选帝侯。
④ 引文见 P. C. Hartmann, *Bayerns Weg in die Gegenwart, vom Stammesherzogtum zum
　Freistaat heute*, Regensburg: Friedrich Pustet Verlag, 1989, S. 232 - 233。

斯坦（Albrecht von Wallenstein，1583—1634）为帝国等级，授予指挥帝国军队的绝对权力，并允其自由地处理和平谈判事务。这也是对帝国法规的直接"破坏"。不仅如此，1629 年，皇帝进而颁布了《归还诏令》（Restitutionsedikt），宣布 1552 年以后被新教徒（Protestanten）占领的财产、1555 年被用作俗务的帝国修道院（Reichskloster）全部回归原状。更进一步，在 1635 年，皇帝通过《布拉格和约》（Prager Frieden）宣布，自己拥有帝国军队的最高指挥权，无论供养者是帝国等级还是皇室世袭领地，帝国的所有军队都要绝对地服从皇帝的指挥。同时宣布，帝国等级，包括新教等级和天主教等级，都必须放弃结盟权和武装权。显然，费迪南德二世的做法对帝国法、帝国体制以及等级自由产生了重大的冲击。虽然他的动机是恢复和维护帝国秩序，但是遭到帝国等级的强烈反对。皇帝曾一度妥协，剥夺了华伦斯坦的军事特权，并同意放弃独立宣战权。然而，在战争形势下，除了极个别的人以外①，大多数帝国等级还是支持皇帝，实际上认可了帝国等级制政体向着帝国专制主义形式的转变。

到了三十年战争后期，由于法国国王在保护德意志等级自由的名义下直接介入帝国事务，因而遏制了帝国集中皇权的发展趋势。在法国的支持下，德意志诸侯，包括反对归还财产的新教诸侯和反对皇帝逾越权利的天主教诸侯在内，纷纷联合起来，共同抗议皇帝破坏诸侯自由、侵犯等级体制，反对皇帝建立中央集权制的企图。其间，教会诸侯和世俗诸侯之间的界限已被抹除。与此同时，皇帝的军队陷入与法国和瑞典同时作战的两线战场。一直在战场上占有优势的帝国军队现出败势。在这种情况下，战期上任的皇帝费迪南德三世（Ferdinand Ⅲ，1608—1657，1637—1657 年在位）不得不再次妥协。这一次妥协是神圣罗马帝国皇帝

---

① 例如，除了萨克森-魏玛公爵伯恩哈德（Bernhard，1614—1639 年在位）以外，所有德意志诸侯都在 1635 年的《布拉格和约》上签字，同意皇帝指挥帝国军队的权利。因为反对哈布斯堡王朝的帝国政策，伯恩哈德公爵曾在瑞典军队中作为指挥官并以法国军队最高指挥官的身份与皇帝作战。参见 J-P. Findeisen，*Der Dreißigjährige Krieg*：*eine Epoche in Lebensbildern*，Darmstadt：Wissenschaftliche Buch Gemeinschaft Verlag，1998，S. 285 - 294.

的永久性妥协。

至 17 世纪 60 年代，在三十年战争结束后的大约 20 年间，德意志政治的发展状况证明了《威斯特伐利亚和约》的划时代意义：德国结束了皇帝和帝国的时代，开始了邦国独自发展的时期。从此以后，皇帝和帝国无力也无意恢复传统的一统权力，等级邦国则有意独自为政，当无力自保时便寻求外强庇护。事实正是如此。一方面，从费迪南德三世到利奥波德一世（Leopold Ⅰ，1640—1705，1658—1705 年在位），皇帝在帝国范围内实现宗教自由与和平，而在皇室领地内推行宗教专制政策，从而使自宗教改革运动以来、经过三十年战争之后的帝国分裂政治延续下去。宗教信仰从此退出欧洲国际舞台。另一方面，从帝国议会到帝国行政区，直到帝国最高法院，统一的帝国机构不能发挥一统帝国事务的作用，尤其面对帝国安全、防御问题时，没有一个帝国机构能够执行《威斯特伐利亚和约》和帝国议会的决议，促使有关帝国臣民和邦国等级有义务向行政区提供资助的规定得到落实。帝国的军事资源从此分散；诸侯征收军税的权力部分地得到法律保障。哈布斯堡的奥地利首脑，作为帝国皇帝，其权利遭到削弱，但作为帝国等级，其权利则得到保障。其他强大的帝国等级，如勃兰登堡、巴伐利亚等等，都在合法的结盟权、武装权以及宗教信仰决定权的支使下，与同样是帝国等级的奥地利展开竞争。三十年战争以后的神圣罗马帝国已经不能与战前的帝国同日而语。

具体说，三十年战争结束后初期，神圣罗马帝国政治体制的变化主要表现在：（1）皇帝成为哈布斯堡的家族首领和天主教的教派领袖，无力掌控帝国事务；（2）帝国议会成为帝国等级的使节会议，无力提出决议和法规；（3）帝国行政区发展极不平衡，站在帝国的角度上，它几乎不能被看作是"行政区"而只是地方诸侯联合体；（4）帝国最高法院不接受涉及帝国等级及其臣属维护根本利益的上诉。这些变化虽然没有达到改变帝国体制中世纪性质的程度，但也明确地标明了 17 世纪中期以后帝国政治缺乏挽救力量的衰败趋势。

（1）神圣罗马帝国皇帝（Kaiser des Heiligen Römischen Reiches），作为德意志国王，在名义上仍然是德国的最高统治者，在欧洲国际事务中仍然举足轻重。但是，三十年战争结束以后，皇帝统治帝国的权力受到明确的限制；对外战争与和平、对内征兵与捐税等重大事务，必须得到帝国议会各等级的同意之后，皇帝才能批准决定。至于皇帝的保留权，如等级晋升权、宣告合法权、授予某种具体特权等等，也在选帝侯们不断为"固定选举誓约"（Capitulatio perpetua）进行斗争的过程中受到限制。皇帝单独享有，或说自由行使的权利越来越少。除此之外，还通过《威斯特伐利亚和约》确定的帝国等级结盟权、武装权以及宗教信仰决定权，皇帝的统治权被限制在哈布斯堡家族世袭领地的范围之内。在帝国之内，皇帝仅仅能够发挥一个强邦君主的作用。当然，作为德国的最高统治者，哈布斯堡皇帝至少在名义上是帝国的最高代表、最高宗主和最高法官，"他与全体帝国等级一起——在帝国成员享有充分独立的情况下——体现帝国的完全主权。"[1]

（2）帝国议会，作为马克西米连一世帝国体制改革的内容之一，是由过去的宫廷会议扩展并固定而形成的帝国等级会议；从一开始它就被视为神圣罗马帝国的最高决策机关。在 16 世纪的宗教改革运动时期，德意志的整体事务基本上都经由帝国议会处理决定，并颁布相关法律。[2]但是，在德国土地上持续了 30 年之久的宗教战争期间，帝国议会仅仅召开了一次（1640—1641 年），因为帝国的事务不再能够作为整体的事务进行处理。正是在战争期间唯一的一次帝国议会上，帝国皇帝永远地失去了对于帝国议员席位和票额的决定权，因而使其授予帝国等级资格的权力失去意义。战争结束以后，在雷根斯堡市，皇帝费迪南德三世主持召

---

[1] 引文见［德］彼得·克劳斯·哈特曼：《神圣罗马帝国文化史：帝国法、宗教和文化》，刘新利等译，东方出版社 2005 年版，第 24 页。

[2] 例如，1522 年、1530 年、1548 年和 1577 年连续 4 次颁布帝国治安法，1555 年批准通过新教信仰告白等等。参见 G. Oestreich, *Verfassungsgeschichte vom Ende des Mittelalters bis zum Ende des alten Reiches*, München: Deutscher Taschenbuch Verlag, 1974, n. 1990, S. 61。

开了战后第一届帝国议会(1653—1654 年)。出席这次议会的三大议院发生了变化:选侯院(Kurfürstenrat),由于恢复了普法尔茨选侯资格,7 个席位增加到 8 个;诸侯院(Reichsfürstenrat),其中的教会议席被分成两个议团,即人员相等的天主教议团和新教议团;城市院(Städterat),雷根斯堡市自 1594 年以来的领导地位借以再一次突出出来。这次议会颁布了所谓《最后帝国决议》(*Resessus imperii novissimus*),对于战后帝国经济与军事以及帝国司法和诉讼程序等等诸多问题做出了决定。后来,在 1663 年,皇帝利奥波德一世又在雷根斯堡市主持召开了战争结束后的第二届帝国议会。这次会议直到 1806 年帝国解体时才最终闭幕,因而被称为"帝国永久议会"。

可以说,帝国议会的"永久"性标志着神圣罗马帝国政治体制的深刻变化:从中世纪的等级帝国联合制转变为等级邦国复合制。就是说,由等级联合治理的帝国转变为等级邦国与帝国复合统治的帝国;通过帝国议会联合起来的帝国等级转变为可以向帝国议会派遣代表的主权邦国。

帝国永久议会召开的原初目的大致有三个:第一个,征集军费抵抗土耳其人的入侵;第二个,解决德意志诸侯与选侯之间围绕着国王(皇帝)选举参与权的纠纷;第三个,解决三十年战争遗留下来的、上一届帝国议会没有解决的诸多具体问题。

对于土耳其威胁,议会很快做出决议,据此,几个大的德意志诸侯,如巴伐利亚、勃兰登堡、萨克森等当即就与皇帝的军队一起,在法国军队的援助下,胜利地阻止了土耳其人在匈牙利境内的向西扩展(1664 年)。但是,对于诸侯与选侯之间的纠纷及上一届议会没有解决的其他问题,讨论却旷日持久,迟迟得不出相对一致的意见。例如关于帝国等级参与国王选举及选举誓约的权利问题,议会应该制定一份对将来所有国王(皇帝)都有约束力的"固定选举誓约"。但是,自从 1519 年卡尔五世(Karl V,1500—1558,1519—1556 年在位)当选为国王以来,国王选举誓约的制定都是选帝侯的权利。如果这次议会制定出一份选举誓约,那就意味着选帝侯们失去了这项权利;而如果仍然由选侯们制定,那么议会的诸侯院和城市院就会失去介入国王(皇帝)选举的机会。因此,直到会议的第三年,与会者都没有提交讨论决议。其间,皇帝反复催促闭会,而议员们则一再推迟。到了第四年,与会者希望结束会议,但皇帝认为许多问题还没有结果,需要继续讨论。直到第六年,皇帝才同意会议的讨论可以告一段落,而其他人却认为此时做出议会决议,将难免使"整个民族耻辱地分崩离析",所以会议还要继续进行。① 进入70年代以后,面临法国在帝国西部边境造成的威胁,征募军队、摊派军费等等问题又提上了议事日程,帝国议会不仅不能闭幕,而且当务之急,需要做出相关决定。此时,参会的帝国等级早已离开了雷根斯堡,继续讨论帝国事务的只是他们的代理人。如此一来,帝国议会不再有能力制定和颁布帝国议会决议(Reichsabschiede),它所能做的只是发布帝国议会决定(Reichsschlüssen)。帝国议会实际成为一个帝国等级的常驻使节机构。

帝国永久议会的组织结构仍然是选侯院、诸侯院和城市院的三院联合形式。其中,以美因茨大主教派出的代表为首的选侯院继续扮演领导角色;以奥地利公爵或萨尔茨堡大主教的代表为首的诸侯院继续发挥主要作用;雷根斯堡市继续承担城市院的主导工作,并促使城市院获得在帝国议会中的平等权力。议会讨论决定的批准权继续掌握在皇帝的代表手中。大约有70个使节性代表团常年聚集在雷根斯堡市,以商议帝国事务为职任。在大多数情况下,他们商议的决定不能通行于整个帝国区域,因为帝国决议的执行者主要是帝国行政区。

(3)帝国行政区,作为马克西米连一世帝国体制改革的又一项重要内容,是以区域、领地两个结合因素为基础而设置的地方行政管理区划,也是帝国议会决议的执行机构。维护和平与治安、为帝国军队征集兵员和装备、监督铸币和关税以及向帝国最高法院派送陪审法官等等,均在帝国行政区的职责和权利的范围之内。宗教改革运动及三十年战争期

---

① 引文见 J. Burkhardt, *Der Dreißigjährige Krieg*, Frankfurt a. M: Suhrkamp Verlag, 1992, S. 116.

间,由于宗教分裂的影响超出区域的界线,所以帝国行政区的作用不是很突出。三十年战争以后,一方面,帝国行政区的职能,特别是其军事作用由于《威斯特伐利亚和约》的规定而得到恢复,并由于诸如哈布斯堡、霍亨索伦(Hochenzollen)这般强势家族的利用而得到加强。另一方面,帝国行政区的组合构成,由于瑞典和丹麦的加入而更加复杂。具体说,凭借《威斯特伐利亚和约》,瑞典国王以瑞典-波美拉尼亚领主的身份参与上萨克森行政区事务,并通过其占有的不来梅公国成为下萨克森行政区的成员,而丹麦国王得以参与下萨克森行政区事务,因为他获得了荷尔斯泰因公国(Herzogtum Holstein)。与此同时,霍亨索伦家族由于统治勃兰登堡边地侯国(自 1415 年起)、占领克雷弗公国(1614 年起)及参与威斯特伐利亚伯爵领主团(1653 年起)而介入上萨克森、下萨克森及下莱茵的威斯特伐利亚三个帝国行政区的事务。被强权利用以及复杂的构成,加上稍后帝国议会关于帝国行政区负责分摊兵士和装备的决定(1681—1682 年),这一切使帝国行政区不仅越来越不能履行其地方行政管理的职能,而且也逐渐地失去了权利执行机构的特征。

从整体上看,帝国行政区的发展在三十年战争以后仍然很不平衡。在十大帝国行政区之中,德国南部的三个区权利较大:士瓦本区和法兰克尼亚区,其管理机构在司法公安、修路建桥、币制统一等等方面发挥了重要作用;巴伐利亚区政府差不多行使了国家的权利。西北部的威斯特伐利亚区形同虚设,几乎没有什么作用。西部的上莱茵区在三十年战争之后由于需要继续组织本区力量,武装抵抗来自法国的威胁,所以其区政府仍然在积极地行动。东北部的下萨克森区自三十年战争以来就深受丹麦的影响,战争以后又在勃兰登堡选帝侯和瑞典国王的轮换控制之下,因此该区的管理职能一再成为强权争夺利益的工具。中部的两个区,选侯莱茵区和上萨克森区,其行政区代表大会时断时续,前者在 1679年以前休会达 40 年之久,后者在 1683 年以后再也没有举行过,而东南部的奥地利区则从来就没有召开过类似的大会。西南部的勃艮第区由于其所辖区域越来越小,因此在三十年战争以后也几乎谈不上有什么行政管理措施和行为。总之,依据《威斯特伐利亚和约》,虽然帝国行政区的职能得到恢复,得以继续行使地方自治的权利,但是其职权仅仅在部分地区能够发挥作用,并且某些大的邦国君主越来越有力地控制行政区的领导权。帝国行政区发展不平衡的状况一直持续到帝国解体。

(4)帝国最高法院,是马克西米连一世在帝国体制改革中建立的最高司法机关,其宗旨是为帝国各类、各级领主及其权利秩序提供和平保障。然而,从一开始帝国最高法院就显示出其独立于皇帝的趋向,即法院院址设在皇帝驻跸地以外的城市:三十年战争时期在施佩耶尔,1689年以后被固定在韦茨拉尔。根据《威斯特伐利亚和约》,帝国最高法院的法官人数由原来的 24 位增加到 50 位,其中半数名额的人选由帝国行政区决定,并且全部法官中的 26 位应是天主教徒,其余 24 个名额归新教徒。皇帝有权任命一位法官或院长,此外没有其他特权。虽然作为等级邦君的上诉法院,帝国最高法院有责任处理初审中直属帝国的事务、解决诸侯纠纷以及禁止复仇格斗等等,但是它不接受等级或等级臣属的涉及土地税、自由集会以及维持要塞和驻屯军费用等问题的上诉。就是说,帝国等级在这些方面仍然保有独立处置的权利。三十年战争以后,帝国最高法院一再接到关于再次修订帝国等级名册的上诉,而一再由于遭到来自帝国行政区及某些帝国等级的反对而不能行动。1654 年,《最后帝国决议》曾经通过提高诉讼费用和废除自动停止判决等措施提高法院的工作效力,然而,由于种种原因,帝国最高法院直到帝国解体也没有取得值得一提的功绩。

与帝国最高法院并列存在的另一帝国法权机构是帝国皇家法院,这是由皇帝作为最高法官的帝国最后上诉法院。与帝国最高法院相同,帝国皇家法院的主旨也是维护帝国和平,并着重于调解诸侯涉及采邑和特权的纠纷;不同的是,自 1498 年重建起来,它的立场就是直接维护皇帝的权益。不仅法院院址始终设在皇宫所在地维也纳,而且法官也由皇帝直接任命。三十年战争以后,随着帝国最高法院工作效能的愈益降低,帝国皇家法院所判决的事务范围则愈益扩大,但它的权限始终没有能够覆盖整个帝国。

总之,三十年战争结束初期,神圣罗马帝国的政治体制史出现了深刻的转变:帝国与皇帝最终分离。皇帝不能代表统一的帝国,也没有控制一个能够制定和执行帝国政策或法规的机构,更没有真正掌握一种能够任免和委托帝国官员或军队首领的权力。建立皇帝中央集权制的努力最终失败。与此同时,通过等级邦国的联合来象征帝国统一的努力也没有取得成功。按照当时欧洲理论界的政治规则,神圣罗马帝国是"一个有点不规矩的政治实体,是一个怪物(*systema monstrosum*)"①。

二、德意志邦国的重新整合

德意志邦国是神圣罗马帝国等级以占有世袭领地为基础、以拥有帝国议会中的席位为传承的政权实体,它不是帝国的地方政权形式,但是帝国的构成组织。三十年战争结束以后,德意志邦国经历了重新整合的过程,主要表现在:帝国等级格局的改变;帝国等级状况的变化;等级邦国的结盟或联合。

1. 帝国等级格局的改变

根据 1521 年的"帝国等级名册"(Reichsmatrikel von 1521),帝国等级包括 7 位选帝侯(Kurfürsten)、4 位大主教(Erzbischöfe)、46 位主教(Bischöfe)、24 位世俗诸侯(weltliche Fürsten)、79 位修道院长(Fürstäbte)和大教堂教长(Prälaten)、4 位骑士团首领(Hochmeister)、145 位伯爵(Grafen)和领主(Herrn)以及 85 个城市(Frei-Reichsstädte)。共 394 个。宗教改革运动以后,特别在三十年战争以后,重新登记帝国等级名册的建议被反复提出,但一直没有实行。在 1663 年纽伦堡帝国执行会议上曾出现一份帝国征兵名册,基本标明了当时帝国等级的数目。大致说,1792 年以前,帝国等级包括 9 位选帝侯、33 位教会诸侯、61 位世俗诸侯、40 位修道院院长和

---

① 引文见 Samuel von Pufendorf, *Die Verfassung des deutschen Reiches*. Hg. und üs. von Horst Denzer, Leipzig, 1994, S. 198.

大教堂教长、103 位伯爵和领主及 51 个帝国城市。共 297 个①。三十年战争结束后初期，德意志邦国重新整合的首要表现是帝国等级格局发生的变化，其突出事件是瑞士联邦和尼德兰联合省的建立。新建者脱离了帝国法的保护和限制。

瑞士联邦脱离帝国始于 13 世纪前期。1218 年，统治瑞士的蔡林格家族（Zähringer）绝嗣，接着 1250 年统治帝国的施陶芬家族（Staufer）没落，群龙无首。于是，瑞士各地自行联合，逐渐形成四大家族集团②和若干城市同盟以及山地联盟。其间，由于哈布斯堡家族的首领于 1273 年被选为德意志国王，即鲁道夫一世（Rudolf，1218—1291，1273—1291 年在位），又由于其家族集团在瑞士地区的强势扩张，其他三大家族于 1291 年结成"永久同盟"。1315 年，"永久同盟"接受了五个"老州"的加盟，形成"八州同盟"（Die Acht Alten Orte）。后来，特别在 1415 年至 1474 年的半个多世纪间，"永久同盟"扩及整个瑞士区域，并在 1536 年之前确定了同盟内部的管理规则，从而完成了由同盟向联邦的过渡，形成瑞士联邦。

瑞士联邦的最高统治机构是议会。联邦议会确定，拒绝接受任何外来委任的统治者，无论来自皇帝还是教皇的代表均被拒之门外。同时确定，不经全体同意，任何成员邦及个人都不得对外结盟或战争与议和。据此，作为宗教改革运动中的重要的新教根据地之一，瑞士联邦胜利地抵御了以皇帝为首的天主教势力的冲击，不仅在 1532 年的教派武装冲突中取得胜利，而且在 1566 年成功地进行了新教信仰告白，并且在 1586 年成立了以防御帝国侵扰为主旨的瑞士基督教的黄金联盟（Goldener Bund）。

随着瑞士联邦的扩展和加强，原本属于瑞士四大古老家族之一的哈布斯堡家族经过旷日持久的、一再失败的战争（1291—1474 年），终于在

---

① G. Oestreich，*Verfassungsgeschichte vom Ende des Mittelalters bis zum Ende des alten Reiches*，S. 137 - 155.

② 四大家族集团，即哈布斯堡（Habsburger）、曲堡（Kyburger）、傅洛堡（Froburger）和萨伏根依伯爵（Grafen von Savoyen）。

1511 年被迫退出瑞士,以维也纳为中心在阿尔卑斯山南地区重新建立统治王朝。在 15 世纪哈布斯堡家族实际上世袭德意志王国王位和神圣罗马帝国皇位的同时,瑞士联邦也实际上独立于帝国。在皇帝马克西米连一世推行的帝国改革运动中,瑞士联邦是帝国中最强劲的反对势力之一。它反对将帝国等级纳入帝国行政区,反对皇帝为了建立中央集权而破坏等级自由和传统法权秩序。为此,马克西米连一世曾于 1499 年发起所谓的士瓦本战争,试图镇压以瑞士联邦为首的反抗势力。结果是皇帝失败。瑞士联邦以实际上的独立身份与皇帝签订了《巴塞尔和约》(Frieden zu Basel)。

在三十年战争中,瑞士联邦始终保持中立,既没有为了维持新教立场而介入信仰纠纷,也没有为了维持实际上的独立地位而卷入诸侯战争。当然,那些没有加入联邦的瑞士老州曾经因为帝国义务的约束而进入战场(1620—1639 年),损失惨重。战争结束时,通过《威斯特伐利亚和约》,瑞士联邦得到正式承认。被列入 1521 年"帝国等级名册"的 13 个主教领、1 个世俗诸侯领和 4 个城市也随之正式脱离帝国,不再受帝国法的保护和约束,归属瑞士联邦。

尼德兰联合省脱离帝国始于 1556 年西班牙国王腓利普二世(Philip Ⅱ,1527—1598,1556—1598 年在位)上任。身为神圣罗马帝国皇帝卡尔五世的长子、出身于哈布斯堡家族的腓利普统治着西班牙、葡萄牙、意大利的部分地区以及尼德兰。

腓利普二世是坚定的天主教教徒。他一上任就表示:宁愿不当国王,也不愿统治一个有异端的国家。尼德兰,特别是以阿姆斯特丹为首的北部地区,早自宗教改革运动初期就是欧洲各地受迫害的宗教改革者的聚集地。腓利普二世继续其父皇卡尔五世的对抗宗教改革运动的政策,残酷地镇压尼德兰的新教徒运动,因此激发了尼德兰当地人民与西班牙统治者之间的战争。如前述,战争的结果是北方七省联合订立《乌得勒支同盟》(Utrechter Union,1579),宣布不服从西班牙国王的统治,成立荷兰联合省。1609 年,西班牙在尼德兰的统治当局与联合省签订了十二年休战协定,标志着荷兰联合省,或称荷兰共和国的实际上的独立地位。此时,尼德兰南部各省仍然在西班牙的统治之下。三十年战争期间,荷兰共和国站在法国及英国的阵线上,参与战争,与西班牙王国及神圣罗马帝国相对抗。战争结束以后,通过《威斯特伐利亚和约》,荷兰共和国脱离帝国的独立地位获得国际承认。1521 年"帝国等级名册"上的1 个主教领和 4 个世俗诸侯领随之脱离帝国,不再受帝国法的保护和约束,归属荷兰共和国。

2. 帝国等级状况的变化

首先,选帝侯数目的增加:由 1356 年《黄金诏书》规定的 7 位增加到 8位。《威斯特伐利亚和约》承认了 1623 年巴伐利亚公爵马克西米连一世在战争期间获得的选帝侯资格,并恢复了在战争中被取消的莱茵普法尔茨选侯爵位,由一度被剥夺资格的选侯继承人卡尔一世·路德维希(Karl Ludwig,1617—1680,1648—1680 年在位)继任。后者排列第 8 位。由巴伐利亚公爵成为选帝侯开始的"普法尔茨选侯资格之争"由此结束。① 其次,瑞典国王在战争中对于德意志若干土地的占有获得承认。但是,他不是以瑞典国王的身份而是以帝国等级的身份领有这些土地,因此他同时获得了在帝国议会中拥有席位和选票的、合乎帝国体制的位置。再者,在战争中,大批帝国等级的领地被占领;战后,又有许多帝国等级的领地被当作战争补偿被划割出去。帝国等级失去领地意味着身份地位的改变,在很大程度上,意味着脱离帝国法的直接保护。对于帝国来说,帝国等级领地的得失和拼凑导致了一种非常不利的趋势,这就是,等级弱邦的领地成为等级强邦蚕食的对象及其解决各类国际问题的诱饵和砝码。帝国无力维护帝国等级的权益。在这样的形势下,战后的德意志邦国为了维护领地的自由、独立和利益而采取了联合措施,试图通过邦国同盟,

---

① 1253 年,维特尔斯巴赫家族的首领去世,他的两个儿子继承遗产,分别为普法尔茨伯爵和巴伐利亚公爵。1356 年,普法尔茨伯爵成为帝国选帝侯;1621 年,伯爵被剥夺了选侯资格。1623 年,巴伐利亚公爵成为选帝侯,普法尔茨伯爵反抗。1648 年,通过《普法尔茨决议》,两者同为帝国正式的选帝侯。

应付当时的复杂局势。

简单说,当时的德国政治局势主要有下列三种情况令等级邦国担忧:

第一种,皇帝在三十年战争的过程中加强了奥地利哈布斯堡家族的势力,其在德国的世袭领地、波希米亚和匈牙利,三者构成了奥地利君主国的基础。神圣罗马帝国的皇帝所全心关注的是奥地利君主国的发展。三十年战争以后,受宫廷首席大臣 J. W. 冯·奥厄斯佩格(J. W. von Auersperg,1615—1677)的影响,皇帝利奥波德一世制定了奥地利的和西班牙的两个哈布斯堡王朝联合的基本国策。在这样的形势下,大部分帝国等级认为,哈布斯堡皇帝的政策具有导致帝国再次陷入战争的潜在危险,他们因此而怀有另一种担忧。

第二种,皇帝随时可能征募军队参与正在帝国土地上进行的法国与西班牙的战争(1635—1659 年)。法国作为实施《威斯特伐利亚和约》的保证国之一,以《和约》为由,迟迟没有将军队从在战争中占领的洛林公国中撤离。为了联合西班牙的哈布斯堡王朝,皇帝迫使洛林与法国签订《温森斯和约》(*Frieden von Vincennes*,1661),以割让梅斯、图勒和凡尔登三个主教区为代价,使法国人退出洛林。在 1697 年帝国终于通过《赖斯韦克宫和约》(*Frieden von Rijswijk*)占有了洛林之后,大部分帝国等级认为,法国不会就此放弃割占帝国的企图。他们因此而怀有第三种担忧。

第三种,皇太子费迪南德在当选为德意志国王(Ferdinand Ⅳ,1633—1654,1653—1654 年在位①)后不久去世,在任皇帝费迪南德三世的继承人问题使德意志诸侯意见分歧,从而给法国介入德意志邦国事务以有利时机。当时主要的皇位候选人有两位,一位是皇帝的次子利奥波德(Leopold,1640—1705),另一位是皇帝的弟弟利奥波德·威廉(Leopold Wilhelm,1614—1662)。前者已经是匈牙利国王(1655 年上任)和波希

---

① 1647—1654 年兼任波希米亚和匈牙利国王。

米亚国王(1656年上任),皇帝主张由他来继承皇位,并得到巴伐利亚选帝侯的支持;后者是西班牙国王在尼德兰的总督和统帅,美因茨选帝侯支持他做皇帝。除此之外,被考虑为候选人的还有巴伐利亚选帝侯费迪南德·马利亚(Ferdinand Maria,1636—1679,1651—1679年在位)、普法尔茨-诺伊堡公爵腓利普·威廉(Philipp Wilhelm von Pfalz-Neuburg,1615—1690,1653—1690年在位)以及法国国王路易十四(Louis ⅩⅣ,1638—1715,1643—1715年在位)。科隆选帝侯倾向选举法国国王为德意志民族的神圣罗马帝国皇帝。显然,奥地利、西班牙和法国,三大欧洲强权均在德意志的高级等级诸侯中拥有势力,德国的中、下级诸侯在权利的夹缝中求生。

由于满怀如此这般的担忧,三十年战争结束后初期,大部分帝国等级明确地停止了信仰争执,排除了世俗邦君和教会诸侯之间的隔阂,谋求结成同盟,联合行动。等级邦国的结盟或联合,也是德意志邦国重新整合的重要表现。

3. 等级邦国的结盟或联合

最初,在《威斯特伐利亚和约》缔结以后,三位教会选帝侯率先于1651年缔结同盟,即所谓的"选侯同盟",目的是共同对付勃兰登堡选帝侯不断增长的攻势。勃兰登堡是三十年战争受害严重的地区,为此,在结束战争的谈判中,选帝侯弗里德里希·威廉(Friedrich Wilhelm,1620—1688,1640—1688年在位)努力争取补偿,并争取到了后波美拉尼亚、哈尔伯施塔特和明登等地,还得到了马格德堡的继承资格。然而,这些地区并没有使选帝侯感到满足,他还想在北方得到前波美拉尼亚,在西方得到于利希-克雷弗-贝格的部分遗产,在东方使普鲁士摆脱波兰的庸役。其中,特别是在西方[①],勃兰登堡选帝侯已经开始动用武力。因此,"选侯同盟"得到普法尔茨选侯区和上莱茵帝国行政区的加入而成为超越区域的诸侯联合。

---

① 此处指的是于利希-贝格公国,第二章第三节将对之具体述及。

紧接着，1652 年出现了"希尔德斯海姆同盟"（Hildesheimer Allianz）。这是以韦尔夫家族（Welfen）诸侯为首的新教派诸侯同盟。参与者包括不伦瑞克-吕讷堡（Braunschweig-Lüneburg）公爵、黑森-卡塞尔（Hessen-Kassel）伯爵、帕德博恩（Paderborn）天主教主教，以及作为不来梅和费尔登领主的瑞典国王。该同盟的目的原本是以新教派的立场，对抗以皇帝为首的天主教诸侯在帝国中的优势，但是，因为帕德博恩教区的参与，它实际上是一个超越教派的、以限制哈布斯堡皇族势力为目的的同盟。在战后的第一届帝国议会上，"希尔德斯海姆同盟"是皇帝费迪南德三世的最强硬的反对派。

在"希尔德斯海姆同盟"的基础上，勃兰登堡选帝侯于 1653 年推出了一个同盟方案，计划将德国西北部全部的新教诸侯都联合起来，加上天主教的科隆选帝侯，建立一个共同对抗哈布斯堡皇帝的同盟。具体落实这个方案的是 G. F. 冯·瓦尔德克伯爵（G. F. von Waldeck，1620—1692）。自 1653 年起，冯·瓦尔德克伯爵几乎成为勃兰登堡选帝侯的决策人。在他的谋划下，勃兰登堡的意图除了上述以外，还增加了要求皇帝补偿的内容。就是说，要求皇帝补偿在三十年战争期间霍亨索伦家族在西里西亚丧失的领地权利。[①] 结果是，大多数诸侯没有响应勃兰登堡的号召，只有不伦瑞克、汉诺威和策勒三个韦尔夫王朝与之结盟，无果而终。

1654 年，又出现了一个"科隆同盟"（Kölner Allianz）。其发起者是科隆选帝侯，参与者有特里尔（Trier）选帝侯、明斯特（Münster）大主教和普法尔茨-诺伊堡公爵，主要目的是回应新教诸侯的联盟行动。1655年，美因茨选帝侯 J. Ph. 冯·舍恩伯隆（J. Ph. von Schönborn，1605—1673）加入"科隆同盟"。因为美因茨选帝侯是 1651 年"选侯同盟"的成员，所以他的参与使"科隆同盟"的组成不仅仅是面对新教诸侯以进行军

---

① 此处指的是西里西亚的雅格恩多夫公爵（Herzogtum Jägerndoff）领地。早在 1523 年，霍亨索伦家族从波希米亚国王手中购买了雅格恩多夫公爵领，并将此地建设成为经济繁荣的新教公国。三十年战争期间，这个地区被奥地利的哈布斯堡皇帝占领，并改信了天主教。

事防御,而且也是面对皇帝、面对法国以维护帝国的和平和秩序。冯·舍恩伯隆选侯素有"德意志的所罗门"之称。他身兼数职:是帝国议会中的第一人、帝国议会中选侯议院的领导人、帝国大首相、帝国最高法院和帝国皇家法院的大法官、莱茵选侯行政区的最高长官。此外,他还对于皇帝选举誓约的制定拥有主导权。由于这样的政治地位,冯·舍恩伯隆成为"科隆同盟"的领导人。在他的领导下,该同盟不断地扩大,很快成为超越教派、超越行政区的军事和政治同盟。

1658 年,"科隆同盟"扩大为"莱茵同盟"(Rheinischer Bund)。开始时,"莱茵同盟"有 7 个成员邦,即美因茨选侯国、科隆选侯国、普法尔茨-诺伊堡公国、瑞典的不来梅-费尔登主教区、不伦瑞克-吕讷堡公国、黑森-卡塞尔伯国和法国。后来又增加了黑森-达姆施塔特伯国(1659 年)、符滕堡公国和明斯特修道院以及瑞典的前波美拉尼亚公国(1660 年)、特里尔选侯国(1662 年)、普法尔茨-茨韦布吕肯公国(1663 年)、巴塞尔主教区(1664 年)、勃兰登堡选侯国和施特拉斯堡主教区(1665 年)及勃兰登堡边地侯国(1666 年)。"莱茵同盟"承续"科隆同盟"的宗旨:盟邦之间相互提供军事支援。根据同盟条约,各同盟成员邦国都应该提供兵员及其给养,总计为步兵 7859 人,骑兵 1970 人;法国应该加强军事能力,以便能够有效地对抗奥地利的哈布斯堡君主;德意志诸侯应该得到不受法国侵扰的保证。这是一个对抗皇帝侵犯等级自由、破坏帝国秩序的同盟,同时也是维护帝国利益的联合组织,因此,除了有效地阻止皇帝的军队假道同盟各邦的领土、前往尼德兰为西班牙提供支援以外,"莱茵同盟"还积极地履行了一项帝国义务,即遵照 1664 年帝国议会决议,为帝国提供抗击土耳其入侵的兵士、装备或资金。最终,当作为"莱茵同盟"盟友的法国向帝国发起进攻的时候,在 1668 年,在冯·舍恩伯隆的明确并坚决的要求下,"莱茵同盟"解散。

总之,三十年战争结束后初期,德意志邦国经历了一次新的整合,帝国等级及其状况都发生了很大的变化,等级邦国也进行了结盟或联合的尝试。17 世纪后期,德国历史的发展趋势指向以等级邦国为主体的专制统治。德意志民族的神圣罗马帝国被奥地利的哈布斯堡君主国所取代；德意志邦国群龙无首，弱肉强食，其中的强者图谋借帝国以外的力量进行扩展，弱者则希望得到奥地利君主国的庇护。德国彻底失去了整体发展的意志。

第二节 国际关系中的德意志

一、西班牙，帝国与之结束了合作关系

《威斯特伐利亚和约》对神圣罗马帝国产生的重要后果之一，是使奥地利与西班牙脱离了政治联系。虽然几经努力，但是在战争结束后的初期，皇帝没有能够恢复两者之间以哈布斯堡家族为纽带的合作关系。

1556 年，卡尔五世，或称西班牙国王卡洛斯一世，将神圣罗马帝国的皇冠戴在弟弟费迪南德一世的头上，并将西班牙王位让予儿子腓利普二世，同时确定双方不可互换继承。由此而始，哈布斯堡王朝分别在东方的神圣罗马帝国和西方的西班牙王国延续统治。

作为同一王朝统治下的两个政权，神圣罗马帝国与西班牙王国从一开始就建有密切的合作关系。三十年战争期间，奥地利以神圣罗马帝国统治者的姿态参与战争，西班牙则以哈布斯堡同族和天主教同宗的身份支持奥地利。虽然西班牙没有直接进入奥地利阵营，但是它不仅提供了财物援助，而且派出了著名将领①及装备精良的兵士。两者的紧密合作是天主教的法国站在新教一边进入三十年战争的主要原因之一。

早在三十年战争以前，西班牙与法国势均力敌，不相上下。三十年战争期间以及以后，法国的势力明显上升而西班牙却迅速衰落。在 1635 年开始的"法西战争"（Französisch-Spanischer Krieg）中，由于三十年战

---

① 西班牙军事将领 A. 斯宾诺拉（Spinola，1569—1630）曾经接受皇帝费迪南德二世的派遣，于 1620 年带兵进入普法尔茨选侯区与新教诸侯作战，攻克许多城市。之后，在 1621 年被派往尼德兰指挥驻守部队。

争的羁绊,奥地利或神圣罗马帝国没有能够向西班牙提供有力的援助,因而使西班牙在外交上、在战场上节节败退。到 1659 年缔结《比利牛斯和约》(*Pyrenäenfrieden*)结束"法西战争"的时候,法国已经取代西班牙成为欧洲权势最大的国家。根据这份《和约》,西班牙国王同意将自己的女儿嫁给法国国王路易十四世(Louis Ⅹ Ⅳ,1638—1715,1643—1715 年在位),使法国有权继承西班牙的部分遗产,并同意将阿图瓦、佛兰德、亨宁部、卢森堡和北卡塔洛尼亚割让给法国。不仅如此,西班牙国王还正式表示放弃对阿尔萨斯的要求,承认《威斯特伐利亚和约》对法国占领此地的规定。西班牙对于法国的屈从标志着与奥地利或神圣罗马帝国的合作关系出现破裂,而这种破裂很快在西班牙的王位继承人问题上显示出来。

三十年战争期间及战后初期的西班牙国王是腓利普四世(Philip Ⅳ,1605—1665,1621—1665 年在位)。这位国王结婚两次,一次娶了法国波旁家族的公主,另一次与德国哈布斯堡家族联姻。两次婚姻先后生有 13 个子女,却只有两个女儿和一个儿子在他死后仍然存活。其中,一个女儿嫁给法国国王路易十四,另一个女儿成为帝国皇帝利奥波德一世的皇后。儿子继承了王位,即卡洛斯二世(Carlos Ⅱ,1661—1700,1665—1700 年在位)。

然而,卡洛斯二世体弱多病,结了两次婚都没有生育,眼看着两个姐夫要为他安排继承人。他的两个姐夫,即法国和奥地利的统治者,已经缔结了秘密条约(1668 年),准备在小舅子死后瓜分西班牙。他们商定,西班牙本土及其海外殖民地,还有米兰,归哈布斯堡皇帝;那不勒斯、西西里、尼德兰和弗朗什-孔泰,由波旁国王占有。为了避免被瓜分,羸弱的西班牙国王必须马上为自己确立一位继承人,并且必须争取得到国际承认。他知道,他既不能选立哈布斯堡家族的人,也不敢靠近波旁家族,因为他无论选择哪一家,另一家都会用武力进行争夺。所以,他确定巴伐利亚的选侯太子为自己的继承人,这是一位出身于维特尔斯巴赫家族(Wittelsbacher)的后生。维特尔斯巴赫是古老的、能够与哈布斯堡相提并论的家族。考虑到欧洲大陆的均势，由这个家族继承西班牙有可能获得欧洲强权的支持。可惜的是，在卡洛斯二世去世以前，年幼的巴伐利亚选侯太子殇命夭亡了。西班牙国王的安排落空了。当然，在法国的大陆霸权政策难免奥地利武力抵抗的形势下，两强相争，即使选侯太子不死，卡洛斯的选择也不可能实现。

总之，卡洛斯二世统治时期的西班牙已经完全结束了以哈布斯堡王朝家系为纽带与神圣罗马帝国之间的合作关系。

二、法国，帝国与之争霸欧洲大陆

德国与法国从一开始就处在领地争夺的紧张关系之中，双方的领土纠纷由来已久。

如果说公元 800 年建立的查理曼帝国同时是后来的法兰西王国和德意志王国的历史基础，那么 962 年建立的神圣罗马帝国就不再被当作法兰西王国的历史内容而仅仅是德意志王国的发展平台。德意志王国基本上就是德意志民族的神圣罗马帝国。虽然那个时代的帝国与法国一样，其疆域都是由所辖管的诸侯领地所构成，但是，随着时间的推移，法国的发展越来越明确地与法兰西民族相一致，"法兰西民族"的诸侯领地只可聚集不可分散，只可扩大不可缩小，而帝国的发展则越来越明显地与欧洲的整体相关联。"德意志民族"只是皇位的可能继任者，"民族"一直悬浮在帝国的表面，是帝国的名义而不是帝国的领地前提。15 世纪中期基本完成了民族国家统一、实现了中央集权以后，法兰西王国加速了其向东推进边界线的过程。

在宗教改革运动期间，法国借助宗教冲突的形势，支持德国新教诸侯反抗皇帝的镇压。1552 年，法国与皇帝签订《尚博尔条约》（*Vertag von Chambord*），以"帝国代理"（Reichsvikariat）的名份，接管梅斯、图勒和凡尔登三个主教区，即所谓"三教区"（Trois-Èvêchés），在三地行使军事、财政和司法权利。当地民众之所以同意由法国接管，主要因为他们怀有对抗天主教皇帝与诸侯的目的。然而，法国人的目的却并不是"代理”，他们的目的是直接占有，所以并没有准备什么时候放弃“代理”。三十年战争期间，利用战场上的胜利，法国占领了帝国迄今所有的大部分阿尔萨斯（1639 年）、松德部（1646 年）和“同盟十城”（Décapole）①。在签署结束三十年战争的《威斯特伐利亚和约》的谈判过程中，法国代表不仅促使帝国承认这些地区的所有权利永久性地归于法国国王，而且关注《和约》文本对“三教区”的称谓和表述，以便日后在“三教区”的名义下扩大占领区。在接下来的几十年中，法国果然以梅斯、图勒和凡尔登主教区为主要线索，推行“重并政策”（Reunionspolitik），扩大占领区，试图将其东部界线推进到莱茵河边。

　　“重并政策”是由法国国王路易十四世政府制定的武装扩张政策。在这种政策的统治之下，在三十年战争结束以后，在 17 世纪后期，法国连续发动了四次“重并战争”，因而使“战争”成为这一时期德国与法国关系史的主要内容。

　　第一次，所谓遗产战争（Devolutionskrieg, 1667—1668）。法国国王路易十四世以西班牙已故国王腓利普四世的女婿的名义，要求继承西班牙“遗产”，于 1667 年春天将军队开进尼德兰。战争爆发。在西班牙联合荷兰、英国及瑞典的反击下（帝国没有派兵介入），法国没有如期得到尼德兰。1668 年春天，法国与西班牙签订《亚琛和约》（Frieder von Aachen），法国获得西班牙在佛兰德的 12 个要塞。

　　第二次，所谓荷兰战争（Holländischer Kriege, 1672—1678）。“遗产战争”之后，路易十四认为荷兰是他得不到“遗产”的最大障碍，因此，1672 年夏天，他亲自率领军队进入下莱茵，引发了“荷兰战争”。与荷兰紧邻的科隆和明斯特支持法国，英国与瑞典也为了自身的利益站在法国一边。此时，皇帝担心法国称霸欧陆，所以放弃了中立立场，联合西班牙和勃兰登堡，共同对抗法国。法国没有如期战胜荷兰。1678 年夏天，法

---

① 十城包括：科尔马（Colmar）、哈格瑙（Hagenau）、凯泽斯贝格（Kaysersberg）、穆尔豪森（Mülhausen）[归瑞士后，由兰道（Landau）取代]、明斯特、奥伯雷恩海姆（Oberehnheim）、罗塞姆（Rosheim）、施莱特施塔特（Schlettstadt）、蒂克海姆（Türkheim）和魏森堡（Weißenburg）。

国与荷兰签订《尼姆韦根和约》(*Friedensvertag von Nimwegen*),法国获得荷兰少量的海外殖民地,并获得西班牙的弗朗什-孔泰、佛兰德和埃诺地区的部分城市。神圣罗马帝国除了割让弗莱堡以外还丧失了一些权利,因此称该项《和约》为"困难的、不可靠的、败坏国家和破坏声誉的和约"①。

第三次,所谓重并战争(Reunionskrieg,1683—1684)。通过上述两次战争,路易十四虽然没有达到预期的目的,但还是获得了许多土地,他深知哈布斯堡统治王朝不会对此保持沉默。为了加强在东部边境的防御,法国国王在没有任何借口的情况下,于1681年秋进驻了帝国城市斯特拉斯堡。由于土耳其人的进攻,直到1683年秋哈布斯堡皇帝才得以支持西班牙及其尼德兰向法国宣战。战争爆发。在这次战争中,法国的目的暂时达到了。1684年秋,法国与帝国及帝国代表的西班牙签订《雷根斯堡停战协议》(*Waffenstillstand von Regensburg*),法国获得帝国的斯特拉斯堡和卢森堡,有效期20年。

第四次,所谓九年战争(Neunjähriger Krieg,1688—1697),即法国人称谓的"大同盟战争"(Krieg der Großen Allianz),德国人所说的"普法尔茨继承战争"(Pfälzischer Erbfolgekrieg)。上述三次战争使路易十四看到神圣罗马帝国对抗势力的递增:从不介入到弱势干涉,直到有能力将他占领的地区限制在20年之内。因此,为了遏止帝国、进一步控制德意志诸侯,路易十四世以支持科隆选侯为借口,于1688年秋将军队开进了科隆市。战争爆发。在皇帝利奥波德一世的主导下,西班牙、葡萄牙、荷兰、英国、萨伏根依以及勃兰登堡、萨克森和巴伐利亚等等加入了反法阵营。路易十四的"重并政策"遭到挫折。1697年秋,交战双方签订《赖斯韦克宫和约》,法国获得包括斯特拉斯堡在内的阿尔萨斯地区,但同时放弃了在前几次战争中占领的土地。②

---

① 引文见[德]马克斯·布劳巴赫等:《德意志史:第二卷 从宗教改革至专制主义(1500—1800)》,陆世澄、王昭仁译,商务印书馆1998年版,第328页。
② 关于这次战争,第三章第二节将较为详细地述及。

除了争夺领地以外，三十年战争结束后初期，在路易十四统治下，法国在欧陆确立霸权的措施还有控制德意志事务一项，其具体表现可以概括为以下三个方面。

一方面，法国试图在国际事务中排挤统治德国的奥地利哈布斯堡王朝。在这一方面，法国的外交取得了两次重要的胜利。

一次，法国成功地阻止了奥地利的哈布斯堡皇帝向西班牙国王提供援助。如前述，1635年，为了夺取尼德兰和意大利的部分土地，法国向西班牙宣战，遭到西班牙和奥地利两个哈布斯堡王朝的联合抵抗。但是，三十年战争结束以后，奥地利对西班牙的支援逐渐减弱，其中除了帝国的物力和财力匮乏以外，法国的外交活动从中起了很大的作用。1658年，法国首相马扎林（Mazarin，1602—1661）成功地使法国加入德意志诸侯的"莱茵同盟"，并使这个德国的同盟成为法国打击哈布斯堡势力的有力工具。在第二年与西班牙签订《比利牛斯和约》时，法国果然成功地控制了西属尼德兰，将神圣罗马帝国的影响排斥在外。另一次，法国成功地阻止了哈布斯堡王朝对德意志北方各邦的影响。1655年，为了夺取波罗的海沿岸土地，瑞典入侵波兰-立陶宛，第二次引发北方战争（Zweiter Nordische Krieg）。[1] 作为这场战争的重要参与者，奥地利努力要成为反瑞典阵营的核心力量。然而，这种努力因为法国的外交活动而没有成功。法国站在瑞典的立场上，一边利用"莱茵同盟"的盟约，使不来梅和费尔登保持中立，以避免加强瑞典的势力，一边离间勃兰登堡与奥地利的关系，并瓦解波兰与奥地利的同盟，同时还与荷兰和英国签订了"海牙协议"（1659年），使之保证不干预北方事务。如此一来，在1660年签订停战的《奥利瓦和约》（Vertrag von Oliva）时，没有参加战争的法国，成功地将奥地利的影响排斥在外，尽管后者曾经在战场上浴血奋战并取得胜利。至此，奥地利不仅在西方失去了西班牙盟友，而且在北方失去了

---

[1] 第一次北方战争发生在1563—1570年，是瑞典与丹麦、波兰-立陶宛及吕贝克（Lübeck）的战争。结束战争的《什切青和约》（Frieden von Stettin）表明瑞典在波罗的海区域具有霸权地位。

影响力。奥地利通过在西方支持西班牙和在北方打击瑞典以消除或减弱法国掌控德意志事务的外交政策遭到失败。

另一方面,法国试图在德意志事务中架空哈布斯堡王朝。然而,在这一方面,法国没有成功。有一件事表明了法国的失败,即法国没有能够阻止哈布斯堡家族继任神圣罗马帝国皇帝。

如前述,早在1654年帝国皇太子费迪南德去世以前,帝位继承问题就被提上了议事日程。在位的皇帝费迪南德三世希望他的另一个儿子弗兰茨(Ferdinand Franz,1633—1654)继承皇位,得到巴伐利亚选帝侯的支持;美因茨选帝侯则希望皇帝的弟弟利奥波德·威廉(Leopold Wilhelm,1614—1662)称帝。无论是皇帝的次子还是皇帝的弟弟,他们都是哈布斯堡家族的人,这是法国不愿意看到的。因此,法国提出了第三位候选人。开始时,它提出的是巴伐利亚选帝侯费迪南德·马利亚,但遭到候选人本人的拒绝。接着,它又推出普法尔茨-诺伊堡的腓利普·威廉。这两位候选人都出身于维特尔斯巴赫家族,一直是哈布斯堡家族的竞争者。当然,法国国王路易十四也自认为可以做神圣罗马帝国的皇帝。为了不让哈布斯堡人继续顶戴皇冠,法国特别派出两位公使①介入皇帝的选举。他们积极地在选帝侯中活动,兼用威胁和利诱的方法,但是只争取到科隆选帝侯一人的支持②。大多数选帝侯的票投向了皇帝的次子。哈布斯堡王朝仍然是德意志事务中不可轻视的力量。

第三方面,法国试图调解德意志诸侯的领土纠纷。在这一方面,在许多纠纷中,法国尽管不是唯一的,有时甚至不是主要的调解力量,但是它毕竟参与了一系列与德意志诸侯相关的领地纠纷,扩大了影响。

按时间顺序,例如在1660年,主要通过法国的调解,勃兰登堡将前

---

① 一位是A. 格拉蒙公爵(A. Gramont,1604—1678);另一位是国务秘书H. d. 利昂内(H. d. Lionne,1611—1671)。

② 即出身于维特尔斯巴赫家族的科隆选帝侯马克西米连·海因里希(Maximilian Heinrich,1621—1688,1650—1688年在位)。

波美拉尼亚退给瑞典，暂时将北部德国维持在《威斯特伐利亚和约》的秩序之中。情况是，瑞典在三十年战争期间占领了这个地区，战后得到国际承认，勃兰登堡在北方战争中夺得此地。又如在 1664 年，主要由法国通过执行所谓"1624 年标准年"的规定，成功地迫使爱尔福特回归美因茨大主教区。法国还站在美因茨一边，使普法尔茨废除了"捕捉法"，暂时维持了帝国和平。情况是，普法尔茨选侯邦实行"捕捉法"，目的是驱逐邦内非法移民，打击私生子，结果导致其周边邦国的反对，因而引起械斗。美因茨选帝侯借机成为反对普法尔茨的领袖。还如在 1665 年，法国介入调解，使明斯特侯爵主教放弃对于边界领土的要求，中止其与英国联盟与荷兰作战的行为，暂时避免了莱茵河下游地区卷入英国与荷兰的第二次战争之中。① 再如在 1666 年，通过法国的参与，瑞典放弃不来梅，承认其直属帝国的地位，暂时制止了以勃兰登堡为首的荷兰、丹麦、韦尔夫王朝邦国联合夺取不来梅的战争。同一年，法国还参与了《克雷弗和约》(*Frieden von Kleve*)的签订，使半个多世纪以来相互争夺岳父遗产的勃兰登堡选侯与诺伊堡-普法尔茨公爵达成协议，前者继承克雷弗公国，后者得到于利希-贝格公国，双方暂时停止争斗。等等。

　　总之，路易十四统治时期的法国以《威斯特伐利亚和约》保证国的身份破坏了由这个《和约》建立起来的国际政治秩序，德意志民族的神圣罗马帝国因此而成为法国牺牲的对象。一方面，帝国的西部区域成为法国扩展"自然疆界"的战场。不仅帝国的权利属地，而且帝国的势力范围，都在法国进攻的计划之内。另一方面，德意志的分散政治成为法国施展"欧陆霸权"政策的舞台。不仅帝国的皇帝和选帝侯，而且德意志的诸侯和教会，都是法国拉拢或排挤、利用或清除的政权力量。在法国的外交活动中，德意志完全失去了作为一个整体的权利基础，失去了整体性权益。

---

① 第一次英荷战争发生在 1652—1654 年，战场主要在海上。结束战争的《威斯敏斯特和约》(*Frieden von Westminster*)标明英国取得海上霸权。在第二次英荷战争(1664—1667 年)中，英国的同盟者是瑞典，荷兰的同盟者是法国和丹麦。荷兰获胜。

三、奥斯曼,帝国与之竞争在东南欧的势力范围

德意志民族的神圣罗马帝国从 16 世纪初开始成为奥斯曼帝国(Osmanisches Reich,1299—1922)在西方扩张中的直接对手。

概括说,1359—1389 年,奥斯曼帝国自小亚半岛向西扩展至巴尔干半岛;1402—1413 年,迅速恢复了一度被蒙古军队占领的小亚细亚半岛的统治,并以此为根据地,在 1430 年以前几乎占领了整个拜占庭帝国(Byzantinisches Reich,395—1453)。从这个时候开始,奥斯曼帝国扩张的矛头越来越明确地集中指向欧洲的东南部,在那里,起初只有匈牙利人在进行艰难的抵抗。1453 年,在"征服者"穆罕默德二世(Muhammad Ⅱ,1432—1481,1451—1481 年在位)的亲自率领下,奥斯曼军队占领了拜占庭帝国的首都君士坦丁堡。近千年来的欧洲基督教对抗伊斯兰教的强固堡垒被攻克。穆罕默德二世将伊斯兰教帝国的首都迁至君士坦丁堡,将其更名为伊斯坦布尔,并为自己的苏丹头衔加上了罗马皇帝的冠冕。显而易见,土耳其苏丹的统治目标是东罗马帝国。因此,在接下来的半个世纪中,除了库尔德斯坦、叙利亚、巴勒斯坦、希贾兹和埃及(1512—1520 年)等亚非地区以外,巴尔干半岛的大部分(1460 年以前)以及直到匈牙利北部的东南欧地区也都被划进奥斯曼帝国的版图之中。"立法者"苏莱曼一世(Suleiman Ⅰ,1494/1496—1566,1520—1566 年在位)上任后,奥斯曼帝国展开更大规模的对外扩张:此时正值欧洲宗教改革运动时期。

在苏莱曼一世的统治下,奥斯曼帝国从两个方面与神圣罗马帝国正面冲突。

一方面在陆地。1521 年,奥斯曼的帝国军队攻克了基督教世界的重镇贝尔格莱德,继而由此一路向北,占领了匈牙利大部(1526 年),并两次兵临维也纳城下(1529 年、1532 年),直到 1541 年与哈布斯堡王朝达成停战协议。根据这份协议,奥斯曼帝国承认神圣罗马帝国对于匈牙利西部土地的占有,条件是每年缴纳固定贡金。20 年后,即在 1562 年,苏莱

曼一世凭借战场上的优势迫使神圣罗马帝国皇帝费迪南德一世签订了相同的停战协议。后来，于1568年，苏丹塞利姆二世(Selim Ⅱ,1524—1574,1566—1574年在位)又与皇帝马克西米连二世签订《阿德里安堡和约》(Frieden von Adrianopel)，内容仍然是维持此前商议的匈牙利边界，前者向后者缴纳年贡。该项《和约》的有效期在1576年和1584延长了两次，每次都是8年。

另一方面在海上。1522年，苏莱曼一世授命海盗首领巴巴罗萨·海雷丁(Barbarossa Hayreddin,1478—1546)率领奥斯曼帝国舰队进攻地中海东部的罗得岛。这是基督教圣殿骑士团的驻地。由此开端，奥斯曼帝国一边建设和扩大海军，一边攻占岛屿，截抢船只，逐渐成为地中海东部的霸主。对于日益增强的伊斯兰教海上势力，以神圣罗马帝国皇帝卡尔五世统治下的西班牙为首，基督教各国组成联军，在海军上将A.多利亚(A. Doria,1466—1560)的率领下予以对抗。1535年，西班牙的舰队在突尼斯取得一次重大胜利。然而，在第二年，即在1536年，信奉基督教的法国与伊斯兰教的奥斯曼帝国订立同盟，意在从东、西两面夹击哈布斯堡王朝。在此之前，法国已经开始与土耳其联合行动，于1528年在热那亚的援助下，打击西班牙、那不勒斯和西西里的联合舰队。在这之后，法国还是与土耳其联盟，于1538年发兵进攻威尼斯。正是在1538年，神圣罗马帝国皇帝派出的、以西班牙为主的多国联合舰队在普雷韦扎海战(Seeschlacht von Preveza)中遭到惨败。土耳其海军确立了其在地中海上的制海权，直到1571年。后来，法国又在1542年与土耳其联合进攻那不勒斯、西西里和尼斯，促使天主教的西班牙与基督教的英国联合对抗，最终放弃对意大利的要求。

显然，在宗教改革运动初期，神圣罗马帝国与奥斯曼帝国的关系与匈牙利、与法国紧密相关。对于匈牙利，神圣罗马帝国与奥斯曼帝国因为要瓜分土地而进行战争。对于法国，两大帝国都有与之结盟的动机，或同宗教友，或地中海利益，反之，也都有与之为敌的理由，或宗教冲突，或霸权争夺。法国将土耳其人引入欧洲国际事务。宗教改革运动后期，随着匈牙利内部分裂及叛乱的加剧,随着法国与土耳其联盟的结束(1544年),神圣罗马帝国与奥斯曼帝国的关系日愈紧张。三十年战争爆发前夕,双方的大规模战争在所难免。

　　三十年战争爆发前夕的两位神圣罗马帝国皇帝——鲁道夫二世(Rudolf II,1552—1612,1575或1576—1612年在位)和他的弟弟马蒂亚斯(Matthias,1557—1619,1609—1619年在位)对于奥斯曼帝国采取了不同的政策:前者坚决打击,后者主张妥协。鲁道夫二世相信,建立一支十字军,不仅可以统一基督教国家,而且可以战胜奥斯曼帝国。1593年,借助波斯尼亚求援的机会,鲁道夫二世联合帝国等级、意大利各邦以及罗马教宗等力量,在波兰、匈牙利和齐本彪根的支持下,开始了与土耳其的所谓漫长战争(Langer Türkenkrieg),或如史书上称谓的"十三年战争"。虽然鲁道夫二世不同意1606年结束战争的《西特瓦托罗克停战协议》(Frieden von Zsitvatorok),这是由马蒂亚斯与土耳其人缔结的和约,他想继续战争,但是,这份协议使皇帝停止向苏丹缴纳了65年的年贡,条件是皇帝让出部分边境土地,并一次性支付20万杜卡特。[①] 为了维护这份协议,马蒂亚斯于1608年联合匈牙利、奥地利和摩拉维亚各等级,组成"普雷斯堡联盟"(Preßburge Bund),并采取武装行动,向波希米亚进军,迫使鲁道夫二世退位。如此一来,在神圣罗马帝国与奥斯曼帝国的中间地带,皇帝与御弟布开了阵地:皇帝与波希米亚为一方,另一方是马蒂亚斯控制的匈牙利和摩拉维亚。1612年鲁道夫二世去世后,马蒂亚斯继位皇帝,这些地区全部归为他的势力范围。与此同时,土耳其奥斯曼由于陷入与东方波斯萨非王朝(Safavid Dynastie,1501—1736)的战争而几乎完全不能顾及西方战事,神圣罗马帝国借机巩固和加强了其在东欧的势力。

　　三十年战争结束后初期,分别在皇帝利奥波德一世和苏丹穆罕默德

---

① 杜卡特(Ducat),最早于1284年在威尼斯铸造的金币,由于其质量好、价值高而流行于中世纪欧洲。1杜卡特约等于3.44—3.49克986/1000纯金。

四世(Muhammad Ⅳ,1642—1693,1648—1693 年在位)统治之下,神圣罗马帝国与奥斯曼帝国展开了新一轮战争。导火线出现在齐本彪根。

齐本彪根是匈牙利的组成部分,1526 年以后受神圣罗马帝国的管辖,是奥斯曼帝国长期争夺的地区。三十年战争以前,当地大公积极支持新教事业,与天主教皇帝订立了《维也纳和约》(*Frieden von Wien*,1606),获得本地的宗教信仰自由;同时多次发动人民,展开反对天主教皇帝压迫和剥削的武装斗争。在三十年战争结束的同一年,格奥尔格·拉科齐二世(Georg Rákóczy,1621—1660,1648—1660 年在位)成为齐本彪根的侯爵。自上任的第一天起,拉科齐就明确地表明了其统治目标,即统治波兰。为此,他一边谋求与多方结盟,谋求结盟的对象包括哥萨克首领、摩尔多瓦侯爵、瓦拉几亚王子以及瑞典国王等,一边谋求武装进攻波兰,成为波兰国王。终于,在 1657 年,作为瑞典国王卡尔十世(Karl Ⅹ,1622—1660,1654—1660 年在位)的同盟者,拉科齐二世借助"第二次北方战争"的机会率兵侵入波兰。然而,虽然齐本彪根的军队在战场上取得了重大的胜利,但侯爵本人却没有能够戴上波兰的王冠。不仅如此,随着波兰反抗势力的增强,随着波兰的奥斯曼帝国援军的到来,特别是,随着齐本彪根内部反战情绪的高涨,拉科齐二世的军队一步步地败退。1660 年战争结束的前夜,拉科齐已回天无力,在一次战役中负伤身亡。土耳其人占领了奥拉迪亚要塞,以此为根据地建立同名的奥斯曼帝国统治区(直到 1692 年)。此时,齐本彪根内部出现了分裂。其中,奥斯曼帝国扶持的一派以 M. 阿帕菲(Michael Apafi,1632—1690)为首,1661年被选为拉科齐二世的继任侯爵,另一派得到神圣罗马帝国的支持,其首领是 J. 凯梅尼(J. Kemény,1607—1662)。两派相互以武力对抗。后来,由于 J. 凯梅尼于 1662 年战死沙场,所以奥斯曼帝国通过 M. 阿帕菲控制了匈牙利齐本彪根的大部分地区。

在这种情况下,克罗地亚向神圣罗马帝国发出呼求。1661 年,在其首领 N. 齐林斯基(N. Zrinski,1620—1664)的率领下,克罗地亚将士在穆尔河(Mur)与德劳河(Drau)交汇处建立要塞,以此为根据地在土耳其人统治区进行抢劫和掠夺,目的是促使神圣罗马帝国向奥斯曼帝国开战。对于他们的呼求,皇帝利奥波德一世认为是打击土耳其人的机会。因此,他召开紧急帝国议会(1663年),呼吁帝国等级征召帝国军队,向奥斯曼土耳其人发起进攻。如前已述,巴伐利亚、勃兰登堡、萨克森以及"莱茵同盟"诸邦都迅速地派出军队。作为"莱茵同盟"成员的法国也派出6000兵士参与对土战争。经过激烈的战争之后,两大帝国于1664年缔结《瓦斯瓦尔停战协议》(Frieden von Eisenburg),商定双方停战20年。据此,土耳其人得以继续占有齐本彪根,但必须从此地撤军。对于神圣罗马帝国的哈布斯堡王朝来说,在军事优势情况下签订停战协议的原因,除了物力财力几被耗尽、匈牙利贵族的阴谋活动以外,更重要的是法国的介入。

总之,穆罕默德二世统治时期的奥斯曼帝国加强了向东南欧进攻的政策,以哈布斯堡皇帝为领导核心的德意志邦国处在伴随着抵御法国的、与土耳其人进行决战的前夜。

第三节　德意志经济:凋敝和重建

一、战争结束时的德意志经济

三十年战争爆发以前,大致从16世纪中期开始,德意志地区的经济状况开始出现落后于大西洋沿岸各地的趋势,其主要表现在财富减少和经济发展极不平衡。

三十年战争爆发前夕,德意志两个财富集中区域的经济发展基本上已经衰落,一个是南部城市区,另一是波罗的海商贸区。

在南部城市区域,经济发展衰退,几至停顿。以奥格斯堡的富格尔家族(Fugger)为例。16世纪中期以后,富格尔家族不仅由于铁制武器的广泛使用导致其在东欧的铜矿贸易迅速衰退终至停顿,不仅由于美洲白银的大量涌入欧洲而导致其在中欧的银矿经营很快枯竭甚至停产,而且由于哈布斯堡在西班牙的皇帝和在奥地利的君主双双破产而导致其整个金融银行业逐渐衰落直至瘫痪。1563年，已经宣布破产的西班牙哈布斯堡政权欠了富格尔家族444余万弗罗林；1574年，没有宣布破产的奥地利哈布斯堡开始连续向富格尔借贷，直达61余万弗罗林。三十年战争之前，富格尔家族，这个曾经在纺织业、矿业、银行业以及国际贸易中的德意志巨富，已经失去了财富，不仅再也无力支持哈布斯堡皇帝进行战争，而且其在西班牙的财产几乎完全被热那亚人所控制，甚至在德意志故土也难以自保、自养。

在北部波罗的海区域，情况大致与南部城市相似。以斯德丁的罗伊茨家族（Loitz von Stettin）为例。16世纪中期以后，罗伊茨家族不仅被迫退出了早自1505年起就开始的海外贸易，而且其在1586年筹划的、通过垄断世界胡椒贸易而再次起身的行动也遭到失败。三十年战争爆发之前，罗伊茨家族，这个曾经有"北方的富格尔"之称的通过渔业、盐业、商业、银行业致富并一度掌管斯德丁市政、以财富参与"第一次北方战争"的家族，已经失去了财富，不仅失去了在中欧盐业贸易的垄断地位，而且失去了在北方沿海各地远航贸易的引领作用。

德意志两大财富区域在三十年战争前夕衰落的原因主要可以列举三条。（1）欧洲大陆和波罗的海远离当时的世界贸易中心，地理位置处于劣势；（2）长期以来哈布斯堡王朝将帝国的利益置放在西班牙和奥地利的利益之后，德意志民族的神圣罗马帝国不断削弱德意志民族的经济利益；（3）两大财富区域的紧密关联：北德城市对于南德城市贷款的依赖导致同荣共损。

同样在三十年战争前夕，德意志另有三类个别的城市出现经济繁荣。一类是借助于英国和尼德兰的资本并与之一起分享德国的进出口、主要通过造船和航运等行业得到蓬勃发展的汉堡、不来梅和吕贝克等原来的汉萨城市；二类是借助于邦国诸侯和教会贵族的声望资本、主要通过金银装饰和武器制造等手工业兴盛而繁荣的奥格斯堡和纽伦堡等内陆城市；三类是借助于国际商业博览会而迅速增加人口、积聚财富的美因河畔法兰克福和莱比锡。除了这三类城市以外,其他城市也是地方性发展。就是说,德意志城市的经济领导和经济力量均在邦国的范围圈定之内。结果是某些德意志邦国借助城市维持着庞大而奢华的官吏阶层和贵族财政,它们独自生存,各自发展。这是持续了30年的欧洲国际争霸战争以德意志的土地为战场的重要原因之一,也是战前德意志城市经济发展极不平衡的重要表现。

德意志农村,包括农业和农民的状况,在三十年战争爆发以前也是在不同的地区之间存在着很大的差异。大致来说,17世纪初期的德意志农村经济可以分为三大板块:以普鲁士为核心的东北板块、以普法尔茨为核心的西部板块和以巴伐利亚为核心的南部板块。三大农村经济板块分别采取农奴制、雇佣制和租佃制的经营方式。这种状况是战前德意志农村经济发展极不平衡的根本性原因,也是其主要表现。

经过持续了30年的战争以后,在17世纪40—50年代,德国各地呈现出不同程度的战争创伤,不同程度的人口损失、耕地荒芜和商贸挫折,加强了德意志经济不平衡发展的趋势。

三十年战争结束初期,从整体上说,德意志的农村人口减少约40%,城市人口减少约33%,其主要原因是瘟疫和饥荒,其次是战争杀伤。下表列举的是德意志人口损失最惨重的地区[1]:

	普法尔茨	萨克森	柏林	勃兰登堡	莱比锡	马格德堡	讷德林根	总计
1618年前	1000000	1200000	20000	10000	22500	35000	8790	1600万
1648年后	500000	800000	6000	3000	17500	10000	4345	1100万

下表以讷德林根为例,看当地人口在1622—1649年间的损失情况[2]:

---

[1] E. Bruckmüller u. P. C. Hartmann, *Putzger historischer Weltatlas*, Berlin: Cornelsen Verlag 2001, S. 99.

[2] Ebd., S. 99.

1622	1623	1624	1625	1626	1627	1628	1629	1630	1631	1632	1633	1634	1635
260	341	262	236	257	303	161	578	336	251	555	559	1821	198
1636	1637	1638	1639	1640	1641	1642	1643	1644	1645	1646	1647	1648	1649
171	195	180	211	170	143	135	179	187	343	191	211	235	152

表中可见,讷德林根每年都有人死去。事实是,这里不是每年都出现战斗或战役。除了 1634 年发生了哈布斯堡皇帝与瑞典国王之间的讷德林根战役(Schlacht von Nödlingen),死亡人数为 1821 人以外,其他年份的死亡原因均是以黑死病为主的、包括自然灾害在内的其他因素。

人口损失最严重的后果就是耕地面积下降。根据四种程度不同的人口损失,耕地面积的损失也呈现出不同的程度。

最重的、人口损失超过 60％—70％以上的地区是:北部,梅克伦堡和波美拉尼亚;中部,萨克森公国和萨克森选侯国的西北部;中部,特里尔、普法尔茨和符滕堡。其次,人口损失在 50％左右的地区,从北向南,有勃兰登堡、马格德堡、黑森、巴伐利亚、法兰克尼亚和洛林。较轻的、人口损失有 10％—30％的地区,从西向东,包括明斯特、于利希-贝格、萨克森选侯领、西里西亚和波希米亚。不来梅、吕讷堡和威斯特伐利亚的人口损失也在 10％左右。战争期间没有造成人口减少反而增加的地区是北部的荷尔斯泰因、下萨克森,南部的瑞士、蒂罗尔和奥地利。

在人口损失最重的地区,耕地大片荒芜,甚至在某个年份某个区域,土地荒芜几近 100％。相应地,在人口损失较轻的地区,耕地面积也相应地荒芜较少。与此相伴随,战争也在村落农户中留下不同程度的灾难痕迹。许多靠近战场的、大道两旁的村庄,在战争期间一度空无一人,在战争结束后的许多年里,又因为缺少农具、耕畜、种子和人力而仍然炊烟稀薄。许多被军队长期占领的村庄,在战争中遭到严重的破坏,在战争结束后的许多年里,还因为军税或防御费①、为自保而付出的馈赠或进献等

---

① 如瑞典国王古斯塔夫·阿道夫于 1631 年开始征收的所谓"防御费",1648 年以后作为"特例"被保留下来。

等而仍然深陷困境。许多在战争中由于外国军队占领降低了收成、丧失了谷物出口能力的村庄，在战后相当长的时期内，又因为相关商品的进口、人力缺乏和土地价格下降等等因素而迟迟无力恢复生产。

与此同时，在那些较少或者没有遭受战争创伤的地方，城乡经济的发展基本延续战争以前的态势。在某些城市及其周边地区，在战争期间甚至出现了经济繁荣的景象。例如下萨克森的奥尔登堡。奥尔登堡在战争中保持中立，表示不向战争的任何一方提供兵卒。但是，在战争中，它先后向斯德哥尔摩、维也纳和伦敦(London)赠送大量的钱款和马匹，还向在战争中迅速崛起的不伦瑞克提供贷款。结果是，不仅这个地区在战争中完好地保存了其宫殿、城堡、教堂以及民居，而且奥尔登堡市还在战争结束时获得了征收威悉河关税的特权(1648年)。显然，这个城市及其周边地区因为战争而获得了尽管时间较短的经济增长。另外还有些在战争中受伤较重的地方由于其优越的地理位置而很快恢复了战前的经济面貌。如陶伯河畔的罗滕堡。这是一个帝国城市。在战争中，它失去了人口的50%左右，并失去了政治上的独立地位，然而在战争以后，由于皇帝的扶持很快地出现了经济上的繁荣。

除上述以外，德意志经济发展不平衡的趋势还有一定程度的宗教因素的推动。

三十年战争结束后初期，在神圣罗马帝国的范围内，天主教徒占总人口的58.6%，新教徒占41%。另有1%的犹太人。其分布情况大致是，从西向东，在今天的卢森堡和比利时地区，几乎100%的居民都是天主教徒；在巴伐利亚、奥地利以及波希米亚、摩拉维亚和上西里西亚，人口的90%信奉天主教。在北部，在下萨克森和上萨克森，差不多所有人都是新教徒。在帝国的其他地区，教派混居的情况比较多。犹太人一如既往地散居各地。他们一般生活在帝国的骑士领地和大城市，如在阿尔托纳、汉堡、柏林、曼海姆、美因茨、法兰克福、维尔茨堡、班贝格、菲尔特、布拉格和尼科尔斯堡等等都有犹太人社区[1]。由于不同的原因，如德国西北部的天主教徒

---

[1]［德］彼得·克劳斯·哈特曼：《神圣罗马帝国文化史：帝国法、宗教和文化》，第40—43页。

由于优越的地理位置,又如莱茵河下游的改革派信徒由于与荷兰同宗教友的密切联系,再如犹太人的经营理念等等,战争结束以后不久,德国的许多帝国城市和诸侯邦国都迅速地聚起财富,使德国的经济很快地涌现新的增长点。

当然,不是所有地区的经济衰退都是战争破坏的结果,但战争加重了德国经济发展不平衡的状况。尤其是农村经济,战前已经显示出来的不同地区的不同经营方式,战后变化很小。在相当长时期内,东北部的农奴制、西部的雇佣制以及南部的租佃制都得到了固定性发展。直到 18 世纪中叶以前,土地产权在德国各地都几乎没有发生令农民改变现状的更迭。

二、战后经济恢复措施

从整体上说,三十年战争结束以后,德意志经济得到了迅速的恢复;农业在 1680 年前后、手工商业在 1670 年前后均达到战前水平。其间,各地邦君领主采取了不同的经济恢复措施。

在农业领域,各地邦君领主为恢复生产而采取的主要措施包括三个方面:缓解债务、鼓励垦荒和提倡扩大农副业生产。

一方面,对于农户的地产债务,最早采取缓解措施的是巴伐利亚选帝侯马克西米连一世。1634 年,在瑞典军队第一次在这里与帝国军队发生战斗之后,面对人口损失了大约一半的广大农村,在选帝侯的直接主持下,巴伐利亚政府颁布政令,允许农户延缓偿还债务,并允许负债贷款,同时禁止各地领主强迫农民还贷,特别禁止领主迫使农民用生产必需的粮食和牲畜进行贷款抵押。战争结束以后,巴伐利亚政府继续强制实行延长农民债务期限的政策,帮助农民尽快恢复生产。1649 年,即在战争结束后的第二年,巴伐利亚就已经将战时普遍征收的"宫廷特别税"改为垦熟土地的"田亩税",有效地促使农业生产进入正轨①。除巴伐利亚以外,德国的其他邦国也程度不同地采取了减轻农户债务的措施。在帝国范围内,1653—1654 年

① Liu Xinli(刘新利), *Bauerntum im 18. Jahrhundert, Ein strukturenvergleich zwischen der chinesischen Provinz Shandong und Altbayern*, Westhofen: WVA-Verlag Skulima, 2006, S. 97.

的雷根斯堡帝国议会上做出决议,宣布帝国的所有地产债务均可延期 10 年偿还,同时宣布免去贷款全部利息的四分之三。这项决议在南部的两个帝国行政区,即在士瓦本和法兰克尼亚得到贯彻实行。其他遭受战争侵害的帝国行政区一般由邦君主持发布类似的邦国法令。

　　另一方面,对于战争中抛荒的耕地,大致说,德国的邦君领主主要采取了两种鼓励垦荒的措施。一种,允许贵族兼并土地、建设庄园,特别在北部诸邦内实行;另一种,鼓励垦荒、稳定农户,主要在南部的巴伐利亚、普法尔茨选侯领内落实。

　　具体说,德国北部的勃兰登堡、梅克伦堡、波美拉尼亚等许多领地邦国在三十年战争中遭受了惨重的破坏。普通农民不仅命如危卵,难以生存,而且遭受各类贵族的驱逐,失去土地。农户数目逐年下降。在战争后期,特别在战争结束以后,大批农民又遭到无理由的强迫,他们被强迫耕种贵族以各种方式兼并的、以庄园形式经营的荒芜土地。这个过程普遍得到邦君的支持。在邦君的授意下,邦国政府颁布法令,支持贵族兼并无主土地,并允许他们在自己的庄园产业中役使农民。典型的例子,如梅克伦堡在 1645—1654 年间、勃兰登堡在 1651 年颁布的"佣工令"。

　　勃兰登堡及梅克伦堡等北部邦国通过雇佣法令,使战期及战后获得土地的贵族合法地占有农民的人身,将农民变成依附于自己的,或说依附于庄园主的农奴。到 17 世纪末,在德国的北部,特别在东北部,以农民农户为生产单位的农业生产形式基本上被以贵族庄园为单位的经营形式所取代。村庄的主要人口是农业雇工,村庄的管理者主要是战后形成的庄园贵族,包括投资土地的城市贵族以及购买负债或荒芜土地的官僚贵族和军事贵族。通过邦国政府支持兼并土地、建设庄园的措施,在短时间内,德国北部的大片荒地得以耕熟,单位面积产量增加。据统计,到 17 世纪末,贵族的农村产业上升了不少于 50%。[1]　结果是,一方面,

---

[1] Heinz Schilling, *Höfe und Allianzen*, *Deutschland 1648 - 1763*, Berlin: Siedler Verlag, 1989, S. 406.

德国北部的农产品在国际谷物市场占据了重要地位；另一方面，握有一定资本的土地贵族越来越多地出现在工商企业家的行列之中。到 18 世纪中叶，德国北部的土地庄园经济发展到历史上的最高峰。

德国南部的巴伐利亚、普法尔茨等领地邦国也在三十年战争中遭受了惨重的破坏。为了减少战争损失，在战争期间及战后，大多数邦君领主都公布并实行了恢复土地耕种的办法。以巴伐利亚为例，德国南部鼓励垦荒的主要办法是助使农民获得土地耕种权。

巴伐利亚农民的土地耕种权主要分有四种，即继承权、采邑权、依附权和恩地权。继承权是自由农民可以继承耕种某块固定土地的权利；采邑权和依附权是租地农民终身而止的土地耕种权，名称的区别仅仅指这项权利的来源区别；恩地权是农民的定期租佃权。不拥有某种权利的农民不得耕种土地[1]。为了鼓励农民耕熟荒地，三十年战争结束以后，邦国政府责令"邦国土地局"调查邦国直属荒芜土地的情况，以免税或减少税额和役务为条件，促使原来的领主回归经营，或招标吸引新的土地领主。领主们可以根据土地原有农户的情况，商定契约，重申或新立该农户的某种耕种权。对于非直属邦国的荒芜土地，邦国政府有权占有无主地块，纳为直属领地，同时对于有主地块，则以减轻公国税务的方式，鼓励垦荒。就农民来说，其中，凡在战争中丧失土地占有权的农民，在大多数情况下没有能力继续自耕，一般将土地占有权交托给某位领主，自己以继承权为前提继续耕种。同时，凡在战争中丧失土地耕种权的农民，在大多数情况下通过支付一种称为"劳得民"（Laudemien）的手续费而重新获得土地的耕种权。劳得民的额度在三十年战争以前，即在 1616 年由邦国政府规定为交易地产总值的 5％ 左右，但在战争期间及战后初期，有些地方减少到 2.5％ 左右。减少了一半。[2] 就贵族领主来说，其中，许多在战争中受到创伤、生活日益贫困的贵族，一般通过拍卖保护权（1650

---

① 参见刘新利：《对耕者有其田与耕者有其权的新探讨》，载《文史哲》2005 年第 5 期。

② A. Kopf，*Die Grundherrlichkeit in den aelteren Bestandtheiten des Koenigreiches Baiern*，Landshut：Hagensche Schriften，1809，S. 94.

年)和限定继承权(1672 年)来维持其对于土地的占有权。同时,还有许多贵族即使让出了某种权利,仍然不得不让出部分土地以维持生活。贵族们丧失的土地一般落入两类人手中,一类是修道院僧侣,另一类是工商、官僚和军事贵族。在巴伐利亚,这两类人获得土地以后,不是像在德国东北部那样建设和发展庄园经济,而是在大多数情况下通过恩地权将土地出租给农民。在战争结束初期,这些土地常常被政府划为荒芜土地,因而得到免税或减税的待遇,农民负担相对较轻。通过邦国政府鼓励垦荒、稳定农户的措施,在短时间内,德国南部的大片荒地也得以耕熟,单位面积产量同样也大大增加。据统计,到 17 世纪末,在巴伐利亚,59％的垦荒土地由租佃小农耕种,10％由中等佃农租用,另有 18％是大佃农的耕地。[①] 结果是,以巴伐利亚为代表的德国南部诸邦成为比较保守的封建领地。到 18 世纪中叶,德国南部的租佃制经济发展到历史上最僵化的时期。

还有一方面,对于提倡扩大农副业生产,德国各地邦君所采取的主要措施是,支持引进新的作物、经营新的副业和移入新的人口。

首先,关于引进新作物。15 世纪末欧洲海外新航路开辟以后,主要来自美洲大陆的农作物在德国逐步传开,其中土豆一度成为战争养料而得到广泛种植。早在三十年战争第一阶段结束的时候,在 1623 年,阿尔萨斯地区就引进了土豆及其栽培技术。在战争的最后阶段,土豆种植几乎遍布德国的中、西部。如果说在战争期间土豆的广泛种植是因为它的两大好处,一是被战斗蹂躏过的地块仍然可以保证收成,二是根茎与叶蔓分别可以养活人和畜,战争结束以后的广泛种植就是因为它的对于土质和气候无有苛求的高产量。自 1651 年起以柏林为中心的德国东北部广种土豆就是邦君领主指导民众顺利度过战后灾荒的基本措施之一。除了可以充饥养命的土豆以外,邦君参与引进烟草、果蔬、香草、亚麻等

---

① Liu Xinli(刘新利), *Bauenrtum im 18. Jahrhundert*, *Ein Strukturenvergleich zwischen der chinesischen Provinz Shandong und Altbayern*, Westhofen: WVA-Verlag Skulima, 2006, S. 82.

等来自美洲及亚洲和非洲的经济作物,也为农民提供了增加收入的机会。其次,农民的副业,如林牧业、啤酒和烧酒酿造业等等,在1650年以后几乎在德国各地都得到了诸侯邦君的提倡和保护。还有,随着新作物的引进,随着新副业的增广,在邦国政府的支持下,外来移民,或称难民,其数量也不断增加。南部的瑞士、蒂罗尔和克恩滕山区,西部哈布斯堡王室所属的尼德兰以及法国,由于各种原因,三十年战争前后,从这些地区走出了大批的移民(难民),他们大多走进勃兰登堡-普鲁士和普法尔茨领地,对于当地的经济恢复发挥了很大的作用。

当然,在战争结束后初期,在德国的大多数地方,在农业领域里为恢复生产而采取的措施都没有直接地改变传统的农业经营方式。换言之,诸如减轻农业债务、扶持庄园主、稳定农户及引进新作物和鼓励外来移民、提倡农副业等措施,其结果基本上都是恢复和加强了战前的生产趋势。但是,在某些地方,特别在靠近大河出海口的地方,如北部的勃兰登堡、西部的威斯特伐利亚等等,农业生产的恢复措施为部分贵族领主迅速走向重商主义道路铺设了道路。

在城市经济领域,德国各地邦君领主在战争以后一方面继续利用战争中已经出现了的新的有利发展形势,另一方面其专制措施在客观上、在某种角度上刺激了城市经济的发展。

在欧洲范围内,在三十年战争前后,德国城市人口的增长幅度小于其他国家和地区。下表为城市人口所占的百分比。[1]

表中可见,在三十年战争结束后初期,具体从1650年到1700年,除西班牙和意大利以外,其他国家的城市人口都有所增长:其中荷兰增长63.84%、英国增长59.85%、法国增长18.4%、奥地利增长5.85%、德意志增长1.92%。德意志排在最后,城市人口的增长率最低,说明德国战后经济恢复期的城市发展滞缓。

---

[1] E. Bruckmüller u. P. C. Hartmann, *Putzger historischer Weltatlas*, S. 69.

	1500	1550	1600	1650	1700	1750	1800
德意志	3.2	3.8	4.1	4.4	4.8	5.6	5.5
奥地利	1.7	1.9	2.1	2.4	3.9	5.2	5.2
法兰西	4.2	4.3	5.9	7.2	9.2	9.1	8.8
英吉利	3.1	3.5	5.8	8.8	13.3	16.7	20.3
西班牙	6.1	8.6	11.4	9.5	9.0	8.6	11.1
意大利		12.8	14.6	14.0	13.4	14.2	14.4
荷兰	15.8	15.3	24.3	31.7	33.6	30.5	28.8
欧洲	5.6	6.3	7.6	8.3	9.2	9.5	10.0

为恢复战后城市经济,德国各地邦君领主一般都能够充分地利用和延展战争所造成的发展形势。

一方面,在战争期间,德国许多重要城市的行会制度遭到破坏,新的、有一定自由度的城市经济模式获得了有利的发展空间。对于这一点,德国的大多数城市都没有在战后恢复行会制度,这是有利于城市发展的重要措施。另一方面,德国许多城市招引以荷兰人为首的外国工商企业主、殖民者及其资金,并照搬他们的经营方式,使德国的城市工商业出现前所未有的重视外商、外资的现象。战争过后,德国拥有出海口的三大河流——莱茵河、威悉河和易北河,其航运和贸易在很大程度上分别被控制在荷兰人、法国人和瑞典人的手中。沿岸城市的生存、修复及必要的发展,均不同程度地依靠邻近的外国政权,特别是贸易和转口运输的安全经常是由外国人提供的。还有一方面,与《威斯特伐利亚和约》确定的"教随国定"[1](*Cuius regio eius religio*)原则相协调,德国许多城市的战后法规使城市资产逐步稳定下来。当时,维持各地城市发展的基本要素是保障资产,不仅保障原有资产,而且保障战争中获得的资产以及因各种原因、主要是宗教原因而移入的资产。这是许多战前富裕、战后衰退严重的城市重获新生的重要措施。

---

[1] 刘新利:《德意志历史上的民族与宗教》,商务印书馆 2009 年版,第 328—329 页。

然而,与欧洲其他国家和地区相比,在战后经济恢复的过程中,由于城市的经济发展被邦君领主所控制,所以不仅发展缓慢,而且异化于西欧经济发展的主流。

一方面,三十年战争结束以后,德国许多邦君诸侯走上了专制主义道路。为此,他们大兴土木,建造首都,豪华装饰宫殿、花园、教堂和其他公共建筑。例如科隆选侯、汉诺威选侯等在波恩和赫伦豪森的大规模建设。大规模的城市建设促进了造型艺术和工艺美术以及音乐和文学等活动的兴盛,更重要的,也带动了建材和冶金业以及玻璃和各类饰品等等相关经济部门的繁荣。当然,在此应该特别提醒,在战后初期城市经济和艺术发展中作出贡献的是邦君诸侯,而不是城市富人,德国城市中的富人及富二代更多地将财产移向农村。他们更希望在农庄中舒适地生活。另一方面,由于专制统治的需要,为了掌握财政和军事力量,诸侯邦君往往联合起来对城市进行压迫和剥削。尤其是战后新建的常备军驻地和新建的防御工事,往往就在城市之中或城市近郊,给许多城市造成巨大的压力和负担。

一般来说,面对邦君诸侯的压迫和剥削,德国城市有四种应对结果。一种,沉默着被邦国吞并,如勃兰登堡的黑尔福德(1647、1652 年);另一种,是在强大的军事力量面前经过挣扎以后表示屈服,如马格德堡(1680 年);还有一种是经过战斗之后被强权邦国所占领,如爱尔福特和明斯特(1661 年);另有一种是屈服于外国的威胁,如汉堡和不来梅面对丹麦和瑞典的威胁等等。汉萨同盟中的三个残余城市——汉堡、不来梅和吕贝克,曾经在 1630 年结成防御同盟,意在共同抵抗战争的侵扰,并在 1641 年加强了一次盟誓。但战后不久,在 1661 年,三城同盟宣布解体,各自采取措施应对诸侯的种种压迫。无论如何,虽然战后德国的城市经济得到一定程度的恢复,除士瓦本等极个别的城市以外,到 17 世纪 60 年代,绝大多数城市达到了战前水平,但是,在整体上,德国城市经济基本是邦国经济中的一个附加性支流,几乎谈不上"城市经济领域"。当然,也有少数城市相对地独立于邦国君主,可是这类城市常常被深深地卷入某种国际或邦国之间的纠纷,其战后的经济发展也是一波三折,举步维艰。

作为战后经济恢复措施的内容之一,在 17 世纪 60 年代,德国曾出现一种"联合经济"的想法。"联合经济",意即建立帝国统一的经济体系,其主要代言人是帝国财政学家 J. J. 贝舍尔(J. J. Becher,1635—1682)和维也纳大主教 R. Y. 施宾诺拉(R. Y. Spinola,1626—1695)。1665 年,他们向皇帝与帝国议会提交了一种经济建设方案,建议德国邦国联合在帝国的统一经济法规中,取消境内关卡,对内采取自由市场经济政策,对外进行统一贸易。然而,诸如帝国统一规划和管理的方案在当时的德国不可能落到实处。因为如前已述,三十年战争以后的德意志民族神圣罗马帝国实际上成为奥地利帝国,皇帝实际上是哈布斯堡家族的首领,而帝国内也没有一个足够强大的邦国能够主持落实这种统一的方案。虽然关于对外统一贸易的方案曾经多次通过帝国永久会议立为帝国法规(1676、1684 和 1705 年),但是,可以肯定地说,三十年战争结束以后,德国的经济如何发展不再是帝国能够关注的事务。德意志邦国成为近代经济发展的承载者。

三、经济技术:从战时到战后

不能否认,自 17 世纪中叶三十年战争结束至 18 世纪末法国大革命爆发,一个半世纪内,德国的经济技术没有出现重大变化。战前某些已经开始衰退的行业在战争中继续衰退,某些行业则因战争而破产。尽管如此,三十年战争结束初期,伴随着战后的生产恢复,德国的经济技术虽然步幅不大,但毕竟有所进步。

首先,在农业生产方面。经过持续 30 年之久的战争,德国在 16 世纪增加的人口,到 17 世纪中叶基本消失了。[①] 战后人口新的增长点在北部集中于贵族庄园,在南部大多成为小农户的成员。如此一来,农业人口的增长,在导致谷物、牲畜价格上涨的大前提下,又在北部导致贵族庄

① 参见[德]马克斯·布劳巴赫等:《德意志史:第二卷 从宗教改革至专制主义(1500—1800)》,第 632 页。

园雇农的工资停滞不动,在南部导致农户的负担加重。这种状况不仅标志着农民的生活水平下降,而且还标明消费者的购买趋向:宁可购买廉价产品,如谷物和啤酒,也不愿购买高价产品,如肉和葡萄酒,而后者又是农副产业的主要成份。这是一种不利的形势。从整体上说,战后初期,德国改变这种劣势的做法,除了更大面积地开垦荒地、农村人口向城市流动以外,还在生产技术上逐步地、缓慢地从草田两圃轮作向着三圃制改进,加上牧场和菜园等形成四圃制,以增加单位面积的生产量。其间,经济作物种植面积的扩大和新作物的普遍引进,也为土地的充分并合理地利用提供了条件。随之,市场上出现越来越多的牲畜、黄油、啤酒花、蔬菜和水果以及烟草、啤酒、葡萄酒和亚麻等农村产品。到 17 世纪末,德国的农业生产具备了可持续发展的基础。

两圃与三圃耕作形式

两圃制	第一年	种植	休耕
	第二年	休耕	种植
	第三年	种植	休耕

三圃制	第一年	冬作物	夏作物	休耕
	第二年	夏作物	休耕	冬作物
	第三年	冬作物	休耕	夏作物

另外,在矿冶和金属加工行业,不能否认,在三十年战争以前德国处在欧洲的领先地位。漫长的战争使德国的主要冶铁中心遭到严重的破坏,战后的重建处处举步维艰,一直没有恢复到战前水平。虽然如此,这个行业还在不同的地区具有不同程度的进展。在德意志帝国境内,有的地方其矿冶炼铁业在战争以前曾经因为各种原因开始衰退,经过战争便完全停顿,战后恢复生产极其缓慢,但还是采用了新的高炉技术,谋求发展。如在上普法尔茨。有的地方其大多数冶炼作坊在战争以前发展势头良好,却在战争中成为废墟,只有极少数在战后得到重建,并开始采用新的工场模式进行经营。如在巴登。有的地方其金属加工业在战前发

展势头不大,战争期间勉强维生,但在战后恢复生产期间生产出地方品牌,呈现繁荣景象。如威斯特伐利亚的金属丝和小环口锤;又如萨克森的白铁皮等。1627年开始在开姆尼茨使用的黑色炸药,战争以后较为普遍地用于矿业爆破。在使用黑炸药的地方,往往同时使用双面锤,并在通风、排水以及洗矿等等方面采用了较为先进的方法。在德国更多的地方,冶炼和金属加工业在战争之后逐步地以新的工场取代了旧的作坊,利用外国的资金和物资,采用新的技术和设施,逐步地恢复了生产元气。如黑森的奥登林山、图林根的施马尔卡登和苏尔以及哈尔茨山区等等。当然,也有的地方战后长时期地没有能够恢复生产。如在勃兰登堡和波美拉尼亚地区,因为瑞典的铁制品在这些地区占据垄断地位。除此之外,在那些没有受到战争创伤的地方,由于在生产过程中担心降低质量而坚持采用诸如生吹炉等传统的生产方式,在17世纪下叶反而没有得到进步性发展。如在奥地利统治下的阿尔卑斯山区。

还有,在交通运输行业,由于所处的地理位置及长时期的战争,德国在三十年战争前后明显地落后于欧洲其他国家和地区。在帝国境内,四大河流是主要的运输通道是莱茵河、威悉河、易北河和多瑙河。战争结束以后,由于普鲁士摆脱了波兰的宗主权,勃兰登堡选帝侯主持开凿了易北河与奥得河之间的"弗里德里希·威廉运河",开启了德国开凿东西走向大运河的先河。至于交通工具,在帝国境内的河流上,所有类型的船只,在很长时期内都没有值得一提的改进。古老的木筏、乌尔姆拖船、多瑙河平底船以及驳船等还在载重运行。帝国的区间大道,因为军队使用频繁,所以在战争中没有遭到严重的破坏,某些路段甚至得到一定程度的维护。与之相反,村庄和城市里的道路则或多或少遭到战争的破坏。战争结束以后,许多邦君领主将所在城市的修建当作是战后经济恢复措施的首要内容。城市的铺石路面得到修护,乡间小道也得到基本的修整。在帝国境内的各类道路上,马车是重要的运输工具。在战争以前,德国已经使用新型的装有防震设施的车轮。起初采用皮带式,稍后便使用木质或钢质的防震装置。这算是战前交通工具的最大改进。三十年战争期间，沉重的、由多匹马拉的长途运输车辆已经普遍出现，各地战用物资主要由这类马车运输。除了载货以外，马车运输还用于邮递和客运。为了客运，许多马车配上玻璃窗成为轿式马车。还有不少装配豪华饰品的工艺马车。17世纪末至整个18世纪，西欧风行漫游学习。贵族子弟时兴在学校就读一段时间之后游历各国，豪华马车是他们主要的交游器具。贵族富人们的马车除了炫富以外，还常常用于举行某种礼仪，甚至出租。就境外的交通运输来说，在战争之前，德国西北部的地方统治者已经非常重视港口建设和海船制造。他们着重利用尼德兰人的经验，或者疏浚河口、为河床改道，如埃姆登河；或者建设城外港口，如在不来梅；或者修筑房式船闸，如在勃兰登堡。三十年战争之后，沿海地区的德国邦君更加注重学习和推广尼德兰的造船技术，支持制造更大、更快、更坚固，吃水更深的能够远航的海船。是的，他们已经展开了海外贸易的准备工作。

最后，应该提一下武器制造行业。由于战争的需要，在三十年战争之前及之后，武器的制作技术虽然没有取得根本性的改进，但是，大炮的重量减轻了，射速提高了，步枪也装上了刺刀。武器制作技术的提高对于相应的冶炼、铸造及手工技术发展的重要性是不言而喻的。

作为经济技术发展提高的重要内容，还应包括生产技术的发明和研究出现的一系列成果。

在三十年战争结束以后，许多技术工人和发明家、科技研究者，从荷兰、法国、意大利和英国等当时较为先进的国家来到德国，他们不仅留下了自己的优秀成果，而且还对德国的技术科研人员产生了深刻的影响。法国医生和自然科学家D. 帕平（D. Papin，约1647—1712年）可以作为这方面的代表。因为信奉加尔文教义，作为胡格诺难民，他背井离乡，长期在德国大学教授数学（自1688年起在马堡大学，1695年起在卡塞尔大学）。教学期间，D. 帕平先后发明了空气发动蒸汽机（1690—1698年）、高压锅（1681年）和大功率中心泵（1689年）。可惜他没有发明由蒸汽机推动的江河航船。那是一个世纪之后工业革命时期的重要发明。此外，

德国哲学家、自然科学家 G. W. 莱布尼茨(G. W. Leibniz,1646—1716)
可以作为德国本土科技发明的代表人物。在其一系列研究和论述中,莱
布尼茨曾经设想热气发动机、后膛枪、连珠枪以及苏伊士运河的开凿方
案。他甚至设想过计算机。1681 年,为了提取和利用哈尔茨山区的井下
水,他设计了一种风力机械。17 世纪后期,各种科学杂志和科技专业辞
典也相继出现。对于进行生产技术发明与研究的动机,或者在改善农耕
经营方面,或者在提高手工工场效益、增加商贸海运业收入以及改进劳
动工具等等,一般都有明确的实用目的。正如莱布尼茨所说:为了"改善
农田耕种、手工工场和商业,总而言之改善食物"[①]。

　　除了发明和研究成果以外,普及或介绍性的科技著作也成果丰富。
在三十年战争以前,德国就已经出现了数量不少的工程技术画册,其主
要内容是介绍和说明某项技术的具体构造和运用。例如以水力、风力、
兽力和热气为动力的提升机或提水设备,又如夯实机等机器制造以及磨
房、锯木场的基本设施等等。代表作如冶金矿物学家 G. 阿格里科拉
(G. Agricola,1494—1555)的《论矿冶》(*De re metallica*,又译《坤舆格
致》,1556 年)。这是一部涉及冶炼技术和矿冶设备的插图著作。当然,
当时在德国技术界流行的科技书籍大多是从意大利文翻译过来的。三
十年战争结束以后,各类技术文集继续在德国出现,其内容仍然主要是
对某项实用技术的概括说明和介绍评论。代表作如数学家 A. 奇尔舍
(A. Kircher,1601—1680)的《诺亚方舟》(*Arca Noë*,1675)。这是一部
关于多种机械制造的理论和实际操作的研究著作。此外,纽伦堡铜版刻
匠、出版商 C. 魏格尔(C. Weigel,1654—1725)亲自观察了德国几乎所有
的作坊工场,在工场师傅的协助下,当场依据实物描绘机械操作图,并据
此编写了一部配有 277 幅铜版插图的《场地书》(*Ständebuch*,1698),详
细地描述了 200 多种手工工艺和制作方式。与战前一样,战后充斥德国

[①] [德]马克斯·布劳巴赫等:《德意志史:第二卷 从宗教改革至专制主义(1500—1800)》,第
　639 页。

科技界的主要著作也基本都是翻译本;所不同的是,战后的译作多是从法文而不是从意大利文翻译过来的。

关于三十年战争前后德国经济技术的改进,在此还要赘上一笔:神圣罗马帝国皇帝及强邦君主给予了极大的关注和应有的支持。战后经济恢复期的皇帝利奥波德一世,在其身边有三位当时最著名的经济理论家和实践家。他们是 P. W. 冯·霍尔尼克(P. W. von Hornigk,1640—1714)、W. 冯·施罗德(W. von Schröder,1640—1688)和前面提到的帝国财政学家 J. J. 贝舍尔。关于他们的施政建议下一章还要述及。在此要谈的是,他们都怀有建立科技研究机构和大规模手工工场的设想。其代表性行为,如贝舍尔于 1670 年提出的建立"机械学校"和生产型大工场的建议。1677 年,皇帝接受建议,委托他在维也纳主持开建"艺术和机件工场"(Kunst-und Werkhaus am Tabor),以制造玻璃器皿,加工毛纺、丝绸织品和皮革制品为主,同时引进和研发新的生产工艺,培训技术工人。17 世纪下半期和整个 18 世纪,维也纳宫廷中聚集了一大批技术人才,包括仪器制造者、机械师、光学仪器制造者和钟表制造者等等。其他德国邦君宫廷,如萨克森、勃兰登堡、普法尔茨等等,也都热衷于聘请科技研究者和发明家。虽然他们的研究和发明常常没有社会性的实用价值,如上釉的陶器和瓷器、刚玉玻璃和玻璃工艺等,但是这类活动可以从一个角度证明三十年战争结束后出现的科技发明风气。

第二章　17世纪中叶至18世纪初的德国社会与文化

三十年战争以基督教与天主教之间纠纷为主要起因。虽然在战争的过程中,宗教分歧不是敌对阵营的分界线,但是在战争结束以后,在德国文化领域内却出现了由宗教划分的两种发展趋向:一种是基督教的,主要通过组织语言学会来纯净德意志语言;另一种是天主教的,主要通过巴洛克文学创作来排斥外国文化影响。两种发展趋向表现出同一种现象,即德意志民族的自我意识。与此同时,关于国家的、德意志国家的种种思考表现出战后德国思想界的特殊的出发点:德意志民族神圣罗马帝国的存在。

第一节　德意志社会:阶层变化与教会状况

一、各阶层社会地位的变化

三十年战争并未将神圣罗马帝国带入激进的社会变革轨道,《威斯特伐利亚和约》也没有触动旧社会秩序。17世纪中叶以后,帝国的等级社会性质依然如故,但就各个等级而言,其内部构造和表现形态还是发生了相当大的变化。

（一）教士

教士等级依然为第一等级,但是随着邦国教会和教派的形成,这个原本享有种种特权并且拥有广泛国际联系的职业团体已不再构成一个统一整体，也不再听从罗马教皇的遥控指挥了。诸如天主教大主教、主教、修道院院长等高级教士，已像世俗诸侯一样在自己所管辖的教区内独揽大权，自行处理本邦政治宗教事务，俨然成为一方君主。只是绝大多数教会诸侯所辖领地有限（修道院院长往往只拥有一个修道院），没有多大势力，甚至经常会被较大的诸侯所吞并。而在教会邦国和世俗邦国内的天主教低级教士则必须服从邦国君主的意志，唯其命是从。坚决维护天主教会的国际性，甚至铁杆效忠罗马教皇的天主教教士，虽然有之，但仅占少数。相反，以神圣罗马帝国皇帝为靠山，积极寻求哈布斯堡王朝保护的天主教教会人士，却不在少数。

路德教牧师早已随着邦国教会的建立而成为国家官员，被作为邦国教会首领的邦国君主纳入邦国官僚体系之中了。与世俗的国家官员一样，他们也必须服从作为"国家利益最高代表"的邦国君主的领导。只是在宗教信仰方面，不少路德教牧师继续坚持马丁·路德在沃尔姆斯（Worms）帝国等级会议上所强调的个人良知原则和独立自主精神，也经常联合起来，与危害个人或邦国臣民宗教信仰的行为作斗争。

加尔文教在神圣罗马帝国境内流传不广，只有个别诸侯或邦国君主，连同他们的顾问大臣，接受了这一教派信仰。与之相应，加尔文教会及其神职人员，也未形成多大势力。

（二）贵族

贵族等级的内部分化依然十分明显，但是随着邦国国家化进程的发展和邦国君主宫廷文化的发达，低级贵族有了更多的晋升门路，整个贵族等级政治的和社会的统治地位得到了重新巩固。高级贵族（大公、公爵、侯爵、伯爵等）大都摆脱了皇帝的控制，从皇帝的附庸和帝国诸侯发展成为享有国家主权的邦国君主。只是因为邦国大小、强弱不等，各个邦国君主的政治地位和影响力不尽相同。大的邦君实力雄厚，不仅在帝国政治事务中发挥着举足轻重的作用，在国际事务中也崭露头角，开始跻身欧洲大国行列。小的邦君，例如霍亨索伦-赫兴根（Hohenzollern-

Hechingen)的伯爵或洛伊希滕贝格(Leuchtenberg)的邦国伯爵,其领地不比一个较大的骑士庄园大多少,而领地的分割和财政危机也经常使他们深陷困境。他们虽贵为一邦之主,但在邦国之外并无地位和影响,甚至经常面临大国或大邦兼并的危险,不得不寻求保护。而在帝国联盟已经不能提供保护的情况下,他们或者投靠某个大邦君主,如哈布斯堡君主,或者干脆在帝国外寻求例如法国国王或罗马教皇的救助。

没有遗产继承权的贵族子弟已在战争和战后的危机局势中懂得了固定薪水的价值,他们不再顾及个人的自由和独立地位,千方百计谋求一份官差,以便维持生计,或者作为晋升之途。他们或者到帝国教会中担任教职,享用一个甚至多个教会俸禄,并由此晋升为高级教士等级;或者投靠邦国君主,成为宫廷侍臣、政府顾问或军政官员,心甘情愿地沦为邦国君主的臣仆。不过,只有天主教贵族有资格谋求教会中的职位。对于新教贵族来说,《威斯特伐利亚和约》已经彻底断绝了他们出任大主教或主教的后路。他们要想获得教会俸禄,必须首先改宗天主教。事实上,也的确有不少新教诸侯和贵族改宗天主教了。而邦国君主为了笼络贵族,巩固和扩大自己的势力,也乐意将贵族子弟安排到自己的宫廷或军队之中。

战争一方面暴露了贵族面对新式作战方式而呈现出的无能,另一方面又证明了他们的适应能力和重要性。对于邦国君主日益扩大的军队来说,贵族是天生的军官。因此,尽管身份地位发生了很大变化,从单枪匹马的独胆英雄,变为军官团队的一分子,整个贵族等级的社会领导地位并没有受到触动。

另外,作为邦国等级,贵族在政治上也不是毫无作为,他们的抗议经常会迫使邦国君主,特别是弱小邦国的邦国君主作出妥协和特殊照顾。在帝国东部,贵族不仅继续把持地方统治权,还可以直接参与邦国政府的政治决策。天主教贵族(包括乡村贵族)也可以通过维也纳宫廷的庇护,抵制邦国君主的肆意欺辱。

（三）市民

战争期间，城市人口大为减少，即使有不少人从农村迁移到了看上去比较安全的城市了。人口的减少使得许多岗位空缺了，伙计或者说帮工可以比较快地升为师傅，出身于社会边缘群体的人也能够为城市社会所接纳。为了补充劳动力和纳税人，市政当局甚至想方设法吸引农民入城。从农村进入城市的社会流动和在城市内部进行的不同阶层之间的社会流动，一度变得十分频繁。一些农民子弟在城市里找到了上升机会，先是成为市民，再升为官员和贵族。

例如格奥尔格·德福林格（Georg Derfflinger，1606—1695）出身于奥地利一个新教家庭，做过裁缝学徒工，三十年战争期间参加瑞典国王古斯塔夫二世·阿道夫的军队，从辎重脚夫升至骑兵上校和高级将领。战后投奔勃兰登堡选侯弗里德里希·威廉，虽然没有上过学，还是受到重用，成为勃兰登堡选侯邦陆军元帅和波美拉尼亚总督，对于战后勃兰登堡军队建设，特别是骑兵和炮兵建设，有重大贡献。大概因为他与多国军队有联系，所以也承担了不少外交任务。1674 年被皇帝利奥波德一世擢升为帝国男爵。

科比尼安·普利尔迈尔（Korbinian Prielmair，1643—1707）出身于巴伐利亚选侯邦城市埃尔丁（Erding）的下层市民家庭，是一个日工的儿子。借助于耶稣会士的推荐——他本人曾在慕尼黑上过耶稣会士办的文科中学——他在 1662 年进入选侯的枢密院，1683 年升入选侯顾问团并成为枢密院秘书长，1687 年担任档案馆馆长，1689 年担任枢密院首席大臣。与之相应，其社会地位也步步高升：1685 年成为帝国贵族，1694年再升为帝国男爵并获得格里斯巴赫的管理权。普利尔迈尔广泛参与了巴伐利亚对外政策的制定，例如在法国波旁王朝与神圣罗马帝国皇帝交战期间，协助巴伐利亚选侯费迪南德·马里亚制定了直至 1683 年的中立政策，在西班牙王位继承战争中协助选侯马克斯·艾曼努尔制定了与法国结盟政策；马克西米连二世·艾曼努尔（Maximilian Ⅱ Emanuel，1662—1727，1679—1726 年在位）任命他为西班牙属尼德兰总督。在反对奥地利的战争失败后,普利尔迈尔在1704年同选侯一起流亡尼德兰。1707年卒于比利时。

埃伯哈德·丹克尔曼(Eberhard Danckelmann,1643—1722)从林根较高级市民阶层上升为勃兰登堡-普鲁士国家的高级官员。他是一位邦国法官7个儿子中的第四个,曾在乌得勒支上大学,皈依加尔文派,后来担任勃兰登堡选侯弗里德里希·威廉的儿子弗里德里希,即后来的"在普鲁士的国王"弗里德里希一世的家庭教师,1688年被勃兰登堡选侯弗里德里希三世任命为国家和战争枢密顾问,1692年被任命为克累弗公国政府首席大臣,1695年升为勃兰登堡-普鲁士国家各邦联席会议主席。丹克尔曼积极参与勃兰登堡-普鲁士国家行政管理的中央集权化建设,大力推动手工工场的创办,有意识地提高市民等级的地位。在他之后,他的6个兄弟也陆续成为国家要员,以至于被人称作"丹克尔曼七人帮",并被皇帝利奥波德一世擢升为帝国男爵。丹克尔曼因为反对选侯的韦尔夫政策而在有影响的圈子里树立了敌人。1697年11月27日被政敌推翻,并被捕入狱。1707年,已成为"在普鲁士的国王"的弗里德里希一世宣布大赦,并允许他定居科特布斯,还批准每年从他的被没收的财产中支付他2000塔勒,但是两人并没有和解。弗里德里希·威廉一世在1713年即位后恭敬地将他请回宫廷,虚心向他征求意见,但未为他平反,也没有退还他被没收的财产。

还有拉登堡人、漂染工的儿子约翰·弗里德里希·赛勒恩(Johann Friedrich Seilern,1646—1715),他通过为普法尔茨选侯卡尔一世·路德维希和神圣罗马帝国皇帝利奥波德一世服务,获得帝国伯爵爵位,并且跻身于维也纳高级贵族行列,成为奥地利宫廷总理。为了获得邦国君主和皇帝的宠幸,赛勒恩数次改变宗教信仰,从路德教改宗加尔文教,再改宗天主教。

约翰·安德里亚斯·克劳特(Johann Andreas Kraut,1661—1723)出身于哈勒一个盐场所有者家庭,1680年到柏林,入股向柏林宫廷供货的维斯脱夫和席林商行,赚取了第一桶金,后来成为该商行的第三大持股人。1686年，克劳特创办金银器手工工场，并将该手工工场建设成了柏林第一家重要的和持久的手工工场企业。1689年，克劳特成为勃兰登堡-普鲁士国家军事管理部门的资金管理者，集银行家和政府官员双重身份于一身，在阿姆斯特丹、伦敦、威尼斯、热那亚和维也纳为国家筹集贷款，而他本人也从中谋取了大量资产，甚至成为国家的债权人。"在普鲁士的国王"弗里德里希·威廉一世任命他为枢密兼军事顾问、普鲁士第一任商业兼手工业大臣，1703年又擢升他为贵族，1718年进一步擢升他为普鲁士王室领地最高行政管理大臣。但在克劳特临死之前，弗里德里希·威廉一世以秘密出口羊毛罪，没收了他的所有现金资产，并且迫使其遗产继承人将克劳特的所有企业股份和4万塔勒转让给波茨坦军事孤儿院。按照当时的普鲁士法律，出口羊毛者是要被判处死刑的。

城市市民大都通过做官而被擢升为贵族。直接从富裕市民上升为贵族的却十分罕见。他们通过业绩获得提升，甚至跻身贵族行列。这些市民出身的官员已不是君主对抗贵族的工具。他们采用贵族的生活方式，背离市民等级而成为贵族等级中的一员。

然而，拥有这种飞黄腾达的职业生涯的人毕竟是极少数的。绝大部分市民只能满足现状。他们固守工商业经营，甚至不得不忍受皇帝和邦国君主以及日益寡头政治化的市政当局的剥削压迫。

三十年战争之后，城市传统的社会机构依然如故。战争不仅没有消灭"名门望族"，反而使之更加巩固了。无论在帝国城市中还是在邦国城市中，市政当局依靠社会上层的支持，确保其统治的倾向依然存在，寡头政治依然十分突出。先前的市民上升者家族现在已经结成了一个封闭的垄断官场的集团。严格的门阀制度和出身要求将普通市民排斥在官场之外，而在新教城市中，这一点还体现在教会政体的扩建上，新教牧师同样构成了一个比较固定的职业团体。市政官员力图发挥一种准专制作用。就是在人口不足300人的士瓦本小城市魏尔，市政官员也在1670年前后极力坚持其相对于市民社团的"主权"要求。

战争期间，许多行会在抵御外来侵略和反对战争方面发挥过重要作用。但在战后,行会也构成了一个抵御变革的堡垒。其首领同样倾向于寡头政治,极力压制伙计和帮工的权利要求。在这方面,行会首领与市政官员的利益是一致的。

愈来愈勾结在一起的城市上层对城市官职的垄断和权力滥用,在汉堡、不来梅、吕贝克、海尔布隆、科伦和美因河畔法兰克福等帝国城市中引起了市民反对派的强烈抗议。市民要求加强对当政的城市官员的监督。在汉堡,市民代表甚至将市长赶下了台。但是 1683—1688 年在科伦爆发的"居里希起义"却以其代言人被处决而告终。[①]

城市内部的冲突经常与城市经济停滞或衰退同时出现,但在法兰克福和汉堡等经济繁荣的帝国城市也存在大量诉讼,而这些诉讼并不是由经济困境引起的。在帝国城市中也形成了一些仪式化的冲突,它们触及暴力冲突的边缘,但又尽可能避免暴力冲突。人们试图通过建立市民委员会的途径,对市政会行使监督权,尽力约束市政官员的言行。产生于罗马法的市民控告官厅的权力和集团原则,即任何决议只要有 2/3 的市民赞成就具有合法性,已在当时的城市中广泛传播开来。

然而,帝国法所规定的帝国城市团体已经不再具有多大意义了。城市会议,即所有帝国城市代表的聚会,自 1672 年起就不再召开了。雷根斯堡的"永久帝国等级会议"使之成为了多余。

另一方面,帝国最高法院,尤其是帝国宫廷参事院也越来越多地参与处理城市内部纠纷。与此同时,皇帝和邦国君主大举干预城市事务。诸如明斯特、索斯特、凡尔登、布拉克、瓦尔堡和莱姆戈等帝国城市都被邻近的邦国所吞并。而对于邦国城市来说,邦国君主更容易充当仲裁者,也能够比远远在外的帝国首脑更迅速和更直接地介入城市事务。

在帝国中部和北部,城市试图摆脱邦国君主的干预。对于他们来说,邦国君主的干预彻底打破了他们直属帝国的美梦。但也有一些城市从邦国君主的管理措施中获益匪浅。大邦中的邦国城市比帝国城市更容易获益。

---

① Volker Press, *Kriege und Krisen. Deutschland 1600 - 1715*, S. 294 - 295.

（四）农民

农民依然占国家人口的大多数，但其法律和社会地位很低。战争、瘟疫和饥荒造成的人口锐减，使得劳动力变得"珍贵"起来，社会升迁机会（例如移居城市，从事非农行业）增多，也在一定程度上缓解了村庄内的紧张局势和冲突，尤其是缓解了小农的困苦。使用公共土地，营造一个小农场和成家立业成为可能。然而，对于人口减少带来的些许好处，农民只能在有限的范围内享受和利用。在社会总体结构中，更不用说在政治领域，他们依然是难以升迁的。另外，在不同地区，农民的社会和法律地位千差万别，其劳动和生活状况也异质纷呈。

在帝国西部和西南部贵族领地分散零碎、邦国君主势力较弱的地区，农村公社比较牢固，农民能够较好地自我保护，获得更多改善生存状况的机会，不少农民甚至成为自由农和富农。除此之外，这里的农民也享有较高法律地位，可以上诉帝国法院，控告直属帝国的领主，也可以在邦国司法机构里诉苦申冤。但在帝国东部和东北部盛行大地产庄园经济的地区，农民却很少有这样的机会。在那里，贵族通过其地方统治权，可对农民实行严格监控和直接处罚。

总的说来，1648 年之后，地主或庄园主的剥削压迫依然很重，农民的生活依然相当贫困，农民的自由依然受到很大限制，农民的反抗斗争也不断进行，尤其是士瓦本和上莱茵地区。在这里，邦国君主无力抵抗外来侵略，不得不让其臣民武装起来进行自卫，这就经常导致局势失控。然而，与 16 世纪 20 年代的普通人起义不同，现在的冲突尽管不乏武力手段，但通常是根据帝国法律条款，以司法诉讼的方式进行的，并且以农村和农民聚居区现存的具有行动能力的臣民组织为前提条件。这些冲突基本是体制内的，并没有动摇封建等级制社会秩序，严格疏远任何暴力。只有一个邦君被其臣民杀死，1699 年，亚琛附近的一位修道院院长被起义农民雇用的一位职业杀手枪击身亡。[1]

---

① Volker Press, *Kriege und Krisen. Deutschland 1600 - 1715*, S. 293.

在帝国东部和东南部,1680 年的波希米亚农民起义和 1705—1706 年的巴伐利亚人民起义具有较大的偶发性。在波希米亚,维也纳的重税被地主转嫁到农民身上,加上瘟疫的流行和重新天主教化政策的实施,农民们苦不堪言,奋起反抗。当神圣罗马帝国皇帝利奥波德一世在 1679 年巡视波希米亚时,人们向他呈交了大量冤情申诉,皇帝试图通过颁布《灵魂的条约权利》(*Tractatus de iuribus incorporalibus*)进行干预,调整地主和农民的关系,使农民获得一定的法律保障。但在皇帝离开后,不少申冤者遭到逮捕。1680 年 3 月,农民起义在波希米亚各地蜂拥而起。利奥波德下令严厉镇压,大批起义者被处以绞刑,或被罚以强迫劳动和监禁。与此同时,他也颁布《劳役法》,重新调整了地主与农民的关系,规定农民为地主的劳役每周不得超过 3 天。这一法令使农民获得了一定的法律保障,但是地主并不认真执行这一规定,农民仍然遭受着沉重剥削和压迫,也继续进行反抗斗争。

1705—1706 年的巴伐利亚人民起义发生于西班牙王位继承战争期间。当时,巴伐利亚选侯马克西米连·艾曼努尔因为与法国结盟反对哈布斯堡王朝的权力要求,神圣罗马帝国皇帝约瑟夫一世派遣军队占领了巴伐利亚,并将选侯马克西米连·艾曼努尔驱逐到尼德兰。为了捍卫自己的家园,赶走外来侵略者,以农民为主体的巴伐利亚社会各界自发武装起来,同皇帝的军队展开了激烈斗争。

起义开始于上普法尔茨,迅速蔓延到多瑙河和因河之间地区。起义者夺取了布格豪森、谢尔丁、卡姆和布劳瑙等城堡。1705 年 12 月 21 日,起义者在布劳瑙召开"卫国大会",参加者有来自教士、贵族、市民和农民 4 个等级的代表。12 月 25 日夜,皇帝的军队在慕尼黑附近的森德林战胜来自上巴伐利亚的起义军,并且屠杀 1100 余人,其中大多数是在缴械投降后被杀害的,是为"森德林圣诞夜大屠杀"(Sendlinger Mordweihnacht)。

但是起义者继续坚持战斗,直到 1706 年 1 月 8 日艾登巴赫战役(Schlacht von Aidenbach)才被皇帝的军队完全镇压下去,在此次战役中又有 4000 余名起义者阵亡。1 月 11 日，卫国大会派遣一个代表团到萨尔茨堡与皇帝进行和谈，谢尔丁、卡姆、布劳瑙和布格豪森先后投降。巴伐利亚人民起义虽然失败了，但在德意志近代史上它以其反抗外来侵略大无畏精神和首创的议会民主体制占有一席重要地位。起义者早在法国大革命之前就创建了卫国大会这一颇具近代民主特色的集会，历史学家亨里克·L. 乌尔莫林（Henric L. Wuermeling）甚至称这一起义为"近代历史上的首次革命"①。

二、各教派的权利状况

在宗教政治问题上，《威斯特伐利亚和约》认可了神圣罗马帝国境内各教派的地位平等，并且除了天主教和路德教，还将加尔文教合法化了。它也认可了"教随国定"原则，保留了诸侯决定邦国宗教信仰的权利，教皇和皇帝由此失去了充当宗教事务仲裁者的资格。《威斯特伐利亚和约》还规定以 1624 年为"标准年"，按照这一年的状况确定宗教信仰的区域界限和教会财产的占有水平，只将哈布斯堡家族统治下的奥地利和巴伐利亚选侯在三十年战争期间占领的上普法尔茨算作例外。哈布斯堡家族在波希米亚等地推行的反宗教改革政策没有受到谴责，只在西里西亚部分地区，对新教徒做出了一定的让步。

这样一来，帝国境内的教派秩序基本上得到了保障，天主教、路德教和加尔文教（也称作改革教）三个主要宗教派别同时并存、各得其所的局面开始形成。但在实际上，天主教徒重新占据了优势地位。天主教徒在宗教改革期间一度出现的人数大减的危机得以克服，现在重新成为多数派了。在战后帝国总人口中，天主教徒约占 58％，新教徒（包括各种小教派）占 41％。② 在帝国法权秩序中，天主教同样占据优势。在 1623—

---

① 参见 Henric L. Wuermeling, 1705. *Der bayerische Volksaufstand*, München/Wien：Langen-Müller, 1995.

② ［德］彼得·克劳斯·哈特曼：《神圣罗马帝国文化史 1648—1806 年：帝国法、宗教和文化》，第 41 页。

1685 年间的 8 位帝国选侯中,天主教徒 5 位,新教徒 3 位。1685 年,在教派混合的普法尔茨选侯国中,信奉天主教的普法尔茨—诺伊堡一系执政,信奉天主教的帝国选侯增至 6 位。1692 年,信奉新教的汉诺威公爵(不伦瑞克公爵)成为第九位选侯,帝国选侯当中天主教徒与新教徒之比变为 6：3。但到 1697 年,萨克森选侯、"强壮者"弗里德里希·奥古斯特一世(Friedrich August Ⅰ der Starke,1670—1733,1694—1733 年在位①)重新皈依天主教。此后,帝国选侯当中天主教徒与新教徒之比变为 7：2。更重要的是皇帝本人依然坚持天主教信仰。尽管从理论上讲,新教徒也可以成为国家首脑,但从未有人进行过用新教皇权取代天主教皇权的尝试。凡此种种情形,都有可能导致对天主教徒的偏袒,也经常引起新教徒的猜忌和不信任。

　　为了化解对立,人们设计了种种落实教派平等的策略,其中大多数解决方案纯属实用主义的,有的甚至十分滑稽。在一些最重要的共同机构中,如在帝国等级会议中,在所有涉及宗教的重大问题上,多数决定原则被取消,信奉天主教的帝国等级不可以凭借多数票作出对新教派不利的决定。天主教帝国等级和新教帝国等级分别参加天主教议团和新教议团讨论政务,而在作出决定时,两个议团拥有同样的表决权,只有双方意见一致,帝国决议才可以生效。在另外一些国家机构中,同一职位也由天主教徒和新教徒平等地分别占有,如在帝国最高法院中,信奉天主教的法官与信奉新教的法官各占一半。帝国军队中将军职务同样如此。其他高级职位大都优先为天主教徒所保留。为了照顾家族的利益,信奉新教的吕贝克主教也在帝国等级会议中拥有席位和表决权,而这是唯一的例外。在既有天主教徒又有新教徒定居的帝国城市中,例如奥格斯堡和比伯拉赫,两个教派可以并存。奥斯纳布吕克主教堂议事会设立了一种天主教主教和新教主教轮流制度,先是推选一位天主教主教,在他辞世后必须由一名新教主教接任。法兰克尼亚城市菲尔特则实行"三派

————————————

① 1697—1704/1709—1733 兼任波兰国王,称奥古斯特二世。

合治"。

按照 1624 标准年确定的宗教信仰界限和教会财产占有水平足以稳定帝国的教派秩序。但这并不意味着宗教宽容,无论在邦国还是在帝国城市,一般情况下只能信奉一种邦立宗教,并且只有占主导地位的教派成员才享有完全的权利。信奉其他宗教的人有权自由地迁往邻国领地,并在这之前变卖他们的家产。这种秩序也未因诸侯改变宗教信仰和王朝内有其他教派的统治者执政而发生根本性的变化。萨克森选侯"强壮者"弗里德里希·奥古斯特一世后来从新教反叛天主教,但其领地仍然属于纯粹的新教教派,不允许天主教的教士和团体存在。邦君只能在宫廷教堂或宫殿祈祷室里做弥撒。[①]

(一)新派教会

新教会大都与邦国或城市联系在一起,具有突出的邦国教会特征。邦国君主或帝国城市的市政当局成为本邦或本市新教教会的最高监护人(称作"代理主教"或"最高主教"),定期举行教会视察,行使主教的审判权。世俗统治者和教会人士,政权和教权,建立了紧密联系。新教神职人员也获得了类似于国家官员的地位。加尔文教在教会中使用长老会法规而有着民主的因素,但在神圣罗马帝国,因为诸侯势力强大,加尔文教教会也成为以邦君为首脑的地方教会了。新教的邦国教会机构实际上是"一个与国家相连的、机构化了的地方性宗教组织"[②]。每一个邦国和每一座帝国城市都拥有完全独立的、有着自己首脑的地方教会。尽管表现出团结的姿态,通常也与其他邦国的教友保持着良好的关系,但各个教会在组织上并不属于一个整体。路德教派主要分布于北欧地区,但因丹麦、瑞典、勃兰登堡统治者在该地区的权力争斗,各地的路德教友联系不十分紧密。相反,加尔文教派因为与荷兰、瑞士和法国的教友联

---

① ［德］彼得·克劳斯·哈特曼:《神圣罗马帝国文化史 1648—1806 年:帝国法、宗教和文化》,第 63 页。

② Meyers Enzyklopädische Lexikon,Bd. 22:*Artikel Staat und Kirche*. Mannheim u. a. 1978,S. 400.

系紧密,相互支持,所以具有一定的国际性。

　　新教派反对偶像崇拜和弥撒的献祭性质,禁止在教堂中悬挂画像,拒斥参拜圣徒遗物、朝圣和游行等崇拜活动,也不提倡修道生活和成立宗教修会。他们强调宣示上帝的话语,突出圣经和布道的重要性,主张以教导式的布道替代圣坛弥撒。在新教地区,教堂建筑甚为朴实,与天主教会建造的堪称艺术珍品的"巴洛克教堂"风格迥异。在新教教堂内部,通常有布道高台或高悬于圣坛上方的布道台,但没有任何装饰,更不存在宗教游行所需要的那些艺术品,最多只是一个毫无修饰的十字架。宗教仪式极为简化。聚会的时候,教徒很少站立,基本上是坐着的,不少教堂还有诸侯包厢。

　　在这方面,加尔文教派做得非常彻底,可以说是与天主教中世纪传统的礼拜形式彻底决裂的。他们坚决反对天主教将教堂视作上帝住所的神圣建筑物的观点,他们也将他们占领的天主教教堂中的圣像统统拆除了(圣像破坏运动),并且称这些圣像宣示的行为是偶像崇拜,是严重的亵渎行为。对于他们来说,教堂或堂区只是一个教徒集会场所。上帝只是通过说话来显示自己,根本无法用画像来表现。牧师的职责仅仅在于宣读上帝话语,教徒则应认真倾听牧师的布道,但不用下跪。加尔文信徒还批评天主教会仪式太多太滥,认为天主教神职人员着装华丽、演奏音乐和举行圣礼等庆典式弥撒是"魔鬼行为、该死的偶像崇拜"。加尔文教教会的礼拜活动简单朴素。它集中于所谓的重要方面,如宣示上帝的话语和领圣餐。礼拜仅有两种,一种是通常在星期日举行的布道礼拜,一种是每年中为数不多的领圣餐礼拜。做礼拜时,大多在开始时要恳求上帝,然后是坦白罪恶,牧师赦免罪行,接下来是祈求点拨。此后是布道,代人祈祷,读主祷文,背诵教义信条。做礼拜时,《教义问答手册》的主要内容也被考虑在内。在一年的52个星期日里,逐段朗读其中的章节。这样,带有布道的礼拜成为教育信徒的重要手段。举行圣餐仪式时,加尔文教派也采取了不同于天主教的做法,即平信徒也可用圣餐杯。真正的圣餐仪式以圣餐祈祷开始,再做感恩祈祷,接下来是牧师分发面饼,最年长者和副主祭同时递上圣餐杯。

与之相比,路德教派保留了不少天主教残余。路德肯定茨温利(Huldrych Zwingli,1484—1531)和加尔文反对圣像崇拜的立场态度,承认他们引用旧约中的章节来反对圣像崇拜的做法是正确的,认为圣像会被当作敬拜对象而滥用,必须用圣经、上帝的话来取代圣像。但他认为这只是个次要问题,对于儿童和智力有缺陷的人,圣像具有一定的教育功能,是否允许"捣毁圣像"问题应由统治当局予以决定。路德也不一概否认圣徒崇拜,他认为圣徒崇拜在基督教会团体中有着它的位置,应当尊重作为教师和榜样的圣徒,只是不可认为他们能代人说情,不应把拯救的希望寄托在他们身上。路德派信徒最终采取了介于茨温利派、加尔文派和天主教之间的中间立场。他们允许教堂悬挂圣像,但只把它归入艺术品之列。在路德教派的某些地区,虽然有大批修道院改作俗用,但仍有一小部分得以保留。许多哥特式教堂按巴洛克风格重新修葺,做礼拜时仍沿用老的形式和老的礼拜内容。这不仅表现在一直到17甚至18世纪还普遍穿着的礼拜服装(在路德派教会里,一直保留着穿戴特色弥撒衣的习俗),而且还表现在仍然使用拉丁语。在德国的北部、中部和东部,直到受到虔信派的影响,中世纪礼拜仪式才有所改变或废除。路德派的礼拜形式大多由坦白错误、唱颂歌、念使徒信经、布道和领圣餐等组成。随着时间的推移,领圣餐成了例外,传达上帝的话语成了重点。布道一般不少于两个小时。在这种宗教的演讲中,布道者要传授许多丰富的知识,从教义和历史的角度进行阐述,提出宗教方面还存在着争论的问题。在布道以前,大多用一句布道问候作为布道的开始,然后是祷告警醒、读主祷文、唱祈祷或赞美歌和朗读教义信条,最后才是牧师真正登上布道台。对路德派的礼拜来说,除了在布道时传达上帝的话以外,唱圣歌也十分重要,其目的是"加强力量,保护自己免遭魔鬼的诱惑"。而唱的最多的是路德写的《我们的主是一个坚固的堡垒》。

除此之外,新教派还强调牧区的重要性,通常在各自的牧区内举行礼拜和其他宗教活动。牧师就是他所在牧区的中心人物,在当地的精神和宗教生活方面扮演着重要的角色。牧师属于知识精英。只有受过大学教育或专门培训的人才能担任牧师职务,常有辅助的神职人员或副牧师做他们的助手。而在新教牧师队伍中,子承父业现象十分突出,牧师家庭之间通婚也非常普遍,久而久之,牧师职业逐渐成为一种垄断行业了。到18世纪,甚至出现了一个相对封闭的新教牧师等级,其中牧师的儿子占了很大的比例。另有许多人是牧师的女婿,或与牧师遗孀成婚的人。农民的儿子极少成为牧师。然而,虽然规定要读完大学并通过考试,但对学业的期限和考试水平的规则都未加确定,也缺乏上大学的相应的预备性教育。在担任牧师职位前的名符其实的考试,直到18世纪末才大规模地采用。因此牧师的实际水平参差不齐。有的精通语言和自然科学,甚至成为著名的诗人、思想家和科学家。有的却是用金钱,即用贿赂和交易的手段谋取到牧师职位的,其人品和操守由此可想而知。一些后来被称作"虔敬派"的宗教人士批评正统派的教条主义、智力主义和仪式主义,反对正统新教的教义上已变得陈旧、机构上已经僵化了的教会体制,宣扬一种实践的基督教,敦促布道士宣讲明白易懂的道理,强调个人信仰经历、内心生活和精神思想的更新、圣灵的照耀和实践中的圣化,要求苦行、建立"再生的团体"。虔敬主义者不把教会看作拯救的场所,不再坚持传统的信仰和传统的忠于教会这一道德。但在具体实践中,一部分虔敬主义者积极参与社会活动,力图按照基督思想改革世界,另一部分人则偏爱寂静主义,追求心绪的安宁,希望过一种与世隔绝和静心养性的生活。他们成立专门的读书小组,深入领悟基督教的思想,圣事和话语宣读退居次要地位。

来自阿尔萨斯的拉波尔茨魏勒的菲利普·雅各布·施佩纳(Philipp Jakob Spener,1635—1705)率先在神圣罗马帝国中东部地区新教会内部倡导虔敬主义。他在战争造成的残杀和瘟疫等后果中看到世界没落的前奏,在人的道德沦丧、教皇的重新崛起和土耳其人的入侵等危机现象中看到世界末日到来的征兆。1666年,施佩纳成为法兰克福的高级神职人员。他先是在自己的家中,后来又在教会中组织"虔敬的聚会",研究圣经和举行家庭祈祷。1675年,施佩纳著成虔敬主义改革文献《诚实的渴望》(*Pia desideria*),批评教条主义和由教条主义引起的争论,提倡内心修炼,虔诚笃信,敬爱上帝,热爱人类,虔敬事奉,过圣洁生活,并要求牧师在生活上作虔敬的表率,建立跨地区的灵修共同体作为教会替代品。

施佩纳的主张受到萨克森选侯约翰·格奥尔格三世(Johann Georg Ⅲ,1647—1691,1680—1691年在位)和勃兰登堡选侯弗里德里希三世的高度重视。约翰·格奥尔格三世在1686年招聘施佩纳为德累斯顿的高级宫廷布道士,弗里德里希三世则在1691年招聘施佩纳为柏林的教务长。然而,施佩纳的主张也受到顽固的正统派的严厉批评,尽管他本人从未考虑脱离邦国教会,其思想中也保留了许多正统派残余。

莱比锡大学的一些青年讲师却在施佩纳思想的影响下建立了一个宗教小团体,并且自1689年起举办"圣经班"(Collegia bilica),面向广大听众,用通俗的语言,讲授新约的某些篇章。正统派神学家称他们为"虔敬派",极力鼓动市政当局将他们驱逐出城。

奥古斯特·赫尔曼·弗兰克(August Hermann Francke,1663—1727)是莱比锡虔敬主义者中的佼佼者。他出身于吕贝克一个信奉路德宗(Lutheranism)的法律顾问家庭,先后在爱尔福特大学、基尔大学和莱比锡大学学习希腊文、东方学、哲学和神学。1685年在莱比锡大学获得硕士学位,留校任教,并成为莱比锡城圣保罗教堂的神职人员。1687年,弗兰克接受并开始践行虔敬主义信仰,遭到当地教会的排挤,被迫于1690年离开莱比锡到了哈勒。在哈勒,弗兰克从1692年起担任该城圣格奥尔格教堂的牧师,兼任哈勒城郊格劳查教区的教牧工作。他积极宣传虔敬主义,致力于将深入的圣经研究与勤奋的工作和虔敬的生活结合起来,不久便声名大震,1694年受聘到新建的哈勒大学任教,并负责组建神学院。1695年,弗兰克以"穷人学校"为起点,建立了一系列弗兰克学院并且很快就作为虔敬主义教育学的指路人赢得了非凡的意义。

从虔信主义精神中还发展出了"海伦胡特兄弟会"(Herrnhute

Brüdergemeine)等力图实现原始基督教弟兄互助目标的宗教团体。海伦胡特兄弟会是由亲岑多夫伯爵尼古劳斯·路德维希(Nikolaus Ludwig von Zinzendorf,1700—1760)于1722年在劳西茨的海伦胡特建立的,由来自波希米亚和摩拉维亚的胡斯派兄弟会成员所组成(由原来的虔信派、唯灵论派和狂热派等团体组成)。1748年,海伦胡特兄弟会皈依了路德教。

虔敬主义可谓宗教改革以来除盎格鲁-萨克森的清教主义以外的新教中最重要的一个运动。[1]

虔敬主义产生于17世纪后半期,它针对福音教路德派重理性主义及追求宗教形式的做法,更强调实际信仰和感情信奉而不是繁文缛节的宗教学说。

对于路德教派来说,1555—1648年是新教正统的年代。在此期间,经过长时间的内部争论,梅兰希顿(Philip Melanchthon,1497—1560)创立的重视教义和理性、强调形式的完美和依附于邦国教会的宗教学说逐渐占据了主导地位。然而,随着时间的推移,这种严谨细密、循规蹈矩的宗教学说越来越趋于僵化,难以适应政治和社会变动,也无法满足人们的精神需求了。

17世纪下半叶,在由三十年战争重新激活的千禧年思想[2]它在神圣罗马帝国的北部和中部,也在符滕堡,影响非常广泛、持久。虔敬主义者虽然进一步加强了疏离邦国教会的倾向,但并未完全脱离官方教会,没有"离群索居"。他们只是以其对个人信仰经历的强调赢得了一种独立自主的意义。到了18世纪,这种独立自主甚至远远超出了宗教范围,但大多数虔敬主义者并没有分离主义意图。他们与西欧的分离主义者不同,依然固守教会学说,在邦国教会中仍占有一席地位,只是其与邦国教会的紧张关系不曾消除,其主观灵性冲击了传统的教派化求稳定的

---

① [德]彼得·克劳斯·哈特曼:《神圣罗马帝国文化史1648—1806年:帝国法、宗教和文化》,第317页。

② 期望在世界末日来临之前,基督重归世上并建立千年王国。

根基。

由于没有跨地区的教会首脑,路德教派难以成立世界性布道团。路德教教徒主要生活在地域极为有限的、各自为政的地方教会中,缺少与相距遥远的其他洲的宗教和教会团体的沟通。不过海伦胡特兄弟会是个例外,它在安第列斯群岛、北美和丹麦所属的格陵兰岛上设有分支组织,而其建立的哈勒布道团的分支机构组织则分布在北美和印度。

(二)天主教会

三十年战争结束后,天主教信仰在神圣罗马帝国大部分地区得到了巩固和稳定。除了哈布斯堡家族统治下的奥地利、波希米亚及其他属地以外,特里尔、美因茨、科隆三大教会选侯邦和巴伐利亚选侯邦也是天主教重镇。虽然帝国教会已经疏远罗马,有了较大的独立性,各个邦国内的天主教会更是唯邦国君主之命是从,视国家利益为重,但天主教会仍是一个以教皇为首的普世性教会,在罗马统治着的教皇保障教会在组织、教义,更多的是在教会的具体活动上的统一。除了与罗马的联系外,天主教徒还拥有比新教徒大得多的国际性,特别是与西班牙的天主教徒以及通过他们与海外殖民地中的天主教徒交往密切。

天主教会在 1563 年特兰托宗教会议(Konzil von Trient)闭幕后仍然承认圣像的作用,强调圣像的教育意义,认为圣像是装饰"上帝之家",即经过主教祝圣而成为上帝世上殿堂的教堂的重要元素,应该用图像颂扬上帝,并通过它们在尘世创建天国,但是要认识只归于上帝独一神的"礼拜"和对神圣的图像表示出来的"崇敬"之间的区别。按照特兰托宗教会规定即是:"祈求基督,尊崇圣徒"(Christum adoremus et Sanctos Veneremur)。教堂是一座通过主教主持的隆重落成典礼而形成的神圣建筑物,是上帝的居所或者说"世上殿堂",也是信徒与上帝、圣徒和天使共在一起的活动空间。使用崇拜物和艺术手段布置、装饰教堂,是帮助人们理解上帝话语的重要方法。

几乎所有的天主教弥撒都在教堂进行。弥撒是一种礼拜活动,由祈祷、朗读、讲经和布道等仪式组成。从教士轻声朗诵祈祷词的沉默式弥撒，到庆典式弥撒，直到由修道院院长和主教主持的大弥撒，均以进行感官感受和心灵对话为目的。在做大弥撒时，华美的服饰、俊美的辅助男童、优美的音乐和袅袅香火将仪式展现得神采飞扬，令人感到喜乐。教徒们主要是作为虔诚的、心情激动的观众和听众，在做礼拜的过程中被动地祈祷。

特兰托宗教会议规定对教士进行定期检查，看他们是否严格地完成所担任的工作并检点自己的生活。与以前相比，神职人员的生活作风大有改善，教育水平大为提高，出现了若干道德谨严、学识丰富的圣徒般的杰出人物。来自社会各阶层的布道教士尤其是在乡村与民众打成一片。但也有些教士过于招摇和世俗化（业余生活不得体）。17 世纪时一般还缺少教士，但是到了 18 世纪，教士过剩成了一大难题。这一情况促使人们可以在较低的职位中选拔，并将那些不够水平的候选人排除在外。

1650 年以后，修会和修道院继续蓬勃发展。本尼狄克修会（Benediktiner）、奥古斯丁教区男子修会（Augustiner-Chorherren）、希斯特秦泽修会（Zisterzienser）、普赖蒙斯特莱修会（Prämonstratenser），以及中世纪建立的法兰西斯修会（Franziskaner）、多米尼克修会（Dominikaner）和加尔默罗修会（Karmeliten）等老的修会焕发了青春。耶稣会（Jesuiten）、卡普齐诺修会（Kapuziner）、乌苏拉修女会（Ursulinen）、马利亚-瓦尔特姐妹会等新修会生机勃勃。除了负责管理圣地、朝圣、主持礼拜、操办圣事和提供灵魂上的帮助，他们还积极从事社会工作及办学活动，进行带有教会印记的科学研究。在 17 和 18 世纪的天主教会举办的宗教、教育和科学事业中，这些形形色色的修会起了举足轻重的作用。

耶稣会依然是最为重要的修会。除了组织朝圣、宗教游行、照管弟兄团和市民、学生及妇女联合会等吸引民众的崇拜活动，耶稣会士还积极创办（城市）中学，同时又在很长的时间内统治着天主教大学，培养除了大批天主教精神上的杰出人物。但是耶稣会也开始逐渐丧失其领导地位了。它在 16 世纪表现极为优秀的规范和策略已不能顺应时代的要求，越来越深地陷入某种程度的僵化，特别是它的具有强烈强权意志和荣誉意识的政治主张受到多方抵触。尽管如此，其成员依然以修会教士和世俗教士的身份在宗教、政治和社会诸多领域发挥着重要作用。甚至可以说，其影响直到 17 世纪中期才达到顶峰。

如果说 16 世纪在神圣罗马帝国内明显存在着诸侯、贵族和市民转向新教的倾向，那么，在 17 世纪中期以后，天主教已经从被动防御转为主动进攻了，其吸引力愈益增大，以至于出现了几乎席卷整个欧洲的新教徒大量重新皈依天主教的现象。

在明斯特和奥斯纳布吕克，以特劳特曼斯多夫的马克西米连（Maximilian von Trautmannsdorf，1584—1650）和拿骚–哈达马尔的约翰·路德维希（Johann Ludwig von Nassau-Hadamar，1606—1653）为首的皈依者，甚至掀起了一场反皈天主教运动。就连拿骚–西根的约翰七世（Johann Ⅶ von Siegen，1561—1623，1609—1623 年在位）也从其父亲的改革教信仰回归到天主教会信仰了。在萨克森、图林根、普法尔茨、黑森、符滕堡、梅克伦堡和不伦瑞克等邦国的统治者家族成员当中也多有皈依者。不伦瑞克—吕讷堡的约翰·弗里德里希（Johann Friedrich von Braunschweig-Lüneburg，1625—1679）在 1651 年的皈依导致北方宗座代牧区的形成，为天主教传教工作建立了一个重要基地。①

最为引人瞩目的是萨克森选侯、"强壮者"弗里德里希·奥古斯特一世在 1697 年的回归。宗教改革期间，萨克森选侯作为路德的保护人和新教联盟的领袖，曾经为宗教改革和新教的胜利作出过巨大贡献。弗里德里希·奥古斯特的反皈，对于新教，特别是路德教不啻一沉重打击。

像在 16 世纪接受新教义一样，现在人们皈依天主教，除了宗教信仰这一因素外，还有许多政治上和物质上的原因。宗教信仰的缘由可以使人义无反顾，抛弃高官厚禄，甘愿穷困潦倒。但对大批无继承权的贵族子弟来说，返归天主教主要是为了谋求天主教会享有俸禄的职务。而对

① Volker Press, *Kriege und Krisen. Deutschland 1600—1715*，S. 304.

于出身于贵族或市民家庭的官吏来说,返归天主教则有助于获得某些在新教会中不存在的上升机会。萨克森-蔡茨的克里斯蒂安·奥古斯特(Christian August von Sachsen-Zeitz,1666—1725)原为德意志骑士团骑士,1693年皈依天主教,1695年成为科隆大教堂教务长,1696年成为拉布的主教,1701年成为格兰大主教的神父助理,最终在1706年被教皇克莱门特十一世(Clemens Ⅺ,1649—1721,1700—1721年在位)擢升为红衣主教,在1714年被皇帝卡尔六世擢升为帝国诸侯。汉堡人卢卡斯·霍尔施泰尼乌斯(Lukas Holsteinius,1596—1661)则在皈依天主教之后,荣升为梵蒂冈图书馆的馆长。

维也纳皇宫的天主教性质同样导致新教贵族和市民重新回归天主教的一个重要因素,因为只有皈依天主教,才可以跻身皇宫,沐浴皇恩。卢卡斯·霍尔施泰尼乌斯的侄子彼得·拉姆贝克(Peter Lambek,1628—1680)就是通过这一途径而成为皇帝利奥波德一世的宠臣的。

耶稣会士劝人皈依的活动也产生了有利于重新回归天主教的影响。借助于驻科隆、维也纳和卢塞恩的教皇特使的支持,耶稣会士大力实施一种积极地劝人皈依的政策。而天主教在经历了一个更新和巩固过程之后,其社会和文化吸引力大增,特别是受天主教影响的巴洛克文化大放异彩,令人陶醉和动心。

此外,路德教神学家、黑尔姆施塔特大学教授格奥尔格·卡利克斯特(Georg Calixt,1586—1656)的“综摄主义”直接导致了某些受过教育者回到天主教会。这种综摄主义强调旧教会的共同性,主张教会的重新统一,虽然主要是新教会的统一。

还有不少知识分子和艺术家反皈天主教。他们热切期望到罗马和巴黎这些文化中心去,并且认为只有通过改变宗教信仰这条道路,才能把自己从被限制的困境中、从受着市民家长式的正统观念主宰着的境况中解救出来。如经济理论家约翰·约阿希姆·贝舍尔(Johann Joachim Becher,1635—1682)和人文学者约翰·约阿希姆·温克尔曼(Johann Joachim Winckelmann,1717—1768)等人,都反皈了天主教。

萨克森选侯、"强壮者"弗里德里希·奥古斯特一世则主要是为了当选波兰国王而反皈天主教。通过大表哥、萨克森-蔡茨的克里斯蒂安·奥古斯特的安排,他在1697年6月1日秘密地参加了在维也纳巴登宫廷教堂举行的天主教圣礼,然后在上西里西亚的德意志-皮卡公开举行了皈依罗马天主教信仰的宗教仪式,克里斯蒂安·奥古斯特向他颁发了罗马教廷内务部签署的证书。

重新回归天主教运动助长了天主教的传播,增加了教皇和皇帝在帝国中的影响力,也为某些野心家提供了机遇。相反,天主教徒数量的增加威胁着帝国的教派平等,诸侯与其领地教派归属的不相适应,也经常导致臣民宗教信仰的混乱。只是由于宗教问题已不像战前那样敏感,宗教宽容也开始出现,重新回归天主教运动没有引发严重的政治危机。

（三）宗教宽容

17世纪中叶以后,天主教徒主要分布帝国西部和东南部:在勃艮第地区,几乎100％的居民都是天主教徒;在巴伐利亚、奥地利、波希米亚、摩拉维亚和上西里西亚地区,90％的居民信奉天主教。新教徒主要分布在帝国北部:在下萨克森和上萨克森地区,几乎所有居民都属于新教徒。其他地方大都是多教混杂。并且除了已经受到法律保护的、合法的天主教、路德教和加尔文教（改革派）以外,还有各种各样的小教派信徒,如再洗礼派（Rebaptizers）、门诺派（Mennonites）、韦尔多派（Waldenses）、胡格诺派（法国的加尔文教信徒）、虔敬派、海伦胡特兄弟会和犹太教（Judentum）信众。

教派的差异切断了旧时邻里关系,跨教派通婚几乎是完全不可能的。教派对立还由某些流行的宗教习俗所强化,这些习俗同样起着区别和隔离作用。三十年战争导致人们思考教派对立问题。美因茨大主教约翰·菲利普·冯·舍恩博恩就认识到,一场为了信仰而进行的战争到头来却摧毁了宗教秩序。战争见证了人们肆无忌惮地贯彻自己的教派利益的行为。瑞典人鼓动路德教徒攻击普法尔茨的加尔文派信仰者,而这些归正宗信仰者不久前刚刚遭受过巴伐利亚重新天主教化政策的迫害。鉴此,企图在教派界限内重新规划各教派之间和平共处的努力也逐渐出现了。

格奥尔格·卡利克斯特致力于联合基督教各教派,建立一个统一的福音教会。他深受菲利普·梅兰希顿和三十年战争的经历的影响,是一位典型的人文主义神学家,也是 17 世纪最主要的旨在弥合各教派间分歧的和平共处学说的主张者。他不承认 1577 年的《协和信条》,也拒绝普救学说,希望在使徒教导和早期教会的教义决议基础之上,实现教会的统一。

苏格兰加尔文教派长老会神学家牧师约翰·杜里(John Dury,1595/1596—1680)同样致力于将欧洲所有新教组织重新团结起来。他宣扬宗教宽容,主张善待犹太人和犹太教信徒,但他主要不是为了教会和平而追求重新联合,而是为了圣战而将所有新教徒联合起来,要使路德教徒和加尔文教徒结成一个特殊的联盟。

在天主教方面,克里斯托瓦尔·德·罗约斯·于·施皮诺拉(Cristóbal de Rojas y Spinola,1625—1695)也力主教派联合,并且首先以韦尔夫家族中人为合作伙伴。克里斯托瓦尔原是一位佛兰德-奥地利方济各会士、财政主义者和政治家,后来出任维也纳新城的主教。在汉诺威的洛库姆宫廷,他以旨在弥合各教派间分歧的和平共处学说的支持者的姿态,同信奉路德教的修道院院长格哈德·沃尔特·莫拉努斯(Gerhard Wolter Molanus,1633—1722)一起,为实现天主教徒与新教徒的重新统一付出了巨大努力。

然而,路德教正统派神学家却坚决反对黑尔姆施塔特学派的思想观念,导致路德教内部长达十余年的激烈争论,也严重阻碍了基督教各大教派之间的重新统一。维登贝格大学教授亚伯拉罕·卡洛夫(Abraham Calov,1612—1686)就是一位典型的路德教正统派神学家。他不承认天主教派和加尔文教派在信仰问题上的立场观点,指责卡利克斯特的协同主义或综摄主义,声称卡利克斯特将不相容的学说混合在一起,他所主张的实际是一种隐蔽的天主教。卡洛夫坚持路德派教义为唯一可接受的信仰形式,他也以马丁·路德事业的继承人自居,试图将维登贝格大学的神学系树立为全体路德教在良知问题上的最高权威。虽然仇视天主教徒,但卡洛夫认为非路德教的其他新教教派的危害更大,因此致力于清除所有妥协让步,捍卫路德教的纯洁性。

波兰国王弗拉迪斯拉夫四世·瓦萨(Wladyslaw Ⅳ Waza,1595—1648,1632—1648 年在位)支持教派统一,早在三十年战争期间就建议举行宗教会谈。1645 年,各教派神学家根据弗拉迪斯拉夫四世的建议,在萨克森-托伦举行了一次宗教对话。勃兰登堡选侯弗里德里希·威廉派遣卡利克斯特与会。结果,卡洛夫在会上与之展开了一场激烈争论,致使会谈破裂,未取得任何成果。

起源于瑞士联邦的加尔文派的基本信念之一就是宗教宽容。而在神圣罗马帝国,加尔文派教徒因为数量较少,所以更倾向于采取与其他教派和解的政策。信奉加尔文教的黑森-卡塞尔的邦国伯爵威廉六世(Wilhelm Ⅵ,1629—1663,1637—1663 年在位)自执政以来就在自己管辖的邦国内推行宗教宽容和教派和解政策。1661 年,他在卡塞尔再次召集各教派代表举行宗教对话,虽然也未成功,但在一定程度上消除了教派之间的尖锐对立和相互仇恨。

普法尔茨选侯卡尔·路德维希(Karl Ludwig,1617—1680,1649—1680 年在位)从更世俗的动机出发试图推动教派和解。他虽然继续坚持加尔文教信仰,但主张三大教派和平共处。他在海德堡为路德教教徒建造了一个专门的教堂,而曼海姆的协和教堂甚至也接纳天主教徒做礼拜。

勃兰登堡选侯是从路德教改宗加尔文教的,但其臣民并没有遵从“教随国定”原则,同其邦国君主一起信仰加尔文教。面对路德教臣民,弗里德里希·威廉不得不在宗教问题上表现出宽容大度姿态。除此之外,吸引外来移民的意图,也是弗里德里希·威廉要打破教派界限,实行宗教宽容的一个重要原因。尽管经常受到路德教徒的反对,这位信奉加尔文教的邦国君主坚持自己的权利要求,坚决主张教派之间的相互尊重。1662 年和 1664 年,弗里德里希·威廉先后两次颁布《宽容敕令》,明确规定路德教徒和加尔文教徒共生共荣。通过 1685 年 10 月 27 日和 11 月 6 日明确提出宗教宽容主张的《波茨坦敕令》,大批胡格诺教徒便在勃兰登堡-普鲁士国家获得了安身立命和发挥自己工商业经营才能之所。

弗里德里希·威廉的儿子、其选侯位的继承者和后来的"在普鲁士的国王"弗里德里希一世也主张宗教宽容,甚至要求善待洗礼派和犹太教教徒。1698 年,他下令禁止在圣餐前举行强制性个人表白的做法。在与柏林的路德正统派进行了激烈争论之后,弗里德里希一世又开始推行支持虔敬派的政策。[1]

然而这仅仅是一种宗教宽容的萌芽,它不是以相互承认为基础的,而是依靠强制加以约束。主张宗教宽容的邦君虽然克服了教派的褊狭,提出了教派和解要求,但他们所关心的主要不是教派联合,而是跨越所有教派的对邦国局势的掌控。他们也经常以"真正信仰"的保护者身份,对所有教会施加外部强制。

不管怎样,宗教宽容还是逐渐得到了实施,就连长期受迫害的洗礼派和犹太教教徒,也从中获得了不少好处。洗礼派在 16 世纪长期处于受迫害境地,不少人甚至为其信仰付出了生命代价。现在,他们大都沿用其重新组织者门诺·西蒙斯(Menno Simons,1496—1561)的名字,称作"门诺派",并且在 1626 年在尼德兰获得了宗教自由。17 世纪时,他们又扩散到荷尔斯泰因和但泽(Danzig)等地。在菲尔特,犹太人拥有了一个可以安居乐业之地。在班贝克主教区修道院的领地上,犹太人社区更是兴旺发达,犹太教徒不仅可以公开做礼拜,而且还建筑了许多犹太会堂,甚至建造了一所犹太教塔木德大学。[2]

---

① Volker Press, *Kriege und Krisen. Deutschland 1600 – 1715*, S. 307 – 308.
② [德]彼得·克劳斯·哈特曼:《神圣罗马帝国文化史 1648—1806 年:帝国法、宗教和文化》,第 41 页。

第二节 德意志文化：语言、文学和国家政治学说

一、语言学会与德意志语言的净化

16世纪前期，德国宗教改革家马丁·路德将基督教的《新旧约全书》翻译成高地德语，有力地促进了日益清晰的、德意志语言的自我意识。三十年战争期间及结束以后，在德国文化界，特别在信奉新教信义宗的德国诸侯领地和城市，出现了一个令人注目的现象，即，为净化德意志语言而建立语言学会。

由于德意志四分五裂的政治局面，由于罗马宗教势力和意大利文化在德意志地区的深刻影响，由于西班牙、法国和瑞典实行的对外强权政策，长期以来，德意志语言要么在书面上，在外交、商贸和军事方面仍然让位于拉丁文，或者混杂着多种外语，不伦不类；要么在日常生活和交往方面充斥着粗俗俚语，言谈低级趣味。德意志语言的这种状况首先被那些受到意大利文艺复兴思潮影响的德国贵族和文人学者明确地意识到。他们经常聚集在一起，谈论德意志语言的现状。

1617年8月24日，在萨克森-魏玛（Sachsen-Weimar）女公爵的葬礼餐桌上，一位魏玛的宫廷大臣提出成立德语语言学会的建议，得到在座的几位贵族的赞同。他们当即成立了德语语言学会，并确定其名称为"收获学会"（Fruchtbringende Gesellschaft）或"棕榈会"（Palmenorden）。主持该学会工作的是安哈尔特-科腾侯爵路德维希一世（Ludwig Ⅰ，1579—1650）。路德维希一世是意大利"糠秕语言协会"（Accademia della Crusca）的成员。"糠秕协会"成立于1583年，是欧洲最早的语言研究团体，其宗旨始终是"研究和维护意大利语言"。以它为榜样，"收获学会"的目标不仅要清除德意志语言中的"糠秕"，而且还要收获麦粒。要像扬净麦场一样，扬净德意志语言，像把麦子收进仓里一样，将德语词汇收进德意志大厦。在当时的情况下，德意志语言中的"糠秕"是被矫情滥

用的外来词汇和外国语法,同时也是德语中粗俗的方言土语和模糊表义。为了清除这些"糠秕","收获学会"的贵族官吏和市民职员利用在宫廷和市政服务的工作平台,有意识地纯净德语词汇,规范德语书写,确定德语语法。学会中的文人学者更是集中研究文学理论,试定诗歌韵律,并有计划地翻译外国的优秀作品。"收获学会"的工作在德国影响很大,它吸引了许多文化界的著名人物,会员人数不断增加,三十年战争结束后初期一度达到五百余人。正是在"收获学会"的开启下,德国又出现了其他三个语言研究团体,即汉堡的"德意志情感同志会"、纽伦堡的"佩格尼茨鲜花团"和维德尔的"易北河天鹅团"。

汉堡的"德意志情感同志会"(Teutschgesinnte Genossenschaft)成立于 1643 年,发起人是腓利普·冯·蔡森(Philipp von Zesen,1619—1689)。蔡森是诗人,特别是新教教会传扬福音思想的诗人。他也是作家,是德国第一位职业作家。蔡森的作品差不多涉及各种文学形式,其散文曾经深刻地影响了德意志韵律学的发展。但是,他的主要兴趣在于研究语言理论和文学理论。他自认为是语言、诗节和正字法的改革家,是真正的德意志语言纯净者。大约于 1642 年,蔡森在汉堡建立了一个"德意志行会",一年后将其改名为"德意志情感同志会",旨在保卫德意志语言免受外国词汇侵蚀的过程中,培养德意志情感。在很长的时期内,蔡森拒绝加入"收获学会",认为纯净德意志语言的主要工作不仅仅是"清除",更重要的是"补正、确正"。为此,他努力地拼创符合德国人情感的单词,用以替换外来词汇。例如用 Ableitung 替换 Derivation、用 Beifügung 换 Apposition、用 Emporkömmling 换 Parvenü、用 Farbgebung 换 Kolorit、用 Gesichtskreis 换 Panorama、用 Kreislauf 换 Zirkulation、用 Leidenschaft 换 Passion、用 Nachruf 换 Nekrolog、用 Rechtschreibung 换 Orthographie、用 Sinngedicht 换 Epigramm、用 Vollmacht 换 Plenipotenz 以及用 wahlspruch 换 Devise 等等,等等。1649 年初,蔡森拜访了路德维希一世侯爵,就此加入了"收获学会"。1653 年,在雷根斯堡帝国议会上,蔡森得到皇帝费迪南德三世亲自授予的贵族头衔,并于 1667 年得到皇帝利奥波德一世的批准,上升为宫廷行宫伯爵。比较而言,"德意志情感同志会"组织松散,活动不多,曾被认为不是真实存在的、是蔡森虚构的学会。

纽伦堡的"佩格尼茨鲜花团"(Pegnesische Blumenorden)成立于 1644 年。佩格尼茨是一条流经纽伦堡城的河流。"佩格尼茨鲜花团"是德国唯一存在至今的语言和文学团体,其发起人是格奥尔格·腓利普·哈斯多夫(Georg Philipp Harsdörffer,1607—1658)和约翰·克莱伊(Johann Klaj,1616—1656)。哈斯多夫是诗人、作家、翻译家和文艺理论研究者,1641 年加入"收获学会",取谐名"玩家"(Spielende)。同时,他还是"德意志情感同志会"的成员,谐名是"艺术玩家"(Kunstspielende)。与冯·蔡森一样,除了大量的作品以外,哈斯多夫也拼创了许多德语词汇,借以取代外来词。例如以 Aufzug 代 Akt、以 Briefwechsel 代 Korrespondenz、以 Prismenfernglas 代 Teleskop、以 Zweikampf 代 Duell 等等。克莱伊曾热心地学习神学,本想当神学家,后来写出许多牧道诗歌,成了著名的"牧道诗人"。晚年终于如愿成为牧师。以"收获学会"和"糠秕协会"为参照,"鲜花团"的宗旨是"彰显上帝的荣耀和德意志的荣誉,维护和改善德意志的语言和诗艺"。与此相适应,这个学会同时是语言维护团体和文学维护团体。会员自称佩格尼茨牧羊人。两位创始人去世以后,在著名诗人西格蒙德·冯·比尔肯(Sigmund von Birken,1626—1681)的领导下,"鲜花团"发展到历史上的最高峰。一方面,在 60 至 70 年代,"鲜花团"的成员创作或影响创作了大量的教牧诗歌,宣扬福音思想,教化普通民众;另一方面,它还收纳女性会员,第一次主持出现了从女性视角写作的小说和诗歌。比较而言,"佩格尼茨鲜花团"在纯净德语的同时,更加注重文学的道德教化作用。

维德尔的"易北河天鹅团"(Elbschwanenorden)成立于 1660 年,发起人是荷尔斯泰因的诗人兼牧师约翰·冯·李斯特(Johann von Rist,1607—1667)。维德尔城位于易北河下游,靠近汉堡,当时附属于丹麦。与约翰·克莱伊一样,李斯特也曾学习神学,想当神学家,后来写出许多教化诗歌,成了著名的教会诗人。晚年复为牧师。1645 年,李斯特加入了"佩格尼茨鲜花团",谐名是"钦布利恩的达夫尼斯"(Daphnis aus Cimbrien)。1647 年,他又加入了"收获学会",诨名为"益壮老人"(Rüstige)。1653 年,李斯特也在雷根斯堡帝国议会上得到皇帝费迪南德三世亲自授予的贵族头衔。比较而言,"易北河天鹅团"的主要成员更多出身于城市市民家庭,其中城市牧师子弟的活动发挥了重要作用。

总之,与后来类似的语言学会相比,17 世纪的语言学会更着重于语言工作,着重于整理德语词汇和语法,清理和规范外来词,编纂德语字典和语法手册等等,其目标是使高地德语在欧洲语言中获得地位和声誉。然而,路德的圣经翻译和语言学会的活动尽管超越了领地方言界限和日常交流的范围,但是,德意志的语言还没有像欧洲其他国家如英国、法国等等的语言那样具有统一性。

二、巴洛克文学的德意志特征

三十年战争结束的时候,巴洛克文学正流行于西欧各国。所谓巴洛克,意即奇形怪状的珍珠。这个名称正适合描述经历残酷战争之后的、"畸形"德国的文学界:不圆不规则,但毕竟是珍珠。分裂而软弱的德意志帝国、专制而虚荣的德意志邦国、保守而依附诸侯的城市,以及仅仅发挥家族首领作用的皇帝、扮演德意志国王角色的邦君等等,这一切使痛惜并珍爱德意志的诗人、作家和学者借鉴中世纪文学的隐喻、寓意、象征和梦幻等手法,使用华丽纤巧的词藻和雕琢繁复的形式,努力表现祖国的"不规则"和深重的苦难,表现个人内心的痛惜、焦虑和矛盾。与在西欧其他地区相比,在德意志,巴洛克文学不仅持续了更长的时间,从 17 世纪一直持续到 18 世纪中期,不仅更加突出其宗教神秘主义的想望,而且具有强烈的排斥外国文化影响的民族性特征。

德国巴洛克诗歌之父是马丁·奥皮茨(Martin Opitz,1597—1639)。奥皮茨出身在波兰西部小城的一个屠夫家庭,毕业于海德堡大学哲学与法学专业,早年做过家庭教师,一度在德国魏森堡中学教授哲学与美学,后来效劳于诸侯宫廷。1625 年，在访问维也纳期间，由于一首献给奥地利卡尔大公的《挽歌》(*Trauergedicht*)，奥皮茨得到皇帝费迪南德二世亲手戴上的诗人桂冠，并于 1628 年由皇帝提升为贵族。1629 年，奥皮茨加入"收获学会"，谐名是"桂冠诗人"(der Gekrönte)。1639 年，在但泽，41 岁的奥皮茨死于黑死病。

马丁·奥皮茨是多产作家，代表作是《德国诗论》(*Buch von der deutschen Poeterey*，1624)。《诗论》中，奥皮茨首先要求德意志诗歌使用纯正的德意志语言，反对在德语诗歌中出现外来语和粗字俚俗，提倡词藻文雅优美，表达婉转含蓄，诗体精巧瑰丽，从而充分展现了德国的巴洛克文学风格。其次，他认为诗歌形式和韵律节调非常重要，借鉴古希腊罗马诗歌的艺术规范，并学习意大利、法国十四行诗的成就，他制定了高地德语诗歌的创作原则，用德意志词语中的扬音节和抑音节抑扬交替，取代过去借用外来语的长音节和短音节的腔调变换，并试着将扬音节与单词的重音节协调一致，从而开创了德语诗歌格律节韵的新形式。此外，奥皮茨还特别强调诗体悲剧和诗体喜剧的区别，即悲剧的主人公只能是地位高贵的人，而喜剧的主角可以是农民或市民等普通人，两者不能颠倒。这本来是古典戏剧的创作原则，奥皮茨对此进行强调，一方面进一步突出了德国巴洛克文学的贵族性，另一方面也进一步加强了这项原则在德国文学创作中的导向性作用，直到 18 世纪下期哥特赫尔德·E. 莱辛(Gotthold E. Lessing，1729—1781)和弗里德里希·冯·席勒(Friedrich von Schiller，1759—1805)等人打破了这种文学创作中的等级区分。奥皮茨的目标是使德意志诗歌进入欧洲最高水平之列。

三十年战争期间及结束后初期，德国巴洛克诗歌还没有完全接受奥皮茨的诗韵规则，外国的和中世纪的诗体形式仍然占主流。代表人物可推安德里亚斯·格吕非乌斯(Andreas Gryphius，1616—1664)。格吕非乌斯出身于西里西亚一个路德派牧师家庭，在莱顿大学受过神学训练，担任过家庭教师。他的诗作主要采取十四行诗体，形式和内容都非常庄严。由于在不长的 48 年的人生中有 30 年是在战争中度过的，所以他的诗歌贴切地表达了战争时期德意志人的内心感受。不安和恐惧,坚守信仰和渴望和平,面对疾病、死亡和灾难的无助,以及在罪恶环境下心灵受到的腐蚀和损伤,这一切用诗的言辞表达出来,使人更加感到震撼。如在《祖国之泪》(*Tränen des Vaterlandes*,1636)中,格吕非乌斯描述道:"可是我还没有谈到比死亡更可怕的事,比瘟疫、大火、饥饿更可怕的事:许多人的灵魂宝物已经被人抢夺。"①虽然他的诗歌深含巴洛克文学普遍怀有的"虚浮"格调,但是,对于战争心态的深切哀吟和悲诉则真切地表达了当时德国的民声民情。除了大量的十四行诗以外,格吕非乌斯还在戏剧创作上获得成就:他是第一部德国历史悲剧的作者,并有两部喜剧代表了那个时代德国喜剧的主流模式。三十年战争结束以后,德国喜剧的主流是歌颂男女之间真挚的爱情,讽刺和嘲笑某些社会上层人物滥说外语、附庸风雅和假装斯文的无耻现象,并揭露和批判某些学者和教士不学无术、心灵空虚的可叹现实。1662 年,格吕非乌斯加入了"收获学会",谐名为"未死的人"(der Unsterbliche)。

德国巴洛克小说的代表是汉斯·冯·格里美尔斯豪森(Hans von Grimmelshausen,1621—1676)。格里美尔斯豪森出身于黑森地区的一个没落贵族家庭,幼年丧父,祖父是信奉新教的面包师和旅店老板,没有受到正规的学校教育,也没有像其他文人那样做过家庭教师和在贵族宫廷中效劳。1634 年和 1635 年,少年格里美尔斯豪森两次经历发生在身边的重大战役,两次被战火催逼逃难他乡。1639 年,18 岁的格里美尔斯豪森进了皇帝的天主教军队,上过战场,当过书记员,并改变了信仰。战争结束后,以其原有的贵族身份,他的大部分时间都用来经营家族地产和管理城堡。大约在 1665—1667 年间,格里美尔斯豪森开了一家旅店,并开始其写作生涯。他的主要作品是长篇小说《痴儿西木历险记》(*Der abenteuerliche Simplicissimus*,1669)。小说中,他以现实主义小说的写作手法,详细地描述了三十年战争期间德意志人的种种苦难,描述了战后德国社会令人痛心

---

① 余匡复:《德国文学史》,上海外语教育出版社 1991 年版,第 57 页。

的种种现象。作为巴洛克小说的代表作,《痴儿》通过描述一个年轻人在战争中的冒险经历和出于对现实感到虚空、悲观的情绪而在宗教领域里寻求精神安慰的过程,突显了《威斯特伐利亚和约》签订以后德国学者关于国家统一、政治制度、宗教宽容等前沿思想。如作者借书中人物尤彼得的口说:

> 我要唤醒一位德国英雄,他将用锐利的剑锋来完成一切事业;处死所有的恶人,保存并提拔那些虔诚的人们。……他将从一座城市到另一座城市,走遍国土上的每一座城市,把它们付之于和平的治理。从全德国的每一座城市里挑选出两名最聪明、最有学问的人,由他们组成一个议会,使各个城市之间永远和好联合。农奴制连同一切关税、税收、地租、债据、捐税在全德国都要废除,要使百姓们不再遭受苦役、哨役、战时特别税、捐款、战争,或者任何其他负担的痛苦。要让他们生活得比在神仙世界里更加幸福。……我将更多地祝福德意志这片土地。我将摈弃希腊语,而只讲德语;一句话,我要表明自己具有十足的德意志意识,最后我还要让德意志人——正像我曾经让罗马人——统治全世界。……然后就将像奥古斯都大帝时代那样,在全世界各族人民当中出现永恒持久的和平。[①]

从整体上说,巴洛克文学主要是天主教信徒的创作活动。身为新教徒的奥皮茨是因为其在德国诗歌领域的领军地位而得到天主教贵族文化界的接受,而格里美尔斯豪森则是在军队服役期间改变了信仰。其他在德国文化史上具有重要影响的诗人、作家,如约翰·米沙埃尔·莫舍罗什(Johann Michael Moscherosch,1601—1669)、弗里德里希·冯·罗高(Friedrich von Logau,1604—1655)等,无论其本身是不是天主教徒,其作品大多都有明确的天主教文化特征。这是他们在抨击德国上层人物在各方面盲目模仿外国、讽刺上流社会精神空虚并虚伪和愚蠢的同时,仍然极端注重作品的外在形式,不惜用堆砌词藻、繁复修饰的方式来

---

① 格里美尔斯豪森:《痴儿西木传》,李淑、潘再平译,人民文学出版社1984年版,第257—262页。

表达严肃内容和完整结构的主要原因。

三、帝国观念与国家政治学说

早在三十年战争爆发前夕,一批德意志学者就在欧洲人文主义运动的思想背景下分析和思考德国的存在形式及其包括历史、神圣和法律等方面的统治基础。德意志民族的神圣罗马帝国的存在使这批学者提出了含有欧洲帝国烙印的、在国家政治学说史上占有突出地位的思想观念。政治思想家约翰尼斯·阿图秀斯和自然法学家萨姆艾尔·冯·普芬多夫应该是这方面的代表人物。

J. 阿图秀斯(Johannes Althusius,1563—1638)出身于狄顿豪森的一个农民家庭,毕业于巴塞尔大学法学专业,曾在拿骚一所加尔文派中学任教,主要教授自然法学,同时是拿骚伯爵宫廷的法律顾问,后来任埃姆登市政法律顾问,至终。

阿图秀斯的主要著作是《政治学概论》(*Politica Methodice Digesta*)。1603 年的第一版是他在拿骚加尔文中学的授课稿;在 1610 年的第二版中,他删去了关于法学的内容,篇幅减少;1614 年第三次出版的《政治学概论》含有大量的、作者本人的行政工作经验,并明确地与法学、神学和哲学著作区分开来,成为国家政治学专著。

概括地说,阿图秀斯在《政治学概论》中主要阐述了三种观点。(1)国家由单纯的个人社会和混合的公共社会共同构成。所谓单纯的个人社会,"是指一种由某几个人根据一份特殊的商定而结成的生活团体和共生共活的组织形式",这种社会形成的途径是通过那份"特殊的商定",这是将要共同生活的各方(不是双方)相互达成的默契。据此,这个社会的所有成员都有责任承担任何有利于公益和公益所必需的事务。所谓混合的公共社会,是由"无数个单纯的个人社会为了确定秩序而结合在一起"的、"人们自发地,也完全是出于自由意志而组成的政治集体",这种社会形成的途径是通过"单纯的个人社会的自由意志"。因为国家就像人的身躯,具有灵魂、首脑、四肢和细胞等各个部分,一经产生,每个部分就会统一协调,具有生命力。所以单纯的个人社会，如家庭，是国家的细胞，而混合的公共社会，如省县区，是国家的肢体；细胞构成肢体，肢体显现国家。① （2）国家主权属于人民。国家主权的观念由法国政治思想家让·波丹（Jean Bodin，1530—1596年）提出。波丹认为，国家就像家庭，国王就像家长，就像家长在家庭中的权力至高无上一样，君主在国家中的权力也是至高无上的。阿图秀斯反对这种观点，认为君主是国家的首脑，是国家的一个肢体；拥有国家最高权力的不能是肢体，只能是整体。人民构成国家的整体。君主受人民的委托行使国家主权，他所掌握的是君主职权；虽然君主职权是国家的最高职权，但不等于国家主权。国家主权高于君主职权；前者与国家共存亡，后者只是在某种程度上与国家共兴衰。（3）民选官是国家秩序的保证人。所谓民选官（Ephor）是拥有国家最高决定权的人，他们由人民或人民代表大会选出，有一定的人数、任职时间和誓言的限制，负责监察国家首脑和高级官员，保证国家法律的实行和公民利益的实现。就此，可以明确地说，阿图秀斯的观点不符合当时欧洲学术界的思想主流，因为他完全站在德国的立场上阐发议论。

至17世纪前期，德国落后于西欧其他国家的现实已经引起学者们多角度的关注，特别是德意志民族的神圣罗马帝国的存在，被普遍地认为是将德国建成诸如法国、英国和西班牙那样的民族国家的障碍所在。在阿图秀斯时期，历史已经表明，德国既不能像英国、法国那样通过军事武力建立统一的民族国家，也没有机会像西班牙那样通过联姻或其他和平手段使帝国等级联合起来。马克西米连一世、卡尔五世等皇帝励精图治的结果就是证明。在这样的情况下，在三十年战争爆发前期，有相当一部分德国学者主张"国家二元主权论"，主张国家主权既属于君主又属于拥戴君主的人民或等级，从而赋予神圣罗马帝国以联邦国家的特征。如魏玛的帝国政论家多米尼库斯·阿鲁迈（Dominicus Arumaeus，

---

① D. Wyduckel（Hrsg.），*Johannes Althusius Politik*，Berlin：Duncker & Humblot，2003，pp. XVIII - XX；刘新利：《阿图秀斯国家政治学说及研究》，载《世界历史研究动态》1993年第12期，第2—7页。

1579—1637)、因戈尔施塔特大学法学教授克里斯托夫·贝索尔德(Christoph Besold,1577—1638)以及萨克森法学家本尼狄克特·卡普佐夫(Benedikt Carpzov,1595—1666)等等。与他们的观点稍有不同,阿图秀斯坚持国家主权属于人民,人民构成了至高无上的国家主权。显然,他的观点悖逆于以国王为核心形成民族国家的历史主流。阿图秀斯是第一位以德意志帝国法权为前提、以自然法学和新教神学理论为基础将德意志联邦国家纳入近代国家理论之中的人。

如果说 J. 阿图秀斯是在三十年战争一触即发的历史背景下阐述其人民主权的观念,那么普芬多夫关于国家自然法权的思想背景就是三十年战争及以后的德意志民族神圣罗马帝国的国家惨状。

萨姆艾尔·冯·普芬多夫(Samuel von Pufendorf,1632—1694)出身于萨克森的一个路德派牧师家庭,先后在莱比锡大学和耶拿大学学习法学、哲学、神学、历史学及财政管理等专业,曾在哥本哈根为瑞典大使做家庭教师,并跟随大使到过海牙,在那里参与讨论自然法权理论,接触到西欧思想界名流。1661 年,普法尔茨选帝侯专门为普芬多夫在海德堡大学开设了自然法和国际法课程。任教七年后,普芬多夫又返回瑞典,不久成为瑞典王室史学大臣、枢密院议员和王国总秘书。晚年以同样的职位在柏林为勃兰登堡-普鲁士宫廷效劳。他的代表作是用拉丁文写成的《自然法与国际法》(De jure naturae et gentium libri octo,1672)。

仅就国家政治思想而言,普芬多夫与阿图秀斯持有大致相似的观点。(1)普芬多夫认为,国家是人们为了保障安全而通过两项公约建成。一项,人们相互约定,放弃个人的自然自由权利服从一个共同体,并约定该共同体的政府形式。另一项,统治者与人民约定:统治者担负维护共同安全的责任,人民承诺服从统治者的义务。统治者受自然法约束。一般情况下,人民无权反抗统治者,除非统治者极端地违背自然法。人类社会的两个基本自然法则,一是每个人都力求保护自己的人身和财产,另一个是,不扰乱社会的安宁。因此,任何人对待他人,都不应当使他人感到自己受到侵犯,其具体原则包括不伤害他人人身、不褫夺他人财产、不违约、赔偿因自己过错所造成的损失等等。（2）国家主权基于人类的尊严（dignatio），即人类的基本权利。（3）德意志民族的神圣罗马帝国既不具备亚里士多德所指称的国家形式，也不符合拥有主权的国家理论，而是"一个有点不规矩的政治实体，是一个怪物"（*irregulare aliquod corpus et monstro simile*）。[①] 因为其主要政治观念形成于三十年战争与战后的恢复时期，整个德国处在从绝望到希望的过渡之中，所以普芬多夫的从自然法与自然权利的角度对德国国家形式的思考在德国思想史上至少在两个方面产生了重要影响：一个是德国统一的非帝国道路；另一个是德国启蒙运动的普遍理性法则。对此，下一章还将提到。

总之，三十年战争之后，关于德国国家的形式问题已经普遍地引起关注。根据法国、英国和西班牙及至俄国的百余年的发展情况，可以概括说，近代欧洲的国家概念特别包括三个要素，即国家意识、权力意志和政治强度。在德国，这三个要素在三十年战争后的帝国现实中已无从谈起，但全部包括在邦国的概念之中。因此，在这种情况下，无论是"国家主权在人民"，还是"国家主权在君主"都悖逆于德国国情。如果赞同约翰尼斯·阿图秀斯及萨姆艾尔·普芬多夫所主张的国家主权在人民，那么作为帝国"执政主体"的帝国等级就有权力继续统治帝国。他们本身就是"人民"，他们的权利来自上帝，是天赋的。然而，正是帝国等级建成的邦国是德国统一的障碍。反过来看，如果赞同当时在欧洲占主流地位的、由法国波丹提出的国家主权在君主，那么作为政治"怪物"的帝国及其皇帝就有责任修复残破的德国；君权神授。然而，正是帝国、德意志民族的神圣罗马帝国蒙蔽了德意志王国，也正是皇帝、哈布斯堡王朝的皇帝使一场欧洲大战在德国的土地上摆开战场。显然，国家在当时的德国是不存在的，因为国家概念三要素的基本前提是内部统一。

---

① Samuel von Pufendorf, *Die Verfassung des deutschen Reiches*, S. 198.

第三章　德意志邦君专制

　　欧洲君主专制，或称君主中央集权制度，是在 17 世纪中期以后主要在法国实行的一种统治形式。欧洲君主专制以统一的民族国家为前提。15 世纪中叶以后，法国、英国、西班牙及俄罗斯等在不同的历史背景下完成了民族国家统一的历史过程，实现了国王的中央集权，继而实行了持续时间长短不一的君主专制制度。德国没有在同一时期完成民族国家的统一和国王的中央集权，但是，三十年战争结束以后，自 17 世纪后期开始，德国也确立了君主专制制度。与其他西欧国家不同的是，德国君主专制制度不是在民族统一国家的基础之上；德国实行的是分裂帝国的邦君专制。

第一节　欧洲君主专制与德国邦君专制

一、欧洲民族国家与君主专制

　　欧洲出现民族国家是欧洲中世纪王国发展的结果。自 5—6 世纪古代罗马帝国衰落以后，欧洲各地王国林立，弱死强活。9 世纪法兰克王国借助罗马教会的力量建起"法兰克帝国"、复兴了古代罗马帝国以后不久，10 世纪德意志王国又与罗马教会联合起来，取代法兰克帝国以"神圣罗马帝国"的名义,续统欧洲历史上的罗马帝国。然而,自 11 世纪起,罗马教会对于神圣罗马帝国的支持力度越来越小,包括德意志王国在内的欧洲各个王国与神圣罗马帝国的利益分歧也越来越大。至 13 世纪,不仅罗马帝国而且罗马教会都已经明显地成为各大强势王国发展的工具或者障碍。终于在 15 世纪中期以后,法国、英国、西班牙及俄罗斯等相继以国王为核心基本划清了国界、统一了国土,建立了民族国家。"日益明显日益自觉地建立民族国家的趋向,是中世纪进步的最重要的杠杆之一。""王权在混乱中代表着秩序,代表着正在形成的民族而与分裂成叛乱的各附庸国的状态对抗,在封建主义表层下形成的一切革命因素都倾向王权,正象王权倾向它们一样。"①以民族国家为前提,王国统治的四大权利——军事、财政、司法和行政——逐步地集中于国王一身,并以国家主权为标帜,对内扩大王权、保护臣民,对外加强王权、扩展国土。到 17 世纪中期,君主专制制度已经开始逐步地、持续或长或短地在欧洲各个民族国家中确立。

为了与德国同时期的历史相参照,下面简单叙述欧洲主要王国君主专制制度确立的过程。

在法兰西,通向君主专制制度的道路具有典型意义。为清晰起见,在此,将法兰西道路分成三个方面进行叙述:扩大王室领地以统一王国、扩大国王的权利以中央集权和确立君主专制制度。

法国国王扩大王室领地从清除英国在法国的"飞地"开始。11 世纪时,由于法国诺曼底公爵上任英国国王,比法国国王的领地大十余倍的法国土地成为英国的王室领地。法王王室的领地仅是塞纳河到卢瓦尔河之间的一块狭长地块,被谐称为"法兰西岛"。法王腓利普二世(Philippe Ⅱ,1165—1223,1180—1223 年在位)上任后,以英国国王不履行封臣义务为借口,开始夺取英王在法国的领地。这个过程持续了约二百年。在前期的百余年间,由于英国王权衰弱,法国国王兼用武力和联

---

① 《马克思恩格斯全集》,第 21 卷,人民出版社 1965 年版,第 452 页。

姻的方式,顺利地将卢瓦尔河以北的、几乎全部的英国王室土地收归法国王室。在后续的百余年,法国与英国进行了所谓"百年战争"(Hundertjähriger Krieg,1337—1453 年)。最终,法国国王占领了英王在法国的全部领地。百年战争之后,法王路易十一世(Louis Ⅺ,1423—1483,1461—1483 年在位)继续扩大王室领地。经过长期的斗争,虽然一直没有占领北部的佛兰德尔,但是南部的勃艮第、普罗旺斯等地终于成为国王的地产。国王的地产即王国的领土。在王国的土地上,国王的权利至高无上。至 15 世纪末,法国国王的土地有了边界。边界之内的居民要说以巴黎方言为主调的法兰西语言。巴黎是国王的驻跸地,是法国的首都。法兰西的政治、军事、经济和文化均统一在巴黎的国王宫邸。统一后的法国是拥有疆域国界的、拥有国家主权的民族国家。

法国王权的扩大从路易九世采取新的统治措施开始。路易九世(Louis Ⅸ,1214—1270,1226—1270 年在位)采取的措施包括规定在王室领地内通行国王货币;宣布国王是最高法官,受理全部重大案件;发布"国王四十日令",允许领主纠纷在 40 日之内交由国王仲裁;派遣巡回检察官,监督地方官吏以及诏令召募直接听命于国王的常备雇用兵等等。在这个基础上,腓利普四世(Philippe Ⅳ,1268—1314,1285—1314 年在位)下令对法国教会征收 20%的所得税,并继而控制教皇选举,使罗马教皇成为"阿维农之囚"。到弗朗索瓦一世(Francois Ⅰ,1494—1547,1515—1547 年在位)统治时期,法国教会完全听命于法国国王。自 14 世纪初开始的贵族、教会和市民借以参与国政的三级会议已经不再召开。法国国王拥有绝对的统治权力,不受任何人、任何事物的限制。

法国君主专制制度最终确立于红衣主教黎塞留任法国首相时期(A. J. du P. de Richelieu,1585—1642,1624—1642 年在任)。其间,作为君主中央集权的主要对抗力量,高级教、俗贵族被完全制服。首先,高级贵族们失去了参与政治的权利,不仅他们可以参加的三级会议被解散、国务会议形同虚设,而且原来由他们占据的中央各部大臣的职位、地方省长的职权也被国王直接掌控。并且,国王在中央设置了"非常法庭",特别用来惩治叛乱贵族,同时在地方下令拆除封建堡垒,迫使一切贵族向国王宣誓效忠,遵守王国法律。另外,中央政府颁布法令,宣布废除《南特敕令》(Édit de Nantes)中有关承认胡格诺政治和军事权利的规定,仅允许他们信仰自由,重申国王的教会最高权。路易十四世统治时,更是将贵族集中在巴黎郊区的凡尔赛宫,使他们在不间断的唱歌跳舞、参加宴会庆典的活动中,只关注宫廷规矩和社交礼仪,没有机会考虑其他事务。后来国王又颁布了《枫丹白露敕令》(Édit de Fontainebleau),直接宣布废除《南特敕令》。法国成为统一政治、经济、军事乃至宗教的民族国家。

在英吉利,民族统一国家形成之后,出现了君主与贵族的二元中央集权制。

英国国王扩大王室领地从"威廉征服"开始。与在法国的过程相反,在英国,王室领地是过去的法国诺曼底公爵、现在的英国国王威廉一世(William the Conqueror,1027/1028—1087,1066—1087 年在位)在征服英国的过程中扩大的。在征服战争中,威廉没收和重新分配英国贵族的土地,将其中的七分之一耕地、三分之一森林划归王室,余者的一半归并为十个领地,全部划给来自法国的诺曼底贵族。另外,全国土地的四分之一给教会,高级教会职务由法国教士担任。显然,英国的王室领地与同时期的"法兰西岛"不可同日而语。不仅如此,如果说"英法百年战争"是法国完成国家统一的过程,那么这场战争就是英国统一国家的开端。百年战争中,英国失去了在法国的领地,国内贵族认为原因在于当政家族统治不利,因此发生内战,即所谓的"玫瑰战争"(Rosenkriege,1455—1485 年)。"封建贵族在蔷薇(玫瑰)战争中寻找补偿,也得到了更多的东西。他们互相毁灭了,都铎王朝(Tudor dynasty,1485—1603)登上了王位,权力之大超过了以前和以后的所有王朝。"[①]都铎国王的驻跸地伦敦成为英国的首都。在此期间,在 1362 年,国王爱德华三世(Edward Ⅲ,

---

[①]《马克思恩格斯全集》,第 21 卷,人民出版社 1965 年版,第 458 页。

1312—1377,1327—1377 年在位)下令所有的案件审理都必须使用英语。稍后,在 1399 年,亨利四世(Henry Ⅳ,1366/1367—1413,1399—1413 年在位)开始在公众面前用英语演说,并默许自己的忏悔神父约翰·威克里夫(John Wycliffe,1330—1384)将拉丁文《圣经》译成英语(1380—1382 年)。翻译《圣经》在当时是违背教会教规的事情。总之,至 15 世纪末,英国与法国一样,成为拥有疆域国界的、拥有国家主权的民族国家。

英国国王采取措施以扩大王权的过程比法国早了将近一个世纪。与法王路易九世相似,英王亨利二世(Henry Ⅱ,1133—1189,1154—1189 年在位)采取的措施包括在中央建立常设法庭,削弱地方割据势力;强迫骑士缴纳"盾牌钱",取消他们传统的武装资格和特权;宣布召募直接听命于国王的常备雇用兵;下令拆除封建城堡等等。在这个基础上,亨利七世(Henry Ⅶ,1457—1509,1485—1509 年在位)进一步抑制旧贵族的坐大势头,解散他们的家臣和武装卫兵,平毁他们的堡垒;设立星室法庭,专门惩治不服从的大贵族,并任命新贵族为中央的高级官吏和地方的治安法官。到亨利八世(Henry Ⅷ,1491—1547,1509—1547 年在位)统治时,国王更是控制了国会,使拥有上下两院的国会成为国王实行专制统治的工具。1534 年,按照国王的意志,国会通过了一系列有利于王权的法案。据此,英国国王为英国教会的最高首脑;国王不仅有权任命教会各种教职,而且还有权决定教义信条,召开宗教会议。宗教法庭改为国王法庭,由国王的官吏审判教徒,镇压异端。由此,国王的权利不仅凌驾于法律和国会之上,而且控制了王国教会。英国教会脱离罗马,成为国家机构的一部分。后来,在女王伊丽莎白一世(Elizabeth Ⅰ,1533—1603,1558—1603 年在位)及其后任者统治时期,国会与国王紧密合作,以国王宫廷为核心的中央二元政府,或称君主立宪制政府控制掌握了王国的对内征税和治安、对外战争与和平的权利。伦敦成为整个王国的政治、经济、军事和文化中心。在查理一世(Charles Ⅰ,1600—1649,1625—1649 年在位)统治前期,英国以国王为首的中央集权制度达到顶峰。17 世纪中叶以后,英国王权向着另外的、不同于欧洲大陆诸国的方向发展。

在西班牙,通向君主专制制度的道路与在法兰西的、英吉利的有很大的不同。在这里,宗教信仰扮演了重要角色。

在 8 世纪阿拉伯-摩尔人在比利牛斯半岛南部建立伊斯兰政权的时候,半岛北部有几个基督教王国。11 世纪以科尔多瓦为首都的伊斯兰后倭马亚王朝(Umayyad Caliphate)解体以后,穆斯林占领的区域分为 23个小王朝,力量极其分散。此时,北部的基督教诸王国乘机向南推进。这个向南推进的过程在历史上称为"列康吉斯达运动"(Naz'at Reconkista),即基督徒从穆斯林手中"收复失地"的运动。运动中,卡斯提(Castile)王国"收复"了托莱多(1085 年),并以此为中心,一边从穆斯林手中"收复失地",一边兼并其他基督教王国,逐渐在西北部形成强势。稍后不久,阿拉贡(Aragón)王国"收复"了萨拉戈萨(1118 年),继而以此为中心,进行了与卡斯提王国相同的收复和兼并战争,逐渐在东北部聚起力量。1469 年,卡斯提女王与阿拉贡王储结为夫妻,从而以"共主联治"的形式完成了西班牙的统一(1479 年)。1492 年,穆斯林在比利牛斯半岛的最后王权格拉纳达被"收复",结束了持续达八个世纪之久的列康吉斯达运动。在统一的王国中,卡斯提方言成为西班牙的通用语言。西班牙王国成为拥有疆域国界和国家主权的民族国家。

很明显,西班牙王权是在联合基督教贵族与穆斯林作战的过程中加强的。共同的宗教感情和民族利益,使基督教贵族紧紧地围绕在王权周围。在这样的前提下,虽然国王给予领主和城市以极大的自治权,但是都是以为国王征税款和服兵役为前提。王国统一后的第二年,即 1480年,罗马教皇批准在西班牙设立宗教裁判所,西班牙国王因此获得了一个加强中央集权的、切实有力的工具。凭借宗教裁判所,西班牙王权一方面继续镇压和驱逐异教势力,另一方面镇压和打击异己分子,从而保证在允许地方相对自治的情况下实现中央集权。进入 16 世纪以后,西班牙王国开始向外扩张,除了占领邻近的纳瓦尔、葡萄牙及地中海西部岛屿以外,还在意大利和北非占有领地,并在新航路开辟的过程中,在美洲拥有大片殖民地。随着辖地的扩大和殖民地财富的流入,西班牙国王改变了曾经依靠城市来加强王权的政策,转而依靠贵族、打击城市,因此出现了与英、法不同的君主专制内涵。正如马克思所说:"在欧洲其他大国里,君主专制是作为文明中心、社会统一的基础出现的",而西班牙则相反,"贵族政治虽趋于衰落,却保持自己的最恶劣的特权……"①就是说,西班牙的君主中央集权所代表的是封建贵族的利益,这与法国国王挟制贵族、英国国王联合贵族实现中央集权的情况完全不同。在 16 世纪下叶腓利普二世统治时期,在封建贵族拱卫中的君主专制达到顶峰,保证了贵族最后的"最恶劣的特权":大约五分之一的卡斯提男人成为各级政府的官员;大约二分之一的王国土地是天主教会的领地;大约的五分之一的王国人口是男女修士或教士。这是一些可以贵族生活的人,是一些可以不交税、过寄生生活的人。进入 17 世纪以后,西班牙慢慢地衰落下去。

在俄罗斯,通向君主专制制度的道路又与在法兰西、英吉利和西班牙有很大的不同。在这里,反抗异族统治发挥了重要作用。

1240 年,蒙古人以伏尔加河的萨莱城为中心建立了金帐汗国(Goldene Horde),统治东欧平原上的诸多罗斯公国。13 世纪时,莫斯科公国逐渐强大。莫斯科大公尤里·达尼洛维奇(Juri Daniilowitsch,约 1281—1325,1303—1325 年在任)统治时,开始采取投靠和利用蒙古大汗、扩大公国势力的政策,"充当汗的卑鄙工具,从而窃取汗的权力,然后用以对付同他竞争的王公们和自己的臣民。"②1328 年,伊凡·卡里达(Iwan Kalita,1288—1341,1325—1341 年在任)大公从大汗那里得到"弗拉基米尔和全俄罗斯大公"(Großfürst von Wladimir-Moskau)的称号。此后,几代大公都利用这个称号火并其他罗斯公国,并使全俄罗斯东正教大主教迁居莫斯科,加强莫斯科大公的统治权利。1480 年,在蒙古势

①《马克思恩格斯全集》,第 10 卷,人民出版社 1965 年版,第 462 页。
②《马克思恩格斯全集》,第 44 卷,人民出版社 1982 年版,第 310 页。

力衰弱的形势下,伊凡三世(Iwan Ⅲ,1440—1505,1462—1505 年在任)一方面率军推翻了金帐汗国,结束了蒙古人对俄罗斯长达 200 余年的统治,另一方面用武力兼并了其他罗斯公国,从而将莫斯科公国的统治括及整个俄罗斯。以莫斯科为中心的俄罗斯统一国家基本形成。

俄罗斯大公建立中央集权的途径主要包括通过与拜占庭帝国末代王室联姻,使大公的级别提高到东罗马帝国皇帝继承人的高度,从而使自己与残余的其他大公拉开距离,将他们降为世袭的领主贵族,由他们的代表组成咨议机关,即杜马(Duma)。在俄罗斯,大公掌握最高权力。在莫斯科大公宫廷设立管辖全国的中央权力机构。地方由大公派遣总督管理,总督的任期、权限和薪金都具有通过大公的、明确的规定。公国的军队由中小封建主提供人力或者物力得以常备,中小封建主的领地不得世袭,也不得转让和出售。1497 年,大公伊凡三世颁布法典,以此改革公国的诉讼程序和司法制度。

伊凡四世(Iwan Ⅳ,1530—1584,1547—1584 年在任)上任后自称沙皇,建立了沙皇专制的中央集权政体。新的沙皇政府实行野蛮残暴的政策,设立特辖区与特辖军,打击特权贵族,削弱大贵族势力,加强王权,并以此为前提展开一系列的改革。首先,在统治权利方面。沙皇政府将征税和征役等当时政治的所有权利都集中在以沙皇为核心的中央;在中央设置领地衙门和军事衙门,废除总督制,改由忠诚于沙皇的中小贵族担任地方各级官吏。其次,在司法方面。沙皇政府颁布新的法典,统一全国法律。同时,在中央设置最高司法部门,下设地方的司法机关,削弱地方官吏的司法权。复次,在军事方面。废除总督制。政府颁布军役法,规定无论大贵族的世袭领地还是中小贵族的采邑地,都必须出全副武装的骑兵,从而不仅取消了大贵族在军队中的特权和地位,而且增加了沙皇的骑兵人数。最后,在经济方面。沙皇政府将全国划分为两类地区,一类是由杜马管理的普通区,另一类是由沙皇直接管理的特辖区。被划入沙皇特辖区内的大多是土地富饶、商业发达、具有军事意义的地区。这些地区内的大贵族世袭领地以其他普通地区作为补偿为条件,实际上被沙皇强占,强行转给支持沙皇并为沙皇服军役的中小贵族。在这个基础上,沙皇又进一步地从这些中小贵族中挑选"优秀者",组成特辖军团,特别用来镇压大贵族的反抗。这些都是对内措施。对外,沙皇专制确立之始,便展开了大规模的扩张战争。先是进攻喀山汗国,兼并了阿斯特拉罕,接着占领了全部伏尔加河中下游流域和乌拉尔山以西的领土。正如列宁所说,俄罗斯"专制制度的全部历史就是一部不断掠夺各地方、各区域、各民族的土地的历史"[①]。

总之,欧洲君主专制制度确立的过程是民族国家统一、以国王为核心的中央政府对内集权并对外扩张的过程。如果说同时期的德国缺失了性质相同的历史过程,那么这种说法是不符合事实的。事实上,德国经历了同样的历史过程,只不过其历史单位是邦国而不是王国。

二、德意志邦国与邦君专制

德国的邦君专制与欧洲的君主专制有一个共同的前提,即国家主权。当以法国为典型的欧洲民族国家确立了君主中央集权制的时候,德国失去了实际意义上的君主,因而失去了那个时代国家主权的发言人。德国国王兼皇帝由选帝侯选举产生,而选帝侯是德国强硬的分裂割据势力。国王没有能力驾驭选举他的选侯集团,没有能力集中王国的或帝国的政治权利,因此没有能力统一德国。德国历史上的君主专制绕开了国君,出现在邦君的层面上。就是说,德国实行专制的不是德国国王或皇帝,而是德国国王或皇帝的属臣邦君。之所以德国的国君不能实现中央集权,原因很多,其中基础性的原因首先在于德国国王王室领地的变动不居。

如前已述,德意志王国一直没有固定的首都,所谓王室领地也一直处在动态,一直随着王朝统治中心的转移而转移。中世纪前期的三大德意志王朝——萨克森王朝(Die Sächsischer,919—1024)、萨利安王朝

---

① 《列宁全集》,第 16 卷,人民出版社 1988 年版,第 299 页。

(Die Salier,1024—1125)和霍亨斯陶芬王朝(Die Hohenstaufer,1138—
1254)——其统治中心依次自北南移:从萨克森至法兰克尼亚,再从法兰
克尼亚至士瓦本。到霍亨斯陶芬的弗里德里希二世(Friedrich Ⅱ,
1194—1250,1208—1250 年在位)统治时,德意志王国的统治中心离开了
德意志,移到意大利最南部的西西里。这种史实不能不使德国与法国等
其他欧洲国家产生关键性区别:在德国,没有一个城市像巴黎、伦敦、马
德里或者莫斯科那样,能够汇聚王国的统治力量,也没有一个区域能够
承载不同的王朝、承继同一个王国的历史脉系。中世纪盛期占据德国王
位的三个家族——哈布斯堡、卢森堡和维特尔斯巴赫——轮番上任,其
统治期限最长不过 35 年。[1] 这种史实也不能不在德国国王与法国等其
他欧洲国家的国王之间存在基础性区别:德国国王,没有几位像法王路
易十一世等、英王亨利七世等或沙皇伊凡三世等那样,能够连续地、不断
地扩大王室领地,直至将说德语的主要地区囊括进王室领地,以至统一
王国。不仅如此,15 世纪哈布斯堡家族续统德国以后,统治王朝甚至将
王室领地与世袭领地区分开来,身为德国国王的哈布斯堡家族首领,他
扩大的领地不是德国国王的王室领地,而是哈布斯堡家族的世袭领地。
哈布斯堡王朝的王位或皇位继承人,不等于就是哈布斯堡家族的领地继
承人。统治家族的领地,在英、法等其他地方是民族统一国家形成的关
键性起点,是王国统一战争的根据地,也是该王国版图的最核心的部分。
然而,在德国,统治家族的领地是民族统一国家形成的关键性障碍,是王
国统一难以克服的堡垒,也是德意志王国版图被四分五裂的主要原因。

　　显然,从 1438 年阿尔布莱希特二世就职到 1519 年马克西米连一世
卸任,在英、法、西班牙及俄罗斯民族国家形成的同时期,德国国王使德
意志王国朝向相反于欧洲历史主流的方向发展:不仅没有形成统一的民
族国家,反而形成了各自为政的邦国群体。正是在这种情况之下,德国

---

[1] 哈布斯堡王朝 1273—1308 年;卢森堡王朝 1308—1313 年;维特尔斯巴赫王朝 1314—1347
　　年;卢森堡王朝 1346—1378 年;维特尔斯巴赫王朝 1400—1410 年;卢森堡王朝 1410—
　　1437 年。

的邦君才取代了德国的国君,促使德国的历史没有脱离欧洲历史的主流,没有越过欧洲君主专制主义时期。

早在14世纪初期,有一位名叫巴托鲁斯(Bartolus,约1314—1357)的意大利法学家提到一类人的一种状态,即"自由"诸侯及其臣民在自己领地内的全权状态。这种说法被普遍接受用来说明德意志领地诸侯的情况。大致在同一时期,具有奥地利公国创建者之称的鲁道夫四世公爵(Rudolf Ⅳ,1339—1365,1359—1365年在位①)的话为巴托鲁斯的说法提供了事实证明。鲁道夫说:"无论是教皇、皇帝还是国王都不能在我们的领地内拿走任何东西。"②在中世纪,领地诸侯在其领地内的自主权利得到法律保障。三十年战争以后,德国的领地诸侯发展成为本章所称谓的邦君。

在集权专制的角度上,德国邦君可以分为两类。一类,通过继承或战争占有大面积的领地,他们能够借助《威斯特伐利亚和约》赋予的武装权和联盟权在领地内推行有效的内政和外交政策,使领地发展成为能够行使国家主权的领地邦国。在德国邦君专制历史上,这一类邦君主要有七位:奥地利公爵(兼德国国王和神圣罗马帝国皇帝)、勃兰登堡选帝侯(1701年成为"在普鲁士的"国王)、巴伐利亚选帝侯、萨克森选帝侯(1697年成为波兰国王)、汉诺威公爵(1692年成为选帝侯;1714年成为英国国王)、符滕堡公爵和梅克伦堡公爵。另一类,所占有的领地面积相对较小,他们无意或无力行使武装权和联盟权,无论在内政还是在外交方面,或者受制于外力,或者受制于自己的领地等级。这一类邦君实际上仍然是传统的领地诸侯。在德国邦君专制形成与发展的历史上,他们仅仅在某个方面,例如在建筑文化方面留有篇章。

与上述四个欧洲民族国家的君主专制历史相比,德国邦君专制的突出特征是缺失民族性。由于与德意志民族无关,所以,拥有强势的德国

---

① 1358—1365年兼任施泰马克公爵,1363—1365年任提洛尔伯爵。
② 刘新利:《德意志历史上的民族与宗教》,第332页。

邦君,如身兼国王和皇帝的奥地利公爵,他们在扩大家族领地的过程中,没有统一王国、建立民族国家。又如萨克森选帝侯和汉诺威选帝侯,他们在确立中央集权的过程中,分别成为波兰国王和英国国王。也正是由于与德意志民族无关,在欧洲其他王权在民族统一国家的基础上确立君主专制的同时期,可以说,德国王权的范围越来越大,其臣民越来越多,所辖领土越来越广,以至统治世界。同样也可以说,国王的权力越来越弱,其臣民越来越少,所辖领土越来越小,以至对于德国事务、德国人民和德国土地失去统治权。换言之,一方面,德意志王权越来越明显地为哈布斯堡家族的利益而存在、而发展,德意志民族越来越明显地变成哈布斯堡王朝的附属品;另一方面,哈布斯堡王朝越来越明显地非德意志化,德意志民族与德意志王权之间的利益冲突,越来越明显地变成德意志诸侯与哈布斯堡家族之间的权力之争。专制制度建立时期的德意志"国家",不仅与"民族国家"几无相近之处,而且与中世纪的"王国"也不能同日而语。此时的"德国",名义上是帝国,是德意志民族的神圣罗马帝国,实际上是不包含任何民族因素的大大小小、此聚彼散的邦国群体。

在欧洲建立民族统一国家、确立君主专制的时代,德国邦国群体得以生存的基础是帝国法①对于欧洲各类政权的制约。且不说在三十年战争以前,帝国法完全排斥非帝国势力,因而在一定意义上维持了帝国的完整存在,也不说在战争以后,法国、瑞典及英国等强国利用帝国法制约哈布斯堡的国王和皇帝,因而维持了欧洲大陆的权利均势,仅仅通过《威斯特伐利亚和约》对于皇帝权利的规定就可以看出:在保证神圣罗马帝国不被欧洲列强推翻的同时,帝国法还保障了作为帝国等级的德国邦国的生存和发展。典型的例证的就是前面提到的邦国武装权和联盟权。凭借帝国法保障的权利,德国邦君得以在帝国境内独立发展,却不算是

---

① 一般说来,帝国法主要包括六大帝国法律文本,即《诸侯特权》(1231 年)、《金玺诏书》(1356 年)、《德意志协议》(1447 年)、《永久帝国和平法》(1495 年)、《帝国等级登记册》(1521 年)和《威斯特伐利亚和约》(1648 年)。

诸侯割据，并得以在帝国境外实现主权国家的意志和自主的行动，也不算是投敌叛国。一句话，德国邦君通过帝国法获得了充分的、跃过帝国、跟随法国等欧洲强国进入专制主义时代的权利。德意志邦国就是所谓"德国"的采取政治和外交行动的主体。奥地利和普鲁士的崛起、巴伐利亚和萨克森等邦的强盛，都是这种权利彰显的产物。

　　不能否认，德意志邦君专制的突出成就主要表现在文化领域。在实行专制统治的过程中，纯粹是为了提高声望、彰显权威，德国的专制邦君，无论是大邦的还是中等及小邦的，只要有钱，无论这钱是征收的还是借贷及捐赠的，都在不同程度上模仿欧洲君主专制的典型：法国国王、"太阳王"路易十四。他们以凡尔赛宫为模式，纷纷兴建宫殿豪邸，追逐奢华排场。一时间，在刚刚结束三十年宗教战争的德国土地上，出现了一股专制邦君的宫廷文化热潮。其间，一方面，能够使建筑本身富丽堂皇的雕塑、绘画和园林、装饰艺术得到发展，另一方面，能够使宫廷贵族尽情享乐的声名显赫的音乐、舞蹈和诗歌、戏剧也繁荣起来。与此同时，那些热衷于追求知识和智慧的邦君还在宫廷邸府内设置图书馆和博物室，甚至投资建立大学，广泛招徕能够为自己服务的著名学者。为清晰起见，在此用表格的形式列举当时的典型情况。

表一：德国邦君专制时期的宫殿建筑及其代表性艺术家

领地邦君	邦君宫邸	代表性艺术家（德国）
奥地利大公	豪夫堡宫（Hofburg，1660 年起）	F. 卢切斯（Filiberto Lucchese，1606—1666）
巴伐利亚选侯	宁芬堡宫（Nymphenburg，1664 年起）	约瑟夫·埃夫纳（Joseph Effner，1687—1745）
	施莱斯海姆宫（Schleißheim，1701 年起）	阿萨姆兄弟（Asam，1686—1739，1692—1750）
符滕堡公爵	路德维希堡宫（Ludwigsburg，1704 年起）	约翰·F. 奈特（Johann F. Nette，1672—1714）
勃兰登堡选侯	夏洛滕堡宫（Charlottenburg，1705 年启用此名）	J. F. E. 冯·哥特（Göthe，1669—1728）

续　表

领地邦君	邦君宫邸	代表性艺术家（德国）
萨克森选帝侯	茨温格尔宫（Zwinger，1710 年起）	M. D. 帕佩尔曼（Pöppelmann，1662—1736）
科隆选帝侯	奥古斯特斯堡宫（Augustusburg，1715 年起）	J. C. 施劳恩（Johann C. Schlaun，1695—1773）
	克莱门斯维特宫（Clemenswerth，1737 年起）	J. C. 施劳恩
巴登公爵	卡尔斯鲁厄宫（Karlsruhe，1715 年起）	B. 诺伊曼（Balthasar Neumann，1687—1753）
美因茨选帝侯	布鲁赫萨尔宫（Bruchsal，1719 年起）	B. 诺伊曼；阿萨姆兄弟
维尔茨堡主教	维尔茨堡宫（Würzburg，1719 年起）	B. 诺伊曼
普法尔茨选侯	曼海姆宫（1720 年起）	J. K. 赫瓦泰尔（Herwarthel，1675—1720）

表二：德国邦君时期建立的大学及其代表性教授

大学	领地邦君	著名教授
基尔大学（1665 年）	石勒苏益格-荷尔斯泰因-哥特奥夫公爵	S. 拉舍尔（Rachel，1628—1691）
因斯布鲁克大学（1669 年）	奥地利大公（兼德国国王和皇帝）	……
布雷斯劳大学（1702 年）		……
西匈牙利大学（1735 年）		N. J. 雅奎因（Jacquin，1727—1817）
哈勒大学（1694 年）	勃兰登堡选帝侯（后来的普鲁士国王）	Ch. 托马西乌斯；Ch. 乌尔夫
哥廷根大学（1737 年）	汉诺威选帝侯（兼英国国王）	S. Ch. 霍尔曼（Hollmann，1696—1787）

　　能够带来声望的宫廷和能够带来荣誉的大学,使德国专制邦君不仅仅是法国国王的模仿者,而且还是德国"伟大的建筑业主和艺术倡导

者",是德国"思想和科学"的热心资助人。① 正是在这样的背景下,在德国出现了一批具有欧洲影响的、在接踵而至的启蒙运动中占有重要地位的学者和思想家。关于这些宫廷学者和思想家以及大学教授的活动情况,将在下面德国启蒙运动一节中叙述。

从根本上说,作为一个在帝国法保障或制约下的邦国君主,德国诸侯之所以要模仿法国国王的凡尔赛宫,建造豪华的宫殿,之所以要模仿经过大首相黎塞留改革后的巴黎大学,建立多学科的大学,其原因主要在于德国的专制邦君与法国的专制国王具有相同的追求目标,即国家强盛。其结果主要是奥地利和普鲁士以德意志邦国的身份跻进欧洲强国之列。

简言之,能够描述德国邦君专制特征的关键词是超越。它超越了国王、皇帝和国家,超越了宗教、教派和民族,并超越了自身的实力、潜力和所在区域。正是因为邦君专制超越了这一切的限制,所以,德国的历史才没有超越时代。就是说,正是邦君专制的出现才使德国历史虽然失去了民族统一国家的历程,但没有失去欧洲历史发展的主流。并且,虽然失去了以民族国家主权为前提的君主专制,但以开明君主专制的形式进入欧洲的启蒙时代。

第二节 奥地利的邦君专制

三十年战争结束以后,奥地利借助双重权利发展起来:一重,神圣罗马帝国的皇帝权利,另一重,帝国等级的邦国权利。借助双重权利,对外,奥地利邦国通过四次战争——土耳其战争、普法尔茨战争、北方战争和西班牙王位继承战争——将邦国领地与帝国领地区分开来,从而实现了邦国领地的整合与廓定。对内,奥地利邦君通过军事行动和邦领政策,遏止了包含宗教和民族情绪的波希米亚分裂和匈牙利独立的发展趋

---

① ［德］马克斯・布劳巴赫等:《德意志史:第二卷 从宗教改革至专制主义(1500—1800)》,第374、375 页。

势,并通过旨在将所辖区域的统治权利集中在维也纳的机构改革,加强了哈布斯堡皇帝的权利,从而确立了邦君专制。这是奥地利君主国进入欧洲大国之列的历史过程。

一、奥地利邦国领地的整合与廓定

三十年战争结束的时候,从北向南,奥地利哈布斯堡王朝的统治区域包括西里西亚公国、波希米亚王国、摩拉维亚边地伯国、奥地利大公国、施泰尔马克公国、蒂罗尔伯国、克恩滕公国、克莱因公国以及米兰公国和匈牙利王国的大部分。其中,米兰和匈牙利是纯粹的哈布斯堡家族的世袭产业,其他地区则同是哈布斯堡家族的世袭领地和神圣罗马帝国的直属邦领。从地域面积来说,纯粹的哈布斯堡家族世袭产业远远大于哈布斯堡王朝的帝国直属领。但是,从法权地位来说,前者则低于后者。直属帝国的领地受帝国法的保护,侵犯它就是侵犯帝国主权,而家族世袭的产业却是家族势力发展的基础,维护和扩展家族领地是家族首领的责任。

如前已述,在以法国为典型的其他欧洲国家,统治家族扩展家族领地的结果是"家天下"。其过程是,统治王朝以王室领地为根据地或出发地,通过战争或其他手段将地方诸侯领地统一在王国的辖领之内,同时将王国的税收、军事、行政和司法权利集中在以国王为首的王国中央政府之中,最终建立中央集权的民族统一国家。然而,在德国,哈布斯堡统治王朝扩展家族世袭领地的结果完全与之相反。在德国,统治王朝的扩展虽然也以家族领地为根据地或出发地,但是其发展方向不是通过战争或其他手段将地方诸侯领地统一在神圣罗马帝国(或德意志王国)的辖领之内,也不是将帝国(或王国)的统治权利集中在以皇帝(或国王)为首的中央政府之中,而是将统一和集权两个过程限定在家族世袭领地的范围之内,结果是建立了奥地利独立邦国,即独立于神圣罗马帝国的奥地利君主国。

明确说,由于其所辖领地有帝国直属领地和家族世袭产业之分,所以，在宗教改革运动及三十年战争中，一方面，作为帝国皇帝，哈布斯堡统治者失去了两种权力，即维护基督教信仰统一的权力和统治帝国的权力；另一方面，作为帝国等级，哈布斯堡统治者又得到了两种权力，即领地邦国主权和武装、结盟的权力。"教随国定"的原则一方面使帝国皇帝失去了统一信仰的法权依据，另一方面又使奥地利君主得以凭借宗教理由清除世袭领地内的割据势力。同时，《威斯特伐利亚和约》一方面使法国、瑞典等外国势力有权介入帝国事务，进而有效地限制了帝国皇帝统治帝国的权力，另一方面又使帝国等级有权与外国势力结盟，进而为哈布斯堡的家族首领以奥地利君主的身份(不是以皇帝的身份)参与国际事务开辟了道路。在这样的历史背景下，哈布斯堡王朝以奥地利大公国为核心实现了邦国领地(不是帝国领地)的统一。

与其他欧洲王国依凭王权统一国家的过程不同，奥地利君主邦国依凭皇权统一邦领的过程在超越区域、超越民族、超越语言和信仰传统等更大的范围内展开。因此，它的统一历程可以分为两个步骤进行叙述：一个，统一奥地利的邦国世袭领地，另一个，使邦国领地与帝国领地区分开来。两个步骤在17世纪前期的三十年战争期间开始，在经历了抵抗土耳其人西进的"维也纳保卫战"和与法国争夺哈布斯堡王朝产业的"九年战争"之后，在18世纪前期的西班牙王位继承战争中结束。

第一个步骤，统一奥地利世袭领地，进而基本整合了奥地利邦国的统治区域。

奥地利，在本节的议题内，主要有三个组成部分，即包括蒂罗尔等地在内的上奥地利、包括维也纳在内的下奥地利和包括施泰尔马克及克恩滕和克莱因在内的内奥地利。这是神圣罗马帝国的直属土地，同时也是哈布斯堡王朝的世袭领地。按照哈布斯堡家族的传统，在家族首领去世时，如果有多位合法继承人，世袭领地便在他们当中分配，如果继承人只剩下一位，家族领地便实现统一。1619年，皇帝费迪南德二世作为唯一的继承人统一奥地利。1621年，他站在家族首领的立场上，遗嘱全部奥地利由长子继承，同时宣布哈布斯堡家族的所有领地完整、不可分割。

可是，迫于战争形势，费迪南德还是按照传统习惯在 1623 年将上奥地利分割给他的弟弟利奥波德（Leopold，1632 年去世）。1635 年，在身患重病之际，费迪南德二世公布遗嘱附言，再次强调家族领地不可分割。1665 年，统治上奥地利的西吉斯蒙德·弗兰茨公爵（Sigismund Franz，1662—1665 年在位）去世，奥地利最终实现了统一。从此以后，虽然兄弟之间的领地争执时有发生，但是奥地利没有再分裂。奥地利世袭领地的统一为哈布斯堡王朝的奥地利君主国的统一政治（不是神圣罗马帝国的统治）奠定了基础。

之所以 17 世纪下期以后，奥地利世袭领地的完整统一得以维持下去，其原因主要来自两个方面：一方面来自土耳其人的威胁，另一方面来自重商主义观念的影响。

一方面，土耳其人威胁，如前一章所述，从 16 世纪初开始就是哈布斯堡王朝的最大、最直接的威胁。

如果说以前的土耳其威胁都远在边地，远在哈布斯堡帝国的东欧领地，或由于法国与土耳其的盟友关系而远在帝国的西部边境，那么现在，在 1664 年奥地利与土耳其签订的《瓦斯瓦尔停战协议》到期以后，土耳其人对哈布斯堡王朝的威胁就直接地迫近首都维也纳了。1683 年，土耳其与奥地利停战 20 年后的第一年，土耳其军队兵临维也纳城下。哈布斯堡人开始了艰苦的"维也纳保卫战"。在战争之前，土耳其人先后结束了与波兰（1676 年）和俄罗斯（1681 年）的战争，哈布斯堡人也完成了奥地利世袭领地的统一（1665 年），并将西里西亚纳入直接的统治范围之内（1675 年）。在战争中，凭借皇帝的权威，哈布斯堡人不仅得到德意志帝国等级的支持，如巴伐利亚、萨克森、洛林、巴登以及萨伏根依等均派出军队，而且得到罗马教皇和荷兰的道义声援、波兰的部队增援以及西班牙的财政支持。

1683 年 9 月，"奥地利历史上最出色的军队指挥官"、[1]萨伏根依的

---

① ［奥］埃里希·策尔纳：《奥地利史：从开端至现代》，李澍泖等译，商务印书馆 1981 年版，第 326 页。

欧根亲王(Eugen von Savoyen,1663—1736)和"土耳其人路德维希"、巴登侯爵路德维希·威廉(Ludwig Wilhelm von Baden,1677—1707)率领联军,很快击退了维也纳的围城敌军,并迅速展开反攻,进入土耳其人占领的匈牙利。1684 年,哈布斯堡皇帝与教皇、波兰、威尼斯结成神圣同盟,也联军赴向匈牙利战场。自 1686 年起,匈牙利战场上还出现了由勃兰登堡、法兰克尼亚和士瓦本组成的增援皇帝的军队。大军压境。土耳其人节节败退,很快退出了匈牙利(1686 年)、齐本彪根(1687 年)和贝尔格莱德(1688 年)。1691 年,巴登侯爵消灭了向多瑙河以南推进的土耳其人。1696 年,欧根亲王又战胜了北进的土耳其军队。终于,奥斯曼帝国宣布投降。1699 年,奥地利与奥斯曼签订了《卡罗维茨和约》。据此,哈布斯堡占领或巩固了齐本彪根(不包括巴纳特)和整个匈牙利地区,最终解除了自 1529 年以来的、持续了近 200 年的土耳其威胁。后来,哈布斯堡皇帝又与土耳其苏丹进行了两次战争,其目的不再是解除威胁,而是夺取土地。1716 年,奥地利出兵支持威尼斯与土耳其的战争,结果获胜,通过 1718 年的《帕萨罗维茨和约》获得贝尔格莱德及其周边地区。1735 年,为了占领土耳其人统治下的波黑地区,奥地利与俄罗斯战争,结果战败。通过 1739 年的《贝尔格莱德和约》放弃了前一次战争所获得的土地。

　　土耳其人围攻维也纳,其目标是欧洲的土地和基督教世界。大敌当前,哈布斯堡皇帝扮演了基督教世界领袖的角色。由此一来,不仅仅奥地利世袭领地,而且哈布斯堡家族占有的东欧、东南欧地区均以不同的形式,围绕在统治王朝周围。奥地利君主国凭借对抗和反击奥斯曼帝国而为自己的历史增加了三项重大内容,即统一领地、将统治领地的权利集中于维也纳皇宫以及上升为欧洲强国。

　　另一方面,重商主义观念,这种当时流行于欧洲的观念,在哈布斯堡世袭领地统一的过程中一定程度地影响了维也纳君主的统治政策。

　　如果说重商主义思想家在法国与英国的统治王宫中曾一度发挥了主导大政方针的作用,其理论得到了有效的实践,如在英国,曾担任政府贸易委员会常务委员的托马斯·孟(Thomas Mun,1571—1641),如在法国,曾担任财政大臣和海军国务大臣的 J‑B·柯尔贝尔(Jean-Baptiste Colbert,1619—1683),那么在德国,他们的理论和实践则在一定程度上对哈布斯堡王朝领地的整合与统一发挥了积极的影响。奥地利重商主义思想的代表人物是上一章已经提及的 P. W. 冯·霍尔尼克、J. J. 贝舍尔和 W. 冯·施罗德。

冯·霍尔尼克被认为是奥地利最重要的重商主义理论家。从 1673 年起,冯·霍尔尼克开始在利奥波德一世皇帝的维也纳宫廷里效劳,负责协调哈布斯堡王朝在奥地利和波希米亚的领地工作。1684 年,他发表了其重商主义理论代表作《奥地利只要立志便高于一切》(*Österreich über alles，wann es nur will*)。这部著作的写作目的是试图解决当务之急的奥地利军费问题。在 1683 年抵抗土耳其人围攻维也纳的时候,奥地利的抵抗部队主要由雇佣兵组成,其增援部队在战场上的忠诚一般也都需要用金钱来保证。根据这种情况,在著作中,霍尔尼克一方面提出了具体的经济政策主张,例如主张发展矿山工业,特别发展齐本彪根的金矿生产,另一方面阐述了重商主义理论的基本内容,说明本国能够生产的商品绝不能进口,出口产品尽量是制成品,入口产品最好是原材料等等。在阐述经济政策主张的同时,他指出,哈布斯堡的世袭领地就"像是一个不可分割的自然躯体"[1],是一个完整的经济区域,必须也必然要统一。霍尔尼克的主张为 18 世纪奥地利专制主义经济政策奠下了一块坚实的基石。

贝舍尔被认为是奥地利重商主义理论的重要实践者之一。1668 年,贝舍尔发表了其政治经济理论代表作《政治谈:从城市、乡村及共和体兴亡的自身原因谈起》(*Politischer Discurs：Von den eigentlichen Ursachen deß Auf-und Ablebens der Städt，Länder und Republicken*)。贝舍尔主张采取

---

[1] ［德］马克斯·布劳巴赫等:《德意志史:第二卷　从宗教改革至专制主义(1500—1800)》,第 309 页。

有效的经济措施以加强帝国的权力,通过帝国的权力克服中世纪的分裂主义和普世主义,从而实现帝国的统一。他的主张对于哈布斯堡政府在经济、贸易和企业方面的政策产生了很大的影响。贝舍尔于 1670 年先于冯·霍尔尼克进入利奥波德一世的维也纳皇宫,负责奥地利和波希米亚的领地协调工作,后来被皇帝任命为枢密议员和皇家商贸委员会委员。凭借这些宫廷官职,他提出了一系列建议,如建议成立奥地利—印度贸易公司,负责奥地利君主国的海外商业。又如前面已经提到的,建议在维也纳创办一间"塔博艺术—机件工场"生产棉麻、丝绸、玻璃和皮革等制品,为国家的其他工场树立模板等等。虽然他的诸多建议没有获得实际的成效,但是贝舍尔的实践表明,增加财富已经成为奥地利经济政策活动的核心目标。

冯·施罗德也被认为是奥地利重商主义理论的重要实践者之一。1673 年,与霍尔尼克同一年,冯·施罗德开始为利奥波德一世政府效劳,所不同的是,他不是在维也纳皇宫,而是在伦敦王府。在伦敦,施罗德认真观察英国政府经济革新的措施和效果,并将之转化成对哈布斯堡统治者的建议,发送到维也纳。1677 年回国以后,他受托经营贝舍尔提议建立的维也纳"塔博艺术—机件工场"。虽然他的经营最终失败(工场于1681 年因法律纠纷倒闭,场房于 1683 年毁于战火),但是他对于重商主义思想的强制贯彻和硬性实践进一步突显了奥地利联合世袭领地、发展统一经济的强国之路。1686 年,在其政治经济代表作《君主的财政与财务》(*Fürstliche Schatz-und Rentkammer*)中,施罗德概括性地表述了奥地利重商主义理论和实践的立场和目标,即站在国家的或说国家最高统治者的立场上,引导国家形成以经济繁荣为基础的强势。

重商主义观念在奥地利的维也纳皇宫中实行,其结果是在积聚"财富"现象的背后,出现了哈布斯堡王朝淡化世界帝国、强化东南欧帝国的发展趋向。由此一来,不仅仅奥地利世袭领地,而且哈布斯堡家族占有的东欧、东南欧地区也被逐渐地纳入以维也纳为中心的经济范围之内;各王国及各侯国在体制上、传统力量和自我意识方面的差异被掩盖在奥地利经济一体化的发展趋势之中,至少在短时间内不再有能力聚集力量、合并土地和割据称雄。

第二个步骤，使邦国领地与帝国领地区分开来，进而基本廓定出奥地利君主国的世袭领地。

将奥地利君主国的领地与神圣罗马帝国的领地区分开来，是哈布斯堡王朝整合与廓定邦国领地的重要过程。这个过程主要通过两次战争完成：普法尔茨继承战争和西班牙王位继承战。

普法尔茨继承战争，即上一章提到的德国"九年战争"或法国"大同盟战争"，是法国为建立欧洲霸权而发动的战争。法国挑起战争的借口是普法尔茨选帝侯的继承人问题。1685年，普法尔茨选帝侯卡尔二世（1680年上任）无嗣而终，他确立的继承人是普法尔茨-诺伊堡公爵腓利普·威廉（Philipp Wilhelm，1615—1690，1685—1690年在位）。对此持反对意见的是他的妹妹奥兰治女公爵，她想继任选帝侯。法国支持女公爵，因为她是国王路易十四的弟媳妇。同时，法国反对新选侯，因为一方面，新选侯信奉天主教，与皇帝的信仰一致，另一方面，新选侯与西班牙、葡萄牙关系密切，而西、葡的统治者与皇帝同是哈布斯堡人。神圣罗马帝国是法国建立欧洲霸权的最大障碍。在这样的情况下，于1686年，由皇帝挑头成立了"奥格斯堡同盟"，宗旨是对抗法国的霸权企图。参与者有普法尔茨选帝侯腓利普·威廉、西班牙国王、葡萄牙国王以及巴伐利亚、法兰克尼亚和上莱茵帝国行政区的德国诸侯。战争一触即发。

战争的导火索是科隆选帝侯的选举。1688年，科隆选帝侯马克西米连·海因里希（Maximilian Heinrich，1650年上任）去世，法国支持红衣主教、威廉·冯·菲斯滕贝格（Wilhelm von Fürstenberg，1629—1704）继任，但遭到皇帝、荷兰及部分帝国诸侯的反对。反对者主要是"奥格斯堡同盟"的成员。他们支持继任的是巴伐利亚人约瑟夫·克莱门特（Josef Clement，1671—1723）。双方争执。于是，法国的军队开进科隆。战争爆发。1689年，由于法国连续占领了美因茨和腓利普斯堡，又由于法国支持英国被剥夺王权的国王詹姆斯二世占领爱尔兰，还由于法国海军在海上对英国打了胜仗等等，法国通过战争争霸欧洲的企图日益明显。因此,英国、荷兰和萨伏根依相继加入反法同盟。不仅奥格斯堡同盟扩大为"大同盟",而且普法尔茨继承战扩大为欧洲列强之战。

战争持续进行了九年。其间,法国军队横扫了西班牙的加泰罗尼亚和意大利的北部地区,摧毁了德国的普法尔茨、科隆等地的许多城市,如海德堡、曼海姆以及沃尔姆斯、施佩耶尔等等,并在海上也有几次打败英国和荷兰舰队的胜仗。同盟军队也在不同的战场取得一些胜利。法国军队只占微弱优势。最终,交战双方主要以缔结《赖斯韦克宫和约》(1697年)结束战争。根据《和约》,法国将在"重并政策"下占领的土地退还给神圣罗马帝国,只保留占有包括斯特拉斯堡在内的阿尔萨斯,帝国得到洛林、萨尔等地,并得以在这些地区内确定天主教信仰。对于法国来说,这次战争基本结束了其自三十年战争结束以后从未间断的"重并政策",同时也在相当大的程度上遏制了其在欧洲大陆武装扩张的进程。对于奥地利来说,这次战争基本结束了其统治王朝的帝国(或普世)传统,同时也在相当大的程度上中止了哈布斯堡首领的帝国统治权力。这次战争以后,奥地利君主的权利范围日益明确地被划定在家族世袭领地之内、帝国领地之外。

西班牙王位继承战(1702—1714年),是法国与帝国、英国、荷兰等国争夺西班牙及其属地的战争。战争的起因是西班牙的王位继承问题。

如前已述,当时西班牙的国王卡洛斯二世因为不能生育,所以他必须在其近亲中确定一位继承人。在最近的亲戚中,卡洛斯二世有两个姐姐,一个是法王路易十四的王后,另一个是神圣罗马帝国皇帝利奥波德的皇后。两位姐父的家族正是当时欧洲的两大强势——法国波旁家族和奥地利哈布斯堡家族。另外,他还有两个姑姑也分别嫁给了这两个家族。两大强势家族都有理由并都想成为西班牙王位的合法继承人。两强相争,战争势在难免。卡洛斯的意思是,由他二姑的外孙,即巴伐利亚亲王约瑟夫·费迪南德(Josef Ferdinand,1662—1699)为王位继承人[1],

---

[1] 约瑟夫·费迪南德出身于维特尔斯巴赫家族,这个家族曾经出现一位皇帝,即路德维希四世(Ludwig Ⅳ,1314—1347年在位)。

因为大姑从一开始就表示放弃对西班牙的继承权。就此,法国与英国、荷兰在 1698 年商定了一份《海牙条约》,承认巴伐利亚亲王继承西班牙王位。同意作为补偿,法国得到西班牙的西西里和那不勒斯,奥地利得到西班牙的米兰。但是,《海牙条约》遭到皇帝利奥波德一世和西班牙国王卡洛斯二世的共同反对。他们同为哈布斯堡家族的成员,他们共同反对分割哈布斯堡的西班牙产业。1699 年,卡洛斯二世立下遗嘱,宣布将西班牙的全部领土都留给巴伐利亚亲王约瑟夫·费迪南德。不幸的是,国王的遗嘱刚刚立定,不到 7 岁的亲王就去世了。这样一来,法国与英国、荷兰重新签订了条约,商定由夭折小亲王的舅舅、皇帝利奥波德一世的次子、奥地利的卡尔大公(Karl von Österreich,1685—1740)继任西班牙国王,并商定作为补偿,法国得到西班牙在意大利的领土。皇帝利奥波德坚持反对分割西班牙,即反对法国占有西班牙的领地,而国王卡洛斯一方面要维持西班牙的领地完整,另一方面又不能使法国一无所获,因此被迫再次立下遗嘱,宣布法国路易十四的孙子和继承人、安茹公爵腓利普为西班牙的王位继承人,条件是腓利普放弃继承法国王位,法、西两国永不得借此合并。遗嘱立毕,卡洛斯二世去世,安茹公爵继位,即腓利普五世(Philip V,1683—1746,1700—1746 年在位①)。皇帝与法国进入战争状态。

　　1701 年,在没有正式宣战之前,奥地利就与法国在意大利摆开战场。战争全面展开以后,站在法国一边的,除了新上任的西班牙国王以外,主要还有巴伐利亚选帝侯和科隆选帝侯,他们认为只有依靠法国才能保住自己的选侯权利,因为帝国已经成为奥地利的附属品。站在皇帝一边的,除了准备就任西班牙国王的奥地利大公以外,主要还有英国和荷兰,因为它们要与法国争夺海外殖民地以及海上优势。另外,与英国合君的汉诺威、想通过英国得到荷兰遗产的普鲁士、想从皇帝那里得到庇护的德国中小邦国等等,也都支持奥地利的哈布斯堡王朝。战争的过程可以

---

① 1683—1710 年为安茹伯爵,1700—1713 年任萨丁、西西里和那不勒斯国王。

分为以下三个阶段。

第一阶段,1702年春天,英国与荷兰结成同盟,联合皇帝,向法国宣战,主要在海上拉开战幕。同时,荷兰、汉诺威和普鲁士三方联军,将法国人赶出科隆,帝国军队占领兰道要塞。在这一阶段,萨伏根依公国和葡萄牙王国也加入反法同盟,奥地利的卡尔大公也做好了前往西班牙就任国王的准备。在这样的形势下,法国军队在巴伐利亚人的支持下开始围攻维也纳,试图从后方进行反攻。此时,英国大将马尔博罗公爵(Marlborough,1650—1722)与萨伏根依公爵欧根亲王联合兵力,前来解除了维也纳围困,并于1704年8月在赫希施泰特战役中大败法国军队,占领巴伐利亚,双方就此暂时休战。

第二阶段的战场主要在尼德兰和意大利。1706年,马尔博罗公爵夺取了西班牙在尼德兰的全部属地。同年,欧根亲王将法国人完全赶出了上意大利。1707年法国发起新的进攻。1708年7月,马尔博罗公爵与欧根亲王再次联合兵力,在欧德纳尔德战役中又一次使法国军队遭到沉重的打击。

战争的第三阶段伴随着停战和谈展开。开始时,反法同盟提出和谈,条件是法国放弃继承西班牙王位的要求,同时放弃占领包括斯特拉斯堡在内的阿尔萨斯。遭到法国的坚决拒绝。于是,马尔博罗公爵和欧根亲王又一次联合兵力,于1709年9月在马尔普拉凯特战役中再次重挫法国军队。面对战场上的失败,法国政府不得不退了一步,表示愿意交出阿尔萨斯,但仍然坚决拒绝放弃西班牙王位。此时,由于皇帝约瑟夫一世去世,他的弟弟、奥地利大公、正在准备就任西班牙国王的卡尔继任皇帝,即卡尔六世(1711—1740年在位),西班牙与奥地利因此而重现联合的哈布斯堡王朝。这种情况不仅是法国坚决反对的,而且也是英国及其他欧洲其他强权所不想看到的。因此,当法国提出和谈的时候,英国、萨伏根依、葡萄牙和普鲁士马上于1713年4月与之签订了《乌得勒支和约》。根据这份《和约》,参与和谈的每一方都得到了好处,只是对于此次战争的两个根本性问题,即西班牙王位的继承人问题和阿尔萨斯的归属问题,和谈双方都没有提及。皇帝拒绝参与如此和谈,并不承认《乌得勒支和约》的有效性。于是,战争继续。

在战争的最后阶段,由于英国不再反法,马尔博罗公爵不再出现在反法战场,失去联合兵力的欧根亲王在1713年的战场上节节败退,所以皇帝不得不提出停战和谈。1714年3月,皇帝表示承认加以修改的《乌得勒支和约》,并与法国及各参战各方达成协议;承认西班牙的王位由法国波旁家族的腓利普继任,条件是他不得兼任法国国王;同意阿尔萨斯归法国,条件是奥地利占有原属于西班牙的意大利和尼德兰。除此之外,根据《和约》,反法同盟各国基本满足了战争初衷:英国得到法国的诸多海外殖民地,成功地巩固了其海上优势;荷兰也得到法国的部分土地,并巩固了其边境;普鲁士虽然在土地方面所获很少,但是,在声誉上获得了很多,它已经开始显示其跻身欧洲强国之列的发展势头。还有,法国的盟友也没有很大的失望:巴伐利亚仍然维持原状,既没有奢望地得到意大利,也没有失望地被皇帝占有;科隆选帝侯的状态一如战争之前,未多也未少。对于神圣罗马帝国来说,这次战争使它的领土失去了阿尔萨斯,但使它的皇帝得到了西班牙的尼德兰和意大利。神圣罗马帝国的皇帝没有保住他的哈布斯堡帝国的领地,但扩大了他的奥地利君主国的土地;在战争期间,哈布斯堡的首领们已经就此达成协议。

1703年,西班牙王位继承战争开始不久,皇帝利奥波德一世使他的两个儿子——约瑟夫和卡尔——协商、制定了一份《依次继承协定》(*Pactum mutuae successionis*),确定如果长子没有男性继承人,次子的后代可以继承长子的权利。1705年利奥波德一世去世以后,约瑟夫继任皇帝(一世);1711年,约瑟夫去世后,卡尔继任皇帝(六世)。然而,此协议还是有两个问题需要明确的规定。问题一,作为哈布斯堡家族的合法继承人,卡尔六世是不是西班牙王位的合法继承人?通过西班牙王位继承战争,欧洲列强解决了这个问题;1714年,法、英、荷兰等国与皇帝签订《拉斯塔特和约》。据此,卡尔六世同意放弃继承西班牙王位的权利,作为补偿,他得到了西班牙在尼德兰和意大利的领土。问题二,如果卡尔六世也没有男性继承人怎么办？他自己的主意是由女性继承。为此，他于1713年颁布了《国事诏书》(*Pragmatische Sanktion*)，宣布女儿有权继承家族产业，同时宣布哈布斯堡所属各邦不可分割和不可分离，并要求奥地利君主、各等级和各邦国按照政治统一和国家存在的精神共同合作。在1720—1724年间，哈布斯堡王朝统治下的各邦等级，包括波希米亚、匈牙利以及齐本彪根等表示赞同这一联合。《国事诏书》正式生效。虽然第二个问题没有就此解决，因为就像第一个问题一样，这涉及欧洲列强的利益和企图，但是，《国事诏书》的颁布无疑标志着奥地利君主国不仅以"整体"而且以"集权"的面貌出现在欧洲国际舞台上。

二、奥地利邦君专制

兼为神圣罗马帝国皇帝和帝国等级邦国的邦君，奥地利哈布斯堡王朝的统治目标是摆脱神圣罗马帝国政治的束缚，建立能够与法国、英国等欧洲强国相抗衡的奥地利君主国。为此，早在三十年宗教战争期间，身兼皇帝的奥地利君主就着重从三个方面入手集中邦君权利。一方面，阻止波希米亚邦议会的自治趋势；另一方面，消灭匈牙利人民起义的独立势力；第三方面，在维也纳设置专制政府的执政机构。在颁布《国事诏书》的卡尔六世统治时期，奥地利实现了君主中央集权制。

首先，在波希米亚，削弱等级邦议会的参政权利，因为它代表分裂奥地利哈布斯堡统治的自治趋势。

波希米亚的等级邦议会是传统的政治协商会议，由四个等级（教士、贵族、市民和农民）、每等级两位代表共八位议员组成。1471年，等级邦议会拥立波兰的弗拉迪斯拉夫为波希米亚国王，即弗拉迪斯拉夫二世（Vladislav II，1456—1516，1471—1516年在位），并于1500年制定《弗拉迪斯拉夫等级条例》(*Vladislavsche Landesordnung*)，确定了波希米亚各等级的政治参与权。这是波希米亚的第一份成文法。宗教改革运动期间，波希米亚绝大多数的高级贵族接受了新教信仰，通过1615—1616年的邦议会，明确地表示了其脱离天主教哈布斯堡王朝统治的自治倾向。由此，波希米亚的等级贵族公开了其政权目标，即坚持信仰自由，脱离天主教会；坚持国王选举，脱离哈布斯堡君主统治世系。

三十年战争爆发以后，波希米亚邦议会推举尊信加尔文教义的、维特尔斯巴赫家族的普法尔茨选帝侯为国王，即弗里德里希一世（Friedrich Ⅰ，1596—1632，1619—1621 年在位①）。同时宣布，波希米亚王国为新教的等级制王国，实行新教贵族的中央集权制。然而，由于在1620 年白山战役中惨败于哈布斯堡皇帝的军队，刚刚上任的新教国王遭到驱逐，坚持信仰自由、坚持国王选举的等级贵族遭到残酷的报复。波希米亚邦议会不得不关闭休会。继而，在 1627 年，皇帝费迪南德二世颁布《更新条例》（Verneuerte Landesordnung），宣布取代《弗拉迪斯拉夫等级条例》，废除等级贵族的世袭特权，取消其参政地位。接着，在皇帝军队的胁迫下，几乎所有信奉新教的起义者，以及参与反对哈布斯堡统治的波希米亚贵族都必须净身出境，其财富产业均被分配给来自奥地利、德意志以及意大利或尼德兰的天主教贵族，以及亲哈布斯堡的其他领主。其间，等级邦议会保留下来，但议员由哈布斯堡皇家指定或批准。另外，邦议会选举国王的权利也保留下来，但只是在哈布斯堡家族绝嗣之后才行之有效。再者，邦议会的税收批准权和税务管理权都保留下来，但这些权利掌握在与邦议会并立的一个"等级委员会"手中。就是说，波希米亚传统的邦议会已经名不符实，失去了原有的政治意义。在17 世纪余下的时期内，直到 18 世纪中叶以前，波希米亚的"等级委员会"都是实际上的参政机构，是波希米亚地方自治势力的汇聚之地，也是他们对抗哈布斯堡统治的活动平台，原有的等级邦议会则更多地是波希米亚的等级政治残余，而不再是奥地利君主专制的强势障碍。

其次，在匈牙利，镇压库鲁茨起义，因为它代表脱离奥地利哈布斯堡统治的独立势力。

库鲁茨（Kuruzen），意为起义者或反抗者。早在 1514 年，在匈牙利

---

① 1610—1623 年为普法尔茨伯爵和选帝侯。

曾经发生了一次规模宏大的人民起义,领导者是骑兵统帅乔治·多札(Georg Dózsa,约1470—1514)。当时,起义军的矛头所向是土耳其穆斯林的侵略和统治。因此,参加这次起义的各类人众通称为"十字军参加者"、起义者,即库鲁茨。当时,正值哈布斯堡王朝在匈牙利土地上展开进攻土耳其人的战争,因此这次匈牙利人民的起义被皇帝所利用。结果是匈牙利被瓜分(1526年):西部土地被划属哈布斯堡王室,东部被土耳其苏丹所占有。此后,匈牙利人民的反抗外来侵略和统治的暴动常被称为库鲁茨起义。但此后的库鲁茨起义不一定是针对土耳其穆斯林,而更常见的是针对哈布斯堡王朝的压迫和剥削,并常常得到土耳其人的支持。

1663年,土耳其人侵入匈牙利西部,哈布斯堡军队得到德意志诸侯以及法国的支援,在战场上取得了重大胜利。然而,在1664年签订的《瓦斯瓦尔和约》中,哈布斯堡皇帝为了达到休战的目的,却像失败者一样,将大片的匈牙利土地和重要的军事要塞"让予"土耳其人,同时在贸易政策方面也给予土耳其人巨大的优惠。不仅如此,皇帝还同意奥斯曼苏丹任命齐本彪根侯爵,而齐本彪根早自1541年起就是奥地利哈布斯堡王朝的属地。《瓦斯瓦尔和约》的签订引起了匈牙利贵族的普遍不满。他们在签约当年就策划了所谓的"高层密谋",试图推翻哈布斯堡王朝在匈牙利的统治,建立独立王国。但是,"密谋"很快泄露。皇帝利奥波德一世由此而得到了摧毁匈牙利的分裂势力、实行专制制度的有利时机。1670年,皇帝下令组建一个调查委员会,并使之成为一个特别法庭,专审匈牙利密谋案件。1671年,尚未逃亡的200余名"密谋者"和部分新教教士遭到审讯,其中七位被判处绞刑,少部分被判终身监禁,大部分被宣布剥夺权利和领地。这次审讯引发了一次声势浩大的库鲁茨起义。

1671年,一批库鲁茨跟随逃亡的贵族"密谋者",对哈布斯堡王朝统治的区域进行袭击。这批库鲁茨包括为防御土耳其人入侵而驻扎在边防要塞的哈布斯堡兵士,也包括不满奥地利统治的匈牙利中小贵族和市民,还包括贫困的农民和生活在社会下层的民众。其间,新教徒和天主教徒并肩作战,马札尔人和克罗地亚人、乌克兰人同为战友。开始时,库鲁茨起义的主要领导人是齐本彪根的侯爵辅相 M. 泰勒奇(M. Teleki,约 1630—1672),并得到奥斯曼土耳其人的支持。战斗中,库鲁茨人数不断增加,队伍不断扩大。面对库鲁茨起义的巨大影响,利奥波德一世派出帝国军队,对之进行血腥镇压。M. 泰勒奇壮烈牺牲,起义队伍一度瓦解。乘此机会,1673 年,皇帝下令在匈牙利成立"八人议会",由四位匈牙利人和四位奥地利人组成,作为哈布斯堡王朝在匈牙利的专制政府。匈牙利原有的高级骑士议事团、邦议会以及全部的条例法规均被废除。与此同时,皇帝还下令在普雷斯堡开设宗教审判法庭,清剿参加库鲁茨起义的新教徒。

残酷的镇压引发了更大规模的反抗。1677 年,新教贵族 E. 特科利伯爵(E. Tököly,1657—1705)领导并重整起义队伍。在他的活动下,库鲁茨们得到法国军队以及为法国效劳的波兰军队的支援。起义军不断壮大,并不断取得胜利,到 1680 年,占领了匈牙利的大部分地区。在这种形势下,皇帝不得不做出让步。他宣布解散"八人议会",于 1681 年在奥登堡召开匈牙利邦议会。但是,库鲁茨们并不满意于恢复在哈布斯堡统治下的自治。他们要求建立独立王国。因此,在土耳其人的支持下,E. 特科利伯爵于 1682 年宣称为上匈牙利国王(1682—1685 年在位)。接着,在 1683 年,作为土耳其军队的重要组成部分,E. 特科利率领库鲁茨参加了维也纳保卫战(1683—1699 年)。然而,随着土耳其人的失败,E. 特科利的起义军也逐步瓦解。1685 年,库鲁茨们的根据地卡绍被奥地利军队占领。E. 特科利逃亡。1687 年,皇帝再次在普雷斯堡设立"血腥法庭",绞死了包括几位新教教士在内的起义军骨干分子 24 人。

E. 特科利失败后,奥地利君主在匈牙利实行全面专政。1687 年召开等级邦议会,使之成为哈布斯堡统治的工具;1688 年在维也纳设立特别委员会,专门处理匈牙利反叛和逃亡贵族的财产问题;1689 年奥地利政府批准使用武力在匈牙利征收特别战争税;1701 年哈布斯堡统治者强令匈牙利农民参军,将之投入西班牙王位继承战的战场,等等。凡此种种,成为库鲁茨再次暴动的起因。

1703 年,在拉科齐・弗兰茨二世(Rákóczy Franz Ⅱ,1676—1735, 1704—1735 年为齐本彪根侯爵)的领导下,库鲁茨们迅速集结。1705 年占领了大部分匈牙利。同年,在小镇塞琛,拉科齐召开了第一次等级议会。会议宣布,起义的目的是重新制定等级法规,建立独立的匈牙利王国。在 1708 年于沙罗什帕塔克召开的第三次等级议会中,拉科齐宣布解放参加起义的农民,予以自由土地和自由身份。然而,皇帝的镇压军也最终在 1708 年集结起来,开始对库鲁茨军队进行全面围剿。在强大的帝国军队面前,起义军连连失败。1711 年 4 月,起义军的最后一个据点卡绍沦陷。拉科齐逃亡波兰。残余的库鲁茨投降了。通过《沙特玛和约》(Frieden von Szatmár),皇帝同意特赦全部库鲁茨,条件是这些反叛者必须宣誓效忠哈布斯堡王朝,承认哈布斯堡家族在匈牙利的王位继承权。同时,皇帝批准给予贵族支配自己的产业和属民的权利,免其税役。贵族联合库鲁茨的独立势力被摧毁。匈牙利再次确认为奥地利专制君主国的自治邦领。

最后,在维也纳,哈布斯堡的奥地利君主设立了一系列执行专制措施的政府机构。

如前已述,《威斯特伐利亚和约》签订以后,德意志民族的神圣罗马帝国皇帝逐渐地转身成为奥地利的哈布斯堡君主。一方面,强邻压境,内政崩析,欧洲帝国难以复辟,家族王朝不能合一,神圣罗马帝国皇帝的权威越来越徒有虚名;另一方面,德意志—奥地利的世袭领地、波希米亚王国和地盘不断扩大的匈牙利邦国,三者组成了哈布斯堡奥地利君主的实力基地。为了稳固和有效地控制其实力集团,哈布斯堡皇帝逐步地调整政府机关,将各类共同体的主权逐步地集中于维也纳宫廷。

在奥地利地区,1619 年世袭领地重新合一以后,行政机构并没有随之合并。就是说,上、下奥地利及蒂罗尔、克恩滕、施泰尔马克等地均保留了 1564 年分割领土时所设置的统治机关。机构重叠难免权利分散。因此,在接踵而至的持续达 30 余年的战争形势下,哈布斯堡统治者利用战场上的胜利,在对抗新教运动、打击外国势力的同时,开始有力地削弱等级贵族,清除他们在哈布斯堡政治中的部分职位,特别清除他们在对外政策中的影响,从而将税收、军事、司法及宗教信仰的权利逐步地统一起来,集中在维也纳宫廷。在波希米亚及西里西亚、匈牙利及齐本彪根等其他地区,根据实际情况,哈布斯堡统治者不同程度地允许当地等级贵族掌握税务、军事和司法等权利,其前提是,他们必须承认奥地利哈布斯堡王朝的宗主权。在这样的基础上,哈布斯堡王朝进行了维也纳宫廷管理机构的调整和改革。

首先,在1620年,哈布斯堡王朝设立了奥地利宫廷总理府,改变了奥地利邦国政治从属于德意志民族神圣罗马帝国政治的惯例。在此以前,管理奥地利事务的是帝国总理府。帝国总理府管理包括奥地利在内的整个帝国事务。改革之后,帝国总理府仅仅负责帝国事务,奥地利事务由奥地利宫廷总理府管理。1654年,皇帝费迪南德三世将原来分设在当地的宫廷总理府——波希米亚宫廷总理府、匈牙利宫廷总理府、意大利和尼德兰宫廷总理府——全部迁到维也纳。第二年,即在1655年,各地宫廷总理府要人齐集维也纳,举行奥地利君主国的属邦总议会。由此确定,这些驻扎在维也纳的各地宫廷总理府,与奥地利宫廷总理府平级,均采用合议制,继续分管各自的行政、外交和司法事务,但不得涉及财政和军事。各地的财政和军事事务由宫廷枢密院负责,宫廷枢密院统领各地宫廷总理府。

其次,在1637年,凭借奥地利哈布斯堡王朝君主的权利,费迪南德三世将百年前设立的六人宫廷参议会,改为由15人组成的宫廷枢密院,统筹哈布斯堡王朝的内政和外交政策。起初,宫廷枢密院仍然是一个等级议会机构,虽然枢密议员均直接对哈布斯堡统治者负责,但是其成员仍然是等级代表。后来,宫廷枢密院逐渐地变成一个纯粹的官员行政机关。因为在枢密院中出现了具有专业知识和能力实干的议员,他们受命负责部门事务,从而使这个机构有可能对于部门事务进行专门性的计划管理,并使原来掌握在等级代表手中的权力得到辅助性加强。实践证明,在宫廷枢密院中聘用专业人才,是一条能够同时巩固邦国等级政治参与权和扩大、加强君主权利的有效途径。

再者,在1669年,凭借神圣罗马帝国皇帝的权利,利奥波德一世在宫廷枢密院中设置了一个枢密会议,统筹哈布斯堡王朝的内政和外交政策,又一次缩小了中央权力机构。起初,枢密会议议长由帝国副首相兼任,另有四位议员,均由皇帝直接任命并只对皇帝负责。他们的职责主要是商议和制定对外政策。后来,特别在1705年约瑟夫一世继任皇帝以后,因为新皇帝的执政方针是恢复皇权、扩大奥地利的势力,所以枢密会议议长改由奥地利宫廷总理兼任。奥地利宫廷总理只对奥地利君主一个人负责,他必须具备管理知识和组织才能,是枢密会议中唯一一位常设议员,也是君主国整部统治机器的主轴。相形之下,帝国副首相被完全排除在哈布斯堡君主国的事务之外。再后来,枢密会议议员增加到12人,被分为七个小组,分别在七方面事务上进行决策。1709年,枢密会议成为常设机构。与此同时,奥地利宫廷总理府被分为两个部,一个部主管政治,另一个部主管司法。至此,在维也纳,奥地利君主不仅能够行使其对于德意志—奥地利世袭领地、波希米亚和匈牙利的宗主权,而且清除了神圣罗马帝国的统治。各地各类的等级联合机构基本失去了政治功能。

最后,1711年,卡尔六世开始重用奥地利、波希米亚和匈牙利宫廷总理府,包括"西班牙官厅"都是重要机关,致使枢密会议也逐渐地失去效能。在这个过程中,一方面,奥地利宫廷总理,更多地以总理的身份而不是以枢密会议议长的身份进行外交决策,另一方面,由于帝国事务的增加,帝国副首相也比以前更多地介入枢密会议。如此一来,对于奥地利君主国来说,枢密会议基本上不再存在(于1749年解体)。取而代之的是一个与之在性质和功能上相似的会议,即枢密财政会议。虽然枢密财政会议是一个固定的、有实权并直接对皇帝负责的决策组织,但一直不属于正式的政府机构(1714年设立,1741年解体)。

从整体上说,奥地利邦君(君主)专制的特征主要表现为一体多元。一体,主要指哈布斯堡统治王朝的一体;多元,主要包括宗教的多元和民族的多元。

奥地利君主国的王朝一体化统治,削弱了各地等级的传统势力,在容纳、容括的前提下,即在体制上和行政管理上保留属邦管理机构的前提下,基本实现了中央集权制。然而,在此应该看到,虽然各属邦等级的财政和军事权利被收归维也纳,虽然他们的文官管理机构也被限制在地区和地方一级,但是,他们并没有被剥夺权力。在这个意义上,奥地利哈布斯堡王朝的政治一体化尚未真正完成。

然而,奥地利君主国的宗教多元和民族多元则是真切地呈现出来。根据《威斯特伐利亚和约》中"教随国定"的原则,在法规上,奥地利君主国的臣民应该跟随哈布斯堡君主信奉天主教。但在实际上,驻跸维也纳的哈布斯堡统治者并没有强使波希米亚、匈牙利,甚至奥地利的某些贵族领主和普通臣民改变信仰。在天主教信仰的大环境下,信奉信义宗或改革宗、东正教、犹太教以至伊斯兰教的居民基本上维持信仰原状。与此同时,根据《更新条例》《沙特玛和约》等条约,以波希米亚、匈牙利人为主的不说德语的人,虽然在一定程度上被认为是奥地利君主国的臣民,但哈布斯堡统治者始终没有制定诸如统一语言和习俗,或强行推广某种德意志—奥地利生活方式等方面的法规。不仅如此,在维也纳宫廷还经常可以看到欣赏异域风情的现象。

第三节 普鲁士的邦君专制

在三十年战争爆发的同一年,即在1618年,勃兰登堡选帝侯约翰·西吉斯蒙德(Johan Sigismund,1676—1620,1608--1619年在位)继承了普鲁士公国,勃兰登堡和普鲁士联合在同一世系的霍亨索伦王朝统治之下。从此,勃兰登堡-普鲁士的统治者同时具有两种权利地位:一种,身为帝国选帝侯,他具有神圣罗马帝国的等级地位,且是帝国的最高等级之一;另一种,身为普鲁士公爵,他还是波兰国王的附臣,受效忠波兰国王的誓约约束。因此,三十年战争结束以后,在相同的、建立强邦的目标下,勃兰登堡-

普鲁士走上了与奥地利不尽相同的道路。一方面,在努力使普鲁士公国挣脱波兰宗主权的过程中,霍亨索伦家族将邦国的统治中心向东移到普鲁士,以普鲁士为根据地或出发地,逐步地整合并扩张邦属领地;另一方面,在努力侵占帝国领地的过程中,勃兰登堡-普鲁士的统治者逐步地削弱本国邦内的等级割据势力,将邦领内的税收、军事、行政与司法权利集中于柏林的选侯政府,进而实现了邦君中央集权制,向着欧洲大国的行列迈进。

一、勃兰登堡-普鲁士的领地整合与扩张

三十年战争结束的时候,作为勃兰登堡-普鲁士的统治者,霍亨索伦家族的领地除了勃兰登堡边地侯国以外,还包括战前已有的波兰国王附属地普鲁士、拉温斯贝格、马尔克和克雷弗,并包括战后获得的后波美拉尼亚、哈尔伯施塔特、明登和卡冈主教区。此外,它还得到对于前波美拉尼亚和马格德堡两地的继承权。就是说,当这两个地方的统治家族出现绝嗣的时候,霍亨索伦家族有权接续该地的统治世系。然而,从东部的普鲁士到西部的克雷弗,勃兰登堡-普鲁士的领地分散而割裂。改变这种状况,将所有领地整合起来并有所扩张,其过程构成了勃兰登堡-普鲁士向着强邦发展的早期历史。

勃兰登堡-普鲁士领地整合与扩张的过程大致从 17 世纪中叶开始,到 18 世纪中期基本结束。这个过程的具体目标可以归纳为三个:一个,得到普鲁士公国的宗主权,这项权利从 1225 年起掌握在波兰国王的手中;另一个,得到于利希-克雷弗-贝格的一部分,这一部分是"应该"由霍亨索伦选帝侯继承的、但是被普法尔茨-诺伊堡公爵抢占的岳父遗产;第三个,得到包括奥得河口在内的前波美拉尼亚,这是瑞典楔在勃兰登堡和后波美拉尼亚之间的、阻碍勃兰登堡-普鲁士公国发展的外国障碍。在选帝侯弗里德里希·威廉[①]统治期间。这三个目标决定了勃兰登堡-

---

[①] 1675 年,选帝侯弗里德里希·威廉得到"伟大的选侯"或"大选侯"的誉称。"大选侯"的称号首次出现在阿尔萨斯的一首歌曲中。参见[德]马克斯·布劳巴赫等:《德意志史:第二卷从宗教改革至专制主义(1500—1800)》,第 326 页。

普鲁士的邦国政策。虽然在"大选侯"去世之前仅仅实现了第一个目标，但是以这三个目标为开端的、跻身欧洲强国之列的普鲁士强邦路线直到18世纪末都没有改变。

首先，主要是为了得到普鲁士的宗主权，勃兰登堡选侯国利用了瑞典王国与波兰王国之间的"北方战争"（Zweiter Nordische Krieg，1655—1660年）。本来，在《威斯特伐利亚和约》签订以后，因为顾及自身利益，勃兰登堡与瑞典处在敌对状态，而与波兰相对和平。但是，为了得到普鲁士，勃兰登堡改变立场，支持敌方而与友方作战。战争初始，于1656年，选帝侯弗里德里希·威廉与瑞典国王卡尔十世签订《马林堡条约》（Vertrag von Marienburg），商定前者向后者提供军队，后者支持前者对于普鲁士的主权要求。在取得华沙战场上的胜利以后，1657年，勃兰登堡与波兰签订《韦劳条约》（Vertrag von Wehlan）。据此，波兰被迫放弃普鲁士的宗主权，并同意割让与后波美拉尼亚接壤的劳恩堡和毕托夫等地。勃兰登堡如愿以偿。此外，通过结束北方战争的《奥利瓦和约》（Vertrag von Oliva，1660年）可见，勃兰登堡占有普鲁士的事实得到国际社会的承认。勃兰登堡强大的军事力量首次在欧洲战场上展现。

其次，主要是为了得到于利希-克雷弗-贝格遗产，勃兰登堡选帝侯采取进攻措施，但只是巩固了而没有扩大其原有的权利。早在1573年至1579年间，于利希-贝格公爵将3个女儿分别嫁给勃兰登堡选帝侯、普法尔茨-诺伊堡公爵和普法尔茨-茨韦布吕肯公爵，因此在1609年于利希-贝格公爵家族男性绝嗣后，其3个女性继承人为了娘家的遗产而进行战争。在三十年战争爆发之前，具体在1614年，勃兰登堡选帝侯、霍亨索伦家族的约翰·西吉斯蒙德与普法尔茨-诺伊堡公爵、维特尔斯巴赫家族的沃夫冈·威廉（Wolfgang Wilhelm，1578—1663年）连襟两人商定了一份《克桑滕条约》（Vertrag von Xanten），共同瓜分了岳父的遗产：勃兰登堡选帝侯占有克雷弗公国和马尔克、拉温斯贝格两个伯国，普法尔茨-诺伊堡公爵得到利希和贝格两个公国。但是，三十年战争期间，由于人口损失、土地荒芜和外国势力的侵入，上述分配格局被打破。战争结束后,《威斯特伐利亚和约》将这份遗产判给了普法尔茨-诺伊堡,因此,在1651年,勃兰登堡的军队开进了贝格公国,选帝侯弗里德里希·威廉要保证并扩大岳父的遗产。在当地贵族和民众的抗议下,加上皇帝与法国等强势的干预,勃兰登堡的军队被迫撤出。"大选侯"的愿望没有实现。接着,在1653—1654年的雷根斯堡帝国议会上,勃兰登堡选侯代表再次提出对于利希和部分贝格领地的要求,并再次遭到包括外国势力在内的各种力量的强烈抵制。最终,在英荷战争、法西战争造成的国际形势下,勃兰登堡与普法尔茨-诺伊堡签订了《克雷弗和约》,重申1614年的遗产分配方案。后来,围绕着一块小的领地——拉文施泰因领地,双方继续争夺。直到1671年才达成一致,确定这块领地归普法尔茨-诺伊堡公爵所有,勃兰登堡选帝侯得到五万塔勒的补偿,并得到公爵家族绝嗣后的继承权。显然,在"大选侯"统治时期,勃兰登堡-普鲁士还没有能够扩大其在莱茵河出海口及大西洋区域的权益。

复次,主要为了得到前波美拉尼亚,勃兰登堡选侯国与瑞典进行了旷日持久的争夺战。根据《威斯特伐利亚和约》,瑞典以帝国等级的名义,占有包括沿海岛屿在内的前波美拉尼亚地区。这个地区不仅紧紧地楔在勃兰登堡与后波美拉尼亚之间,而且紧紧地扼住了奥得河出海口,因此成为勃兰登堡整合领地的重大障碍。为了清除这一障碍,虽然在瑞典与波兰之间的"北方战争"期间,勃兰登堡一度支持瑞典与波兰作战,但仅限于华沙一场战役,在得到普鲁士的宗主权以后,勃兰登堡立即回到瑞典的对立阵营。接着,利用英国与荷兰之间的第二次战争[①],勃兰登堡站在荷兰一边,对抗站在英国一边的瑞典,并联合法国与丹麦,迫使瑞典签订《哈本豪森条约》(*Friede zu Habenhausen*,1666年),放弃对不来梅的占有。稍后,在法国国王路易十四进行的四次"重并战争"和西班牙

---

① 第一次,1652—1654年,主要战场在多佛海峡,缔结《威斯敏斯特和约》,荷兰失利,英国获得制海权;第二次,1664—1667年,主要战场在北美、西非及泰晤士河,缔结《布雷达和约》,英国相对失利,重新划分殖民地势力范围;第三次,1672—1674年,主要战场在荷兰沿海地区,缔结《威斯敏斯特和约》,英国夺取了海上霸主地位。

王位继承战争期间,勃兰登堡一直没有与瑞典同步进入反法同盟。具体说,当瑞典反对法国的时候,勃兰登堡保持沉默,如在"遗产战争"中;当瑞典沉默的时候,勃兰登堡便进入反法同盟,如在"大同盟战争"中;当瑞典与法国同盟的时候,勃兰登堡则是对抗法国的中坚力量,如在"法荷战争"中。总之,勃兰登堡的对外立场使之有机会在国际上获得有效支持,得以修改《威斯特伐利亚和约》,夺取奥得河东岸的部分瑞典领地(1679年)。

最终,借助两次国际战争——西班牙王位继承战和大北方战争,勃兰登堡-普鲁士基本完成了邦国领地的整合。具体说,早在法国与奥地利为主要交战方的西班牙王位继承战争爆发前夕,"大选侯"的儿子和继承人、勃兰登堡选帝侯弗里德里希三世就利用神圣罗马帝国皇帝亟需外交支持、联合抵抗法国抢占西班牙遗产的形势,允诺给予哈布斯堡皇帝以政治和军事上的援助,因而使皇帝同意"宣告他为国王"(1700年)。选帝侯弗里德里希三世成为"在普鲁士的"国王弗里德里希一世;选帝侯的所有辖区,包括勃兰登堡、后波美拉尼亚以及克雷弗等等都成为"在普鲁士的"国王的领土。西班牙王位继承战争爆发以后,普鲁士积极地为奥地利哈布斯堡王朝作战。战争结束时,普鲁士合法地占有林根、莫尔斯、泰克伦堡和格尔德恩四个伯爵领地以及纳沙泰尔(1713年),从而完成了在莱茵河左岸的领地完整。另外,在瑞典与俄国为主要交战方的大北方战争前期,普鲁士的基本立场是中立,既没有阻止俄国、丹麦和萨克森的反瑞联盟在前波美拉尼亚作战,也没有对瑞典采取打击措施。因为那时的普鲁士一方面正在为西部领地完整而投入相当大的兵力,另一方面也担心北方战争的风险。直到俄国占领了前波美拉尼亚的首都斯德丁、势必扼制奥得河出海口的时候(1713年),"在普鲁士的"国王弗里德里希·威廉一世才出面与俄国订立盟约(1714年),以瓜分瑞典在波罗的海的领地为前提,参与反瑞联盟,进入战场。战争结束时,普鲁士终于得到前波美拉尼亚。虽然包括施特拉尔松德和格赖夫斯瓦尔德在内的前波美拉尼亚的西部地区,以及维斯马等地还在瑞典人的手中,但是普鲁士王国毕竟占有了奥得河的出海口。从此,普鲁士王国迈入欧洲强国的竞争行列。

二、普鲁士邦君专制

作为神圣罗马帝国的等级邦国之一,勃兰登堡-普鲁士霍亨索伦王朝的统治目标与奥地利哈布斯堡王朝的目标基本一致,即脱离帝国政治的束缚,建立能够与法国、英国等欧洲强国相抗衡的普鲁士王国。为此,早自三十年战争后期开始,勃兰登堡-普鲁士的统治者就着重从两个方面入手集中邦君权利。一方面,建立一支只服从选帝侯命令的常备军,另一方面,削弱地方等级势力,建立选侯专制政府。以1715年国王弗里德里希·威廉一世颁布《王室领地谕令》、宣布霍亨索伦王室领地不可分割、不可转让令为标志,普鲁士实现了邦君中央集权制。

一方面,为了建立一支只服从于选帝侯的常备军,"大选侯"弗里德里希·威廉采取措施,迫使邦属各个领地的等级议会同意征收军税。首先,在选侯国的核心地区,即在库尔马克,1653年,"大选侯"以承认领主的经济特权、贵族的免税权以及他们完全支配臣民的权利为条件,换取当地等级议会同意征收军税。本来,等级议会只同意征收六年军税,但是,因为库尔马克的等级议会此后没有再召开,所以不仅缴纳军税没有期限,而且反对选侯措施的等级领主也从此失去了争取权利的平台和机会。接着,在西部的克雷弗,经过一系列斗争,1660年,"大选侯"强使当地等级议会废除了旧有的领主特权,特别废除了贵族的免税权,同时宣布了选帝侯建立常备军的绝对权利。当然,由于遭到当地等级领主的强烈抗议,1661年,"大选侯"一定程度地恢复了贵族的拒绝纳税权。最后,在东部的普鲁士,地方等级及其官员的势力特别强大。1661—1663年,"大选侯"以逮捕城市反对派首领相威胁,并以同意定期召开等级议会相妥协,迫使当地的等级议会接受并实行他的措施,同意征收军税。1671年以后,普鲁士的等级议会不再召开。至此,库尔马克、克雷弗和普鲁士三地的等级议会均失去了原有的参政能力。至于等级议会原有的税务管理权，"大选侯"逐步地在各地，特别在普鲁士，派遣选侯官员监督甚至直接管理地方税务，并逐步地通过增加征收间接税而淡化直接税的主导作用。就是说，通过增加城市货物通行税，淡化地方领主税收批准权和参与税务管理权的作用。

如果说"大选侯"弗里德里希·威廉努力解决的是常备军的军费来源问题，那么普鲁士国王弗里德里希·威廉一世所努力解决的就是常备军的军官问题。为了得到优秀的军队指挥官，弗里德里希·威廉一世对贵族阶层进行改革。首先，他使贵族的采邑地变成自由地，解除了贵族对于邦君的土地依附，同时给予贵族迫使农民依附于土地的权利。接着，以贵族自由地为基础，他要求每个贵族每年要为每匹马交纳 40 塔勒，同时要求每个贵族为国王提供军官，继而要求对贵族预备军官团进行强制性教育和训练。显然，弗里德里希·威廉一世是在保留贵族经济特权的前提下，增加了贵族的军事特权。

至于士兵的来源，在普鲁士，一般流行适龄男子必须服兵役的传统做法。在勃兰登堡及其他邦领，普遍实行在国内和国外募兵的雇佣兵制。但是，在"大选侯"统治时期，勃兰登堡已经开始部分地实行义务兵役制，即以所谓臣民保卫邦国的义务为基础的征兵制度。到弗里德里希·威廉一世统治时，普鲁士王国逐渐地实行普遍义务兵制。1733 年，王国政府在国内划出兵役区，就是说，划定某个地区，使其义务地为某个军团补充士兵。服兵役的期限，初时规定为每年要服役三个月。后来减半，改为一个半月。与兵役区划制度相配合，王国政府还规定了某一地区的士兵在某一连队中的人数比例，目的在于防止连队中同乡亲属势力过大，以致结党营私，破坏军队纪律。当然，王国还有相应的免兵役规定，规定贵族子弟、有声望的市民、农户户主及其继承人，以及政府官员和大学生都可以免服兵役。

在"大选侯"及其继位的两位国王的统治下，近百年间，勃兰登堡-普鲁士建立了一支强大的常备军。据统计，在 1688 年"大选侯"弗里德里希·威廉去世的时候，选侯指挥的常备军有三万一千人，到 1740 年弗里德里希·威廉一世去世时,人口二百五十万的普鲁士,其军队人数近十万。这个人口在欧洲主要国家和地区排在第十三位的王国,其军队人数排列第四。王国财政收入的四分之三用于军队建设。见下表。[1]

1740 年欧洲强国军队人数

	法 国	俄 国	奥地利	英 国	普鲁士
人 口	2000 万	1950 万	1300 万	800 万	250 万
年入塔勒	6000 万	1500 万	2000 万	2400 万	700 万
军队人数	20.38 万	17.00 万	10.80 万	3.60 万	9.95 万

另一方面,为了建立选侯—国王集权制政府,"大选侯"弗里德里希·威廉和他的两位继承人——选帝侯弗里德里希三世(国王一世)及弗里德里希·威廉一世分别采取了侧重点不同的措施:"大选侯"的措施侧重于确立中央统治机构,确保选帝侯统治的最后决定权,两位国王的措施侧重于完善和加强中央及地方的统治机构,确保霍亨索伦王朝的统一政治。

1640 年,在上任的第一年,"大选侯"弗里德里希·威廉就采取措施,将属下三大地区的最高行政机构——库尔马克的枢密院、克雷弗的邦政府和普鲁士的最高参议会——统一在君主个人的掌握之中,使之成为勃兰登堡-普鲁士的中央行政机构。在这个基础上,1651 年,"大选侯"又颁布《枢密院条例》,将勃兰登堡枢密院设为总部,总部之下设立分管 19 方面事务的管理或顾问部门,例如管理选侯家族领地的财政顾问部等,分管整个选侯国家的不同事务,从而将各类权利逐渐地收拢在选侯政府的管辖之内。后来,"大选侯"还在保留各类管理或顾问部门的前提下,设立主管财政、军事和外交的三大专门机构,使管理国家重大事务的机构直接对选侯一人负责。所有部门均在君主个人的名义下体现统一,所有部门的负责人均得到选帝侯的特别委托,而在其主管的方面全权代表选

---

[1] E. Bruckmüller u. P. C. Hartmann, *Putzger historischer Weltatlas*, S. 113. 国王弗里德里希二世统治时,普鲁士军队的人数扩充到 15 万。1789 年法国大革命爆发前,继续增至 19 万。

帝侯。与此同时,"大选侯"通过委派直属官员,组成地方专署,主管地方的军税和军务,逐渐减弱原来地方等级的作用。如此一来,在中央,选帝侯的全权代表机构基本上取代了原来的贵族管理会议,在地方,选帝侯的委派官员基本上取代了原来的等级代表。最后,"大选侯"设立宫廷事务秘书,通过他们发号施令,从而实现其统治选侯邦国的最后决定权。

1688 年,"大选侯"去世后,他的儿子弗里德里希(选帝侯三世、国王一世)和孙子弗里德里希·威廉一世,继续他的建立集权制政府的政策。

首先在财政管理方面。1689 年,选帝侯弗里德里希三世将"大选侯"于 1651 年设立的、负责管理选侯领地的财政顾问部改为"宫廷枢密财务局",并于 1713 年进一步改为"军事与王室财务总执行局"。这是中央的财政部。它不仅接管了原来地方财务管理局的职权,而且还接管了原来作为中央金库的宫廷财务局的事务(自 1696 年)。

"军事与王室财务总执行局"开始工作后,马上与"军事总署"发生矛盾。军事总署是"大选侯"于 1660 年设立的由全权代表选帝侯的军事总监构成的军事管理机构。开始时,军事总监随军行动,处理军需,给养军队,征收军税。后来,随着邦国常备军的建立,军事总监成为常设官员,军事总署成为选侯邦国的常设机构。由于军事总署的主要任务是依据税收和财政维持军队,所以在实际上常常表现为邦国经济政策的执行机构。这种实际作用必然使军事总署与作为直接的经济政策执行机构的财政总执行局相互矛盾。在两者之间存有相同之处,即都是直接对选帝侯负责的经济政策执行机关,但同时存有不同之处,即利益和目标完全不同。军事总署的利益在于城市手工商业,财政总执行局的利益则在于农村土地经济。因此,前者需要中央集权的支持,其目标在于邦君集权,而后者的支持力量却在于地方等级,其目标在于等级联盟。为了调和两者之间日愈尖锐的矛盾,1722 年,已经成为"在普鲁士的"国王的弗里德里希·威廉颁布条例,宣布建立新的统一的经济政策执行机构,即"最高财政—军事—王室领地总执行局",简称"最高总执行局",统管财政、军事和王室领地事务。1723 年,普鲁士最高总执行局开始工作。这是一个王国的合议制机关,全面负责普鲁士王国的行政和经济政策,其工作原则是业务分工。就是说,最高总执行局有负责全国性的业务部门,如军事规划署、边境事务署、邮政署、铸币署等等,同时还在地区分工的基础上具有业务部门的分工,如库尔马克军事管理局、财务局等等。如此一来,普鲁士王国基本上实现了统一的财政管理制度。这是建立普鲁士中央集权制政府的重要一步。

其次在行政管理方面。1689 年起,选帝侯弗里德里希三世将"大选侯"的宫廷集权改变成内阁集权,指定两至三名内阁大臣,直接服务于国王。国王对一切重大事务做出决定并监督实施。原有的枢密院仍然是所有大臣的聚会机构,并负责协调、管理司法和文教两方面的事务。1728 年,内阁大臣组成内阁部,主管外交事务,成为正式的中央机构。至此,普鲁士政府的三大机构——负责军事和王室财务总执行局、负责外交事务的内阁部、负责司法和文教的枢密院——基本完善地确立起来,并以条理分明的原则展开工作。

国王是王国政府的统一象征。从"大选侯"开始,勃兰登堡-普鲁士的最高统治者均躬身亲政,除极为偶然地有总理大臣或宠臣代理政治以外,选帝侯或国王都是通过秘书直接地治理国家。1717 年,弗里德里希·威廉一世将"大选侯"的宫廷事务秘书,改为内阁枢密秘书。国王通过秘书与各部大臣进行书面往来。在财政总执行局,国王保有主席位置;在内阁部,国王有权发布内阁命令;在枢密院,国王是唯一能够召集所有大臣到场的人。如此一来,普鲁士王国基本上实现了中央集权的、统一的行政管理制度。

弗里德里希·威廉一世时的中央管理机构[1]

---

[1] Heinz Schilling, *Höfe und Allianzen*, *Deutschland 1648–1763*, S. 416.

国王

军事与王室财务总执行局　　外交内阁部　　司法与文化枢密院

军事总署　　　　财务总署

（1722 年合并）

财政 — 军事 — 王室领地事务总执行局
（下设四部）

第一部:边地 — 农垦部,兼管东普鲁士、波美拉尼亚、诺伊马克
第二部:粮秣 — 军屯部,兼管库尔马克、勃兰登堡、马格德堡
第三部:盐务 — 邮政部,兼管克雷弗、马尔克、莫尔斯、格尔德恩、诺伊沙特尔
第四部:铸币 — 福利 — 财会审计部,兼管明登-拉温斯贝格、
　　　　泰克伦堡、林根、哈尔伯施塔特

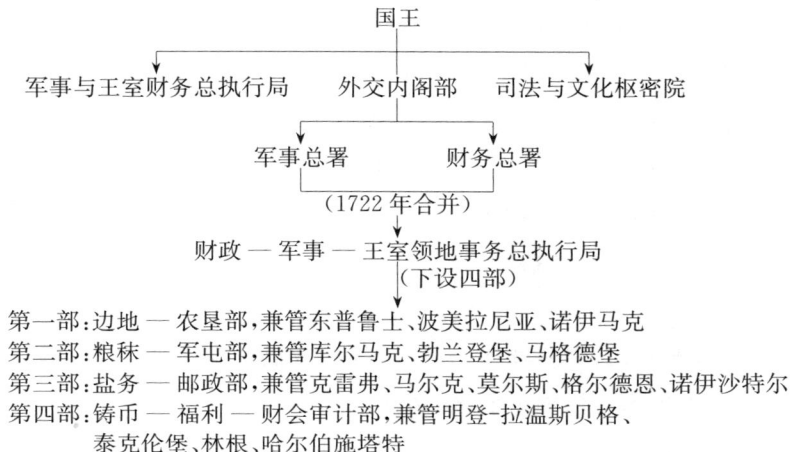

最后在地方管理机构方面。早在"大选侯"采取措施确定和完善中央统治机构的同时,地方管理机构的重要性就被大大地减弱,以选帝侯为核心的全权代表制政府逐渐地排挤以等级为核心的地方势力。自1651 年起,原来的地方等级政府慢慢地变成类似于政府部门的机构,即地区上诉法院、军事和选侯领地财务处。不仅如此,"大选侯"还直接派遣两类官员,一类负责监督地方政府的财政事务,并监督他们对于选侯领地的管理,另一类负责管理地方军税,排斥当地贵族介入军务。1723年最高总执行局的设立使中央一级的财务与军务结合起来以后,从属于它的地方机构随之也将军务与王室领地事务融为一体。结果是,从中央到地方,普鲁士王国的军事强国措施与经济政策同步而行,并以保证整个王国的军事和财政利益为目的,这些机构还拥有广泛的行政司法权。

在地方官员队伍中,县长和税务官扮演主要角色。县长,本来是勃兰登堡边地伯国的相对自治的地区长官。三十年战争期间,县官与选帝侯的全权代表合作,共同处理地方的军务和税务。1701 年以后,县官被改为县长,由当地等级贵族推荐、国王任命,负责当地治安、实施国王命令,但没有审判权。逐渐地县长一职被推广至普鲁士王国各地。作为本地等级推荐的人物,同时作为国王任命的官职,县长既保留了地方等级机构的权利,又接受了邦君的治理地方的职责,因而不仅为邦君专制贯

通了中央与地方的统治机构,而且在相当程度上缓解了等级传统与邦君专权之间的矛盾。税务官,与县长相比有两个不同之处。一个,税务官是主管城市、城镇的地方长官,而不是像县长那样以管理农村地区为主;另一个,税务官是选帝侯或国王直接任命的官员,而没有经过当地贵族绅士的推荐。勃兰登堡-普鲁士的税务官是邦君实行专制的工具之一,通过税务官,邦君得以监督和保护城市税收和财政利益,进而控制城市的经济生活。

与奥地利相比,勃兰登堡-普鲁士邦君专制的特征主要表现为军事化:军事化的国家政治和军事化的统治方式。

三十年战争的经历使勃兰登堡-普鲁士的统治者将军事防御当作战后发展的中心目标。为了加强军事防御的能力,从"大选侯"开始,霍亨索伦王朝的政策几乎都是为了军队建设,为军事服务。一方面,政府为了军队而规划国家经济,不仅使军队在粮食、服装和武器等方面的需要成为国家经济发展的主要推动力,而且由政府出面创办或资助各种军用企业,并在全国范围内增收间接税,使军事经济成为国家经济发展的龙头;另一方面,政府为了不断增加军事势力而抑制其他统治力量,不仅将国家收入的主要部分用于装备军队,而且以保证自由役使农民的特权为条件,驯服土地贵族(容克),将地方等级的势力纳入王国的军事统治机构,并使文官服从军官,使各级政府和各种文官机构的发展适应于军事需要。文官机构的建立本意是促进发展王室产业,管理政府开支,文官服从军官无疑于国家服从军队。对于文官的训练也像训练军官一样,要"无条件地、准时地、认真而迅速地履行职责,完全献身于工作并且不断地充实知识。"[1]当然,对于文官还要有基本的理论训练。为此,弗里德里希·威廉一世于 1727 年下令在哈勒大学和奥得河畔的法兰克福大学设立内政管理讲座,研究探讨和教授学习关于行政管理的基本理念。还有

---

[1] [德]马克斯·布劳巴赫等:《德意志史:第二卷　从宗教改革至专制主义(1500—1800)》,第513 页。另外,对于士兵的训练,普鲁士也"是当时最好的,其他所有的欧洲政府都热心地仿效它"。《马克思恩格斯全集》,第 14 卷,第 38 页。

一方面,勃兰登堡-普鲁士统治者从三十年战争结束伊始就将军队建设或军事行动当作王朝统一的行为。1657年参加华沙战役及其胜利是"大选侯"统治下的全体邦国的第一次联合行动,库尔马克、克雷弗和普鲁士,三大领地联合出兵,统一领导,共同胜利。此后,随着选侯邦国统治势力向东、向普鲁士转移,直属选帝侯的军队也被建成以普鲁士为根据地的"全普鲁士"的机构。无论是克雷弗的军士,还是库尔马克的军曹,抑或普鲁士的军官,都是普鲁士军队的肌体,是王国整体的一部分。如此一来,军队不仅是作为镇压反叛和扩张领土的工具,而且还是作为联合的手段,将自然的和历史的不同区域联系成为普鲁士王国。

事实也是如此。到1740年弗里德里希·威廉一世去世的时候,"在普鲁士的"国王,同时还以选帝侯身份统治勃兰登堡、以公爵身份统治波美拉尼亚和马格德堡、以伯爵身份统治马尔克和拉温斯贝格、以亲王身份统治哈尔伯施塔特和明登。虽然在每一领地其统治权利各有不同,但是通过军队组织和军事行动,他基本上能够在全部区域内推行军事化的专制制度。在这样的前提下,宗教异同和民族差异不再构成王朝政治的重要内容,信奉改革宗的霍亨索伦统治家族允许大部分臣民信奉信义宗,允许犹太人定居和发展,并接受成千上万的法国信仰难民胡格诺。同时,身为德意志人的霍亨索伦王室模仿法兰西的方式统治普鲁士王国,并将众多的捷克人、波兰人、瑞典人以至斯拉夫人等等纳入王国的统治范围之内。

第四节　德意志中、小邦国的邦君专制

在向着中央集权制发展的道路上,除了奥地利和普鲁士以外,另有巴伐利亚、萨克森和汉诺威等三个德意志中等邦国和若干小邦国获得成功。虽然方向相同,但是不同的邦国还是呈现不同的情况。

一、巴伐利亚

作为神圣罗马帝国的等级邦国,巴伐利亚的实力仅次于奥地利和普

鲁士,但是,在中等德意志邦国中它占据首位。自1180年皇帝红胡子弗里德里希一世(Friedrich Ⅰ der Barbarossa,约1122—1190,1152—1190年在位)将巴伐利亚赐给维特尔斯巴赫家族的红头发奥托一世(Otto Ⅰ der Rotkopf,约1117—1183,1180—1183年在位)以后,这个家族对之实行统治直到1918年。七百余年间,巴伐利亚公国的统治区域除了多瑙河南方的三河流域①以外,还一度包括勃兰登堡(1323—1373年)和荷兰(1342—1432年)。1623年,在三十年战争期间,巴伐利亚公国上升为选侯国,并在1648年通过《威斯特伐利亚和约》得到欧洲国际社会的承认。

巴伐利亚等级邦国的统一以家族权利的统一为前提。1503年,巴伐利亚-慕尼黑公爵阿尔布莱希特四世(Albrecht Ⅳ,1447—1508,1505—1508年在位)统一了自1253年以来分裂为四个公国的巴伐利亚②,并于1506年颁布《长子继承法》(Primogeniturgesetz),宣布巴伐利亚公国不可分割。根据这份法规,维特尔斯巴赫公爵的长子长孙或比较更近于公爵直系的长者子孙有权继承公爵职衔,其他公子王孙获得伯爵头衔和生活费用。在承认公爵长子继承权的前提下,公国各等级获得维持其传统自由权利的保证,同时保证其对于战争与媾和的发言权。以此为开端,巴伐利亚在维特尔斯巴赫家族的统治下没有再出现分裂。然而,经过宗教改革运动以及三十年战争之后,巴伐利亚家族的成员形成两股势力,一股,长期地在莱茵河下游地区,在基督教会中——包括新教会和天主教会——占有重要职位,因而在德国的西北部占有势力范围;另一股,长期地与头顶皇冠的哈布斯堡家族对立和竞争,因而在德国东南部处在弱势被动状态。前股势力促使巴伐利亚的邦君专制道路开始于公爵获得选帝侯职衔,后股势力则使邦君专制之路结束于选帝侯获得皇帝的职位。

巴伐利亚的邦君专制开始建立于公爵马克西米连一世统治时期。

---

① 多瑙河南方三河,即伊萨河、茵河和特劳恩河。

② 1253年,巴伐利亚公国分为上、下两个公国;1375年,下巴伐利亚公国又分为三个公国,即巴伐利亚-因戈尔施塔特、巴伐利亚-兰茨胡特和巴伐利亚-慕尼黑。

1597 年，马克西米连开始辅助其父亲威廉五世公爵（Wilhelm V，1548—1626，1579—1598 年在位）统治巴伐利亚公国。1598 年继位以后，他立即对邦国的财政、行政和司法制度进行了带有专制性质的改革。在财政方面，马克西米连在鼓励和支持农业和工商业发展的基础上，不考虑等级的意见，一边发布节俭命令，一边实施增税措施，从而使公国的收入在他统治期间虽然经历了三十年战争，但还是增长了 250% 以上。[1]在行政方面，选帝侯在确定定期支付工资的基础上，排斥传统的等级势力，主要在市民法学家当中选拔和任命政府官员，并以自己为首席监察官对政府官员进行监察，从而使公国的主要权利掌握在邦君一人手中。在司法方面，他组织专业人员收集和检验过去的法规和法令，将之编为一册，即《马克西米连法典》（Codex Maximilianeus），从而使巴伐利亚的法律编纂在此后约 150 年间都以这部法典为蓝本。在推行这一系列改革的过程中，马克西米连逐步地将等级的势力排除在邦国的政治之外。其间，他所依靠的主要力量是天主教会。

1583 年，马克西米连的叔叔作为巴伐利亚公爵的次子成为科隆选帝侯，即艾恩斯特（Ernst von Bayern，1554—1612，1583—1612 年在位）。从这一年开始，统治巴伐利亚的维特尔斯巴赫家族占据科隆选侯职位几近二百年。[2]以科隆选侯邦为基地，维特尔斯巴赫家族的势力波及希尔德斯海姆、列日、明斯特和帕德博恩等地。自艾恩斯特开始，历任科隆选帝侯的维特尔斯巴赫人都在这里推行反宗教改革运动，致使德国的西北部出现改教风潮，重新天主教化。马克西米连正是利用新教贵族遭受排挤、强力反抗的时机，特别借助耶稣会士的力量，基本上剥夺了巴伐利亚

---

[1] P. C. Hartmann, *Bayerns Weg in die Gegenwart，vom Stammesherzogtum zum Freistaat heute*，S. 227.

[2] 在艾恩斯特之后，又有四位科隆选帝侯出自巴伐利亚的维特尔斯巴赫家族，他们是费迪南德（Ferdinand，1577—1650，1612—1650 年在位）、马克西米连·海因里希（Maximilian Heinrich，1621—1688，1650—1688 年在位）、约瑟夫·克莱门特（Josef Clement，1671—1723，1688—1723 年在位）和克莱门特·奥古斯特（Clement August，1700—1761，1723—1761 年在位）。

邦国等级的政治共同决定权。

马克西米连一世统治的时期正是欧洲宗教冲突及至宗教战争时期。在这样的形势下,他的邦国宗教政策主要包括两个方面。一方面,他努力地争取德国天主教诸侯的领袖地位,结果在 1608 年以后,巴伐利亚公国成功地成为德国天主教联盟的首领。另一方面,他努力地建立一支邦君直属的常备军,结果到 1610 年,巴伐利亚公国拥有步兵一万五千人,骑兵五千人,成功地成为"在帝国中没有对手的"军事强邦。[①] 1618 年三十年战争爆发以后,巴伐利亚公爵在战争的第一阶段发挥了核心作用,因而随着天主教阵营的胜利而胜利地得到了选帝侯称号(1623 年)。在战争的第二阶段,马克西米连联合部分帝国等级,不仅不考虑天主教派和新教派的信仰分歧,而且还得到宿敌法国的支持,借助雷根斯堡帝国议会,严重地削弱了皇帝的军事力量(1630 年)。后来,在战争的第三阶段,巴伐利亚选侯国惨遭瑞典军队的占领和蹂躏,而到了第四阶段又成为法国直接进攻的目标。到战争结束的时候,巴伐利亚的人口损失了约 50％,土地荒芜面积高达 50％—100％。[②] 在这样的基础上,马克西米连一世的继任者费迪南德·马利亚(Ferdinand Maria von Bayern,1636—1679)通过艰难的战后恢复措施,继续努力地推行邦君中央集权政治。

费迪南德·马利亚的战后恢复措施主要落实在经济领域。一方面,他继续马克西米连一世的节俭政策,并实行延长贷款利息、在选侯领地内减免租税、协助官僚和军事贵族购买土地等等措施,以求鼓励农民开垦荒地,恢复农业生产,重建农户经济。另一方面,他接受重商主义理论,实际地促进商业贸易,特别鼓励谷物、牲畜和木材的出口,支持工场手工业的发展,以求富民强邦。在实施这些着重于经济恢复和发展之政策的过程中,选侯政府一步一步地在财政上独立于邦国等级,从而使从

---

① P. C. Hartmann, *Bayerns Weg in die Gegenwart*, *vom Stammesherzogtum zum Freistaat heute*, S. 228.

② R. Schlögl, *Bauern*, *Krieg und Staat. Oberbayerische Bauernwirtsccha ft und frühmoderner Staat im 17. Jahrhundert*, S. 64,67.

马克西米连一世开始的邦君专制获得经济基础。在这个基础上,1669年,费迪南德·马利亚最后一次通过召开邦国等级会议解决税收问题。此后,选帝侯建立由 16 人组成的"邦国委员会",直接控制邦国的税收批准权和税务管理权,为原来的邦国等级只保留了在每年例会上的控诉权,使邦国政治进一步独立于邦国等级。马克斯·艾曼努尔继位以后,虽然邦国统治更多地受制于国际形势,内政措施在相当大程度上让位于外交政策,例如参与竞争西班牙王位和属地、加入奥地利反土耳其联盟等等,但是,选帝侯仍然坚持实行发展经济的政策,支持矿山、盐业及手工业的发展,并于 1721 年颁布《税收定例》(*Steuerveranlagung*),完全结束了邦国等级参与邦国税务的历史。

巴伐利亚的邦君专制的最后阶段出现在选帝侯卡尔·阿尔布莱希特(Karl Albrecht,1697—1745,1726—1745 年在位①)统治时期。

卡尔·阿尔布莱希特的统治目标可以集中到一点,即在中央集权的基础上夺取神圣罗马帝国的皇冠。为此,他于 1726 年建立"枢密会议",将自己的心腹之人集中其内,作为最高统治机关,统揽选侯邦国的内政和外交大权,排斥离心分子。另外,他还于 1728 年与等级贵族达成一致,在邦国内全面推行"脱债工程"。这项工程的内容是在保留固定收入的前提下,分期付清国家债务。其具体做法就是所谓的"资产摊提"法,或称"债券分期偿还"法,在实施过程中取得了很大的成效。与此同时,卡尔·阿尔布莱希特又通过减少军队兵员和取消建筑计划、减少官员的工资薪水、解雇艺术家等措施,一定程度地弥补了前任选帝侯留下的巨大的财政赤字。当然,他也曾经试图像他的前任那样增加臣民的税负,但是他没有能够像马克斯·艾曼努尔那样一度迫使邦国等级同意增税(1722 年);1728—1741 年间,巴伐利亚的等级贵族一直坚持并有效地反抗选侯政府的增税措施。对于卡尔·阿尔布莱希特来说,等级贵族的反抗不仅意味着专制统治的失效,内政虚弱,而且还预示了他戴上皇冠以

---

① 1742 年起为神圣罗马帝国皇帝卡尔七世。

后的不幸。

1742年,在欧洲列强的支持下,卡尔·阿尔布莱希特如愿以偿,成为神圣罗马帝国皇帝卡尔七世。如前所述,皇帝卡尔六世通过1713年的《国事诏书》已经确定女儿有权继承哈布斯堡的产业,确定哈布斯堡所属各邦不可分割,确定哈布斯堡各君主、各等级、各属邦共同合作、政治统一的原则。并且,皇帝卡尔六世已经得到包括法国、英国、普鲁士在内的欧洲大多数政权对《国事诏书》的承认。据此,巴伐利亚选帝侯卡尔·阿尔布莱希特没有权利要求帝国皇冠。但是,因为他是皇帝约瑟夫一世的女婿,特别因为他是皇帝费迪南德一世的后裔,法国、西班牙、英国、普鲁士以及部分德意志邦国支持他当皇帝。当然,这只是他获得支持的借口,支持他称帝的真正的、具体的原因分别是:法国要为国王路易十五的岳父夺得波兰王位,因为奥地利支持波兰国王的儿子、萨克森选侯弗里德里希·奥古斯特(Friedrich August,1696—1763)继任;西班牙要收复意大利的、包括那不勒斯-西西里等土地;英国要防止法国侵犯汉诺威;普鲁士不仅要保住在于利希-贝格的土地,还要占领奥地利的西里西亚等等。在这些各怀私欲的强势支持下,卡尔·阿尔布莱希特战胜了奥地利的女大公、卡尔六世的长女玛丽亚·特蕾西亚(Maria Theresia,1717—1780),成为神圣罗马帝国的卡尔七世皇帝。然而,由外国力量支持上任的皇帝,缺乏内在的权力基础,因而不仅得不到大多数德意志诸侯的拥戴,没有钱、没有军队,而且还一度失去了原有的巴伐利亚选侯邦土,成为欧洲列强争权夺利的工具。巴伐利亚邦君专制的历史就此走向终点。

二、萨克森

作为神圣罗马帝国的中等等级邦国,萨克森的实力应该说次于巴伐利亚。自1423年起,统治劳西茨、迈森和图林根伯国的韦廷家族(Wettiner)通过继承关系,获得萨克森公国的统治权,同时上升为选侯家族。1485年,经过所谓的"莱比锡分裂"之后,韦廷家族分为恩斯特支和阿尔布莱希特支。作为长者，前者统治萨克森选侯国和图林根伯国；作为幼支，后者称萨克森公爵并统治迈森边地伯国。1547 年，因为在施卡尔马登战役中失败，韦廷家族的恩斯特支系失去选帝侯职衔，但保留了萨克森公爵的资格，并继续占有图林根伯国。同时，韦廷家族的阿尔布莱希特支系继承萨克森选侯国的统治权利，迈森边地伯国随之并入萨克森选侯国。下面分别叙述萨克森选侯国和萨克森公国的邦君专制确立的情况。

萨克森选侯国，即韦廷家族阿尔布莱希特支系的领地，首都在德累斯顿。三十年战争结束后，在 1651 年，经历了战争全过程的选帝侯约翰·格奥尔格一世（Johann Georg Ⅰ,1585—1656,1611—1656 年在位）宣布"均子继承权"，欲使他的三个儿子各得一个公国。1656 年，在去世前夕，他立下遗嘱，重申均子继承权。据此，三个公国从萨克森选侯国中分出。它们是萨克森-维森费尔斯、萨克森-梅泽堡和萨克森-蔡茨。继位萨克森选帝侯的约翰·格奥尔格二世（Johann Georg Ⅱ,1613—1680,1656—1680 年在位）一心要使萨克森的经济恢复到战前水平，并醉心于将德累斯顿建设成为文化名城，因此对于邦国统一和邦君专制没有兴趣，也未对之采取任何措施。在 1660 年邦议会上，他甚至同意邦国等级具有抗议权，并放弃了邦君召开等级会议的批准权。他的继任者约翰·格奥尔格三世（Johann Georg Ⅲ,1647—1691,1680—1691 年在位）继续致力于德累斯顿的城市建设。虽然他开始组建选侯常备军，创建军官学校，但并没有意识到欧洲历史的主流：国家统一、君主专制。在这样的情况下，邦国等级具有相当大的政治影响力，他们一直保有传统特权，掌握着税收批准权和税务管理权。选帝侯对于邦国的统治仍然受到邦国等级的限制。直到 1694 年号称"强壮者"的弗里德里希·奥古斯特一世上任后，萨克森选侯邦国才开始走上国家统一、君主专制的道路。

从采取的专制措施来看，弗里德里希·奥古斯特一世的统治应该使萨克森-波兰成为能够与勃兰登堡-普鲁士相提并论的强邦。

1694 年，在上任的第一年，奥古斯特一世就对选侯邦内的全部领地进行了统计,统计项目包括官员的权利、收入数量和来源、支出渠道和使用情况等等,制成表格,据此了解和掌控邦国官员的经济状况。为了这项工作,选帝侯于1696年专门从哈伯施塔特请来一位犹太人,即著名的银行家、军需后勤、铸币代理和商人B.雷曼(B. Lehmann,1661—1730)。通过雷曼的辅君功劳,通过他的积极活动,犹太人在近三百年前,在1430年被屠杀、驱逐之后,犹太社区重新在萨克森建立并很快得到发展。在基本控制邦国官员之后,1697年,选帝侯离开选侯领地,前往波兰继任国王。在离开萨克森期间,他压制等级贵族的反抗,委任帝国侯爵安东·埃贡(Anton Egon,1656—1716)为选侯全权代表,统治萨克森选侯邦领。安东·埃贡不负奥古斯特的厚望,坐镇首府德累斯顿,继续控制政府官员,并于1703年设立"审核总会",作为邦国最高税收机关,绕开必须由等级贵族批准同意的直接税,开始增收间接税,同时对中央及地方的税务弊端进行全面督查。这项措施有力遏制了传统等级的反抗。

1706年,奥古斯特一世从波兰回到萨克森,开始亲自治理邦国。这一年,他设立了枢密内阁,将包括安东·埃贡在内的诸位心腹大臣集合其中,作为邦国权利的执行中心。在接下来的几年内,枢密内阁的权限不断扩大,最终由权利的执行中心发展成为最高的权利决策机构。从1707年起,他又连续设立了高级审计处和高级审计议团,对邦国的财政经济进行全面的审计和管理;设立战争枢密议会和战争法庭,处理邦国的战争及对外事务;设立矿山咨议会,管理邦国的工场及手工商业。在选帝侯的直接介入下,所有新设立的官吏机构都有忠诚的市民参与,都有一位既忠诚又有能力的总理大臣。在这里应该特别说明的是,奥古斯特很注重聘用著名专家。除了上面提到的犹太人雷曼和帝国侯爵安东·埃贡以外,他还在1712年邀请当时闻名欧洲的经济学家P. J.马帕格(P. J. Marperger,1656—1730年)来到德累斯顿,将其聘为宫廷财政议员,接受他的有关重商主义的邦国发展理论。选侯计划曾经以马帕格为主设立一个邦国财政委员会,统管邦国的经济建设。然而,这项计划没有能够像其他邦国机构那样马上建立起来,主要原因在于自

1717 年起等级贵族联合试图成为贵族的市民,反抗选帝侯的专制主义措施。因为贵族们反抗的切入点是宗教信仰,即他们不仅反对选帝侯为了当上波兰国王而改信天主教(1697 年),而且反对选侯王子为了继承父位也改变了信仰(1717 年),接受天主教教义,所以贵族的反抗引起了广泛的、邦国民众的反抗运动。民众反抗的结果是,一方面,计划中的邦国财政委员会直到奥古斯特一世去世后两年,到 1735 年才建立起来;另一方面,在此以前邦君设立的机构一直不能在实际上发挥作用。邦君专制制度没有真正建立起来。

虽然如此,弗里德里希·奥古斯特一世对于萨克森选侯国的建设作出了许多贡献。

在军事建设方面。1700—1701 年间,在选侯全权代理人安东·埃贡的主导下,萨克森选侯邦通过招募,扩充了 1682 年建立的邦国常备军。1706 年,选帝侯从波兰回国后,亲自对这支常备军进行调整,重新组合,目的是使邦国子弟兵在军队中占有主导地位。1712 年,选帝侯又组建了一个军事工程团,服务于陆地作战。不仅如此,奥古斯特还于 1723 年在德累斯顿建立一所骑士学院,专门训练军事指挥官。以此为标志,萨克森的所谓"奥古斯特军事改革"基本结束。在经济建设方面。1698 年,在奥古斯特一世上任不久,就在莱比锡出现了德意志第一家邦国银行,并于 1715 年出现了一个彩票中心。1722 年,选侯政府主持改革萨克森邮政业,使之成为当时德意志帝国中最快的邮递机构。1710 年,在选帝侯狂热的支持下,在迈森出现了欧洲第一家瓷器制作工场。此后,在很短的时间内,萨克森选侯国拥有了制造镜子、手巾、颜料、地毯等等奢侈品的工场二十余家。萨克森主要城市的建设工程也在这个时期拉开帷幕。在司法体系建设方面。1724 年,由选帝侯主持编纂的《奥古斯特法典》(*Codex Augusteus*)在莱比锡出版,同时宣布废止 1572 年的"邦国法规文献集成"。稍后,在 1728 年,选帝侯又主持颁布了"邦国议会法规",进一步地、更广泛地限制传统等级的权利。最后,在对外关系方面。如果说在其他内政方面奥古斯特一世为邦国的强盛建设作出了贡献,那么可以说,在外交关系方面,他埋下了萨克森-波兰失去与勃兰登堡-普鲁士竞争潜力的隐患。

早在波兰执政期间,自 1704 年起,奥古斯特就开始活动,让他的儿子娶皇帝约瑟夫一世的女儿为妻,以便联合对抗日益强大的普鲁士。当然,对抗普鲁士只是能够摆到桌面上的理由。在桌面之下,他还有另外一个设想,这就是,萨克森选帝侯想在哈布斯堡男性绝嗣以后,戴上神圣罗马帝国的皇冠。1711 年,皇帝约瑟夫一世去世后,奥古斯特一世以选帝侯的身份,作为帝国的代理人,临时主持帝国工作(4 月 17 日至 10 月 12 日)。在此期间,争夺皇位的斗争几近白热化。争夺的一方是法国、英国及巴伐利亚、科隆等德意志强势诸侯,他们支持巴伐利亚的卡尔·阿尔布莱希特继任;另一方是哈布斯堡家族,他们推举的是约瑟夫一世的弟弟、家族的唯一男性继承人卡尔(后来的卡尔六世)。在这种情况下,萨克森选帝侯为了自己而站在了违背帝国利益的所谓的中立立场上。后来,在 1713 年卡尔六世宣布《国事诏书》以后,奥古斯特一世又是为了自己而保持了上不了台面的沉默,尽管当时国际上和帝国中的大多数势力都同意这份《诏书》。这种中立的、沉默的态度,一度使萨克森在国际关系中失去信任。明显的证明就是选帝侯在国际舞台上找不到支持他世袭波兰王位的力量。虽然他的长子最终迎娶了皇帝的长女(1719 年),但是,这并没有使奥地利就此而为萨克森的利益进行考虑。在 1721—1722 年萨克森与普鲁士的关税争夺战争中,奥地利没有派兵支援选帝侯,任其败在普鲁士国王的强权之下。在 1725 年的马格德堡事件中,选帝侯又派兵以皇帝代表的身份前往马格德堡,在那里与普鲁士的国王军队相对峙。从此以后,战争不断的国际形势和不容乐观的国际地位,加之每况愈下的身体肥胖(1726 年起),弗里德里希·奥古斯特一世的晚年统治使他早年推行的专制主义措施越来越明显地流为形式。萨克森选侯国没有在弗里德里希·奥古斯特一世的统治下实现邦君集权,因而从此落后于勃兰登堡-普鲁士。

萨克森公国,即韦廷家族恩斯特支系的领地,首都在魏玛。这是一个不断分裂、不断复合的公国。在宗教改革运动期间,在施马尔卡登战役(Schmalkaldene Krieg)之后,统一的萨克森公国只存在了 25 年

(1547—1572 年)便开始分裂。1572 年,公国分为萨克森-魏玛和萨克森-科堡-爱森纳赫。前者在 1603 年再分为萨克森-魏玛和萨克森-阿尔滕堡,后者在 1596 年又分为萨克森-科堡和萨克森-埃森纳赫。三十年战争期间,公国出现合一倾向。1638 年,除阿尔滕堡以外,萨克森公国重新统一。然而在战争末期,在 1640 年,萨克森公国又一次一分为三:萨克森-魏玛、萨克森-哥达和萨克森-埃森纳赫;1644 年,萨克森-埃森纳赫再被前两者瓜分。三十年战争结束以后,分裂后的萨克森公国继续分裂:一方面,1672 年,萨克森-魏玛分为萨克森-耶拿和萨克森-埃森纳赫,1741 年两者重新合一为萨克森-魏玛公国;另一方面,1681 年,萨克森-哥达分为萨克森-哥达-阿尔滕堡、萨克森-迈宁根和萨克森-科堡。这种分裂局面一直持续到神圣罗马帝国解体以后。可想而知,在领地四分五裂的情况下,萨克森公国的邦君专制无从谈起。

　　最后一位萨克森-魏玛公爵是恩斯特·奥古斯特一世(Ernst August Ⅰ,1688—1748,1707—1748 年在位)。1741 年,由于得到埃森纳赫的统治权,因而宣布成立萨克森-魏玛-埃森纳赫大公国(至 1903 年),同时颁布"长子继承法",宣布大公国不可分割,永不分裂。在此以前,恩斯特·奥古斯特就开始在公国内推行专制主义政策。1728 年,他解散了枢密咨议团,模仿法国政治,建立内阁,将公国事务的决定权通过内阁掌握在自己手中。表面看来,萨克森公国将由此走上邦君专制的道路。然而,实际上,公爵的专制措施遭到公国等级的强烈对抗。1746 年,埃森纳赫等级代表交给公爵一份备忘录,严辞抗议公爵对于传统等级权利的侵犯。尽管恩斯特·奥古斯特一世实行强硬的独裁统治,但是专制主义制度仍然不能在萨克森公国得到确立。这位萨克森公爵的去世结束了邦君与等级之间的尖锐冲突,同时结束了萨克森公国建立邦君集权制度的尝试。

三、汉诺威

　　汉诺威公国,即不伦瑞克-吕讷堡-卡伦贝格公国,因为卡伦贝格公爵于 1636 年将宅邸搬到汉诺威城而如此简称。作为神圣罗马帝国的中等等级邦国,汉诺威公国的实力在相当大的程度上次于萨克森。

1648 年《威斯特伐利亚和约》签订的时候,出身于卡伦贝格家族(Calenberger)的路德派信徒恩斯特·奥古斯特(1629—1698 年)被升为主教,1662 年被选为奥斯纳布吕克教区主教。1679 年,身兼教会职务的恩斯特·奥古斯特又继承长兄的爵位,成为不伦瑞克-吕讷堡-卡伦贝格公爵,或称汉诺威公爵。

恩斯特·奥古斯特公爵的统治使汉诺威走上了邦君专制的道路。为了实现邦君集权,他采取了明确的内政和外交措施。对于内政,公爵首先在上任之初建立内阁,将少数几位心腹大臣集中于内阁,统掌公国的财政预算和军队事务。同时,他改组了枢密院,使之作为公国的最高咨议机关和最高监管机关,直接对邦君负责。在枢密院之下,公爵还设立了几个专业管理机构,如负责司法的总理府、负责财务的财政部、宗教部、战争部等等。在这个基础上,他于 1680 年制定政府规章,使各个部门均有严格规定的职权范围。至此,汉诺威公爵基本集中了公国的统治大权。稍后,在1682 年,恩斯特·奥古斯特公爵颁布了"长子继承法",宣布公爵家族的领地不可分割,永不分裂。据此,他的长子格奥尔格·路德维希(Georg Ludwig,1660—1727)作为唯一的继承人,在继位后不久,就于 1705 年将家族的全部领地统一起来,成为整个不伦瑞克-吕讷堡-卡伦贝格-格鲁本哈根-策勒的唯一统治者。他的其他儿子,除了最小的一位在英国封受公爵以外,另外四位均在皇帝军队中担任军官,其中三位死在战场。①在外交方面,恩斯特·奥古斯特公爵的主要目标是为卡伦贝格家族获得选帝侯资格。

---

① 恩斯特·奥古斯特的长子除了继承汉诺威公国以外,后来还成为英国国王乔治一世(Georg Ⅰ,1660—1727,1714—1727 年在位);次子弗里德里希·奥古斯特作为皇帝军队的将领,于 1690 年牺牲于反土耳其战争,时年 29 岁;三子马克西米连·威廉(Maximilian Wilhelm,1666—1726)曾担任皇帝军队的远征元帅;四子卡尔·腓利普(Karl Philipp,1668—1690)作为皇帝军队的上将,于 1690 年牺牲于反土耳其战争,时年 22 岁;五子克里斯蒂安·海因里希(Christian Heinrich,1671—1703)作为皇帝军队的卫兵队长,于 1703 年牺牲于西班牙王位继承战的途中,时年 32 岁。

如前已述，迄 1623 年，神圣罗马帝国已有八位选帝侯。恩斯特·奥古斯特之所以能够成为第九位选帝侯，是因为他与英国、与普法尔茨的姻亲关系。早在成为汉诺威公爵之前，在 1658 年，恩斯特·奥古斯特与普法尔茨选帝侯、波希米亚国王弗里德里希的女儿成婚，新娘的外祖父是英国国王詹姆斯一世（James Ⅰ，1566—1625，1567—1625 年在位），新娘本人后来于 1701 年被宣布为英国王位继承人。由于这层关系，即公爵的妻子是英国王室继承人，汉诺威在 17 世纪的几场欧洲战争中都是举足轻重的势力。也是由于这层关系，即他的岳父是普法尔茨选帝侯，1689 年，借助普法尔茨选侯家族绝嗣、欧洲强国争夺选侯继承权之机，汉诺威公爵恩斯特·奥古斯特开始与皇帝利奥波德一世谈判，要求获得选侯资格。1692 年，在战争的紧要关头，皇帝同意将汉诺威公国上升为选侯国，恩斯特·奥古斯特是第一位汉诺威选帝侯。1708 年，汉诺威的选侯资格得到帝国议会的承认。

伴随着选侯资格的获得，汉诺威的国家结构也获得进一步的发展。但是，在此实行的不是邦君专制，而是邦君—等级二元政治。就是说，除了符合于那个时代的君主专制政治以外，过去的等级权利仍然在汉诺威合法地存在。一方面，在选帝侯格奥尔格·路德维希（1714 年起为英国国王乔治一世）统治时期，选侯邦国的主要领地陆续地以卡伦贝格为核心统一起来。1705 年，不仅原来的吕讷堡-策勒-格鲁本哈根并入卡伦贝格，而且还扩增了萨克森-劳恩堡。1715 年，凡尔登和不来梅两个公国也被并入卡伦贝格。以卡伦贝格领地为基础，根据其前任于 1680 年制定的政府规章，选帝侯于 1711 年设立邦国最高上诉法院。稍后，又于 1714 年设立五大中央机关，即枢密议政委员会、财政部、司法处、宗教局和战争事务署。此外，还设立了"德意志总理府"，专门负责汉诺威与伦敦之间的联系。君主中央集权的意志不断增长。另一方面，特别在选帝侯兼任英国国王以后，汉诺威的主要领地基本实行自治，地方高级等级贵族与选侯宫廷及中央政府机关的矛盾逐渐减少。在此，军队是主要因素。

与其他德意志邦国相似，汉诺威也是在三十年战争之后建立了一支常备军,兵士和军官主要来自公国的核心地区卡伦贝格。如前述,选帝侯的儿子们直接就是军队统率。1705 年,在选帝侯格奥尔格·路德维希整顿政府机构的同时,邦国军队也随之扩大并得到加强。但这个时候的汉诺威军队已经不像以前那样仅仅以皇帝军队的同盟者身份投入战争,如投入反土耳其战争,而更多的是以英国联军的姿态出现在战场上,如连续出现在西班牙继承战、波兰继承战、奥地利继承战,以至出现在英国的美洲战争和东印度战场上。可想而知,这样一支军队不是中世纪式的邦国等级议会可以维持和加强的,它已经被纳入近代国家结构之中。1803 年汉诺威选侯国被法国人推翻的时候,其军队也被解散。大部分军官和士兵随着选帝侯到了英国,成为英国国王的德国军团。

四、符滕堡

作为神圣罗马帝国的邦国之一,符滕堡的邦君专制开始于三十年战争以前。1495 年,在沃尔姆斯帝国议会上,符滕堡伯国上升为公国。同一年,第一位公爵埃伯哈德一世(Eberhart Ⅰ,1445—1496,1495—1496 年在位)制定了第一份公国法规。根据这份法规,公爵拥有公国的最高统治权,各类公国等级都要服从公爵的权利。然而,因为不愿放弃传统权利,自 1498 年起直到 16 世纪前期,等级贵族基本上从未间断地武装反抗公爵专权。1514 年,在镇压农民的"穷人康拉德"起义的过程中,由于得到等级贵族的支持,公爵乌尔利希(Ullrich,1487—1550,1498—1550 年在位)颁布《蒂宾根条约》(*Tübinger Vertrag*),承认等级贵族的特权,确定只有在等级同意的前提下,公爵才可以进行战争和征收税款。《蒂宾根条约》的有效性一直持续到 1806 年。显然,这份条约是此后符滕堡邦君专制的主要限制。

宗教改革运动波及符滕堡以后,公爵路德维希(Ludwig,1554—1593,1558—1593 年在位)带领臣民接受了路德派信仰,迫使坚持天主教信仰的等级贵族迁出邦国。邦国等级的势力因此而被严重削弱。1559 年,公爵主持编纂《教会大章》(*Große Kirchenordnung*),汇编并扩充到那时为止的公国法规和教会法规,使公爵的权利在法律的基础上得到加强。也正是在这个基础上,公爵弗里德里希一世(Friedrich Ⅰ,1557—1608,1593—1608 年在位)开始在政治上进一步剥夺邦国等级的参与权,在经济上推行重商主义政策,成为早期专制主义的代表。

然而,三十年战争期间,几次大的战役在符滕堡公国领地上展开,并且自 1628 年起,在公国的领地上,外国的军队长期驻扎。这使符滕堡成为遭受战争破坏最严重的地区之一。三十年战争之后,虽然通过《威斯特伐利亚和约》,符滕堡恢复了战前的领地规模,经济与管理机构得到重建。但是,有两种情况使邦国等级的势力开始加强。一种,三十年战争之后,战争局势并没有完全改变,符滕堡公国几乎不能避免地被卷入法国"重并政策"的扩张战争及其他战争;另一种,在战后重建的过程中,公国的中坚力量来自新教贵族和市民联盟。在这种情况下,符滕堡邦君专制所对应的是新的邦国等级,即新教贵族与市民,甚至还有农民参与的联合等级。邦国等级议会差不多每两年召开一次,早期邦君专制告一段落。

1677 年,弗里德里希·卡尔(Friedrich Karl,1652—1698)受皇帝利奥波德一世的委托,辅佐未成年的埃伯哈德·路德维希(Eberhard Ludwig,1676—1733,1677—1733 年在位)公爵统治符滕堡。他受托的统治目标是将公国的全部力量集中起来,以对抗法国越来越强大的扩张势头。面对法国军队的强大攻势,在连续三次遭受法军蹂躏之后(1688、1692 和 1693 年),摄政公爵决定向法国支付巨额古尔登,购买和平。但是,邦国等级不同意提供如此巨大的款项,他们反对公爵政府不经他们的同意而孤意向法国媾和。此时,1693 年,17 岁的埃伯哈德·路德维希开始亲政,同时重新开始了符滕堡的邦君专制主义统治时期。

1699 年,年轻的公爵召开邦国等级全体议员大会,意在建立邦国常备军。此次会议之后,符滕堡邦君基本不再召开邦议会,邦国大事由直接对公爵负责的邦国等级常设委员会进行决策。1724 年,在法国军队的压力之下,经过激烈的争执之后,等级贵族终于同意公爵组建一支公国军队。虽然这支军队非常弱小,但是,它标志着符滕堡邦君在集权的道路上迈出了重要的一步。然而,符滕堡的专制主义历程并没有就此进行下去。新任公爵卡尔·亚历山德(Karl Alexander,1684—1737,1733—1737年在位)是天主教徒,在实行宗教宽容政策的同时,难免使等级贵族收回或得到政治上和经济上的某些特权。为了在经济上摆脱等级贵族的挟制,卡尔·亚历山德公爵在宫廷犹太人、财政家奥本海默(Oppenheimer,约1698—1738)的帮助下,不是通过重商主义政策而是通过金融活动,迅速地积累起资本,在财政上独立于邦国等级。公爵的这一做法直接导致了两个恶果。一个,出现了狂热的反犹浪潮。1738年,在公爵死后的同一年,奥本海默被施以酷刑后吊死,许多犹太社区遭到野蛮的攻击和屠杀。另一个,几乎社会各个阶层都支持邦国等级反对邦君。符滕堡邦君试图专制的历史就此结束。

五、梅克伦堡

梅克伦堡在1348年成为神圣罗马帝国的直属公国之后,像中世纪的其他公国一样,长期没有确定继承权利法,公国的统一与分裂视公爵继承人的情况而定。当在任公爵只有(只剩下)一个儿子,或只指定一位继承人的时候,公国的领地被统一起来,否则便出现分裂。分裂后的诸位公爵在官方文献上仍然称为"梅克伦堡公爵",相互之间的区分只是根据公爵所居的地名在话语中、在民间出现,在官方文本上并无区别。在宗教改革运动期间,约翰·阿尔布莱希特一世(Johann Albrecht Ⅰ,1525—1576,1547—1576年在位)统治梅克伦堡的大部分地区。1546年,施马尔卡登战争爆发后,他带领军队支援皇帝的天主教信徒,因此于1547年得到皇帝卡尔五世的奖赏。虽然如此,在1549年的邦议会上,他还是宣布梅克伦堡的全部领地接受路德派信仰,并于1550年参与德国北部的新教联盟,与天主教皇帝相对抗。他的儿子约翰七世(Johann Ⅶ,1576—1592年在位)和孙子阿道夫·弗里德里希一世(Adolf Friedrich Ⅰ,1588—1658,1592—1628/1631—1658年在位)继续他的反抗天主教皇帝的立场,结果在三十年战争中,皇帝费迪南德二世剥夺了公爵家族的统治权利(1628年),将梅克伦堡赐予皇帝军队的大将瓦伦斯坦。直到1631年在瑞典军队的帮助下,梅克伦堡诸位公爵才基本收回了家族领地。三十年战争结束以后,在相当长的时期内,梅克伦堡公国没有恢复到战前水平。不仅皇帝和瑞典的军队长期在这里施威强暴,而且普鲁士和俄国的势力也不断在这里施加影响,公国中的许多纠纷都需要外力进行调解。这种情况一直持续到1701年。

1692年,早于1663年改信天主教的克里斯蒂安·路德维希一世(Christian Ludwig Ⅰ,1623—1692,1658—1692年在位)无嗣而终。他的侄子,即第四个弟弟的儿子继任公爵,是为弗里德里希·威廉一世(Friedrich Wilhelm Ⅰ,1675—1713,1692—1713年在位),住在什未林。三年后,在1695年,他的第五个弟弟继承自己岳父的遗产也成为梅克伦堡公爵,即阿道夫·弗里德里希二世(Adolf Friedrich,1658—1708,1695—1708年在位),住在屈斯特洛夫。此时,梅克伦堡历史上不断发生的事情再次发生:两位公爵争夺领土。为了得到屈斯特洛夫,公爵弗里德里希·威廉一世准备动武。后来,经过六年的艰苦谈判,叔侄俩于1701年在汉堡达成协议,平分梅克伦堡的全部领地。这就是所谓《汉堡继承协议》(*Hamburger Vergleich*)。据此,梅克伦堡公国永久地分为两部分,即梅克伦堡-什未林和梅克伦堡-施特雷利茨。两者都实行长子继承制。公爵弗里德里希·威廉一世及其家族直系子孙统治以汉堡或德米茨为中心的什未林领地,阿道夫·弗里德里希二世及其子孙统治以施特雷利茨或新勃兰登堡为中心的施持雷利茨部分。

首先,在什未林,弗里德里希·威廉一世公爵死后无子。他的弟弟卡尔·利奥波德(Karl Leopold,1678—1747,1713—1747年在位)继承爵位。在卡尔·利奥波德公爵统治时期,在梅克伦堡-什未林公国出现了一个邦君与等级斗争的、由帝国出面调解的下述事例。这个事例同时说明了外国势力在德国邦君确立专制的过程中所产生的决定性影响。

与其他试图确立君主专制的德意志邦君不同,影响卡尔·利奥波德的不是法国国王路易十四世而是瑞典国王卡尔十二世(Karl Ⅻ,1682—1718,1697—1718 年在位①),后者曾为了维持国家在三十年战争及之后获得的强权地位而先后征服丹麦和波兰,并重创俄国彼得大帝的军队。卡尔·利奥波德非常崇拜这位国王,将他看作是专制主义强权政治家,是值得自己效仿的榜样。据载,在执政期间,他不仅效法瑞典国王的政治风格,而且模仿他的衣饰行为和说话表情,因此有"卡尔十二的猴子"的蔑称。

在瑞典政治的影响下,卡尔·利奥波德确定的统治目标是确立邦君集权的、专制主义国家的主权政治。为此,他首先要建立一支强大的常备军,要以此为基础,面对外国的过境军队彰显梅克伦堡-什未林的公国主权。当时正值北方战争时期。什未林不仅是东来西往的瑞典和俄国军队的主要过往和驻扎地,而且还是主要战场之一。早在他上任之前,在 1708 年,他的哥哥弗里德里希·威廉一世颁布了一份《消费税收法》(*Consumptions-und Steuerordnung*),剥夺了世俗贵族和教会贵族的免税权,同时宣布解除农民对于领主的人身依附关系,使之成为自由的永佃农,并允许用货币替代劳役。这项措施的主要目的是为了使公国的财政从三十年战争的破坏中恢复过来,并应付正在进行的北方战争,但由于教俗贵族的反对而没有得到落实。1713 年卡尔·利奥波德继任后,开始采取强硬措施,以图实施这项税收法规。

在其采取的一系列强硬措施之中,后果最严重的是他与俄国的彼得一世(Peter Ⅰ,1672—1725,1682—1725 年在位)缔结盟约。1716 年,双方商定,梅克伦堡-什未林公爵支持北方战争中的俄国,反对瑞典;俄国沙皇支持公国实行邦君专制主义措施,反对等级特权。联盟的保证是公爵迎娶俄国公主。② 由此,卡尔·利奥波德一方面将刚刚建立起来的军队投入与瑞典作战的战场,另一方面在俄国军队的支持下强迫等级贵族

---

① 1697—1718 年兼任不来梅和凡尔登公爵。
② 即沙皇伊凡五世的女儿,卡塔丽娜·伊万诺夫娜(Katharina Iwanovna,1691—1733)。

放弃免税特权,缴纳军用税,镇压在贵族鼓动下的罗斯托克市民叛乱。然而,反抗的等级贵族获得英国的支持。因为他们的领袖人物是自 1709 年起担任汉诺威选帝侯的首席大臣的伯恩施托夫伯爵(von Bernstorff,1649—1726),而汉诺威自 1714 年起就是与英国的合君国。如此一来,梅克伦堡-什未林公国的邦君与等级之间的冲突引出了俄国与英国的对立,公国内部的争执成为国际事务。1716 年冬天,俄国的军队驻进什未林,冯·伯恩施托夫伯爵的领地遭到残酷蹂躏。于是,他带领着等级贵族们向帝国的维也纳政府、向英国的伦敦政府提出控诉,控诉卡尔·利奥波德公爵违背传统的帝国法,剥夺等级贵族的自由,控诉他在公国内实行专制独裁统治。1717 年,皇帝卡尔六世对梅克伦堡-什未林公爵发布"裁决令"①,责令下萨克森帝国行政区的领袖、兼为英国国王乔治一世的汉诺威选帝侯格奥尔格·路德维希剥夺该公爵的爵位、财产和统治权利,1719 年执行。根据皇帝的命令,汉诺威和普鲁士接管梅克伦堡-什未林的统治,前者为之派出八名官员,后者派出四名。卡尔·利奥波德试图组织反对贵族垄断市场的小城市市民和反对贵族奴役的广大农民,并以免税为条件联合教会力量,对抗皇帝的裁决。但是,在汉诺威和普鲁士的压制下,公国内部对于公爵的支持力量难以抵抗外部的影响力。1727 年乔治一世去世后,皇帝的裁决令被解除,但帝国宫廷法院于 1728 年宣布卡尔·利奥波德的弟弟继任公爵,即克里斯蒂安·路德维希二世(Christian Ludwig Ⅱ,1683—1756,1728—1756 年在位),废除了卡尔·利奥波德的公爵职位。普鲁士的四位官员直到 1787 年才撤离梅克伦堡。

在遭到皇帝的"裁决"之后,梅克伦堡-什未林公国进入政治分散和行政瘫痪的状态。公爵的权利受到严格的限制,民众的负担由于支付执

---

① 历史上遭到皇帝"裁决令"惩罚的人主要有三位:一位是士瓦本农民起义领袖、骑士葛茨·冯·伯利兴根(Götz von Berlichingen,约 1480—1562);一位是梅克伦堡-什未林公爵卡尔·利奥波德;一位是普鲁士国王弗里德里希二世(Friedrich Ⅱ,1712—1786,1740—1786 年在位)。

行裁决令的费用而额外加重,确立邦君专制制度无从谈起。1755 年,克里斯蒂安·路德维希二世公爵与邦国等级贵族签署了《邦国依法继承协议》(*Landesgrundgesetzlicher Erbvergleich*),巩固了等级贵族的传统权利,致使邦国的落后状况一直持续到 1918 年君主制解体。

其次,在施特雷利茨,1708 年,公爵阿道夫·弗里德里希二世立下遗嘱,宣布他的长子继承爵位。这就是阿道夫·弗里德里希三世(Adolf Friedrich Ⅲ,1686—1752,1708—1752 年在位)。由于一直没有儿子,1748 年,已经 62 岁并身患重病的阿道夫·弗里德里希三世与他的妹夫、梅克伦堡-什未林公爵克里斯蒂安·路德维希二世商议,通过一份秘密条约将梅克伦堡的两个分公国合二为一,希望借此能够建立统一的梅克伦堡公国。但是,由于等级贵族的强烈反对,这份条约没有正式生效。

1752 年,阿道夫·弗里德里希三世去世,他妹夫的军队进入施特雷利茨,试图以实际行动使 1748 年的秘密条约生效。此时,等级贵族又掀起了强烈的反抗浪潮,反抗什未林公爵统治施特雷利茨。他们将无嗣公爵的同父异母弟弟的儿子拥上爵位,这就是阿道夫·弗里德里希四世(Adolf Friedrich Ⅳ,1738—1794,1752—1794 年在位)。新公爵上任不久,于 1755 年,签署认可了什未林公爵与等级贵族签署的《邦国依法继承协议》。至此,梅克伦堡的两个公国都有了一份共同的、邦国等级性质的法规;它结束了公爵集权的权利要求和政治愿望,巩固了邦国等级的势力,致使梅克伦堡的邦国等级直到 1918 年以前都掌握着传统的权利。

第二编

启蒙运动与开明专制

第四章　德国的启蒙运动

　　德国的启蒙运动,或称德意志①启蒙运动,在整体上可以分为文化运动、宗教评判和政治改革三种倾向,或者说,德国启蒙运动者在这三个方面为欧洲启蒙运动作出了突出的贡献。文化运动,在此特指德国北方的启蒙文化活动,以哈勒和哥廷根等大学、柏林知识市民聚会以及魏玛公爵宫廷为代表性活动场所,德国启蒙思想家的成就构成了欧洲启蒙运动的重要部分。宗教评判,即对于基督教和宗教信仰的重新认识,德国启蒙思想家的信仰理念、宗教宽容思想和天主教启蒙在欧洲启蒙运动中独具特色。政治改革,在此作为开明专制主义的代义词,是启蒙运动在德国的、不同于在法国和英国的独有结果。在法国,启蒙运动为资产阶级大革命提供了理论基础;在英国,这场运动也为传统社会发生深层变革提供了重要的理由;而在德国,启蒙运动的倾向之一就是 Aufgeklärter Absolutismus,启蒙专制主义,即开明专制。

---

① 由于表达习惯的原因,"德国"和"德意志"两词在行文中通常具有相同的意义,没有特别的差异。

第一节　北方诸邦的启蒙运动

一、德国的启蒙世界观

什么是启蒙(Aufklärung)？作为一场欧洲规模的运动,德国思想家有自己的解释。在 1783 年《柏林月刊》(*Berliner Monatsschrift*)提出什么是启蒙的问题之前,在 1780 年,巴伐利亚史学家、慕尼黑教堂牧师劳伦茨·冯·维斯腾利德(Lorenz von Westenrieder,1748—1829)曾在一次演讲中说道:启蒙"就是清除眼前的某些佑护和遮蔽,在理智和心智中给光明一个位置,使之照亮、温暖和进入真理和秩序的领域。这是由真正幸福的人们决定的领域。"①三年后,即在《柏林月刊》征集答案的时候,著名哲学家、柯尼斯堡大学教授伊曼努尔·康德(Immanuel Kant,1724—1804)给出的答案是:"启蒙就是人类摆脱咎由自身的不成熟状态的过程。不成熟状态是指不经他人的引导就不能使用自己的理性;咎由自身是说不是因为缺乏理性,而是因为缺乏决心和勇气导致不经他人的引导就不能使用自己的理性的状态。Sapere aude! 拿出勇气,使用自己的理性! 这就是启蒙的座右铭。"②

与此同时,犹太哲学家、柏林商人摩西·门德尔松(Moses Mendelssohn,1729—1786)对"什么是启蒙"做出这样的回答:"启蒙"是教育的组成部分;教育是一个共同体的形成、发展和进步的过程。另外,"启蒙"还被分为个人的启蒙和公民的启蒙。个人的启蒙,指的是对人的规定性的认识;公民的启蒙,指一种职业性的、社会地位性的学习。③ 后来,在 1789 年,诗人和翻译家、魏玛出版商维兰德(Christoph

---

① H. Möller, *Vernunft und Kritik. Deutsche Aufklärung im 17. und 18. Jahrhundert*, Frankfurt am Main: Suhrkamp Verlag 1986, S. 11.
② 刘新利:《德意志历史上的民族与宗教》,商务印书馆 2009 年版,第 438—439 页。
③ 摩西·门德尔松:《耶路撒冷:论宗教权利与犹太教》,刘新利译,山东大学出版社 2007 年版,第 15 页,注 2。

M. Wieland，1733—1813）又对"启蒙"进行了通俗的解释。他说：每一个能够分辨出什么是光明、什么是黑暗的人都能够明白什么是启蒙。物体在黑暗中，我们要么看不见，要么看不清楚。一有光明，物体就清晰了。我们看得见也辨得清楚。看、辨别、认识，是人的先天能力。给人以光明，使之发挥先天的能力就是启蒙。摆脱权威，使用理性，引用光明，发挥先天能力等等，这些就是启蒙或启蒙运动的命令（Imperativ）。它普遍地适用于"人类生活的各个领域，宗教和教会，国家与社会，哲学与科学，历史与当代，无一例外"①。

通过上述答案可以看出，18世纪的德国启蒙运动主要包含两方面内容：一方面是自由的思想活动，另一方面是知识性的教育开化。前者更注重个人的、理性基础上的道德自由。认为传统权威与政治专制等等都属于"遮蔽"的、常给人带来黑暗的事物，天赋理性的光明能够使人透过黑暗，看清真相，这是以康德为代表的在思想界影响很大的观点。后者更注重普通民众通过理性能力而获得知识的过程。认为这个过程是社会进步或人们幸福的必由之路，门德尔松是这种观点的具有代表性的阐发者。无论是思想自由还是教育开化，这里的"启蒙"，指的都是一场文化运动。

作为一场文化运动，欧洲的启蒙运动于17世纪中期在英国兴起以后，虽然在不同的国家和地区具有不同的偏向，但从整体上说，其发展过程是，于18世纪前期在法国达到高潮，并于18世纪后期在德国进入尾声。德国的启蒙运动，或称德意志启蒙运动（Die Deutsche Aufklärung），可以1688年哈勒大学的法学教授克里斯蒂安·托马西乌斯（Christian Thomasius，1655—1728）自编自撰《月谈》（*Monats-Gespräche*）杂志为开始的标志；18世纪中叶出现了以"德意志的伏尔泰"莱辛（Gotthold Ephraim Lessing，1729—1781）为代表的一批启蒙思想家的代表性作品，将德意志启蒙运动推向高潮；1783年，柏林科学院院士、神学家佐尔纳牧

① H. Möller, *Vernunft und Kritik. Deutsche Aufklärung im 17. und 18. Jahrhundert*, S. 12.

师(Johann Friedrich Zöllner,1753—1804)为《柏林月刊》征集"什么是启蒙"问题的答案,标志着德国的思想启蒙运动进入尾声。

如果可以说哲学家洛克(John Locke,1632—1704)和笛卡儿(Rene Descartes,1596—1650)分别为英国和法国的启蒙运动奠下了思想基石,那么也可以说莱布尼茨的哲学学说奠定了德国启蒙运动的世界观基础。

莱布尼茨(Gottfried Wilhelm Leibniz,1646—1716)出身于莱比锡的一个信奉路德宗的大学教授家庭,曾在莱比锡大学、耶拿大学和阿尔特多夫大学学习哲学、数学和法学等,20岁开始在美因茨大主教宫中任法律研究员和文书。1671年,他以帝国外交官的身份先后前往巴黎和伦敦,结识了当时欧洲著名的思想家;1676年受聘不伦瑞克-沃尔芬比特尔(Braunschweig-Wolfenbüttel)公爵图书馆管理员;1700年在勃兰登堡-普鲁士统治者的支持下建立普鲁士王家科学院,任第一任院长。作为著名的哲学家、数学家、历史学家和物理学家,莱布尼茨的主要论著包括《学科组合论》(*Ars combinatoria*,1666)、《法学之教与学的方法新论》(*Nova Methodus Pro Maximis Et Minimis*,1684)、《形而上学论》(*Metaphysische Abhandlung*,1686)、《人类理智新论》(*Neue Abhandlungen über den menschlichen Verstand*,1704)、《韦尔夫家族与下萨克森史料集》(*Scriptores rerum Brunsvicensium*,3 Bde,1701—1711)、《神正论》(*Theodizee*,1710)和《单子论》(*Monadologie*,1714)等等。

就对德国启蒙世界观的影响而言,莱布尼茨哲学的主要观点可以分列三个方面。一方面,潜在天赋观念论。法国的笛卡儿认为,人的心灵生来就有清楚明白的天赋观念,这是理性的法则。英国的洛克认为,人的心灵生来就像一张白板,经验向它提供精神内容。莱布尼茨赞同笛卡儿的主张,相信人的心灵生来就有天赋观念,同时赞成洛克的观点,认为天赋观念需要感觉经验才能得到。但是,他认为天赋观念不是心灵中的现实存在,不是清楚明白的,而是心灵的潜在禀赋。就是说,潜在于人的心灵中的天赋观念同时需要理性加工和感觉经验才能获得。另一方面,两种真理说。莱布尼茨提出真理有推理的真理和事实的真理之分。推理的真理是必然的、可靠的,其根源在于心灵理性;事实的真理是偶然的、不可靠的,其根源在于感性知觉。前者依据的是矛盾律,即真实的对立面是谬误;后者依据的是充足理由律,即事实的对立面如果有充足的理由也是事实。据此,真实存在的世界之所以呈现当前的面貌,是因为上帝有充足的理由来这样创造它。换言之,上帝没有将世界创造成其他的样式,是因为逻辑无矛盾律决定了现实世界的总体结构体现出最大限度的多样性和完美性。因此,现实世界是所有可能世界中最好的世界。第三方面,预定和谐思想。与前两个理论相承继,莱布尼茨将世界的本原归为精神性的"单子"(Monaden),单子与单子之间根据预定和谐原则联系在一起。上帝创立了宇宙法则,每一个单子依据上帝的法则独立运动,并与其他单子和谐相处。宇宙就是这样一个由无限多样的、独立且相互联系的单子组成的和谐统一体。在预定和谐的宇宙间,世界和人类向着趋于完善的方向发展。

总之,强调承认情感作用的理性主义、相信充足理由的乐观情绪和人类社会趋向完善的进步信念,这就是莱布尼茨哲学在德国启蒙运动中展现的世界观。

二、德国北部诸邦启蒙文化运动的发展

德国的启蒙运动有"纯粹的北极光"(ein bloße Nordlicht)之称,意思是说,启蒙运动仅仅是德国北方地区的一种文化兴盛现象。[①] 在这里,所谓北方,主要指统治者信奉新教的勃兰登堡-普鲁士、汉诺威和萨克森等北部诸邦。由此,德国启蒙运动的参与者主要是哈勒和哥廷根的大学教授、柏林的市民知识分子和魏玛的宫廷官员。相应地,启蒙运动的场地多在大学课堂、定期刊物社、读书俱乐部和沙龙或家宅客厅;运动的思想

---

① Haupt und Langewiesche (Hrsg.), *Nation und Religion in der deutschen Geschichte*, Frankfurt/New York: Campus Verlag, 2001, S. 111.

载体通常是文章、书信和译作;运动的影响直接触及所在地区的政治制度和社会生活,导致开明专制的现实。

由此,德国启蒙运动的文化成就主要集中在三个方面,即哈勒等大学的学术研究、柏林知识市民的思想言论以及魏玛宫廷学者的科学探索和文学创新。

(一)哈勒与德国启蒙运动的兴起

哈勒是德国启蒙运动最早兴起的地方。1680 年,根据《威斯特伐利亚和约》,哈勒城由马格德堡大主教区的辖区转为勃兰登堡选帝侯的属地。当地居民多数信奉路德宗教义。1690 年,莱比锡大学的哲学和法学教授 Ch. 托马西乌斯由于与学校当局发生冲突来到哈勒,并在勃兰登堡选帝侯弗里德里希三世的支持下,于 1694 年成功地将当地的贵族学校扩建为大学,即弗里德里希大学,简称哈勒大学。托马西乌斯为第一任校长。同一年,哈勒城圣格奥尔格教堂牧师、虔敬主义者 A. H. 弗兰克(A. H. Francke,1663—1727)受聘为第一批教授,并负责组建神学院。1706 年,莱比锡大学的哲学教授、莱布尼茨哲学的继承人 Ch. 沃尔夫(Christian Wolff, 1679—1754)来到哈勒大学,担任哲学教授。从此,德国启蒙运动开始呈规模地发展。

托马西乌斯出身在信奉路德宗的莱比锡大学法学教授家庭,毕业于奥得河畔法兰克福大学法学专业,27 岁开始在莱比锡大学讲授哲学。作为德国启蒙运动的发起者之一,托马西乌斯的主要作品包括其自编自撰的《月谈》杂志(1688—1690)和著作《自然法学教程》(*Lehrbuch des Naturrechtes*,1687)、《理性学说导论》(*Einleitung zu der Vernunft-Lehre*,1691)、《伦理学的运用》(*Ausübung der Sittenlehre*,1696)、《试论精神的本质,或自然科学与伦理学的基础理论》(*Versuch vom Wesen des Geistes*,1699)及《自然与国家法基础》(*Fundamenta iuris naturae et gentium*,1705)等。1688 年,以莱比锡大学哲学教授的立场和视角,托马西乌斯在三个方面丰富了德国启蒙运动的文化内容。一方面,基于自然法学的研究,他指出,人类的法律知识来源于自己的理性和经验,而不是直接来自上帝,因为上帝没有将自然法直接地传达给人类,虽然上帝是自然法的终极来源。另一方面,他认为巫术不能影响、更不能左右人和自然界,因为人和自然界所遵循的都是上帝的神圣法则。因此,他呼吁统治者和民众放弃巫术信念,停止迫害所谓的女巫男觋。还有一方面,托马西乌斯主张思想开放的、灵活的学校教育,反对当时在哈勒大学和在他的同事开办的贫儿学校及孤儿院里实行的僵化而严厉的教育方法,指出那样的教育将难以避免地导致学生或儿童固执保守、偏执邪狂。托马西乌斯的思想直接影响了德国启蒙运动盛期的知识大众的哲学观念。

　　Ch. 沃尔夫出身在西里西亚一个信奉路德宗的面包师家庭,曾在当地路德宗高级文科中学和天主教耶稣会学校接受初级教育,后来在耶拿大学和莱比锡大学学习神学、物理学和数学,24 岁留任莱比锡大学助教。1706 年,沃尔夫离开莱比锡,到哈勒大学教授数学和哲学;1711 年成为英国皇家学会会员,次年又成为柏林科学院成员。作为启蒙时代的哲学家、法学家和数学家,沃尔夫的主要著作包括用德文写作的《关于人类理解力的理性思考》(*Vernünfftige Gedancken von den Kräfften des menschlichen Verstandes und ihrem richtigen Gebrauche in Erkäntnis der Wahrheit*,1713)、《关于上帝、宇宙和人类灵魂的理性思考》(*Vernünfftigen Gedanken von Gott, der Welt und der Seele des Menschen, auch allen Dingen überhaupt, den Liebhabern der Wahtheit mitgetheiles*,1720)、《关于自然作用的理性思考》(*Vernünfftige Gedanken von den Würckungen der Natur*,1723),以及用拉丁文写作的《理性哲学,或逻辑学》(*Philosophia rationalis sive logica mit dem Discursus praeliminaris de philosophia in genere*,1728)、《第一哲学,或本体论》(*Philosophia prima, sive Ontologia*,1730)以及《自然神学》(*Theologia naturalis*,1737)等等。沃尔夫将莱布尼茨的哲学学说进行了德语化、概念化和系统化,形成所谓的莱布尼茨-沃尔夫哲学体系。在德国高校教育史上,沃尔夫是紧随托马西乌斯的又一位用德语授课、撰写讲义的教授。在哈勒大学的哲学课堂上,沃尔夫用德语替代拉丁文,第一次尝试提出了德语的哲学专业词汇,并第一次借助古典的和中世纪的欧洲哲学将莱布尼茨的哲学系统化,为德国古典哲学的兴起发出了先声。通过沃尔夫,莱布尼茨与法国的笛卡儿、英国的洛克一样,为本国的启蒙运动提供了基本的世界观,进而使德国启蒙运动兼具理性—感性主义色彩,与英国的经验主义和法国的理性主义区别开来。

A. H. 弗兰克出身于吕贝克一个信奉路德宗的法律顾问家庭,曾在爱尔福特大学、基尔大学和莱比锡大学学习希腊文、东方学、哲学和神学,22 岁担任莱比锡城圣保罗教堂的神职。1687 年,弗兰克接受并开始践行虔敬派(Pietismus)[①]信仰,因此遭到当地教会的排挤,被迫于 1690 年离开莱比锡到了哈勒。在哈勒,从 1692 年起直到去世以前,弗兰克一直是教堂牧师,同时从 1694 年起兼任哈勒大学教授,先后教授希腊文、东方语文和神学。作为启蒙时代具有影响的神学家、教育家和德国虔敬派典型代表之一,弗兰克的主要活动包括于 1695 年建起一所贫穷儿童学校、1698 年建起一个慈善基金会和一处孤儿院、1705 年协助丹麦国王建起一个海外传教组织以及 1710 年起与英国的"基督教知识促进社"合作建起一间《圣经》印刷所或虔敬灵修出版社。根据虔敬派信仰,弗兰克相信,理性使人们怀疑除了痛苦和死亡以外的任何事物,这无疑是自欺欺人,而情感则帮助人的心灵接近真理。他不知疲倦地践行虔敬派理想,力图通过一系列慈善教育机构彰显和证明虔敬派信徒所享有的精神上的新生。在哈勒大学,弗兰克一边参与修订课程编制,提出和采用创造性的教学法,一边宣扬与理性主义相对立的虔敬主义唯灵论,从而不仅使哈勒大学成为虔敬派的服事中心和欧洲的虔敬主义学术中心,而且使这所大学成为虔敬主义与早期德国启蒙运动的理性主义哲学之间的学术争论场所。在弗兰克的影响下,哈勒大学当局强硬地维护虔敬主义,排斥以沃尔夫为主讲的理性主义哲学,沃尔夫因此而在 1723 年被勒

---

① 虔敬派是德国路德宗的一个支派,发起人是 P. J. 施佩纳,注重虔敬邻爱、个人灵修以及团契和传教。

令离开大学和哈勒城。直到弗兰克去世以后，由于大力支持启蒙运动的普鲁士国王弗里德里希二世（Friedrich Ⅱ，1712—1786，1740—1786 年在位①）进行干预，沃尔夫才于 1740 年恢复在哈勒大学的教职。

直到 18 世纪下半叶，哈勒大学都是德国启蒙运动的重要中心，当时可以与之相提并论的只有哥廷根大学。

哥廷根大学的教育实践拓展并完善了哈勒大学创立的大学教学模式，为德国启蒙运动提供了重要的教育制度方面的内容。1737 年，兼任英国国王（乔治二世）的汉诺威选帝侯格奥尔格二世·奥古斯特（George Ⅱ August，1683—1760，1727—1760 年在位）宣布正式成立格奥尔格·奥古斯特大学，简称哥廷根大学。与哈勒大学相同，哥廷根大学建有哲学、神学、法学及自然科学等院系设施，并配备相关的课程。所不同的是，后者提高了哲学院的地位，使之与神学院同位并立，同时取消了神学院对于师生和教学的信仰审查权。在哥廷根，大学从一开始就与教会脱离，信仰与科研脱离。宗教宽容是一项正式的校规，无论教师还是学生，都不会因为信仰不同而在教学或听课时受到盘问和刁难。教授们的授课方式包括集中讲课和主持研究班讨论等多种形式。除教学以外，教授们的主要工作是进行研究，包括著书立说和科研性及应用性实验。启蒙时期教授们创办的一系列专业刊物，如著名的《哥廷根学报》（*Göttingische Gelehrte Anzeigen*，1753）等等，不仅是本学科研究成果的部分展现，还是阐发和传播启蒙思想的重要园地。

不能忽略，德国启蒙运动在哈勒大学和哥廷根大学以及莱比锡等大学校园里所取得的学术成就，其影响并没有局限于学术研究领域。社会问题，特别是社会性的民众教育问题是早期启蒙思想家关注的重点。

（二）柏林与德国启蒙运动的兴盛

柏林是德国启蒙运动最兴盛的地方。1640 年，后来被称为"大选侯"的

_____

① 即弗里德里希大帝（Friedrich der Große）、老弗里茨（der Alte Fritz），又译为腓特烈二世、腓特烈大帝。

弗里德里希·威廉从他父亲手中接管柏林以后,马上施行招才引资、宗教宽容的政策,其目的在于快速地从三十年战争的创伤中恢复元气。在"大选侯"政策的鼓励下,1671 年,有 50 个犹太家庭从奥地利天主教区域来到柏林定居。1685 年以后,在"大选侯"颁布的《波茨坦敕令》(*Edikt von Potsdam*)保护下,又有成千上万的胡格诺逃离法国来到勃兰登堡。其中约4000 人(一说 6000 人)居留拥有 1.1 万人口的柏林。据统计,在 1700 年前后,柏林总人口的约 20% 是法国人。1750 年前后,柏林的法国人是 6600名。除此之外,柏林城内还有来自东欧和东南欧的波希米亚、波兰等地的移民。① 1701 年在被定为普鲁士王国首都的时候,柏林已经俨然成为国际大都市。在这里,启蒙运动的形式主要是市民知识分子的圈内活动。他们自发地组成诸如"星期一俱乐部""星期三协会"等团体,常常以他们主办的出版社为场地,进行频繁的交际、聚会和讨论活动。

"星期一俱乐部"于 1749 年由瑞士神学家 J. G. 舒尔泰斯(J. G. Schulthess,1758—1802)主持组建。参与者主要是当时柏林具有影响的市民知识分子,包括政界官员、法学家、神学家、哲学家、作家、艺术家、医生、书商及政论家等等。这些志同道合的人每星期一聚会,不仅仅像其他知识市民的聚会那样在一起读书、研讨知识或学术问题,而且不拘社会地位相互结识、交流思想,阐发不同政见,谈论异己观念。1748 年创刊的《博学界批判新闻》(*Kritische Nachrichten aus dem Reiche der Gelehrsamkeit*)紧密关注并及时报道该俱乐部的言论内容和思想倾向。

"星期三协会"于 1783 年由柏林教会最高牧师、神学家 W. A. 泰勒(W. A. Teller,1734—1804)主持组建。参与者主要是普鲁士王国的高层文官和知识分子,包括财政大臣、财政议员、帝国最高法院法官以及诗人、作家、法学家、医生和牧师等等。这是一个"启蒙联谊会",每星期三聚会,主旨是讨论普鲁士王国所面临的重要问题,并提出改革方案,同时

---

① ［德］彼得·克劳斯·哈特曼:《神圣罗马帝国文化史:帝国法、宗教和文化》,第 319—320 页;［德］马克斯·布劳巴赫等:《德意志史:第二卷　从宗教改革至专制主义(1500—1800)》,第605、660 页。

传播和扩大启蒙运动的成就。同年创办的《柏林月刊》是刊载该协会会员发表言论和思想的园地。

18 世纪的柏林有多家出版社，其中至少有两家对于德国启蒙文化的传扬和发展功不可没：即伏斯出版社和尼柯莱出版社。伏斯出版社的主要出版人是 Ch. F. 伏斯(Ch. F. Voss,1722—1795)。这家出版社除了出版启蒙思想家的著作，如门德尔松、赫尔德(J. G. Herder,1744—1803)的许多作品，印刷启蒙文化杂志(如莱辛的《舞台书汇》,1754—1758 年)以外，还出版一份于 1721 年创刊的、具有很大影响的报纸，即《柏林王家特权报》(*Berlinische privilegirte Zeitung*)，或称《伏斯报》(*Vossische Zeitung*)。这是刊载和传播德国启蒙文化成就的重要园地。建立于 1713 年的尼柯莱出版社，其主要出版人是柏林启蒙运动的代表之一 Ch. F. 尼柯莱(Ch. F. Nickolai,1733—1811)，因此这家出版社的工作本身就是柏林启蒙文化运动的重要组成部分。

在柏林启蒙运动中有两个年份引人注目，一个是 1755 年，另一个是 1781 年。

在 1755 年，被称为"绝无仅有的伟大的思想家"[1]G. E. 莱辛发表剧本《萨拉·萨姆逊小姐》(*Miß Sara Sampson*)，并与犹太思想家、拥有"柏林的骄傲"[2]之称的摩西·门德尔松合作出版《蒲柏，一位玄学家!》(*Pope, ein Metaphysiker*!)。在这一年，门德尔松还出版了另外两部哲学著作，即《哲学讲谈》(*Philosophische Gespräche*)和《论感觉》(*Über die Empfindungen*)。仍然是在这一年，莱辛及门德尔松与 Ch. F. 尼柯莱三人开始合作创办杂志，其第一份《德意志美学现状通信》(*Briefe über den itzigen Zustand der schönen Wissenschaften in Deutschland*)于同年出版。正是在这一年的前后，莱辛和尼柯莱开始参与"星期一俱乐部"的活

---

[1] ［美］维塞尔：《莱辛思想再释：对启蒙运动内在问题的探讨》，贺志刚译，华夏出版社 2002 年版，第 2 页。

[2] ［德］摩西·门德尔松：《耶路撒冷：论宗教权利与犹太教》，刘新利译，山东大学出版社 2007 年版，代译序，第 25 页。

动。1755 年是柏林启蒙运动进入高峰期的年份。

在 1781 年,莱辛去世,尼柯莱进行了"启蒙南德之旅",柯尼斯堡大学哲学教授伊曼努尔·康德发表《纯粹理性批判》(*Kritik der reinen Vernunft*),揭示了人类理性的限度和潜能。德国法学家、政治家、历史学家 J. 莫泽尔(Justus Möser,1720—1794)则发表《论德意志的语言和文学》(*Über die deutsche Sprache und Litteratur*),揭示了"德意志启蒙运动的政治伟人"普鲁士国王弗里德里希二世的启蒙思想局限性。因此,1781 年是柏林乃至德国启蒙运动发展到顶峰的年度。此后,随着1786 年门德尔松的去世,随着 1796 年《柏林月刊》因"威胁社会治安"被查封,随着 1798 年普鲁士国王弗里德里希·威廉三世(Friderich Wilhelm Ⅲ,1770—1840)下令解散"星期三协会"等等如此这般的事情连续发生,柏林的启蒙运动逐步结束。在柏林,莱辛、门德尔松和尼柯莱的思想活动可以展示启蒙运动的文化成就。

G. E. 莱辛出身于萨克森一个路德宗牧师家庭,曾在莱比锡大学和维滕贝格大学学习神学、医学和哲学。大学期间,他曾因病辍学,短期在柏林为《柏林王家特权报》撰写评论文章。毕业后,他又多次前往柏林、汉堡等地,与许多当时著名的学者建立联系和友谊。1770 年受聘不伦瑞克-沃尔芬比特尔公爵图书馆馆长。作为德国启蒙运动的典型代表。作为美学家、剧作家、戏剧评论家和哲学家,莱辛的主要著作有《萨拉·萨姆逊小姐》(1755 年)、《拉奥孔,或论绘画与诗歌的界限》(*Laokoon oder Über die Grenzen der Malerei und Poesie*,1766)、《汉堡剧评》(*Hamburgische Dramaturgie*,1767—1768)、《爱米丽雅·迦洛蒂》(*Emilia Galotti*,1772)、《智者纳旦》(*Nathan der Weise*,1779)、《人类的教育》(*Erziehung des Menschengeschlechts*,1780),以及在他参与创办的杂志中发表的一系列文章,等等。莱辛的著述中有两个重要观点使德国启蒙运动独具特色:平民悲剧和宗教宽容。自古典时代以来,一般认为,悲剧创造崇高,悲剧角色必须由高贵的人物如国王、英雄等担当。在其创作的市民剧本中,莱辛使悲剧与喜剧双重因素交映成辉,借以发出了后来狂飙突进运动中出现的市民悲剧的先声。另外，自 17 世纪中叶以来，宗教宽容一般指基督教内部的、天主教与新教各派之间的宽容，除个别地方以外，犹太人和穆斯林在欧洲各国还没有普遍地得到受法律保护的社会地位。在其创作的剧本《智者纳旦》中，莱辛使犹太教、基督教和伊斯兰教三大宗教的信徒和睦相处，共论人性、智慧和信仰，从而拉开了开明专制时期出现的宗教宽容政策的帷幕。

　　M. 门德尔松出身于德国南部德绍一个犹太人家庭，14 岁跟随一位犹太拉比前往柏林谋生，1761 年获得"受保护的犹太人"身份，享有在普鲁士生活的特权，39 岁开始经营一家丝绸商行。作为自学成才的启蒙作家、哲学家、文学批评家和犹太教研究者，除了 1755 年出版的上述三部著作以外，门德尔松的主要著述还包括《哲学文集》(*Philosophische Schriften*，2 Bde，1761)、《斐多，论灵魂不死》(*Phädon oder über die Unsterblichkeit der Seele*，1767)、《论形而上学的真实性》(*Abhandlung über die Evidenz in den metaphysischen Wissenschaften*，1763)、《耶路撒冷：论宗教权利与犹太教》(*Jerusalem oder über religiöse Macht und Judenthum*，1783)、《早课，关于上帝存在的讲座》(*Morgenstunden oder Voriesungen über das Dasein Gottes*，1785)，以及在他参与创办编辑的杂志中发表的一系列文章，等等。门德尔松主要在三个领域丰富了德国启蒙文化宝库：在哲学领域，他发扬莱布尼茨-沃尔夫哲学，并强调感性创造知识的作用；在美学领域，他附声莱辛的许多观点，并强调人类心灵的力量，将美感与情感联系起来；在宗教思想领域，他指出基督教与犹太教各自的局限性，呼吁改革犹太教使之适应所处的文化环境，主张宗教和平共处。门德尔松与莱辛一样，其哲学、美学和宗教观点的基础是启蒙运动的基本理想，即宗教宽容、尊重人性和批判性的学术研究。

　　Ch. F. 尼柯莱出身在柏林一个信奉路德宗的出版商家庭，曾在哈勒的虔敬派学校接受教育，25 岁接承父业，经营一家书店。作为启蒙时代著名的出版人、作家和批判思想家，尼柯莱的主要著述包括《少年维特的快乐》(*Freuden des jungen Werthers*，1775)、《1781 年德国和瑞士旅行记》(*Beschreibung einer Reise durch Deutschland und die Schweiz*，1783—1796)和《哲学论文集》(*Philosophische Abhandlungen*，1808)等。尼柯莱与莱辛、门德尔松共同创办并编辑了三份可以作为柏林启蒙运动标志性成果的杂志:《德意志美学现状通信》(1755 年)、《当代文学通信》(*Briefe, die neueste Literatur betreffend*，1759—1765)和《德意志万有文库》(*Allgemeine deutsche Bibliothek*，1765—1805)。三份刊物是他们传播启蒙美学思想的重要工具,也是他们捍卫德国启蒙运动理想的重要阵地。其中,《德意志万有文库》是那个时代德国最重要的评论杂志,它的办刊宗旨是引导德国读者阅读好书,培育有判断力的、超越区域和宗教差异的德意志读者群体。据统计,在发行的 40 年间,这份杂志评论了八万多部新著,有四百多位作家为之撰写文章,而尼柯莱是它的主编。就思想倾向来说,尼柯莱反对过分抽象、过分情绪化的主观性,不赞同不切实际的先验哲学,不欣赏痛苦的年轻天才。他的作品多是对社会实情的描述,立场在于抨击当时社会上的不良现象,特别提醒读者注意出版的商业化危险。他坚持认为,写作、著述的目标是大众幸福,而不是哗众取宠。以 1781 年为界,尼柯莱分别是柏林启蒙运动前期和后期三位核心人物之一。前期的另两位,即莱辛和门德尔松,后期的另两位是图书馆管理员 J. E. 毕斯特(J. E. Biester，1749—1816)和《柏林月刊》主编 F. 格迪科(F. Gedike，1754—1803)。

当然,在谈到柏林启蒙运动时,不能忽略身在柯尼斯堡城的启蒙哲学家康德。

伊曼努尔·康德出身在柯尼斯堡城一个信奉路德宗的市民家庭,曾在柯尼斯堡大学学习哲学、自然科学、物理学和数学。22 岁开始做家庭教师,1770 年受聘柯尼斯堡大学逻辑学和哲学教授。作为德国启蒙运动最有影响的代表人物之一,康德的主要著作包括《自然通史及天体理论》(*Allgemeine Naturgeschichte und Theorie des Himmels*，1755)、《证明上帝存在的唯一可能的证据》(*Der einzig mögliche Beweisgrund zu einer Demonstration des Daseins Gottes*，1763)、《论美感与崇高感》

(*Beobachtungen über das Gefühl des Schönen und Erhabenen*，1764)以及《论感觉世界和理智世界的形式和原则》(*De mundi sensibilis atque intelligibilis forma et principiis*，1770)等。自 1781 年起，康德发表了一系列开创性著作，包括《纯粹理性批判》(1781 年)、《未来形而上学导论》(*Prolegomena zu einer jeden künftigen Metaphysik*，1783)、《道德形而上学基础》(*Grundlegung zur Metaphysik der Sitten*，1785)、《科学的形而上学的首要原则》(Metaphysische Anfangsgründe der Naturwissenschaft，1786)、《实践理性批判》(Kritik der praktischen Vernunft，1788)、《理性范围内的宗教》(Die Religion innerhalb der Grenzen der bloßen Vernunft，1793)、《论永久和平》(*Zum ewigen Frieden*，1795)、《道德的形而上学》(*Die Metaphysik der Sitten*，1797)和《实用人类学梗概》(*Anthropologie in pragmatischer Hinsicht*，1798)等。

在许多方面，康德是德国乃至欧洲启蒙运动的总结者。他不仅为这场文化运动概括了定义，如前已述，而且还至少在两个主要的方面为之进行了总结。一方面，对于人类各类知识的来源，在法国式理性主义和英国式经验主义以及德国莱布尼茨-沃尔夫哲学的基础上，康德认为，人类具有产生于心灵形式结构的、不是心理习惯的先天观念，先天观念在被感觉材料激活的时候，实际上是人类心灵参与知识创造的过程。这个过程不仅仅是先天的分析和后天的综合，而且主要还是先天综合判断；这种判断使我们能够根据心理结构中包含的某些观念，改造并拓展取自感觉材料的知识。人类的知识来源不是单一的。然而，人的认识只能达到现象界，"纯粹的人类知识其范围止于现象世界。"①所以，另一方面，对于科学描述的自然界与人类行为的道德要求之间的关系，他认为，科学描述的自然界是现象世界，自在物世界是科学所不能完全描述的；超自然的自在之物，其存在是为了适应人的道德需要。人在道德上是自主

---

① ［德］彼得·克劳斯·哈特曼：《神圣罗马帝国文化史：帝国法、宗教和文化》，第 486 页。

的,人的行为虽然受客观因果的限制,但道德上的自由能力使人能够超越因果。如此一来,人类行为的道德要求与自然的目的性联系起来。康德的学说将德国启蒙思想推上了最高峰,德国的思想文化史从此进入新的时期。

应该注意到,德国启蒙文化运动在柏林通过市民知识分子所展现的内容突出地涉及宗教和政治问题,特别涉及正在崛起的普鲁士王国政治。这是涉及近代德国历史走向的根本性问题。

(三)魏玛与德国启蒙运动的超越

魏玛是德国启蒙运动的发展出现超越的地方。1552 年,萨克森公国在短暂的统一期间(1547—1572 年)将魏玛建设为首都。之后,经过文艺复兴和巴洛克时代,魏玛已经被建成一个很有影响的文化都城。在公爵卡尔・奥古斯特(Karl August,1758—1828)统治时期,这里是德国启蒙运动的重镇。1775 年以前,在公爵的母亲不伦瑞克-沃尔芬比特尔的安娜・阿玛丽娅(Anna Amalie,1739—1807)摄政期间,魏玛向着传统的专制统治首府的方向发展。女摄政疏远当时的新潮人物及其思想观念。1775 年,卡尔・奥古斯特亲政。在第一年,年轻的公爵就接受家庭教师维兰德的建议,聘任《少年维特的烦恼》(*Die Leiden des jungen Werthers*)的作者就职公国官员。由此开始,被后世誉为"魏玛古典四星"的四位文化名人——维兰德、歌德(J. W. Goethe,1749—1832)、席勒(F. Schiller,1759—1805)和赫尔德——先后来到魏玛,进入"缪斯女神宫廷"[1]。他们在这里长期居住或短期逗留,共同开创了启蒙文化的鼎盛时代。

维兰德出身在符滕堡一个信奉信义宗的新教牧师家庭,曾在蒂宾根大学学习文学,19 岁大学肄业后在苏黎世做自由作家,1769 年受聘爱尔福特大学文学教授。三年后,即 1772 年,他辞去教授职务,前往魏玛,担任未来公爵的家庭教师。作为启蒙时代的著名诗人和作家,维兰德是多

---

[1] [德]彼得・克劳斯・哈特曼:《神圣罗马帝国文化史:帝国法、宗教和文化》,第 438 页。

产作家，其主要作品包括《阿伽通的故事》（*Geschichte des Agathon*，1766—1767）、《奥伯龙》（*Oberon*，1780）、莎士比亚的剧本翻译（1762—1766 年），以及在他自己于 1773 至 1789 年主编的《德意志信使》（*Der Teutsche Merkur*）上发表的一系列文章等等。同时，作为出版家、杂志编辑和启蒙运动理想的公共代言人，他信奉人类普遍进步的观念，赞同澄明的理性和有节制的情感，传扬人道主义思想，为德国启蒙运动时期文学和文学知识的繁荣作出了重大贡献。

J. W. 歌德出身于美因河畔法兰克福一个富裕的市民家庭，曾在莱比锡大学和斯特拉斯堡大学学习法学，毕业后开办了一家法律事务所，25 岁发表成名之作《少年维特的烦恼》（1774 年），第二年开始就职于魏玛公爵宫廷，初为高级文官，后升为财政大臣、文化大臣。作为德国启蒙运动的思想家、文学家和博物学家，歌德的著作主要有《浮士德》（*Faust*，1797—1831）、《威廉·迈斯特的漫游时代》（*Wilhelm Meisters Wanderjahre*，1807—1821）和《诗与真》（*Aus meinem Leben. Dichtung und Wahrheit*，1811—1812），等等。

歌德的著述涉及德国启蒙时代的许多重大课题。首先，关于人类知识的界限。主要通过其著述可见，歌德认为，人类的知识很难达到事物的本质，也难以涵盖整个的历史进程，因为关于事物本质和历史进程的知识不是人类可以凭借理性和感觉能够获得的生活知识，而只有上帝掌握，天才也只能偶见一斑，人类不能超越生存其间的、自然界的知识和法则。但是，其次，主要通过其政务工作可见，他认为，人类进步的力量正是在于可以获得的知识，知识能够带来财富，能够带来安全与和平，获得知识是人类原本的不受意志或理性控制的自然力量。所以，第三，主要通过其科研活动可见，他认为，人类知识与自然紧密相关；自然界为人类的发展提供了一个宏大的类比对象。自然不断经历着内在变化，变化的过程是内在对立因素从一个极端到另一个极端的、螺旋式上升的推进运动，人类的进步路线也是由内在诸般因素的对立变化而向前螺旋上升式地延展。总之，歌德的对于纯粹主观性的批判，对于人类与自然具有密切关系的信念,对于人性升华的追求等等,表达了德国启蒙运动的最高理想。

J. G. 赫尔德出身在东普鲁士一个信奉虔敬派教义的教师家庭,曾在柯尼斯堡大学学习神学和哲学,20 岁受聘里加一所教堂学校做教师,1776 年成为魏玛公爵宫廷的官员,从此定居魏玛,以教学、传教和著述为终身职业。作为启蒙时代的哲学家、神学家、文学批评家和诗人,赫尔德的主要著述有《近代德意志文学片断》(*Fragmente über die neuere deutsche Literatur*,1766—1767)、《关于语言的起源》(*Abhandlung über den Ursprung der Sprache*,1772)、《再论人类发展的历史哲学》(*Auch eine Philosophie der Geschichte zur Bildung der Menschheit*,1774)、《人类历史哲学的观念》(*Ideen zur Philosophie der Geschichte der Menschheit*,1784—1791)和《纯粹理性批判的元批判》(*Metakritik zur Kritik der reinen Vernunft*,1799)等等。

赫尔德从世界历史的角度切入其关于启蒙理性主义的批判。他认为,世界是拥有多样性的统一体,世界历史由多样性内在的各种矛盾构成;人类历史的进步以矛盾冲突为基础、为推动力量;人类理性的胜利表现为科学、技术和艺术的发展,并表现为言行自由和思想自由的获得。基于这些观念,赫尔德强调,人类的社会结构类似于人类的肌体组织,不同的社会具有不同的表达形式,因而形成不同的文化;不同的文化不可以抽象、简化为某种共同的、普遍的理想。他指出,一个社会或一个民族,其历史深层的内容赋予自身文化以独特的语言、天才和思想形式,因此,思想家的方法论必须借助直觉和想象机能,而不是单单地依靠理性。从这个角度,赫尔德反对将历史学以及哲学、美学、艺术等等的创作价值,简约成普遍的理性法则,他主张在充满多样性和丰富性的人类生活中,真实地表达人们的个体存在和社会存在,描述其具体的体验状况。

席勒出身在符滕堡一个信奉路德宗的市民家族,曾在符滕堡军事学院学习医学和哲学医学,即关于人体的学科,并接受过严格的军事教育,21 岁开始做随军医生,1789 年受聘耶拿大学历史学教授。作为著名的剧作家、诗人、文学批评家和历史学家，席勒的主要著作有《强盗》（*Die Räuber*，1781）、《阴谋与爱情》（*Kabale und Liebe*，1784）、《欢乐颂》（*An die Freude*，1786）、《三十年战争史》（*Geschichte des dreißigjährigen Krieges*，1790）、《审美教育书简》（*Über die ästhetische Erziehung des Menschen*，1795）、《华伦斯坦》（*Wallenstein*，1799）以及《威廉·退尔》（*Wilhelm Tell*，1803—1804）等等。对于德国的启蒙运动来说，席勒两次逗留魏玛(1787—1789年和1799—1805年)，其作品以及与歌德的合作都充分表现了象征启蒙运动最高理想的、在世界范围内追求人类尊严和自由的精神。

席勒与维兰德、歌德及赫尔德等人一起，在把德国启蒙文化运动推向高峰的同时，开启了新的文化时代。从这个角度上说，德国的启蒙运动没有出现衰落，它的终结只是新形式的文化运动的开端。

不难看出，德国启蒙文化运动在魏玛宫廷的支持下不仅不限于学术讨论，不限于阐发言论，而且在很多方面实际性地尝试实现启蒙运动的理想。在这里，启蒙运动迅速地超越了自身的"命令"(Imperativ)，理性结合感情首先在文学领域引发狂飙突进，进而将德国的思想发展史推向新的里程。对此将在第十一章述及。

三、德国启蒙思想家对于宗教的评判

与在欧洲其他国家一样，在德国，启蒙运动的理想是人类幸福和历史进步；启蒙思潮的主流是理性替代启示、哲学替代神学以及自然宗教替代教条宗教、现世幸福替代死后荣耀等等。不完全相同的是，在德国，运动的主潮流拥有更大的、更多的支流。思想上的激进主义和保守主义都表现得更为突出。德国启蒙思想家对于宗教的评判清晰地表明了这种情况。

对于宗教的评判，以基督教为中心的宗教评判，在启蒙理性观念的范围之内，德国的启蒙思想家大致有三种观点：一种，接近于自然神论(Deismus)，持这种观点的人数不多，但影响持久。代表人物是东方学专

家莱马鲁斯(H. S. Reimarus,1694—1768)。另一种,批判地研究《圣经》与宗教,承认基督教信仰的合理性,相信基督教的基本教义。这是大多数启蒙思想家的观点。代表人物可推神学家塞姆勒(J. S. Semler,1725—1791)和教会史家阿尔诺德(G. Arnold,1666—1714),后者对于宗教历史的批判研究得出悲观的结论。还有一种,为了维护基督教信仰不惜退出启蒙运动,哲学家哈曼是持这种观点的典型人物。

H. S. 莱马鲁斯出身于汉堡一个正统的路德宗家庭,曾在耶拿大学和维滕贝格大学学习哲学、神学和语言学,28岁担任维滕贝格大学哲学讲师,1727年起在汉堡文科研究中学教授希伯来语及东方学。作为自然神论者和德国启蒙运动的主要代表之一,莱马鲁斯的主要著作包括《论自然宗教的首要真理》(*Die vornehmsten Wahrheiten der natürlichen Religion*,1754)、《理性学说》(*Vernunftlehre als eine Anweisung zum richtigen Gebrauch der Vernunft in der Erkenntnis der Wahrheit*,1756)、《对动物本能的一般考察》(*Allgemeine Betrachtungen über die Triebe der Thiere*,1760),以及从1735年开始撰写、1767年完成、1814年完整出版的《为上帝的有理性的崇拜者辩护》(*Apologie oder Schutzschrift für die vernünftigen Verehrer Gottes*)等等。与大多数启蒙思想家一样,莱马鲁斯相信人类理性的力量足以揭示宗教真理,他断言只要运用自身的能力思考世界和生命的意义,便能够理解上帝存在、灵魂不朽等宗教真理。同时,与其他自然神论者相似,莱马鲁斯否认存在任何奇迹和违背自然规律的现象,并且,与正统神学家基本一致,他极力为启示存在的可能性进行辩护。由此,他的关于基督教信仰的观点引起多方面的攻击。启蒙学者认为,莱马鲁斯主张的是清除了奇迹和神秘成分后的启示宗教;自然神论者认为,他利用自然宗教为启示宗教辩护;正统神学家认为,他实际上是在抨击启示宗教。当然,莱马鲁斯对于《圣经》和耶稣的观点也引起许多学者的肯定和赞同,认为他提出了一种新的教义。根据莱马鲁斯的所谓新的教义,耶稣不是神而是人,是历史人物,是历史中的一位革命者、民众领袖。据此,耶稣成为基督,基督教信仰的产生是使徒们的工作结果。使徒们将最初的启示改造成为神秘宗教,他们的著述和学说形成了基督教会的主要教义。莱马鲁斯的耶稣观深刻地影响了后来以"新教义"(neuere Formgeschichte)著称的《圣经》历史批判学派。

J. S. 塞姆勒是"新教义"《圣经》历史批判学派的重要创始人之一。塞姆勒出身在哈勒一个信奉虔敬派教义的路德宗牧师家庭,曾在哈勒大学学习神学,毕业后在一家杂志社做编辑。1752 年开始担任哈勒大学的神学教授。作为启蒙神学家,塞姆勒的主要著作包括《轻松使用中世纪国家与教会史料的尝试》(*Versuch, den Gebrauch der Qullen in der Staats-und Kirchengeschichte der mitlern Zeiten zu erleichtern*, 1761)、《论基督徒的历史、社会和道德的信仰》(*Ueber historische, geselschaftliche und moralische Religion der Christen*, 1786)、《基督论与救赎论,附导言、评注和索引》(*Christologie und Soteriologie, Mit Einleitung, Kommentar und Register*, 1787)和《教会元纪史新论》(*Neue Versuche die Kirchenhistorie der ersten Jahrhunderte mehr aufzuklären*, 1788)等等。通过对基督教历史的研究和《圣经》评注,塞姆勒确信《圣经》提供的教义是历史状况的反映,而不是永恒不变的法则,他因此主张将信仰与知识区别开来,认为了解基督教的历史知识有助于信徒接近永恒不变的法则,进而完善信仰。针对莱马鲁斯的观点,塞姆勒虽然曾著文《回应无名作者专论耶稣及其门徒之宗旨之随笔》(*Beantwortung der Fragmente eines Ungenanten insbesondere vom Zweck Jesu und seiner jünger*, 1779),阐发单凭理性不足以支撑宗教信仰的理由,但是,他还是赞成把耶稣当作历史人物进行研究,并由此详细考察了《圣经》自产生到 18 世纪的演变过程,提出了宗教随环境、文化以及时间等等因素的变化而变化的观点。塞姆勒用理性、批判、历史考证等启蒙时期的常用方法,分析和研究正统宗教,认为宗教信仰同时需要外在的公开崇拜和内在的虔诚冥想,两者相辅相成,不可分开。另外,与当时大多数怀有启蒙观念的人一样,塞姆勒在坚守基督教信仰的前提下,不是将《圣经》看作唯一的启示,而是尝试着将基督教信仰与世俗世界观结合起来。在此应该提到,在塞姆勒之前，在对基督教历史的批判性研究中，神学家阿尔诺德的启蒙悲观情绪已经产生了影响。

G. 阿尔诺德出身于蒂林根一个拉丁学校教师的家庭，曾在维滕贝格大学学习神学，23 岁开始做家庭教师。1697 年，他受聘带有虔敬主义特色的吉森大学，同年辞聘。此后，他的主要工作是牧师和自由作家。作为启蒙神学家，阿尔诺德的代表作是《无党派的教会与异端史》(*Unparteyische Kirchen-und Ketzer-Historie*，1699—1700) 和《神圣智慧的奥秘》(*Das Geheimnis der göttlichen Sophia*，1700)。在他看来，基督教的历史是不断衰退的历史，导致衰退的因素包括理性神学、教会制度化、教会与国家的合作关系等等。阿尔诺德认为，基督教历史的衰退从最初的大公会议开始，经过教义信条之争，特别经过从君士坦丁大帝 (Constantinus Ⅰ，约 250—337，306—337 年在位) 开始的世俗政权介入教会生活之后，在中世纪，基督教的历史全面地衰退。马丁·路德 (Martin Luther，1483—1546) 发起的宗教改革运动一度使基督教获得新生。但是，新的衰退过程由于新的大公会议、新的教义信条之争、新的世俗政权的介入等等而再度迅速展现。针对教会历史的不断衰退，阿尔诺德描述了"真正的教会"(Unparteyische Kirche) 形式，认为在"真正的教会"中，没有神职人员，没有神学、教义、礼拜仪式以及与世俗政权的各种关系等等。"真正的教会"不会衰退，因为它是由获得新生的信徒所组成的无形共同体，是非制度化的集团。因此，真正的宗教信仰只是个人的事情，只是个人的内在精神与上帝的交通过程。真正的信徒会遵守高尚的道德要求，正直的行为反映内在的精神荣光。就这些观点而言，阿尔诺德的主张与宗教事务上的自由思想背道而驰。但是他对基督教历史进程的衰退性诠释属于启蒙运动时期常见的对整个人类历史的悲观评价。除此之外，他所使用的内心之光、直觉知识等等概念也属于一个在德国启蒙运动中至关重要的思想流派，这个流派的影响超越了宗教领域，直接对启蒙运动后期出现的一代德国文化精英的成长发挥了重要作用。

J. G. 哈曼(J. G. Hamann，1730—1788)出身于柯尼斯堡一个信奉

路德宗虔敬派的市民家庭,曾在柯尼斯堡大学学习神学、法学、语言文学和哲学,22 岁时辍学做家庭教师,后任职于一家商贸企业。哈曼一直没有固定的工作,曾做过律师秘书、关税站翻译、海关仓库管理员和报刊编辑等等,晚年得到一笔比较高的学术赞助费。作为德国启蒙运动中的保守主义代表,哈曼的主要著述包括《思考我的经历》(*Gedanken über meinen Lebenslauf*,1758)、《纪念苏格拉底》(*Sokratische Denkwürdigkeiten*,1759)、《语文学想法与疑问》(*Des Ritters von Rosencreuz letzte Willensmeynung über den göttlichen und Menschlichen Ursprung der Sprache*,1772)、《理性纯粹主义元批判》(*Metakritik über den Purismus der Vernunft*,1784)等等,以及大量的书信。哈曼早年自学哲学,与后来成为著名哲学家的伊曼努尔·康德一起参与当地的启蒙运动。1756 年以后开始质疑及至反对启蒙思想,退出启蒙运动,并对当时流行的启蒙信念持有不同的观点。针对启蒙是人们摆脱"不成熟状态"的命题,哈曼认为,启蒙是不成熟的人们摆脱"监护状态";针对人是符合理性自然法则的理性动物的认识,他坚持人类的古老形象,认为人是情绪和感情动物,人的真实体验基于想象和感觉而不是理性;针对"理性是人类认识真理的能力"的宣告,哈曼坚持人的完整性,认为没有一种独特的能力,如理性,高于其他能力,并坚持认为"真理对人类永久隐藏"[①];针对人类的进步表现为人类理性的逐渐强劲的观点,哈曼认为,人类的进步意味着恢复原始的感觉力和诗意的表达方式;针对教育能够使人类开化,使社会开明,使历史进步的思想,哈曼认为,信靠上帝是人类之本,因为这种信靠以及由此形成的宗教、交流宗教真理的语言,通过宗教信仰表达的情绪等等,都不是自然物质法则的作用。哈曼反对将理性主义、功利主义等等作为人类道德行为和社会组织的基础,因而发出了即将到来的德国浪漫主义时代的先声。

　　整体而言,德国启蒙思想家对于宗教的评判相对保守。在坚守理性

---

①《纪念苏格拉底:哈曼文选》,刘新利译,华夏出版社 2009 年版,第 92 页。

原则的前提下,他们或者坚持启示真理,虽然认为《圣经》不是唯一启示;或者坚持理性不足以支撑宗教信仰,虽然认为宗教的发展随着时空的变化而变化;或者坚持基督教的传统教条,虽然认为信仰自由。或许这种思想上相对保守的态度仅仅是学者的立场,勿论是世俗学者还是教会学者。但是,在德国社会各个阶层,几乎始终没有出现站在反基督教甚至无神论立场上的启蒙主义者,极端的反教权主义始终没有出现在德国的启蒙运动之中。某些对宗教的严厉批判也只是为了使基督教信仰适应近代以来的历史巨变,而不是为了推翻基督教。其间,对于宗教进行评判的首要因素是伦理道德,信仰内容退居次要地位。应该说,这正是前面提到的莱辛、门德尔松等启蒙思想大家力主宗教宽容的理论基础。

第二节 南方和教会选帝侯邦的天主教启蒙运动

一、改革教会的理论和实践

德国的启蒙运动通常有南北两派之分。在哈勒、柏林及魏玛等地活动的各类知识分子属于北派,南派主要指在巴伐利亚公国和教会选侯邦等地活跃的具有启蒙思想的文人和学者。如果说德国的北派启蒙思想家基本都有新教的信仰背景,或基本脱离了教会组织的樊篱,其中大多数人主张信仰自由、宗教宽容,那么南派思想家则基本都坚守天主教信徒的身份,或基本都在宗教领域内活动,其中大多数人主张改革教会、建立脱离罗马的帝国统一教会。因此说,德国启蒙的南派活动构成了天主教启蒙运动(Katholische Aufklärung)。

三十年战争结束之后,自17世纪末以来,天主教信仰通行在神圣罗马帝国的大部分地区。除了哈布斯堡王朝统治下的奥地利、波希米亚及其他属地以外,德国的天主教区域可以集中为两个,一个是巴伐利亚公国,另一个是教会选帝侯邦。在巴伐利亚,因戈尔施塔特大学是启蒙思想家的汇集地,启蒙思想指导下的改革教会理论与实践均在这里集中地表现出来。在教会选帝侯邦，科隆、特里尔和美因茨大主教辖区内以费伯罗主义（Febronianismus）①为理想的教会改革行动，标志着天主教启蒙运动的高潮。

（一）因戈尔施塔特成为南方启蒙文化中心

从 1392 年起，因戈尔施塔特开始以主权邦国首都的地位谋求发展。那一年，巴伐利亚公国一分为三：慕尼黑、兰茨胡特和因戈尔施塔特。虽然在 1447 年因戈尔施塔特公国被兰茨胡特公国所兼并，但是，因戈尔施塔特城市没有就此衰败下去。不仅如此，反而因为执政公爵与法国的联系而向巴黎学习，追逐达到欧洲水平的文化品味。1472 年，兰茨胡特公爵在因戈尔施塔特建立大学，后来又于 1520 年附建了教师研讨班，并于 1549 年建立了耶稣会中学。在宗教改革运动之中，并在三十年战争结束后重新天主教再教化（Rekatholisierung）的过程中，因戈尔施塔特大学及其附属学校培养出一批影响力很大的神学家和耶稣会士，使这个城市成为德国对抗宗教改革运动的重镇之一。启蒙运动在北方新教邦国兴盛以后，因戈尔施塔特又成为南方天主教诸邦的启蒙文化中心。这一大学的某些教授，如施塔特勒（B. Stattler, 1728—1797）、塞勒（J. M. Sailer, 1751—1832）和魏斯豪普特（A. Weishaupt, 1748—1830）等人，不仅通过著书立说进入启蒙思想家的行列，而且还以实际行动引发了一次影响很大的所谓"光照会"（Illuminaten）行动。

B. 施塔特勒是天主教神学家、耶稣会士，1770 年起担任因戈尔施塔特大学的神学教授。作为天主教启蒙思想家，施塔特勒的主要著作包括《新教论证》（*Demonstratio evangelica*, 1772）、《天主教论证》（*Demonstratio catholica*, 1775）、《论神学知识的来源》（*De locis theologicis*, 1775）和六卷本的《基督徒的理论性神学》（*Theologiae christianae theoreticae Tractatus* Ⅰ‐Ⅵ, 1776—1779），以及三部《反康

---

① 费伯罗主义指 18 世纪下半期以启蒙为导向的德国天主教内部改革运动，支持限制教皇权力和天主教会的民族化。"费伯罗"一词源自特里尔副主教洪特海姆的笔名。具体内容见后文。

德》(*Anti-Kant*，3 Bde，1788)等等。怀着启蒙运动推崇的理性观念,施塔特勒坚信基督教的启示真理可以得到科学的、理性的论证,坚信启示信仰与理性认识相互之间没有矛盾,反对假借理性将基督教信仰推演成自然神论甚至无神论。他坚持认为人的理性完全可以接受信仰真理,所以他的著述大多都是用那个时代流行的所谓理性方式阐述基督教的信仰原理。当然,与北方多数启蒙思想家不同,施塔特勒的思想动机不在于张扬人类理性,歌颂人类进步,而主要是为天主教信仰辩护。因此,当康德发表了《纯粹理性批判》的时候,他马上展开了对柯尼斯堡的"没有信仰"的哲学家们的激烈批判。施塔特勒着重研究和吸收莱布尼茨-沃尔夫的哲学概念,试图通过强调理性在认识自然宗教、分析基督教历史和解释天主教启示真理等等方面的作用,在天主教神学与理性知识之间架起桥梁,使神的启示和人的理性达成和谐,进而促成分裂已久的基督教会重新统一。1773年以后,由于耶稣会被解散,因戈尔施塔特大学的神学系也处于瘫痪状态,施塔特勒不得不离开大学,在慕尼黑的一间教会牧会。他的带有明显启蒙思想的著述遭到一直反对启蒙运动的罗马教廷的查禁。他的反对康德体系的哲学思想以及其他涉及政治学和自然科学的观点,大多因为其晦涩的写作风格而长期以来没有得到关注。但是,施塔特勒的关于启蒙理性与启示真理相互协谐、天主教教义与教会的历史地位同样重要以及教会统一与帝国政治之间的紧密关系等等学说,构成了天主教启蒙运动的核心内容。

　　J. M. 塞勒是施塔特勒的学生和他的启蒙宗教观点的发展者。塞勒也是天主教神学家、耶稣会士,1799年起担任因戈尔施塔特大学的神学教授。作为带有启蒙思想的天主教神学家,塞勒的主要著述包括《天主教信徒阅读祈祷全书》(*Vollständiges Lese-Betbuch für Katholische Christen*，1785)、《以理性为据的永福说,兼论基督教》(*Glückseligkeitslehre aus Vernunftgründen，mit Rücksicht auf das Christentum*，1787)和三卷本的《牧师神学讲章》(*Vorlesungen aus der Pastoraltheologie*，3 Bde，1788—1789)等等。在施塔特勒思想基础上,塞勒认为，虽然基督的信仰不违背人的理性，但是理性应该服从信仰。因为相信基督，可以帮助人们不是凭着看见的、听见的去作肤浅的判断，而是用正确的判断去辨别灵性的和物质的东西。在他看来，北方新教的启蒙思想因为受到理性主义的局限，所以对于包括信仰在内的许多问题都认识肤浅，因而使宗教界的社会范围越来越狭窄，特别使青年人对于宗教的理解越来越多地止于浮表。由于怀有这样的观点，因此，塞勒一方面将他与康德的道德哲学进行争论的观点，集中写成三卷本的《基督徒道德手册》(*Handbuch der christlichen Moral*，*Zunächst für künftige katholische Seelsorger und dann für jeden gebildeten Christen*，3 Bde，1817)，为那些对理性神学及康德学派感兴趣却对宗教信仰感到不安的年轻人提供新的、目的在于培养自由和崇高个性的理论基础；另一方面将他的关于宗教哲学的讲稿整理成《宗教基础理论》(*Grundlehren der Religion*，1805)，将人的情感、体验结合于理性，提出了强调内在灵性和外在宽忍的天主教启蒙主义理论。此外，与施塔特勒一样，塞勒希望借助于启蒙哲学的讨论，与北方新教思想家进行对话，进而实现德国基督教会的统一。

如果说施塔特勒和塞勒启蒙活动的方式与北方思想家的方式基本相同，都是通过著书立说标榜理性、颂扬人类进步的理想，所不同的仅仅在于出发点的差异，那么因戈尔施塔特大学 A. 魏斯豪普特教授的活动就是对于德国启蒙思想的超越，他创立的"光照会"代表德国启蒙运动的激进派。

A. 魏斯豪普特同样是天主教神学家，但是反耶稣会者，1773 年受聘因戈尔施塔特大学担任教会法学教授。作为天主教启蒙思想家，魏斯豪普特的著述非常多，具有代表性的如《论唯物主义和唯心主义》(*Über Materialismus und Idealismus*，1786)、《人类理解力的基础及其可靠性》(*Über die Gründe und Gewißheit der Menschlichen Erkenntniß*，1788)、《关于时空概念与康德商榷》(*Zweifel über die Kantischen Begriffte von Zeit und Raum*，1788)、《论真理与道德完善》(*Über*

Wahrheit und sittliche Vollkommenheit，1793)以及《论国家的职责与税务》(*Über die Staats-Ausgaben und Auflagen*，1817)等等，此外还有相当数量的著述关涉"光照会"①。

"光照会"是魏斯豪普特于 1776 年创立的一个秘密组织，由所谓的"完美者"构成。其宗旨是发展道德与美德，将"好人"联合起来，与"坏人"划清界限。魏斯豪普特组建"光照会"有两个直接的原因：一个是直接受到"共济会"的启发，另一个是直接抗议"新任公爵"的统治政策。

"共济会"是 1717 年出现在英国伦敦的一个主张社会改革的秘密团体，参与者是社会中、上层人士，不分宗教信仰，但必须是有神论者。该会成员认为，造物主是一位理性的工匠，宇宙的秩序就是造物主赋予的理性，相信人类能够以理性为准绳、以道德为工具，不断修正自身的缺陷，最终可以成为完美的人，进入神的领域。1745 年以后，"共济会"不再秘密活动，其内部仪轨被公开，并得到英国王室成员的参与。在德国，1737 年出现"共济会"分会以后，开始时也是社会上层的秘密聚会，后来公开化并中产阶级化。启蒙运动时期，"共济会"的会所是德国启蒙文化活动的重要场所，许多启蒙思想大家，如莱辛、歌德等也是"共济会"会员。模仿"共济会"的理念和做法，魏斯豪普特使"光照会"成为由社会上层人士组成的、主张社会改革的秘密社团。1777 年，他加入了"共济会"在慕尼黑的一个支部，建立不久的"光照会"由此而与传播极广的"共济会"紧密合作。正是由于这层合作关系，"光照会"吸引了北方启蒙主义者的关注和支持，其影响也随之迅速扩大。

"新任公爵"指的是 1777 年继任巴伐利亚选帝侯的普法尔茨公爵卡尔·提奥多尔(Karl Theodor，1724—1799)。这位公爵虽然是文化活动的促进者，但是他促进的是宫廷贵族的豪华排场，他反对启蒙运动，反对启蒙思想指导下的一切社会的和政治的改革。因此，他一上任就寻求同

---

① 如 *Vollständige Gechichte der Verfolgung der Illuminaten in Bayern* (1785 年)、*Schilderung der Illuminaten* (1786 年) *Apologie der Illuminaten* (1786 年) 以及 *Das verbesserte System der Illuminaten mit allen seinen Einrichtungen und Graden* (1787 年) 等等。

样反对启蒙运动的罗马教皇的支持，要求在慕尼黑设置教皇使节，希望在统治区域内复兴中世纪的教会秩序。他的上任导致了一场奥地利的哈布斯堡皇帝与普鲁士的霍亨索伦国王之间的巴伐利亚继承战争。与此同时，由于这位"新任公爵"的统治基础在普法尔茨，巴伐利亚民众对之怀有普遍的、强烈的敌意，他因此而只有获得同样不赞同启蒙运动的奥地利统治者的支持，才能维持其在巴伐利亚的统治。如此一来，卡尔·提奥多尔公爵所采取的统治措施明确地违背启蒙运动者的愿望，而"光照会"的推翻教会和国家一切权力、恢复原始自由和平等的主张，正应和了当时当地的民众反对公爵统治的情绪。

除了在理论上拥护北方启蒙理想以外，"光照会"还坚持主张推翻教会和国家的统治权力，恢复原始的自由和平等，并坚持主张建立开明专制的政治体制，认为由开明且强大的君主实行中央集权统治是人类理想的、进步的国家形式。"光照会"的主张不仅在德国南部得到广泛的积极响应，而且在德国北方的启蒙诸邦中也获得实际的支持。1780 年前后，黑森-卡塞尔的启蒙思想家 A. 克尼格男爵（Adolph Knigge，1752—1796）、萨克森-哥达-阿尔滕堡公爵艾恩斯特二世以及当时就已经具有欧洲影响的歌德、赫尔德等人都成为"光照会"成员。面对"光照会"的迅速发展，卡尔·提奥多尔于 1784 年发布禁令，禁止所有没有得到选帝侯批准的社团进行活动。第二年，巴伐利亚选帝侯政府和奥地利帝国政府同时发布敕令，取缔"叛国"的"光照会"和"叛教"的"共济会"，禁止一切与之相关的言论和行为。魏斯豪普特本人逃亡哥达，南方成员遭到不同程度的打压。卡尔·提奥多尔去世后，魏斯豪普特回到慕尼黑，并于 1808 年成为巴伐利亚科学院的编外院士。在科学院，他继续宣扬激进的启蒙思想，其影响仍然存在，但"光照会"早自 1787 年起就趋向瓦解，各地成员的活动处在地下。进入 19 世纪以后，罗马教廷再次出面镇压，在 1817 年和 1821 年分别与普鲁士和巴伐利亚签订协议，共同清除"光照会"残余。

(二) 教会选侯邦的天主教启蒙运动

教会选帝侯邦在此指特里尔、科隆和美因茨三大选帝侯主教的领地。在这里,天主教启蒙运动以费伯罗主义的改革要求为标志达到高峰。

费伯罗主义是特里尔副主教洪特海姆(J. N. Hontheim,1701—1790)提出的思想学说。

J. N. 洪特海姆出身于特里尔城市贵族家庭,曾在特里尔、勒芬和莱顿学习法学和神学,1733 年受聘担任特里尔大学罗马法教授,后来又兼任特里尔副主教。费伯罗(Justinus Febronius)是他的笔名。1763 年,洪特海姆发表其五卷本著作《论教会现状与罗马教皇的违背基督的合法权力》(*De statu ecclesiae et legitima potestate Romani Pontificis*)的前两卷,以此为核心形成了所谓的费伯罗主义。费伯罗主义的中心思想是反对罗马教皇及其所辖机构的至高权力。洪特海姆认为,基督教会的最高权力在全体主教,教会立法和司法权的最高机构是主教全体会议,全体主教是教会权力的真正承担者,罗马教皇的职责只是保护主教权力的自主性。据此,他主张,世俗诸侯拥有改革教会事务的权力,同样,主教们也拥有为教会改革呼求世俗政权参与的权力。费伯罗主义反对教皇至高权力的最终目的是促成基督教会的重新合一。就理论而言,费伯罗主义没有很大的创新之处,它只是 14 世纪以来宗教公会议理论的重述。[1]但是,在实际上,有两方面原因使费伯罗主义成为德国天主教启蒙运动的核心内容。一方面,天主教南德邦国受到北方新教启蒙运动的影响,正致力于顺应启蒙思潮的教会改革,试图改组天主教会的行政管理机构;另一方面,天主教帝国教会受法国詹森主义的影响[2],正努力摆脱罗马教廷的专制统治,试图建立德意志民族的独立教会。在这样的形势下,特里尔、科隆和美因茨三大选帝侯引发了一次"教皇使节之争"

---

[1] 关于宗教会会议理论形成过程及主要内容,参见刘新利《德意志历史上的民族与宗教》,第254—274 页。

[2] 关于詹森主义,见第九章第二节。

(Streit über apostolische Nuntien)。

教皇使节是从 1529 年开始由罗马教廷派往神圣罗马帝国的全权代表，一般驻跸维也纳皇宫和教会选帝侯宫。如上述，卡尔·提奥多尔继任巴伐利亚选帝侯之后，成功地得到罗马教廷的同意，向慕尼黑派驻使节。对此，特里尔、科隆和美因茨的三大选帝侯主教联合向罗马提出抗议，并得到当任的神圣罗马帝国皇帝约瑟夫二世（Josef Ⅱ，1741—1790，1765—1790 年在位）的支持，禁止教皇使节在帝国境内的审判权。1786年，三位选帝侯大主教又联合萨尔茨堡大主教和弗赖辛主教在埃姆斯城举行会议，讨论起草了《埃姆斯草案》（*Emser Kongress* 或 *Emser Punktation*），按照费伯罗主义倡导的教会改革精神，限制罗马教皇在德国的各项权力。接着，他们又呼吁举行全体宗教会议，对罗马采取进一步的对抗行动。

然而，教会选帝侯们对教皇的抗议没有得到世俗选帝侯和德国其他天主教主教们的支持，不支持者更多地考虑到所在地区世俗政权的压力。就是说，这些人宁愿由罗马教皇统治也不愿受当地统治者管辖。天高皇帝远。远离罗马但属于罗马的主教们，在德国总会有些自主的空间。此外，皇帝也没有继续支持教会选帝侯们与教皇斗争，因为涉及教会改革的约瑟夫主义（Josephinismus）与费伯罗主义出现分歧。对此，第九章将具体叙述。

二、振兴信仰的文化繁荣

不能忽视，德国天主教启蒙运动是在天主教再教化的形势下展开的。天主教再教化是包括神圣罗马帝国统治者在内的、世俗君主与罗马教廷联手在欧洲范围内开展的对抗宗教改革运动的过程，从 16 世纪中叶开始，经过大约两个世纪的发展，到 18 世纪中叶达到高峰。德国作为欧洲宗教改革运动的始发地，在天主教再教化过程中，不仅扩大了天主教的信仰区域，而且促成了天主教区域内的文化繁荣。对于始终没有出现反极端教权主义倾向的德国启蒙运动来说，天主教振兴信仰的文化繁荣同时也是批判的对象和发展的基础。这一点可以从两个方面看出：一方面，耶稣会教育；另一方面，天主教巴洛克文化。

（一）耶稣会教育

在罗马教廷主导的天主教再教化的过程中，耶稣会发挥了关键性作用。除了做政界要人的忏悔神父、异域传播福音的传教士、实施救助的善工等等以外，学校教育是耶稣会的至关重要的工作之一，而学校教育也是启蒙运动的至关重要的成就之一。两者之间的关系在很大程度上表现了德国天主教启蒙运动的特征。

耶稣会教育的目的非常明确，即"愈显主荣"（Ad Majorem Dei Gloriam）。在对抗宗教改革运动、收复天主教信仰阵地的主旨下，培养教会教士整体的神学素养、提高神职人员的道德情操、训练教士们的责任感，等等，诸如此类，是耶稣会教育力图达到的目标。为此，耶稣会教育主要在三类学校中实行：一类是建于罗马城内的耶稣会学院，如于1551年建立的罗马学院和1552年建立的德意志学院。这是针对宗教改革运动，主要为培养天主教高级教职的机构。另一类，耶稣会中学，如于1596年建立的德国圣布拉西恩中学和约于1626年建立的安姆贝格中学等。这是不择社会阶层的、实行义务教育和培养将来的神职人员及纯正天主教信徒的机构。还有一类是耶稣会大学及设置在大学之内的耶稣会神学院，前者如1647年建立的班贝格大学和1702年建立的布雷斯劳大学等，后者如在美因茨大学和因戈尔施塔特大学等内设的神学院系。这类教育的主要目的是培养研究型的神职人员或专职的神学研究者。

由于教学目的明确并统一，耶稣会三类学校的课程虽有递进式差异，但在三个方面表现出主旨性一致，即道德论辩、文法修辞和文化知识。宗教信仰在耶稣会教育中不是教学课程，而是学校生活。从教师到学生，其在校生活的所有方面都要严格地遵守天主教信徒的本分。总之，比较系统的教学计划，相对灵活的教学方式，训练有素的师资力量，不限出身的学生来源，以及毕业生在政界、教界及社会上的良好表现等等，这一切使耶稣会学校迅速普及，并成为16、17世纪欧洲教育的改革者和楷模。然而,进入 18 世纪以后,耶稣会教育不仅迅速衰退,而且成为启蒙运动者批判的对象。世俗界启蒙思想家批判耶稣会教育坚持反理性的神启真理;天主教启蒙运动者抨击耶稣会学校在教学内容和方法上墨守成规、僵化死板,而在教学思想上过分张扬人的能力,贬抑神的恩典;政界启蒙人士谴责耶稣会通过教育为罗马教廷在国际范围内布下了网络,过分地介入民族国家的事务,等等。在 18 世纪中叶以后,耶稣会逐渐遭到各国政府的排挤,终于在 1773 年由罗马教皇克里门特十四世(Clement ⅩⅣ,1705—1774,1769—1774 年在位)宣布取缔。各地的耶稣会学校也受到不同程度的打击。耶稣会教育就此告一段落。

　　从 16 世纪中叶到 18 世纪中叶,耶稣会教育在德国天主教区域内成就显著。许多有为的统治者、影响很大的学者,他们所接受的教育是来自耶稣会。例如几代巴伐利亚选帝侯和巴伐利亚科学院的大多数本地院士都是耶稣会学校毕业生。18 世纪初,启蒙运动波及德国天主教地区以后,严厉批判耶稣会的人也大多是曾经在耶稣会学校学习过的人。不仅如此,耶稣会学校对于儿童读写教育的做法、义务教育的平等理念、为社会福祉而掌握知识和获得才能的教育宗旨,以及相信教育本身对于人类社会进步的作用等等,应该承认,这一切得到了启蒙运动的批判性继承。除此之外,至少在天主教启蒙运动中,耶稣会教育的其他目标也得到继承和发扬。例如认识、了解和研究上帝创造的世界上的一切;培养学生积极地并准备有所成就地面对世界上的所有问题;服务于社会、负责于社会,使学生树立承负神圣使命的责任心;坚定信仰、表达信念,鼓励学生接触其他不同的文化,了解各种不同学科的知识,并对之进行创作性和批判性思考,等等。教育不是目的而是手段的观念,无论在天主教的再教化过程中,还是在天主教的启蒙运动中,都通过耶稣会教育而得到了实际性的表现。

　　(二)天主教的巴洛克文化

　　在罗马教廷主导的对抗宗教改革运动的过程中,巴洛克文化一度集中地展现了天主教教会感性宣教的基本特征。如果说巴洛克文化指的是欧洲文艺复兴与古典主义之间的主流文化现象,那么"天主教的"巴洛克文化就是其前期的主要内容。16世纪下期,巴洛克文化首先在意大利的建筑领域内发起,接着便在欧洲天主教地区流行和发展;当18世纪在新教地区也普遍地出现了巴洛克艺术、音乐或节庆等等现象的时候,巴洛克文化在整体上进入尾声。与耶稣会教育的情况相似,天主教巴洛克文化也同时是启蒙运动的批判对象和发展基础。这主要表现在教堂建筑和宗教仪式两个方面。

1568年,在特兰托大公会议(Konzil von Trient,1545—1563)精神的指导下,由著名的文艺复兴建筑师米开朗基罗(Michelangelo,1475—1564)参与设计的耶稣会教堂在罗马开工,1580年,这座成为全世界耶稣会教堂楷模的教堂基本竣工。巴洛克建筑风格由此开端。三年后,即1583年,在巴伐利亚公国的首都慕尼黑,耶稣会的圣米歇尔教堂依照罗马耶稣会教堂的式样动土奠基(1597年竣工),标志着巴洛克建筑风格在德国天主教地区兴盛的开始。进入17世纪以后,随着法国巴黎卢森堡宫的建成,巴洛克风格逐渐地占据了天主教欧洲的教堂、宫殿以及城市、园林等等建筑的主流地位。维也纳的卡尔大教堂、德国的维尔茨堡宫和毕尔瑙的朝圣教堂等等是这时期建筑的代表作。稍后,随着德国德累斯顿的茨温格宫的建成,新教地区的建筑也开始普遍地接受巴洛克的风格因素。柏林的夏洛滕堡宫和德累斯顿的圣母大教堂可以作为这时期建筑的代表作。

仅就天主教的教堂建筑而言,巴洛克建筑的主要特征可以概括为:气势宏伟、艳丽豪华、装饰繁缛和热情躁动。虽然在整体上巴洛克教堂一般没有哥特式或罗马式教堂那么高大,但它不仅冲破了中世纪以及文艺复兴以来沿袭的种种清规戒律,而且违背了惯常的艺术标准。例如去掉了常见的教堂大厅的立柱,又如将绘画和雕刻与建筑融为一体等等。从外表的立体感到内部的空间感,都不加掩饰地、甚至不惜夸张地展示自由且神秘、富丽且庄严的气度,极具情绪的感染力和震撼力。这种特征正好适合对抗宗教改革的天主教再教化宣传。因此,耶稣会的教堂建筑差不多都采用了巴洛克式样。

当然，富丽堂皇的教堂建筑只是天主教巴洛克文化的一部分，与之相并列的还有一系列其他内容。例如为牧灵宣教而创作的戏剧和音乐、为强化信念而成规模的弥撒和朝圣、为激励信仰而频繁举行的圣日庆典等等。这一切构成了天主教会的宗教仪式，其结果是使社会围绕着信仰活动起来，使民间生活热闹起来。以耶稣会为首的创作巴洛克文化的教士们，满怀自由张扬的激情，发挥不受规则束缚的表现力，尽情尽力地从各个不同的角度感化和愉悦人们的感官，因而与偏重语言宣讲的新教文化、与偏重理性批判的启蒙文化形成了鲜明的对照。如此一来，天主教的巴洛克文化吸引了广大民众，赢得了他们回到或进入天主教的信仰阵营，同时也使在对抗宗教改革运动中成长起来的各类专制君主获得了炫耀财富、展现权势的平台。

如果说在 17 世纪的德国巴洛克文化还带有明确的天主教性质，那么在 18 世纪，宗教信仰就已经不再是辨别文化现象的因素之一了。18 世纪，巴洛克文化在各个文化领域内的代表作已经开始在新教地区出现，如柏林的建筑、莱比锡的音乐等等。其中"蔡特罕军营检阅庆典"（Lustlager von Zeithain）是那个时代最宏大的巴洛克式节庆。

1730 年，萨克森选帝侯、波兰国王"强壮者"奥古斯特一世举办大型的庆典活动。时间从 5 月 31 日到 6 月 28 日，持续将近一个月；地点在萨克森与勃兰登堡交界地区，以蔡特罕为中心包括周围几个城市和乡镇。大约有 48 位欧洲君主得到邀请，参加者达三万余人。庆典内容包括阅兵、戏剧、跳舞、篝火、宴饮、焰火和喜剧等等。这次活动表现了萨克森选帝侯政府巨大的组织能力和财政能力。据载，为供应节日面包和甜点，选帝侯技师设计建造了一个七米长的烤炉。为燃放最长达五个小时的焰火，当地商人的运输马车昼夜行驶。这是那个世纪最具影响力的事件，至今仍然被看作巴洛克生活方式的集中体现。

从整体上看，与德国北方相比，南德天主教启蒙运动的特征主要表现在以下三个方面。

一是南方天主教启蒙运动接受了北方启蒙思想的影响。不仅在时间上,而且在内容上,南德天主教的启蒙思想家在很大程度上使北德新教的哲学和宗教观点继续传播和研究。18世纪,在神圣罗马帝国境内建立和改革的一系列对后世影响很大的大学中,特别是北方的大学,将宗教宽容作为基本校规之一,淡化教授和学生的宗教身份,从而使起步较早的北德启蒙思想迅速而广泛地影响到南德天主教地区。例如哥廷根大学,这所正式建立于1737年的大学一度拥有西欧各种信仰的学生,路德派、加尔文派以及天主教徒和犹太人在这里几乎享有同等的受教育的条件。从中,南德天主教的启蒙运动获益匪浅。自18世纪中叶以后,天主教的各类学校机构都开始接受北德新教的启蒙思想。

二是南德天主教的启蒙运动深受德意志民族的神圣罗马帝国存在的束缚。《威斯特伐利亚和约》以后,德意志北部的诸侯邦国日益明显地脱离了帝国。比较而言,南部的帝国等级还在很大程度上滞留在帝国历史传统的框架限制之中,主要表现仍然是围绕着"神圣"和"罗马"展开基本的政治和社会生活。"神圣"的实际内容仍然在罗马,在罗马教廷。因此,南德天主教的启蒙运动不像在北部德意志或在英国和法国那样,那些地方的启蒙领域主要在人类社会,启蒙思想家希望广大民众"在理性的指导下自由地过自己的道德生活",反对"每一种要求承认的权威"。而南德启蒙运动的领域主要在教会,启蒙运动者希望广大信众认识"真实宗教的秘密",了解"上帝对世界的旨意",相信"理智的信仰和基督教真理"。带有"神圣"罗马传统因素的天主教启蒙的特征,明显地表现为坚持思想理论的系统化。他们不会轻意地在传统的、基础的理论上进行改变。这是一方面。此外,"罗马"的实际内容也仍然在普世,在教会统一。因此,南德天主教的启蒙运动不像在北部德意志或在英国和法国那样触动了教会的和政治的信仰根基。天主教启蒙不仅没有对教会和神学进行攻击,反而通过神学和教会发布思想,进行运动。在这样的前提下,与新、旧教派重新合一的愿望,这一个自宗教改革运动以来从来没有中断的愿望,在启蒙运动期间具体表现为建立民族教会。这就是脱离罗马、德国宗教统一。对此，新教派认为，这是天主教在迫使人们服从罗马、皈依帝国，其目的是"再次教派化"。但是，天主教认为，新教派的反对破坏了帝国的统一，扰乱了德国的社会秩序。显然，在启蒙运动期间，"神圣罗马帝国"是横在南北德意志之间的一条鸿沟。

三是南德天主教启蒙运动的主要成就是教会改革。与北部德意志新教的启蒙运动不同，天主教启蒙运动中没有出现大批的公众读物，如杂志、出版物和文学作品，而是进行了各项具体的教会改革。典型的代表是皇帝约瑟夫二世的改革。约瑟夫改革的内容涉及民众宗教生活的方方面面，其改革思想与行为被称为约瑟夫主义。例如，改革教会制度和秩序，改善礼拜形式，减少宗教游行和朝圣的次数，取消传统的民间信仰陋习；改革修道院，改变僧侣与修士修女的权利关系，等等。在这一切启蒙改革的背后有两个重心点。一个是与罗马教会的斗争，斗争的目标朝向解除德意志主教与罗马教皇的联系，取消世俗贵族在帝国教会中的特权，建立本邦教会。这是北德新教教会早在宗教改革运动时期就已经达到的目标。另一个是参与围绕着德意志民族的自我意识和政治现实的大讨论。这是北部德意志新教的启蒙运动从一开始就作为主要问题进行讨论的内容。

总之，在神圣罗马帝国解体之前，德意志的宗教基本实现了南方天主教和北方基督教相互交通、相互渗透的共存局面。这是在帝国解体以后，特别在拿破仑战争时期，德意志新教与天主教站在"德意志"旗帜下的同一条战线上，与法国人作战的不可忽视的前提。

第三节　德国启蒙运动的社会与经济基础

从 17 世纪下期到 18 世纪末，在德意志启蒙运动时期，德国的社会与经济状况可以简单地概括为：正在蓄势向着秩序和繁荣发展。

一方面，从社会层面看，在整体上，那个时期德国社会阶层的划分仍然以家族出身为出发点，个人能力还不能对社会地位的上升和下降产生直接的影响,就是说,权利仍然在各类贵族之间分配、承传,财富和教育等还不能使以农民和手工业者以及商人为主体的平民百姓改善自己的身份地位。社会结构的传统性质基本没有变化。

另一方面,从经济角度看,启蒙运动时期的德国在整体上仍然是农业区域,不仅农业生产没有出现值得一提的、新的经营方式,而且手工业和商业也没有出现影响较大的、资本积累的现象。然而,作为启蒙运动的基础,从17世纪下叶起,特别在进入18世纪以后,德国的社会与经济还是具有不容忽视的特征。其突出表现概括为:一是德意志专制邦君主导的社会秩序的变化,这是德国启蒙运动得以展开的平台;另一是德意志经济行业发展的相对落后状态,这是德国启蒙运动独具特色的主要原因。

一、德意志专制邦君主导的社会秩序变化

德意志专制邦君,与法国、英国等西欧民族国家的国王一样,都是通过集中行政、经济、司法和军事四大权利而成为自己邦国(王国)的专制君主。与西欧民族国家的专制君主不同的是,德意志专制邦君的权利基础不是王国民族,而是邦国领地,虽然他们的领地邦国具有民族国家所拥有的对内扩大君权、保护臣民和对外加强君权、扩展领土的职能。如前章所述,三十年战争结束以后,凭借《威斯特伐利亚和约》确定的武装权、结盟权和宗教信仰自决权[1],有七大德意志邦君取代德意志国王分别走上了专制主义道路。他们是奥地利公爵(兼任德意志王国国王和神圣罗马帝国皇帝)、勃兰登堡选帝侯(1701年成为"在普鲁士的"国王)、汉诺威公爵(1692年成为选帝侯;1714年成为英国国王)、萨克森选帝侯(1697年成为波兰国王)、巴伐利亚选帝侯、符滕堡公爵和梅克伦堡公爵。七大专制邦君使德国至少出现了七个统治中心:维也纳、柏林、汉诺威、德累斯顿、慕尼黑、斯图加特和梅克伦堡。七大统治中心很快成为德意

---

[1] 刘新利:《德意志历史上的民族与宗教》,第333页。

志启蒙运动者的活动中心。不仅如此,专制邦君所采取的专制政策及其结果也为启蒙运动的展开奠定了社会基础。

德意志邦君所采取的专制政策首先是削弱邦国等级的权利。邦国等级与邦国君主一样,其权利来源是传统因袭,因袭下来的权利使他们共同构成邦国的统治集团。然而,在专制邦君的统治之下,等级议会很少、甚至不再召开,贵族等级因袭下来的主要权利,如税收批准权和政治参议权等,被逐步地架空,甚至取消,其社会地位也因之发生变化:由握有统治权利的统治集团逐渐地演变为普通的社会上层。统治集团与社会上层的区别在于对邦国政治的作用不同,前者主持政治,后者辅助政治。换言之,邦国等级脱离握有统治权利的统治集团,意味着他们不再是一个政治上的整体,他们或他们的子弟开始以政府官吏的身份参与邦国政治,成为邦君专制的辅助,也是专制政府的组成部分。这种变化的背后隐藏着一个关键词,即"职业"。通过邦君的专制政策,等级贵族成为邦国官吏,因而获得了参与政治的"职业"。这是一个将导致社会秩序发生重大变化的萌芽。随着等级贵族参政的职业化,其他的由传统因袭而来的社会阶层也将难以避免地向着"职业化"的方向演变。

在整体上,至少在18世纪末以前,德国社会秩序所呈现的都是等级状态。在神圣罗马帝国的德意志区域之内,所有德意志邦国都是帝国等级,所有邦国等级——包括农村和城市——都是封建贵族,所有封建贵族都是世袭产生,出身决定了他们是社会的统治等级。在统治等级内部还有例如教会的、贵族的等等各式各样的等级划分。17世纪下半叶以后,统治等级内部的权利划分影响了社会秩序的变化。这就是上面提到的专制邦君打破了邦国等级的整体性,使之不再以等级的身份而是以官吏的职责参与邦国政治的情况。

相应地,占人口绝大多数的农民也是基于出身而固定了他们在社会上的农业劳作身份,无论是否占有土地,他们都在统治权利之外,是被统治等级。在17世纪下期以后相当长的时期之内,德国农民和农业仍然大致可以分为三种不同的情况,即以普鲁士为核心的东北地区的雇农——

农奴制、以巴伐利亚为核心的南部租佃—自耕制和以普法尔茨为核心的西部自耕—租佃制。但是在邦君的专制政策下,农民等级的内部还是出现了变化,因为那些逐渐地离开邦君宫廷、进入邦国官厅的统治等级,其中有相当大的势力渗入农村,或者经营农业,或者购置地产,致使"农民"有了向着"职业"发展的可能性:可能成为农场工人或农庄雇工。与此同时,作为社会的第三等级,市民等级也在专制邦君的压力下出现变化,其主要表现在于行会慢慢地失去政治作用而成为完全的经济团体,因而"手工业者"和"商人"也开始慢慢地向着"职业"名称的方向演变。

社会等级的高低定位,从单纯依凭出身,经过加之依凭职业,再经过财富对于社会地位的改变作用,直到受到良好教育的人获得社会的尊重,这条演变的路线构成了德意志社会从中世纪走向近代,以至走进现代的轨迹。德意志邦国的专制政府首先使"职业"进入社会阶层的划分,接着,专制君主的开明措施又一定程度地启动了"财富"和"教育"在社会结构中发挥作用,从而为启蒙运动的全面展开奠定了社会基础。

二、德意志经济领域发展的相对落后状态

17 世纪末,德意志农业、手工业和商业三大传统行业基本恢复到三十年战争以前的水平。但是,在政治分裂、邦国专制和邦君开明专制的前提下,直到 18 世纪末,较之英国、法国和荷兰等地,德意志各地的经济发展很不平衡,并在整体上处于落后状态。

首先在农业方面。18 世纪中叶是德国农业经济发展的转折期。在此之前,农业生产只是恢复并维持在战前的水平,此后开始出现发展的势头,主要表现在以下几个方面。一方面,农业人口持续增加,同时"农田的利用面积扩大到了后来再也没有显著超过的程度";耕地面积占 55.5%,森林占 25.5%,荒地水域等占 19.5%。① 另一方面,农业经营方式有很大的改进,普遍地采用三圃轮作制,不仅冬季作物、夏季作物和休

---

① ［德］马克斯·布劳巴赫:《德意志史:第二卷　从宗教改革至专制主义结束》,第 645 页。

耕地有节制地轮作,而且粮食作物、饲料作物和经济作物得到同样的重视,林牧业、啤酒和烧酒酿造业等等更是得到极大程度的推广。还有一方面,农民的人身依附和税役负担得到缓解。

17 世纪末农业经济恢复到战前水平之后,德国东部、东北部以及西南部某些地区的农奴制一度加强。在天灾人祸中失去劳动工具和家畜、没有肥料和种子的农民,被一些在战争中获得好处的、利用政府为恢复生产而推行的优惠政策的、从军队中退役和在政府中谋得不义之财的贵族束缚在新建立的庄园之中,成为农奴。农奴没有人身自由,不可以自由迁徙,不可以自由结婚,甚至一度遭到被出卖和出租的对待。领地贵族就是他们的法官,他们可以被领主随意地处置。出现这种现象的主要原因在于世界市场上的粮食价格上涨。据统计,17 世纪中叶当人口数量上升的时候,粮食价格一度有所下降。但 18 世纪前期,随着人口的增长,粮食价格也迅速上涨。18 世纪中叶以后,人口数量和粮食价格差不多齐头并进,呈直线上升的趋势。[1]

除此之外,进入 18 世纪以后,以普鲁士王室领地为开端,德国普遍地出现减轻农民负担的事例。在没有实行农奴制的地方,如在西部地区,自由农民赋税和劳役得到不同程度的轻缓。最后一方面,也是显示德国农业落后的突出方面,这就是积极主动地学习英国的农业生产和管理经验。特别是普鲁士和奥地利等强势发展的大邦,它们不仅高薪聘请英国的经济专家、派人前往英国考察,而且还出现了大量相关的翻译和研究著作。典型的例子如哥廷根的约翰·贝克曼(Johann Beckmann, 1739—1811)及其于 1769 年首版后又连续出版五次的代表作《德意志农业基本原理》(*Grundsätze der teutschen Landwirthschaft*),普鲁士的 A. D. 泰尔(A. D. Thaer, 1752—1828)及其于 1798 年至 1804 年出版的三卷本《英国农业知识入门》(*Einleitung zur Kenntniß der englischen Landwirthschaft*),等等。显然,这一切证明德国的农业出现了向前发

---

[1] E. Bruckmüller u. P. C. Hartmann, *Putzger historischer Weltatlas*, S. 69.

展的势头,尽管直到 18 世纪末德国还是相对落后的农业地区。

其次在手工业方面。18 世纪中叶也是德国手工业发展的转折期。在此之前,手工作坊和家庭分散的手工工场占主导地位,此后集中的手工工场开始迅速扩展。与手工作坊相比,手工工场的特征主要包括不受或很少受行会的限制,拥有十个以上甚至上千或几千工人,工场内部实行分工劳作,并带有资本主义性质的萌芽。生产部门涉及纺织、羊毛加工、锻冶、金属加工、采矿、皮革、天鹅绒等等行业。18 世纪末以前,德国的手工工场绝大多数都建立在拥有地下资源的地区,莱茵兰、普鲁士、萨克森以及西里西亚和波希米亚等地都有规模较大的手工工场。

虽然以手工工场为核心,城市人口不断增加,但与荷兰、英国及法国相比,德国的城市人口相对很少,仅是欧洲城市人口平均数的一半左右。这也是德国手工业发展相对落后的表现。下表标明的是城市人口所占百分比。①

	1650 年	1700 年	1750 年	1800 年
德国	4.4	4.8	5.6	5.5
荷兰	31.7	33.6	30.5	28.8
英国	8.8	13.3	16.7	20.3
法国	7.2	9.2	9.1	8.8
欧洲	8.3	9.2	9.5	10.0

最后在商业方面。还是以 18 世纪中叶为转折期。17 世纪中叶以后,德意志邦国在《威斯特伐利亚和约》的保障下进一步加剧了德国的分裂。它们独自为政,独立发展,不仅具有自己的法律制度,而且具有自己的经济系统。每个邦国都在边界通衢设置税关。特别在有大河流经的邦国,如易北河流经的勃兰登堡和萨克森、威悉河流经的汉诺威和黑森-卡塞尔、莱茵河流经的三大教会选帝侯区和符滕堡、多瑙河流经的巴伐

---

① E. Bruckmüller u. P. C. Hartmann, *Putzger historischer Weltatlas*, S. 69.

利亚和奥地利等等,这些邦国都设置了严格的收税关卡,将征收过境税当作邦国政府的重要事务。随着各大邦国的发展,过境税额不断提高。如在勃兰登堡的柏林,其过境税在 1700 年征收了 9.2 万塔勒,1740 年增加到 29.5 万塔勒,1748 年再增为 31.8 万塔勒①,不足半个世纪间增加了约 2.45 倍。

这种情况不仅严重地阻碍了德国统一市场的形成,而且还使军事贵族及城市商人和企业主将盈利资金投入到农村土地,进一步地阻碍工商业的发展。这是一方面。另一方面,在国际或远程贸易方面,主要受地理位置的影响,德国在这方面的进展有 90%—95% 是在欧洲范围之内。② 德国在欧洲以外的贸易直到 18 世纪末在整体上还相当落后,仅有几个城市的商贸活动出现时断时续的繁荣。如北部汉堡直达美洲的船舶海运业和金融保险业,不来梅的东亚航运业和开始起步的工业,吕贝克的对中世纪汉萨同盟的继承和对俄国的贸易,等等,同时南部的帝国城市罗伊特林根、奥格斯堡、格明德和乌尔姆等等,到 18 世纪末,其手工商业也开始谋求面向世界的发展。然而,这一切都仅仅是进一步发展的开端,德国还没有进入欧洲经济发展的先进行列。下表标明的是德国就业人口的变化比例。③

	农业	手工业	工业	商业及其他
1500 年	85%	5%		10%
1800 年	73%	10%	2%	15%

---

① ［德］马克斯·布劳巴赫:《德意志史:第二卷　从宗教改革至专制主义结束》,第 660 页。
② 同上书,第 670 页。
③ E. Bruckmüller u. P. C. Hartmann, *Putzger historischer Weltatlas*, S. 139.

第五章　普鲁士的开明专制

开明专制是德国启蒙运动的组成部分,也是这场思想文化运动在神圣罗马帝国内部的重要实践结果之一。作为一种强调人的理性能力、反对传统权威的时代思潮,启蒙精神在德国得到几位具有影响的专制统治者的追捧,例如普鲁士国王弗里德里希二世、奥地利皇帝约瑟夫二世以及巴伐利亚、萨克森和汉诺威等地的邦君。他们在启蒙运动理想的推动下,在政治、社会或文化等等不同的方面对于三十年战争以后形成的君主专制制度进行改革,从而确立了开明专制制度。其中,普鲁士的开明专制君主及其政府和措施是德国开明专制的典型代表。

第一节　德国的开明专制与普鲁士开明君主弗里德里希二世

一、德国开明专制的理论与实践

德国的开明专制有两层基础,一层是启蒙运动的观念,另一层是君主专制的历史。当然,这两层基础都是以社会与经济的发展变化为基本前提,这一点在上一章已经谈到。

如前述,启蒙运动在德国的主要参与者大多任职于或亲近于邦国和帝国的政府官僚机构,并且,怀有启蒙思想的大学教授也主要是在国立或邦立大学任教。由此，与在英国和在法国相比，在德国，启蒙运动更多地得到统治当局的支持和赞助，也更直接地并更成功地促使统治阶层实行改革。这种改革的过程表现为开明专制措施的实行。

在启蒙运动中，关于国家统治权力的理论由君权神授论（Gottesgnadentum）转换为社会契约论（Gesellschaftsvertrag des Staatsrechtes）。君权神授论，主张君主的权力来自神，君权仅仅受上帝律法的制约，任何力量都不能对之进行分割，任何人也不能与君主分享，君主的职责是保护臣民及国家的神授秩序。君权神授论是君主专制的主要理论基础。社会契约论，主张国家的权力来自人民，君主的权力受君主与臣民相互约定的、法律的、责任和义务的约束，能够分割或分享君权的力量是由贵族——包括世袭贵族、教会贵族和城市贵族——组成的议员机构，或者是基于人民的代表大会。相应地，君主的职责是维护自然法和人权，或者说，是保障臣民的快乐和幸福。社会契约论是开明专制的主要理论基础。

在德国，君权基础在理论上的转换，部分地在实践上体现出来。在18世纪中期，随着普鲁士王国的崛起，随着奥地利帝国与神圣罗马帝国的分离，启蒙的或开明的（aufgeklärte）、关于人类进步和合理政府的理想一步一步地与已经形成的君主专制相结合，保障臣民的利益更重于保护臣民的安全，逐渐地成为国家政治的口号。在邦国内实行独裁统治的专制君主，将启蒙理论上的人道主义、功利主义乃至自由主义理念，部分地转换成实际上的政策和措施，从而转换成开明专制君主（der aufgeklärte absolutistische Fürst）。在开明专制下，虽然仍然没有任何政治实体能够对专制邦君的行为进行有效地制约，但是君主的统治目标已经明确地由强化家族王朝转化为强国富民。

又如前述，君主专制在德国与在欧洲其他地方基本相同，都是在克服传统的等级特权、整合辖区领地的过程中建立起来的。就此而言，如果可以说君主专制是封建等级制的衍生物，那么也可以说开明专制就是君主集权制的派生品。在君主专制的基础上，开明君主的权力不仅不受等级议会的束缚,而且也不受宫廷内阁的限制。他的权力范围不仅涵盖传统的行政、立法、司法、财政、外交以及军事等等统治方面的事务,而且扩及现时的教育、宗教、文学、艺术、出版、戏剧等等社会方面的事情。就是说,开明君主仍然是不受限制的统治者。他们与专制君主的不同之处仅仅在于他披上了开明的、也是启蒙的外衣。

在德国的启蒙运动中,专制君主一般都具有正面形象,因为他们通常支持和赞助启蒙思想家的活动,并且还常常采纳带有启蒙自由主义观念的治国建议。许多启蒙思想家主张以法治国,但法律条文需要通过强有力的集权国王来予以兑现,他们因此而明确地表示拥护开明君主集中权利,并且积极地、至少不拒绝为专制君主服务。与之相对应,许多德意志邦君也明确地表示,要合乎于理性主义和功利主义原则地治理国家,发展经济,促进教育和推动科研等等,他们也是积极地、至少不拒绝追求开明君主的荣誉。典型的开明君主虽然握有无限制的权利,但是他们往往自称"国家的第一奴仆"(der erste Diener des Staates)①;至少在名义上,他们能够通过掌有的至高权力,力求以所谓仁慈的、家长式的方式推行较为合理的、进步的政治和社会改革。对于臣民,开明专制君主一般强调义务教育,要求民众掌握基本的阅读技能和实用知识,希望自己的臣民成为有文化的,即开明的人民。开明的人民是个人服从共同体的人民;开明专制君主治理的共同体是个人思想自由的价值得到承认的、但这一价值必须服从社会共同利益的共同体。简言之,作为开明专制君主,其具有的特质和观念一般符合启蒙时代的主潮流。他们即使自身不是启蒙哲学家,但也是哲学的爱好者或一度是启蒙哲学家的朋友;即使他们不是启蒙运动者,但也经常地将理性、自然法、平等、自由等等启蒙概念诵在口中;即使他们自身仍然占有世袭地位或利用家族的王朝权利,仍然以保证专制统治的稳定和加强为最终目的,但也将统治的效果

---

① K. O. von Aretin, *Friedrich der Grosse*, *Größe und Grenzen des Preußenkönigs*, Basel, Wien und Freiburg: Herder Verlag, 1985, S. 9, 106.

指向共同的福利和臣民的幸福。就是说,开明君主仍然是无所顾忌的专制君主,他所披的启蒙外衣仅仅为其增加了一层责任感和义务感的装饰。

总之,开明专制实际上是开明专制君主主持的一次政治兼及社会的改革运动,其改革内容一般可以概括为三个方面。一方面,确立集权的官僚机构、明令立法,在专制制度的基础上进一步地削弱地方的和传统的贵族权势等;另一方面,确定国家的教育管理权、破除迷信,限制各类宗教组织在政府和民间的影响力等;第三方面,采取具体措施支持商贸、修桥筑路、整治沼泽,鼓励经济发展等等。开明专制推行的一系列改革在很大程度上改善了臣民的生存环境,提高了社会生产力,同时满足了中央政府的需要,增强了国家的实力。当然,专制改革难以突破其自身的局限性。就是说,出于自身的原因,专制改革不可能给予民众参与国家政治的机会,因而也就不可能触及社会结构。因此,开明专制改革没有从根本上为国家实力的可持续性增强打下基础。

二、普鲁士开明君主弗里德里希二世

(一)早年的教育和学习

弗里德里希二世[①]出身于霍亨索伦家族。自 1415 年族内第一位成为勃兰登堡选帝侯、1701 年第一位成为"在普鲁士的"国王以来[②],除了选帝侯弗里德里希二世(Friedrich Ⅱ,1413—1471,1440—1471 年在位)和这里所说的国王弗里德里希二世因为没有儿子而由弟弟继位以外,三

---

① 欧洲的开明君主具有不同的表现形式,弗里德里希二世是具有自己的个性特征的典型代表。见 Angela Borgstedt: *Das Zeitalter der Aufklärung*,Darmstadt:Wissenschaftliche Buchgesellschaft,2004,S. 29,18。

② 第一位霍亨索伦家族的勃兰登堡统治者是纽伦堡城防伯爵约翰三世(Johann Ⅲ,约 1369—1420,1397—1420 年在位)弗里德里希六世(Friedrich Ⅵ von Nürnberg,1371—1440),他于 1415—1440 年间任勃兰登堡选帝侯,称弗里德里希一世(Friedrich Ⅰ von Brandenburg);第一位"在普鲁士的"国王是勃兰登堡选帝侯(Kurfürst von Brandenburg)弗里德里希三世(Friedrich Ⅲ,1657—1713),1701 年改称"在普鲁士的"国王弗里德里希一世。

百余年间,这个家族的续统一直是父业子继。兄弟间几乎没有发生竞位之争,更没有诱引其他王国或邦国参与王位继承战争。这是一方面。另一方面,主要通过联姻,或者通过主要以姻亲为借口而进行或参与的其他王朝的战争,几百年间,霍亨索伦家族的势力范围长期或短期地延及西欧许多重要的地区。从 1640 年"大选侯"弗里德里希·威廉继位以后,到 1740 年国王弗里德里希二世继位之前,整整一百年间,除了勃兰登堡-普鲁士及其所属的地区以外,这个家族的影响力还或大或小地波及荷兰、不伦瑞克-吕讷堡-沃尔芬比特尔、黑森-卡塞尔以及瑞典和英国等地。身为这样一个家族的长子,弗里德里希二世负有与生俱来的幸存下来的年龄最长的男孩继承和发展家族统治事业的压力。为了家族的事业,他在青少年时期经受了严格的、甚至近乎残酷的教育,同时也接受了那个时代最先进的启蒙思想观念。由此,在几达半个世纪的统治时期内,他将家族的事业扩展为欧洲霸业,进而为德国的统一和德意志帝国的复兴打下了基础。

弗里德里希二世是普鲁士国王弗里德里希·威廉一世的第三个儿子,两个哥哥均未活过周岁。他的一个姐姐和四个妹妹分别嫁为拜罗伊特(Bayreuth)、安斯巴赫(Ansbach)、沃尔芬比特尔(Wolfenbüttel)和施韦特(Schwedt)爵侯夫人和瑞典王后,另有一个妹妹成为奎德林堡女修道院院长。亲上加亲,他的三个弟弟分别娶了沃尔芬比特尔、黑森-卡塞尔和施韦特的公主。幼童时期,弗里德里希由他父王的一个法国女佣照料。这位女佣不仅完全不会德语,而且完全听命于国王的养育旨意。在女佣的看管下,小弗里德里希接受了其父王独裁的、宗教的教育。据载,从"早餐不能超过七分钟",到"叮嘱我的儿……要真心喜欢军人",直到所学内容和学习方法及至交往人员、游玩方式等等[1],父王都为他设置了所言所行的规范。从 4 岁开始直到 24 岁,弗里德里希二世的家庭教师也一直是一位法国人,名叫杜汉·德·杨东(J. D. de Jandun, 1685—

---

[1] K. O. von Aretin, *Friedrich der Grosse*, *Größe und Grenzen des Preußenkönigs*, S. 23.

1746),这位法国家庭教师是一个胡格诺流亡者。他是因为勇敢而非因为学识而被国王聘为太子傅。杜汉与小弗里德里希的私人关系相当密切。他扩大了国王为太子确定且审核的教学内容,增加了拉丁文和文学课程,并协助太子建立了一个私密图书馆。

可以肯定地说,弗里德里希二世接受的是法国教育。他小时候的看护保姆和青少年时期的家庭教师都是法国人,彼此之间讲法语。成人以后,包括就任勃兰登堡王朝统治者初期,他更是与法国文化界的领军人物交往频繁,深受诸如思想家伏尔泰(Voltaire,1694—1778)、哲学家达尔让爵士(Marquis d'Argens,1703—1771)以及神学家、《百科全书》的作者之一 J. H. S. 福默(J. H. S. Formey,1711—1797)等法国启蒙思想大师的影响。对于德国文化,弗里德里希更多的是在就任国王之后,边工作、边学习而有所了解。除此之外,大致从 16 岁起,少年弗里德里希私下里投拜柏林著名的音乐家和长笛手 J. J. 宽茨(J. J. Quantz,1697—1773)为师,向他学习吹长笛,同时学习作曲。在学习音乐的过程中,弗里德里希结识了比他年长七八岁的 H. H. 卡特少尉(H. H. von Katte,1704—1730)和英格斯雷本少尉(J. L. von Ingersleben,1703—1757)。特别还认识了比自己小两岁的、波茨坦教区长老的女儿多洛蒂娅(Dorothea,1714—1762)。几个年轻人因为爱好音乐和艺术而经常聚在一起,作曲、演奏、讨论诗艺和游玩。当然,这一切都是需要瞒着父亲的。按照父王的要求,太子弗里德里希必须专心致志地为了王国统治而学习经济和军事理论,学习治国之术。在那个时期的王族中,国王亲自或责令某人对王子们进行体罚鞭打和关押禁闭是家常便饭。不专心学习治国策略的弗里德里希没少挨打。随着年龄的增长,父王与太子之间的关系日益紧张。1730 年发生了一件事,这件事可以说标志着弗里德里希二世的学习内容开始由文学和艺术转向军事和政治。

1730 年初夏,如前章所述,萨克森公爵兼波兰国王"强壮者"奥古斯特在蔡特罕举办声势浩大的兵营检阅庆典。"在普鲁士的"国王弗里德里希·威廉一世及其太子弗里德里希得到邀请。此时,太子与朋友卡特少尉商议,计划乘庆典热闹混乱之机,逃离德国,摆脱父王的暴力教育。不幸消息走漏。卡特少尉被当着王子的面砍下了头颅。少女多洛蒂娅被投进监狱,并六次被拉到广场上当众鞭打。少尉英格斯雷本被关在一个要塞的黑洞里达六个月之久。弗里德里希的其他朋友和年轻的玩伴们几乎都遭到控告和逮捕。王子本人之所以没有被处死,只是仰仗神圣罗马帝国皇帝卡尔六世(Karl Ⅵ, 1685—1740)①和帝国元帅欧根亲王(Prinz Eugen von Savoyen, 1663—1736)的书面求情。但是,作为惩戒,弗里德里希的继位资格被剥夺,并被关进屈斯特林监狱。监禁数月之后,他得到释放,在当地的战争与教区事务部听差服役,后被召入伍,转年成为鲁坪步兵队的小队长。从这个时候开始,弗里德里希一步一步地介入军事,学习军队的和民事的管理工作。1733 年,波兰王位继承战争(Polnischer Thronfolgekrieg)爆发后,他亲临战场,在欧根亲王身边见习作战指挥,获得亲王肯定的评价。同一年,弗里德里希接受了父王包办的、与不伦瑞克-沃尔芬比特尔-贝沃恩(Braunschweig-Wolfenbüttel-Bevern)公主的婚姻,借以与国王和解,恢复了继位太子的身份。

退出波兰王位继承战争以后,从 1736 年起,24 岁的弗里德里希与感情不和的新婚妻子居住在离鲁坪军营不远的莱茵斯贝格宫殿。在这里,虽然仍然没有放弃对音乐的爱好,并于 1738 年创作了他的第一首交响乐,但是,此时的弗里德里希所关心的更多的是治国思想,特别是外交政策的理论和欧洲各国的现实。

围绕着与统治相关的各类问题,年轻的王储与当时思想界的泰斗们或者频繁通信,或者直接邀请面谈,伏尔泰、É. 约尔丹(É. Jordan, 1700—1745)和 H. A. 福科(H. A. Fouqué, 1698—1774)等人是主要交流对象。弗里德里希与他们交流思想,探讨国家理想,并在他们的影响下至少撰写了两部政论著作,即 1738 年的《论欧洲政治集团的现状》(*Betrachtungen über den gegenwärtigen Zustand Europas*)和《反马基

---

① 也译"查理六世"。

雅维里》(*Antimachiavell*,1739 年,1740 年经伏尔泰审读后发表)。在后一篇论著中,王储阐发了与所谓的马基雅维里主义不同的君主观,认为君主"不仅应该在公众场合维护自己完美的声名,而且在私底下也应该保持正直的品格,制定公正的、人道的政策",因为君主从属于国家,是国家"臣民的第一公仆"①。显然,弗里德里希已经将启蒙运动的理想与普鲁士政治的现实结合在一起,试图将巩固和扩大国家权力的现实要求,与关怀臣民福利和教养的启蒙理想联系起来。1740 年,就在《反马基雅维里》发表的同一年,父王因痛风导致内脏功能衰竭而去世,28 岁的弗里德里希继任"在普鲁士的"国王,是为弗里德里希二世。

(二)"哲学家国王"

继任"在普鲁士的"国王以后,弗里德里希又撰写了两篇政治论著,一篇是 1752 年的《政治遗嘱》(*Politische Testament*),另一篇是 1777 年的《统治的形式与统治者的职责》(*Regierungsformen und Herrscherpflichten*)。其中所阐发的仍然是启蒙理想与政治现实相结合的观念。在写作前者的时候,在 1751—1753 年间,伏尔泰正客居弗里德里希二世的波茨坦无忧宫,而后者的写作背景是在战场上(七年战争,Der Siebenjährige Krieg)和外交上(瓜分波兰,Die Teilungen Polens;Polische Teilung)取得胜利之后,考虑自己的王位继承人的时候。论著中,弗里德里希二世继续坚持国家利益至上的原则。为此,他陈述了自己在对外事务和对他国关系的思想倾向,陈述了对于王国统治所希望达到的目标,并陈述了自己作为统治者的种种考虑和做法。同时,弗里德里希再次强调君主的权利来自与臣民的契约,强调君主本人就是国家的第一公仆,为全体臣民谋福利是君主的唯一职责等等观念。由此,他引申出这样一种结论:预防性战争和获利性战争都不仅仅是合理的,而且也是君主的责任和义务。也就是说,在特定的情况下,为了保护臣民,为了臣民的利益,君主可以、应该、必须进行战争。这是他要像马其顿的亚

---

① K. O. von Aretin, *Friedrich der Grosse*, *Größe und Grenzen des Preußenkönigs*, S. 9,106.

历山大大帝(Alexander der Große,公元前 336—公元前 323 年在位)那样"傲然征服新世界"的思想基础。①

在执政期间,弗里德里希二世还撰写了四部对后世具有一定影响的历史著作,即 1746—1751 年的《勃兰登堡王室历史回忆录》(*Denkwürdigkeiten zur Geschichte des Hauses Brandenburg*)、1742—1743 年开始写作并于 1746—1747 年修改和续写的《我之时代的历史》(*Geschichte meiner Zeit*)、1764 年的《七年战争史》(*Geschichte des Siebenjährigen Krieges*)和 1775 年的《回忆录》(*Memoiren*)。应该说,国王的历史著作也是他政治思想的具体阐述。通过叙述勃兰登堡统治家族的和普鲁士政权的历史发展过程,他比较全面地了解和分析了自己所掌握的普鲁士王国权利的历史基础,一定程度上明确了家族王朝统治的经验和教训,并以此为基础阐发了自己的政治理念。

概括说,弗里德里希二世的政治理念就是强国,认为普鲁士应该成为欧洲强国。他为此通过在三个方面的表现,形成了他的个人形象。这就是:在军事方面的军队统帅和战争理论家、在外交方面的为达目的而不惜失信的外交家和在经济生活方面的注重实效的决策人。

在军事方面,上任伊始,弗里德里希二世就展现了其军队统帅和战争理论家的形象。

1740 年 5 月 31 日,弗里德里希二世宣誓就任"在普鲁士的"国王和勃兰登堡选帝侯。上任六个月后,即 12 月 16 日,在夺取奥地利的西里西亚的目标下,他宣布战争:要求得到勃兰登堡选帝侯应该得到的领土。战争中,他指挥若定,为普鲁士军队造成了"不败"的神话。统治 16 年后,即在 1756 年 8 月 29 日,在成为欧洲大国的目标下,弗里德里希二世再次宣布战争:征服萨克森,将西里西亚与普鲁士的土地联成一片。在他引发的所谓七年战争中,面对奥地利、法国和俄罗斯三大欧洲强国,面对瑞典和波兰-萨克森两大中等势力,他身先士卒,至少取得了八次战役

---

① K. O. von Aretin, *Friedrich der Grosse*, *Größe und Grenzen des Preußenkönigs*, S. 14.

的胜利①，并在三次惨败②中带领普鲁士的军队绝地反击，终于使普鲁士成为欧洲五大强国之一（当时欧洲的四强是：英国、法国、奥地利和俄罗斯，而没有普鲁士）。由于在战争中的表现，弗里德里希二世得到了"大帝"的尊称，并被后人认作世界"伟大将领"之一。

凭借实战经历，在 1745—1748 年间，弗里德里希二世写作了《战争总论》(*Hauptgrundsätz des Krieges*)一书，一边总结战争经验，记录亲身体会，一边思考战争艺术，提出实际可行的战争指南。这本书在当时流传很广③，并直接影响到后来的欧洲战场。在亲自指挥的、两次大战的两大战役中，即在奥地利王位继承战(Der Österreichischer Erbfolgekrieg)的索尔战役(Schlacht bei Soor，1745 年 9 月 30 日)和七年战争的罗斯巴赫会战(1757 年 11 月 5 日)及其稍后在罗伊腾的会战(1757 年 12 月 5 日)中，弗里德里希二世创立并实践了一种所谓的斜形战列战术(Echelonformation 或 Schiefen Schlacht-ordnung)，分别战胜了两倍于己的奥地利军队和法奥联军，充分展示了他的军事艺术。不仅使这些战役成为 18 世纪欧洲战争的经典之作，而且还使他本人成为公认的欧洲第一战术家。

在外交方面。与取得战场胜利的意志相辅相成，也与那个时代的外交风格相一致，弗里德里希二世的外交家形象可谓无信不义。

在弗里德里希二世上任后四个多月的时候，即在 1740 年 10 月 20 日，神圣罗马帝国的皇帝卡尔六世突然去世。由此，刚上任的弗里德里希二世马上开始了其旨在使普鲁士在欧洲事务中扮演重要角色的外交活动。借着欧洲列强围绕卡尔六世继承人问题的争执，为了夺取奥地利的西里西亚，他违背了先王赞同哈布斯堡女性继承的承诺，支持巴伐利

---

① 弗里德里希二世进行的八次胜利的战役是，1756 年在罗伯西茨、1757 年在布拉格和罗斯巴赫及罗伊腾、1758 年在佐伦多夫、1760 年在利格尼茨和托尔高、1762 年在布克尔斯多夫的战役。

② 弗里德里希二世进行的三次失败的战役是，1757 年在科林、1758 年在霍赫奇尔舍及 1759 年在库讷斯多夫的战役。

③ 弗里德里希二世的《战争总论》于 1762 年在伦敦出版。

亚的选帝侯继承奥地利的哈布斯堡皇位。战争打响以后,因为西里西亚很快到手(1742年7月28日),弗里德里希便反身成为巴伐利亚选帝侯的最危险的敌人。

通过七年战争确立了大国地位之后,为了减轻俄国和奥地利的威胁,弗里德里希二世又积极地促成了瓜分波兰的协议(1772年8月5日)。根据这份协议,普鲁士得到了波兰的普鲁士,即西普鲁士。从此以后,他本人及其继任者都不再是"在普鲁士的"国王(König in Preußen),而是正式的普鲁士国王(König von Preußen)。至此,通过外交,弗里德里希二世不仅巩固了对于西里西亚的占领,终于实现了其曾祖父"大选帝侯"所谓的服从上帝意愿的愿望①,而且夺取了全部普鲁士地区,最终完成了自其祖父弗里德里希一世(Friedrich Ⅰ.)开始的普鲁士王国(Das Königreich Preußen)的建立过程。

在经济方面。作为经济生活的注重实效的决策人,有两件突出的事例可以展示弗里德里希二世的形象。一件是,下令栽种土豆,应对战荒;另一件是,策划排干沼泽,安置移民。

1756年3月24日,在七年战争爆发前夕,弗里德里希二世颁布了一份《土豆谕令》(Circular-Ordre),命令所有的普鲁士官员都要使自己的附属农民"理解"性地栽种土豆,同时命令官员们在5月初或者亲自出行,或者派出代理人巡视检查,督促农民们栽种土豆。据载,早在1738年,土豆就经过萨克森进入普鲁士,而土豆在萨克森出现(1716年)又是经过了巴伐利亚的上法兰克尼亚,上法兰克尼亚的雷奥是德国最早栽种土豆的地方(1647年)。弗里德里希二世相信,土豆"富有营养"、"勤快就会有好收成",并且容易生长,易于防盗,即使有军队践踏也不会颗粒无收。然而,农民们不愿栽种这种"来自地狱"的茎根。七年战争爆发以后,伴随着战争和饥荒时段的延长,弗里德里希继续发布栽种土豆的命

---

① 大选帝侯弗里德里希·威廉曾在1670年前后表示希望占领西里西亚,认为这符合上帝的愿望,因为"上帝不愿意人们对他提供的机会置之不顾"。参见[德]马克斯·布劳巴赫等《德意志史:第二卷　从宗教改革至专制主义》,商务印书馆1999年版,第310页。

令,并下令无偿地提供土豆种块。① 由此,战争结束以后,大致从 1770 年起,土豆的种植面积逐渐扩大,到 1800 年前后,普鲁士的土豆收成约为 88.7 万吨,价值达 88 亿塔勒以上。仅在库尔马克一地,土豆的收获量就从 1765 年的 5200 吨上升到 1801 年的 10.3 万吨。② 土豆成为普鲁士人的主要食物。直到今天,有人在纪念弗里德里希大帝的时候,仍然会向他献上土豆花或者献上形状美好的土豆。

自 17 世纪中叶三十年战争结束以后,勃兰登堡-普鲁士的统治者就开始拓荒扩土,招引移民。"大选帝侯"统治时期,由选帝侯政府出面组织,在哈弗尔河流域、波美拉尼亚和东普鲁士地区排干沼泽,开垦荒地,以优惠条件招引主要是来自法国的移民。"大选帝侯"之后,来自南方的瑞士、普法尔茨、拿骚以及萨尔茨堡等地的移民,陆续地被安置在普鲁士的东端,与来自波兰和立陶宛的移民共同开荒造田,建立村庄和城市。在这个基础上,在退出奥地利王位继承战争(1740—1748)以后的、七年战争结束以来的两个相对和平的时期,弗里德里希二世分别于 1747—1762 年和 1763—1768 年主持治理了奥得河与瓦尔特-内策河以及马格德堡地区的沼泽地,并在晚年经过与不伦瑞克和汉诺威公爵的长期谈判,成功地把德勒姆灵沼泽荒地变成了农耕良田(1780—1783 年),从而吸引了更多的移民。据载,到 1786 年弗里德里希二世去世以前,普鲁士的外来移民大约有 25 万至 30 万。③

总之,弗里德里希二世是他那个时代名符其实的"哲学家国王"(Philosophischer König)④。这个称谓不仅指他的政治理念和作为统治

① Antonia Humm, "Friedrich II und der Kartoffelanbau in Brandenburg-Preußen", in Frand Göse(Hrsg.), *Friedrich der Große und die Mark Brandenburg. Herrschaftspraxis in der Provinz*, Berlin: Lukas Verlag, 2012, S. 183 - 215.

② Horst Möller, *Fürstenstaat oder Bürgernation*, *Deutschland 1763—1815*, Berlin: Siedler Verlag, 1989, S. 235.

③ K. O. von Aretin, *Friedrich der Grosse, Größe und Grenzen des Preußenkönigs*, S. 109.

④ H. Schilling, *Höfe und Allianzen*, *Deutschland 1648 - 1763*, Berlin: Siedler Verlag, 1989, S. 391;[美]彼得·赖尔、艾伦·威尔逊:《启蒙运动百科全书》,刘北成、王皖强编译,上海人民出版社 2004 年版,第 55 页。

者的形象基本符合当时启蒙思想家理想中的国王条件，而且还指他个人的启蒙学者气质和他对于普鲁士文化事业的促进措施。

（三）"头戴王冠的思想者"

弗里德里希二世算得上那个时代最富有启蒙学者气质的统治者。或者可以说，他是启蒙时代最有实践能力的理论家。因此他也被称为"头戴王冠的思想者"(Denker auf dem Thron)①。这也是他之所以被公认为开明君主的主要理由。例如，在上任的第三天，即在6月3日，弗里德里希二世就采纳了诸如托马西乌斯等启蒙思想家提出的、取消野蛮酷刑的建议，发布命令，取消刑讯。稍后，他又宣布禁止体罚士兵，要求以人性和知性训练普鲁士官兵的勇气和胆量。在当时的情况下，国王的做法所表现的应该不仅仅是统治者的仁慈，而更多的是学者意气。又如，弗里德里希国王将自己定位为"国家的公仆"(Diener des Staates)，允许臣民直接给他写信，或者前来拜访。他反对政府官员面对贫穷阶层表露地位和出身的优越感，要求他们心怀国家利益，爱护臣民。这种立场也不仅仅是君王的开明，而更多的是学者风度。再如，这位头戴王冠的启蒙君主一直抱着宽容的态度对待宗教和教徒问题。继任前，他曾经瞒着父王加入了"共济会"(1738年)，并在他居住的莱茵斯贝格堡宫主持成立了一个"共济会"分会。上任后他继续保护和资助这个分会，使之于1740年9月13日确定了分会章程。在他发兵占领了西里西亚之后，该分会解体，部分会员于1743年另组"共济会"分会。② 虽然国王本人没有亲自参加这些分会的活动，但他从来没有反对的表示。在执政过程中，对于包括犹太人在内的亚伯拉罕信仰体系(Abrahamitische Religionen)中的各派追随者，他都视之为臣民或民众而不是教徒或信民。关于弗里德里希二世对待宗教的态度及其政策下面将再次述及。

---

① H. Schilling, *Höfe und Allianzen*, *Deutschland 1648 - 1763*, S. 391.

② 这个分会于1744年取名为"三球仪王国大本会"(Grosse Königliche Mutterloge zu den drei Weltkugeln)，1772年改名为"普鲁士国家民族大本会"(Grosse National-Mutterloge der Preussischen Staaten)。

作为头戴王冠的思想者，弗里德里希二世大力促进王国的文化事业，其突出贡献主要表现在两个方面。一方面，重建普鲁士王家科学院，另一方面，参与设计和建筑波茨坦的无忧宫。1744 年，在弗里德里希二世的主持下，早在 1700 年建立的"勃兰登堡选帝侯科学社"（Kurfürstlich-Brandenburgische Societät der Wissenschaften）与在柏林刚刚建立的"王国文学院"（Nouvelle Société Littéraire）合并，建成"普鲁士王家科学院"（Königlich-Preußische Akademie der Wissenschaften）①，聘请法国物理学家和数学家德·莫佩尔蒂（de Maupertuis，1698—1759）为院长。同时制定了章程，采取公开有奖征答理论和现实问题的办法，吸引当时欧洲各地的著名学者，进而掀起了学术研究的高潮。对于无忧宫，弗里德里希二世从 1744 年开始主持在波茨坦霍亨索伦家族的一处葡萄山上建筑梯形露台、无忧宫、巴洛克式花园及其他附属楼阁亭台。1747 年，国王举办无忧宫落成典礼。在相当长的时期内，无忧宫是当时欧洲文化界泰斗巨擘的聚会中心。② 应该承认，通过科学院的设立和无忧宫的建筑，弗里德里希二世促进了普鲁士精英文化的繁荣发展。除此之外，国王自身的文化修养以及亲历文化活动的言行，也有力并有效地促进了普鲁士文化事业的展开。

身为国王的弗里德里希抱持那个时代崇尚的理性、批判以及进步等思想观念，善于分析思考，热衷于著书立说，其著述的内容涉及政治、哲学、文学、艺术、军事等等许多思想和学科领域。并且，他会多种语言，会法语、英语、西班牙语、葡萄牙语，意大利语，能听懂拉丁语、希腊语及希伯来语，晚年还学习斯拉夫语。他擅长吹奏长笛，喜欢作曲，曾与当时著名的作曲家塞巴斯蒂安·巴赫（Sebastian Bach，1685—1750）讨论作曲

---

① 1700 年，勃兰登堡选帝侯弗里德里希三世建立"勃兰登堡选帝侯科学社"，社长为著名哲学家莱布尼茨。1701 年，选帝侯科学社改名为"普鲁士王国科学社"（Königlich Preußische Societät der Wissenschaften）。
② 曾经参与无忧宫聚会的著名学者，包括法国的伏尔泰、狄德罗（Denis Diderot，1713—1784）、孟德斯鸠（de Montesquieu，1689—1755）及德国的莱辛、维兰德等人。

及长笛音域等问题(1747年),得到巴赫的高度肯定。国王晚年撰写的《论德意志文学》(*Über die deutsche Literatur*,1780)虽然是站在法国巴黎的视角对德意志文学的观察,遭到德意志市民知识分子的谴责,但是,这部著作充分显示了弗里德里希二世丰富的学识和对德意志语言文学繁荣的合理期待。

可以肯定地说,弗里德里希二世是欧洲开明专制君主的典型(Prototyp)。[①] 虽然在执政过程中基本接受启蒙精神的影响,很少接受道义原则的束缚,但是由于他的统治,普鲁士王国进入了一个开明君主专制的时代,并逐渐成为18世纪日耳曼民族中最强盛的国家。就此而言,弗里德里希二世"在他那个时代的腐朽的君王下流胚中间是一条好汉,他在霍亨索伦王朝的历史中,也高出于他的前任和后任"[②]。

第二节　普鲁士开明专制的措施:农业与工商业

普鲁士王国的开明专制时期大致从1713年国王弗里德里希·威廉一世发布《王室领地谕令》(*Edikt für königliche Domänen*)、废除王室领地的农奴制开始,到1794年公布《普鲁士通用国家法令》(*Allgemeines Landrecht für die preußischen Staaten*,简称ALR)、标明王国实行法治原则基本结束,前后持续了不到一百年的时间。其间,专制君主采取了基本符合启蒙观念的统治措施,致力于改善农民状况、鼓励工商业发展、改革政府机构和建立教育设施等等所谓开明专制主义政治。

一、废除农奴制和改善农民状况

废除农奴制是普鲁士专制政府最早采取的开明措施。由于这项措施不能推广至王室领地以外的整个普鲁士王国,所以辅之以若干改善农

---

① Angela Borgstedt：*Das Zeitalter der Aufklärung*，S.18.
② 丁建弘、陆世澄主编:《德国通史简编》,人民出版社1991年版,第189页。

民状况的办法。这是普鲁士王国政府干预社会经济生活的首要表现。

　　在三十年战争结束以后的邦君确立专制制度的时期,大选帝侯弗里德里希·威廉曾经为了征收军税而承认容克(Junker)地主的自给经济,从而表明选帝侯政府认可并加强了勃兰登堡-普鲁士的农奴制度。对于土地占有者来说,农奴制度是三种传统权利的统一,即土地耕种权、农民人身权和初级审判权。在农奴制度之下,不仅农民的劳作而且他们的人身都完全地依附于容克地主,农民们不能自主地耕种土地,也不可以自由地迁移。相应地,容克们不仅有权决定自辖土地的耕作,而且有权压迫土地上的农民。占邦国人口绝大多数的农民处在既没有人身安全也没有财产保障的境况之中。因此,"解放"农民或改善农民现状既符合人道主义的启蒙观念,又是普鲁士专制君主将国家权利达及农村基层贵族的重要措施。

　　国王弗里德里希·威廉一世算不上开明君主,但是他率先在王室领地范围内宣布废除农奴制。1713 年 8 月 13 日,国王颁布《王室领地谕令》,宣布霍亨索伦统治家族辖有的王室领地为王国土地,王国土地不可分割、不可转让,拥有永久的完整性。为了扩大王国的控制力,为了增加王国的收入,在财政大臣冯·卡默克(E. B. von Kameke,约 1674—1726)的主持下,王国政府在 1719—1723 年间连续发布政令,宣布在占全国土地约三分之一的王国土地上废除农奴制。[1] 王室土地上的农民基本上成为自由的王国租佃农。

　　弗里德里希二世是典型的开明君主。继位后他一度试图将先王废除农奴制的做法推及整个普鲁士国家。然而,在来自容克贵族的强大压力之下,他只得退而求其次,推出了改善农民状况的措施。在奥地利王位继承战争与七年战争之间的和平时期,弗里德里希二世连续在 1748、1749、1752 和 1755 年发布敕令,命令土地容克不得随意驱逐农

① Wilheilm Treue：*Wirtschafts-und Technikgeschiche Preussens*，Berlin/New York：de Gruyter，1984,S. 29.

民，在包括新占领的西里西亚在内的整个普鲁士国家之内，禁止贵族圈地，保证农民继续耕种土地的权利。七年战争结束以后，国王又于1763—1764年针对波美拉尼亚的土地贵族颁布敕令，要求他们在一年之内必须在农庄或农村中定居下来，改善当地农民的生产和生活状况，减轻农民的劳役负担，禁止把农民赶出土地，违令者将遭到惩罚。[①]1772—1775年，在获得波兰的西普鲁士等地之后，弗里德里希二世再次发布保护农民令，责令土地领主减缓农民的徭役，减轻农民的人身依附。1777年，国王进一步做出决定，凡属于王室领地官员的庄户都要以继承的或固定的方式转给所属臣民，前提是不触及土地贵族的原有权利。

弗里德里希二世在位期间，始终坚持改善农民处境的政策。他称农业为"第一艺术"[②]，从事"第一艺术"的农民应该得到较好的待遇。在旧有的村庄，他关注农户帮工（Tagelöhner）、雇农（Knecht）和女仆（Magd）的情况及待遇，使他们在变更雇主的时候有进行选择的可能性。在新开垦的土地上，国王鼓励自由农民定居和耕种，并采取诸如延长租佃期、减免赋税、免服兵役、资金补助等等优惠政策，鼓励外来的农业移民。同时，在任何地方，无论在旧有村庄还是在新垦土地上，弗里德里希二世都不允许对农产品进行暴利经营。

弗里德里希二世的继任者、弗里德里希·威廉二世（Friedrich Wilhelm Ⅱ，1744—1797，1786—1797年在位）继续其前两任国王的农民政策，不仅维持王室领地农民自由租佃的经营方式，而且特别在1793—1795年新获得的东普鲁士新区实行对于农民的保护措施。

当然，开明专制下的农民政策是以不改变、不危及原有的容克地主

[①] 参考恩格斯在《关于普鲁士农民的历史》一文中所说："可以赎免封建赋役的事情，在这里已经不再是一种规定，而是一种例外了：它只适用于已经在土地税务簿上登记了的耕地，而且农户使用这些耕地在西里西亚要从1749年算起，在东普鲁士要从1752年，在勃兰登堡和波美拉尼亚要从1763年，在西普鲁士要从1774年算起！"《马克思恩格斯全集》，人民出版社1965年版，第21卷，第284页。

[②] ［德］马克斯·布劳巴赫等：《德意志史：第二卷　从宗教改革至专制主义》，第650页。

经济体制和政治体制为前提的。

在此需要说明的是，"解放"农民与"保护"农民这两种政策在普鲁士存在着很大的差别。解放农民，在普鲁士指向农民的整体，在开明专制时期则特别指向王室领地上的农奴整体，其目的主要是增加王国政府的收入，加强国王的控制力量。保护农民，在普鲁士是指向农民的个体，在开明专制时期特别指向身处边远地区、身遭贵族残暴压迫的农户个体，其目的主要是一定程度上对土地贵族进行控制，吸引外来移民定居，维持农村的社会秩序。虽然国王弗里德里希·威廉一世曾经宣布"解放"王室领地上的农奴，但是，普鲁士开明专制时期农民政策的主要方向是保护农民而不是解放他们，王国政府是希望尽可能地在不损害土地容克根本利益的前提下，改善农民的生产和生活处境。其背后的根本性因素是维护容克贵族的权利。

在历史传统的角度上，容克贵族是世家子弟贵族。自中世纪以来，贵族世家的财产或权利一般是单子继承，凡没有得到继承利益的贵族子弟就成为容克，即容克贵族。容克贵族通常比世袭贵族的人数更多，整体的能量更强，引起社会动荡的可能性也更大。历史上，对于容克贵族权利地位的限制或保障，不同地区、不同时期的统治者分别采取了不同的措施。一般来说，容克贵族有三个发展场域：宫廷、军队和土地。在普鲁士，由于从中世纪以来出现了几次大规模的垦荒殖民浪潮，又由于三十年战争结束以后农产品出口带来不菲的利益，所以王国的容克贵族基本上麇集于东部土地之上。以土地容克为基础，从一开始普鲁士的专制统治者就将容克贵族作为王国的支柱，不仅宫廷里的文官，而且军队中的军官，其绝大部分都是拥有土地利益及拥有对农民支配权的容克贵族。

如此一来，王国政府对于农民的任何措施都会触及王国的统治基础。无论是长期的国策，还是短期的权衡之计，普鲁士的开明专制君主都不能够也不愿意按照启蒙的自由观念给予农民一定的人身自由，而只是在人道主义原则下采取一些限制压榨农民的措施，因为统治者要确保容克贵族对于专制王权的支持。与此同时，无论是废除王室领地的农奴制，还是改善农民的生活状况，普鲁士的开明专制君主也都不能也不想从中贯彻启蒙的平等精神，削弱等级贵族的特权。不仅如此，开明专制政府为了保护容克地主对土地的所有权，还下达命令，限制农民获得贵族的土地（1766 年），禁止贵族通过遗嘱、出售、抵押等方式将土地转让给市民（1762、1775 年）。虽然下令解放王室领地农奴的弗里德里希·威廉一世反对容克贵族参政，采取各种措施将土地容克排斥在王国的政治之外，但是弗里德里希二世上任之始就恢复了土地领主的传统权利，采取各种措施保护容克贵族。到弗里德里希·威廉二世结束开明专制统治的时候，普鲁士王国的经济体制、政治体制以及社会等级都没有发生根本性的变化。一句话，从君主专制到开明专制的转变不仅没有削弱普鲁士王权与贵族之间的关系，反而加强了王权与贵族的联盟。

二、鼓励工商业发展的财政—重商主义政策

财政—重商主义（Kameralismus）政策与重商主义（Merkantilismus）政策的重要区别在于，前者是王国政府主宰工商业发展的措施，后者是王国扶持工商业发展的政策。在这样的前提下，普鲁士开明专制政府采取的鼓励工商业发展的财政—重商主义政策，实际上仍然是鼓励发展中世纪式的城市经济。或者说，它所发展的是王国经济而不是企业经济。但是，人们不能忽略的一点在于，普鲁士的财政—重商主义政策为接踵而至的国民经济的形成与发展奠定了基础。

在大选帝侯弗里德里希·威廉即位之初，即 17 世纪前期的三十年战争还没有结束的时候，勃兰登堡-普鲁士选帝侯政府就明确地开始推行符合于重商主义观念的经济政策。其突出表现就是政府直接出面组织和鼓励出口，限制进口，扩大出口商品的生产。这是勃兰登堡-普鲁士为战后迅速恢复经济生产而采取的重要措施。

普鲁士王国确立之后，自 18 世纪初年起，诸如鼓励农产品出口、限

制奢侈品进口、储备货币、减缓行会束缚、引进工商专业人才等的早期重商主义经济措施,在王国内得到了普遍的实行。在国王弗里德里希·威廉一世统治时期,促进手工工场及对外贸易的发展成为直接服务于军事与外交的王国大政方针。

1713 年 3 月 27 日,刚刚上任的弗里德里希·威廉一世下令设置"财政总署",令其全面负责制定王国的经济政策和管理经济事务。"总署"总监是内阁秘书 E. B. 冯·科罗伊茨(E. B. von Creutz,约 1670—1733)。作为重商主义经济制度的实施机构,该财政总署下设几个财务管理和委托代理部门,具体管理或代理诸如常备军队的物资和财务需求、城市过境税收和交易细则以及农产品输出等经济事务。1718 年,来自萨克森的银行家和企业主 J. A. 冯·克劳特(J. A. von Kraut,1661—1723)成为"财政总署"的实际负责人。冯·克劳特是兼任枢密议员和军事大臣的普鲁士王国第一任商业和手工业大臣。早自 1713 年起,他就在国王的直接支持下参与制定了许多工业、商业经营和管理的王国法规,制定了关税税率和商业统计法则,并在柏林创立了一处"王国仓库"或称"王家织布场",继而以此为实验模板,制定了一系列诸如限制外国布料进口,禁止本国原材料出口,促进国内生产、出口贸易和过境贸易,引进外国资金和经验,以及垄断普鲁士军服需求等目标明确的经济政策。1722—1723 年,在冯·克劳特去世以前,弗里德里希·威廉一世将"财政总署"下设的几个机构和部门合并为四个部,四个部共同附属于一个"财政、军事和王室领地总执行局",简称"总执行局"(Generaldirektorium),由内阁第一秘书 S. 冯·马沙尔(S. von Marschall,1683—1749)担任总监。

冯·马沙尔自 1713 年起就在国王身边服役。如果说冯·克劳特是在经济领域本身为国王提供经济政策方面的建议,那么冯·马沙尔就不仅是在经济领域而且在政治领域内对于普鲁士的经济发展发挥了关键性作用。在冯·马沙尔的建议下,国王批准建立了一系列政府机构,其中几个涉及经济的部门由冯·马沙尔自己负责。如 1716 年建立的"枢密邮政院"(Geheimer Hof-und Postrath)①、1722 年合并的"海军和陆军新兵财务处"(Marine-mit der Rekrutenkasse)、1723 年的"最高财务署"(Oberfinanzrat)、1733 年改建的"财政—军事—王室领地最高实效枢密院"(Der Wirkliche Geheime Finanz-，Krieges-und Domänenrath)。弗里德里希二世上任后,冯·马沙尔继续担任"海军和陆军新兵财务处"主管,并成功地使国王接受了他的建议,于 1740 年设置了"总执行局"第五部(die fünfte Departement des Generaldirektoriums),他自己以商贸—经济大臣的身份,专门负责监管普鲁士王国的手工工场、商业和制造业事务。除此之外,冯·马沙尔还在王国内广泛地试用职业和经济统计,明确了解农民和手工业者的数量和技术状况,并在王国境外安置代理人,招募专业人才和技能劳力。由于出色的工作成就,冯·马沙尔曾获得"实效的财政和军事枢密大臣"的赞誉。

弗里德里希二世即位后,在几位前任国王的基础上,继续坚持重商主义理念,采取促进王国经济发展的有效措施。作为典型的开明专制君主,他采取的相关措施可以概括为两个主要方面:一方面,细化经济管理部门,促使经济管理部门进一步地专业化;另一方面,强化经济政策统一,促使经济发展的领导权进一步地集中于国王本人。

如前所述,1740 年 6 月 27 日,在上任不到一个月的时候,弗里德里希二世就接受冯·马沙尔的建议,设置了"总执行局"第五部,专门负责工场、商业和制造业事务。以此为开端,普鲁士的最高统治机构出现了按照专业划分的部门。虽然原来根据区域划分的部门仍然存在,但是依据专业的管理,特别是依据经济专业的管理从此成为普鲁士王国统治的基本形式。1746 年,国王批准建立了军事经济部(Departement für Militärökonomie),专门负责军需经济。1749 年冯·马沙尔去世以后,国王自己接管了第五部的领导事务,并为自己保留了王室领地和森林管理的最高领导权,借以直接推动重商—财政主义理念支配下的工商业发展

———————————————————

① 到 1745 年,冯·马沙尔使普鲁士的邮政业发展成当时西欧最现代的、高效的部门。

政策的实行。后来，国王又批准建立了三个专业的经济管理部门，即货物过境税和关税部（Departement für Akzise und Zoll，1766）、采矿冶铁业部（Departement für Bergwerke und Hütten，1768）和森林产业部（Departement für Forsten，1770）。

显然，工商业已经被看作王国财富的来源，是与农业同样受到国王关注的经济部门。普鲁士工商业的发展被置于王国政府直接的且专业化的管理之中。由此，谷物和其他土地产品以及织物和其他手工产品的生产和输出等工商事务不仅得到王国政府相关部门的有利预算、币值保护以及鼓励性税务监制，而且还有机会在王国政府机构内得到相应的经营环境和前景方面的咨询和领导。这是一方面。

另一方面，可以说从上任的第一天起，弗里德里希二世就表现为名副其实的专制君主，他将包括经济发展在内的王国统治权完全掌握在自己或其直接的代理人手中。其间，虽然不再像前任那样将发展工商业经济当作强国的手段，而是当作富国的目标之一，但是，他还是将王国的军事与外交作为经济发展的前提，将主要的商贸企业发展状况及其趋势纳入国王的直接掌控之中。

例如，国王长期回避确定一位经济大臣的问题。特别在统治前期，几乎所有涉及王国范围的经济事务差不多都直接地经过了国王，从安置外国移民、引进英国机器、开运河造山路，到扶持棉布、丝绸和天鹅绒等的生产和销售，以及农村家庭手工工场（烧窑、酿酒等）的运作，直到开办博览会招商引资、设立信贷机构、低息贷款，等等，事无巨细，差不多都得到国王的关注过问、参与计划，甚至直接推动实施。

又如，占领西里西亚以后，弗里德里希二世并没有在这里设置与其他地方一样的专业管理部门，而是将这个王国新区直接置于自己的统治之下，并在此重点发展纺织、冶铁和采矿业。虽然国王任命著名的矿务学家 F. A. 冯·海因尼茨（F. A. von Heinitz，1725—1802）为王国矿务总监，责令他负责用先进技术开采王国的银、铅、铁和煤矿，让他着重于在西里西亚的矿务，但是，国王仍然每年都要亲自出巡西里西亚，特别关注这个地区制造业与出口贸易的发展状况。正是由于国王的直接监管，到 18 世纪末，西里西亚成为德国工业化最发达的省份，为普鲁士提供了大部分的王国收入。

再如，国王利用王室资本直接介入对外贸易，支持成立对外贸易公司：1751 年建立"埃姆顿普鲁士王家亚细亚广州与中国商贸公司"（Königlich Preußische Asiatische Compagniein Emden nach Canton und China，1765 年解体）、1765 年建立"强制建筑木材贸易公司"（Oktroierte Nutzholz-Handlungskompanie）以及 1772 年建立"普鲁士海外贸易公司"（Preussische société de commerce maritime）。这个海外贸易公司也是王国内部的贸易机构，它直接参与支持王国的工业和贸易发展。与此同时，弗里德里希二世还关注与外国签订贸易条约：1775 年与波兰、1782 年与西班牙、1785 年与美国签订的条约都以王国经济为背景，并且都置于以国王为首制定的王国经济政策的统一规范之中。

如果说统一在弗里德里希二世集权之中的经济政策强有力地使普鲁士在 1763—1786 年间走上了近似工业化的道路，那么弗里德里希·威廉二世政府的经济政策却不算强而有力。例如，新的王国政府一度试图放弃对谷物贸易的统一调控，只是由于价格上涨等等原因才很快又恢复了前届政府的计划经济模式。虽然像冯·海因尼茨负责管理的矿山等个别产业得到进一步发展，但是在整体上工商业的发展不再从王国政府获得促进力量。到 18 世纪末，普鲁士王国财政经济已经明显地受到私人企业经济的、强有力的挑战。

在此应该说明的是，普鲁士开明专制政府在工商领域内所采取的各种措施，重在辅助军事和外交政策，即使在典型的开明君主弗里德里希二世统治时期也不例外。从 1750 年责令铸币专家 J. Ph. 格劳曼（J. Ph. Graumann，约 1706—1762）改革币制，到 1765 年宣布成立德国第一家信贷银行，到 1769 年颁布内阁令（Cabinets-Ordre）为在战争中遭受损失的贵族提供贷款，直到 1810 年前后强令奢侈品专营或征税，特别是在 1763 年以后，王国经济的重点明白无误地从农业优先转向工商业优先等等，这一切都明确地表明,普鲁士国王推行财政—重商主义政策,其目标是发展王国经济而不是国民经济,目的是军备强国而不是福利予民。

正是因此,重商主义现象在普鲁士表现为独特的财政—重商主义。这种财政—重商主义既表现为一种对市场经济的保护和防御,而非像同时期其他西欧强国那样进行市场扩张和征服,同时也表现为对于王国臣民的教育和驯化。财政—重商主义理论家相信,要实现社会的经济福利和生产力增长,就必须有道德高尚的、受过良好教育的人民。正是为了塑造和保护人民的道德,国家的经济干预是完全必要的;也正是为了在多个方面规范和管制公共的和私人的行为,王国的工商业发展需要启蒙式的职业教育进行配合。这一点在下面关于开明专制的教育措施中还会提到。

第三节　普鲁士开明专制的措施:政治、司法与教育

一、集中君权的行政机构改革

在王国政府的行政机构范围内,集中君权是君主专制的重要表现之一,而开明君主专制则是在集中君权的前提下,进一步削弱贵族的参议权。换言之,在君主专制时期,中央集权行政改革的重要表现是实行以君主为首领的贵族合议制,而开明专制的相应改革则是弱化甚至取消贵族的参议权,代之以君主独言专制。普鲁士开明专制的政治措施明确地表现了这一点。

在勃兰登堡-普鲁士,自大选帝侯开始,贵族参议制(die adelige politische Mitspracherechte und Befugnisse im absolutistischen System)作为三十年战争以后在君主专制形成过程中出现的邦君官厅的施政原则,随着中央统治机构的确定、完善和加强而得以确立。在贵族参议制原则之下,各地大贵族的传统权利在地方上受到相当大程度的削弱,这些权利继而被转移到以邦君为核心的中央政府官厅。由此,选帝侯国的

军事、税收及司法等等主要权利一般都通过由贵族合成的官厅机构而集中于选帝侯一人手中。换个角度说,选帝侯所做出的重大决策一般都经过了与官厅贵族的合议。参议制是中央君主与地方贵族的统治合作形式。在这种形式下,被集中于中央的贵族基本上保有传统的、原来在地方所有的各类权利。

如前所述,普鲁士王国确立以后,国王弗里德里希·威廉一世曾经为了增加国库收入而于 1713 年设置王国的"财政总署",并在 1722—1723 年将之扩建为王国"财政—军事—王室领地总执行局"。它负责统管整个王国的财政和军事事务,很大程度地凌驾于作为中央统治机构的"宫廷枢密财务局"(Geheime Hofkammer)。这个"宫廷枢密财务局"是选帝侯弗里德里希三世于 1689 年对大选帝侯所建立的"枢密院"(Geheimrat)的改建。需要强调的是,虽然"总执行局"直接对国王负责,但是,它分设的四个部仍然是领地性的。也就是说,专业部门的划分仍然是以领地为单位的。另外,弗里德里希·威廉一世也曾经为了集中权力而于 1713 年发布"组阁政令"(*Marginalien*),组织"内阁部"(Kabinett),即国王的咨询部,主要涉及对外事务。它负责制定统一的王国对外政策,在很大程度上改变了弗里德里希一世于 1702 年组织的、不作为政府机构的"三人内阁"(Drei-Grafen-Kabinett)①。同样需要强调的是,虽然"内阁部"也是直接对国王负责,但是,它是一个独立的贵族参政合议机构,其成员仍然参加枢密院举行的全体大臣会议。在维持原有的这些统治机构的前提下,国王弗里德里希二世通过增加管理部门的办法,推行进一步的行政机构改革,其目标是用专业的管理部门来取代贵族的参议机构,用专业人员的责任管理权来取代传统贵族的参政合议权(Mitsprecherechte)。

弗里德里希二世即位之后,如前已述,就立即开始着手增加中央政

---

① 弗里德里希一世"三人内阁"中的三人是:塞恩-维特根斯坦伯爵(Sayn-Wittgenstein, 1663—1735)、瓦滕斯莱本伯爵(Wartensleben, 1650—1734)和瓦腾贝格伯爵(Wartenberg, 1643—1712)。"三人内阁"又称"三伯爵内阁",于 1710 年解散。

府的专业管理部门。先后为普鲁士王国的最高权力机构——"财政—军事—王室领地总执行局"增加了第五部①、战争或军事部、货物过境税和关税部、采矿冶金部和森林部。新增加的部门不仅在名称上,而且在实际权限方面也都是纯专业的中央管理机构,在本专业范围内,其权利延及全国,并直接对国王负责。但是,对于新近占领的西里西亚省,国王特派大臣管理,该大臣不属于"总执行局",也没有专业要求,虽然同样直接对国王负责。以专业管理部门为基础的、以特派大臣为代理的"直接对国王负责",意味着直接排斥贵族合议的原则。对于这些直接向国王负责的大臣,弗里德里希二世以书信的方式与之联系。他向他们发布书面命令,并要求他们进行书面请示和汇报。国王不再召开全体大臣会议,尽管这个会议是王国建立以来的确定机构,他不信任官员个人,尽管政府各个机关都得到严格的监督。由贵族合议原则相伴随的政治统一基本结束。

后来的历史证明,由于容许中央同时存在地方代理机构和专业管理部门,弗里德里希二世的行政机构改革不同程度地造成了权利重叠或真空现象。有些部门逐步地成为一个省或几个省的地方最高行政机构,另有些部门的权利则受到阻截。王国统治体制因此僵化。他的后继者试图通过改善、改良等措施克服这些体制上的弱点,但仅仅依靠改善和改良显然无法从根本上克服这种由君主专制和开明君主专制合成的体制的弱点。

1786 年,弗里德里希·威廉二世继位后发布指令,试图恢复贵族合议体制,并使之与内阁合作,在恢复贵族旧有权利的同时,不破坏君主专制集权。但是,因为他既没有采取措施加强或扩大专业部门的权利,也没有削弱或废除省区领地部门的权势,所以他不仅没有能够延续弗里德里希二世时代的统治强势,反而凸显了先王时代的缺陷。1798 年,即位不久的弗里德里希·威廉三世(Friedrich Wilhelm Ⅲ,1770—1840,

---

① 属于第五部管辖的还有邮政、库尔马克行政区和国内移民事务。

1797—1840 年在位)更是颁布临时指令,再次一定程度地承认中央统治的贵族合议制原则,其结果是宣告了开明君主专制行政措施的失败。直到 19 世纪初普鲁士王国因外交和军事的失败再次推行改革,解散"总执行局",彻底结束中央的省区代理机构,确立内阁政治的时候,开明专制体制才走向终结。

在此应该对普鲁士的文官(Berufsbeamtentum)情况做些说明。"文官之父"是所谓的士兵国王(Soldatenkönig)弗里德里希・威廉一世的誉称。[1] 文官,区别于军官,是在普鲁士王国政府中服役的公务员。国王对于文官的要求主要有两个方面。一方面,完全献身于工作,无条件地、准时地、认真地、迅速地履行职责;另一方面,具备相当的知识,不断地、严格地、专业地接受培训。文官一般没有贵族出身,但受过高等教育;没有传统特权,但勤奋、机敏,忠诚于国王。[2] 1727 年,弗里德里希・威廉一世在哈勒大学和奥德河畔法兰克福大学设置内政管理讲座,这是欧洲范围内的、首次为充实在职文官的理论知识而设置的高级教育讲习班。

弗里德里希二世延续先王的做法,继续建设王国的文官队伍。所不同的是,他自称"国家第一公仆",意即普鲁士王国的首席文官(Erster Beamter)。相应地,其他文官也是国家的公仆而不再是国王的私役。在弗里德里希二世的统治下,文官与军官更加紧密地合作:退役军官和非现役的下级军官可以获得某级文官职务。可以说,这是普鲁士由中世纪王国向近代国家转变的标志;也可以说,它标志着普鲁士由等级主义君主国向官僚主义领土国家的转变。在这个转变的过程中,文官逐渐地成为王国的管理阶层。文官阶层构成的公共管理机关逐渐地取代军官主宰的地方权力机构。地方权力机构的主要责任是税收,税收是地方贵族的传统特权。普鲁士国王通过改变特权的方式平息地方贵族的反抗:变

---

[1] H. Schilling, *Höfe und Allianzen, Deutschland 1648 - 1763*, S. 31.

[2] 关于文官在普鲁士政府中的工作态度和要求,弗里德里希二世在写给俄国沙皇保罗一世(Paul Ⅰ, 1754—1801, 1796—1801 年在位)的信中有所描述。H. Schilling, *Höfe und Allianzen, Deutschland 1648 - 1763*, S. 419 - 421.

他们的税收权为担任军官权,变他们的政治参议权为从事政府公务的权利。

二、谋求王国利益的司法和法权改革

对于专制君主来说,控制王国的各级司法权是完成王国领地统一的必要程序。从弗里德里希·威廉一世开始,自然法学家 S. 科塞基(S. Cocceji,1679—1755)受命主持王国的司法改革工作,到弗里德里希·威廉二世公布由 S. 科塞基倡议编纂的《普鲁士通用国家法令》为止,普鲁士的专制王权在基本不受限制的情况下体现了启蒙的(或开明的)时代特征。

S. 科塞基的父亲海因里希·科塞基(Heinrich Cocceji,1644—1719)是普芬多夫的学生,曾先后在海德堡、乌得勒支和奥德河畔法兰克福大学教授自然法学。受其父亲的影响,S. 科塞基也成了一位对当时居于前沿地位的自然法权学科具有很深造诣的学者。1702 年,22 岁的科塞基受聘奥得河畔法兰克福大学自然法学教授,继而在 1723 年被普鲁士国王弗里德里希·威廉一世任命为王室司法大臣(Kammergerichtspräsident)。1735 年,随着在柏林的王国司法办公大楼的建成,在国王的直接支持下,科塞基将王国原有的各类司法机构,包括民事的、刑法的、教会的以及等级的法庭等等均集中在一座建筑物之内,由他统一领导,在全国范围内推行司法改革。

整体而言,科塞基主持的司法改革主要包括两方面内容。一方面,确立王室法院为全国最高上诉机构,同时设有两级地方法院;规定如有必要,凡诉讼案件均可经过三级法院的审理程序。另一方面,采取考试、考核等严格措施,提高法官及律师的业务水平和社会地位。由于这样的改革触及了甚至可以说剥夺了传统的等级领主、城市以及教会的审判权,所以遭到以总执行局副大臣冯·马沙尔为首的传统保守势力的强烈抵抗,致使国王不得不下令停止改革,并于 1739 年撤销了 S. 科塞基的司法大臣职务。

1740 年,弗里德里希二世继位后,对于王国的司法乃至法权状况的改革提到议事日程。如前已述,弗里德里希二世掌权后的第一件事就是废除刑讯。1741 年,他重新任命 S. 科塞基为王室司法大臣,同时支持和保护他继续推行改革。经过五年的努力,到 1746 年,普鲁士不仅取消了传统的、所有人的"绝对不可上诉权",而且确定了新的、所有法官的考试考核和固定薪资的制度。在占领了西里西亚之后,国王又责令科塞基在这个新的省区内推行新的司法制度,确立新的法权秩序。1747 年,科塞基再一次被免去了司法大臣的职务,但此免非彼免。从这一年开始,他以大首相的身份,全面推广包括司法改革在内的王国法权秩序改革。1749 年,S. 科塞基被册封为男爵,此后可称其为冯·科塞基。

在弗里德里希二世的支持下,冯·科塞基主持的改革基本进展顺利,但同时留有两点缺憾。一点,他没有能够彻底地废除宫廷司法权,就是说,包括国王在内的宫廷要人仍然保有法外特权。对此,他曾经于1749 年主导王国政府颁布了职权条例,一定程度地加以限制。后来,在他去世以后,王国政府于 1756 年组建了一个司法裁判机关——东普鲁士政府(司法局)(Ostpreußische Regierung〔Justizbehörde〕),在更大程度上限制了宫廷特权。当然,着眼于王国利益的专制王权并没有因此而遭到削弱。另一点,他没有能够实际展开编纂全国通用法的工作。1749年和 1751 年,冯·科塞基连续两次提出编纂弗里德里希王国法典的立项建议(Project eines Corporis Juris Fridericiani),可是在他去世之前一直没有得到国王的批准。国王弗里德里希二世虽然对于他的建议给予"最高的赞扬"[①],并在 1768 年的政治遗嘱中表示赞成法治,承认君主不应该损害法律而应该保护法律,但是,直到 1780 年他才接受已故冯·科塞基的建议,通过内阁发布命令,责令新任大首相 J. H. 冯·卡默尔(J. H. von Carmer,1721—1801)落实法典的编纂工作。在冯·卡默尔的领导下,著名法学家 C. G. 斯瓦雷茨(C. G. Svarez,1746—1789)执笔

---

① K. O. von Aretin, *Friedrich der Grosse*, *Größe und Grenzen des Preußenkönigs*, S. 73.

编写民法典，由 E. F. 克莱因（E. F. Klein，1744—1810）起草刑法。1792 年，在弗里德里希二世去世六年以后，《普鲁士通用国家法令》完成编纂，后经修订，由国王弗里德里希·威廉二世于 1794 年 6 月 1 日宣布生效。

《普鲁士通用国家法令》，作为普鲁士开明专制的突出成就，与 1713 年君主专制时期颁布的《王室领地谕令》相比，其主要特征可以概括为三个方面。一方面，《通用国家法令》将王室领地宣布为国家财产，国家利益取代王国利益而至高无上；另一方面，它标明普鲁士为法治国家，国王不得任意罢免官员、侵犯私人法权，国家全面监护民众的精神和经济生活；再一方面，它显示普鲁士仍然是等级制国家，贵族被列为第一等级。经济活动和职业选择仍然受等级社会传统的约束。需要指出的是，在 18 世纪开明君主专制制度之下形成的《普鲁士通用国家法令》还不能体现近代立宪精神，它只是在不改变国家体制的前提下对社会状况进行了一定的改善。

三、开启民智和提高国民素质的教育措施

为开启民智和提高国民素质而干预学校教育，是普鲁士开明专制的又一重要举措。与之同时，王国政府实行的宗教宽容政策也被纳入开明专制的总路线。

1717 年 9 月 28 日，弗里德里希·威廉一世颁布第一份《义务教育令》（*Principia regulativa*），规定王国内的适龄儿童必须接受学校教育。由之，普鲁士王国出现了兴建学校的浪潮。弗里德里希二世统治时，数以百计的学校建立起来。1763 年 8 月 12 日，国王颁布《学校法规》（*Generallandschulreglement*），规定 5—14 岁的儿童必须上学。当时，由于缺乏师资，下级军官就成了教师的主要组成部分。校长也多由退伍老兵担任。整体而言，那时普鲁士的教师基本没有受过良好的学校教育，其文化水平很低，读、写和算的能力都很差。学校培养出来的学生大多是经过了一定的军事训练、读写能力不算强的人。

虽然事实如此,但是在开明专制时期,在国王的支持下,许多怀有启蒙思想的王国大臣努力地实施王国政府颁布的类似于近代国民教育的措施,并试图提高包括教师在内的职业教育水平。其中的代表人物可以推出两位,即海克尔和蔡德利茨。

J. J. 海克尔(J. J. Hecker,1707—1768)是德国实科学校(Realschule)的奠基人。海克尔于1729年毕业于哈勒大学,并留校担任教育学院的教师。1735年,在国王弗里德里希·威廉一世的要求下,他离开哈勒,担任波茨坦军人孤儿院的教士、教师和督察员。稍后,在1738年,又由国王亲自任命为柏林三一教堂的首席教士。受虔信派领袖弗兰克的影响,海克尔致力于师资培养和职业教育。1746年,在国王弗里德里希二世的支持下,他买下了柏林一家高级中学的校舍。第二年将其改建为一所新型的实科学校,即经济数学实科学校。这是柏林的第一所实科学校。1748年,他又在柏林建立了教师研讨班。这也是普鲁士的第一个教师培训基地。

同一年,J. J. 海克尔着手制定了一份学校规章——"明顿-拉文斯贝格学校规章"(Minden-Ravensberger Schulordnung)。这份规章就是1763年弗里德里希二世的《学校法规》的模板。1750年,海克尔被任命为王国教会大臣(Oberkonsistorialrat),主管文化、教育和教会工作。在接下来的几年中,他一边著书立说,进一步思考和阐发符合启蒙时代精神的教育思想和理论,并特别创建了格奥尔格·莱默尔出版社和《周刊》(Wochenzeitschrift),宣传新的教育理念;一边继续实践学校教育,为柏林教师研讨班建立分校(1753年起),为柏林实科学校规范课程,设立技术实习场地,在学校教学与社会职业之间建立联系。J. J. 海克尔的教学活动奠定了普鲁士国民教育的发展基础。

K. A. 冯·蔡德利茨(K. A. von Zedlitz,1731—1793)是弗里德里希二世政府的高级官员。1755年,冯·蔡德利茨以王室法院高级候补文官的身份进入王国政府,从此以后一路高升:1759年是布雷斯劳的宫廷议员,1764年被任命为西里西亚政府首脑,1770年成为国家和司法枢密大臣（Geheimer Staats-und Justizminister），到1771年，除了刑事部事务以外，他还掌管王国的全部文化教育和宗教的管理部门，负责学校和教会事务。就像J.J.海克尔受虔信派领袖弗兰克的影响一样，冯·蔡德利茨在古典哲学家伊曼努尔·康德的影响下，致力于国民教育。他坚守教育可以促进人性完美，进而可以推动社会进步的启蒙理念，相信学校教育可以开启民智，进而可以提高民众的道德水平。

在冯·蔡德利茨的主持下，普鲁士王国政府于1788年通过了王国《中学学校规则》（*Abiturreglement*），确立中学毕业会考（Abitur）制度；同时加强校舍建设，改善教师薪俸。在大学中，自上而下，鼓励自由思想，支持学术创新。与冯·海克尔相似，冯·蔡德利茨的教改活动也为普鲁士国民教育的发展奠定了基础。

1786年，随着弗里德里希·威廉二世的上任，王国政府的宗教政策开始取代教育措施成为控制臣民思想和观念的主要途径。

自"大选帝侯"弗里德里希·威廉统治时期开始，普鲁士的宗教政策就已经在信义宗和改革宗的范围内实现了信仰宽容的理想。身为改革宗信徒，大选帝侯没有在选帝侯邦内强制实行"教随国定"的原则。他于1664年颁布《宽容敕令》（*Toleranzedikt*），禁止信义宗和改革宗两个教派的神学家在布道坛上相互攻击，并限制信义宗的信仰告白书对于改革宗的划界教理，从而在实际上取消了信义宗《协同书》（《*Konkordienbuch*》）[1]的限定性和排他性。1671年，出于发展经济的目的，大选帝侯邀请在维也纳遭到驱逐的50个犹太人家庭前来勃兰登堡定居。稍后，在1685年10月29日，即在法国国王路易十四于10月18日废除《南特敕令》（*Édit de Nantes*）的十天之后，大选帝侯又颁布了《波茨坦敕令》（*Edikt von*

---

[1] 信义宗信徒将1530年的《奥格斯堡信仰告白》（*Augsburgische Konfession*）、1531年的《奥格斯堡信条辩护书》（*Apologie des Augsburgen Bekenntnisses*）、1536年的《施马尔卡登信条》（*Schmalkaldscher Artikel*）、1537年的《论教皇权与教会首位》（*Gewalt und Oberigkeit des Papstes*）以及1529年的《马丁·路德博士小问答》（*Kleiner Katechismus Dr. Martin Luthers*）和1529年的《马丁·路德博士大问答》（*Großer Katechismus Dr. Martin Luthers*）汇总成《协同书》，于1580年在德累斯顿正式出版，作为信义宗（路德派）信仰教条的完整宣示。

Potsdam)，欢迎在法国受宗教迫害的新教徒胡格诺"自由地、安全地"定居勃兰登堡，保证他们拥有一定的特权，并且减免税务和关税；企业主享受邦国补助金，牧师享有豁免权。普鲁士王国建立以后，仍然出于发展经济的目的，王国政府坚持实行在发展经济前提下的宗教宽容政策。其中，对于容纳犹太人的法令具有典型意义。

　　1700年，选帝侯弗里德里希三世即稍后的普鲁士国王弗里德里希一世颁布《犹太人法》(*Judenreglement*)，禁止犹太人购买房屋，并列举了一系列商贸限令。在当时拥有约两万居民的柏林，居住着千余名犹太人。[①] 虽然弗里德里希·威廉一世上任后基本取消了这份法令（1714年)，允许犹太人在勃兰登堡-普鲁士境内买房居住，甚至可以开办商店，但是，王国政府仍然对于犹太人的居住权限定条件。例如，只有长子可以继承居住许可权，次子和第三个儿子可以继承钱财，而其他子女则或者不结婚并且没有孩子，或者离家谋生。另外，犹太人必须以社区为单位每年交纳高额税金，同时必须支付"栏头税"。这是非犹太人为自己的役畜支付的税项，就是说，犹太人要像非犹太人的役畜那样缴税。还有，犹太人使用仆役的数量也受到限制，就是说，政府禁止没有居住权的犹太人以仆役的身份定居在王国境内。1730年，普鲁士王国颁布《通用犹太法》(*Generaljudenreglement*)，将柏林的犹太人家庭数目限定在100个，余者限期迁离。但时隔不久，在1737年，柏林又有了321户犹太人，其中附带若干仆从。[②]

　　弗里德里希二世是开明君主，无论个人的信仰是什么，他在原则上都会遵循宗教宽容的启蒙理想。在他统治期间，在柏林弗里德里希公园的一座新教教堂旁边建起了一座天主教大教堂（1747年)，成为普鲁士宗教宽容的象征。对于犹太人，在先王的基础上，他于1750年颁布了《普鲁士王国犹太人特权修正法》(*Erlaß eines Revidierten General-*

---

① ［德]马克斯·布劳巴赫等：《德意志史》第二卷《从宗教改革至专制主义》，第608页。
② 到18世纪末，普鲁士的犹太人增加到一万人。H. Schilling, *Höfe und Allianzen*, *Deutschland 1648 - 1763*, S. 427.

Privilegiums und Reglements für die Judenschaft im Königreich Preußen），将犹太人分成了六个等次，依次予以居住法权。具体是，第一等，富裕者，他们本身及其全部合法子女和仆役均有居住权。第二等，受特殊保护者，他们本身及其长子拥有居住权，其他子女需要购买居住权。第三等，受保护者，他们本身拥有居住权，其子女中有一人可以购买居住权。第四等，拉比和社区领袖，他们的居住权与职务挂钩，不得继承和购买。第五等，被容许居住者，他们大多是上面第二、三和四等犹太人的子女。第六等，富裕犹太人的仆役和商行雇员，居住权由其主人临时确定。位于前三个等次的犹太人负责承担税务。据载，在弗里德里希二世在位时期，柏林共有大约 6000 犹太人，其中 90% 以上的是有前提条件的居住者。极个别的人能够享受第一等特权；162 人受特殊保护，属于第二等；另有 63 人是第三等受保护者。① 法令划分等次的结果是犹太人被固定居住。直到 1812 年弗里德里希·威廉三世（Friedrich Wilhelm Ⅲ，1770—1840）再次颁布相关的"犹太人敕令"②时，犹太人才有了自由迁徙的可能性。

　　1786 年弗里德里希二世去世以后，普鲁士王国政府的宗教政策发生变化。他的继任者弗里德里希·威廉二世重用自己的朋友、新教神学家 J. C. 冯·韦尔纳（J. C. von Wöllner，1732—1800），支持后者排挤 K. A. 冯·蔡德利茨，成为总执行局的首席大臣，并于 1788 年完全接管了王国的文化、教育和宗教工作。在冯·韦尔纳的主持下，王国政府于 1788 年 7 月 9 日颁布了《韦尔纳宗教敕令》(*Wöllnersche Religionsedikt*)，宣布教会要恢复使徒时代的纯洁形式，教士要严格按照合法的教义书籍讲道，禁止攻击正统教义。1791 年 5 月 4 日，冯·韦尔纳主持成立了王国教会事务考核委员会，不仅对于教会的神职人员，而且对于中学以至大学的教师都要进行考核，意在坚决清除启蒙运动的影响。显然，与在其

---

① F. Battenberg, *Das Europäische Zeitalter der Juden*, *von* 1650 *bis* 1945, Darmstadt: Primus Verlag, 2000, S. 67.
② 参见第九章第三节之"普鲁士改革运动"。

他方面的情况一样，普鲁士的开明专制制度在弗里德里希·威廉二世统治时期逐步衰退。

弗里德里希·威廉二世在做王储的时候就参与了玫瑰十字团（Rosenkreuzer）的活动。这个神秘的、以对人类进行全面改革为目的的基督徒小团体是一个敌视启蒙运动的教团，与共济会有些关联，弗里德里希二世曾经积极地参与这类团体的活动。与弗里德里希二世不同，弗里德里希·威廉二世一直没有摆脱玫瑰十字团的影响。这也是普鲁士开明专制在他统治期间很快衰退的主要原因之一。

总之，普鲁士开明专制的特征可以集中归纳为三个方面。一方面，其开明的改革措施仅限于文化、教育领域，在政治、外交领域内仍然实行专制统治政策。典型的例子如弗里德里希二世。他一上任就委托法国神学家、哲学家和历史学家、《百科全书》编纂者之一 J. H. S. 福默在柏林创办一份政治和文学的法文报纸，并责令大臣 H. 冯·波德维尔斯（H. von Podewils，1696—1760）审查并清除该报中的非政治内容。所有政治言论都要事先经过严格的审查。另外，他曾经邀请法国启蒙思想家伏尔泰等人客居王宫，几乎每天都与他们交谈，但他不能容忍这些启蒙的精神领袖们对他的统治政策稍加批评。所谓"开明的"仅仅是、且完全是专制的前缀。另一方面，其统治措施表现了观念上的开明和实践上的专制，因此各项措施所建立起来的新制度都不是在取消旧制度的基础之上，而是新旧制度并存、并行。第三方面，其专制的统治政策使君主以公仆的面目、专制君主以第一公仆的面目出现，使中世纪王国以近代国家的面貌出现，因而掩盖了普鲁士国家体制改革的真正需求，导致了这一军国主义"强国"在法国战争中不堪一击的历史事实。

伴随着开明专制的实行，普鲁士进入欧洲大国之列。普鲁士的强国之路是战争之路。它主要通过三次西里西亚战争，跻身为当时的欧洲五强之一。普鲁士的西里西亚战争也是奥地利的王位继承战，对此将在下一章进行叙述。从 1648 年三十年战争结束，到 1792 年向革命的法国宣战，在将近一个半个世纪的时间内，在欧洲大陆上发生了十几次战争，普鲁士几乎全部涉足,即使不是战争的主导者,不是战争的主战方,也是战争背后的外交力量。这是一方面。

另一方面,怀着成为欧洲强国的目的,从大选帝侯弗里德里希·威廉开始采取的扩展领土、提高国际地位的总方针,经过几代统治者的一贯努力,到弗里德里希二世统治时期,霍亨索伦王朝的统治领地从 2.37 万平方千米,扩展到了 1713 年的 11.2 万、1786 年的 19.5 万平方千米,一个世纪间增加了 8 倍多。同时,人口数量从 1712 年的 165 万增长到了 1740 年的 240 万、1786 年的 543 万。半个世纪间增长了 3.3 倍。作为参照,德国的人口在 1700 年约为 1500 万,1750 年约为 1700 万,1800 年约为 2300 万。普鲁士军队的规模也从 1688 年的大约 8000 人增长到了 1740 年的约 8.3 万人,到 1786 年时已经接近 18.8 万人,百年间增长了 23 倍以上![1] 到 18 世纪末法国大革命(Französische Revolution)爆发之前,就土地面积、人口数量和王国收入,以及在欧洲国际政治中的地位等等各方面来说,普鲁士已经成为名副其实的欧洲大国。然而,作为普鲁士强国之路上的第一功臣、如愿以偿地像亚历山大大帝一样地被称为"大帝"的弗里德里希二世却有这样的一段话:已经成为强国的普鲁士就像一只猴子,"模仿强国而没有成为强国"[2]。

---

[1] K. O. von Aretin, *Friedrich der Grosse, Größe und Grenzen des Preußenkönigs*, S. 134; H. Schilling, *Höfe und Allianzen, Deutschland 1648 - 1763*, S. 372 - 376. 另外参见 E. Bruckmüller u. P. C. Hartmann, *Putzger historischer Weltatlas*, S. 113、130、134. 作为参照: 18 世纪中叶,奥地利的人口大约是 600 万,英国的人口约为 800 万,法国的人口约为1800 万。

[2] K. O. von Aretin, *Friedrich der Grosse, Größe und Grenzen des Preußenkönigs*, S. 147.

第六章　奥地利的开明专制

　　与同时期的普鲁士王国相比,头戴神圣罗马帝国皇冠的奥地利,其推行开明专制的目标同样是维持欧洲大国的地位。但是,在奥地利,开明专制措施涉及的面更广,落实的要求更严厉,并且持续的时间较短。作为普鲁士国王弗里德里希二世的竞争对手,奥地利统治者玛丽亚·特蕾西亚(Maria Theresia,1717—1780)反对启蒙运动的基本理念,她的统治不完全属于开明专制,但其专制集权、司法改革、促进经济发展以及推动臣民教育等等具有明显改革色彩的统治政策,则在很大程度上为她的继承人、开明专制主义者约瑟夫二世在奥地利继续推行改革,实行时间不长的开明专制制度做好了铺垫。

第一节　玛丽亚·特蕾西亚的统治

一、家庭与生平

　　玛丽亚·特蕾西亚是德意志民族的神圣罗马帝国皇帝卡尔六世的长女。如前面提到,皇帝卡尔六世早在自己 28 岁正当年轻的时候,就于 1713 年 4 月 19 日颁布了一份《国事诏书》,宣布如无男嗣,女性有权继承哈布斯堡家族的产业,目的在于维护奥地利世袭领地的完整和不可分割性。1740

年 10 月 20 日,卡尔六世去世,23 岁的玛丽亚·特蕾西亚继承了哈布斯堡家族产业,成为奥地利大公、波希米亚女王和匈牙利女王。1745 年,她的丈夫弗兰茨·斯蒂芬(Franz Stephan,1708—1765)当选为神圣罗马帝国皇帝,即弗兰茨一世(Franz I,1708—1765,1745—1765 年在位)。根据自 1014 年以来的传统,玛丽亚·特蕾西亚本人虽然没有行过加冕礼,但仍然是合法的神圣罗马帝国女皇,或者说享有神圣罗马帝国皇帝的地位。[①] 1765 年,弗兰茨一世去世以后,她的长子继任皇帝,称约瑟夫二世。[②] 在任期间,玛丽亚·特蕾西亚以及约瑟夫二世推行的一系列改革为奥地利开辟了通向现代化国家的发展道路。

　　玛丽亚·特蕾西亚共有姊妹四人,长兄和小妹妹幼时夭折,大妹妹 24 岁时因难产而殁。身为皇帝的女儿,玛丽亚·特蕾西亚很幸运地可以自由恋爱,17 岁与客居父皇宫中的表哥、洛林公爵弗兰茨·斯蒂芬终成眷属。这位表哥的祖母与她的祖父是亲姊妹,就是皇帝费迪南德三世(Ferdinand III,1608—1657,1637—1657 年在位)的儿子和女儿。这位表兄得以迎娶表妹的条件是,必须放弃 1729 年起继承的洛林公爵的爵位,必须受任托斯卡纳大公(1737—1765 年在位)。婚后,这对夫妻生育了 16 个孩子:十女六男。其中有六个在十几岁之前就去世了,另有两个因获得高级圣职而不得结婚,还有一个坚守独身,终生不嫁。除此之外的其他七个孩子都通过婚姻成为女皇建立外交关系、尤其是与法国波旁

[①] 1014 年 2 月 14 日,神圣罗马帝国皇帝海因里希二世(Heinrich II,973/978—1024,1014—1024 年在位)与其妻子库妮恭德(Kunigunde,约 980—1033)一起在罗马圣彼得教堂接受了罗马教皇本尼狄克八世(Benedikt VIII,约 980—1024,1012—1024 年在位)的皇冠加冕。海因里希二世死后,库妮恭德曾接管治理帝国事务。此后,神圣罗马帝国皇帝的合法妻子均可称为帝国女皇。

[②] 关于神圣罗马帝国的皇帝与奥地利女皇的关系,笔者曾有这样的描述:"玛丽亚·特蕾西亚是奥地利君主国女皇;弗兰茨一世是神圣罗马帝国皇帝。几乎所有的史书都说弗兰茨一世生活在妻子的强势阴影之中。事实上,不是皇帝生活在女皇的阴影之中,而是神圣罗马帝国置身在奥地利君主国的阴影之中。皇帝和皇后两人的关系不仅是两个帝国政体之间的关系的生动表现,而且也显示了这两个帝国的状态:前者是一个温和守法、尊重并热爱妻子的传统丈夫,后者则是一个努力进取、不甘落后于潮流且认真维护丈夫尊严的妻子。"刘新利:《德意志历史上的民族与宗教》,第 395 页。

家族关系的筹码。她的最小的女儿玛丽·安托内特(Marie Antoinette,
1755—1793)成为法国国王路易十六(Louis ⅩⅥ,1754—1793,1774—
1793 年在位)的王后,并在法国大革命中作为封建势力的代表与国王一
起被革命者斩首。

　　概括说,玛丽亚·特蕾西亚留给后人的是奥地利国母的形象。她支
撑哈布斯堡的德意志民族的神圣罗马帝国大厦和兴办国立基础学校,与
相夫教子同步而行;她在国内推行全面改革和在国外进行卫土夺权的战
争,与持家护院同样对待。玛丽亚·特蕾西亚是一位宽容贤德的妻子。
虽然丈夫不乏寻花问柳的绯闻,但她始终与之相亲相爱。48 岁时丈夫去
世,从此至终,一直都是黑衣丧服,满怀哀念。她也是一位慈爱细致的母
亲。众多子女环绕身边,从男孩射猎到女孩编织,她无不亲自过问,悉心
教导。身为哈布斯堡皇族的首脑,她理顺了帝国与王朝的关系。作为奥
地利国家的君主,她明确了王国为臣民谋求安全和福利的基本目标。虽
然她反对启蒙运动,但是她采取了许多属于开明专制的统治措施;虽然
她坚守天主教的信仰传统,但是她反对教会对于国家主权的限制,尽可
能地扩大国家的作用范围;虽然她不了解天赋人权、宇宙秩序等当时的
前沿学术成就,但是她支持维也纳大学的科研活动,推动教育改革,鼓励
传播对国家有用的知识。因此,不属于开明专制君主的玛丽亚·特蕾西
亚为她的后继者奠定了实行开明专制措施的基础。

　　与其竞争对手普鲁士国王弗里德里希二世相对照,玛丽亚·特蕾西
亚一生中几乎没有走出皇宫或王宫,几乎没有接触那个时代先进的思想
和思想家。她不是以军队统帅的姿态在战场上与她的对手作战,也不是
以外交家的面貌出现在欧洲国际舞台之上,更不是以经济决策人的面目
巡游在全国各地。而正是在这三个方面,通过与她相反的做法,弗里德
里希二世塑造了自己的形象。可以明确地说,在军事方面,特别在为了
维权的、持续八年的奥地利王位继承战争中,玛丽亚·特蕾西亚每年都
在怀孕和生育,但她是不上战场的战争指挥者;在外交方面,在逆转外交
阵线的过程中,她一直在为儿女的婚姻劳心费神,但她是灵活并运筹帷

幄的外交家;在经济方面,在重商主义浪潮中,她在不断地考虑减肥,不让体重增加,但她是经济体制改革的主导人。无论如何,权大势强的奥地利女皇没有失去女人的追求。

二、战争:奥地利王位继承战、七年战争和巴伐利亚继承战

玛丽亚·特蕾西亚在任期间主要进行了三次战争:奥地利王位继承战(1740—1748 年)、七年战争(1756—1763 年)和巴伐利亚继承战争(Der bayerische Erbfolgekrieg,1778—1779 年)。战争期间,她充分表现了一位不上战场的战争指挥者的形象。

(一)奥地利王位继承战争

1740 年 10 月 20 日,正当怀着第四个孩子、即后来的皇帝约瑟夫二世的时候,玛丽亚·特蕾西亚的父亲、皇帝卡尔六世因误食毒蘑菇去世。之后,不到两个月,在 12 月 16 日,普鲁士军队开进了奥地利的经济大省西里西亚。普鲁士进军的理由是实现霍亨索伦家族对于历史遗留土地的占有,而实际上是上任不久的国王弗里德里希二世为了自己强兵富国而乘人之危。就年轻的女继承人而言,哈布斯堡王朝的确面临着被颠覆的危险,因为先皇的《国事诏书》不能够保证玛丽亚·特蕾西亚对于哈布斯堡皇族产业的合法继承。①

早在 1713 年制定了《国事诏书》之后,卡尔六世皇帝就特别关注欧洲各大政权的态度和立场。1720—1724 年,哈布斯堡家族所属的主要领

---

① 1765 年夫皇去世后,玛丽亚·特蕾西亚的头衔可以概括说明哈布斯堡家族的权利范围,它们是:神圣罗马帝国的女皇(Kaiserin);匈牙利、波希米亚、达尔马提亚、克罗地亚、斯拉维尼亚、加里西亚以及洛多梅里亚等王国的女王(Königin);奥地利和托斯卡纳的女大公(Großherzogin);勃艮第、施泰尔、克伦腾和克莱因以及布拉班、林堡、卢克森堡、盖尔德、符滕堡、上下西里西亚、米兰、曼图亚、帕尔玛、皮亚琴察、瓜斯塔拉、奥施维茨和察托的女公爵(Herzogin);特兰西瓦尼亚女大侯爵(Großfürstin);摩拉维亚、布尔高、上下劳斯尼茨的边地女伯爵(Marggräfin);士瓦本女侯爵(Fürstin);哈布斯堡、佛兰德、蒂罗尔、亨奈高、曲堡、葛尔茨和格拉底沙的受封女伯爵(gefürstete Gräfin);纳姆尔的女伯爵(Gräfin);温底马克和麦舍伦的女主人(Frau);洛林和巴尔的孀居女大公(verwitwete Herzogin)。其中 48% 在帝国的德意志地区以外。Heinz Schilling, *Höfe und Allianzen*, *Deutschland 1648 - 1763*, S. 306 - 307.

地,如匈牙利、齐本彪根和波希米亚等都明确表示支持哈布斯堡家族在没有直接的男性继承人的情况下,由女性继承人替代。稍后,在1726年和1728年,勃兰登堡-普鲁士也两次表态,承认奥地利的续统办法。后来,波兰-萨克森在1733年、法国在1735年以及英国在1739年,尽管不太明确但也都可以使人感到,它们不反对(支持)卡尔六世颁布的家族法规。然而,卡尔六世的突然去世使形势出现了逆转,不利于玛丽亚·特蕾西亚这位女继承人的因素迅速凸显。

一方面,哈布斯堡皇族中出现了有继承权的"另一位女性"。具体说,卡尔六世是从他的哥哥、皇帝约瑟夫一世(Josef Ⅰ,1678—1711,1705—1711年在位)那里继承的皇位。他去世了,皇位"应该"还给哥哥。就是说,如果女性可以继承家族产业,那么此时继承哈布斯堡皇位的应该是哥哥的女儿,而不是弟弟的。哥哥约瑟夫一世有两个女儿,分别嫁给了萨克森选帝侯兼波兰国王、弗里德里希·奥古斯特一世(Friedrich August Ⅰ,1670—1733,1694—1733年在位)①和巴伐利亚选帝侯卡尔·阿尔布莱希特(Karl Albrecht,1697—1745)。凭借皇族血脉,并根据邦国实力,这两位选帝侯夫人都有权力继承神圣罗马帝国的皇冠。虽然,哥哥的长女玛丽亚·约瑟法(Maria Josepha,1699—1757)宣布放弃对于哈布斯堡家族的继承权,但是幼女玛丽亚·阿玛利亚(Maria Amalia,1701—1756)并没有放弃。当然,在卡尔六世颁布的《国事诏书》中明确规定他自己的女儿优先继承。如此一来,在他去世的时候有两位奥地利哈布斯堡家族的女性继承人:一位是哥哥的幼女、巴伐利亚选帝侯夫人,另一位是弟弟的长女、奥地利女大公玛丽亚·特蕾西亚。因此,出于不同的利益要求,欧洲不同的政权就有可能围绕着巴伐利亚的玛丽亚·阿玛利亚和奥地利的玛丽亚·特蕾西亚继承皇位问题分成两个敌对的阵营。但是,这只是一种可能性。因为如果承认"另一位女性"、哥哥的女儿玛丽亚·阿玛利亚继承家业,就意味着违背对于《国事诏书》的

①即萨克森选帝侯"强壮者"奥古斯特,1697年开始兼波兰国王,称奥古斯特二世(August Ⅱ)。

承诺。

另一方面,在皇族继承事务中出现了"另外的文件"。具体说,巴伐利亚选帝侯卡尔·阿尔布莱希特不是以玛丽亚·阿玛利亚丈夫的身份,而是以哈布斯堡近亲的资格,与玛丽亚·特蕾西亚争夺哈布斯堡的产业。他提供的证据,一个是来自皇帝费迪南德一世于 1543 年发布的遗嘱,另一个是 1546 年在雷根斯堡帝国议会上确定的婚约:即皇帝将自己的长女嫁给巴伐利亚公爵的继承人阿尔布莱希特(Albrecht,1528—1579)。阿尔布莱希特出身于维特尔斯巴赫家族(Wittelsbacher)。据此,当费迪南德一世和他的皇兄卡尔五世①嫡系绝嗣时,出自费迪南德一世长女的、维特尔斯巴赫的后代便有权继承皇位。现在,1740 年,皇帝卡尔六世去世了,没有留下男嗣,巴伐利亚的卡尔·阿尔布莱希特就是理由最充分的合法继承人。神圣罗马帝国的皇帝从来没有女人,玛丽亚·特蕾西亚无权继承哈布斯堡王朝。这种说法由于普鲁士的重视而引起欧洲列强的重视。因为如果承认"另外的文件",《国事诏书》就保护不了玛丽亚·特蕾西亚,所以弗里德里希二世趁机站了出来,提出以割让西里西亚的部分土地给普鲁士为条件,"保护"玛丽亚·特蕾西亚的合法继承权。作为神圣罗马帝国的皇位继承人,玛丽亚·特蕾西亚理所当然地拒绝了普鲁士国王的"保护"。于是,如前述,普鲁士的军队开进了西里西亚。

此外,在欧洲国际事务中还出现了旨在瓜分奥地利的同盟。具体说,普鲁士军队在西里西亚的胜利进军鼓励四个欧洲政权对奥地利提出了土地要求:一是巴伐利亚,它想要波希米亚和上奥地利以及蒂罗尔;二是萨克森,它想要摩拉维亚和西里西亚的一部分;三是法国,它想要奥地利所属的尼德兰②;四是西班牙,它想要哈布斯堡在意大利的属地。而此时的奥地利军队刚刚在波兰王位继承战争(1733—1735)和俄奥对土耳

---

① 也译查理五世。
② 奥属尼德兰大致是今天的比利时和卢森堡。根据 1713 年结束西班牙王位继承战争的《乌得勒支和约》(*Frieden von Utrecht*),这个地区属于神圣罗马帝国哈布斯堡王朝的卡尔六世,即玛丽亚·特蕾西亚的父皇。

其战争(Russisch-Österreichischer Türkenkrieg,1737—1739)这两场战争中证明了自己的软弱无力。① 玛丽亚·特蕾西亚面临着国破家亡的危机。根本不懂军事的、更不是军队统帅的女皇,必须调动军队,迎接虎视眈眈的敌人,捍卫自己的领地。奥地利王位继承战争爆发。

1741年9月,玛丽亚·特蕾西亚抱着七个月大的儿子出现在普雷斯堡。在这里,她宣誓就任匈牙利国王,并以女王的身份召开等级议会,保证贵族的传统特权,并呼唤她的臣民,派出将领和士兵,保卫女王和女王怀中的、未来的国王。结果是,包括大约二万匈牙利士兵在内的奥地利军队投入战场,开始反攻,不仅很快收复了部分失地,攻入巴伐利亚的首府慕尼黑,而且顶住了普鲁士的进攻。1743年及以后,几大因素的介入更使得战争朝着有利于奥地利的方向发展:(1) 英国的介入战争和调停。以英国为首组建了有荷兰参加的"国事军",在对法国的战役中获胜,并且英国牵头成立了有撒丁王国(Königreich Sardinien,1239—1861)参加的"援奥同盟",在西线对抗法国军队;(2) 萨克森由反奥转向反普,在北部拉开了强有力的对普鲁士作战的阵营;(3) 巴伐利亚选帝侯在法国的支持下做了皇帝卡尔七世以后,失道寡助,失去了普遍的同情心,并且在位两年就猝死皇座,而他的儿子公开宣布放弃继承帝位,承认《国事诏书》;(4) 俄国也做好了战争准备,准备与英国一起以武力支持奥地利。

基于以上形势,玛丽亚·特蕾西亚这位没有出现在战场上的战争鼓动者,发起了对普鲁士的全面反攻。然而,战场上的情况并不能依顺宫廷里的意志转移。面对普鲁士的军事强势,面对法国的扩张霸气,面对英国的均势政策,特别是卡尔七世去世后,丈夫弗兰茨·斯蒂芬成功地当上了神圣罗马帝国的皇帝,即位称弗兰茨一世,玛丽亚·特蕾西亚认为战争应该结束了。1748年10月,在德国的亚琛城,战争双方签订了《亚琛和约》(Frieden von Aachen)。玛丽亚·特蕾西亚以割让西里西亚

---

① 这次战争也是俄罗斯与土耳其之间的第四次"俄土战争"。

以及在意大利的三块领地①为代价,保住了自己对家族产业的继承权,同时通过与丈夫的洛林家族的合一而开始了哈布斯堡-洛林王朝(Dynastie von Habsburg-Lothringen),从而保住了家族的帝国产业。

（二）七年战争

经过八年战争,玛丽亚·特蕾西亚终于保住了她的家族继承权,但是她失去了哈布斯堡家族已经拥有二百余年的西里西亚。不仅如此,家族的两块重要飞地,一块在波希米亚,另一块在意大利北部,都时刻有失去的危险,因为觊觎这两个地区的分别是军事强国普鲁士和正在扩张势头上的法国。更有甚者,英国,这个奥地利的盟友,现在与普鲁士这一奥地利的强敌,于 1756 年 1 月 16 日商定《威斯敏斯特协定》(Konvention von Westminster),缔结了同盟。双方商定,英国将帮助普鲁士抗击进入德国的任何外国军队,如抗击俄国军队,普鲁士将帮助英国保护其汉诺威领地免受包括法国军队在内的任何外国军队的侵犯。对于玛丽亚·特蕾西亚来说,英普联盟不仅意味着英国人背叛了她,而且表明普鲁士增加了实力,如虎添翼。奥地利成为普鲁士嘴边待嚼的肥羊。由此,当普鲁士国王弗里德里希二世率军进入萨克森、矛头直指奥地利的时候,不是军队统帅的女王再一次调动军队,进入所谓的七年战争。

实际上,在奥地利王位继承战争结束后到七年战争爆发之前的八年和平时间里,玛丽亚·特蕾西亚就已经在进行积极并公开的军备,为收复西里西亚做准备。一方面,她以女王的优雅华姿不断地巡视军队营地,从波希米亚、摩拉维亚到匈牙利、奥地利,意在激发官兵们古老的、尊崇女王的骑士精神。为此,列支敦士登亲王约瑟夫·温策尔(Josef Wenzel Ⅰ, 1696—1772)无偿地为女王装备了一支炮兵部队。另一方

---

① 意大利的三块领地,即帕尔马、皮亚琴察和瓜斯塔拉。其中,帕尔马是于 1738 年通过结束波兰王位继承战的《维也纳和约》(Frieden von Wien)归在奥地利的哈布斯堡家族名下的,皮亚琴察于 1746 年被奥地利夺得,瓜斯塔拉是一个独立的公国。

面,她以自己的名字设立了军事荣誉勋章①,意在激发将士们热血男儿的、英雄的荣誉感,在接下来的战争中担任全军元帅的 L. J. 道恩伯爵(L. J. Graf von Daun,1705—1766)就曾获得女王的大十字勋章,功绩卓著。另外,她还以自己的名字建立了一所军事学院——特蕾西亚军事学院,意在集中数学、工程、地理和历史专家,为将来的战争提供科学咨询,并训练年轻的贵族军官,使之具备优良的、战场上的指挥能力。奥地利女王的备战意图和军事运输引起普鲁士国王的警惕。据此,弗里德里希二世明确地感到,西里西亚并没有真正地到手。1756 年 7 月,弗里德里希二世派出使者,提出条件,要求奥地利保证短期内不进攻普鲁士。但是特蕾西亚女王拒绝任何条件,并表示重整军备的目的不是为了破坏和平,而是为了自身的安危。玛丽亚・特蕾西亚强调自己拥有自由行动的权力。

1756 年 8 月 29 日,普鲁士的军队进入萨克森,很快占领德累斯顿,并打败了女王从波希米亚调来的援军。七年战争爆发。战争期间,玛丽亚・特蕾西亚先后授权两个人率领和指挥奥地利的军队,一位是她的小叔子洛林的卡尔(Karl A. von Lothringen,1712—1780),另一位就是获得大十字勋章的 L. J. 道恩伯爵。

洛林的卡尔于 1736 年随着他的哥哥与玛丽亚・特蕾西亚结婚的队伍来到维也纳②,从此开始为帝国服务。在 1738—1739 年的俄奥对土耳其战争中,他以皇家卫兵队长的军衔带兵打仗,胜仗不多。1740 年奥地利王位继承战争打响以后,他被任命为奥地利军队元帅。作为奥地利军队的最高指挥官,洛林的卡尔于 1745 年两次被弗里德里希二世率领的普鲁士军队打败:一次在 6 月的霍亨弗里德贝格战役(Schlacht bei Hochenfriedberg)中,另一次在 9 月的索尔战役(Schlacht bei Soor)的战

---

① 玛丽亚・特蕾西亚军事荣誉勋章开始时分两个等级:大十字勋章和骑士勋章。1765 年,皇帝约瑟夫二世增加了第二等级,即元帅勋章。

② 洛林的卡尔于 1744 年娶了玛丽亚・特蕾西亚唯一的妹妹为妻。就是说,弟兄俩娶了姊妹俩。妹妹于 1744 年因难产而殁。

场上。虽然如此,玛丽亚·特蕾西亚仍然任用他为总司令,指挥奥地利的军队。然而,在1757年的罗伊腾战役(Schlacht bei Leuthen)中,洛林的卡尔再一次败给了弗里德里希二世。于是,女王授予他大十字勋章,表彰他虽没有功劳却有苦劳,同时任命L.J.冯·道恩伯爵替换他的元帅职务。1761年,洛林的卡尔被拥戴为条顿骑士团(Deutscher Orden)的团长。

　　L.J.冯·道恩伯爵的父亲是神圣罗马帝国军队的统帅,他13岁就开始随父从军上战场。在1733—1735年的波兰王位继承战争中,年轻的道恩伯爵获得上校军衔;在1737—1739年的俄奥对土耳其战争中升为少将。接着,在1740—1748年的奥地利王位继承战争中,道恩伯爵继续升迁,成为中将。在八年战争间歇期,他按照女王的旨意,加紧军备,落实军队改革,主持玛丽亚·特蕾西亚战争科学院的建立(1751年),并于1754年再次获得提升,军衔是陆军元帅。七年战争爆发后,冯·道恩伯爵奉命率军将普鲁士的军队赶出波希米亚。1757年6月18日,在科林,奥地利大获全胜,打破了普鲁士军队不可战胜的神话。道恩伯爵因此而成为第一个获得玛丽亚·特蕾西亚大十字勋章的人。接着,在1757年12月5日,在洛林的卡尔败于罗伊腾战役后,女王任命冯·道恩取代卡尔,担任奥地利军队的总司令。后来,因为在1760年的托尔高战役(Schlacht bei Torgau)中受伤,道恩被送回维也纳,但直到1763年战争结束,冯·道恩伯爵都是奥地利军队的总司令。1762年,道恩伯爵被任命为帝国最高战争委员会(Hofkriegsrat)的首席大臣。

　　虽然在战场上玛丽亚·特蕾西亚的面貌与军队统帅弗里德里希二世的形象没有可比性,但是,她与后者同样是七年战争的核心人物。这不仅是指女王对于战争进程的密切关注和对于军事统帅的直接调遣,而且指她对于战争结果的关键性影响。经过七年惨烈的战争,在1763年2月15日签订停战的《胡贝图斯堡和约》(*Frieden von Hubertusburg*)的时候,她最终没有收复西里西亚,并制止了政府中出现的再次收复这块失地的念头。皇储和首相等宫廷重要人物都主张坚决收复这块奥地利君主国的富庶地区。另外,她争取到普鲁士国王对于她的长子约瑟夫继任神圣罗马帝国皇帝的支持,并保住了奥属尼德兰。奥属尼德兰本来是允诺给波旁家族的法国和西班牙的,以报答它们参加奥地利一方作战。现在,普鲁士在战场上的胜利暂时冲淡了波旁与哈布斯堡两大家族的均沾利益念头。

（三）巴伐利亚继承战争

玛丽亚・特蕾西亚在晚年病重的时候,经历了她一生中的最后一次战争,即巴伐利亚继承战争。这场战争很符合她的不上战场的战争主导人的形象。

1777 年 12 月 30 日,维特尔斯巴赫家族的巴伐利亚选帝侯无嗣而终。按照家族继承法,血亲最近的继承人是普法尔茨选帝侯、普法尔茨-苏尔茨巴赫公爵卡尔・提奥多尔(Karl Theodor,1724—1799)。然而,在就任的第一天,他就必须考虑皇帝约瑟夫二世的提议。皇帝提议与他进行一桩买卖:皇帝用前奥地利和一笔巨款换购他的上普法尔茨和下巴伐利亚。且不说这笔买卖是否划算或公平,只说皇帝暗示的所谓帝国均势政策就没有给这位新任选帝侯考虑的余地。三十余年来,具体说从 1740 年起,通过占领西里西亚,普鲁士扩大了领地,成为欧洲强国,打破了帝国内部的势力均衡。如果普法尔茨与巴伐利亚合成一体①,领地扩大,难免在帝国中出现新的、将类似于或不亚于普鲁士的欧洲强权。因此,身为皇帝的约瑟夫二世有责任和义务制止出现这种将进一步削弱帝国、使帝国权力进一步失衡的现象。这是之一。之二,维特尔斯巴赫家族曾经欺负哈布斯堡家族无男性继承人,曾经与之争夺皇冠,现在维特尔斯巴赫家族绝了后,正好给了哈布斯堡人复仇的机会。显然,除了同意皇帝的建议,卡尔・提奥多尔没有其他选择。很快地,在 1778 年 1 月 3 日,皇帝与选帝侯在维也纳签订了交换条约。奥地利的军队开进了上

---

① 这是维特尔斯巴赫家族领地经过了五百多年分裂之后的重新合并,茨韦布吕肯-比肯费尔德除外。

普法尔茨和下巴伐利亚。奥地利女王玛丽亚·特蕾西亚对此保持沉默，普鲁士国王弗里德里希二世却没有沉默。

弗里德里希二世的声音代表了大多数德意志邦君的愿望。根据维特尔斯巴赫家族的继承法，许多德意志邦君都有权得到部分遗产：不仅仅卡尔·提奥多尔可以继承，包括霍亨索伦家族在内的其他邦君也都从中有份。不仅如此，普鲁士与大多数邦国都不愿意看到奥地利成为德意志的超级大国。带着这些愿望，弗里德里希二世与玛丽亚·特蕾西亚进行交涉，要求女皇重新考虑巴伐利亚的继承问题。女王继续沉默。于是，在皇帝主持下的奥地利军队开进巴伐利亚六个月之后，普鲁士于 7 月 3 日向奥地利宣战。第三天，即 7 月 5 日，普鲁士与萨克森联军开进了奥地利所属的波希米亚。巴伐利亚继承战争由此爆发。

巴伐利亚继承战争是一场没有真正战场、没有决定性战役的战争。战争期间，双方军队都在为寻求给养而努力。当时的部队给养主要是土豆，所以这次战争也被称为"土豆战争"（Der Kartoffelkrieg）。玛丽亚·特蕾西亚曾经给弗里德里希二世写过信，商议放弃摆开战场的事。因此，虽然最终双方没有交战，但还是于 1779 年 5 月 13 日在波兰南部的泰森签订了停战和约。《泰森和约》（Frieden von Teschen）确定，奥地利得到巴伐利亚的因河地区，即从帕骚到萨尔茨堡的北部边界的广大区域；普鲁士得到两个边地伯爵领地，即勃兰登堡-安斯巴赫和勃兰登堡-拜罗伊特；萨克森从卡尔·提奥多尔那里得到六百万古尔登（Gulden），作为对失去产业自主权的补偿。对于巴伐利亚，《和约》承认维特尔斯巴赫家族的继承法规，并确认巴伐利亚与普法尔茨选帝侯资格合一。

玛丽亚·特蕾西亚去世以后，约瑟夫二世再次提出巴伐利亚的交换问题。1785 年，皇帝与卡尔·提奥多尔达成协议，用奥属尼德兰交换整个巴伐利亚。根据这一协议，尼德兰与普法尔茨、与莱茵河下游的两个公国于利希和贝格连成一片，形成一个"勃艮第王国"（Königreich von Burgund），由卡尔·提奥多尔做国王，而将巴伐利亚并入奥地利。对于卡尔·提奥多尔来说，这不是一个坏主意。理由有二：一是普法尔茨是他的祖地,以此为统治中心最为适宜,而且尼德兰就在近处,而巴伐利亚相距太远;二是他长期居住在曼海姆,老树挪根,53 岁以后才移居慕尼黑,不仅他自己感到处处不适,而且当地人民也对他少有好感。所以,他同意皇帝提出的交换条件。此时,年老的弗里德里希二世再一次提出抗议。如果说,上一次巴伐利亚的继承问题,使他有借口占领巴伐利亚的土地,那么,这一次巴伐利亚的交换问题,使普鲁士国王有机会组织"诸侯同盟"(Fürstenbund),凭以削弱皇帝的势力,阻止奥地利借皇帝之力独霸德意志。面对由 13 个邦国组成的"诸侯同盟"①,约瑟夫二世果然失去皇权应有的支撑,失去了调动一支能够与普鲁士抗衡的军队的基础。可见,玛丽亚·特蕾西亚那种不上战场的战争指挥者的形象是无可模仿的。

三、外交:力保皇冠;争夺西里西亚和瓜分波兰

玛丽亚·特蕾西亚在任期间的外交对象主要是法国、英国和俄国。按时间顺序,在统治前期,女王的外交政策以维护神圣罗马帝国的哈布斯堡王朝续统为中心目标,力保皇冠,努力抵抗法国干涉皇帝的选举,重点在法国。在统治中期,女王的外交策略着重于收复西里西亚,力求外援,努力抵抗英国对于普鲁士的支援,重点在英国。在统治后期,女君主的外交意向是维护君主国的东部边疆,力保和平,努力防范奥斯曼帝国的扩张,重点在俄国。其间,她表现出目标明确、运筹帷幄的外交家形象。

(一) 神圣罗马帝国的皇帝选举与皇位继承

表面上,自 1356 年以来神圣罗马帝国的皇帝由选帝侯选举产生,而在实际上,神圣罗马帝国的皇位由皇族继承。

卡尔六世去世后,普鲁士的军队开进了西里西亚,《国事诏书》成为

---

① 13 个同盟成员邦是:普鲁士、汉诺威、萨克森、美因茨、茨韦布吕肯、黑森-卡塞尔、不伦瑞克、哥达、魏玛、安哈尔特、巴登、梅克伦堡和奥斯纳布吕克。

一纸空文,玛丽亚·特蕾西亚一上任就面临断送哈布斯堡皇族产业的困境。作为女子,她有权继承家族的产业,但无权继承皇冠,她希望她的丈夫弗兰茨·斯蒂芬继任皇帝。然而,在当时全部的九位选帝侯中,只有美因茨和特里尔两位选帝侯未动声色,其他六位都将赞成票投给了巴伐利亚选帝侯卡尔·阿尔布莱希特。具体原因是:普鲁士,它掌握勃兰登堡选票,以支持巴伐利亚为主要条件,换取法国支持它占领下西里西亚;英国,它控制汉诺威选票,也以支持巴伐利亚为条件,换取法国不侵犯其在德国利益①的保证;萨克森,它的地理位置正在普鲁士与西里西亚之间,跟着普鲁士以便占领一块西里西亚的土地,是可以期望的;普法尔茨和科隆,这两张选票本身就是维特尔斯巴赫家族的,与巴伐利亚选票一样,相当于自己投自己的票;波希米亚,它的这一票因为法国和巴伐利亚以及萨克森的军队占领了布拉格(1741 年 11 月 26 日)而当然地投向巴伐利亚。弗兰茨·斯蒂芬得了零票。于是,1742 年 1 月 14 日,巴伐利亚选帝侯被选为神圣罗马帝国皇帝,这就是卡尔七世。新皇帝不仅接续了玛丽亚·特蕾西亚之父皇的统治,而且结束了哈布斯堡王朝,使维特尔斯巴赫家族第二次登上帝国皇位。② 在此不难看出,法国,这个站在选帝侯背后的外国势力操纵了德意志民族的神圣罗马帝国皇帝的选举。在这种情况下,为了维护自己的权利,为了维护哈布斯堡皇族的生存,为了驱逐西里西亚领土上的普鲁士人,玛丽亚·特蕾西亚一边使自己的军队占领了巴伐利亚的首府慕尼黑,让新上任的皇帝无家可归,一边开始谋划与法国谈判。

　　谋划与法国谈判,玛丽亚·特蕾西亚并不是为了争取它,让它为自己说话,而是为了吓唬普鲁士,让弗里德里希二世害怕她会曲意与法国

---

① 英国与汉诺威自 1714 年起是合君国,即英国国王同时是汉诺威选帝侯。历史上共有三位合君:乔治一世(Georg Ⅰ,1698 年起为选帝侯,1714—1727 年在英王位)、乔治二世(Georg Ⅱ,1727—1760 年在选帝侯暨英王位)和乔治三世(Georg Ⅲ,1760—1814 年为汉诺威选帝侯、1814—1860 年为汉诺威国王、1760—1820 年为英国国王)。

② 维特尔斯巴赫家族的第一位皇帝是路德维希四世(Ludwig Ⅳ,1314—1347)。

结盟。普鲁士国王果然有此担心,所以同意退出战争。1742年7月28日,奥地利与普鲁士签订了《柏林和约》(*Frieden von Berlin*)。该和约的签订,对于普鲁士来说,标志着第一次西里西亚战争的结束,对于奥地利来说,意味着王位继承战争暂时休战。现在,乘着休战时机,女王着手组建"国事同盟"(Pragmatischer Bund),即联合支持《国事诏书》的盟友,共同对付法国、对抗普鲁士。

能够对付法国的最好盟友是英国。玛丽亚·特蕾西亚于1743年9月13日成功地与英国建立了"国事同盟"。但是,弗里德里希二世也于1744年6月5日与法国建立了"反国事同盟",并于当年8月由法国的军队进占波希米亚。如此一来,对于普鲁士来说,第二次西里西亚战争爆发了,对于奥地利来说,王位继承战争重新开火。此时,女王的外交政策再一次取得成效:俄国加盟。1745年1月8日,奥地利、英国、萨克森及俄国组成四国同盟。女王胜利在望。然而,12天后,即1月20日,皇帝卡尔七世病逝了,而他的儿子明确表示对于皇冠毫无兴趣。此时,无论在战场上有什么样的结果,女王的丈夫当选皇帝已经没有悬念。轰轰烈烈的王位继承战争戛然而止。

1745年10月4日,弗兰茨·斯蒂芬在美因河畔的法兰克福加冕为神圣罗马帝国皇帝弗兰茨一世。当年的12月25日,奥地利与普鲁士签订了《德累斯顿和约》(*Frieden von Dresden*),前者承认后者占有西里西亚,后者承认前者继承皇位。奥地利的王位继承战争,或普鲁士的第二次西里西亚战争宣告结束。至于法国,皇帝暨女皇力主宣布它是帝国的敌人,由于普鲁士从中干预,奥地利暂时放弃与之战斗到底的打算,同意1748年10月18日缔结停战的《亚琛和约》。该《和约》再一次确认玛丽亚·特蕾西亚和弗兰茨一世的统治地位,但同时也再一次确认哈布斯堡的世袭领地西里西亚归普鲁士、帕尔马归西班牙以及伦巴底归撒丁王国。女王以割让家族世袭土地为代价,保住了哈布斯堡王朝的权位,并且没有获得其他土地作为补偿,在她看来,这是外交上的重大失败。

（二）西里西亚的哈布斯堡产业与霍亨索伦承业

较早的时候，自 1526 年起，西里西亚是哈布斯堡家族的产业。稍后不久，自 1537 年起，霍亨索伦家族得到西里西亚的继承权。

1526 年，西里西亚公国随着波希米亚归属哈布斯堡家族。但是，早在三年前，即在 1523 年，西里西亚境内的雅格恩多夫、奥得贝格和博伊滕三个诸侯领地就归属霍亨索伦家族所有。1537 年，西里西亚公爵与勃兰登堡选帝侯缔结了继承条约，表明后者得到继承整个西里西亚的权利。但这项条约始终没有得到哈布斯堡统治者的承认。自 1617 年起，哈布斯堡家族不再有成员涉足西里西亚的统治，而霍亨索伦家族则一直统治着上述三个领地。1621 年，白山战役（Schlacht bei Weißenberg）之后，勃兰登堡选帝侯正式得到下列四个西里西亚诸侯领地的候补继承权：雅格恩多夫、利格尼茨、布里格和沃尔奥。1675 年，当地的皮亚斯特（Piaster）统治家族绝嗣，但该地仍然是哈布斯堡家族的属地。1681 年，勃兰登堡大选帝侯弗里德里希·威廉要求得到西里西亚的统治权，遭到神圣罗马帝国皇帝利奥波德一世的拒绝。1686 年，大选帝侯用那四个领地的候补继承权换得与家族领地接壤的施维布斯。1701 年，"在普鲁士的"国王弗里德里希一世放弃了对施维布斯的占有权，并拿到了相应的赔款。就是说，普鲁士已经放弃了对西里西亚的继承权或占有权。普鲁士没有正当理由占领西里西亚。

然而，即便如此，玛丽亚·特蕾西亚在即位初始，还是遭遇了弗里德里希二世的无理侵犯。就在这样紧迫的时刻，由于巴伐利亚选帝侯想做皇帝，她几乎失去了所有可能得到的援助力量。且不说法国由来已久的敌对意图，而且英国因为与汉诺威的合君关系也反对她。由此，女王认识到，只有在彻底改变欧洲国际关系格局的前提下，她才能够反击，而改变国际关系格局的关键在英国。

英国传统的欧洲政策是大陆均势，但现在，由于海外殖民地因素的增强，它开始不顾普鲁士的崛起而采取削弱法国的对外政策。这种政策的幕后操纵者主要是威廉·皮特（William Pitt，1708—1778）。

威廉·皮特作为英国国会下议院议员,在玛丽亚·特蕾西亚上任的时候,他是强硬的反对政府当局推行的外交政策的人。当时主政的英国首相是 R. 沃波尔(R. Walpole, 1676—1745)。沃波尔外交政策的目标是尽量避免卷入欧陆战事,确保英国经济的稳定并繁荣地发展。虽然英国于 1739 年对西班牙宣战①,于 1740 年介入奥地利王位继承战争,但是并没有因此而改变绕开战争、发展经贸的外交主旨。在这样的政策下,英国在海外的经贸势力连遭打击。因此,以威廉·皮特为首的反对派力主改变外交政策,维护英国的海外利益。

1756 年 11 月,在七年战争爆发后不久,威廉·皮特被任命为国务大臣。英国由此开始实行削弱法国、与普鲁士结盟的欧陆政策。英国如此调整其对欧洲大陆的政策,主要出于以下考虑:(1) 英国需要夺取法国在海外的殖民地,需要夺取法国占领的印度、加拿大和密西西比河以东的等等地区,否则英国便不能称霸海上和殖民争夺。(2) 英国需要普鲁士在欧陆上的兵力,需要普鲁士的军队保护英国国王的老家汉诺威,否则英国便不能集中兵力和财力进行海上战争。鉴于这些,威廉·皮特亲自点将,海军大将、陆军大将以及驻外大使均由他亲自挑选、任命。与此同时,威廉·皮特还直接制定战略战术,指挥作战,安排运输军用物资,自认为是在拯救英国。他的政策使英国在海外获得了一连串的、决定性的胜利。当然,他也有强硬的反对者。反对者的理由无外乎国内税务太重,商业利益没有马上看到,欧洲的失败者会组织反英大同盟以及对于他个人严酷且狂傲行为的不满,等等。1760 年,借新国王上任之机,反对者将威廉·皮特推下台,拒绝采纳他的十分紧迫的两个建议:一是截击西班牙的运金船队,补充英国军费;二是维持与普鲁士的同盟,继续削弱法国的欧陆优势。虽然他于 1766 年重新执政,但今非昔比,两年后他就提出辞职并马上得到批准。

面对威廉·皮特的外交政策,玛丽亚·特蕾西亚很明确地看到欧洲

---

① 即所谓的"英西詹金斯的耳朵之战"(War of Jenkins' Ear,1739—1748)。

国际关系的原有格局已经破裂,要想收复西里西亚,奥地利必须在正在形成的新格局中举足轻重。换个角度说,奥地利必须在对抗普鲁士的同时,还要对付普鲁士的盟友英国。鉴于英国在欧陆上的劲敌是法国,所以奥地利必须忘掉前嫌,与宿敌法国建立同盟。这是一项艰巨的任务,也是女王最信赖的人 W. A. 冯·考尼茨-里特贝格侯爵(W. A. Kaunitz-Rietberg,1711—1794)与威廉·皮特的一场外交较量。

冯·考尼茨出身于贵族家庭,曾在维也纳大学、莱比锡大学和莱顿大学求学,特别熟悉法国的历史和文化。他 20 岁起在维也纳宫廷服役,担任过奥属尼德兰的总督(1744—1746 年)和奥驻法国大使(1750—1753 年)。早在 1753 年出任内阁枢密首相之前,冯·考尼茨就开始着手实施奥地利的新格局策略。然而,对巴黎而言,由于法奥两国积怨已久,和解很难达成。但在维也纳,他成功地于 1755 年使保守的大臣们接受了关乎国家命运的新国策:联合法国。

开始时,法国国王漠视奥地利的示好言行。路易十五(Louis XV,1710—1774,1715—1774 年在位)不想卷入奥地利与普鲁士的西里西亚之争,也不想选择奥地利这个相对的弱者做盟友而推掉普鲁士这个新兴的强者,更不想普鲁士与他的劲敌英国有什么联合企图。对于路易十五的想法,考尼茨通过路易十五的情妇蓬皮杜夫人(Madame de Pompadour,约 1723—1764)转达了这样的"忠告":如果法国帮助奥地利夺回西里西亚,奥地利便将整个奥属尼德兰地区让给法国。此外,弗里德里希二世不值得信任,法国应该放弃与普鲁士的同盟。更重要的是,普鲁士的强大将直接威胁欧洲均势。

就在奥地利等待法国做出决定而法国又迟疑不决的时候,1756 年 1 月 16 日,英国与普鲁士缔结了盟约——《威斯敏斯特协定》。面对国际关系格局的这样一个巨大变化,法国国王不得不接受了考尼茨的提议,与奥地利签署了《凡尔赛协定》(*Vertrag von Versailles*,1756 年 5 月 1 日),双方结成"防守同盟"。据此,虽然奥地利没有承诺反对英国,法国也没有答应反对普鲁士,但是,为了维持欧陆均势,任何一方都保证不限制对方抗击普鲁士的侵略行为。如此一来,考尼茨下一步要做的就是想办法让普鲁士采取行动,以便奥地利巩固与法国的协定。结果他一方面于 1756 年 5 月 25 日使俄国及萨克森-波兰加入反普同盟,另一方面又真真假假地积极备战,诱使弗里德里希二世决定"先发制人",于 8 月 29 日亲率大军出征。于是,法国与奥地利于 1757 年 5 月 1 日第二次签署《凡尔赛协定》,双方又建立了"进攻同盟"。奥地利与法国的反普同盟终于牢固地建立起来。

国际关系格局成功转换。在欧洲大陆,由于必须同时面对法、奥、俄三大强国,与英国结盟的普鲁士差不多有一年的时间(1757 年 4 月至1758 年 7 月)孤军作战。弗里德里希二世必须以 16 万军队,抵挡比他多一倍的敌人(约 33 万;其中法军 10.5 万、帝国联军 2 万、奥地利 13 万、俄军 6 万、瑞典军队 1.6 万)。[1] 同时,皇帝弗兰茨一世正式宣布普鲁士国王不受帝国法律的保护,宣布他是帝国的敌人。玛丽亚·特蕾西亚胜利在望,奥地利收复西里西亚指日可待。然而,由于支持普鲁士的威廉·皮特再次在白金汉宫占了上风,奥地利不想与英国打持久战;又由于英国与法国的殖民地战争趋于白热化,奥地利不想卷入其中;还由于俄国正在准备西进、南侵和北战,奥地利不想腹背受敌,因此,玛丽亚·特蕾西亚决定停止战争,签订和约,即前面提到的《胡贝图斯堡和约》。据此,女王最终承认将西里西亚割让给那个住在"无忧宫的坏蛋"(der böse Mann von Sanssouci)。[2] 在女王看来,这是正式承认自己在外交上的重大失败。

(三) 第一次瓜分波兰

自 1572 年雅盖洛王朝(Dynastie von Jagiellonen)终结以后,波兰开始实行国王选举制。这种国王选举制为欧洲列强侵蚀波兰的土地提供了借口。

---

① Heinz Schilling, *Höfe und Allianzen*, *Deutschland 1648–1763*, S. 461–465.
② Ebd., S. 300.

波兰的雅盖洛王朝自 1386 年确立以来一直是东欧的最强国，所辖范围一度扩及立陶宛、乌克兰、俄罗斯以及匈牙利和波希米亚。如前述，由于近亲继承关系，1526 年，奥地利继承了属于雅盖洛王朝统治下的归属波希米亚的匈牙利部分。余下的部分，在 1569 年联合形成波兰-立陶宛王国。1572 年，雅盖洛王朝的西吉蒙德二世（Sigismund Ⅱ August，1520—1572，1548—1572 年在位）去世，没有留下子嗣。从此开始，波兰成为选举制王国，法国、奥地利、普鲁士、瑞典以及俄国等等强权都成为波兰王位的觊觎者。几乎每一个国家都有理由"继承"波兰的王位，或"受托管理"部分波兰的土地。这种情况一直存在到 1795 年经过三次瓜分之后，波兰解体为止。

在三十年战争结束的同一年，1648 年，波兰爆发规模宏大的哥萨克起义（Powstanie Chmielnickiego，1648—1657），结果是，在俄国的支持下，1654 年，起义军使乌克兰基本脱离波兰而成为俄国的势力范围。接着，在 1655 年，瑞典与勃兰登堡联合入侵波兰，又使普鲁士脱离波兰而与勃兰登堡合为一体。1697 年，德国的萨克森选帝侯"强壮者"弗里德里希·奥古斯特一世战胜了其他 17 位竞争者，成为波兰国王奥古斯特二世。从雅盖洛王朝绝嗣到奥古斯特二世上任之前，波兰经历了六代国王。其中一位是匈牙利人，三位是瑞典人，另有两位是波兰贵族。

1733 年奥古斯特二世去世后，马上开始了一场持续五年的波兰王位继承战争。交战的一方是波旁王朝，另一方是哈布斯堡王朝。属于波旁一方的有西班牙，站在哈布斯堡阵营里的是俄国和普鲁士。结果是哈布斯堡支持的、奥古斯特二世的儿子继任波兰王位，即奥古斯特三世（August Ⅲ，1696—1763，1733—1763 年在位）。30 年以后，即 1763 年，正值七年战争结束，玛丽亚·特蕾西亚不得不割让西里西亚的时候，奥古斯特三世去世。也就是说，又将有一场恶战在等待着解决波兰王位的继承问题。此时，不想战争的女王与想要战争的儿子约瑟夫二世之间产生了激烈的争执。玛丽亚·特蕾西亚想继续由萨克森选帝侯兼任波兰国王,而约瑟夫二世则想自己当波兰国王。

一如既往,以波兰王位继承问题为契机,欧洲强国纷纷展示强力,以达到增强自己势力的目的。这一次起关键作用的是俄国。俄国的意图是,扶持一位波兰贵族上台,以便控制波兰,就像百年前控制乌克兰那样。普鲁士同意俄国的意向,因为它要借机占领波兰的西普鲁士,占领瑞典的波美拉尼亚,并且获得安斯巴赫-拜罗伊特的继承权。因此俄国与普鲁士在 1764 年和 1767 年两次缔结条约,准备通过武力实现各自的愿望。

事情的转机出现在俄国。1769 年,俄国在与土耳其的战争中取得了巨大的胜利,并决定乘胜追击,拿下摩尔多瓦和瓦拉几亚。这时,普鲁士的弗里德里希二世和奥地利的约瑟夫二世都看到了来自俄国的威胁。对此,二者经过两次面谈(1769、1770 年)之后,达成协议:共同对付俄国。玛丽亚·特蕾西亚苦心经营的、不惜向蓬皮杜夫人赠送珠宝并忍受胯下之辱与法国结盟而反对普鲁士的外交策略因此而告终,因为皇帝带着考尼茨,顺利地与普鲁士建立了友好的攻守同盟。

由于成功地使奥地利与法国建立了同盟关系,考尼茨于 1764 年被女皇册封为里特贝格亲王,将姓氏改为考尼茨-里特贝格(Kaunitz-Rietberg)。1765 年皇帝弗兰茨一世去世后,玛丽亚·特蕾西亚更是将他当作唯一心腹。现在,这位心腹违背了女皇的意愿。他违背了与法国的盟约,而女王刚刚将自己最小的女儿嫁给了法国王储、未来的国王路易十六。事实上,作为女王忠诚的心腹,作为偏爱法国文化的法国通,考尼茨-里特贝格不会因为普鲁士而背离初衷。此时,他与普鲁士修好,纯粹是为了吃一口波兰。皇帝约瑟夫二世已经派兵占领了波兰的几个行政区。在这种情况下,无论女王多么反对这一"违犯一切迄今为止的神圣的和正义的事情",考尼茨都支持并与皇帝一起参与了对波兰的瓜分。

1772 年 8 月 5 日,奥地利、普鲁士与俄国第一次瓜分波兰。其中,俄国得到的面积最大,9.2 万平方千米(人口 130 万),奥地利得到的人口最多，约 265 万人（土地 8.3 万平方千米），普鲁士得到 3.6 万平方千米原土地和 60 万人口。据说，玛丽亚·特蕾西亚始终没有参与瓜分波兰。[①] 考尼茨在瓜分波兰之后，再次主张与普鲁士对抗，坚决反对皇帝利奥波德二世与普鲁士签订《赖兴巴赫协定》（*Konvention von Reichenbach*），反对放弃 1774 年占领的土耳其土地。因此，当 1792 年皇帝弗兰茨二世（Franz Ⅱ，1768—1835，1792—1806 年在位）[②]与普鲁士结盟反对法国的时候，考尼茨愤然辞职；玛丽亚·特蕾西亚的外交影响也随之结束。

第二节 约瑟夫二世与奥地利的开明专制措施

一、约瑟夫二世

约瑟夫二世是玛丽亚·特蕾西亚的长子，全名约瑟夫·本尼狄克图斯·奥古斯图斯·约翰尼斯·安东尼乌斯·米查埃尔·阿达姆斯（Josef Benedktus Augustus Johannes Antonius Michael Adams）。[③] 因为他出生的时候正是哈布斯堡家族没有男嗣而引起欧洲列强进行奥地利王位继承的战争打响不久，所以他的诞生成为神圣罗马帝国的大事。1741 年 3 月 13 日，在他降生的当天晚上，奥地利宫廷就举行了隆重的洗礼，由罗马教皇派出的红衣大主教主持，各地诸侯纷纷前来贺喜。可以说，约瑟

[①] 普鲁士国王弗里德里希二世在谈论玛丽亚·特蕾西亚对瓜分波兰的态度时，说："她哭了，但拿到了。"H. Möller, *Fürstenstaat oder Bürgernation*, *Deutschland 1763—1815*, S. 297. 下表为三次瓜分波兰的人口情况，见 E. Bruckmüller u. P. C. Hartmann, *Putzger historischer Weltatlas*, S. 116。

	奥地利（万人）	普鲁士（万人）	俄罗斯（万人）
1772 年	266.9	35.6	125.6
1793 年		113.6	305.6
1795 年	109.8	104.2	133.8

[②] 1792—1806 年为神圣罗马帝国皇帝，1806—1835 年为奥地利皇帝。

[③] K. Gutkas, *Joseph Ⅱ Eine Biographie*, Wien und Darmstadt: Zsolnay Verlag, 1989, S. 16.

夫生逢其时,前途良好。

在青少年时期,约瑟夫接受了全面、严格且保守的帝王教育。通过宫廷教师,他学习古典文学、历史、神学以及必要的涉及政治、军事和经济的治国之术。后来,在世界观形成的年龄,伴随着启蒙运动的传播,特别伴随着七年战争的进行,约瑟夫深受德国北方启蒙思想的影响,尤其赞同普鲁士国王弗里德里希二世所坚持的所谓国家利益至上的原则,逐渐地养成了浓厚的开明统治兴趣。1764 年,作为七年战争的结果之一,如前已述,约瑟夫被选为"罗马国王",也就是德意志国王。第二年,即在 1765 年 8 月 18 日他的婚礼之后,父皇弗兰茨一世中风去世,他继承了皇位,称约瑟夫二世。从此开始,身为神圣罗马帝国的皇帝,在位的前 15 年,他以佐政者的地位,与其母后玛丽亚·特蕾西亚共同统治哈布斯堡帝国。1780 年女皇去世以后,他开始独立执政,直至 49 岁时罹患肺结核,不治离世。

与母后玛丽亚·特蕾西亚相比较而言,约瑟夫二世独立执政后较少进行战争,外交事务也不太繁杂。

在战争方面,在与女皇共同执政期间,约瑟夫二世与玛丽亚·特蕾西亚的观点不同,他参与了双方没有摆开战场的巴伐利亚继承战争。如前已述,巴伐利亚继承战争可以说是约瑟夫二世亲自且实际挑起的,因为他首先提议换购并进行换购:用前奥地利交换上普法尔茨和下巴伐利亚,其间的差额用金钱补充。面对来自皇帝的提议,巴伐利亚选帝侯国的继承人卡尔·提奥多尔没有选择,只能同意,只能眼看着奥地利的军队开进了上普法尔茨和下巴伐利亚。但是,以普鲁士为首的德意志邦国却不能同意,他们选择了战争,试图用战争阻止皇帝的交换行为,或用武力夺得巴伐利亚的部分土地,以防奥地利更加强大。最终,在玛丽亚·特蕾西亚和普鲁士亲王海因里希(Heinrich von Preußen,1726—1802)的斡旋下,约瑟夫二世和弗里德里希二世握手言和。

独立执政期间,约瑟夫二世参与了俄奥反对土耳其战争,这也是俄罗斯与土耳其之间的第六次"俄土战争"。本来,按照与俄罗斯的盟约,奥地利军队作为俄国的盟军,仅在战争的外围地区,在塞尔维亚和克罗地亚行动,以牵制土耳其的军队。但是,约瑟夫二世不仅亲自出征,而且以独立的而不是援助性的奥地利军团出兵。最终,由于优柔寡断,指挥不力,又由于健康状况不佳,皇帝早早地退出战场,并使奥地利提前单独与土耳其签订和约。奥地利在战争中一无所获。

在外交方面,如前所述,与女皇共同执政期间,约瑟夫二世与玛丽亚·特蕾西亚的观点不同,他参与了对波兰的第一次瓜分。按照女皇的想法,不应削弱波兰。原因有二:一是因为波兰是天主教国家,可以作奥地利的同教盟友;二是因为位于东部的波兰可以作奥地利对抗俄罗斯的屏障。而约瑟夫二世的想法是,普鲁士与俄国正在商谈瓜分波兰①,如果奥地利不参与此事,必然会出现普俄两国通过瓜分波兰而增强势力,进而危及奥地利的强国地位。因此,他不顾母后的反对,分别于 1769 年在尼斯和 1770 年在摩拉维亚的诺伊施塔特与普鲁士国王弗里德里希二世、于 1771 年在圣彼得堡与俄国女沙皇叶卡捷琳娜二世(Katharina Ⅱ,1729—1796,1762—1796 年在位)会晤,最终促成了 1772 年在维也纳达成的瓜分波兰协议。

独立执政期间,约瑟夫二世重要的外交事务是针对奥属尼德兰问题处理与荷兰的关系。如前述,以今天的比利时和卢森堡为主体的尼德兰地区,在 1713 年西班牙王位继承战争结束后,通过《乌得勒支和约》被划归哈布斯堡的奥地利所有。1763 年七年战争结束后,根据《胡贝图斯堡和约》,奥地利保住了这个地区,没有被法国夺取。后来,在 1778—1779 年的巴伐利亚继承战争中,虽然约瑟夫二世为了增强奥地利的势力,非常想得到巴伐利亚,但是他毕竟没有提出用尼德兰换取巴伐利亚。就是说,皇帝还是想保住尼德兰这块虽然遥远但利益不菲的土地。因此,从

---

① 1412 年,波兰国王拉迪斯拉夫二世(Wladyslaw Ⅱ Jagiello,1351/1362—1434,1386—1434 年在位)与神圣罗马帝国皇帝西吉斯蒙德(Sigismund,1368—1437,1433—1437 年在位)签订《卢布拉条约》(Vertrag von Lubowla),确定匈牙利的齐普斯归属波兰王室。1772 年,齐普斯的匈牙利人发动起义,反对波兰统治者,因此,波兰国王请求神圣罗马帝国皇帝派出帝国军队镇压起义。然而,帝国的军队不仅借机占领了齐普斯,而且还将战事扩大到波兰的其他区域。面对这种情况,普鲁士与俄国也要得到波兰的土地,于是出现普、俄、奥三国瓜分波兰的谈判。

独立执政初始,约瑟夫二世就想促进尼德兰的发展。他的首要措施是解除自1648年以来就被封锁的些耳德河出海口,振兴安特卫普,使之在国际贸易中发挥应有的作用。同时,他还下令废除荷兰人驻屯奥属尼德兰要塞的权利,改由奥地利的势力驻扎此处。约瑟夫的尼德兰发展措施引起荷兰人的激烈反应,致使他们不惜诉诸武力对抗皇帝。与此同时,皇帝于1781年开始的在当地推行的一系列改革,更是引起了特权阶层及其领导的其他社会阶层的反抗和骚动。此外,约瑟夫二世于1785年提出用尼德兰与选帝侯卡尔·提奥多尔进行交换的想法,也大大伤害了尼德兰人的感情。所有这些因素,终于导致了1789年的布拉班特革命(Brabante Revolution)。起义者推翻了奥地利的统治机构,建立了独立的联合比利时国家(Vereinigte Belgische Staaten)。荷兰和普鲁士则很快承认了这个国家的合法性。直到1790年底,在约瑟夫二世皇帝去世以后,奥地利的军队才收回了奥属尼德兰。但是,荷兰却由于和奥地利的敌对以及与普鲁士的同盟而开始在欧洲国际关系舞台上扮演重要的角色。

18世纪前期,奥地利的外交立场大致是:团结俄国(1726年起),打击普鲁士(1740年起),对法国关系则由敌对转向同盟(1755年起)。约瑟夫二世独立执政后基本维持了这一外交现状,只是在1786年弗里德里希二世去世以后,曾一度设想与普鲁士结盟,共同遏制俄国的扩张势头,但因为土耳其人扩张的威胁而放弃。

在处理和对待匈牙利和波希米亚等隶属哈布斯堡王朝的主要王国的问题上,约瑟夫二世则显示出对它们的有欠尊重。他在推行改革的过程中,不仅不召开等级议会,取消州郡宪法,下令官方语言为德语,停止在官牍吏文中使用拉丁文,而且改变了在布拉格和普雷斯堡加冕匈牙利和波希米亚王冠的惯例。所有这些做法,都遭到当地各级臣民的强烈抗议,人们甚至要求重选国王,致使他不得不收回成命。

严格说来,玛丽亚·特蕾西亚算不上开明专制君主,约瑟夫二世则是开明专制君主的突出代表。尽管如此,他们母子俩都或明或暗地以弗里德里希二世的统治为参照和榜样，在政治、经济、文化等各个方面采取了基本符合于启蒙时代理想的改革措施。在一般的史学著作中，前者的改革措施常以"特蕾西亚国家改革"（Theresianische Staatsreform）进行概括，后者的改革行为通常被称为"约瑟夫主义"（Josephinismus）。① 他们的统治时期构成了奥地利君主国的开明专制主义时代。

二、奥地利的开明专制措施："特蕾西亚国家改革"

"特蕾西亚国家改革"的主要措施集中表现在政治与法权领域、经济和教育领域。

（一）政治与法权领域的改革

在政治与法权领域，玛丽亚·特蕾西亚政府在君主专制的基础上进一步地采取中央集权的措施，在中央和地方分别设置新的统治机构，目标是削弱等级和贵族的传统特权。

1742 年，在第一次割让了西里西亚之后，当地的一位伯爵归顺哈布斯堡王朝，开始为玛丽亚·特蕾西亚政府效劳，他就是 F. W. 冯·豪格维茨伯爵（F. W. von Haugwitz, 1702—1765）。1743 年，冯·豪格维茨向女皇递交了一份政治改革方案，内容主要是：（1）计划用十年的时间削弱等级贵族的势力；（2）建立最高法院；（3）司法与行政分离。已经开始实行改革的女皇接受了他的提案。中央与地方统治机构的改革由此全面展开。

在落实冯·豪格维茨的改革提议之前，玛丽亚·特蕾西亚已经于1742 年下令在维也纳成立"家族—宫廷与国家总理府"，其职责是集中管理奥地利君主国的外交与王朝事务。1746 年冯·豪格维茨接手改革工作。到 1749 年，也即用了短短三年的时间，中央与地方的统治机构就一度按照集权制的原则得到理顺。

---

① H. Möller, *Fürstenstaat oder Bürgernation*, *Deutschland 1763 – 1815*, S. 315.

在中央，王朝政府于 1749 年设置了"政务和财务总执行局"①，顾名思义，其职责是全面负责君主国的政务和财务。冯·豪格维茨担任"总执行局"的首席大臣。之后在 1748 年奥地利王位继承战争结束和 1756 年七年战争爆发之前的两次战争间歇，"总执行局"的权力不断增大、增强。1756 年，它确定下设了一个宫廷军事委员会，专门负责处理军队、军需等事务，并负责制定与战争相关的各项政策和法规。此外，还附设了负责管理重要文件和证书的王朝、宫廷与国家档案局，以及负责处理巴纳特、特兰西瓦尼亚和伊利里亚事务的宫廷外地代表事务部。

相应地，在地方机构方面，王朝政府在德意志区域和波希米亚顺利地设置了行政区公署，在西里西亚设置了等级事务处，在其他各邦设置了代办与财务处，在更下一级的区域设置县公署，等等。这些地方机构均由维也纳特派中央代表负责组织代表机构和行政议院，负责当地各类事务。原来的地方等级机构仍然保留，负责当地司法工作；同时在维也纳设置了最高法院（Oberste Justizstelle），各地等级的下属臣民可以越级、直接上诉最高司法机构。地方领主以及城市法院的权能因此而得到限制。在这一基础上，在 1753 年，女皇又责令"法典编纂委员会"汇集各地领主和城市的传统法权，于 1766 年编成《特蕾西亚法典》（Codex Theresianus）以及《特蕾西亚刑法典》（Constitutio Criminalis Theresiana）。

通过这些措施，一方面，冯·豪格维茨的关于司法与行政权利相互分开的提议在地方区级落实下来；另一方面，以维也纳宫廷为核心的中央集权一定程度地得到实现。从中央到地方，等级贵族的传统权利在政务、财务和司法等主要方面被削弱或被剥夺。在王朝政府的强力行动下，等级和贵族的反抗屡被挫败，奥地利基本完成了体制和行政的彻底改造。哈布斯堡的世袭领地组合成为一个中央集权制国家。

然而，在长期的实际运作中，"总执行局"并没有完全有效地将权利集中于中央。特别在七年战争的过程中，维也纳政府很难通过集中起来

---

① 这个机构模仿普鲁士的"总执行局"（Generaldirectorium）。

的权利对于政务、财务乃至军事等各个方面进行统一调遣。因此,在1761年,财务工作不得不从"总执行局"中分离出来,另设中央的宫廷审计处和地方的,即奥地利和波希米亚的宫廷总理府,专门负责财务。冯·豪格维茨继续兼任波希米亚总理府和奥地利总理府的总务大臣。但是,这显然不能维持相对的中央集权。最后,"总执行局"终于失去了它的工作效能,不得不解散。1760年,在"总执行局"集权最困难的时候,玛丽亚·特蕾西亚接受了冯·考尼茨-里特贝格的建议,在中央设立了国家总理府,或称国务院,其职责是为统治者提供咨询,并协调一切宫廷机构的工作。冯·豪格维茨继续担任总理大臣,或称国务院总理。到此为止,所谓"特蕾西亚国家改革"在政治和法权方面告一段落。

需要说明的是,除了奥地利君主国的德意志地区和波希米亚地区以外,在其他地区,特别在奥属尼德兰和匈牙利,特蕾西亚政府始终没有试图实行君主中央集权,原来的等级制统治继续存在。这也是女王在奥地利王位继承战争以前对当地贵族的承诺。所以,这些地方的贵族和等级特权不仅得以保留,而且还因为得到哈布斯堡君主的某种程度的支持和保护而得到进一步加强。

(二)经济领域的改革

在经济领域,玛丽亚·特蕾西亚政府在君主专制的基础上进一步采取重商主义措施,支持和鼓励工商业发展,目标是为君主、君主国及其臣民谋求福利,进而维持奥地利的大国地位。

就像在政治和法权领域里倾听和采纳冯·豪格维茨和冯·考尼茨-里特贝格关于君主集权的建议一样,在经济领域,玛丽亚·特蕾西亚主要根据财政学家、启蒙思想家 J. H. G. 冯·尤斯蒂(J. H. G. von Justi,约 1717—1771)和 J. 冯·索南费尔斯(J. von Sonnenfels,1732—1817)的建议,通过设立专业委员会,全面地监管君主国的经济活动。

在农村,王朝政府设立了"垦殖委员会",主要负责监管土地领主对于农民的役使情况。在 1775、1777 和 1778 年,政府连续颁布劳役条例(*Robotpatente*),致力于减轻农民的负担,限制领主无限制地强迫劳役。

在这方面,特蕾西亚女皇支持农民从事必要而简单的手工业,但反对建立较具规模的手工工场。她认为工场应该在城市,而农村要以耕田为主,这才是经济发展的平衡状态。据此,"垦殖委员会"的责任就是制止有些土地领主借手工工场兴起的时机对农民进行超强制压迫。如此一来,在君主国的许多地方长期地维持着传统的经营方式。农村居民、特别是土地领主,往往主动或被动地拒绝顺应工场商业的发展趋势,致使重商主义的企业政策难以落实。

在城市,奥地利继承战争结束以后,王朝政府对于新近建立的手工工场进行了调查,制成了统计表格,试图限制某些行业的人数。在这方面,玛丽亚·特蕾西亚女皇反对城市权贵或政府官员垄断某些行业。与此同时,她还在相当大程度上废除了行会法规,为各手工行业的发展营造相对宽松的环境。结果,在有些地方,例如在波希米亚,许多贵族在经济利益的诱惑下,纷纷放弃土地经营,加入手工工场的企业行列,使当地出现了以纺织业牵头的、效益很好的私人企业发展的势头。在商业贸易方面,君主国境内从 1775 年开始在王朝政府的主持下形成了两个大的关税圈。一个是君主国的德意志地区和波希米亚的统一关税市场(Zollgebiet),另一个是匈牙利、巴纳特和特兰西瓦尼亚的关税同盟(Zollverband)。在这两个地区内,关卡被清除,货币基本统一,流通障碍减小到最低程度。除了这两个经济地带以外,其他地区仍然保留自己的关税区,独成一体。例如,在蒂罗尔及福拉尔贝格,因为这里是对外贸易的通道,所以还保留着过去的关税卡哨,拥有相对独立的商贸网络。在对外贸易方面,王朝政府则鼓励出口,同时通过关税限制进口,继续实行君主专制时期的重商主义经济政策。

除此之外,大批招徕移民或难民也是玛丽亚·特蕾西亚政府的重要的经济措施。为此,王朝政府建立了一个"移入人口委员会",主要负责为人口稀少的地区安置移民。当时君主国内需要移入人口的地区可分为几类:一类是原本居民稠密的地区,如加里西亚和特兰西瓦尼亚,由于战争、饥荒和瘟疫的摧残,人口减少;另一类是有些地区如洛多梅里亚和巴纳特,原本就人烟稀少,所以需要大量殖民,进行开发。此外还有一种情况,即在边境地区,政府需要广殖人口,为的是加强边防,保护内地,类似于中国历史上的兵屯。这种情况特别出现在君主国的东部,靠近土耳其的地方。最后还有一种情况,就是向匈牙利等地殖入德意志人,目的就像是"掺沙子",让外来人口居住在当地人当中,以便冲淡或减少社会动乱。

至于移入者的来源,一般是内地的新教徒。当时,在天主教再教化过程中,许多人为了坚守改革派信仰而背井离乡,移居他方,就像有一些新教徒迁往美洲新大陆一样。此外,在内地失去土地的农民和无家可归者也在移民队伍中占有相当大的比例。战俘通常是其中的一小部分。在奥地利,移入的民众主要从事农业、林业以及矿冶业生产,很少有像移入勃兰登堡的法国胡格诺教徒那样,有力地促进了普鲁士的经济生产和文化水平。但是,玛丽亚·特蕾西亚政府推出的移民政策大大地增加了人口,有的地区人口增加了十几倍,如巴纳特地区的蒂米什瓦拉的人口,在 1711 年到 1780 年间,从 2.5 万人增加到了约 30 万人[①]。在个别地区也有力地促进了文化的发展,如在乌克兰的布科维纳(Bukowina)地区,犹太文化一度出现繁荣。

需要说明的是,玛丽亚·特蕾西亚政府经济政策中的突出一条是征收普遍税。在战争期间,为了解决高额军费问题,女皇下令建立"特蕾西亚土地管理处",负责各地的财政和经济政策,并具体地负责制定土地纳税人名册,包括贵族和教士都被纳入名册之中,都要按相应的标准承担纳税义务。这项措施在很大程度上助使奥地利君主国走出了财政困境。

(三)教育领域的改革

在教育领域,玛丽亚·特蕾西亚政府主要采取建立和规范各级学校教育的措施,目标是提高国民的文化素质。

---

① 另外约有十万人因为信仰原因移出哈布斯堡王朝区域。见 Heinz Schilling, *Höfe und Allianzen*, *Deutschland 1648 - 1763*, S. 312 - 313.

　　如同在其他领域一样,玛丽亚·特蕾西亚善用人才。在教育方面,她听从一位来自西里西亚的修道院院长的建议,在君主国内掀起了一次学校建设的高潮。这位院长就是 J. I. 费尔比格(J. I. Felbiger,1724—1788)。在奥地利王位继承战争期间,费尔比格以西里西亚的一所天主教学校主管的身份,前往柏林,向 J. J. 海克尔学习办学经验,将后者制定的"学校规章"及其蕴含的启蒙教育理念带回了奥地利。1760 年,女皇下令建立"学习与书籍检查宫廷委员会",专门负责学校及民众教育事务。

　　此后,根据费尔比格的建议书,女皇又于 1774 年批准颁布了《德意志师范、中学和小学教育通用法规》(*Allgemeinen Schulordnung für die deutschen Normal-, Haupt und Trivialschulen in sämmtlichen Kayserlichen Königlichen Erbländern*),规定了各级学校的教学宗旨和授课教学的义务。据此,全国各地开始出现只有一个年级的基础小学,招收 6—12 岁的儿童,学习读写等基本技能和常识性知识。在王朝政府的支持下,这种形式的学校发展很快,到 1780 年女皇去世的时候,邦国内已有基础小学约 500 所。[①] 与此同时,在主要的城市里,还出现了有三个年级的中等学校、培养教师的师范学校以及以职业培训为目的的专科学校和科学院。在大学领域,玛丽亚·特蕾西亚政府的政策是逐渐地将某些由教会掌管的大学转入国家的职权范围之内。这项政策首先在维也纳大学实现。1773 年耶稣会解散以后,原来由耶稣会监管的维也纳大学转为国立大学。该大学的医学系在女皇的私人医生 G. 凡·斯维顿(G. van Swieten,1700—1772)的领导下,很快居于欧洲的领先地位。

　　如果说上面这些在政治、经济和教育领域的措施,可以说明"特蕾西亚国家改革"带有一定的开明专制倾向,那么,在宗教领域里,她的一系列措施却可以证明她的反对启蒙运动的立场。

　　玛丽亚·特蕾西亚是虔诚的天主教信徒,并赞同天主教内部的改革

_____

① ［德］彼得·克劳斯·哈特曼:《神圣罗马帝国文化史:帝国法、宗教和文化》,第 494—496、517—523 页。

派——詹森派（Jansenists）的某些信条①，相信其关于人类全然败坏和上帝绝对主权等基本教义。因此，她认为，启蒙运动崇尚人类理性，把人类理性推到极高的位置，将难免引导社会道德沦丧。为了维持道德的纯洁性，她支持建立了一个"纯洁委员会"，专门负责监管社会上的道德言行。在这方面，玛丽亚·特蕾西亚反对宗教宽容。对于耶稣会，虽然女皇赞同詹森派的看法，反对耶稣会的主张，但她不赞同解散耶稣会。

对于新教徒，虽然玛丽亚·特蕾西亚赞同保留他们的某些传统权利，但她却采取排挤的措施，使之被迫背井离乡，迁往异地。对于犹太人，虽然这位女皇允许他们移入特定的地区，发展自己的文化，但她在世袭领地上却采取严厉的限制措施，迫使犹太人大批地迁离奥地利，使他们迁往包括普鲁士在内的欧洲东部和北部的边远地区。一度，在女皇的授意下，整个波希米亚驱逐了犹太人。

玛丽亚·特蕾西亚对启蒙"时代精神的深深忧虑"是她与她的儿子约瑟夫之间产生矛盾的根本原因②，也使之无法进入开明君主之列。与玛丽亚·特蕾西亚不同，正是在启蒙时代精神的鼓舞下，约瑟夫二世推行了常被概括为"约瑟夫主义"的一系列开明专制措施。

三、奥地利的开明专制措施："约瑟夫主义"

"约瑟夫主义"主要的改革措施集中在宗教和民众的信仰生活、司法和国家建设以及经济领域。

（一）宗教和民众的信仰生活方面的改革措施

在宗教和民众的信仰生活方面，由于观念不同，约瑟夫二世采取的措施与玛丽亚·特蕾西亚的措施具有对立性差别。

一方面，与女皇不宽容天主教以外的其他信仰不同，约瑟夫二世在

---

① 詹森派，或詹森主义，因其创始人荷兰勒芬大学教授 C. 詹森（C. Jansen，1585—1638）而得名。该派的主张类似于加尔文派，强调原罪，相信人类全然败坏、上帝的恩典和预定论，反对耶稣会的有条件拯救的说教，但没有脱离罗马天主教会。

② ［德］彼得·克劳斯·哈特曼：《神圣罗马帝国文化史：帝国法、宗教和文化》，第 495 页。

其独立执政的第二年，即 1781 年，就颁布了《宗教宽容敕令》(*Toleranzpatente*)，宣布信义宗、改革宗以及东正教为合法信仰。这项敕令在当年的 10 月 13 日首先在君主国的德意志地区生效，接着在波希米亚(10 月 27 日)、在蒂罗尔(11 月 6 日)、在加里西亚(11 月 10 日)、在奥属尼德兰(11 月 12 日)、在匈牙利(12 月 21 日)以及在伦巴底(1782 年 5 月 30 日)等地，上述基督教的两大教派和东正教先后均拥有了与天主教相同的法律地位。1782 年，犹太人也获得了信仰自由。1785 年，在限定分会数目的条件下，"共济会"也成为合法的信仰组织。《宽容敕令》的颁布标志着从 1540 年耶稣会成立以来持续近两个半世纪的天主教再教化运动的结束。

另一方面，与女皇保守教会现状的态度不同，约瑟夫二世在推行宗教宽容政策的同时，还对帝国教会进行了改革。

约瑟夫二世的帝国教会改革措施涉及教会财产、神职人员和民众的信仰生活等等诸方面。作为开明君主，约瑟夫怀有启蒙的理性主义理想，坚持开明的专制主义精神，认为民众信仰的领导者和组织者是国家而不是各派、各类教会组织。因此，对于教会财产，他下令教会拥有的所有教堂、房舍、设备以及收藏等等，统统收归一个由国家支配的"宗教基金"统一管理。对于天主教的各类修会、修团和修道院，他认为这是"迷信的渊薮""宗教狂热的发源地"，所以下令关闭所有的、不进行医护或学校教育或其他社会工作的修道院。其中，首先关闭的是苦修默想式修道院(1782 年)，接着就是查封拥有一定财产而"无用的"修道院，仅在奥地利就查封关闭了约 400 所，差不多占了总数的三分之二。[①] 约瑟夫二世的做法惊动了罗马教皇。教皇庇护六世(Pius Ⅵ, 1717—1799, 1775—1799 年在位)为此专程来了一趟维也纳，但没有能够说服皇帝改变其想法。皇帝继续他的使教会财产世俗化的行动。对于那些收缴聚积起来的"宗教基金"，约瑟夫主要用来做两件事，一件是支持学校教育，另一件

---

① [德]彼得·克劳斯·哈特曼：《神圣罗马帝国文化史：帝国法、宗教和文化》，第 520 页。

是困难救济,因而使这个"基金"成为现代性质的福利慈善设施。

对于神职人员,皇帝首先阻止罗马教皇干预帝国事务,规定凡是来自教皇的谕令,在公布之前都必须经由国家政府的批准,限制奥地利教士与罗马教皇的联系;同时剥夺主教的世俗权利,废除神职人员的免税特权;接着由国家出面、出资建立教士培训学院,由国家支配的"宗教基金"为教士、特别是传教士支付薪俸,使他们成为"公民的牧师,坚定的爱国者,作为模范农民和政府的专家,是广大臣民的最好榜样"①,并逐渐地转变为国家官员。通过这些措施,教会实际上成为国家的机构,成为国家的教育和公安机构。

对于民众的信仰生活,约瑟夫二世调整原来的天主教教区,缩小主教管区,建立了一批新的规模较小的、与国境线相吻合的堂区;并要求各教区、堂区必须广建教堂,以便教民在步行一小时之内就可以到达一处教堂,进行礼拜和祈祷。但是,原来的许多教会节日、庆典以及朝圣和游行等活动都被禁止。在皇帝看来,这些讲究场面的聚众活动无济于信仰虔敬,都只是浪费时间、耽误劳动生产的表面形式。

与教会改革相配合,约瑟夫二世允许基督教的主要教派以及犹太人建立教会学校,但限制数目,同时采取措施促进玛丽亚·特蕾西亚时期建立的各级学校。为了提高全体国民的文化修养,他推行普及初级教育的政策,规定无论是男孩还是女孩,都要接受义务教育,其中的贫困但优秀者,可以得到国家提供的助学金。对于维也纳大学,他竭力为之聘请当时最好的学者和科学家,志在将其建设成为欧洲一流的大学。

在此应该提及,对于象征天主教启蒙运动高潮的费伯罗主义,约瑟夫二世这位启蒙运动的支持者却持反对态度。如前已述,费伯罗主义主张限制罗马教皇的权利,改组天主教会,以实现基督教会的重新合一。约瑟夫不反对这些观点,他反对的是通过玛丽亚·特蕾西亚的、詹森主

---

① Heinz Schilling, *Höfe und Allianzen*, *Deutschland 1648–1763*, S. 323.

义影响下的帝国教会统一。"约瑟夫主义"主张国家的利益至高无上,无论是罗马教皇的权利还是帝国教会的改革,都要以维护国家的利益而不是民族的教会为最高目的。

（二）司法和国家建设方面的改革

在司法和国家建设方面,约瑟夫进行了根本性的改革。在司法改革方面,最重要的是颁布《刑法大全》(*Allgemeines Gesetzbuch über Verbrechen und derselben Bestrafung*)。这部刑法从 1787 年 1 月 1 日开始在奥地利的德意志地区和波希米亚生效,一直实行到 1803 年。其中,刑事犯罪与政治犯罪区分开来,分别量刑并施以不同程度的惩罚。此外,新的刑法明确禁止致残式的判决,并取消死罪,相关惩罚改由苦力替代,尤其规定了通过在大河当纤夫来替代死刑的惩罚。当时人认为,在河上逆流拉船一年,是比死更可怕的刑罚,所以这条规定也不是没有儆戒作用的。应该说,《刑法大全》一定程度地体现了在法律面前人人平等的原则。新刑法中的各条刑法都没有为贵族制定的宽忍特例,贵族与平民均依法量刑,平等对待。

与《刑法大全》同时、同地生效的还有一部《民法大全》(*Allgemeines bürgerliches Gesetzbuch*)。早在 1713 年,哲学家莱布尼茨就向帝国皇家法院提议编纂一部民事法典。利奥波德一世皇帝统治时期,曾经推出一部《利奥波德法典》(*Codex Leopoldinus*),但内容比较简单。后来,如前所述,1766 年又编成《特蕾西亚法典》,但这只是对以前法规的汇集,尚不是法规法令汇编。直到约瑟夫二世独立执政以后,由皇帝亲自委托著名法学家 J. B. 霍尔顿(J. B. Horten,1735—1786)主持开始了《民法大全》的编纂工作。在霍尔顿的领导下,先在 1783 年编成《婚姻法》(*Ehepatent*),接着在 1786 年完成《继承法》(*Erbfolgepatent*)。在 1787 年 1 月 1 日,基本定稿的《民法大全》与《刑法大全》同时生效。这部法典在奥地利和波希米亚一直实行到 1812 年。

对于国家建设,约瑟夫二世的理想是,将奥地利君主国的四个主要组成部分——德意志地区、波希米亚、匈牙利和尼德兰,建成一个统一的现代国家。在这个国家里,政治统一,边界清晰,在国际事务中具有重要地位。为此,他采取了一系列具体的措施。

首先,约瑟夫二世试图取消各个领地、各个城市的各类特权,实行国民平等原则。执政期间,他没有签发等级特权证书,不接受臣民宣誓效忠,不允许有人在他面前表示特别尊重地行屈膝礼或吻手礼,要求所有臣民都要像君主那样以王国为自己的家,热爱国家,忠于国家,为国家效劳。

其次,皇帝试图改变历史上形成的奥地利德意志地区和波希米亚地区的自然区界,重新划定行政区。在维也纳建立宫廷联合事务部,负责两地的政务和财务。在其他各领地,设置县级官员;在各城市,取消市民自治。

复次,约瑟夫二世试图将政治机构和社会生活的秩序化推向纪律化。其措施是加强国家警察队伍的建设,由警察来贯彻执行约瑟夫政府列出的国家改革规定。例如,下葬时不得用木质棺材,改用布袋,因为要保持城市用水清洁;庆典时蜡烛的数目不得超过规定,因为要厉行节约;饮食中不得用胡椒,因为这有损民众健康;等等诸如此类。当然,警察的工作不仅包括这些生活中的细微琐事,还有更为重要的,即监督落实书报检查工作。约瑟夫皇帝不允许社会上流行扰乱民心的黑书黄刊,认为这是使社会不得安宁的祸根之一。

最后,他还试图在奥地利君主国内推行高地德语(Hochdeutsch),将马丁·路德翻译《新旧约全书》(Lutherbibel)使用的语言作为国家的通用语言。仅从这一点来看,约瑟夫二世完全接受了近代的或说启蒙时代以来的欧洲国家观念,认定中央政权、统一语言、明确边界和国际地位是国家主权的根基,也是奥地利君主国追求的目标。

除上述之外,约瑟夫二世还推出了一些社会福利性措施,这是他受到当时人及后来人崇敬和诟病的原因之一。皇帝的社会福利性措施包括:将维也纳宫廷周围的草地和森林开辟为公园,如维也纳的普拉特公园和奥格登公园等,供贵族和平民休憩游览;建立一所维也纳大众医院,对人们,不管是有钱人还是没钱人,进行救死扶伤;建立军医培训中心、精神病院、孤儿院、救济院,改善贫困劳动者子女的生活环境,等等。他甚至还强迫民众从细微之处着手接受新的、所谓理性的生活方式。约瑟夫二世认为,这些措施都是一个进步的、理性的福利国家所不可或缺的。

在此应该提及的是,约瑟夫二世之所以提出并能够提出如此这般的具体改革措施,除了他的启蒙观念以外,还在于他长年的微服私访过程中的学习体会。在辅政和执政的 25 年间,他先后以法尔肯施泰因伯爵(Graf Falkenstein)和国王的名分,八次出访各地。差不多三分之二以上的时间不在维也纳皇宫。① 法尔肯施泰因是哈布斯堡家族的唯一一块从洛林继承来的领地。在出访期间,皇帝曾经进入农民庄户,扶犁耕田;曾经访问孤儿院、医院和教养院,与病人交谈;曾经参观社会设施、手工工场、军事基地、港口战船,了解其发展前景;曾经拜访著名的启蒙思想家卢梭(J-J Rousseau, 1712—1778)和伏尔泰等人,与之交流思想;曾经在海牙总督和市长家里做客,欣赏他们的花园和收藏物。还有,他曾经在特兰西瓦尼亚宣布解放农奴,曾经在巴黎与法国国王商讨交换巴伐利亚事宜,曾经在乌克兰与波兰国王和俄国女沙皇商讨共同对抗土耳其的途径,等等。显然,约瑟夫二世不像玛丽亚·特蕾西亚那样,坐镇宫中,调兵遣将,也不像弗里德里希二世那样,威坐马上,戎马倥偬,他是一位"戴皇冠的人类之友"②。

（三）经济建设领域的改革

在经济建设方面,约瑟夫二世政府最突出的措施之一是废除农奴制。1781 年,也是其独立执政的第二年,他公布了《仆臣诏令》(Leibeigenschaftsaufhebungspatent),宣布允许农民以自由佃户的资格而不再以依附农民的身份继续耕种现有土地,允许他们用现金支付佃租

① 按时间顺序,约瑟夫二世八次出访的时间和地点是:1767 年巴纳特,1769 年罗马和那不勒斯,同一年波希米亚,1773 年巴纳特、特兰西瓦尼亚和加里西亚,1777 年法国,1781 年奥属尼德兰和荷兰,1783 年匈牙利(以国王名分)和特兰西瓦尼亚(以侯爵名分),1787 年赫尔松。
② [德]马克斯·布劳巴赫等:《德意志史:第二卷　从宗教改革至专制主义》,第 418 页。

而不再以劳力或收获物缴纳，同时责令国家官员或国家委托律师帮助农民办理相关的身份转换手续。这项诏令使奥地利和波希米亚的农民在相当大的程度上获得了迁徙、劳作和婚姻的自由。

在上述基础上，1785—1789 年，约瑟夫二世又确定了"征税条例"（*Josefinisches Kataster*），规定所有的土地，无论是领主的还是教会的抑或农民的，都要纳税，并规定除了在自己的土地上以外，农民在任何其他土地上的劳作都是有偿耕作，不必义务劳动，更不得强迫劳役。

此外，约瑟夫继续玛丽亚·特蕾西亚政府的促进工商业发展的重商主义政策，继续保护德意志地区和波希米亚的统一关税市场以及匈牙利、巴纳特和特兰西瓦尼亚关税同盟这两个关税区的正常运转，对外来移民提供优惠政策；在加里西亚、匈牙利和特兰西瓦尼亚等边远地区，继续建立以德意志人为主的移民城镇，鼓励德意志的贵族和企业家在这些地区经营发展，并在当地的管理机构中优先聘用德意志人。

如果说上面这些在宗教和民众的信仰生活、司法和国家建设以及经济领域推行的政策和举措，可以概括"约瑟夫主义"改革的开明专制特征，那么，约瑟夫二世为落实这些政策而采取的措施就不是那么"开明"了，甚至可以称之为绝对"专制"了。他尊奉的行为准则是"一切为了人民，一切不经过人民"（Alles für das Volk，nichts durch das Volk）。因此，他用心良苦而常常事与愿违。按照他的观点，如果不能通过劝说使广大民众得到启蒙，那就要用武力启迪他们。这是他苦心建立一支强有力的警察队伍的主要原因。为了推行所谓的为臣民谋福利的政策，约瑟夫二世动用了只有专制暴君才会动用的秘密警察。这是他的改革目标没有完全实现或说失败的重要原因。除此之外，改革措施本身过多地涉及个人生活的细枝末节，落实措施时执行仓促、要求极端，因而难以落实。相关举措触及传统的精英阶层的利益并遭到他们的反对，也是导致皇帝改革失败的不能忽略的因素。当然，执政时间过短而改革内容过细、过广，并且其本人缺乏与志同道合者合作的能力，或者与合作者思想能够同道而行动不能同步，等等，这些也都应该列入约瑟夫二世改革失败的原因之中。

　　总之，与突出行政集权领域的"特蕾西亚国家改革"相比，"约瑟夫主义"更偏重于宗教与社会文化方面的改革。对于政治，前者的做法是尽量缩小管理机构，后者的措施是尽量清除任何形式的特权；对于王朝，前者站在家国的立场上，国事即为家事，后者站在国家的立场上，国事就是君事；对于人民，前者犹如慈严保守的祖母，端坐高堂，母仪天下，后者就像恩威并重的父亲，事无巨细，必躬身亲为。母子两人半个世纪的统治为奥地利开辟了通向现代化国家的道路。

　　约瑟夫二世去世以后，他的弟弟继任神圣罗马帝国皇帝，即利奥波德二世。新皇帝同样是一位开明专制主义者，在思想上，甚至比约瑟夫二世更为开明，或者说，更为进步。在就任皇帝之前，利奥波德是托斯卡纳大公(Großherzog der Toskana，1765—1790 年在位)。在托斯卡纳，他实行开明专制，并进而试图制定宪法，规范公国各级、各类人民的权利和义务。在哈布斯堡世袭领地，他则部分地取消了先皇的重新划分行政区的规制，一定程度地恢复了历史形成的各个区域，缓解了社会矛盾，并进而稳定了社会秩序。在匈牙利，利奥波德宣布尊重传统的等级权利，从而平息了政治体制上的动乱，使当地社会基本安定下来。在奥属尼德兰，他取消了皇兄强制实行的各种生活和社会改革措施，并在相关的国际纠纷中做出让步，从而保证了皇帝在帝国中的地位。另外，利奥波德二世最终结束了奥地利与土耳其人之间长久以来的领土争夺战争，在相当大程度上保证了国内的和平发展。然而，在他上任之前就已经爆发的法国大革命的火焰已经燃烧到神圣罗马帝国，旨在实现国家和经济、文化及教会等等方面最高效率的一切改革都将在大革命的火焰中停顿。德国乃至欧洲的历史进入了新的发展阶段。

第七章　18世纪的帝国、邦国与普鲁士的经济和社会

　　三十年战争结束以后，随着众多邦国推行邦君专制制度并逐渐向类似于近代主权国家的发展，德意志民族的神圣罗马帝国是否还应该继续存在下去已经成为问题。因为这个帝国已经不是、也已经不再能够成为欧洲大国：哈布斯堡王朝实际上已经下降为奥地利君主国的统治者，普鲁士王国已经能够召集德意志诸邦联合行动。神圣罗马帝国不仅成为奥地利和普鲁士角逐的战场，而且正在被它们一步一步地瓦解。那些帝国法保障下的中、小德意志邦国，不是在追求大国梦想，就是在挣扎求存；帝国法已经不是、也已经不再能够成为联合它们的纽带。在这样的情况下，经过了邦君专制和邦君开明专制统治的普鲁士王国，其发展历程成为德国从中世纪走向近代、从帝国走向联邦的关键性的历史环节，虽然在法国大革命爆发之前，普鲁士的大国地位一度发生动摇。

第一节　18世纪的神圣罗马帝国与德意志邦国

一、奥普角逐中的神圣罗马帝国

（一）神圣罗马帝国的虚化

从17世纪中叶三十年战争结束到18世纪末期法国大革命爆发，在

经历了邦君专制和邦君开明专制两大历史演进过程之后,德意志民族的神圣罗马帝国充分表现出一种政治虚体的特征。按照 17 世纪末德国政治思想家冯·普芬多夫的说法,它是"一个有点不规范的政治实体,是一个怪物"①。德意志的邦君专制彻底结束了传统帝国的政治统一,德意志邦君的开明专制又进一步瓦解了帝国的历史基础。换言之,三十年战争结束之后,在《威斯特伐利亚和约》体系的保障下,帝国的各级、各类土地领主和城市贵族纷纷整合领土,推行邦君专制,发展和增强邦国实力,致使帝国成为大大小小各自为政的邦国实体的集合体。其中,奥地利、普鲁士、巴伐利亚、萨克森、汉诺威、符滕堡和梅克伦堡等七大邦国的历史,构成了这一时期德国历史的主要内容。

18 世纪中叶以后,在启蒙理想的指引下,神圣罗马帝国的各级、各类领地邦君又纷纷地扩大领土,推行开明专制,进一步发展和增强邦国实力,致使德意志帝国成为德意志邦国发展的牺牲品。其中,奥地利和普鲁士两大德意志强邦都试图通过侵占旧帝国的利益来壮大自己,并以维护帝国的利益为幌子,防范对方独夺帝国的权益。与此同时,以巴伐利亚、萨克森为首的一些德意志中等邦国也都在谋求通过牺牲帝国的利益来壮大自己:它们或者以维护帝国利益的名义,联结同盟,或者以某种继承关系,侵吞帝国的领地和城市,或者依靠外国的势力,脱离帝国。

总之,到 18 世纪末期,所谓的"德国",既不是德意志民族的神圣罗马帝国,因为这个帝国早已经没有实际的权利,也不是奥地利、普鲁士和其他德意志邦国的联合体,因为不仅没有一种国家的权力机关能够集合和统制德意志众邦国,而且也没有一个德意志邦国愿意顾及旧帝国的生死存亡,更不会考虑到"德国"的存在与否。18 世纪的德国,名义上是德意志民族的神圣罗马帝国,实为两大强势角逐的战场,即奥地利和普鲁

---

① Samuel von Pufendorf, *Die Verfassung des deutschen Reiches*, Hrsg. und üs. von Horst Denzer, Leipzig, 1994, S. 198.

士这两个既是德意志强邦又是欧洲大国的角逐场所。①

　　早在 1749 年，即奥地利王位继承战争的尘埃初步落定之时，哈布斯堡皇族的继承人玛丽亚·特蕾西亚曾经与当选皇帝不久的夫君弗兰茨一世商议成立一个评估小组，着重评估帝国存在的价值，评判这个帝国是否还有存在的必要。小组的结论是尊重皇帝的意见：帝国有必要存在下去。显然，帝国的存在已经成为问题。这个问题由于玛丽亚·特蕾西亚能够合法地继承哈布斯堡家族的产业，却不能合法地继承哈布斯堡帝国的皇冠而横亘在德意志诸邦的发展甚至存亡的道路上。她的丈夫戴上皇冠以后，这个问题也只是在形式上得到缓解，并没有得到根本解决。因为，一方面，哈布斯堡王朝世袭领地的统治权掌握在玛丽亚·特蕾西亚手中，她是皇族的继承人；另一方面，帝国众邦国的统治权掌握在各自邦君的手中，他们是帝国法②的被保护人。由此而来的是，一方面，在帝国的统治问题上，皇帝既没有权力也没有责任，甚至没有发言权。因此女皇的夫皇弗兰茨一世将主要时间和精力用在理财、科研和收集艺术品方面，女皇的儿皇约瑟夫二世在她去世之前则将大部分时间和精力用在长途旅行、微服私访、探访民风民俗上。另一方面，对于帝国的疆土，皇帝既没有保卫的能力，也没有割让的权力，甚至没有机会对帝国的领土表示关注。弗兰茨一世在位的 20 年间，皇帝几乎没有介入任何一次围绕帝国领地的争夺或调整、而约瑟夫二世独立执政的 10 年间，皇帝扮演的角色，或说对帝国产生的影响，无异于一个独立的德意志邦主而非帝国的君王。

　　然而，帝国毕竟存在着，而且这种存在是必要的。问题是，神圣罗马

---

① Karl Otmar von Aretin，*Das Reich*，*Fridensordnung und europäisches Gleichgewicht 1648 - 1806*，Stuttgart：Klett-Cotta，1986，S. 11－18.

② 一般说来，在 17 世纪以前，帝国法主要包括六大帝国法律文本，即 1231 年的《诸侯特权》（*Statut zugunsten der Fürsten*）、1356 年的《黄金诏书》（*Goldene Bulle*）、1447 年的《德意志协议》（*Deutsche Konkordate*）、1495 年的《永久帝国和平法》（*Ewige Reichsfriede*）、1521 年的《帝国等级登记册》（*Reichsmatrikel*）和 1648 年的《威斯特伐利亚和约》。特别是《威斯特伐利亚和约》保障了德意志邦君在不损害帝国前提下的联盟权、武装权和宗教信仰决定权。

帝国存在的必要性表现在哪里？答案是：至少在法国大革命爆发以前，帝国存在的必要性表现在它事实上均衡着奥地利和普鲁士这两大德意志强邦及至欧洲列强的势力。[①] 换个角度说，在 18 世纪末期，作为权力和利益的虚体存在，德意志民族的神圣罗马帝国就是奥地利和普鲁士彼此之间以及与欧洲其他强国之间进行角逐的场地。

（二）奥地利与普鲁士大国地位的动摇

玛丽亚·特蕾西亚和弗里德里希二世相继去世以后，为了维持和提高自身的欧洲强国地位，奥地利与普鲁士都在努力地扩大领土，同时努力地防范对方增强实力。如前已述，在奥地利，玛丽亚·特蕾西亚去世以后，约瑟夫二世全面地展开了其开明专制的改革。在普鲁士，弗里德里希二世去世以后，弗里德里希·威廉二世则几乎全面地废止了其前任的开明专制措施，除了颁布《普鲁士通用国家法令》以外。在此期间，不仅奥地利而且普鲁士，其强国地位都出现了动摇的迹象，并且都是凭借帝国存在的因素而得以继续维持欧洲大国的身份。

在奥地利，主要由于约瑟夫二世的开明专制改革，导致哈布斯堡王朝统治的区域内在 18 世纪末期普遍出现了贵族、教士和民众的反叛。帝国的西部和东部地区都出现了危机。在西部的奥属尼德兰，发生了所谓"布拉班特革命"。在东部地区，由于俄国的南下扩张，奥地利君主国的东部受到安全威胁，也危及其强国地位。

布拉班特位于奥属尼德兰的南部，在 1184 年由皇帝弗里德里希一世批封为公国，隶属于神圣罗马帝国。1430 年，由于继承关系，布拉班特归入勃艮第公爵的统治之下，并于 1477 年作为"勃艮第遗产"的一部分由哈布斯堡家族继承。[②] 1648 年，根据《威斯特伐利亚和约》，布拉班特

---

① Karl Otmar von Aretin, *Das Reich*, *Fridensordnung und europäisches Gleichgewicht 1648 - 1806*, S. 11 - 18；Heinz Schilling, *Höfe und Allianzen*, *Deutschland 1648 - 1763*, S. 271 - 274.

② 1477 年，哈布斯堡大公马克西米连(Maximilian Ⅰ von Habsburg,1459—1519)迎娶勃艮第的女继承人玛丽亚(Maria von Burgund,1457—1482)，由此，包括布拉班特在内的尼德兰归属于哈布斯堡家族。

被划分为南北两个部分：北部属于荷兰共和国，南部仍然属于哈布斯堡家族的领地。在皇帝约瑟夫二世推行开明专制改革的过程中，南部布拉班特原有的等级自治体制于 1789 年 6 月 18 日被宣布废除，代之以"约瑟夫主义"的中央集权制。在这种新的制度下，布拉班特的等级贵族必须放弃传统的税务参议权，当地的教会信民也必须接受皇帝在此建立"国立神学总院"（staatliches Generalseminar）的决定。因此，当年的 10 月 24 日，贵族、教士率领广大市民和农民展开了一场武装暴动，即"布拉班特革命"。在这场革命中，南部布拉班特人民推翻了奥地利的傀儡政权，驱逐了代表哈布斯堡王朝权势的列日主教（Bischop von Lüttich），建立了脱离奥地利的联合比利时国家（1790 年 1 月 11 日，卢森堡除外）。

在"布拉班特革命"期间，根据帝国最高法院的决议，普鲁士原本应该站在皇帝一边反对革命。但是，普鲁士希望布拉班特以至全部尼德兰都脱离哈布斯堡王朝的统治，从而削弱奥地利君主国。因此，当奥地利的军队试图帮助列日主教复位的时候，普鲁士军队阻止了皇帝的复辟计划。普鲁士的这种做法相当于支持起义者、反对帝国。所以，帝国中的各类反普鲁士派纷纷利用这一事实，试图削弱普鲁士王国。面对这种压力，普鲁士不得不撤兵。尽管如此，奥地利的军队还是没有能够战胜起义者。就在比利时宣布独立的 20 天之后，约瑟夫二世去世，其继任者利奥波德二世做出让步，宣布恢复开明专制改革前的布拉班特体制。革命获得成功。① 奥地利君主国在西部的统治出现危机。

奥地利君主国在东部统治的危机由于俄国的扩张计划而凸显。约瑟夫二世独立执政后，他虽然极力地反对俄国女皇叶卡捷琳娜二世的扩张政策，但是，为了对付与之在帝国内部竞争的普鲁士，拉拢俄国，也是为了不丧失夺取土耳其领土的机会，奥地利还是于 1787 年在土耳其人向俄国宣战时，参加了对土耳其战争，于 1788 年 2 月 9 日派兵进攻土耳

---

① 布拉班特于 1794 年被法国革命军占领，并通过 1797 年的法国与奥地利之间签订的《坎波福米奥和约》（Frieden von Campo Formio）正式划入法国的版图。

其,并且在战场上取得一定的胜利。1789 年 10 月 8 日,奥军从土耳其人手中夺取贝尔格莱德。但是,在外交上,约瑟夫二世试图组建由奥地利、俄国、法国、西班牙结成的四国同盟的努力却没有成功。他原本想通过四国同盟,对抗普鲁士、英国、荷兰的三国同盟。

恰在此时,法国爆发大革命,革命的声威深刻地震撼了欧洲各国的统治者。在这种形势下,新继位的利奥波德二世马上改变了奥地利的外交立场,转而试图联合普鲁士,共同对付革命的法国。普鲁士虽然同意与奥地利同盟,却不愿看到奥地利因获取土耳其的领土而进一步壮大,因此它提出了奥地利必须放弃在土耳其战争中占领的土地的要求。对此,奥地利也不愿意看到普鲁士彰显其大国身份,也提出了让步的条件:普鲁士必须不干预奥地利恢复在尼德兰的统治,即取消承认刚刚宣布建立的比利时国家。双方由此达成协议,于 1790 年 7 月 27 日签订了前面已经提到的《赖兴巴赫协定》。据此,奥地利必须退出对土耳其的战争,并放弃在战争中占领的包括贝尔格莱德在内的多瑙河地区的土地,相应地,普鲁士也必须停止支持布拉班特革命和匈牙利起义,并放弃实际上控制的波兰的托伦和但泽①两地。可见,奥地利暂停与普鲁士在帝国内角逐的首要原因是法国大革命浪潮的冲击。

这时的普鲁士也没有了弗里德里希二世时期的生机勃勃的景象。由于弗里德里希二世之后弗里德里希·威廉二世没有能力坚持其前任的开明专制统治,霍亨索伦王朝统治下的普鲁士王国几乎在政治、经济以及宗教文化等等方面都回复到百年前的局面。政治方面,等级贵族的权势增大、统治分裂;经济方面,恢复了旧的体制,停止了实行促进工商业发展的措施;宗教文化方面,以回归使徒教会为号召,打击和排斥不顺从所谓正统教义的观念和行为,等等。

在对外关系方面,霍亨索伦王朝的执政者认为,外交关系重于内政事务。鉴于奥地利与俄国的联合行动,普鲁士感到其大国地位受到了直

---

① 今波兰境内格但斯克(Gdańsk)。

接的威胁。面对奥地利的这种强国势头,普鲁士希望借助国际力量来保住自己的大国地位,并为此展开了一系列外交活动。

在西方,普鲁士试图联合英国和荷兰来加强自己在国际上的地位。此时,英国已经取代法国成为对荷兰最具影响力的大国,因此,普鲁士通过支持奥兰治王室的世袭总督威廉五世(Wilhelm V,1748—1806,1751—1806年在位)镇压荷兰国内由法国支持的反叛者,来加强与二者的关系。1788年,普鲁士与英国、荷兰建立同盟,共同对抗奥地利和俄罗斯的扩张,以保护王国的东部边境。

然而,稍后不久,约瑟夫二世皇帝去世,新上任的皇帝利奥波德二世谋求与普鲁士和解,普鲁士国王弗里德里希·威廉二世因此与之签订了《赖兴巴赫协定》。根据该协定,在西北部,普鲁士不得干涉奥属尼德兰的事务,奥地利因此于1790年12月2日再次控制了现在称为比利时共和国的尼德兰地区。普鲁士在道义上失败。在东南部,普鲁士本想迫使奥地利答应进行领土交换,即以同意奥地利占领多瑙河诸侯国为条件,使奥地利把加里西亚还给波兰,而波兰将但泽和托伦正式割让给普鲁士。然而,《赖兴巴赫协定》没有让普鲁士达到目的。协定在规定奥地利放弃占领的土耳其土地的同时,也规定普鲁士必须放弃占领但泽和托伦。因此普鲁士在实际利益方面再次遭到失败。不仅如此,协定签订以后,英国还终止了与普鲁士的盟约,奥地利又与土耳其人于1791年8月4日缔结了《斯维什托夫和约》(Frieden von Swischtow),获得了部分利益,俄国则成功地占有了土耳其的大片土地(1792年)。这一切都标明普鲁士在国际上处于一种不利的地位。

尽管如此,普鲁士又面临着一个新的东山再起的机会,因为一个包括奥地利在内的对抗法国大革命的欧洲反法联盟(Anti-Französisch-Allianz)已经形成。

二、追求国际声望的德意志中等邦国

如果说在18世纪前期,奥地利、普鲁士、巴伐利亚、萨克森、汉诺威、符滕堡和梅克伦堡七大德意志邦国君主专制制度的形成和发展构成了德国历史的主要内容,那么18世纪中叶以后,除了奥地利和普鲁士以外,其他德意志邦国在追求欧洲国际声望的过程中对于开明专制制度的反应也大大地丰富了德国历史的内容。以巴伐利亚和萨克森为例,18世纪的德意志中小邦国经历了各有特征的君主专制和开明专制制度的历史。

(一)巴伐利亚

巴伐利亚是仅次于奥地利和普鲁士的德意志邦国,从12世纪起是维特尔斯巴赫家族的世袭产业,在中等邦国中它占据首位。作为德意志民族的神圣罗马帝国的一个公国,巴伐利亚的核心区域在多瑙河南方的三河流域。慕尼黑是它的核心城市。三十年战争期间,巴伐利亚公国于1623年取代普法尔茨成为选帝侯国,并在1648年普法尔茨恢复地位以后,成为第八个选帝侯国。① 早在1506年,巴伐利亚-慕尼黑公爵阿尔布莱希特四世曾颁布《长子继承法》,宣布维特尔斯巴赫家族的巴伐利亚公国领地不可分割。在普鲁士和奥地利,同样强调统治家族产业不可分割的继承法出现在1713年,即霍亨索伦王朝的《王室领地谕令》和哈布斯堡王朝的《国事诏书》。巴伐利亚比它们都早了近百年。统治家族领地的统一是君主专制的首要前提。就此而言,巴伐利亚比普鲁士和奥地利都更早地开始实行君主专制制度。

16世纪初就实现了领地统一的维特尔斯巴赫家族,在17世纪中叶三十年战争以后形成了两个政权中心。一个在德国的西北部,在莱茵河

---

① 1356年,神圣罗马帝国皇帝卡尔四世(Karl Ⅳ, 1316—1378,1355—1378年在位)颁布《黄金诏书》(*Die goldene Bulle*),规定七位选帝侯是:美因茨大主教(Erzbischof von Mainz)、科隆大主教(Erzbischof von Köln)、特里尔大主教(Erzbischof von Trier)、波希米亚国王(König von Böhmen)、莱茵皇帝行宫伯爵,又称普法尔茨伯爵(Pfalzgraf bei Rhein)、萨克森公爵(Herzog von Sachsen)和勃兰登堡边地侯(Markgraf von Brandenburg)。

下游地区，这是没有子嗣传承的科隆大主教邦①；另一个在德国的东南部，在多瑙河上游地区，这是家族的长子长孙（或血脉最近的长子长孙）继承的巴伐利亚选帝侯国。两个权利中心南北呼应，从马克西米连一世起，巴伐利亚选帝侯政府就开始推行君主专制制度，比普鲁士和奥地利更早地追求国际声望、向着欧洲大国的方向发展。

　　由于在许多方面早于普鲁士和奥地利，所以巴伐利亚的君主专制措施利用了三十年战争。战争之前，马克西米连配合他的叔叔、科隆大主教展开了反宗教改革运动，排挤、打击甚至驱逐新教徒，利用重新天主教化的时机，剥夺邦国等级的参政权。不仅如此，他还联合科隆大主教的势力，成功地于 1608 年组成"天主教联盟"（Katholische Liga），巴伐利亚公爵因而成为德国天主教诸侯邦君的领袖。在这样的基础上，他又于 1610 年（比普鲁士早了约 40 年）建立了一支直属邦君的、拥有两万人的常备军，巴伐利亚公国因而成为"在帝国中没有对手的"军事强邦。② 战争之中，马克西米连一世以"天主教联盟"首领的身份带领军队取得战场上的胜利，因而顺利地使巴伐利亚公国升级为选帝侯国。虽然战争严重地破坏了巴伐利亚的经济生产，人口损失了约 50%，土地荒芜高达 50%—100%，③但是，由于采取了一系列专制主义经济措施，诸如削弱邦国等级的税收批准权、鼓励并支持农业和工商业的发展等等，所以在马克西米连统治期间，巴伐利亚公国的收入增长了 250% 以上。④

　　三十年战争结束之后，马克西米连一世继续集中邦君的权利，在政治上尽量排斥等级贵族，在经济和军事上也尽量不依靠他们。对此，选

---

① 1583 年，巴伐利亚公爵的次子艾恩斯特成为科隆选帝侯。在他之后，又有四位科隆选帝侯出自统治巴伐利亚的维特尔斯巴赫家族。他们是斐迪南、马克西米连·海因里希、约瑟夫·克里门斯和克里门斯·奥古斯特。

② P. C. Hartmann, *Bayerns Weg in die Gegenwart*, *vom Stammesherzogtum zum Freistaat heute*, Regensburg: Verlag Friedrich Pustet 1989, S. 228.

③ R. Schlögl, *Bauern*, *Krieg und Staat*. *Oberbayerische Bauernwirtsccha ft und frühmoderner Staat im 17. Jahrhundert*, Göttingen: Vandenhoeck & Ruprecht, 1988, S. 64, 67.

④ P. C. Hartmann, *Bayerns Weg in die Gegenwart*, *vom Stammesherzogtum zum Freistaat heute*, S. 227.

帝侯采取的主要办法是在法学家中挑选政府官员,不论是否出身贵族,并继续修订法规和法令,突出个人的而不是等级的"市民权利"(bürgerliches Recht)。1651年马克西米连一世去世以后,他的两位继任者——费迪南德・马利亚和马克西米连二世・艾曼努尔——都集中在经济方面进一步地削弱邦国等级的势力,促使巴伐利亚实现专制主义统治,迈上与普鲁士、奥地利相似的大国之路。然而,自卡尔・阿尔布莱希特继任后,特别世代戴上了神圣罗马帝国皇冠、成为卡尔七世以后,巴伐利亚淡化了邦君专制、重新走上邦国等级分散政治的道路。

为了消偿前任留下的巨额欠款,从1726年开始,卡尔・阿尔布莱希特首先通过前面提到的包括所谓"脱债工程"在内的各种措施,在保留各界、各级固定收入不变的前提下,分期分批地付清了高达约2600万古尔登债务。[①] 接着,从1728年起,他又通过前面也提到的减少军队兵员、取消建筑计划、解雇高价聘请的艺术家和降低官员的工资薪水等等措施,并充分利用国外贷款弥补财政不足,借以保留了等级贵族的税收许可权。后来,在1742年戴上帝国皇冠以后,皇帝卡尔七世几乎完全放弃了集中和加强巴伐利亚邦国权利的政策;巴伐利亚的君主专制制度随之结束。不仅如此,由于年仅48岁的巴伐利亚选帝侯只做了两年皇帝就因痛风发作而去世,巴伐利亚不仅没有成为大国,反而很快地从德意志中等邦国的首位滑落下来。

卡尔・阿尔布莱希特去世后,他的儿子马克西米连三世・约瑟夫(Maximilian Ⅲ Joseph,1727—1777,1745—1777年在位)没有继承先帝的遗志,没有继续父皇的大国政策。他一上任就向玛丽亚・特蕾西亚示好,表示自己不想子承父业、不会争取继任皇帝,并表示支持她的夫君登上帝位,从而使神圣罗马帝国改朝换代,开始哈布斯堡-洛林王朝。在接

---

① Andreas Kraus, *Von der Ächtung des Kurfürsten bis zum Friedensschluss*, In: Andreas Kraus (Hrsg.), *Handbuch der bayerischen Geschichte.*, *begründet von Max Spindeler*. 2. überarbeitete Auflage. Band Ⅱ *Das alte Bayern. Der Territorialstaat*, München: Beck, 1988, S. 513.

下来的七年战争中，虽然巴伐利亚是奥地利和法国的盟友，但他努力地退出战争，表示对欧洲列强之间的你死我活不感兴趣。在任期间，作为选帝侯，马克西米连三世·约瑟夫"为了改善邦国的内部状况，为了使邦国强大起来"①而着重于内政建设。他要偿还父皇留下的 3500 万古尔登的巨额债务②，要限制等级势力的增长，还要控制基督教各派教会在邦国内的争斗和介入邦国事务，并且要实行开明专制，推行义务教育，编纂法典③，奖励艺术和科学，等等。然而，当他做了这一切之后，巴伐利亚又面临着一个新的问题：谁来继承巴伐利亚的选帝侯产业？因为 50 岁就去世了的马克西米连三世·约瑟夫没有儿子，维特尔斯巴赫家族绝了嗣。谁来继任选帝侯？这个问题直接涉及巴伐利亚的命运：放弃争做欧洲大国之后，巴伐利亚似乎连德意志中等邦国的地位也保不住了。

继承巴伐利亚选帝侯的是普法尔茨选帝侯。巴伐利亚公爵和普法尔茨伯爵在大约 550 年前是一个人，即维特尔斯巴赫家族的奥托二世（Otto Ⅱ，1206—1253，1231—1253 年在位）。1255 年，奥托二世的两个儿子将他的领地分开，长子管理上巴伐利亚和普法尔茨，幼子管理下巴伐利亚。后来，分分合合，蔓延扩展，虽然维特尔斯巴赫家族的子孙又分成了若干统系，统治若干公国、伯国和教会领地，但是普法尔茨和巴伐利亚一直就是该家族的初祖地。④ 因此，1777 年马克西米连三世·约瑟夫去世后，血统最近的继承人就是普法尔茨伯爵卡尔·提奥多尔（1742 年起为普法尔茨选帝侯）。他的上任，如前已述，引起了一场以普鲁士和奥地利为主要敌对方的巴伐利亚继承战争。然而，卡尔·提奥多尔也没有

---

① Peter Pöpperl：*Quellen und System des Codex Maximilianeus Bavaricus Civilis*，Dissertation. Julius-Maximilians-Universität zu Würzburg, 1967, S. 1.

② EgonJohannes Greipl, "Karl Albrecht. Der zweite wittelsbachische Kaiser", in Alois Schmid und Katharina Weigand (Hrsg.), *Die Herrscher Bayernms*, München：Beck, 2001, S. 253.

③ 1756 年颁布《马克西亚米连巴伐利亚民法典》（*Codex Maximilianeus Bavaricus Civilis*）。

④ 维特尔斯巴赫家族曾经统治过普法尔茨伯国（1214—1803 年和 1816—1918 年）以及巴伐利亚公国、选帝侯国和王国（1180—1918 年）。这个家族的成员一度做过匈牙利国王（1305 年）、瑞典国王（1441—1448 年和 1654—1720 年）、丹麦和挪威国王（1440 年）、希腊国王（1832—1862 年）和神圣罗马帝国皇帝（1314—1347 年、1400—1410 年和 1742—1745 年）。

儿子,只是因为法国大革命的爆发,在他1799年去世的时候才没有再出现一场巴伐利亚继承战争。巴伐利亚事实上危在旦夕。

（二）萨克森

萨克森是仅次于巴伐利亚的德意志中等邦国,从15世纪起是韦廷家族的世袭产业,在中等邦国中的势力举足轻重。作为德意志民族的神圣罗马帝国的一个选帝侯国,萨克森的核心区域在易北河中游;莱比锡是它的核心城市。1485年,统治家族出现了"莱比锡分裂"之后,艾恩斯特系继承选帝侯资格,统治萨克森选帝侯领和图林根伯国;阿尔伯特系称萨克森公爵,统治迈森边地伯国。后来,在宗教改革运动中,艾恩斯特系的萨克森选帝侯由于信奉新教,并且在教派战争中失败,选帝侯的资格转到阿尔伯特系脉,选帝侯国的核心地区也随之转向迈森边地伯国的首府德累斯顿。

1656年,萨克森选帝侯约翰·格奥尔格一世颁布了一项与普鲁士、奥地利以及巴伐利亚完全不同的家族"均子继承权",宣布在他死后,长子继承萨克森选帝侯国,但从中分出三个公国,分给另外三个儿子。虽然萨克森选帝侯国仍然保持德意志中等邦国的地位,但是直到17世纪末以前,几位选帝侯都几乎没有采取有效措施来恢复三十年战争以前的生产和生活,也没有着力于集中邦君权利,削弱等级贵族的势力,甚至放弃召开等级会议的批准权。出现这种情况,与其说是选帝侯的权利受到邦国等级的限制,不如说萨克森的统治者仍然停留在中世纪宫廷贵族的观念之中,更不用说他们拥有实行专制或开明专制制度和实现大国梦想了。

然而,随着1694年"强壮者"弗里德里希·奥古斯特一世的上任,一切都发生了变化。萨克森选帝侯国从此显示出比普鲁士更强的发展势头,它开始追求国际声望,并且要在普鲁士和奥地利两大强国的夹缝之间脱颖站立,成为可以与法国相提并论的欧洲强国。

从特定的角度上看,萨克森与普鲁士走了一段相似的道路:通过占有神圣罗马帝国以外的土地和臣民,由选帝侯国升级为王国,继而向着欧洲强国的方向进展。勃兰登堡选帝侯曾以柏林为核心的勃兰登堡为根据地,夺得波

兰的以柯尼斯堡为核心的普鲁士,在 1701 年上升为国王,并由此开始增兵强
国,发展军备经济,努力提升国际地位。半个多世纪后,经过几次胜利的战
争,普鲁士终于站在欧洲强国之列,成为欧洲五大强国之一。对照之下,萨克
森选帝侯早在 1697 年就当上了波兰国王,在华沙而不是在德累斯顿建立起
统治中心。然而,在"强壮者"弗里德里希·奥古斯特一世统治的 40 年间,在
方向完全相同、道路基本相似的道路上,萨克森却一步一步地落后于普鲁士,
到 18 世纪末,只是在最后一位选帝侯拒绝再戴上波兰王冠(1791 年)的时候,
才稳住了它的德意志中等邦国的地位。其中的主要原因大致有以下方面。

一方面,弗里德里希·奥古斯特一世推行的专制主义政治没有发挥
实际性作用。换言之,萨克森选帝侯的专制措施不仅没有像普鲁士国王
的那样直接并明确地指向大国的经济基础——军备经济,反而指向大国
的表面工程——宫廷建设。两者之间的不同就像古代斯巴达(Sparda)
与雅典(Athens)之间的差异:普鲁士像斯巴达那样崇尚兵强将勇,萨克
森像雅典那样追求优雅华丽。

另一方面,弗里德里希·奥古斯特二世不仅对他父亲努力争取得到
的波兰王位不感兴趣,而且对选侯邦国的发展也没有责任感。如果说他
还顾及萨克森的国际声望的话,那么也只是在音乐和美术方面的成就。
不仅如此,作为曾经的德国宗教改革的发源地和新教的坚强堡垒,为了
波兰王位,父子两位选帝侯不顾当地传统,宣布改变信仰,皈依天主教
(分别在 1697 年和 1717 年),虽然一定程度地促进了萨克森天主教启蒙
文化的兴盛,但也深刻地影响了选侯国的国际声望。当普鲁士得到许多
德意志新教邦国支持的时候,萨克森则一度被迫进入法国的阵营。

第二节　18 世纪普鲁士的经济与社会

18 世纪的德国仍处于一盘散沙状态。在这一时期,迅速崛起中的普鲁
士不仅在政治和军事方面成就卓著,特色鲜明,其经济与社会发展也具
有一定的典型性,能在一定程度上说明这一时期德国的经济和社会发展进

程及状况。

一、军备经济

三十年战争以后，根据《威斯特伐利亚和约》，德意志各邦获得了近乎主权国家的权力。因此，在德国，各类政策，不仅政治、宗教以及外交、文化和军事政策，而且包括经济政策等，都成了各个邦国内部的事情。勃兰登堡-普鲁士选帝侯邦国在三十年战争中受到严重破坏，它也因此深切感受到拥有一支强大的军事力量来保护自己和对外拓展的重要性。因此，自17世纪中期开始，它将军备作为各方面政策的核心，军备经济因而也成为18世纪普鲁士经济的核心。

从国王弗里德里希·威廉一世开始，军队被认作是整个普鲁士王国管理的中心点。在他统治的27年间，普鲁士王国的军队人数增加了一倍多。在普鲁士的历史上，就国家财政支出方面而论，在人均支付军需的额度上，弗里德里希·威廉一世的军队建设达到了空前绝后的程度。当然，在他的后继者弗里德里希二世统治的46年间，普鲁士军队的人数也增加了一倍以上，但是，不能忽略后者所统治的区域、人口以及王国收入都远远地超过了前者。下表是普鲁士军队的人数增长情况。[①]

1660 年	1688 年	1713 年	1740 年	1786 年
0.8 万人	3 万人	3.8 万人	8.3 万人	18.8 万人

1713 年，为了加强军队建设，弗里德里希·威廉一世一方面在中央建立的"财政总署"之下设置地方财务管理机构或委托代理部门，用以负责管理并代表各地的王国守备部队，另一方面支持在柏林建立"王国仓库"或称"王家织布场"，用以供给全部王国军队的被服和粮草需用。在这样的基础上，1733 年王国政府制定了"征兵条例"（*Kantonreglement*），

[①] H. Schilling, *Höfe und Allianzen*, *Deutschland 1648 - 1763*, S. 430 - 431; E. Bruckmüller u. P. C. Hartmann, *Putzger historischer Weltatlas*, S. 113, 130.

将王国领地划分为多个征兵区域,用以统计区域内的男孩人数并据此制定名册,以为备役兵士。[1]　与欧洲其他地区一样,18世纪的普鲁士军队也主要分为步兵和骑兵。王国政府负担官兵的饮食、服装和驻营。除了管吃管住以外,每个普通士兵每月还可以得到一个多塔勒,作为薪俸津贴。在战时,他们还可以在饮食上得到加量和改善,如增加肉类等。此外,普鲁士政府还规定,士兵可以从事其他副业,例如兼做毛纺工、勤杂工和短工等等,聊以补充收入。军官的收入则要比士兵高出很多。通常情况下,军官的月入军饷随着级别的不同而有所不同,大致在9—30个塔勒之间。[2]　到1740年弗里德里希·威廉一世去世的那一年,普鲁士的军队装备和战争费用开支已经达到了王国总收入的86%。据统计,该年份普鲁士的总收入为6917192塔勒,其中军队装备支出5039663塔勒,战争费用支出914416塔勒,行政管理支出费用963113塔勒。[3]

到1740年弗里德里希二世接任国王的时候,普鲁士的土地面积在欧洲大陆排在第十位,人口是第十三位,军队人数却占到了第四位。如下表所示。[4]

1786年弗里德里希二世去世前不久,法国的米拉波伯爵(Comte de Mirabeau,1749—1791)作为政治记者被派往柏林执行秘密使命。这位法国伯爵以一种特别的口气道出了普鲁士军事化的程度。他指出:"普鲁士不是一个拥有军队的国家,而是一支拥有国家的军队,是一支驻扎在国家之中的军队。"[5]是的,在18世纪的普鲁士,全民都在为军队服务,全民都在为军队提供给养、军服、军营、金钱以及士兵和军官。军队成为

---

[1] 对于士兵的训练,普鲁士也"是当时最好的,其他所有的欧洲政府都热心地仿效它"。《马克思恩格斯全集》,第14卷,第38页。

[2] Olaf Groehler, *Das Heerwesen in Brandenburg und Preußen von 1640 bis 1806. Das Heerwesen*, Berlin: Brandenburgisches Verlagshaus, 1993, S. 31.

[3] E. Bruckmüller u. P. C. Hartmann, *Putzger historischer Weltatlas*, S. 130.

[4] Ebd., S. 113, 130.

[5] G. H. von Berenhorst, *Aus dem Nachlasse*, Neudruck der Ausgabe, Dessau 1845 und 1847, Osnabrück: Biblio-Verlag, 1978, S. 187.

政权区域	人口数（万）	年收入（塔勒,万）	军队人数（万）
法国	2000	6000	20.38
俄国①	1950	1500	17.0
奥地利	1300	2000	10.8
普鲁士	250	700	9.95②
萨克森	170	600	2.6
巴伐利亚	70	500	1.0

国中之国的说法成为现实。

普鲁士王国政府制定的各种经济政策都是围绕着为加强军队建设服务。军队在武器、服装、粮食和驻营等方面的需用成了王国经济发展的主要推动力,由政府出面创办或资助的各种军用企业成为王国经济发展的龙头。1741 年,即在上任的第二年,弗里德里希二世就通过布雷斯劳的一家铸造工场展开军备工业的建设。1748 年,在取得了西里西亚之后,国王又力挺王国的第一座高炉煤矿投产。接着,于 1753 年和 1755 年,在七年战争爆发前夕,弗里德里希二世接连支持在上西里西亚的马拉帕内和克罗伊茨堡建立了两座炼铁厂,并促其在 1777—1779 年之后大规模地发展。虽然这些企业的初期产品主要是用来出口,赚取外汇,还不是用来制造武器弹药,但是,这些工业企业的收入主要用于军事建设。同时,它们的发展也标明普鲁士经济的一种转变,即由 18 世纪前期的优先发展农业和纺织业,转为后期的着力发展采矿业和冶金业。③ 这也标明军备经济在王国经济中占压倒性优势的发展趋势。由于军备经济的需要,弗里德里希二世政府大力地推行和落实促进工业发展的措

---

① 仅是俄国的欧洲部分。

② 通常认为 1740 年普鲁士军队的人数是 8 万或 8.3 万人。同时期的法国军队约 16 万、俄国约 13 万、奥地利约 10 万人。见 H. Schilling, *Höfe und Allianzen, Deutschland 1648 - 1763*, S. 431。

③ 据载,"1785 年,普鲁士有四分之一的劳动者在采矿业和与之相关的工业部门谋生,在英国为三分之一,在奥地利约为八分之三。"［德］马克斯·布劳巴赫等《德意志史:第二卷 从宗教改革至专制主义》,第 677 页。

施,在促使许多新的手工工场和机械工厂出现的同时,严格贯彻王国领导的原则,尽量避免唯利是图的个体企业家自由地发展,将自由的企业界控制在王国中央集权的统制经济范围之内,为军事强国服务。

在大力促进军备经济发展的同时,普鲁士王国政府在行政管理领域也推行先军政策,将各类政治力量纳入军事强国的总方针之中。在中央统治机构内,文官听从军官,外交顺应军事,王国服务军队;在地方等级管理中,突出表现为在七年战争结束以后,容克庄园的权益在其服务于军事制度的前提下得到庇护,农民地产的权利也在其发挥军事作用的条件下得到保障。相形之下,差不多在整个18世纪的普鲁士,凡是不能够或是没有机会、没有能力为王国的军事或战争服务的阶层都遭到损害。普鲁士王国走上了军国主义的道路。

二、贵族

从1701年勃兰登堡选帝侯提升为"在普鲁士的"国王开始,到1797年以国王弗里德里希·威廉二世去世为标志的开明专制时代结束,近一个世纪间,贵族作为普鲁士社会的统治阶层,其传统权利逐渐演变为适应王国总体发展的其他权利,因而在整体上保证了他们的社会特权地位。

在18世纪的普鲁士,贵族的传统权利主要是同意纳税权和批准出兵权。这是贵族参与政治的权利。这些权利通过贵族代表的等级议会得到落实,它们标志着贵族的作为统治阶层的社会地位。而这种社会地位是随着普鲁士的发展和壮大而不断变化的。

从勃兰登堡-普鲁士边地选帝侯国,到欧洲强国普鲁士,根据其扩展的时间先后,普鲁士的领土大致分为三大构成部分。第一部分包括三个地区:一个是从1415年开始的边地侯国库尔马克(勃兰登堡),这是霍亨索伦王朝的发迹地;另一个是在1614年占领的克雷弗公国及马尔克和拉芬斯堡两个公国,这是普鲁士为打开通向北海道路的要害地区;第三个是于1618年得到的东普鲁士。这三个地区构成了后来的普鲁士王国统治的核心区域。第二部分是通过战争分别于 1741—1742 年和 1772 年获得的西里西亚和西普鲁士,这是普鲁士王国重要的经济发展区。第三部分是通过 1793 年和 1795 年两次瓜分获得的波兰地区,这是普鲁士进入欧洲强国前列的标志。正是随着普鲁士的这种扩张进程,作为统治阶层的贵族,其社会地位经历了不同的变化,总的趋势是在政治领域内的作用遭到削弱。

在普鲁士王国统治的核心地区,早在大选帝侯弗里德里希·威廉统治时期,贵族的参与政治权就已经遭到削弱。例如在库尔马克,在 1653 年,大选帝侯就以承认贵族的免税权及其对所属臣民的支配权为条件,换取了等级议会(当地称枢密院)同意征收六年军税的决定。后来,等级议会不再召开,致使当地贵族失去了参与政治的平台和机会。又如在西部的克里弗(当地称邦议会)、马尔克和拉芬斯堡,在 1660 年,大选帝侯就强力废除了贵族的免税权,在遭到强烈的抗议之后,只是于第二年一定程度地恢复了贵族的这项权利。再如在东普鲁士,1661—1663 年间,大选帝侯软硬兼施,一方面于 1662 年逮捕了领头闹事的市议员 H. 罗特(Hieronymus Roth,1606—1678),将其关押在狱中直至死亡,并于 1672 年打死了贵族领袖冯·卡尔克施泰因(Ch. L. von Kalckstein,1630—1672),另一方面又允诺将定期召开等级议会(当地称最高参议会),保证等级贵族的参政权,使贵族们同意在其领地内增加税收。而事实上,1671 年以后再没有召开等级议会。不仅如此,大选帝侯还向各地派遣选帝侯官员,监督甚至直接管理地方税务,逐步地取消了等级贵族传统的税收批准权和税务管理权。

此后,大选帝侯的继任者推行继续弱化贵族政治权利的政策。到国王弗里德里希·威廉一世统治时期,地方等级贵族的权利机构已经被正式地纳入王国中央集权的政治体制之中。

在等级贵族的政治权利遭到一定程度的削弱的同时,弗里德里希·威廉一世却加强了他们的军事特权。国王采取的措施是,一方面将贵族的军事采邑地变成自由地,在解除贵族对于国王的土地依附的同时,允许他们用货币(每匹马 40 塔勒)替代马役,另一方面将指挥军队的权利固定在贵族阶层,在实行普遍义务兵制、贵族子弟免服兵役的同时,规定预备军官团必须由贵族子弟组成,并且必须接受强制性教育和训练,由此形成了贵族在军事领域的特权。到弗里德里希二世统治时期,军官团更是排挤非贵族出身的人,尤其是排挤有钱的或有势力的市民军官。到1806 年,在 7000 名普鲁士军官中,出身于贵族者就达到了 6300 名。①随着非贵族出身军官的减少,军官团越来越明显地表现为社会的特权阶层。加之军官团基本上集中了当时王国中的大部分精英,军队中的贵族也越来越深刻地与社会隔离,构成一种封闭的、具有严格界线的社会阶层。就此而言,在普鲁士王国统治的核心地区,贵族阶层的社会地位没有出现显著下降的现象。

在普鲁士王国的重要经济发展区,国王弗里德里希二世则着重采取维护贵族经济地位的措施,特别维护容克贵族的经济利益,以确保他们对于王国经济与军事的支撑作用。

在西里西亚这个为普鲁士王国增加了三分之一的面积、人口和收入的地区②,弗里德里希二世没有设置与其他地方一样的专业管理部门,而是专设"西里西亚执行部"(Schlesische Generaldirektorium zu Breslau,1808 年被取消),并特派冯·慕寿伯爵(L. W. Graf von Münchow,1712—1753)为部长。该"执行部"及其部长均独立于中央政府的"总执行局",直接向国王本人负责。当地原有的贵族统治机构因此而被完全架空。

在国王的直接干预以及以发展王国经济而不是国民经济、以财政和军备为目标而不是以推动工商企业发展为目标的政策监管中,西里西亚的贵族阶层事实上产生了分化:除了仍然在政府中担任辅助性职务以外,大部分贵族在国王的保护或资助下进入经济领域,成为农业、商业和

① Olaf Groehler, *Das Heerwesen in Brandenburg und Preußen von 1640 bis 1806. Das Heerwesen*, S. 66.
② [德]马克斯·布劳巴赫等:《德意志史:第二卷　从宗教改革至专制主义》,第 684 页。

手工工场的企业主。这种情况表明,在西里西亚,所谓私人"企业主阶层"即使已经开始形成,也只是直接由王国经济政策导致出现的、贵族阶层内部的事物,几乎没有影响到社会结构的变化。在当时的西里西亚,还完全谈不上在欧洲其他地区已经出现的市民甚至农民私人企业家阶层。

在西普鲁士,贵族的情况与在西里西亚的基本相同。里德里希二世在这里设置了一个"战争与王室领地管理处"(Kriegs-und Domänenkammer),特派冯·多姆哈特伯爵(J. F. von Domhardt,1712—1781)为处长,直接对国王本人负责。当地原有的贵族统治机构被分成四个区①议会政府(Landrätliche Kreise)。政府首脑也直接由国王任命。通过1772年颁布的《关于建立司法机构条例》(Notifikationspatent,betreffend die Einrichtung des Justizwesens),王国政府取消了土地贵族对于农民的司法权,使西普鲁士的农民像普鲁士其他王室领地上的农民一样,一定程度地松缓了对领地贵族的人身依附,而贵族则通过1787年建立的《西普鲁士农村法》(Westpreuβische Landschaft),获得了由王国政府主持的债券和土地信贷的支持,使得原有的贵族地位没有受到根本性的损害。因此,在普鲁士王国的经济发展区,贵族阶层的社会地位也没有发生显著下降的现象。

在经过第二次和第三次瓜分而获得的波兰地区,弗里德里希·威廉二世国王没有完全继续先王弗里德里希二世瓜分波兰以及在第一次瓜分波兰后在得到的波兰土地上推行的政策,没有废除当地等级贵族的政权机构。其中的主要原因是出自外交形势的考虑。起初,国王并不希望削弱波兰-立陶宛联邦这个对抗俄国的前沿阵地。为此,普鲁士与波兰-立陶宛在1790年签订了盟约,共同防御俄国扩张。然而,此后国际形势发生了急剧变化。一是由于波兰于1791年通过了《五三宪法》(Konstytucja Trzeciego Maja),废除贵族的传统权利,并引起俄国的入侵;二是1789年爆发的法国大革命迅速波及包括德意志在内的欧洲其

---

① 西普鲁士的四个区是:布龙贝格、伊诺弗罗茨瓦夫、卡闵和德意志·克罗纳。

他地区。基于这种变化,普鲁士国王改变了它的外交立场,背叛了盟约,再次参与瓜分波兰。获得波兰的土地使普鲁士的领土面积进一步得到扩大。但是,王国政府的权利并没有直达这些新增加的地区,因此当地贵族的政治地位并有遭到实质上的削弱。

三、市民和农民

与德意志其他邦国地区的情况相似,18 世纪的普鲁士社会也大致可以分为三个阶层:贵族、市民和农民。如前所述,18 世纪的普鲁士贵族虽然其诸如征税-征兵批准权等传统权利受到了削弱,但是在军事或经济领域内由政府保证的特权仍然在整体上保留了他们处于社会上层的身份地位。相形之下,市民和农民的处境则全然不同。

在谈论普鲁士的市民与农民之前,应该先了解当时的移民情况。早在 18 世纪以前,由于近百年的宗教改革运动,造成信仰分裂和冲突不断,许多新教徒遭到所在邦国的驱逐。同时,持续频繁的各类战争、多次发生的流行鼠疫以及各种自然灾害,等等,也引起人口锐减,导致大片土地荒芜,粮价飙升,经济衰退,加剧了社会的动荡,使许多人口背井离乡。由此,欧洲许多国家和地区出现了大量的宗教逃亡者和难民。与上述严峻的形势相比,勃兰登堡-普鲁士的统治者却能秉持宗教宽容政策,同时在经济领域鼓励开荒创业。进入 18 世纪以后,尤其在国王弗里德里希·威廉一世和弗里德里希二世父子俩统治时期,引进先进国家和地区的人口一度成为基本国策。这种宽松而有利的环境使得勃兰登堡-普鲁士成为逃亡者和难民们的向往之地。自"大选帝侯"弗里德里希·威廉以来,勃兰登堡-普鲁士邦国成为欧洲大规模的移民浪潮中接纳移民最多的政权之一。据载,到 1786 年新国王弗里德里希·威廉二世上任的时候,外来移民及其后裔已经占到普鲁士总人口的三分之一。[①] 在这个过程中,有一个史实具有典型意义,它能够说明普鲁士在推行引进外来

①〔德〕马克斯·布劳巴赫等:《德意志史:第二卷　从宗教改革至专制主义》,第 648 页。

移民政策中的做法,这就是"萨尔茨堡大逃亡"(Salzburger Exulanten)。

"萨尔茨堡大逃亡"是发生于 1731 年的萨尔茨堡天主教统治者对于境内新教臣民的一次驱逐行为。1729 年,萨尔茨堡大主教冯·费米安(L. A. von Firmian,1679—1744,1727—1744 年在位)发布命令,要求臣民信奉天主教,试图通过统一信仰来加强大主教邦国的中央集权。当时的萨尔茨堡有大批的农民和矿工接受新教教义,是新教徒或隐匿新教徒,他们拒绝改信天主教。因此,大主教聘请数名耶稣会士,请他们帮助使萨尔茨堡民众重新天主教化,同时也招来有六千人规模的帝国军队,震慑那些不思改教的人。1731 年,大主教更是发布"大主教移民条例"(Emigrationspatent des Erzbischofs),强迫约两万新教徒离开萨尔茨堡。对此,普鲁士国王弗里德里希·威廉二世和奥地利哈布斯堡皇帝卡尔六世同时介入此事,同样谴责大主教的做法违背了《威斯特伐利亚和约》的规定,并一齐召唤这些遭受迫害的新教徒向本邦移民。奥地利是天主教国家,它将新教移民安排到特兰西瓦尼亚,允许他们信仰自由;普鲁士是新教王国,它除了保证新教移民的信仰自由以外,国王还于 1732 年特别发布了《普鲁士邀请条例》(*Preußische Einladungspatent*),将他们安置在以柯尼斯堡为首府的东普鲁士。根据这份邀请条例,前来定居的无产农民可以无条件得到一个庄户,而手工业者则可以定居城市,继续原有手艺。国王的移民政策吸引了萨尔茨堡约 20000 宗教难民中的 17000 人来到普鲁士。[1]

从欧洲各地迁入的移民,对于勃兰登堡-普鲁士的社会发展至少明显地发挥了三个方面的作用。首先,大约占 4% 的外来企业主和金融家为王国经济提供了新的活力。他们的到来使普鲁士社会逐渐形成了一个企业主和资本家阶层。他们人数不多,却扮演了"导师和指路人"的角色。这方面的典型例子是"施普利特格伯-道姆商馆"。这个"商馆"是由

---

[1] Mack Walker:*Der Salzburger Handel. Vertreibung und Errettung der Salzburger Protestanten im 18. Jahrhundert*,Göttingen:Vandenhoeck & Ruprecht,1997,S. 134 - 171.

波兰移民施普利特格伯(David Splitgerber,1683—1764)与一位从萨克森迁移过来的商人道姆(G. A. Daum,1679—1743)于 1712 年开始在柏林联合创建的。它在 18 世纪 20 年代领军普鲁士的金属工业和军火工作,是国王弗里德里希二世的重要银行家。[①]

其次,大约占近三分之一的外来人口为普鲁士的城市带来新的生产方式和活力。他们的到来活跃了手工商业,推动了对外贸易,促进了货币和新商品经济,使柏林、马格德堡、柯尼斯堡等城市繁荣起来。这方面的典型例子是柏林。在"大选帝侯"时期,来自法国的 15000 移民中有 6000 人定居于柏林。1700 年前后,柏林人口中的 20% 是法国移民及其后代。此外还有一些来自波兰、波希米亚以及萨尔茨堡等德意志地区的移民。1701 年柏林成为普鲁士王国的首都之后,王国政府出资鼓励在柏林兴建工厂、广办企业,进一步吸引了大批外籍工场主、银行家和商人前来发展、掘金。到弗里德里希二世去世前后,柏林已经集中了普鲁士三分之一的商品生产,成为"士兵和手工工场的城市"[②]。

此外,占外来移民绝大多数的农业人口在普鲁士的荒田开垦、农村建设中发挥了重大作用。他们的到来使得因战争而荒芜的土地、新获得的地区以及山林沼泽得到开发,成为耕地。这方面的典型例子是东普鲁士农业的发展。东普鲁士,如前所述,是普鲁士王国统治核心区的组成部分,也是王室领地。1701 年勃兰登堡-普鲁士选帝侯弗里德里希三世升级为"在普鲁士的"国王弗里德里希一世,也就是在东普鲁士的国王。在弗里德里希一世统治后期,即在 1708—1711 年间,东普鲁士发生了大规模鼠疫,人口损失了约三分之一,土地大片荒芜。[③] 因此,新国王弗里德里希·威廉一世继位后,一方面发布《王室领地谕令》,解除王室领地

---

① F. Lenz und O. Unholtz: *Die Geschichte des Bankhauses Gebrüder Schickler*, Berlin: Verlag Reimer, 1912, S. 82 - 90, 132 - 136.

② [德]马克斯·布劳巴赫等:《德意志史:第二卷 从宗教改革至专制主义》,第 674 页。

③ 参见 Wilhelm Sahm: *Geschichte der Pest in Ostpreußen*, Berlin, Duncker & Humblot, 1905, S. 35 - 38.

农民的人身依附,使之成为世袭的王国租佃农民,另一方面实行"人口复苏政策"(Rétablissement),吸引外来移民,使之在此开垦荒芜的土地,安居乐业。

总之,外来移民改变了勃兰登堡-普鲁士的"到那时为止的完全农业的性质",使之逐渐地转变"成为手工工场的国家";到18世纪末,普鲁士在工业方面处于法国、英国与荷兰之后而"居于第四位"①。在这种情况下,18世纪普鲁士的市民和农民在整体上也发生了顺应历史向前发展的变化。

市民,与作为统治阶层的贵族不同,它作为实力不断增强的社会阶层,从1701年勃兰登堡选帝侯成为"在普鲁士的"国王开始,到1797年以国王弗里德里希·威廉二世去世为标志的开明专制时代结束,在近一个世纪间,在适应王国经济总体发展的前提下,在与君主专制、与开明君主专制结合的情况下,市民阶层的实力获得加强,其社会地位也随之得到进一步的提高。

自"大选帝侯"弗里德里希·威廉统治时期开始,推行君主专制的选帝侯政府,在中央设置"枢密院"或"宫廷枢密财务处"的同时,在地方重用县长和税务官,两个地方职务均由选帝侯或国王直接任命,并直接对最高统治者负责。其中,税务官是主管城市和城镇的长官。通过税务官,选帝侯或国王得以监督、控制城市税收和财政利益。这是一方面。另一方面,自国王弗里德里希·威廉一世确定文官制度以来,市民子弟可以通过高等教育这一独木桥踏入社会统治阶层。然而,成为文官、进入政府机关并不是提高市民社会地位的途径。不仅如此,反而因为成为文官,成为被要求绝对服从邦君、听命军官的文官职位改变了市民子弟的本色,使他们有机会华丽转身,变成贵族。在整体上,提高市民社会地位的主要途径是参与开明专制政府的经济建设。

---

① [德]马克斯·布劳巴赫等:《德意志史:第二卷　从宗教改革至专制主义》,第606、658、674页。

伴随着王国军需经济的增长，伴随着王国监督下的价格上涨、房地产增值和奢侈品的时兴浪潮，部分贵族，特别是那些固守传统政治权利的老牌贵族，其财富很快地转到了这样的市民手中，即转入努力创新创业、发家致富的生产者和商人的手中。1700 年前后，普鲁士克服了三十年战争的创伤。1720 年前后开始，普鲁士王国全面地围绕着强国目标而发展军备经济。1740 年以后，霍亨索伦王朝政府逐渐改变了优先发展农业的总路线，手工业，或具体说手工工场的发展得到高度重视，并在 1763年以后，商业，或具体说对外贸易的发展获得政府的大力推进。到 1775年前后，整个普鲁士王国的经济发展呈现出加速高涨的局面。在经济的持续发展过程中，虽然在王国政府的领导和控制、保护和鼓励，以及提供资金的政策下，贵族是具有压倒性的主力军，但是市民，尤其是市民中的商人和创业者也有可能在新的行业、新的生产设施、新的生产方式以及入市投机等等方面占有主动。典型的例子如 J. A. 冯·克劳特。他出生于萨克森，19 岁到柏林一家商行学徒，25 岁建立了"柏林金银加工场"，42 岁获得贵族身份，成为冯·克劳特（1703 年）。如前述，冯·克劳特于 1713 年在"士兵王"弗里德里希·威廉一世的支持下建立了"王国仓库"，负责军队给养。"士兵王"培育了普鲁士的军队，但很少用于战场，他的儿子弗里德里希一世则是一上任就骑上了战马，后被称为"大帝"。在"大帝"进行的多次战争中，冯·克劳特的"王国仓库"就是国王军队给养的基本来源。其间，也有极少数的商人或企业主，如谷物、毛巾、酒肉等等的供应商和制作人，他们从中获得巨额利润。他们是市民阶层中的人数不多、相互联系紧密的小圈子。

总的来说，在普鲁士的"军事社会政策体系"中，市民中的企业主阶层，无论是主动地还是被动地，基本上是在王国政府的促使和保护下生存和发展的，因此还算不上开始形成社会结构中的、独立自主的市民企业主阶层。他们只是具有政治意义的市民团队，是政府文官的经济基础，而不是市民自治的培育基地，尽管这是市民阶层社会地位提高的重要表现。市民中的雇佣者阶层，无论是城市原有的无产者还是进城打工的农民,大多数在手工作坊、工场或工厂中谋生,因此也算不上开始形成社会结构中的工业雇佣者阶层。他们只是旧行业扩大、新行业产生的廉价劳动力,而基本上不是接踵而至的工业无产阶级的前驱,尽管这也是市民阶层在城市经济发展过程中得到的优惠机会。18世纪普鲁士的市民地位的提高几乎没有对社会结构的变化产生影响。王国政府一贯地采取保护贵族的立场,如在军官团中排挤市民,以及长期地实行全国统一的经济政策,如加强对商业的严格监督,使市民阶层社会地位的提高在整体上往往只能通过参与由贵族宫廷主导的精神和艺术方面的创作活动表现出来。

农民,与实力不断增强的市民阶层不同,它在整体上是一个被王国政府保护的社会阶层。然而,从1701年勃兰登堡选帝侯成为"在普鲁士的"国王开始,到1797年以国王弗里德里希·威廉二世去世为标志的开明专制时代结束,近一个世纪间,在适应王国军备经济发展的前提下,随着霍亨索伦王室领地的扩大,农民的社会地位不仅没有得到提高,反而有一定程度的下降。

自"大选帝侯"弗里德里希·威廉统治时期开始,在三十年战争结束以后恢复生产的措施中,勃兰登堡-普鲁士政府偏向贵族,允许并保护贵族兼并已经荒芜的土地,支持他们在新获得的地区占有农民及其土地。基于这样一种形势,到1700年前后,当普鲁士基本克服了战争创伤、经济开始全面恢复的时候,普鲁士贵族的农庄规模也相应扩大了30%左右。[①] 其中在易北河以东地区发展的土地贵族就是19世纪自由主义者们所称谓的容克地主。与之相对应,农民不仅没有在邦国的战后恢复生产政策中得到多少优惠,反而在贵族的欺压下土地迅速减少。在王国的西部,自耕农的情况每况愈下,他们的土地没有保障,常常不得不放弃自己的土地成为租佃农。在王国的东部,大批原本依附于土地的农民遭到

---

① [德]马克斯·布劳巴赫等:《德意志史:第二卷　从宗教改革至专制主义(1500—1800)》,第628页。

驱逐,农民的村庄变成了贵族的庄园,农民也成为依附于领主的雇农。为了确保贵族庄园经济能够有廉价的劳动力,王国政府甚至"将在时间上不受限制的迫使佣工服强制劳役的佣工法规推向农业立法的中心"①,以便迫使一些农民耕种日益扩大的贵族庄园的土地。

在这样的情况下,18 世纪初,普鲁士王国的许多地方发生农民的动乱事件,他们或者逃亡、迁出,或者抗拒服役、拒绝纳税,或者长年诉讼、不懈报复,甚至发动武装起义。面对这样的情况,国王弗里德里希·威廉一世一方面于 1717 年亲自发布军令,镇压在科特布斯发生的农民起义,另一方面于 1719—1723 年在王室领地上推行地产改革,逐步废止农奴制,以减轻农民的赋税和劳役负担。很明显,约占王国耕地和森林三分之一的王室领地②,其农民的境况要好于普鲁士所属的其他地方的农民。到弗里德里希二世统治时期,如前已述,普鲁士王国的军备经济发展到前所未有的水平。为了使军备经济能够持续性地加速发展,王国政府制定政策,确保农民的地位持久存在。当然,"更多地挂在国王心上的是'保持'作为整体的农民阶层,而不是个别农民的幸福。"③换言之,弗里德里希二世需要的是支撑普鲁士王国军备经济的农民阶层,而非记挂改善农民的生活。这显然是"开明"君主所不应该持有的态度。

不能否认,18 世纪普鲁士王国的军事强国政策只是固定了原有的社会和经济关系,贵族、市民和农民之间的关系没有在体制上得到调整。普鲁士国家与社会若要实现现代性的发展和转型,还有待于更深层次的改革。

---

① [德]马克斯·布劳巴赫等:《德意志史:第二卷 从宗教改革至专制主义(1500—1800)》,第628 页。

② Wilheilm Treue, *Wirtschafts-und Technikgeschiche Preussens*, Berlin/New York: de Gruyter, 1984, S. 29.

③ [德]马克斯·布劳巴赫等:《德意志史:第二卷 从宗教改革至专制主义(1500—1800)》,第651 页。

第三编

法国大革命与德意志改革

第八章　德意志与法国大革命

1789 年,法国爆发资产阶级革命。资产阶级在"自由、平等、博爱"的旗帜下,建立起自己的政治统治。1792 年,为了捍卫革命成果,法国资产阶级将革命潮流推出国界,打击支持法国旧制度的欧洲封建势力,法国革命由此成为一场震撼整个欧洲的革命运动。从革命爆发到拿破仑(Napoléon I Bonaparte,1769—1821;1804—1814/15 年法兰西第一帝国皇帝)垮台为止,在长达 1/4 世纪里,由于地理、历史和政治上的原因,法国大革命①对德国的影响远远超过了欧洲其他国家。这种影响主要表现在以下方面:法国革命初期,资产阶级的自由、平等理念在德国知识分子和民众中引起巨大反响,革命过程中的恐怖暴力色彩也引发了德国人对于革命的不同思考;法国革命和拿破仑战争中,奥地利和普鲁士两大德意志强权双双败北,德意志封建因素遭到沉重打击;法国革命的洪流摧垮了德意志的封建统治基础,成为德意志各邦"大改革"运动的催化剂;在法国大革命和拿破仑战争中,法兰西民族释放出的巨大能量以及法军对德意志的占领,唤醒了德意志人的民族意识,推动了以建立统一

---

① 狭义上的法国大革命从 1789 年革命爆发到 1799 年拿破仑·波拿巴发动雾月政变。广义而论,拿破仑战争是 1789 年革命的自然延伸,因此拿破仑统治时期也可视为法国大革命的一个阶段。

民族国家为目标的德意志民族主义的发展。

第一节　法国大革命影响下的德意志

一、法国大革命在德意志思想文化界的反响

18 世纪下半期的德意志在政治上呈现两大特征：国家的四分五裂和封建专制主义统治。尽管如此，随着资本主义因素的增长，其内部已经出现了改革和调整的迹象。德意志两大邦国，弗里德里希二世领导下的普鲁士和玛丽亚·特蕾西亚、约瑟夫二世领导下的奥地利，都打着"开明专制"的旗号，推出了一系列旨在使自己邦国行政管理现代化和促进经济发展的改革措施。弗里德里希二世致力于建立法制国家，颁布了一系列法令，强调"法律面前人人平等"，称自己只是国家的"第一公仆"。他还进行了有限度的农业改革，解放王室领地上的农奴，通过实施重商主义的经济政策来刺激普鲁士经济的发展。玛丽亚·特蕾西亚和约瑟夫二世则相继进行了行政司法改革和农村改革，以推进本邦的现代化。[1]但是相关改革并没有从根本上动摇旧的封建等级社会的基础。

1789 年 7 月 14 日，法国人民发动起义，攻占巴士底狱，资产阶级革命爆发。法国革命"像霹雳一样击中了这个叫做德国的混乱世界"[2]。革命中提出的"自由、平等、博爱"口号在深受封建等级制度之苦的德意志引发了全社会性的震动。由于经济资产阶级还没有充分发展起来，以文化资产阶级为代表的德意志思想文化界首先对法国革命作出了回应，形成了所谓的"精神革命"。绝大多数文化知识界精英支持法国革命中提出的资产阶级政治理想，把专制主义和封建主义在法国的垮台视为自己

---

[1] Hans-Joachim Schoeps, *Preussen*: *Geschichte eines Staates*, Berlin: Propzläen Verlag, 1966, S. 335; Helmut Müller, *Schlaglichter der deutschen Geschichte*, Mannheim: Mezers Lexikonverlag, 1986, S. 122.

[2]《马克思恩格斯全集》第 2 卷，人民出版社 1965 年版，第 635 页。

所宣传的"启蒙思想在政治实践领域的实现"①。

有一部分德国文化界人士甚至直接奔赴法国,感受革命的热情,形成了所谓的"德意志移民集团"②。康佩(Joachim Heinrich Campe,1746—1818)、厄斯纳(Konrad Engelbert Oelsner,1764—1828)、赖因哈德(Karl Friedrich Reinhard,1761—1837)、施拉布伦多夫(Gustav von Schlabrendorf,1750—1824)、格奥尔格·福斯特(Georg Forster,1754—1794)等"开明专制"改革的支持者,一时间都变成了"自由的朝圣者"③。他们纷纷奔赴巴黎,并且不失时机地将法国革命的消息传回德国,有的人甚至直接参加当地的革命活动。

康佩,作为作家和语言学家,在法国大革命爆发后不久,就带着学生威廉·冯·洪堡(Wilhelm von Humboldt,1767—1835)④前往巴黎。他们与法国革命家、自由派贵族代表米拉波伯爵等有联系,甚至还参加法国国民议会。1792年8月26日,康佩和著名诗人席勒、克洛普施托克(Friedrich Gottlieb Klopstock,1724—1803)、乔治·华盛顿(George Washington,1732—1799)、裴斯泰洛齐(Johann Heinrich Pestalozzi,1746—1827)等20余位外国人获得了法兰西共和国颁发的荣誉公民证书。

厄斯纳是政治评论家。他不仅亲自造访各类政治集会,甚至成了法国雅各宾俱乐部的外国会员,在1792年以前一直参加雅各宾俱乐部的会议。他不顾德国日益严厉的新闻检查,通过各种形式向国内介绍法国革命的政治形势。从政治立场上看,厄斯纳坚持启蒙运动的理念,与温

---

① Hans Kohn,"The Eve of German Nationalism",*Journal of the History of Ideas*,vol. 12,1951,no. 2,pp. 256 - 284.

② Elisabeth Fehrenbach,*Politischer Umbruch und gesellschaftliche Bewegung: Frankreich und Deutschland im 19. Jahrhundert*,München: Oldenbourg Verlag,1997,S. 30.

③ Martin Vogt(Hrsg.),*Deutsche Geschichte:Von den Anfängen bis zur Wiedervereinigung*,Stuttgart: J. B. Metzlersche Verlagsbuchhandlung,1991,S. 287.

④ 康佩曾在1769—1773年以及1775年间任威廉·冯·洪堡和亚历山大·冯·洪堡(Alexander von Humboldt,1769—1859)兄弟的家庭教师和教育者。

和的吉伦特派较为接近。由于他批评雅各宾专政及其恐怖统治,曾在1793年多次受到短暂性的拘捕。

赖因哈德出生于符滕堡,曾就学于蒂宾根,1791年经法国政治活动家西哀士(Emmanuel Joseph Sieyès,1748—1836)介绍,在巴黎谋得法国外交部的一个秘书职位。法国大革命和拿破仑战争期间,赖因哈德一直为法国政府服务,曾多次出任法国驻外使节,被法国著名国务活动家、外交家塔列朗誉为"蒂宾根送给法国的礼物"。

政治作家施拉布伦多夫出生于斯德丁,也是法国大革命的热情支持者。他在革命爆发之前就已经来到法国。他与许多法国革命家和知识分子交往甚密,其中包括著名启蒙思想家孔多塞(Marquis de Condorcet,1743—1794)、吉伦特派领袖布里索(Jacques-Pierre Brissot de Warville,1754—1793)等人。然而,这位来自德国的作家对法国革命的极端发展持批评态度,以至于在雅各宾派恐怖统治时期成了嫌疑人,险些被处决。

格奥尔格·福斯特是博物学家、民族学家和旅行作家。在荷兰、英国等地的旅行使他对这些国家充分发展起来的资产阶级自由羡慕不已,并积极探究其原因。他将法国大革命视为启蒙运动的必然结果。法国大革命爆发不久,他在给其岳父的信中写道:"看到哲学在人们的脑海中成熟,然后又在国家层面得到实现,实在是太美妙了。"1792年10月屈斯蒂纳将军(Adam-Philippe de Custine,1740—1793)率领法军占领美因茨后,福斯特即与其他的法国革命支持者一道建立了美因茨雅各宾俱乐部和美因茨共和国。共和国失败后,福斯特来到巴黎,亲身感受法国大革命。

德国国内也有一批为法国大革命理想而欢呼的思想文化界精英。康德、维兰德、赫尔德、谢林(Friedrich Wilhelm Joseph Schelling,1775—1854)、费希特(Johann Gottlieb Fichte,1762—1814)、克洛普施托克、荷尔德林(Johann Christian Friedrich Hörderlin,1770—1843)等,都在第一时间为法国大革命的爆发激动不已。

著名作家席勒和大部分德国知识分子一样,在法国大革命爆发之初也为资产阶级自由、平等理想的付诸实施而欢呼。1792年,席勒因其著名戏剧作品《强盗》歌颂一群反封建的豪侠青年,渗透着反抗压迫、追求自由的思想,被授予法兰西共和国荣誉公民。不过,席勒对法国革命的积极立场只维持了很短的一段时间,当法国革命转向激进的雅各宾派恐怖统治时,他的态度也由支持转变成了厌恶,进而提出了批评。①

远在柯尼斯堡的著名哲学家康德也欢呼法国大革命,认为"1789年法国革命用实例证明了人的道德的新生"②。不过,随着法国革命的激进发展,康德逐渐对之失去了兴趣。1798年,他特别提到了对正在进行的法国革命的看法:"我们所看到的正在进行的这一富有教养的民族的革命……充斥着悲惨和凶残,以至于如果一个有正常思想的人希望有幸第二次来实现这样的革命的话,也决不会以如此的代价来经历之。"③

著名诗人和作家维兰德被称为法国大革命的"最重要的评论家之一"④。他对法国大革命的看法主要集中于其在1774年创办的《德意志信使》(1790年改为 Der Neue Teutsche Merkur,即《新德意志信使》)杂志中。他希望通过实行立宪君主制来改进德国的政治状况。1789年法国革命爆发后,维兰德立即表示,如果法兰西民族的未来代表们对国王专制权力、大臣们的专横跋扈以及国家疆界加以适当限制,他将"毫不犹豫地全力"支持这场革命。⑤ 然而,像其他德国知识分子一样,当法国革

---

① Nikolas Dörr, "Friedrich Schiller und die Französische Revolution. Die Rezeption der französischen Revolution bei Schiller und anderen deutschen Intellektuellen", *MRM-MenschenRechtsMagazin* Heft 1/2006, S. 40.

② H.-J. Hahn, *German Thought and Culture. From the Holy Roman Empire to the Present Day*, Manchester and New York: Manchester University Press, 1995, p. 58.

③ EberhardBarth, *Nachwort zu: Was ist Aufklärung? Thesen und Definitionen*, Stuttgart: Reclam Verlag, 1974, S. 76.

④ C. C. Barfoot and Theo D'haen, *Tropes of Revolution: Writers' Revolution to Real and Imagined Revolutions 1789 - 1989*, Amsterdam: Editions Rodopi B. V., 1991, p. 231.

⑤ C. C. Barfoot and Theo D'haen, *Tropes of Revolution: Writers' Revolution to Real and Imagined Revolutions 1789 - 1989*, p. 236.

命出现过于激进的倾向时，维兰德也表达了不同的看法。在他看来，处于分裂状态的德国与中央集权的法国国情不同，不能采取过于激进的革命方式。他在 1793 年写道，法国的形势已经变得很糟糕。所幸的是，与革命前法国的旧秩序相比，南德诸邦的自由主义政治以及普鲁士和奥地利已经开始实行的开明专制负担更小，财政更稳定，贵族更温和，无论统治者还是下层民众，都更尊重法律。① 这些状况使德国无需像法国大革命那样采取过激的社会政治行为。

著名哲学家、诗人和文学评论家赫尔德起初也为法国大革命的爆发而欢欣鼓舞，公开对法国革命表示同情和支持。1792 年以后，随着法国大革命的日益极端化，赫尔德像席勒一样，才逐渐对这种大规模的社会政治革命产生了怀疑，改变了自己的看法，转向对"人性"的探讨。

著名哲学家谢林也对法国革命的理想表示了积极的赞赏。年轻的谢林曾在蒂宾根的教会学校里与黑格尔（Georg Wilhelm Friedrich Hegel，1770—1831）、荷尔德林等人一起欢呼法国革命关于自由的思想，成立了"共和联合会"，种下了象征革命和自由的"自由之树"。在法国大革命爆发 10 年后，著名哲学家黑格尔的讲座中仍然形容它为"壮美动人的朝阳"②。

著名哲学家费希特最初是法国大革命的一位极其热烈的拥护者。他将法国革命视为一种道德的进步，一种迈向更加平等和自由的合法行为。1793 年他发表《从欧洲君主们那里讨回迄今仍受到压制的思想自由》（*Zurückforderung der Denkfreiheit von den Fürsten Europens, die sie bisher unterdrückten*）和《关于法国革命大众评价纠正论集》（*Beiträge zur Berichtigung der Urteile des Publikums über die*

---

① Nikolas Dörr, „Friedrich Schiller und die Französische Revolution. Die Rezeption der französischen Revolution bei Schiller und anderen deutschen Intellektuellen ", *MRM-MenschenRechtsMagazin* Heft 1/2006，S. 43.

② Joachim Streisand, *Deutsche Geschichte von den Anfängen bis zur Gegenwart*，Köln：Pahl-Rugenstein Verlag, 1983, S. 115.

Französische Revolution），驳斥保守派政论家对法国革命的指责，认为法国革命是合法的，废除社会等级是"不可转让的人权"。法国革命标志着"黑暗时代已经结束"。他视法国为自己的"精神家园"，甚至鼓吹由法国兼并德国。[①] 后来因拿破仑对德国的侵略，费希特才开始对法国大革命及其进程提出批评。

著名诗人克洛普施托克也是法国大革命的热情支持者。克洛普施托克在 1789 年时称法国大革命是"本世纪最崇高的行为"，甚至号召德意志人仿效法国革命。1792 年，法国国民议会授予克洛普施托克荣誉公民称号。此后，随着法国大革命走向恐怖统治，克洛普施托克的态度开始转向，他谴责雅各宾派的恐怖统治像蛇一样缠绕着法兰西的躯体。

此外，诗人兼作家路德维希·蒂克（Ludwig Tieck，1773—1853）、历史学家约翰内斯·穆勒（Johannes von Müller，1752—1809）等也都为法国革命而欢呼。年轻的路德维希·蒂克写道："我向希腊的精灵致敬，我看见它在高卢的天空翱翔，现今无论白天黑夜，我的思想中只有法国。"约翰内斯·穆勒则表示："巴黎的 7 月 14 日是罗马帝国衰亡以来最好的一天……让他们垮台吧，那些战栗的人们，徇私枉法的法官们和高踞王位的暴君们！国王们和枢密大臣们终于认识到他们同样不过是人，这太好了。"[②]

当然，在德国思想文化界，并非所有的人都对法国革命的爆发持热烈欢迎的态度，大文豪歌德即是其中之一。歌德从一开始便对法国革命持一种谨慎的保留态度。他在 1824 年的一封信中表达了自己的看法：尽管并不赞同法国的专制制度，却也无法忍受对法国革命的厌恶。他认为，法国革命呈现出的暴力色彩会打破社会的和谐与合作，因此更希望通过道德教育、艺术和科学的进步来实现社会的和平发展。不过，歌德

[①] Otto Dann, *Nation und Nationalismus in Deutschland*, *1770 - 1990*, München: Verlag C. H. Beck, 1993, S. 54.

[②] ［美］科佩尔·S. 平森：《德国近现代史：它的历史和文化》上册，范德一译，商务印书馆 1987 年版，第 43—44 页。

深刻了解法国革命的历史意义。这位德国大诗人曾随魏玛公爵参加普
奥联军干涉法国革命。1792年9月20日瓦尔米炮战(Kanonade von
Valmy)中法军战胜普奥联军后,歌德就曾预言,一个"世界历史的新时
代"开始了。①

　　也有一小部分政治上保守的德国知识分子从一开始就明确反对法
国大革命。他们受到英国政治家、哲学家埃德蒙·伯克(Edmund
Burke,1729—1797)的影响,坚持保守主义的理念,反对革命。法国大革
命爆发后,伯克曾于1790年发表《法国大革命的反思》(*Reflections on
the Revolution in France*)一文,批评革命的思想,认为社会的发展是一
个长期缓慢的过程,具有传统性,国家和社会是有机的成长体,决非可以
通过理性和各种理论教条来加以塑造的。现存社会有足够的力量进行
改革调整,无须进行革命。② 让伯克没有料到的是,他的看法在德国保守
派知识分子中引起强烈的共鸣,以至于他的文章在德国比在英国更
畅销。③

　　著名诗人、记者马蒂亚斯·克劳迪乌斯(Matthias Claudius,1740—
1815)是否定法国革命的知识界精英之一。他认为,过于强调启蒙运动
的理想而忽视人的本能,是法国革命的危险所在。康德的学生、政论家
弗里德里希·冯·根茨(Friedrich von Genz,1764—1832)是反对法国
革命的又一重要人物。正是他在1792年将伯克的文章译成了德文。法
国大革命爆发时,年轻的根茨曾一度为之狂欢,然而,革命的结果很快使
他转入了法国革命的对立面。在他看来,英国循序渐进的宪法主义要比
冲动型的法国革命更好。此外,诸如法学家恩斯特·布兰德斯(Ernst
Brandes,1758—1810)和政治家、哲学家奥古斯特·威廉·雷贝格

---

① Walter Demel und Uwe Puschner (Hrsg.), *Deutsche Geschichte in Quellen und Darstellung*, Band 6, *Von der Französischen Revolution bis zum Wiener Kongreß*, *1789 - 1815*, Stuttgart: Reclam Verlag, 1995, S. 5.

② 见 Edmund Burke, *Reflections on the Revolution in France*, London: Rivingtons, 1868.

③ Steven Ozment, *A Mighty Fortress. A New History of The German People*, New York: HarperCollins Publishers, 2004, p. 156.

(August Wilhelm Rehberg，1757—1836)等人也都接受了伯克的思想，反对法国革命。布兰克斯和雷贝格所在的哥廷根大学则成了这种保守主义思想的传播中心。

二、法国大革命冲击下的德意志社会

诚如德国历史学家戈洛·曼(Golo Mann，1909—1994)所言，"法国民主革命的冲击力不可能在纸上划定的疆界前停顿下来。"①法国大革命不仅在德国思想文化界引起强烈回响，也震撼着整个德意志社会，莱茵兰和萨克森等地区都出现了下层民众的骚动和暴动。

位于莱茵河西岸的一些德意志领地首先受到法国革命的冲击。这里的城市市民发起了各种请愿和抗议活动，拿骚-萨尔布吕肯即是其中之一。②1789年8月，法国革命的消息传到萨尔布吕肯等地，人们纷纷集会和请愿，将批评矛头指向统治者的腐败。9月19日，萨尔布吕肯的市民和农民联合向邦君提交了一分集体请愿书，表达了对繁重的劳役的不满。到1793年春天法军占领该地为止，这种抱怨一直持续不断。除了请愿外，还有各种零星的骚乱发生。首相哈默勒(Johann Friedrich von Hammerer，1745—1822)因腐败遭到百姓痛恨，人们不仅袭击其住宅，甚至威胁要将其扔进萨尔河中或绞死，他最后不得不逃离该邦。森林管理员、海关官员和警察也成了人们愤怒攻击的目标。人们指责官员的免税特权，要求他们承担与市民一样的纳税义务。在手工业者聚居的圣约翰，人们不仅请愿表达对过于严厉的警察统治的不满，而且还用起义的方式来反对这种控制。1791年夏天，一群年轻的手工业者因在公共场合闹事而被警察逮捕，但是随后大批帮工在行东们的支持下前往警局，迫使警方释放了被拘留人员。

---

① Golo Mann，*Deutsche Geschichte des 19. und 20. Jahrhunderts*，Frankfurt am Main：Büchergilde Gutenberg，1958，S. 59.

② Elisabeth Fehrenbach，*Politischer Umbruch und gesellschaftliche Bewegung：Frankreich und Deutschland im 19. Jahrhundert*，S. 13.

法国革命的春雷也震撼着德意志的农村地区,许多地方出现了农民起义和暴动。1789 年秋天,在邻近法国的巴登、普法尔茨和中莱茵地区,都出现了针对贵族和诸侯的农民暴动。① 其中,又以萨克森农民起义和劳西茨地区农民骚动最为典型。

在萨克森,受法国革命的影响,位于韦伦的农民于 1790 年 5 月开始出现自发性的骚动,直接原因是诸侯的森林保护和狩猎特权造成野生动物泛滥,大量损坏农民庄稼,有些农民所种庄稼的 3/4 都被动物吃掉。骚动还蔓延到其他地方。7 月底开始,位于迈森附近的一些村庄的农民开始拒绝服劳役,并发动了反抗贵族地主的起义。起义迅速扩大到萨克森选帝侯邦的大部分地区,从莱比锡南部到埃尔茨山脉和劳西茨地区,都在农民起义的扫荡之下。② 到 8 月中旬,起义农民已经占领了 15 个领主法院辖区,范围覆盖弗莱贝格、开姆尼茨和沃尔肯施泰因为中心的周边地区。在起义所波及地区,农民强迫封建领主宣布放弃各种徭役和租金,或者直接赶跑他们。在迈森,起义者还释放了被关押的抗争者并一度打退了政府军的进攻。直到 10 月,起义才被镇压下去。

劳西茨地区的农民骚动和起义持续时间更长。1789 年和 1790 年,劳西茨地区出现连续灾荒,农作物歉收,下层民众生活维艰,社会关系极度紧张。在这种情况下,法国革命的消息成为引发农民骚动的导火线。1789 年和 1790 年之交的冬天,施普雷瓦尔德和下劳西茨北部的施韦洛赫湖周围的 70 多个村庄的农民联合起来,提出了取消捐税、废除劳役、将地产转为永久租佃权等要求。1790 年 8 月,数以百计的农民开始冲击领主庄园,发出了"起义"的号召,宣布不再为领主服劳役。1790 年底前后,由于统治者采取"文攻武吓"政策,一方面派出大批军队镇压,另一方面颁布严厉的禁止暴乱的文告,农民骚动才趋于沉寂。1793 年与 1794

---

① Joachim Streisand, *Deutsche Geschichte von den Anfängen bis zur Gegenwart*, S. 114.
② Siegfried Hoyer, „Der Beginn der französischen Revolution, Kursachsen und der sächsische Baueraufstand", in Heiner Timmermann (Hrsg.), *Die Französische Revolution und Europa 1789 - 1799*, Saarbrücken: Verlag Rita Dadder, 1989, S. 369 - 380.

年之交,法国雅各宾派无条件取消农民的各项封建义务和人身依附关系的消息传到劳西茨,恰值政府准备将 3 月 25 日的"圣母领报节"(Mariä Verkündigung)①从工作日移至星期天,为的是不影响农民为领主服劳役。消息传来,下劳西茨等地的农民非常愤怒,在木匠雅恩·库斯卡(Jan Cuska)等人的领导下于 1794 年 3 月 25 日发动起义,发出了"这里要和法国一样,赶走所有贵族!"的呼声。起义队伍一度达到数千人,统治者最后动用龙骑兵才将起义镇压下去。

美因茨共和国是法国革命在德意志的直接产物。法国革命爆发后,普奥两国一度出兵干涉,试图恢复法国国王路易十六的专制统治,但是这一企图由于 1792 年 9 月 20 日瓦尔米战役的失败而破产。随后,法军在屈斯蒂纳将军的率领下进行反攻,于 9 月底进入普法尔茨,10 月 21 日占领美因茨,美因茨选帝侯埃塔尔男爵(Friedrich Karl Joseph von Erthal,1719—1802)弃城逃跑。法军占领美因茨后,一些信奉"自由、平等、博爱"理想的美因茨人仿照法国雅各宾俱乐部,于 10 月 23 日成立了"自由和平等之友社",此后又在施佩耶尔、沃尔姆斯等地建立了分部。美因茨雅各宾俱乐部的主要成员包括福斯特等一批美因茨大学的师生、商人,还有担任警察长的弗兰茨·康拉德·马克(Franz Konrad Macké,1756—1844)等政府官员。屈斯蒂纳将军想利用当地人来帮助管理所占领地区,福斯特等德意志雅各宾派因此成为其考虑选用的对象,福斯特等人也想在德国实现法国革命的理想。他们通过传单、广告、宣言以及游行宣传的方式,号召建立共和国。1792 年 12 月,福斯特等人在 40 个乡镇进行了问卷调查,结果有 3/4 的民众支持以法国为榜样改造国家秩序。

1793 年初,法国国民议会特派员到达美因茨,与德意志雅各宾派共同准备市政府和制宪大会选举。2 月 24 日,莱茵河左岸、纳厄河以南

---

① 据《新约圣经》记载,圣母马利亚领受天使传报上帝旨意,告知其将由"圣灵"感孕而生耶稣。教会规定此节在圣诞节前的 3 月 25 日举行。

130个德意志城镇和村庄的代表齐聚美因茨，举行了莱茵-德意志国民议会的选举。3月17日，莱茵-德意志国民议会在美因茨的德意志大厦召开，这是德国历史上第一次通过民主方式召开的议会。次日，大会通过法令，宣布从兰道到宾根的整个地区"从此构成一个自由、独立和不可分割的国家，这一国家遵从共同的、建立于自由和平等之上的法律"；"这个国家的唯一合法的统治者，即它的自由的人民通过其代表投票宣布，废除与德意志皇帝以及德意志帝国的一切联系。"法令还宣布废除诸侯的一切统治权利，并威胁要对过去的邦君以及所有试图帮助恢复其统治的人处于死刑。美因茨共和国是德国历史上第一资产阶级议会制共和国。[①]

　　然而，新建立的美因茨共和国很清楚，在德意志地区，传统封建势力极其强大，如果没有法国的帮助，它是难以长期存在下去的。因此，在1793年3月21日，美因茨共和国提出了加入法国的申请，福斯特等组成代表团前往巴黎。3月30日，法国国民议会接纳了美因茨代表的申请。不过，此时普鲁士军队已经开始进入美因茨共和国境内，并且包围了美因茨。法军撤退之后，7月23日，美因茨共和国投降。普军占领美因茨后，对当地雅各宾派及其亲属进行了迫害和监禁，他们的财产也遭到没收。这种迫害直到1795年法军重新进占莱茵河西岸地区才停止。

第二节　革命战争对德意志的冲击

一、德意志两大强国干涉法国革命与革命战争的爆发

　　法国革命宣扬的"自由、平等、博爱"的理想是资产阶级自由、民主的政治理念对旧的封建等级特权和专制政治理念的否定，法国大革命则是新兴资产阶级与传统封建统治阶级之间的一场较量。它在德意志思想文化界和下层民众之中激起强烈反响，同时也威胁到德意志各邦封建统

---

① Joachim Streisand, *Deutsche Geschichte von den Anfängen bis zur Gegenwart*, S. 118.

治阶级的既有统治秩序。因此,作为欧洲大陆封建势力代表的德国各邦上层统治阶级与革命的法国之间的对立冲突不可避免。

法国大革命从一开始就牵动着德国各邦上层统治者的神经。起初,普鲁士统治者认为,革命会削弱宿敌法国,因而持一种欢迎态度,在巴黎的普鲁士官员甚至与许多革命领导人进行友好接触。另一大邦奥地利也奉行一种"中立"政策。① 然而,随着法国革命的深入,相关举措越来越引起德国各邦统治者的不满。

首先,法国国民议会通过的废除一切封建特权的决议损害了处于法国境内却仍然享有德意志诸侯权利和其他特权的阿尔萨斯地区的神圣罗马帝国议会等级代表的利益。② 他们拒绝了法国革命政府用金钱补偿其损失的建议,转而要求皇帝和神圣罗马帝国废除以前的《和约》,干涉法国革命,保护其利益。雷根斯堡帝国议会则于 1791 年 8 月作出相应决议,反对法国政府在阿尔萨斯采取的政策。

其次,法国革命直接牵涉到位居神圣罗马帝国皇帝宝座的奥地利哈布斯堡-洛林家族的利益。如前所述,法王路易十六的王后玛丽·安托内特是德皇弗兰茨一世和皇后玛丽亚·特蕾西亚之女。1790 年 2 月皇帝约瑟夫二世去世后,其弟利奥波德二世继位。1791 年 2 月,玛丽·安托内特致信皇兄利奥波德二世,要求派兵帮助镇压革命。但是利奥波德二世起初只将 1789 年爆发的革命当作对所有封建君主的一种教训,希望他们以此为鉴,能够实行"开明专制",爱护臣民。1791 年 6 月,路易十六夫妇逃跑未遂,被剥夺权力,利奥波德二世才认识到问题的严重性。他在 7 月向欧洲各国宫廷发出通告,要求发表反对限制法王行动自由的

---

① G. P. Gooch, *Germany and the French Revolution*, London: Longmans, Green, and Co., 1920, pp. 391, 393.

② 三十年战争期间(1639 年),法国占领了阿尔萨斯。1648 年的《威斯特伐利亚和约》中,包括松德郜等地区和哈格瑙等 10 座帝国城市在内的阿尔萨斯虽然割让给了法国,但是《和约》明确规定保留被割让地区的各项特权和自由。Bernd Roeck(Hrsg.), *Deutsche Geschichte in Quellen und Darstellung*, *Band 4*, *Gegenreformation und Dreißigjähriger Krieg 1555 – 1648*, Stuttgart: Reclam Verlag, 1996, S. 419 – 420.

共同声明,向法国革命政府施压。

此外,法国革命直接威胁到德国各邦封建统治阶级的利益,包括普王在内的各邦君主因此主张干涉革命,以便恢复旧有秩序。普鲁士原本视法国革命为削弱法国和破坏七年战争以来法奥同盟关系的一个机会,想以此来打击对手奥地利。但是法国君主遭受的劫难使普王弗里德里希·威廉二世感到震惊,他似乎从路易十六那里看到了自己的下场,而德意志各邦出现的各种骚动也使之感到不安。因此,他转而主张加强欧洲君主之间团结,共同对付革命的威胁。1790 年,英国出面调解普奥矛盾。7 月 27 日,弗里德里希·威廉二世与利奥波德二世签订《赖兴巴赫协定》,停止两国的敌对状态①,普鲁士保证不再支持匈牙利和奥属尼德兰反对奥地利的起义。1791 年 8 月 27 日,在法国逃亡贵族的鼓动下,利奥波德二世与弗里德里希·威廉二世发表《皮尔尼茨声明》(*Erklärung von Pillnitz*),宣布所有欧洲君主希望恢复法国国王的统治,并威胁性地表示,为了实现这一目标会使用必要的武力。

从法国方面看,两大因素为其与东邻德国的冲突埋下了伏笔。首先,革命爆发后,包括路易十六的弟弟阿图瓦伯爵(Graf von Artois)②在内的大批拥护国王和封建制度的法国贵族纷纷逃亡到德法边界的德国一侧,聚集于科布伦茨。他们不仅鼓动欧洲君主干涉法国革命,还图谋在特里尔、美因茨、沃尔姆斯和施佩耶尔等地招募军队,从事反对革命的活动,严重威胁到法国革命的进程,因而引起法国的不满。其次,在法国资产阶级看来,神圣罗马帝国大旗下的德意志是欧洲封建势力的反动堡垒,法国革命要想取得成功,必须对之进行打击。曾经有法国报刊写道:"德意志的帝国宪法是欧洲所有贵族和封建偏见的核心所在,因此对之

① 前文提及,1787—1791 年俄国与土耳其发生战争,奥地利加入俄国方面作战,英、普等国则结成同盟反对俄国,普奥因此陷入对立。法国大革命爆发后,为了共同对付法国革命,英国于 1790 年出面调解普奥矛盾,促使两国签订了《赖兴巴赫协定》。
② 即 1824 年登上法国王位的查理十世(Karl Ⅹ,1757—1836)。

加以摧毁"是法国的目标。①

　　1791 年下半年,法德关系已经日趋紧张。法国把《皮尔尼茨声明》看成是对法国革命的一种侮辱性的干预。在法国立法议会中占据主导地位的吉伦特派代表也希望进行对外战争。他们代表法国工商业资产阶级的利益,主张用战争来捍卫法国的尊严,在旧欧洲推广法国革命的原则。同时进行领土扩张,占领奥属尼德兰。此外,他们也想通过战争来转移国内民众视线,防止其因饥饿等原因进行暴动。法王路易十六也支持吉伦特派对外战争的主张,希望法国在战争中失败,以便借助外国封建君主的力量来镇压革命,恢复旧的封建秩序。出于上述原因,法国对德国的态度趋于强硬。1791 年底,法国要求特里尔选帝侯立即解散聚集其境内的法国流亡者。在利奥波德二世命令特里尔选帝侯按照法方要求办理后,法国政府又于 1792 年 1 月向德皇提出了放弃一切形式的干涉的新的无条件要求。

　　为了对付动乱不已的法国,防止法国革命的烈火威胁德意志的传统统治秩序,德意志两大强国奥地利与普鲁士也于 1792 年 2 月签订了友好防御条约,规定如果法国发动进攻,两国将各派两万军队相互支援,并进行密切合作。3 月初,利奥波德二世去世,其子弗兰茨二世继承皇位。新皇帝更加仇视法国革命,倾向于对法开战。其间,法国国内形势也出现了变化。2 月,路易十六任命倾向战争的吉伦特派组阁。法国方面要求奥地利从边界撤军,并驱逐聚集于科布伦茨的法国流亡者,但遭到弗兰茨二世的拒绝。4 月 20 日,法国向奥地利宣战。革命的法国与反法力量之间的战争由此开始。②

---

① Martin Vogt(Hrsg.), *Deutsche Geschichte: Von den Anfängen bis zur Wiedervereinigung*, S. 286.

② 从 1792 年到 1815 年,法国与反法联盟力量之间进行了长达 20 多年的战争。以法国为出发点,这一时期的战争可划分为革命战争(Revolutionsrkriege, 1792—1797)和拿破仑战争(Napoleonische Kriege, 1799—1815)两个阶段;以反法力量为出发点,这一时期的战争则被称为"联盟战争"(Koalitionskriege),其中,革命战争阶段相当于第一次联盟战争时期,拿破仑战争阶段相当于第二次到第七次联盟战争时期。

二、1792—1797 年的革命战争——第一次联盟战争

1792—1797 年 的 革 命 战 争，也 称 第 一 次 联 盟 战 争（Erster Koalitionskrieg），它实际上是欧洲封建势力试图阻止法国革命影响进一步扩大和恢复旧有统治秩序的首次努力。在这一阶段的战争中，德意志两大强国奥地利和普鲁士结成的联盟扮演了主要角色。让他们料想不到的是，德意志由此陷入了一场灾难深重的长期战争中。

（一）1792—1794 年的战争

法国向奥地利宣战后，德意志方面反应迟缓。7 月 5 日，弗兰茨二世被一致选举为神圣罗马帝国皇帝，14 日在美因河畔法兰克福大教堂举行了加冕典礼。这也是神圣罗马帝国的最后一次皇帝加冕典礼。此后，普奥两国才开始了真正的军事行动。弗兰茨二世与弗里德里希·威廉二世在美因茨会晤，双方表明要团结一致。曾经长期处于敌对状态的奥普两国显示出非同寻常的一致立场。根据计划，奥地利出兵 10 万集结于奥属尼德兰和莱茵河上游，普军 4 万多人将集结于摩泽尔河和科布伦茨一带。

开战之初，法军处于优势地位，当时它在奥属尼德兰边境地区集结了 10 万兵力，而奥地利只有 4 万军队，普鲁士则还没有做好战争准备。然而，法军向奥属尼德兰的进攻却遭到失败。其原因主要有在于：经历了革命冲击的法军一时军纪涣散，还没有做好战争准备，战斗力因此下降；法军仍处于贵族军官控制下，他们对取得革命战争的胜利毫无兴趣；国王和王后通敌，把法军的作战计划泄露给了敌人。

法军的最初失败使普奥两国统治者认为，革命者不堪一击，战争会很快取得胜利。曾经跟随弗里德里希大帝南征北战的不伦瑞克公爵卡尔·威廉·费迪南德（Karl Wilhelm Ferdinand von Braunschweig，1735—1806，1780—1806 上任）出任普奥联军总司令。1792 年 7 月 25 日，这位公爵在科布伦茨发表"不伦瑞克宣言"（Manifest des Herzogs von Braunschweig），宣称要在法国恢复"君主的权力"，严惩乱党，并且以

威胁性的语言宣布，如果法国国王、王后及王室受到伤害，将"毁灭巴黎"。然而，不伦瑞克公爵的宣言不仅没有吓到法国民众，反而成为他们推进革命进程的新动力。7月11日，法国立法议会宣布"祖国在危急中"。8月10日，巴黎人民发动新的起义，攻入王宫，逮捕国王，结束了法国的君主政体。法国的政治体制迅速向民族化和民主化方向发展，各地纷纷组织志愿军，准备抗击外国干涉。此后，在拉扎尔·卡诺（Lazare Carnot，1753—1823）等人的推动下，法国开始采取与旧欧洲不同的普遍义务兵役制，保证了战争对兵员的需求。

与此同时，普奥联军开始深入法国领土，但是进展缓慢。8月23日，联军攻克隆维，9月1日攻克凡尔登，打开了通向巴黎的大门。为了保卫革命，巴黎数万人武装起来开赴前线。9月20日，普军在瓦尔米高地遭到杜穆里埃（Charles François Dumouriez，1739—1823）和克勒曼（François Christophe Kellermann，1735—1820）指挥的法军的阻击。虽然双方只是进行了一场炮战，并无激烈的交锋，但法军的坚决抵抗态度和高昂的士气使对手感到惊讶不已。不伦瑞克公爵迟迟不敢进攻法军阵地。这时，普鲁士人发现，战争比原先预想的时间要更长，付出的代价也更大，自己正处于危险之中，加之天气恶劣，给养不足，疾病流行，普军决定撤兵，退回德意志境内。对法国革命的第一次干涉失败。

与普奥联军的消沉状态相反，受到胜利鼓舞的法国人士气大振。9月21日，普选出的国民议会宣布废除君主制。22日，法兰西共和国宣告成立。接着，法军乘胜追击，分头出击德意志和奥属尼德兰。在东部德意志战线，屈斯蒂纳率领的法军从阿尔萨斯进入普法尔茨，占领了施佩耶尔、沃尔姆斯、美因茨等地，直抵美因河畔法兰克福，一路之上如入无人之境。在北部战线，杜穆里埃率领的法军于11月6日在比利时的热马普附近大败奥军，占领了布鲁塞尔，帝国西部重要城市亚琛也落入法军之手。

法军之所以能战胜强大的普奥联军，原因在于这是迅速壮大的资产阶级与日益衰落的封建阶级之间的一场较量，前者代表了社会的进步和历史潮流的发展方向。杜穆里埃在谈到法军胜利的原因时指出:"自由的愤怒必将战胜所有攻击我们的雇佣兵。"①同时,面对普奥联军的干涉,法国占据了道德方面的优势,革命军队得到法国民众的坚决支持,而普奥联军面临的是一场声势浩大的人民战争,因此不可能在短期内取得胜利。在战术上,普奥联军仍固守死板的传统方式,在灵活机动的法军面前束手无策。此外,普奥双方从一开始就各怀打算。普鲁士参加这次干涉的一个重要目的是争取奥地利在瓜分波兰问题上能予以补偿,因此不愿全力以赴地进行这场战争。1792 年 10 下旬普军撤退途中,普鲁士还发出照会,要求奥地利在新战役开始前答应将波兰的部分领土划给它。奥地利则希望尽可能地限制普鲁士在瓜分波兰中的所得。双方因此没有达成协议。此时恰值俄国趁普奥两国无暇东顾之际,占领了波兰,普王弗里德里希二世有上当之感。此外,联军在战场上难以形成真正统一而有效的指挥也是联军失败的原因之一。

战争的失败加剧了联盟内部的矛盾。由于在瓜分波兰问题上没有得到奥地利的首肯,普鲁士转向俄国,于1793 年 1 月 23 日在圣彼得堡与俄国就第二次瓜分波兰达成一致。根据新的瓜分条约,俄国占领了整个白俄罗斯以及立陶宛、乌克兰大片土地,普鲁士则在答应继续对法作战的情况下,得到了但泽、托伦、波森和卡利施,作为对法战争的补偿。② 奥地利由于被排除于波兰事务之外而大为恼怒。德意志两大强国之间的相互信任受到了影响。因此,尽管雷根斯堡帝国议会于 1793 年 3 月 23日作出了对法宣战的决议,普奥两大邦国之间已经貌合神离。

1793 年 1 月 21 日,路易十六被送上断头台,引起欧洲各国君主的强烈不满,反法阵营迅速扩大。除了普奥两国外,英国、西班牙、撒丁、那不勒斯、荷兰和其他德意志邦国等纷纷加入反法联盟行列。第一次全欧性

---

① G. P. Gooch, *Germany and the French Revolution*, p. 397.

② Theodor Schieder (Hrsg.), *Handbuch der Europäischen Geschichte. Band 4*, *Europa im Zeitalter des Absolutismus und der Aufklärung*. Stuttgart: Ernst Klett Verlag, 1976, S. 750.

的反法联盟最终形成。法国政府则做出回应,声称要把法兰西共和国扩大到由比利牛斯山脉、阿尔卑斯山和莱茵河所构成的"天然疆界"。

反法联盟随即从四面八方对法国展开了进攻。在阿尔卑斯山一线,有奥军和撒丁军队的进攻;在比利牛斯山脉一线,有西班牙军队的进攻;在莱茵河下游和比利时,有奥军和德意志其他邦国军队的进攻。此外还有英军的支援;在莱茵河中上游,有普军、奥军和其他德意志邦国军队的进攻。法国一时陷入危急之中。

在德意志地区,1793 年对法战争起初取得了一定的胜利。首先,科堡亲王(Friedrich Josias, Prinz von Sachsen-Coburg-Saalfeld, 1737—1815)率领的奥军于 2 月 14 日向科布伦茨进军,并于 3 月 1 日在迪伦和阿尔登霍芬等地打败法军,收复亚琛等地,进入比利时,赶走了马斯特里赫特之敌。此后,奥军渡过马斯河,在内尔温登等地大败杜穆里埃率领的法军,控制了比利时全境,然后进入法国境内,占领了瓦朗谢讷和勒凯努瓦等地,逼近巴黎。此后,法军统帅杜穆里埃因不满雅各宾派的统治,投奔了奥军。

在这场战争中,年轻的卡尔大公(Erzherzog Karl von Österreich, 1771—1847)成为一颗升起的新星。作为科堡亲王手下的先锋,他在阿尔登霍芬和内尔温登战役中起了关键性的作用。与此同时,中莱茵地区的战争也取得了进展。普军经过长时间的围困,迫使驻守美因茨的法军于 7 月 23 日投降,法国扶植起来的美因茨共和国随之灭亡。奥军则解放了莱茵河西岸的大部分普法尔茨地区,准备进军阿尔萨斯。

在法国国内,正当反法联盟大兵压境和国内王党势力叛乱四起的危急形势下,5 月 31 日至 6 月 2 日,巴黎人民再次发动起义,推翻了吉伦特派的统治,政权转到雅各宾派手中。为了捍卫革命成果,雅各宾派对内实行政治恐怖统治和经济统制,以稳定局势,在国防方面则采取"全民动员"的策略,规定凡年在 18 到 25 岁的青年都要参军。此外,法军还创造了一种灵活的散兵与密集纵队相配合的新战术。这些措施和战术为法军在战场上打败反法联军奠定了基础。

于是,战局很快出现了转机。习惯于线性战术、阵地战和要塞战的反法联军在充满爱国热情和采用新式战术的法军面前,很快显露败相。而联军在作战方面的意见不一也影响了他们的作战效能。结果,法军在各条战线展开了全面反攻。在北部,由于英奥两军协调有误,兵力分散,乌沙尔(Jean Nicolas Houchard,1739—1793)率领的法军于9月上旬在翁斯科特击败了约克公爵(Herzog von York und von Albanien,1763—1827)[①]率领的英军。10月,让-巴蒂斯特·茹尔当(Jean-Baptiste Jourdan,1762—1833)率领的法军又在瓦蒂尼打败了奥军。联军被赶出法国。在普法尔茨地区,武姆泽(Dagobert Siegmund von Wurmser,1724—1797)率领的奥军曾于10月中旬攻占阿尔萨斯北部的魏森堡,普军也曾在11月底在凯泽斯劳滕战胜了进攻的法军。但是在12月下旬,武姆泽遭到奥什(Lazare Hoche,1768—1797)和皮舍格吕(Charles Pichegru,1761—1804)率领的法军的沉重打击,被迫撤回到莱茵河东岸。莱茵河西岸的普法尔茨地区尽落敌人之手。

对德意志而言,1794年的形势变得更糟。普奥两大邦国之间的分歧更加明显。普王弗里德里希·威廉二世早在1793年下半年就已经明确表示,普鲁士对西方的战争不感兴趣。1794年3月,由于不满俄普两国瓜分波兰,波兰的小贵族和市民在科斯秋什科(Tadeusz Kosciusko,1746—1817)领导下发动起义,组成临时波兰政府,向普鲁士和俄国宣战。起义者一度迫使俄军撤出华沙等地。普鲁士的注意力也因此迅速转向东方,普王亲率5万军队进入波兰。然而,与在瓦尔米遇到的情况一样,最后普军未能够攻取华沙,而是被迫后撤。3月11日,接替不伦瑞克公爵职务的默伦多夫元帅(Wichard von Möllendorff,1724—1816)接到了将在西线作战的大部分普军撤回威斯特伐利亚的命令。只是由于英荷两国答应支付巨额资金援助,弗里德里希·威廉二世才答应再投入6万名普军参加西方的战争,但普军已经放弃了在西方的大规模军事行

---

① 约克公爵是汉诺威和英国王室成员,英王乔治三世之子。

动。8月，默伦多夫甚至已经通过克罗伊茨纳赫①的葡萄酒商人施默茨（Schmerz）与法国外交官巴泰勒米（François Barthélemy，1747—1830），在巴塞尔开始停战谈判。

战场形势也对德意志方面非常不利。由于普鲁士态度消极，奥地利不得不承担起对法战争的主要任务。比利时是双方争夺的重点目标，也是战争最激烈的地区。5月18日，科堡亲王率领的奥军在图尔宽遭到失败。6月26日的弗勒吕斯战役（Schlacht bei Fleurus）中，奥军再次惨败。奥军完全退出比利时。10月，法军进入科隆和波恩，不久又占领了科布伦茨等地。到1794年底，整个莱茵河西岸地区全部处于法军的占领之下。该地区由此开始了长达20年之久的法国统治。

（二）从《巴塞尔和约》到《坎波福米奥和约》

战争的失败使德意志两大强邦之间的分歧更加明显。由于国际国内诸种原因，普鲁士率先开始试探与法国谈判结束战争。首先，反法战争在普鲁士不得人心。实际上，不仅思想文化界精英们从一开始就反对这场战争，军队也不愿意仅从意识形态角度出发去进行一场看不到结果的战争。统治阶层中的主和声音也越来越大。弗里德里希大帝的兄弟普鲁士海因里希亲王就是其中的代表。他们以民众有反战情绪、财政困难等为理由，要求停止战争。其次，普鲁士国内也出现了不稳定的情况。1794年春天，西里西亚等地出现了农民骚动。② 第三，出于争夺波兰的考虑。1794年11月，俄军占领华沙，波兰起义失败。普鲁士担心对法战争会使自己无法全身心地投入瓜分波兰。第四，奥俄两国的接近促使普鲁士加速与法国和解。在镇压波兰起义的过程中，俄普奥三国已经开始谈判第三次瓜分波兰，普奥两国都想占有克拉科夫，二者关系因此恶化。俄国担心普鲁士得到克拉科夫后会更加强大，同时想在日后新的对奥斯曼帝国的战争中继续得到奥地利的支持，加之奥地利外交事务总管图古

---

① 位于莱茵-普法尔茨的纳厄河畔。
② Joachim Streisand, *Deutsche Geschichte von den Anfängen bis zur Gegenwart*, S. 123.

特(Johann Amadeus von Thugut，1736—1818)[1]在莫斯科的强力游说，沙皇叶卡捷琳娜二世站在了奥地利一边。1795 年 1 月 3 日，俄奥两国撇开普鲁士签订了第三次瓜分波兰协议。感觉受到侮辱的普鲁士决心退出战争。第五，法国的态度也加速了普法谈判的进程。1794 年 8 月普法双方在巴塞尔接触，法方虽然坚持其领土扩张到"天然疆界"，但愿意与普鲁士单独媾和，同时答应善待占领的莱茵河西岸普鲁士地区。

　　1795 年 4 月 5 日，普鲁士代表哈登贝格(Karl August von Hardenberg，1750—1822)与法国代表巴泰勒米签订《巴塞尔和约》(Frieden von Basel)：普鲁士退出对法战争，两国停止一切敌对行动；法国军队暂时留驻莱茵河西岸的普鲁士领土上，直至法国与神圣罗马帝国之间和谈为止。但是其中一项秘密条款规定，在缔结帝国和约时，倘若普鲁士在莱茵河西岸的领土割让给法国，那么它的损失将在莱茵河东岸得到补偿。5 月 17 日普法双方又达成补充条约，据此，为了保障普鲁士远离战事以及北德意志地区的和平安宁，法国将确认从东弗里斯兰经埃姆斯河到明斯特、杜伊斯堡、乌帕河、阿尔滕基尔辛、美因河畔赫希斯特到黑森-达姆施塔特边界一线以东地区，沿着内卡河畔埃伯巴赫到帝国自由市温普芬、诺德林根，经波希米亚边界直到西里西亚一线以北的北德意志地区的中立地位。[2] 此后，汉诺威和黑森-卡塞尔也加入《巴塞尔和约》。

　　《巴塞尔和约》的影响显而易见。其一，和约使普鲁士在此后的 10 年时间里置身于对法战争之外，从而有了相对安定的环境，有利于经济的复苏和文化的发展繁荣。秘密条款的规定则为普鲁士在莱茵河东岸取得领土补偿埋下了伏笔。其二，补充条约明确划定了北德意志中立地区的界线，从而在德国历史上第一次出现了"美因河界线"的概念。此后，以美因河为界，德国被分割为两部分：美因河以北地区属于普鲁士的

---

① 1794 年，奥地利著名政治家和外交家考尼茨去世后，图古特成为实际的领导人。

② Walter Demel und Uwe Puschner（Hg.），*Deutsche Geschichte in Quellen und Darstellung*，Band 6，*Von der Französischen Revolution bis zum Wiener Kongreß*，1789 - 1815，S. 28 - 31.

势力范围,美因河以南地区则处于奥地利的影响之下。其三,普鲁士背弃战前《皮尔尼茨声明》中的诺言,单独与敌人媾和,破坏了帝国宪法,因而遭到广泛的抨击。在一些德意志爱国者的眼中,普鲁士成了自私自利和背叛帝国的代名词。其四,普鲁士退出战争,造成了奥地利单独面对强敌的局面,此后战局更加不利于德意志一方。其五,德意志各邦在对待和约的态度上形成了两个不同的集团,北德意志地区各邦持赞成态度,南德意志各邦和奥地利则持强烈反对态度。因此和约加剧了帝国的政治分裂状况。

尽管西部战局吃紧,德意志两大强国却仍将注意力集中在东方。普鲁士签订《巴塞尔和约》的一个重要目的就是腾出手来瓜分波兰。然而它面对的现实却是,俄奥两国公布了它们在 1 月份签订的瓜分波兰的协定。面对奥俄两强联合的形势,普鲁士除了接受已有协定外别无选择。1795 年 10 月 24 日,三国在圣彼得堡签订条约,第三次瓜分波兰。据此,俄国得到了直至布格河一线的最大地区;奥地利得到了西加里西亚、卢布吕恩以及普鲁士垂涎已久的克拉科夫;普鲁士则分得了华沙、马索维亚和波兰人占多数的利夫兰的一部分。波兰被瓜分完毕。由此波兰作为一个国家消失了一个多世纪。

对德意志两大强国而言,瓜分波兰是祸福相依。表面上看,两国国土和人口均有较大的增加,得益匪浅,而事实上,新并入地区的大量非德意志人口在日后成为令两国统治者头疼不已的复杂民族问题。更重要的是,作为缓冲地带的波兰消失后,普奥两国开始直接面对俄国强势的压力,为俄国干涉德意志问题提供了更大方便。

普鲁士退出战争后,奥地利面临的处境更加困难。1795 年 5 月,荷兰与法国签订和约,改称巴达维亚共和国,加入法国方面作战。7 月,西班牙也与法国签订和约,退出反法联盟。为了重振瓦解中的反法联盟,奥、英、俄三国于 9 月缔结三国联盟,继续对法战争。但是,俄国并没有像英、奥所期望的那样直接派军队参战,而是派出海军援助英国舰队和向奥地利提供补助金。结果,奥地利不得不在大陆上单独面对法军。

　　1795 年 9 月,法军先发制人,茹尔当率领的法军越过莱茵河,占领了杜塞尔多夫,将奥军赶过了兰河,直逼美因茨。皮舍格吕率领的法军则从南部向北夹攻。在法军的进攻面前,普法尔茨首府曼海姆被迫投降,巴登和符滕堡已经准备与法国和谈。直到奥军在克勒法伊特元帅(Charles Joseph de Croix Graf von Clerfayt,1733—1798)和武姆泽率领下分别打败茹尔当和收复曼海姆后,形势才有所改观。

　　1796 年,新上台的法国督政府决定通过新的战争来打击奥地利。卡诺制定了兵分三路的进攻方案,其中,左、中两路精锐部队在莱茵地区担任主攻任务,右路军由军事天才、年轻的拿破仑·波拿巴将军指挥,装备较差,作为辅助力量远征意大利。卡诺希望这一军事部署能够取得对奥地利的彻底胜利。但是拿破仑在战略部署上有不同的见解。他认为,意大利是奥军的薄弱环节,法军可以由此突破,进军维也纳,迫使奥地利缔结和约。

　　战场形势果如拿破仑所料。由于奥军主力配备在莱茵战线,法军在主战场并未占到便宜,反而陷入不利局面。当时茹尔当率领的一支法军和莫罗(Jean Victor Marie Moreau,1763—1813)率领的另一支法军分别从下莱茵地区和上莱茵地区向奥军进攻,目标直取维也纳,但被卡尔大公指挥的奥军挫败。面对优势的法军,卡尔大公采取了明智的策略,他避开莫罗率领的法军锋芒,向多瑙河地区撤退,另一支奥军在瓦滕斯莱本将军(Wilhelm von Wartensleben,1734—1798)的指挥下躲开了茹尔当统率的另一支法军的进攻,与此同时,两支奥军在内线不断接近。时机成熟后,卡尔大公在 9 月 3 日与瓦滕斯莱本两军联合,集中全力在多瑙河畔的阿姆贝格附近大败茹尔当的法军。此后这支法军在阿尔滕基尔辛附近又遭败绩,被迫退过莱茵河。茹尔当失败后,莫罗独力难支,通过黑森林后撤,退过莱茵河,避入阿尔萨斯。奥军重新控制了莱茵河东岸地区。卡尔大公因此成了"德意志人的救星"[①]。

---

① Martin Vogt(Hrsg.), *Deutsche Geschichte:Von den Anfängen bis zur Wiedervereinigung*,
　S. 290.

但是奥地利人没有能够笑到最后。当茹尔当和莫罗在德国南部地区进攻受挫时，拿破仑率领的法军却在意大利凯歌高奏，接连获胜。他以一种前所未有的胜利进军突入上意大利。4月28日，撒丁与法国签订停战协定，退出反法联盟。接着，拿破仑通过洛迪、卡斯蒂廖内、巴萨诺、阿科莱、里沃利等战役，大败奥军，迫使几支奥军残余部队投降。此后，奥皇派卡尔大公指挥意大利战事，也未能挽回败局。1797年3月，拿破仑率军进入奥地利，直逼维也纳。由于担心孤军深入，他在保持强大军事优势的同时，向卡尔大公提出了缔结和约的建议。

鉴于国际国内形势的变化，此时的奥地利也希望停战。在国际上，英国由于财政困难已经不能向奥地利继续提供援助；在俄国，叶卡捷琳娜二世在1796年9月去世，新沙皇保罗一世（Paul Ⅰ，1754—1801）对于直接参与对法战争并不热心。在奥地利国内，面对法军的军事威胁，主和声音也逐渐占据了上风。

1797年4月18日，法国和奥地利在莱奥本签订预备和约。此后双方进行了长时间的谈判。在法国，热月党人督政府原本准备与奥地利缔结相对温和的和约，但是果月政变（Fructidor-Staatssreich）①后，强调"天然疆界"原则的激进派上台，对奥和约因此变得相当苛刻。10月17日两国签订《坎波福米奥和约》（*Frieden von Campo Formio*），法国签字代表是拿破仑，奥地利签字代表为科本茨尔伯爵（Johann Ludwig Joseph Graf von Cobenzl，1753—1809）等人。根据和约，奥地利将原先所属的比利时（原奥属尼德兰）以及伦巴底割让给法国，但得到除科孚岛、凯法罗尼亚岛等以外的威尼西亚，包括伊斯特里亚和达尔马提亚。在秘密条款中，奥地利许诺随后在拉施塔特召开帝国和会，确认法国得到莱茵河西岸地区，但普鲁士在下莱茵的领地除外。奥地利将得到萨尔茨堡大主教区作为补偿；在莱茵河西岸受到损失的相关世俗诸侯将在莱茵河东岸

①　1797年9月4日，即共和五年果月18日，法国督政府中的共和派执政官为镇压王党复辟活动，发动"果月政变"。

地区得到补偿;帝国军队撤出美因茨、曼海姆、乌尔姆、因戈尔施塔特等城市。[1]

《坎波福米奥和约》的历史影响非常大。第一,它结束了自 1792 年 4 月以来长达 5 年之久的革命战争,第一次反法联盟事实上也随之崩溃。第二,确认莱茵河西岸的德意志地区割让给法国,使约 150 万德意志人沦入异族统治之下。第三,由于割让特里尔、美因茨、科隆等教会诸侯所在的莱茵河西岸地区,德意志的教会诸侯势力受到重创,在一定程度上改变了德意志的政治结构,加速了德意志的世俗化进程。第四,皇帝在秘密条款中答应将莱茵河西岸地区割让给法国,而自己得到萨尔茨堡主教区,带来了灾难性的后果。这不仅破坏了帝国宪法,而且出卖了支持他的教会和小邦国,从而丧失了在帝国境内的威望,失去了除自己领地之外的所有支持者。[2] 帝国在政治上陷于更大的混乱之中,帝国的最终灭亡已经只是时间问题了。

---

[1] Walter Demel und Uwe Puschner (Hrsg.), *Deutsche Geschichte in Quellen und Darstellung*, *Band 6*, *Von der Französischen Revolution bis zum Wiener Kongreß*, *1789 - 1815*, S. 33 - 40.

[2] Peter Bollmann, Ulrich March, Traute Petersen, *Kleine Geschichte der Deutschen*, Stuttgart: Seewald Verlag, 1984, S. 101.

第九章　拿破仑对德意志的统治和德意志改革运动

《坎波福米奥和约》签订以后，欧洲并未因此平静下来，法国与英国以及与欧洲其他封建君主国之间的战争因素并未完全消除。此后，在革命战争中声誉鹊起的拿破仑成为法国的政治和军事明星。他的杰出军事才能使法国在与欧洲反法势力的一系列新的较量中屡屡获胜。法军在德意志地区如入无人之境。拿破仑在德意志的战争和胜利完全打破了旧的德意志政治格局。在旧有统治秩序已经无法再继续下去的情况下，德意志各邦出现了"大改革"运动，试图通过"自上而下"的改革来吸收法国革命的成果，实现德意志的现代化转型。这些改革对日后德意志的历史发展产生了巨大的影响。

第一节　德意志与拿破仑战争

虽然第一次反法联盟已经崩溃，但是英国不愿看到法国在欧洲称霸，仍然坚持对法战争，并积极策划第二次反法联盟。法国督政府也面临如何对付英国的问题。根据拿破仑的建议，督政府决定通过占领埃及，进攻印度，从东方打击英国，迫使英求和。在德意志，《坎波福米奥和约》的后续影响也开始发酵。一方面，德意志中小诸侯对普奥两大邦国出卖德意志利益的行为极为不满,同时也为失去莱茵河西岸后的补偿问题争执不休;另一方面,奥地利对法国的漫天要价心有不甘,准备寻找时机复仇,从而为新的战争埋下了伏笔。

一、第二次联盟战争与《吕内维内和约》

1798 年 3 月,为了打击英国,法国督政府任命拿破仑为远征军司令。5 月,拿破仑率军从土伦出发,渡海远征埃及,6 月占领地中海上的马耳他岛,7 月占领亚历山大和开罗。法军远征埃及,不仅促使英国小皮特(William Pitt der Jüngere,1759—1806)政府积极组建新的反法联盟,阻止法国的扩张,而且使俄国的态度发生重大变化。作为马耳他骑士团保护者的沙皇保罗一世对拿破仑占领马耳他岛非常不满,与此同时,保罗一世原本就对法国革命就抱有敌视态度,所有这些因素都成了俄国决心卷入对法战争的动力。

在德意志,形势的发展也促使奥地利再次走上对法战争之路。1797 年 12 月,帝国和平会议在拉施塔特召开,会议旨在以整个帝国为一方,以法国为另一方,进行媾和谈判。面对法国的武力威胁,1798 年 3 月 9 日,帝国同意完全放弃莱茵河西岸地区。但是在莱茵河西岸土地割让给法国以后产生的领土、财政问题以及补偿问题上,会议出现了久拖不决的讨论。奥地利也故意拖延,掌握维也纳实际领导权的图古特希望在时机成熟时开始新的对法战争。此外,法国于 1798 年 3 月进入瑞士,建立了海尔维第共和国(Helvetische Republik),此后又占领了罗马,在那里也建立了共和国。所有这些都使奥地利感到极大的威胁,确认对法战争不可避免。普鲁士的反应则相对平静。1797 年 9 月 16 日,弗里德里希·威廉二世去世,11 月 16 日,严肃刻板、谨小慎微的弗里德里希·威廉三世(Friedrich Wilhelm III,1770—1840,1797—1840 年在位)登上王位。英国原本希望普鲁士也能参加新的反法联盟,但弗里德里希·威廉三世不为所动。掌握普鲁士政策的哈登贝格和担任外交大臣的豪格维茨(Christian August Heinrich Kurt Graf von Haugwitz,1752—1831)

也主张和平的中立路线,以便使普鲁士从欧洲的纠结中脱身出来。①

法国在欧洲和埃及取得的快速进展也引发欧洲各国的恐慌,它们决定联合起来,把法国赶回 1792 年以前的疆界内。1798 年底,英国、俄国、奥地利、奥斯曼帝国、葡萄牙、那不勒斯等国组成第二次反法联盟(Zweite Koalition gegen Frankreich)。接着,6 万名俄军在苏沃洛夫(Alexander Wasilijewitsch Graf Suworow,1729—1800)率领下向西运动,准备对法开战。

法国经过一段时间的停战休整,也已做好了新的战争准备。1799 年 3 月 1 日,当拉施塔特和平会议还在继续进行之时,法国即向俄国和奥地利宣战,并且派兵越过莱茵河,进入南德地区。但是在 3 月下旬,卡尔大公率领的奥军分别在奥斯特拉赫和施托卡赫战役中打败茹尔当的法军,迫使其退回莱茵河西岸。4 月中旬,拉施塔特会议在激烈的争论中无果而终,4 月 28 日夜,参加会议的三名法国代表在回归途中遭到匈牙利轻骑兵的袭击,两死一伤,文件和物品等被抢。

战争之初,反法联盟凭借其优势兵力从意大利北部、瑞士和德国西南部大举进攻法军,且取得辉煌成果。在德意志,卡尔大公先把茹尔当率领的法军赶回莱茵河西岸,转而进入瑞士,于 6 月上旬在苏黎世附近打败了法国将军马塞纳(André Masséna,1758—1817)的军队,即所谓的第一次苏黎世战役(Erste Schlacht von Zürich)。在意大利,苏沃洛夫率领的俄军连续攻占卡萨诺、米兰等地,在特雷比亚河、诺维等战役中屡败法军,到 1799 年底,法国人已经被完全赶出了上意大利地区。苏沃洛夫随即率军进入瑞士,准备与那里的俄军及奥军会合。在北部战场,约克公爵指挥的一支英俄联军于 8 月底攻入荷兰,击败法军,控制了荷兰北部。一时间,法国周边新建的附属共和国在反法联军打击下纷纷瓦解崩溃,战争面临进入法国境内的危险。由于形势对反法联盟有利,原想保持中立的巴伐利亚和符滕堡也加入到反法阵营中,与奥地利站在一

---

① Hans-Joachim Schoeps, *Preussen*: *Geschichte eines Staates*, S. 108.

起,出兵对法作战。这也是德意志各邦武装力量打着帝国军队的旗号最后一次出现在战场上。

然而,第二次反法联盟在战场上的优势并没有维持很久。奥俄两国在军事行动的协调方面没有取得一致,以至于贻误战机。卡尔大公在瑞士击败马塞纳之后,置俄军于不顾,率军离开瑞士,转向北方,攻占了曼海姆等地,准备进入荷兰。而苏沃洛夫因沿途行军困难,没有及时到达瑞士。在此期间,马塞纳率领的法军趁机出击,于1799年9月25日至26日的第二次苏黎世战役(Zweite Schlacht von Zürich)中打败了科沙可夫(Alexander Korsakov,1753—1840)率领的一支俄军,迫使其后撤。苏沃洛夫到达瑞士后,由于远离本土,又得不到奥军的支持,被迫且战且退,在损失官兵5000余人后,于11月撤回俄国。这位俄国名将将失败原因归于奥军。沙皇保罗一世在恼怒之余,于10月22日致信弗兰茨二世,宣布退出反法联盟,召回全部俄军。

正当第二次反法联盟瓦解之时,法国国内的政治形势也在发生变化。由于对外战争失利,督政府陷入了危机之中。得知这一消息的拿破仑从埃及返回法国,于11月9日发动政变①,推翻督政府,建立起以自己为第一执政(Erster Konsul)的三人执政府(Konsulat)。

拿破仑执掌政权后,决定利用俄国退出反法联盟的有利时机,集中力量打击奥地利。战争在阿尔卑斯山的南北两侧展开。在阿尔卑斯山南侧,1800年5月,拿破仑亲率4万大军越过人称阿尔卑斯第一险道的圣伯纳德山口,进入北意大利地区打击奥军。6月2日,法军占领米兰,到达驻守于热那亚的梅拉斯将军(Michael Friedrich Benedikt von Melas,1729—1806)指挥的奥军背后。6月14日,拿破仑指挥的法军与梅拉斯指挥的奥军展开马伦哥会战(Schlacht bei Marengo)。奥军先胜后败,死伤、被俘达9500人。次日,梅拉斯与法国在亚历山德里亚签订协定,奥军撤出上意大利地区。

---

① 因发生在共和历雾月18日,史称"雾月18日政变"(Coup von 18 Brumaire)。

奥军在北意大利地区受到重创后,奥方向法方提出停火建议,并派代表去巴黎与法国进行和谈。随后,双方以法国坚持的《坎波福米奥和约》为基础,签订了预备和约。但这一条约遭到图古特的反对,没有通过。图古特在 9 月份辞职后,情况也未发生根本性的改变。

阿尔卑斯山北侧的战争形势也对奥地利不利。1800 年 5 月和 6 月,莫罗率 10 万法军从南部地区越过莱茵河,直逼巴伐利亚。克赖将军(Paul Freiherr Kray von Krajova und Topola,1735—1804)指挥下的德意志军队在施托卡赫、赫希施泰特等地一败再败,最后逃往波希米亚。弗兰茨二世不得不于 7 月中旬解除克赖的指挥权,由年轻的约翰大公(Erzherzog Johann von Österreich,1782—1859)接任。但是约翰大公也无法挽回败局。12 月 3 日,在霍恩林登战役(Schlacht von Hohenlinden)中,法军大败约翰大公率领的奥地利和巴伐利亚军队。无奈之下,奥地利被迫求和。12 月 25 日,卡尔大公与法国签订了《施佩耶尔停战协定》(*Waffenstillstand von Speyer*)。

1801 年 2 月 9 日,法国和德意志帝国签订《吕内维尔和约》(*Friede von Lunéville*)①。和约在确认先前的《坎波福米奥和约》的基础上,对奥地利进行了更加严厉的压制。根据该和约,莱茵河西岸的德意志领土全部割让给法国,拆除莱茵河东岸的防御工事;原奥属尼德兰的比利时地区划归法国,奥地利承认法国扶植起来的巴达维亚共和国、海尔维第共和国、利古里亚共和国和内阿尔卑斯共和国。在意大利,奥地利虽然仍保有威尼西亚,但放弃哈布斯堡-洛林家族在托斯卡纳和摩德纳的继承权,相关损失在德意志给予补偿;帝国将对因割让领土而受到损失的帝

---

① 该和约全名为《法兰西共和国与皇帝及德意志帝国和平条约》(Friedensvertrag zwischen der Französischen Republik und dem Kaiser und dem Deutschen Reich)。这里的德意志帝国(Deutsches Reich)指神圣罗马帝国,也称第一帝国,1871 年建立的德意志帝国(Deutsches Kaiserreich)史称第二帝国,两者德文名称不尽相同,但中文的习惯名称相同。

国诸侯和等级进行相应的补偿。[①] 由于法军撤离其占领的莱茵河东岸地区是以确认该条约为前提的,因此帝国议会在 3 月 7 日迅速批准了和约。

《吕内维尔和约》的后果很明显。对欧洲而言,它实际上结束了第二次反法联盟战争。在奥地利退出第二次反法联盟后,英国失去了欧洲大陆的主要盟国,仅凭其海上力量显然无法对法国进行有效打击,小皮特因此辞职。英国政府决定与法国休战。1802 年 3 月 27 日,以英国为一方,法国及其盟友西班牙、巴达维亚共和国为另一方,签订了《亚眠和约》(Frieden von Amiens)。英国归还战争期间占领的除锡兰和特立尼达以外的法国及其盟国的殖民地,放弃马耳他岛;法国从埃及、那不勒斯和罗马撤军;双方保证奥斯曼帝国的领土完整。《亚眠和约》签订后,欧洲出现了短暂的和平。

对德意志而言,《吕内维尔和约》的最大历史后果在于,它从根本上改变甚至摧毁了帝国的原有结构,帝国的领土和政治状况发生巨大变化。首先,由于大量领土的丧失,原先寄生于其上的许多邦国和帝国等级(Reichsstände)因此而消失;其次,和约规定,丧失莱茵河西岸土地以及放弃意大利托斯卡纳等地区的德意志诸侯和等级要在德意志境内得到相应补偿,这意味着帝国必须为此调整原有领地划分,依托于领地的政治力量格局也将随之发生改变。因此,古老的德意志民族的神圣罗马帝国的丧钟敲响了。

二、德意志与拿破仑帝国时期的反法联盟战争

(一) 第三次联盟战争与《普雷斯堡和约》

《亚眠和约》只是给欧洲带来了暂时和平。从法国方面看,军事上的

---

① Walter Demel und Uwe Puschner (Hg.), *Deutsche Geschichte in Quellen und Darstellung*, Band 6, *Von der Französischen Revolution bis zum Wiener Kongreβ*, 1789 - 1815, S. 40 - 43.

胜利巩固了拿破仑的地位,其个人政治野心因此迅速膨胀。他对内加强中央集权,于1802年8月成为终身执政官,1804年12月2日又加冕称帝,建立法兰西帝国(Französisches Reich; Kaiserreich Frankreich),即第一帝国(Erstes Kaiserreich,1804—1814/15)。与此同时,他在对外方面采取肆无忌惮的大陆扩张政策。《亚眠和约》后,他相继将意大利的皮埃蒙特、帕尔马并入法国,并且占领了瑞士。在德意志地区,他大力拉拢巴伐利亚、符滕堡和巴登等南德各邦国,将自己的影响力扩张到莱茵河东岸地区。这些举动使整个欧洲为之震惊。此外,为了防止波旁王朝复辟,他派兵进入巴登,把波旁王朝的后裔昂吉安公爵(Louis Antoine Henri de Bourbon, Herzog von Enghien,1772—1804)①捉回法国处死。于是,在欧洲各国宫廷的眼中,拿破仑成了可怕的"科西嘉怪物"。

英国也无意执行《亚眠和约》。它不愿看到法国称霸欧洲大陆。早在1802年底,时任英国外交大臣的霍克斯伯里勋爵(Lord Hawkesbury,1770—1828)就已经确定了英国的方针:"我们的政策是必须设法利用(法国的)这些侵略来为将来同俄、奥两国建立联合防御体系。"英国与法国在抢占马耳他岛等地区方面也存在激烈矛盾。拿破仑曾威胁英国大使:"要么归还马耳他岛,要么就是战争。"英国则明确告知法国,它将占领马耳他岛10年,"作为由于法国进行新的扩张而给予英国的补偿"②。1803年4月,主战的小皮特重新出任英国首相,5月英国再次对法宣战。拿破仑则以侵入英王领地汉诺威作为报复,并在布洛涅建立基地,准备渡海对英国作战。

1800年9月英国占领马耳他岛后,沙皇保罗一世一度与英国决裂,转而与法国和好,于12月成立了由俄国、瑞典、丹麦和普鲁士组成的武装中立同盟,将英国逐出波罗的海。但是有两个原因促使俄国重新走到了法国的对立面。一是法国的无度扩张使俄国感到需要建立一种集体

---

① 或根据法语译为当甘公爵(duc d'Enghien)。
② [法]乔治·勒费弗尔:《拿破仑时代》上卷,商务印书馆1985年版,第174—175页。

防御体系,以确保安全。为此,俄国在 1804 年 5 月份与普鲁士签订了保卫北德意志的共同行动公约,年底时又与奥地利缔结了类似公约;二是拿破仑处死昂吉安公爵的举动大大刺激了新即位的沙皇亚历山大一世(Alexander Ⅰ Pawlowitsch Romanow,1777—1825,1801—1825 年在位)。① 当这位新沙皇抗议法国违反国际法越界抓捕并杀害波旁王朝后裔时,法国却在回复照会中暗讽其参与弑父。法俄关系因此迅速破裂。

德意志诸邦对法国的态度则由于各怀打算而明显处于分裂状态。西部和南部的中等邦国寄希望于法国的支持,以便在德意志新秩序的安排中谋得好处,因而支持拿破仑的扩张。普鲁士则仍想置身事外,希望在承认其对北德意志的统治地位的基础上与法国继续保持和平关系,为此,它甚至默认了拿破仑入侵汉诺威破坏北德中立的行为。奥地利的态度则不然。首先,《吕内维尔和约》给奥地利带来了巨大损失,它希望寻机摧毁这一和约;其次,它不愿看到拿破仑通过各种方式拉拢西部和南部德意志各邦,使它们脱离帝国的影响;再次,法兰西帝国的建立也给哈布斯堡家族以巨大压力,它实际上是对神圣罗马帝国首脑地位和荣誉的打击。正是基于这一考虑,为了保证自己的地位和威望,同时也是对于旧帝国可能瓦解后的一种备案,作为神圣罗马帝国皇帝的弗兰茨二世于 1804 年 8 月 10 日加冕为奥地利皇帝弗兰茨一世(Kaiser Franz Ⅰ von Österreich),宣布建立奥地利帝国(Kaisertum Österreich)。然而,这一做法意味着神圣罗马帝国最高领导人破坏了帝国宪法,从内部为旧帝国的终结提供了依据。此外,拿破仑在意大利的举动也大大刺激了奥地利。1805 年 3 月,拿破仑改内阿尔卑斯共和国为意大利王国(Königreich Italien),自任国王,此后又吞并了热那亚等地。这些举动使奥地利担心它在威尼西亚的利益可能受损,从而促使其加入新的反法联盟行列。

1804 年 9 月,英俄两国开始商谈反法事宜。1805 年 4 月 11 日,两国

① 1801 年 3 月保罗一世在政变中被杀,新沙皇亚历山大一世继位。

在圣彼得堡签订了同盟条约，相约把法国赶回莱茵河、阿尔卑斯山和比利牛斯山疆界内，在法国恢复旧的君主制。奥地利起初还有些犹豫。卡尔大公认为奥地利需要时间进行彻底的军事改革，反对立即进行对法战争。但是，以约翰大公等为代表的战争党最后说服了弗兰茨皇帝和科本茨尔。1805 年 8 月 9 日，奥地利加入了新的反法联盟。此外，丹麦、瑞典、土耳其因与俄国签订了盟约，也是第三次反法联盟（Dritte Koalition）的参加者。然而，反法联盟这次面对的敌人与以往有一个明显的不同点。南德诸邦没有与德皇站在一边，而是投入了法国的怀抱，希望拿破仑在日后能帮助其扩大领土。

拿破仑最初的计划是趁大陆国家向法国发动进攻前渡海进攻英国，为此他在布洛涅港集结了 15 万人马。只是由于地中海法西联合舰队未能按期到达，他才决定将兵力迅速东调，争取在俄奥两军会师前击溃奥军。奥地利因而再次成为拿破仑的重点打击对象。8 月下旬，法国要求奥地利撤出它驻扎于蒂罗尔和威尼西亚的守备部队，遭到奥皇的拒绝。于是，拿破仑一面指挥军队东调，一面争取南德诸邦的支持。8 月 25 日，法国与巴伐利亚签订《博根豪森条约》(Vertrag von Bogenhausen)，后者答应提供 2 万士兵；9 月 5 日，巴登也与法国签订《巴登-巴登条约》(Vertrag von Baden-Baden)，仿照巴伐利亚行事；10 月 5 日，符滕堡与法国签订《路德维希堡条约》(Vertrtrag von Ludwigsburg)，答应提供8000 名士兵。这些事实表明，旧的德意志帝国已经名存实亡。

9 月 8 日，奥军在卡尔·马克·冯·莱贝里希将军(Karl Mack von Leiberich, 1752—1828)的率领下越过因河，进入巴伐利亚，试图推进到伊勒尔河，在乌尔姆进行防御。第三次联盟战争(Dritter Koaltionskrieg)由此开始。9 月 23 日，法国向奥地利宣战，9 月 25 日，法军主力在海德堡附近越过莱茵河，进入德意志境内，然后兵分三路，扑向奥格斯堡、慕尼黑和莱贝里希率领的奥军。10 月 14 日的埃尔辛根战役(Schlacht von Elchingen)中，米歇尔·奈伊(Michel Ney, 1769—1815)率领的法军与莱贝里希的奥军展开大战。由于后者指挥不当，奥军大败，伤亡达 2000

人,另有 4000 人被俘,而法军伤亡仅 800 人。随后,法军乘胜追击,将奥军包围于乌尔姆。经过谈判,10 月 17 日,三个奥地利军团共 7 万余人向法军投降。法军随后直扑奥地利首都维也纳。11 月 13 日,法军占领维也纳,弗兰茨皇帝仓皇出逃,并向俄国求援。

拿破仑担心战争久拖不决会使普鲁士也加入反法联盟一方作战,因此迅速追击一支退向布吕恩①的俄军,期望在敌人的力量集结起来之前进行一场决定性的战役。此时普鲁士因法军在没有事先告知的情况下就假道其所属的安斯巴赫而大为恼怒。普王不仅允许俄军假道西里西亚,而且在没有与拿破仑商量的情况下就占领了汉诺威。11 月 3 日,普王弗里德里希·威廉与沙皇亚历山大在波茨坦签订协定,答应向拿破仑提出武装调停,要求法国遵守《吕内维尔和约》的规定,如果调停在 12 月 15 日前未被接受,则普鲁士参加对法战争。外交大臣豪格维茨奉命前往与法国交涉,拿破仑则命外交大臣塔列朗与之周旋敷衍,直至法军在战场上取得决定性胜利。这时俄军力量由于奥军的加入而得到加强,亚历山大一世因而信心大增,他不顾库图佐夫元帅(Michail Illarionowitsch Kutusow-Smolenskij,1745—1813)的劝说,决定与法军进行决战。

1805 年 12 月 2 日,即拿破仑加冕称帝一周年纪念日,7.3 万法军与 8.54 万俄奥联军(其中奥军 1.6 万人)在奥斯特利茨展开会战,即历史上著名的奥斯特利茨战役(Schlacht bei Austerlitz),也称三皇会战(Dreikaiserschlacht)。会战中,拿破仑通过中路突破的方式,将准备侧翼包抄的联军切成两段,并猛攻其左翼,大败联军。② 在这一战役中,法军伤亡损失 8000 多人,而俄奥联军损失达 2.6 万人。奥斯特利茨战役的最直接后果有两个:一是促使普鲁士的态度发生转变,二是瓦解了第三次反法联盟。

---

① 即今天捷克的布尔诺(Brno)。

② Theodore Ayrault Dodge, *Napoleon: A History of the Art of War, from the Beginning of the Consulate to the End of Friedland Compaign, with a Detailed Account of the Napoleonic Wars, vol. II*, Boston: Houghton, Mifflin and Company, 1904, p. 266.

由于战局胜负已分,普鲁士准备参与对法战争一事不了了之。拿破仑对普鲁士的态度也有了根本性的变化。12月7日和14日,他两次接见豪格维茨,威胁性地表示,现在给普鲁士与法国结盟的最后一次机会。豪格维茨在恐吓之下于15日和法国签订了《舍恩布伦条约》(*Vertrag von Schönbrunn*)。据此,普鲁士得到已经由普军占领的汉诺威,但必须放弃安斯巴赫、瑞士的纳沙泰尔和克雷弗公国的莱茵河东岸部分等属地。拿破仑此招为一石二鸟之举。一方面,普鲁士由于获得汉诺威而站到了英国的对立面,从而将自己与法国绑在了一起;另一方面,普鲁士与法国的结盟使奥地利继续进行战争的信心尽失。不过,拿破仑对普鲁士不太放心,因此他进一步加强与南德诸邦关系,在12月中旬分别与符滕堡、巴伐利亚和巴登签订了条约,把从奥地利夺得的领土分配给它们,借以进一步巩固其与法国的联盟。

奥斯特利茨战役之后,在沙皇和俄军已经撤退回国,普鲁士转而与法国站到一起的情况下,继续战争显然已经没有意义。奥地利最终屈服于拿破仑的武力,于1805年12月6日与法国签订了停战协定,26日签订了屈辱的《普雷斯堡和约》(*Friede von Preßburg*)。根据该条约:(1)奥地利承认法国对意大利的占领和拿破仑成为意大利国王,奥地利所属的威尼西亚、伊斯特里亚、达尔马提亚等意大利地区割让给意大利王国;(2)奥地利把前奥地利的蒂罗尔、福拉尔贝格割让给巴伐利亚,布赖斯高割让给巴登,其余的前奥地利地区由巴登和符滕堡瓜分。帝国自由市奥格斯堡和帕骚也割让给巴伐利亚;(3)奥地利获得萨尔茨堡和贝希特斯加登;(4)巴伐利亚和符滕堡选帝侯提升为国王,巴登成为大公国。三个邦国获得完全主权。①

《普雷斯堡和约》产生了极其重要的历史后果,改变了德意志的政治格局。其一,它在实际上终结了第三次反法联盟。其二,由于奥地利在

---

① Walter Demel und Uwe Puschner (Hrsg.), *Deutsche Geschichte in Quellen und Darstellung*, Band 6, *Von der Französischen Revolution bis zum Wiener Kongreß*, 1789 – 1815, S. 44 – 53.

德意志南部的一些具有重要价值的领地丧失殆尽,其势力已经被从德意志排挤出去;威尼西亚等领地的丧失也意味着奥地利势力被赶出了意大利地区。奥地利在德意志和意大利的优势因此消失。其三,巴伐利亚和符腾堡等不仅获得了大量新领地,而且提升为主权王国,德意志传统政治结构进一步改变,为神圣罗马帝国的终结打下了基础。

(二)第四次联盟战争与普鲁士的崩溃

奥地利战败之后,拿破仑利用有利形势开展外交攻势,提出与英俄两国和谈。1806 年 2 月和 7 月,法英、法俄之间分别进行了谈判,但都没有最终结果。这时形势开始发生转折性变化。随着法国与普鲁士矛盾的激化,普鲁士被迫放弃了 1895 年《巴塞尔和约》以来一直保持的中立立场。

1805 年 12 月缔结的法普同盟条约中,拿破仑曾答应把汉诺威割让给普鲁士,同时普鲁士放弃安斯巴赫等属地。但是普王弗里德里希·威廉三世拒绝接受这一条约,他提出的修改意见是:在没有缔结全面和约的情况下他不想吞并汉诺威,而只是占领它,以免与英国的关系出现破裂;同时普鲁士有权保有安斯巴赫并获得汉萨各城市。但是,势力如日中天的拿破仑根本就不容普王讨价还价。他宣称,普鲁士的反建议已经废除了原来签订的《舍恩布伦条约》。然后他强迫豪格维茨在巴黎签订了更为苛刻的新条约,普鲁士必须吞并汉诺威,放弃安斯巴赫等地,同时须承担立即占领并封闭北海港口的义务。很显然,如果普鲁士签订这一新条约,势必引发普鲁士与英国的冲突,这绝非普鲁士所愿。

此时普鲁士宫廷之中也存在一批拥护对法战争的重要人物,即所谓的普鲁士战争党,包括国王的堂兄路易-费迪南德亲王(Prinz Louis-Ferdinand von Preußen,1772—1806)、施泰因(Heinrich Friedrich Karl vom und zum Stein,1757—1831)等;自然学家、探险家亚历山大·冯·洪堡、施莱尔马赫(Friedrich Schleiermacher,1768—1834)等一些知名人士也都反对法国的霸权行径;军界的一些重要人物如沙恩霍斯特(Gerhard Johann David von Scharnhorst,1756—1813)和布吕歇尔

(Gebhard Leberecht von Blücher，1742—1819)等也都支持对法开战。王后路易莎(Luise von Mecklenburg-Streilitz，1776—1810)更是斥责拿破仑为"魔鬼"。所有这一切都成为促使普王逐渐与英俄接近的因素。1806 年 7 月，普俄两国签订了一份秘密协定，保证不以对方为敌。不久巴黎又传来消息，称拿破仑为了讨价还价，准备把汉诺威归还英王。普王觉得自己受了愚弄，恼羞成怒。

1806 年 8 月 9 日，弗里德里希·威廉三世发布军事动员令，准备对法作战。9 月 6 日，他在写给沙皇的信中表示，"除了战争外已别无出路。"由普、英、俄、瑞等组成的第四次反法联盟(Vierte Koalition)随之形成。9 月底，普鲁士发出了要求法军撤出南德地区的最后通牒。由于最后通牒没有得到答复，普鲁士于 10 月 9 日向法国宣战。在当时的德意志各邦中，奥地利慑于法国的压力采取了中立政策，站在普鲁士一边的只有萨克森选帝侯国、不伦瑞克和萨克森-魏玛公国。

战争开始后，自负的普军兵分三路，分别由不伦瑞克、普王和霍恩洛厄将军(Friedrich Ludwig Fürst zu Hohenlohe-Ingelfingen，1746—1818)以及吕歇尔将军(Ernst Philipp von Rüchel，1754—1823)率领，向图林根方向集中。拿破仑也兵分三路，分别由他自己、达武(Louis Nicolas Davout，1770—1823)和缪拉(Joachim Murat，1767—1815)等率领，从法兰克尼亚出发，穿过图林根森林，直接向普鲁士首都柏林进击。双方部队在萨勒河附近相遇。10 月 10 日，普军先头部队在萨尔费尔德遭到法军袭击，路易-费迪南德亲王阵亡。

10 月 14 日，霍恩洛厄将军率领的 5 万多普军与拿破仑亲自率领的 9 万多法军在耶拿相遇。普军虽然进行了激烈的抵抗，但抵挡不住法军优势兵力的进攻而大败，最后"撤退变成了灾难"。当驻扎在魏玛的吕歇尔军团赶到时，为时已晚。与此同时，不伦瑞克率领的普军主力与达武率领的法军在耶拿以北约 15 千米的奥尔施泰特展开了激烈的战斗。从兵力配备上看，普军参战兵力有近 5 万人，而法军只有 2.7 万人，前者占有明显优势。但是法军顽强阻挡住了普军的进攻。最后，当疲惫的普军遇到从耶拿败退下来的残兵时,立即由混乱变成了无法阻止的惊慌奔逃。耶拿战役(Schlacht von Jena)和奥尔施泰特战役(Schlacht von Auerstedt)[1]以普军大败而告终。它从根本上打垮了普鲁士的军事意志。在这两场战役中,普军伤亡和被俘达3.3万人,其中耶拿战役损失2万人,奥尔施泰特战役损失1.3万人,而法军损失总计不到1.5万人。有评论称,当近代史上,没有哪支军队遭遇过如此糟糕的失败。[2]

此后,法军经莱比锡直趋柏林,一路上所向披靡。10月27日法军攻占柏林,普王及其宫廷慌忙逃往东普鲁士。当时柏林的年轻人所唱的歌曲中就有一句讥笑普王慌忙东窜的歌词:"我们的笨蛋在梅梅尔。"[3]28日,逃往斯德丁途中的霍恩洛厄将军所率残部在普伦茨劳(Prenzlau)被法军截住,缴械投降;11月6日,布吕歇尔将军率军撤至吕贝克,在那里被俘。此后整个普鲁士陷入崩溃,重要要塞和城市纷纷投降,只有格奈泽瑙(August Neidhardt von Gneisenau,1760—1831)驻守的科尔贝格等少数要塞和格岑将军(Friedrich Wilhelm von Goetzen,1767—1820)防守的西里西亚各城镇进行了有效抵抗。接着,萨克森和萨克森-魏玛也在12月解除了与普鲁士的联盟,转入敌对阵营。

普军的失败并非偶然。虽然弗里德里希大帝时代的普鲁士军队一度令对手闻之色变,但是在这位著名君主之后,普军在军事理论和军事技术上几乎没有任何新进展。它依然采取传统的募兵制,在战术上擅长于老式线形作战,缺乏散兵战术训练;在兵种上,虽然有训练有素的骑兵,但缺少装备优良的炮兵,更谈不上工兵和医务兵;在军事指挥方面,军官职位大多为贵族把持,年纪偏大,缺少生气,优柔寡断,不敢果断决

---

① 德国历史著作中习惯把这两次战役合称为"耶拿和奥尔施泰特双战役"(Doppelschlacht von Jena und Auerstedt)。

② Theodore Ayrault Dodge, *Napoleon: A History of the Art of War, from the Beginning of the Consulate to the End of Friedland Compaign, with a Detailed Account of the Napoleonic Wars, vol. II*, p. 385.

③ 歌词的原文为 Unser Dämel ist in Memel. 见 Joachim Streisand, *Deutsche Geschichte von den Anfängen bis zur Gegenwart*, S. 132. 梅梅尔即今天立陶宛的克莱佩达(Klaipeda)。

策。相比之下，法军是一支通过全民动员体制组建起来的军队，惯于灵活的散兵队形作战，配备有装备精良的炮兵；在战争中能够轻装疾速行军，出敌不意；军官大多年轻有为，敢打敢拼，智勇双全。因此，这两支军队相遇后，胜负也就在预料之中了。

弗里德里希·威廉三世在胜算无望的情况下，急忙求和。起初他答应了 10 月 30 日签订的预备和约，同意割让易北河以西地区除阿尔特马克和马格德堡之外的所有领土。但是，在得到俄国的支持之后，他又转而拒绝相关条约，决心继续战争。与此同时，拿破仑进入柏林后发现了普俄之间的协定，也决定延缓签署和约，继续战争，以便打击英、俄两国。11 月 21 日，他在柏林签署《柏林敕令》(*Berliner Dekret*)，宣布对不列颠诸岛实行封锁。同时，法军向东普鲁士、波兰进发，准备与西进的俄军进行决战。

1806 年 12 月 26 日，拉纳将军(Jean Lannes，1769—1809)率领的法军与本尼希森(Levin August von Bennigsen，1745—1826)[①]率领的俄军在普乌图斯克(Pultusk)展开会战，俄军不仅阻挡住了法军的进攻，而且成功撤离。1807 年 2 月 7 日至 8 日，拿破仑亲自指挥法军与本尼格森率领的俄军在普属埃劳进行大规模决战，即所谓的普属埃劳战役(Schlacht bei Preußisch Eylau)。由于俄军得到莱斯托克将军(Anton Wilhelm von L'Estocq，1738—1815)率领的普军支援，拿破仑第一次没有尝到胜利的滋味。在这一战役中，1.8 万名法军和 2.5 万名俄军伤亡。受这一战役鼓舞，1807 年 4 月 26 日，俄普两国签订《巴滕施泰因条约》(*Vertrag von Bartenstein*)，规定不管顺利与否，两国都有义务坚持到战胜拿破仑为止。不久，英国和瑞典也加入了这一条约。然而，在 6 月 14 日的弗里德兰战役(Schlacht bei Friedland)中，幸运之神再次惠顾拿破仑。法国皇帝以 8 万人的优势兵力大败本尼格森指挥的 6 万俄普军队。这一战役中，法军伤亡 8000 人，俄普军队伤亡 2 万人。本尼格森慌忙撤出东普鲁

[①] 本尼格森将军出生于德国的不伦瑞克，曾在汉诺威军队服役，后成为俄军将领。

士,渡过涅曼河,回到俄国境内。

战争的失败使沙皇亚历山大一世的态度发生转折性变化。一方面,他为对手的强大力量所震惊,另一方面,他对英国没有给予充分的支持而感到愤怒,因而决定改变联盟政策,转而与法国接近。拿破仑考虑到运输和供应困难、军队给养不足等因素,也希望停战,同时他想拉拢俄国参加大陆封锁,以便打击英国。结果,俄国不顾《巴滕施泰因条约》,在没有与普鲁士协商的情况下就开始与法国停战谈判。

1807 年 6 月 25 日,俄法两国皇帝在涅曼河中的木筏上会晤。7 月 7 日,双方签订了《蒂尔西特和约》(Friede von Tilsit),其中包括法俄和约和一个针对英国的法俄同盟条约。据此,普鲁士作为一个国家保存下来,但它必须割让大片领土;俄国接受在原先普鲁士瓜分波兰所得的领土上建立听命于拿破仑的华沙公国(Herzogtum Warschau),将爱奥尼亚群岛交给法国,法国则保证奥尔登堡公国以及其他与沙皇有亲缘关系的德意志诸侯统治的邦国的主权。法俄同盟条约则规定,俄国参加大陆封锁体系,两国对任何敌视它们的第三国采取共同行动。

在法俄两国达成框架条件的情况下,普法之间也于 7 月 9 日签订了《蒂尔西特和约》,这是一个只有单方面意向的强制和约。根据该和约,普鲁士丧失易北河以西和第二、第三次瓜分波兰时获得的领土。其中,易北河以西地区建立威斯特法伦王国(Königreich Westfalen),由拿破仑的弟弟热罗姆(Jérôme Bonaparte,1784—1860)担任国王;原先瓜分波兰获得的领土上建立华沙公国,由萨克森国王统治;但泽成为独立的"自由市";比亚吕斯托克地区划归俄国。[①] 7 月 12 日,双方签订《柯尼斯堡补充协定》(Königsberger Folgeabkommen),规定只有普鲁士偿清战争赔款后,法军才从保留下来的普鲁士王国境内撤走。1808 年 9 月的《巴黎协定》(Pariser Konvention)进一步规定,普鲁士赔偿法国 1.4 亿法郎

---

① Walter Demel und Uwe Puschner (Hrsg.), *Deutsche Geschichte in Quellen und Darstellung*, Band 6, *Von der Französischen Revolution bis zum Wiener Kongreß*, 1789 - 1815, S. 52 - 56.

战争赔款（后经亚历山大一世介入，赔款减少到 1.2 亿法郎），军队裁减至 4.2 万人。[1]

《蒂尔西特和约》对普鲁士的影响极大。它使普鲁士丧失了大约一半的领土，人口减至 400 多万，从欧洲一流强国变成了一个无足轻重的二流国家。普鲁士还背上了沉重的财政负担，除了需要支付规定的战争赔款外，它还必须支付约 10 亿法郎的法军占领费用。更重要的是，军事和政治上的失败引发了普鲁士统治者的积极思考，推动着施泰因、哈登贝格等有识之士进行改革，使普鲁士国家有如灰烬中的不死鸟，浴火振翅，走向新生。

（三）第五次联盟战争与奥地利的再次失败

早在蒂尔西特和谈期间，拿破仑就已经意识到"奥地利不甘于 1805 年的失败"[2]。实际上，1805 年以后，在首相施塔迪翁（Johann Philipp Graf von Stadion，1763－1824）和卡尔大公的领导下，奥地利一直在进行相关改革，为反抗拿破仑的统治做准备。

首先，法国的扩张和对德意志的统治激发了德国人的反感，法国人由原先的革命解放者变成了异族侵略者，在德意志出现了以知识分子为代表的浪漫主义的民族主义运动。人们研究过去的历史，怀念中世纪神圣罗马帝国的辉煌，希望重建德意志的强国地位，推翻拿破仑在德意志的统治，著名作家、政论家弗里德里希·根茨即是其中的代表。他由法国革命的热烈拥护者变成了反对法国统治的坚定鼓吹者。而要恢复德意志的强国地位，哈布斯堡王朝所在的奥地利自然成为人们的期盼所在。

其次，施塔迪翁和卡尔大公都是约瑟夫开明专制政策的拥护者。他们认为，只有像革命的法国一样，把人民当作积极而负责的国家公民，才能调动起他们的积极性，消除法国的优势，赢得战争。因此在 1806——

---

[1] Thomas Nipperdey, *Deutsche Geschichte 1800－1866: Bürgerwelt und starker Staat*, S. 21.

[2] Walter Demel und Uwe Puschner (Hrsg.), *Deutsche Geschichte in Quellen und Darstellung*, Band 6, *Von der Französischen Revolution bis zum Wiener Kongreß, 1789－1815*, S. 57.

1809 年期间,他们进行了一些改革,其中一项重要举措就是实行"全民皆兵",除了正规常备军之外,还建立起由退役士兵和志愿兵组成的民兵部队。

此外,国际形势也促使奥地利走上反抗之路。拿破仑在欧洲大陆实行肆无忌惮的霸道性家族统治。其长兄约瑟夫·波拿巴(Joseph Bonaparte,1768—1844)成为那不勒斯国王(1806—1808),后来又成为西班牙国王(1808—1813),弟弟路易·拿破仑·波拿巴(Louis Napoléon Bonaparte,1778—1846)成为荷兰国王(1806—1810),弟弟热罗姆·波拿巴(Jérôme Bonaparte,1784—1860)成为威斯特伐利亚国王(1807—1813)等,这一切使奥皇弗兰茨极度担心自己的生存,迫使其铤而走险。同时,拿破仑在欧洲的统治已经激起民族反抗运动。1808 年,伊比利亚半岛爆发了西班牙和葡萄牙反抗法国统治的民族起义。起义者屡败法军,最后迫使拿破仑不得不将驻守在德意志的大军调往伊比利亚半岛。伊比利亚半岛的起义既为德意志反抗拿破仑统治树立了榜样,又削弱了拿破仑控制德意志的力量。

奥地利此时也有理由期盼其他列强的支持。英国一直坚持反对拿破仑的战争。为了打破法国的大陆封锁,英国不仅在 1807 年 9 月炮轰丹麦首都哥本哈根,掠走了丹麦舰队,而且于 1808 年 7 月派威灵顿公爵(Herzog von Wellington;Duke of Wellington,1769—1852)率领英军前往伊比利亚半岛,支持西班牙和葡萄牙的反法起义。[①] 普鲁士也不甘于现有的地位,包括主政的施泰因男爵等人在内,希望通过起义方式来推翻拿破仑的统治。至于俄国,虽然亚历山大一世与拿破仑于 1808 年 9 月底在爱尔福特会晤,表现出相互间的团结,但是当法国要求俄国对施塔迪翁施压,强迫其停止增强军备时,沙皇却拒绝威胁奥地利,只愿意通过"建议"形式施加影响。这表明,俄国不想站在法国一边反对奥地利。

---

① W. H. Fitchett, *How England Saved Europe*:*The Story of the Great War*(*1793 -1815*),*vo. Ⅲ*,*The War in the Peninsula*,London:Smith,Elder,& CO. ,1900,p. 38.

基于上述状况,施塔迪翁一方面展开备战,另一方面通过著名文学史家和政论家弗里德里希·冯·施莱格尔(Friedrich von Schlegel,1772—1829)①、作家克莱斯特(Heinrich von Kleist,1777—1811)和诗人阿恩特(Ernst Moritz Arndt,1769—1860)等人展开爱国主义宣传,激发德意志人的民族感情,试图发动一场旨在"使德意志帝国获得新生和重建奥地利的德意志民族战争"②,推翻拿破仑的统治。为此,根茨专门起草了奥地利战争宣言,施塔迪翁和施莱格尔则撰写了致德意志民族号召书,由奥军最高统帅卡尔大公发布。

鉴于拿破仑将驻守德意志的大军主力调往西班牙,虽然争取普鲁士和俄国的努力没有成功,奥地利在自身军事准备尚不充分的情况下,仍与英国在 1809 年春组成第五次反法联盟(Fünfte Koalition),并于 1809 年 4 月 9 日对法宣战。战争爆发后,奥军兵分三路直指南德地区、意大利和华沙公国。其中,卡尔大公指挥奥军主力 20 万人在南德地区作战,约翰大公率军 5 万进攻威尼西亚,费迪南德大公(Erzherzog Ferdinand Karl von Habsburg-Este,1781—1850)率军 3.5 万人进驻加里西亚,防止华沙公国的进攻。

在战争开始阶段,形势对奥军有利。卡尔大公在 4 月 10 日开始进攻,此时巴伐利亚东部达武元帅率领的法军和巴伐利亚军队还处于分散状态,倘若奥军集结优势兵力发动快速进攻,形势会对敌人极为不利。但卡尔大公没有意识到这一点,奥军终因行动迟缓,错失良机。拿破仑 17 日到达多瑙沃特后,迅速与达武会合,扭转了不利局面。4 月 20 日,两军在阿本斯贝格第一次交锋,奥军大败。此后在兰茨胡特等地,法军屡败奥军。

奥地利反抗拿破仑统治的行动在德意志其他地区也得到一定程度

① 弗里德里希·冯·施莱格尔及其兄长奥古斯特·威廉·冯·施莱格尔(August Wilhelm von Schlegel,1767—1845)是耶拿早期浪漫派最重要的代表。

② Martin Vogt (Hrsg.), *Deutsche Geschichte: Von den Anfängen bis zur Wiedervereinigung*, S. 353.

的响应，但没有形成广泛的民众起义。在各地反抗法国统治的斗争中，影响较大的有蒂罗尔人民起义。蒂罗尔在1805年《普雷斯堡和约》中割让给了巴伐利亚。巴伐利亚为了完全吞并这一地区，采取了一系列高压政策。1808年5月，巴伐利亚王国新宪法宣布，蒂罗尔成为王国的一部分，同时废除旧的蒂罗尔宪法，取消其自治。此后，巴伐利亚不仅直接派官吏管理该地区，甚至不准人们提到"蒂罗尔"一词。此外，沉重的军税和强制征兵也引起人们的不满。因此，当奥地利准备对法战争时，蒂罗尔地区帕塞尔塔尔的旅店老板安德里亚斯·霍费尔（Andreas Hofer，1767—1810）就已经与奥地利史学家、反法战争鼓动者约瑟夫·冯·霍迈尔（Joseph von Hormayr，1782—1848）以及约翰大公等取得了联系，准备起义。第五次联盟战争（Fünfte Koalitionskrieg）爆发后，蒂罗尔地区立即响应，于4月11日爆发了反对法国和巴伐利亚占领的大规模人民起义。起义队伍很快占领了首府因斯布鲁克，解放了北蒂罗尔和南蒂罗尔，并多次击退巴伐利亚军队和法军的进攻。直到年底，起义才被镇压下去。1810年2月20日，安德里亚斯·霍费尔在曼图亚被枪决。

北德意志地区也出现了零星的反对拿破仑统治的起义，其中有普鲁士军官席尔少校（Ferdinand Baptista von Schill，1776—1809）和不伦瑞克公爵弗里德里希·威廉（Friedrich Wilhelm Herzog von Braunschweig-Wolfenbüttel-Oels，1771—1815）①率领的志愿军团。1809年4月28日，席尔在爱国主义激情的驱使下，不顾上级禁令，率领手下轻骑兵离开柏林，直奔威斯特法伦王国（Königreich Westphalen），支援那里由德恩贝格男爵（Wilhelm Kaspar Ferdinand Freiherr von Dörnberg，1768—1850）组织的起义。5月威斯特伐利亚起义失败，德恩贝格逃往波希米亚，席尔则向波罗的海沿岸的施特拉尔松德退却，试图在那里建立反法据点，但遭到敌军优势兵力的包围。5月31日，席尔在战斗中阵亡，他手

---

① 又称"黑公爵"（Schwarzer Herzog），是前不伦瑞克公爵卡尔·威廉·费迪南德（Herzog Karl Wilhelm Ferdinand von Braunschweig，1735—1806）的第四个儿子，1815年在比利时的卡特勒布拉战役（Schlacht bei Quatre Bras）中战死。

下被俘的军官中有 11 人被枪决。不伦瑞克公爵则比较幸运,他率领的志愿军团经过哈尔伯施塔特和不伦瑞克到达威悉河河口,被英国船只接走。

正面战场形势也继续对奥军不利。继阿本斯贝格战役之后,4 月 22日,两军在雷根斯堡以南的埃格米尔展开激战,结果奥军再次大败。卡尔大公连夜率军渡过多瑙河,退入波希米亚境内。但是拿破仑并没有追击卡尔大公,而是向奥地利首都维也纳进军。5 月 13 日,法军进入维也纳。此后形成了以多瑙河为界的法军和奥军对峙局面。

5 月 21 日至 22 日的阿斯佩恩战役(Schlacht bei Aspern)中,奥军向试图渡河的法军发起攻击,使拿破仑首度遭到失败。在这一战役中,奥军损失约2.3 万人,法军损失约 4.4 万人,拉纳元帅和许多法军将领在这一战役中阵亡。法军进攻受阻。拿破仑的威信受到一定影响。阿斯佩恩战役的一个重要后果是,法军的重大挫折可能促使普鲁士趁机加入反法战争。但是,优柔寡断的弗里德里希·威廉三世只是暂停向法国交付赔款,他向奥地利派往普鲁士宫廷的施泰根奇男爵(August Ernst Freiherr von Steigentsch,1774—1826)表示,普鲁士的参战与否要等下次战役的结果而定。

由于卡尔大公没有趁机反击,普鲁士又犹豫不决,致使拿破仑有充分的时间重新调来增援部队。结果,法军与奥军力量对比出现重大变化,法军增至 18 万多人,而奥军只有 13 万多人,前者占据了明显的优势。7 月 5 日至 6 日的韦格勒姆战役(Schlacht bei Wagram)中,优势法军决定性地打败了奥军。战斗非常激烈,法军损失约 34000 人,奥军损失约 4 万人。① 虽然奥军在战后能够安然撤退,但卡尔大公已经对胜利失去了信心。7 月 21 日,双方签订《茨奈姆停战协定》(*Znaimer Waffenstillstand*)。8 月中旬,双方开始在阿尔滕堡进行和谈。

起初,弗兰茨皇帝受施塔迪翁和国务活动家巴尔达茨(Aton

---

① 有关双方的伤亡情况,相关著述有差异,但不影响战争的结果。参见[法]乔治·勒费弗尔:《拿破仑时代》下卷,商务印书馆 1985 年版,第 67 页;Martin Vogt (Hrsg.),*Deutsche Geschichte:Von den Anfängen bis zur Wiedervereinigung*,S. 354.

Freiherr von Baldacci,1762—1841)等主战派的影响,想继续进行战争,并期待英、俄、普等国的支持。然而,英国派往荷兰和比利时的远征军因瘟疫而匆忙回国,俄国想与法国一起瓜分奥属加里西亚而态度暧昧不明,普鲁士则按兵不动,静观其变。在这种形势下,以前驻巴黎大使梅特涅伯爵(Clemens Lothar Wenzel Graf von Metternich,1773—1859)①为代表的主和派逐渐占了上风,弗兰茨最终不得不接受苛刻的和谈条件,施塔迪翁的职位也为梅特涅所接替。

1809 年 10 月 14 日,奥法两国在拿破仑大本营舍恩布伦宫②签订和约,即所谓的《舍恩布伦和约》(Friede von Schönbrunn)。根据该和约:(1)奥地利丧失了大片领土。把萨尔茨堡、贝希特斯加登和因菲特尔割让给巴伐利亚;把格尔茨、菲拉赫、的里雅斯特、克莱恩、曼特法尔康纳割让给意大利王国;靠近亚德里亚海东岸的克罗地亚、伊斯特里亚等地割让给法国,组成法国的伊利里亚行政区,奥地利因此丧失了出海口;东加里西亚一部分割让给俄国,西加里西亚和克拉科夫割让给华沙公国。(2)取消德意志骑士团在巴伐利亚等莱茵邦联诸邦中的存在。(3)奥地利支付战争赔款 8500 万法郎。(4)奥地利军队减少到 15 万人。(5)奥地利参加大陆封锁,对英国封闭一切港口和海湾。③

《舍恩布伦和约》对奥地利的打击极其沉重。虽然奥地利仍然是一个拥有 2400 万人口和 60 万平方千米国土的大国,其实力已经遭到严重削弱。与此同时,梅特涅取代施塔迪翁成为奥地利首相,改变了奥地利的外交策略。与施塔迪翁的充满浪漫主义激情、试图通过全德民族运动来推翻拿破仑统治和恢复德意志帝国传统地位的路线不同,梅特涅奉行一种保守、冷静而灵活的外交政策,将奥地利的安全奉为最高目标。他的上台开

---

① 1813 年晋升为侯爵(Fürst)。

② 亦译美泉宫,位于维也纳西郊,是著名的文化胜景。

③ Walter Demel und Uwe Puschner (Hrsg.), *Deutsche Geschichte in Quellen und Darstellung*,*Band 6*,*Von der Französischen Revolution bis zum Wiener Kongreß*,*1789 – 1815*,S. 57 – 59.

始了奥地利和欧洲外交的一个新时代。他的第一个举动就是拆散法俄同盟。当他得知拿破仑欲通过迎娶沙皇亚历山大之妹来强化自己在欧洲的地位和正统合法性时,便向法国驻维也纳协理专员暗示,可以考虑奥地利公主。他认为,若法奥之间联姻,不仅会使拿破仑与亚历山大失和,迫使他把奥地利当作天然盟友,而且可以借法国之力阻止俄国向东南欧扩张。1810 年 4 月 1 日,拿破仑在向俄国求婚未果之下,迎娶弗兰茨之女、奥地利公主玛丽·路易莎(Marie-Louise von Österreich,1791—1847)为妻,法奥两国结成了同盟,法俄之间的裂痕却因此而扩大了。

第二节 拿破仑与德意志的新秩序

一、帝国代表总决议及其后果

法国革命战争,特别是拿破仑战争给其东邻德意志造成了巨大冲击。从普法《巴塞尔和约》、奥法《坎波福米奥和约》到《吕内维尔和约》,战败的两大德意志邦国不得不把莱茵河西岸地区割让给法国。根据 1801 年《吕内维尔和约》,德皇不仅确认将莱茵河西岸地区割让给法国(第六款),而且允诺那些因此丧失领地或丧失部分领地的受损帝国阶层在莱茵河东岸地区获得补偿。不过,《吕内维尔和约》并没有将受到影响的帝国骑士包括在受补偿的范围内。面对这一变动,科隆选帝侯、特里尔选帝侯、普法尔茨-巴伐利亚选帝侯、拿骚-乌辛根和拿骚-魏尔堡等诸侯受到特别大的影响。其必然后果是,德意志诸邦要在领土方面重新调整,并且将相关调整以法律形式确定下来。

但是,法俄两国想根据自己的意志来安排德意志的新秩序。早在 1801 年 10 月,拿破仑与亚历山大一世就达成秘密约定,共同影响德意志新秩序的建立。拿破仑的目标很明确,那就是"在德国创立一支除奥地利和普鲁士之外的依附于巴黎的第三力量"①。而沙皇也非常乐意看到

———————————

① Helmut Müller, *Schlaglichter der deutschen Geschichte*, S. 132.

与其有血缘关系的符滕堡等西南德诸侯的力量得到加强。[1]

　　帝国诸侯也纷纷讨好法国,以期在帝国重构中获得尽可能多的好处。在法国长大并且曾在法国军队中服役的巴伐利亚选帝侯马克西米连一世·约瑟夫(Maximilian I Joseph,1756—1825)[2]和大臣蒙特格拉斯(Maximilian von Montgelas,1759—1838)[3]完全按照法国的旨意办事,分别于1801年8月和1802年5月与法国签订了和平友好条约以及领土交换与补偿协议。符滕堡、巴登等也紧紧投靠法国,希望以此扩大自己的利益。甚至美因茨选帝侯、大主教卡尔·提奥多尔·冯·达尔贝格(Karl Theodor von Dalberg,1744—1817)[4]也倒向法国,以期在美因茨并入法国后,能够保住选帝侯的位置,并尽可能多地获得补偿。至于普鲁士,弗里德里希·威廉三世则派卢歇西尼(Girolamo Lucchesini,1751—1825)前往法国,争取在帝国内的领土重组中得到最有利的结果。一时间,德意志王侯云集巴黎。法国外交大臣塔列朗收受贿赂总计达1000万到1500万法郎。

---

① 俄国罗曼诺夫王室(Haus Romanow)有很深的德意志血统。沙皇彼得三世(Peter III Fjodorowitsch,1728—1762)出生于基尔,乃卡尔·弗里德里希·冯·石勒苏益格-荷尔斯泰因-戈托夫公爵(Herzog Karl Friedrich von Schleswig-Holstein-Gottorf,1700—1739)与彼得大帝(Peter der Große,1672—1725)的女儿安娜·彼得罗芙娜(Anna Petrowna,1708—1728)之子,因其姨、女沙皇伊丽莎白(Elisabeth,1709—1761)死后无嗣,1762年继沙皇位,开始了罗曼诺夫-荷尔斯泰因-戈托夫王朝在俄国的统治。其妻是索菲·奥古斯特·冯·安哈尔特-策普斯特-多恩堡公主(Sophie Auguste von Anhalt-Zerbst-Dornburg),即后来的女沙皇叶卡捷琳娜二世。此后,彼得三世与叶卡捷琳娜二世之子、沙皇保罗又娶了符滕堡的索菲·多罗特娅(Sophie Dorothea von Württemberg,1759—1828),沙皇亚历山大一世和尼古拉一世(Nicolaus I,1796—1855)皆为其子。尼古拉一世与普鲁士公主夏洛特(Charlotte von Preußen,1798—1860)结婚,其子沙皇亚历山大二世(Alexander II,1818—1881)则与黑森-达姆施塔特公主玛丽(Marie von Hessen-Darmstadt,1824—1880)结婚。他们的孙子、末代沙皇尼古拉二世(Nikolaus II,1868—1917)则娶了黑森-达姆施塔特公主阿历克斯(Alix von Hessen-Darmstadt,1872—1918)为妻。

② 1799年执政后称马克西米连四世(Maximilian IV,1799—1805),1806年1月1日开始称巴伐利亚国王(1806—1825)。其臣民通常称之为马克斯国王(König Max)。

③ 蒙特格拉斯在1799年到1817年间分别担任过巴伐利亚外交大臣、财政大臣和内政大臣。

④ 1802年7月,原美因茨大主教弗里德里希·卡尔·冯·埃尔塔尔(Friedrich Karl von Erthal,1719—1802)去世,达尔贝格接任。

奥地利自然不愿看到德意志各邦只顾自身利益的做法。科本茨尔原本想各邦联合起来对法国施压，却因各邦有自己的盘算而落空。1802年6月3日，法国和俄国邀请帝国议会批准在巴黎制定的补偿计划。为了表达自己的不满，奥地利一怒之下占领了原准备给巴伐利亚的帕骚，最后又因各诸侯的一致抗议而不得不退出所占地区并接受法国的调停。

在上述诸种因素的纠缠之中，雷根斯堡帝国议会于1802年8月24日召开特别帝国代表会议，讨论帝国范围内的领地调整和补偿问题。美因茨、波希米亚、勃兰登堡、萨克森、巴伐利亚、符滕堡、黑森-卡塞尔等诸侯和德意志骑士团团长参加了会议。11月23日，会议基本接受了法俄计划，并于1803年2月25日通过了《帝国代表会议总决议》(*Reichsdeputationshauptschluß*)。3月24日，帝国议会批准了该决议。4月27日，总决议经过皇帝批准生效。

根据《帝国代表会议总决议》，帝国内的领土调整和补偿主要通过较小的帝国直属领地归并和教会地产还俗两种途径来实现。从帝国直属领地归并来看，它大大减少了帝国等级的数量。112个帝国等级因此在地图上消失。其中，教会诸侯只剩下帝国代表会议的代表美因茨选帝侯和德意志骑士团长。帝国自由市中只剩下汉堡、不来梅、吕贝克、美因河畔法兰克福、奥格斯堡和纽伦堡等六个城市仍保持着直属于帝国的关系，其他皆被诸侯兼并。

帝国境内各邦的领土构成也出现了重大变化。普鲁士、巴伐利亚、符滕堡、巴登和黑森-达姆施塔特等一些大中邦国获利最大。根据总决议，巴伐利亚虽然失去了普法尔茨，却得到了法兰克尼亚和士瓦本的大片地区，包括维尔茨堡、班贝格、奥格斯堡、弗赖辛、帕骚等；符滕堡得到士瓦本地区大部分小邦的领土；巴登得到康斯坦茨主教区以及巴塞尔、斯特拉斯堡和施佩耶尔等主教区在莱茵河东岸的领土，同时还得到了曼海姆、海德堡等普法尔茨地区；普鲁士虽然退出了汉诺威等地，却得到了希尔德斯海姆、帕德博恩、明斯特的一部分、美因茨选帝侯在图林根的地产、帝国城市米尔豪森、北豪森、戈斯拉尔以及教会领地奎德林堡、埃尔滕、埃森、韦尔登和卡彭贝格等地。

奥地利在领土问题上没有捞到什么好处。它放弃了莱茵河东岸的奥尔特瑙,却只得到了特兰托和布里克森两个主教区。此外,来自哈布斯堡家族的摩德纳公爵得到了布赖斯高,托斯卡纳大公得到了包括贝希特斯加登、帕骚和艾希施泰特主教区在内的萨尔茨堡大主教区。

教会地产还俗给德意志天主教会势力以沉重打击。包括特里尔、科隆等大主教选帝侯国在内的许多教会邦国被取消,大量修道院和教会领地被世俗邦国吞并。美因茨大主教选帝侯国是一个例外。虽然丢掉了美因茨,大主教达尔贝格却通过活动,把领地转到了美因河畔的阿沙芬堡,还得到了帝国城市韦茨拉尔和雷根斯堡主教区,以帝国大宰相和德意志总主教的身份将雷根斯堡变成了自己的驻地。[1]

《帝国代表会议总决议》是旧帝国时期最后一部重要法律。这一决议对于古老的神圣罗马帝国的命运以及整个德意志历史的发展都产生了极其重大的影响。

《帝国代表会议总决议》的实施对帝国的团结造成了毁灭性的打击。帝国直属领地归并和教会地产还俗彻底改变了帝国原有的政治结构。大量教会诸侯和一直是帝国坚定支持者的帝国城市、帝国骑士等下层帝国阶层的消失,大大削弱了维持帝国存在的根基。世俗诸侯由于占有教会地产和并吞帝国城市而实力大增,我行我素的意识进一步增强。

领土构成的变化导致了帝国内部力量结构的改变。在这一次领土调整和补偿中,普鲁士在失去 2000 平方千米土地和 14 万人口的同时,却获得了 1.2 万平方千米和 60 万人口的补偿。巴伐利亚在失去 1 万平方千米土地和 60 万人口的同时,则获得了 1.4 万平方千米土地和 85 万人口的补偿。巴登则以 450 平方千米和 3 万人口损失换得了 2000 平方千米和 24 万人口。符滕堡虽然失去了 400 平方千米土地和 3 万人口,却

---

[1] Karl Zeumer (Hrsg.), *Quellensammlung zur Geschichte der Deutschen Reichsverfassungs in Mittelalter und Neuzeit*: *Quellensammlungen zum Staats-*, *Verwaltungs-und Völkerrecht*, *Band 2*, Tübingen: Verlag von J. C. B. Mohr 1913, Nr. 212, S. 509 - 528.

获得了 1500 平方千米和 12 万人口的补偿。由于上述变化，在德意志形成了消长各异的三支力量：普鲁士大大加强了在德意志西北部的力量，由此形成了在德意志北部的优势地位。拥有帝国皇帝名义的奥地利却由于失去了南德地区的大量领地，对德意志事务的影响力受到削弱。处于法国影响力之下的巴登、符滕堡、巴伐利亚等南德中等邦国，力量则得到加强，成为角逐德意志的第三力量。

帝国范围内的领土调整和补偿也给帝国宪政构成带来了重大变化。由于莱茵河西岸领土的丧失和教会地产还俗，大量教会诸侯消失，原先天主教势力居于支配地位的帝国议会诸侯院①出现了新教诸侯占多数的情况，新教诸侯与天主教诸侯之比为 78∶53。由于科隆、特里尔两个教会选帝侯邦被废除，符滕堡、巴登、黑森-卡塞尔和萨尔茨堡等世俗邦上升为选帝侯邦，选侯院中也出现了 4 个天主教选帝侯对 6 个新教选帝侯②的状况。天主教的哈布斯堡皇室在帝国议会中成了信仰上的少数派。

《帝国代表会议总决议》的实施在一定程度上实现了拿破仑削弱其德意志强邻的意图。巴登、巴伐利亚和符滕堡等中等邦国由于力量壮大，独立性更强，成为日后对抗代表德意志皇权的奥地利和另一德意志大邦普鲁士的难缠对手。与此同时，对于法国而言，它们的力量又太小，不至于构成实质性威胁。

从历史发展的角度看，《帝国代表会议总决议》对德意志也有一些进步性影响。小邦数量的减少和教会地产世俗化在一定程度上弱化了中世纪以来德意志的分裂局面。奠基于古老封建制原则上的神圣罗马帝国的衰落有利于德意志在新的近代民族国家原则之上重塑新的统一民族国家。

---

① 神圣罗马帝国帝国议会中除了帝国诸侯院外，还存在选帝侯院（Fürsten Kollegium）和帝国城市院（Reichsstädtekollegium）。
② 4 个天主教选帝侯为：巴伐利亚、波希米亚、萨尔茨堡、从美因茨移至雷根斯堡的帝国大宰相和德意志总主教；6 个新教选帝侯为：萨克森、勃兰登堡、汉诺威、符滕堡、巴登、黑森-卡塞尔。

二、莱茵邦联的建立和旧帝国的终结

法奥签订《吕内维尔和约》和 1803 年《帝国代表会议总决议》的实施,使德意志形势发生了深刻变化。由于众多的帝国骑士领地、教会领地和帝国城市在领地并归和世俗化进程中消失,古老的神圣罗马帝国失去了它的最有力的支持者。在维也纳,人们预见到旧的帝国死期已近,德皇弗兰茨二世赶忙加称奥地利皇帝弗兰茨一世,以免旧帝国终结后丧失皇帝的头衔。

巴登、符滕堡和巴伐利亚等南德诸邦由于获利颇丰而进一步向法国靠拢。在第三次联盟战争中,南德诸邦干脆与拿破仑结成联盟对抗英、奥、俄组成的反法联盟。随着拿破仑在军事上的胜利和法奥两国《普雷斯堡和约》的签订,南德诸邦与法国的关系进一步加强,与帝国的关系则愈加疏远。在拿破仑的压力下,德皇被迫提升巴伐利亚和符滕堡为王国,将巴登、黑森-达姆施塔特、贝格①提升为大公国。

南德诸邦还通过联姻等方式进一步加强与拿破仑的关系。前者希望借此在旧帝国的瓦解过程中获得更多的利益,后者则希望以此确立自己统治的正统性。相关联姻包括:拿破仑弟弟热罗姆与符滕堡国王弗里德里希一世(Friedrich Ⅰ Wilhelm Karl von Württemberg, 1754—1816; 1797—1806 年符滕堡公爵;1806—1816 年符滕堡国王)之女卡塔琳娜(Katharina von Württemberg, 1783—1835)的婚姻;巴登大公卡尔·路德维希(Karl Ludwig von Baden, 1755—1801)和黑森-达姆施塔特公主阿玛利亚(Amalie von Hessen-Darmstadt, 1754—1832)之子卡尔·路德维希·弗里德里希(Karl Ludwig Friedrich von Baden, 1786—1818)与拿破仑之妻约瑟芬(Joséphine de Beauharnais, 1763—1814)第一次婚姻之女斯特凡妮(Stéphanie Napoléon; Stéphanie Louise Adrienne de Beauharnais, 1789—1860)的婚姻;巴伐利亚国王马克西米连一世长女奥古斯塔·阿玛利亚·

---

① 贝格公国(Herzogtum Berg)位于北莱茵-威斯特伐利亚地区的莱茵河东岸。

卢多维卡（Auguste Amalia Ludovika von Bayern，1788—1851）与法国皇后约瑟芬第一次婚姻长子欧仁-罗斯·德·博阿尔内（Eugène-Rose de Beauharnais，1781—1824）的婚姻等。南德诸邦与拿破仑帝国的关系由此更加密切。作为帝国大宰相和德意志总主教的达尔贝格为了巴结法国皇帝，也在 1806 年 5 月选择拿破仑的舅舅、红衣主教约瑟夫·费施（Joseph Fesch，1763—1839）为自己的助理。

拿破仑的一个重要目标是，加强南德诸邦乃至所有德意志中等邦国的力量，使之依附于法国，对抗普鲁士和奥地利这两个德意志大邦。因此，在打败第三次反法联盟之后，拿破仑恩威并施，于 1806 年 1 月向德意志中等邦国的首脑们施压，建议他们成立一个在他保护下的新邦联，联合起来捍卫自己的主权。为此，这一新的邦联需要制订宪法，规定邦联成员的权利和义务。但是拿破仑的这一建议遭到符腾堡和巴伐利亚的抵制。它们认为，这样一种宪法会使自己刚刚获得的主权受到削弱，较之旧的帝国宪法更糟。符腾堡国王弗里德里希一世明确宣布："这是对我政治生命的致命打击。"蒙特格拉斯也表示，巴伐利亚只愿缔结临时性的联盟。但最终南德诸邦因不敢与拿破仑决裂而屈服。

1806 年 7 月 12 日和 16 日，16 个德意志诸侯的全权代表在巴黎与法国外交大臣塔列朗签署《莱茵邦联文件》（*Rheinbundakte*；*Rheinische Konföderations-Akte*；*Konföderations-Akte der rheinischen Bundes-Staaten*），宣布脱离德意志帝国，在法国皇帝保护下组成"莱茵邦联"①，并与法国结成军事联盟。邦联的共同利益由设在法兰克福的邦联议会处理，邦联大会主席由总主教达尔贝格担任。文件还明确规定了各邦在欧洲大陆发生战争时向法国提供兵员的数额：巴伐利亚提供 3 万人，符

---

① 16 个莱茵邦联成员分别是：巴伐利亚国王、符腾堡国王、作为帝国大宰相的美因茨选帝侯、巴登选帝侯、贝格大公、黑森-达姆施塔特侯爵、拿骚-乌辛根侯爵、拿骚-魏尔堡侯爵、霍亨索伦-赫兴根侯爵、霍亨索伦-锡格马林根侯爵、萨尔姆-萨尔姆侯爵、萨尔姆-基尔堡侯爵、伊森堡-比尔施泰因侯爵、阿伦贝格公爵、列支敦士登侯爵、莱恩伯爵。在德国历史上，这是第二次形成"莱茵邦联"。第一次莱茵邦联也称莱茵联盟，成立于 1658 年，是为了与德皇对抗而建立的一个超信仰的世俗和教会诸侯的联盟。

滕堡提供 1.2 万人,巴登提供 8000 人,贝格提供 5000 人,达姆施塔特提供 4000 人,其他成员提供总计 4000 人。[①] 此后,由于拿破仑在第四次联盟战争中的胜利和普鲁士的崩溃,莱茵邦联进一步得到扩大,中德和北德的一些邦国也加入进来。到 1808 年,莱茵邦联已经拥有 4 个王国、5 个大公国、13 个公国、17 个侯国。

　　在建立莱茵邦联的过程中,拿破仑赏罚分明。达尔贝格由于积极支持和推进建立这一联盟而受到奖赏,获得了法兰克福;巴伐利亚获得了奥格斯堡和纽伦堡;拿骚等邦升格为公国;一些小邦君主,如仅拥有 4000 臣民的莱恩伯爵,则因为是达尔贝格侄儿,升格为侯爵,其义务是,在战时要提供 29 名士兵。一些没有加入莱茵邦联的小邦,如施瓦岑贝格、考尼茨等,则被并入了较大的邦国,沦为附庸。

　　面对各诸侯违反帝国宪法、解除对帝国的义务的举动,作为皇帝的弗兰茨二世无能为力,只能听之任之。接下来就是如何清除旧帝国的残迹了。1806 年 8 月 1 日,派驻雷根斯堡帝国议会的莱茵邦联成员发表正式声明,宣布退出帝国。拿破仑则向雷根斯堡帝国议会发出最后通牒,宣布不再承认德意志帝国。同日,帝国议会宣布自行解散。8 月 6 日,弗兰茨二世放弃神圣罗马帝国皇帝称号,同时宣布解除所有帝国等级对于帝国所承担的义务。古老的神圣罗马帝国终于结束了它的历史篇章。

　　有一点是肯定的,德意志民族的神圣罗马帝国的衰亡是一个历史的发展过程。早在 16 世纪,宗教改革导致的信仰分裂就已经撕裂了这一古老的帝国,新教诸侯与皇帝为代表的天主教势力之间出现了长期而无法调和的斗争。帝国的分裂又为外部势力的介入创造了条件。1618—

① Walter Demel und Uwe Puschner (Hrsg.), *Deutsche Geschichte in Quellen und Darstellung*, *Band 6*, *Von der Französischen Revolution bis zum Wiener Kongreß, 1789 -1815*, S. 108 - 112; Karl Zeumer (Hrsg.), *Quellensammlung zur Geschichte der Deutschen Reichsverfassungs in Mittelalter und Neuzeit*; *Quellensammlungen zum Staats-, Verwaltungs-und Völkerrecht*, *Band 2*, S. 532 - 535.

1648 年的三十年战争既是一场宗教信仰战争,也是一场争霸欧洲的战争,法国、瑞典等国通过介入德国内战,进一步打击了曾经在欧洲大陆雄霸一时的旧帝国。这一场战争的结果通过《威斯特伐利亚和约》确定下来,帝国的统一遭到了前所未有的重创。从内部看,整个帝国被碎化成了 300 多个独立的邦国;就外部而言,法国和瑞典不仅割占了帝国的大片土地,而且有权介入帝国事务,从而使帝国问题出现了"国际化"的倾向。① 18 世纪,帝国政治的运行呈现二元主义结构特征,哈布斯堡皇室所在的奥地利和霍亨索伦王室所在的普鲁士之间为争霸德意志和欧洲征战不休。所幸的是,尽管皇权继续衰微,内争不断,整个帝国尚能够在宪法范围内运行。

18 世纪末 19 世纪初的反法联盟战争对于帝国的最后崩塌起了决定性作用。在这一过程中,帝国的瓦解进程清晰地存在三个阶段。首先是普鲁士背叛帝国。在第一次联盟战争中,普鲁士不顾帝国的整体利益,单独与法国媾和,签订《巴塞尔和约》,由此带来的是普鲁士对法国占领其莱茵河西岸领地的确认和北德意志地区的中立。普鲁士的举动违反了帝国宪法,破坏了帝国的团结,对帝国的负面影响不亚于日后莱茵邦联的建立。②

第二个阶段是帝国政治结构的改变。在 1797 年 10 月的《坎波福米奥和约》和 1801 年 2 月的《吕内维尔和约》中,德皇不仅答应向法国割让莱茵河西岸德意志地区,而且允诺相关诸侯的损失将在莱茵河东岸地区得到补偿。于是,在普鲁士背叛帝国宪法后,另一个德意志大邦奥地利也违背了帝国宪法。这意味着旧的帝国宪法已经丧失了它的权威。1803 年《帝国代表会议总决议》则使帝国宪法的修改成为现实,它实现了法国提出的莱茵河西岸割让给法国、失去领地诸侯在莱茵河东岸地区获

---

① Bernd Roeck (Hrsg.), *Deutsche Geschichte in Quellen und Darstellung*, Band 4, *Gegenreformation und Dreißigjähriger Krieg*, S. 393 - 423.

② Werner Frotscher, Bodo Pieroth, *Verfassungsgeschichte*, München: Verlag C. H. Beck, 1997, S. 87.

得补偿、帝国直属领地归并和教会地产还俗等一系列要求,使帝国政治结构发生了巨大变化,帝国内部支持皇权的力量受到严重削弱。

第三个阶段是帝国宪法的破灭。这主要表现在三个方面:一是1805年第三次联盟战争爆发后,除了普鲁士置身事外,南德的巴伐利亚、巴登和符滕堡竟然与法国结成联盟,站在外国势力一边直接与皇帝作战;二是普鲁士在战争期间与法国签订《舍恩布伦条约》,擅自割让莱茵河东岸地区给法国;三是《普雷斯堡和约》规定巴伐利亚、巴登和符滕堡等获得完全主权。所有这一切意味着帝国的整体性以及维系帝国的宪法已经遭到彻底破坏,帝国已经分崩离析。

因此,1806年南德、西德诸邦建立莱茵邦联和宣布脱离帝国,只不过是给已经名存实亡的帝国做了一纸形式上的终结宣判而已。

第三节　德意志改革运动

法国大革命和拿破仑战争使德意志受到巨大冲击,特别是在拿破仑时期,德意志大部分地区处于法军占领和控制之下。然而,即使在这种形势之下,德意志并没有出现法国大革命那种高昂激烈的社会政治革命和运动,而是通过广泛而和缓的改革方式,走上了向现代社会转型的独特道路。究其原因,深刻而复杂。

首先,德意志有着改革的传统。如前所述,从18世纪中期开始,德意志两大邦国都在开明专制的旗帜下进行了一系列改革。在普鲁士,弗里德里希大帝采取了多种措施来促进国家的现代化进程。作为封建君主,他在经济领域采取财政—重商主义的经济和财政体制,大力发展手工业、商业、贸易和农业,解放王室领地上的农奴,促进资本主义经济的发展,努力促进"一切有利于改善人民物质福利之事";在政治领域则对传统的军队、司法和教育体制等进行改革。相关改革深得人心,以至于一些普鲁士人认为法国革命不过是弗里德里希大帝统治下的"开明普鲁士邦"通行原则的应用而已。在奥地利,玛丽亚·特蕾西亚和约瑟夫二世的改革涉及行政、军队、司法、教育、税收、宗教和解放农奴等。① 这些改革虽然遭到贵族的抵制,但无疑为德国社会的发展指出了一条可供选择的道路,日后的改革可视为这些改革的继续。有德国学者甚至认为,德国之所以没有像法国一样发生革命,是因为"依据开明专制进行统治"的德意志诸邦"在法国革命前夕已经成为欧洲最进步的国家"②。

其次,当时的德意志缺乏法国革命的那种客观条件。政治上四分五裂的德意志缺少巴黎这种影响全国的首都和特大中心城市,无法通过这种首都革命来激起整个德意志的反响;与法国相比,在资本主义发展相对落后的德国,弱小的资产阶级无力承担起革命的大任;此外,德意志各邦负债不高,没有出现严重的入不敷出状况,因此社会对立还没有出现法国革命前的那种激化形势。

其三,法国革命过程中出现的激进和血腥举动使许多德国人感到震惊,他们对革命产生了恐惧。法国大革命爆发之初,"自由、平等、博爱"的旗帜曾一度使许多德国人为之仰慕不已,许多知识分子为之大唱赞歌。然而,法国大革命过程中出现的极端暴力举动和巨大社会动荡使多数德国人回到清醒的状态。诗人克洛普施托克就是这方面的典型。他曾经在法国大革命之初为之欢呼雀跃,但是他在看到法国革命中的过激行为后却悲叹道:"我们的金色美梦破灭了。"包括大哲学家康德在内的许多德国知识分子对法国革命所持的立场都有一个从赞成到反对的转变过程。既然革命如此恐怖,选择改革道路来适应历史的发展和迈向现代社会,就成了多数德国人的共识。

由于所处的客观条件和具体环境各异,这一时期德意志各邦的改革

---

① 有关弗里德里希大帝的开明专制,见 Johannes Kunisch, *Friedrich der Grosse: der König und Seine Zeit*, München: Verlag C. H. Beck, 2005, 第三部分; Karl Friedrich Becker, *Friedrich der Grosse*, Oxford: the Clarendon Press, 1893, S. 103 - 106; 有关玛丽亚·特蕾西亚和约瑟夫二世的改革,参见黄正柏、邢来顺:《未竟的中兴:18 世纪的奥地利改革》,南京大学出版社 2001 年版。

② Elisabeth Fehrenbach, *Politischer Umbruch und gesellschaftliche Bewegung: Frankreich und Deutschland im 19 Jahrhundert*, S. 29.

动因、改革深度和广度也不尽相同,它们大致可以划分为法占区的改革、莱茵邦联内部成员的改革、奥地利改革和普鲁士改革。

一、法占区的进步

法国大革命和拿破仑时代,确切地说,从 1794 年到 1814 年间,法国直接吞并了德国在莱茵河西岸的约 2.1 万平方千米的领土,统治该地区长达 20 年之久,居住在该地区的 180 万德意志人成了法国公民。该地区的政治和社会状况也发生了根本性变化。这里的 100 多个德意志小邦终结了它们的命运,其中包括曾经在德国历史上产生过巨大影响的美因茨、特里尔、科隆三个教会诸侯和沃尔姆斯、施佩耶尔等帝国自由市。法国人在占领该地区的初期,虽然许诺要贯彻资产阶级的革命原则,实施革命性的解放,但更多的是把这一地区当作临时的军事补给站,不断地征发这里的人力和物力用于战争,结果引起当地民众的反感。[1]

1797 年《坎波福米奥和约》之后,法国政府认为,莱茵河西岸德意志人地区将成为法国的一部分,随之开始对这一地区进行改革,改善这里的状况。其目标有两个:一是通过改革,实现该地区与法国的整合;二是用行政管理取代原来的军事管理模式。具体措施就是清除旧的封建统治制度,在法国体制的基础上建立起全新的社会和政治运行模式。1797 年 11 月,法国政府任命阿尔萨斯人、律师出身的弗朗索瓦·J.鲁德勒(François Joseph Rudler,1757—1837)为首任莱茵兰行政专员。鲁德勒按照法国方式在莱茵兰建立了全新的国民、司法和财政管理制度,并且以中央集权式的拿破仑管理制度将该地区划分成了洛尔、莱茵-莫泽尔、萨尔和蒙特-托内尔四个行政区。据统计,仅 1798 年初,鲁德勒就颁发了不少于 625 条法令和命令,彻底清除旧的统治体制,建立起新的社会

---

[1] Alexander Grab, *Napoleon and the Transformation in Europe*, New York: Palgrave Macmillan Publishers, 2003, pp. 92-93.

和政治生态。① 在上述基础上,鲁德勒废除了旧的什一税、行会制度和封建领主统治,取消了内部关税,建立起统一的税收制度。

为了能够在莱茵兰有效地推行新的法令和政令,法国在用人方面采取了本地化政策,强调连续性。在各行政区聘用的 900 名官员中,60%是当地人,余者大多是阿尔萨斯人,这些人既会德语又会法语,因而在沟通法国统治当局与地方关系时具有明显的优势。被聘者大都受过高等教育,有法学和财政学的专业背景,且从事过行政管理和司法工作。

从司法方面看,在拿破仑统治时期,由于《吕内维尔和约》进一步确认法国兼并德属莱茵河西岸地区,该地区不仅在政治上获得了更大的稳定性,而且在法律和秩序方面也取得了更大的进步。《拿破仑法典》(Code Napoléon；Code Civil)替代了革命前的多种法律并存的状况,行政管理和司法的统一进一步加强。

这一地区的社会阶级结构也出现了明显变化。传统贵族的头衔被取消,特权被废除。许多德国贵族在革命战争期间出逃,财产被没收充公。一些没有逃跑的贵族则有机会购买被没收的教会土地,扩大自己的地产。天主教会受到的冲击最大。革命前,它在莱茵河西岸地区拥有巨大的影响力和财产,拥有该地区 1/10 的可耕地。法国占领该地区后,占领当局不仅剥夺了教会特权,解散了修道院,拍卖了它们的土地,而且把教士们变成了依靠国家薪水为生的官员。法国占领当局还剥夺了教会对婚姻的控制权,推行世俗结婚和离婚登记,保障新教教徒和犹太人的平等权利。

莱茵河西岸地区还出现了一个由旧贵族和新资产阶级构成的新精英阶层。随着法国当局在该地区新设立各级政府机构的不断扩大,这一阶层中有许多人进入政府部门工作,获得一官半职。许多人还从政府拍卖教会和逃亡者财产的过程中获得了巨大好处。据统计,1803 年后,流

---

① Michael Rowe, *From Reich to State：The Rhineland in the Revolutionary Age*, 1780 - 1830, Cambridge：Cambridge University Press, 2003, p. 59.

入市场的逃亡者和教会的土地有一半以上落入当地的资产阶级手中。[①]更重要的是,由于并入法国以及大陆封锁政策的实行,该地区的工业产品不仅获得了进入法国市场的机会,而且排除了英国的竞争,纺织工业和冶金工业等因此出现了迅速增长。法国的统治也为新形成的资产阶级精英阶层提供了往上爬升和扩大财产的机会,他们因此支持法国皇帝。下层农民也从法国统治中得到了好处。由于封建庄园制度和什一税的废除,农民从封建统治的重压下解放出来,一些富裕的农民还因此能够买得土地,自己经营。因此,他们也对新的统治者持欢迎态度。

总之,在法国统治下,莱茵河西岸德意志地区较之从前有了明显的进步。高效的行政管理体制、经济上更好的发展机会、工业的迅速发展、拿破仑法典的实行、封建庄园制度的终结等,都有利于该地区的繁荣和稳定。正因为如此,拿破仑在该地区的统治得到了大多数居民的支持。

必须指出,尽管法国的统治给莱茵河西岸的德意志地区带来了巨大的进步,该地区也为并入法国付出了沉重的代价。新的关税隔断了该地区与德意志其他地区的传统经济联系。法语取代德语成为政府和教育中的官方语言,在很大程度上割裂了该地区的德意志文化传统。由于长期战争,该地区有多达 8 万人被征入法国军队作战,其中半数以上战死疆场。过于意识形态化的政治斗争和警察统治也引起人们的不满。1799 年,著名学者拉卡纳尔(Joseph Lakanal,1762—1845)被派遣到莱茵河西岸地区组织防务时,就在该地区成立告发委员会,大肆清除"反革命分子",引起人们的恐慌。[②] 此外,沉重的税赋也加重了该地区居民的负担。所有这些,都引起了当地民众的不满。

[①] Alexander Grab, *Napoleon and the Transformation in Europe*, p. 94.

[②] Michael Rowe, *From Reich to State: The Rhineland in the Revolutionary Age, 1780–1830*, p. 60.

二、莱茵邦联的改革运动

(一) 改革的背景

到 1811 年,莱茵邦联已经拥有 32.5 万平方千米的领土和 1460 万人口。虽然名为"莱茵邦联",它却并没有实行真正意义上的"邦联"体制。根据《莱茵邦联文件》,莱茵邦联除了军事上结成联盟外,还应有共同的宪法机构,下面要有一个常设的邦联大会以及邦联法院。作为邦联主席的达尔贝格为此也曾经提出两份邦联宪法草案,但是巴伐利亚、符滕堡等邦国担心新的邦联宪法会限制它们处置自己邦国事务的自由,损害它们的主权,因此都以不合适为由而加以拒绝。[①] 达尔贝格在 1806 年召集邦联大会时,一些成员邦甚至婉拒出席。后来拿破仑让法国外交部起草了一份新的邦联基本规程,但最终并没有得到实施。

莱茵邦联是在拿破仑的保护下建立起来的,因此在很大程度上也是拿破仑贯彻法国利益的工具。首先,它使法国与奥地利和普鲁士这两大德意志强国之间出现了一个缓冲地带,减轻了法国可能面对的直接威胁。其次,莱茵邦联对拿破仑而言具有巨大的军事意义。根据规定,邦联各成员都有义务在战时提供一定数额的兵员,最多时,邦联各成员提供的兵员将近 12 万人。他们服从于拿破仑的调遣,在战争中遭受了巨大损失。以威斯特伐利亚为例,按规定,它须提供 2.5 万兵员。1812 年拿破仑远征俄国的战争中,它提供的兵员中仅有 700 人生还。其三,为了法国的商业利益,拿破仑也不惜损害莱茵邦联成员的主权。1810 年到 1811 年,法国以大陆封锁为借口,陆续吞并了萨尔姆、阿伦贝格和奥尔登堡等邦,从而违背了《莱茵邦联文件》的相关规定。

在莱茵邦联各邦的内部事务方面,拿破仑则试图通过改革来强化其影响力。他要求邦联各成员按照法国模式进行改革,颁布宪法,实行与

[①] Elisabeth Fehrenbach, *Vom Ancien Régime zum Wiener Kongress*, München: Oldenbourg Verlag, 2001, S. 82.

拿破仑法典相一致的法律规章,建立中央集权的官僚行政管理体制等,以期建立一种稳定法国优势统治的国家结构。不管拿破仑有意与否,这些努力在很大程度上推动了莱茵邦联的现代化改革和向现代社会的迈进。

从改革和发展的角度来看,由于与法国关系密切程度不同,受法国影响的程度不同,莱茵邦联成员的前进步伐也不尽一致。它们大致可分为三类:第一类是由拿破仑的亲属或亲信统治着的邦国,其中有其弟热罗姆·波拿巴统治的威斯特伐利亚王国、妹夫缪拉①统治下的贝格大公国和达尔贝格领导下的法兰克福大公国等。它们实际上成为拿破仑控制下的莱茵邦联的"示范邦国"。第二类是南德各中等邦国,包括巴伐利亚、巴登、符腾堡和黑森-达姆施塔特等。这些邦国一方面受到法国的巨大影响,努力仿照法国模式,另一方面则坚持自己的某些做法,因而与第一类邦国有所不同。第三类是在 1806 年以后陆续加入莱茵邦联的邦国,包括萨克森以及中北部众多的小邦国。这些邦国受法国的影响较小,改革和变化不大。在萨克森和梅克伦堡等地,传统的封建等级结构甚至没有什么变化,只有拿骚等少数邦国在行政管理等方面进行了温和的现代化改革。

总体上看,莱茵邦联内部的改革涉及诸多领域,取得了明显的成果。在这场改革中,巴伐利亚、巴登、符腾堡和威斯特伐利亚具有代表性。它们改革的主要动因来自两个方面:首先是法国大革命带来的对传统的社会政治结构的挑战和拿破仑施加的各种直接或间接压力;最现实的动因则是为了解决帝国直属领地归并和教产还俗带来的问题。帝国直属领地归并和教产还俗的一个直接后果是,南德诸邦以及拿破仑新设立的威斯特伐利亚等邦国中出现了具有很大差异的政治、法律和宗教信仰传统并存的问题。例如,巴登原本是新教邦国,由于调整归并,领土扩大,天主教居民大量增加,占到全部人口的 2/3,新教居民转眼间成了少数。巴

---

① 1800 年,缪拉娶拿破仑最小的妹妹卡罗琳·波拿巴(Caroline Bonaparte, 1782—1839)为妻。

伐利亚吞并了多个帝国自由市、150个帝国骑士领地以及大量的修道院地产。符滕堡也存在不同宗教信仰居民和帝国直属领地的并入问题。在这种情况下,建立中央集权,统一行政和司法管理,克服传统差异,使新并入的领地尽快融入主体,就成为当务之急。[①]

　　莱茵邦联改革运动(Rheinbündische Reformen)是在各邦重臣的领导下进行的。在巴伐利亚,蒙特格拉斯是改革的主要推手。正是受益于马克斯国王和蒙特格拉斯灵活而现代性的政策,这一南德邦国取得了很大成功。[②] 早在1796年的"安斯巴赫备忘录"(Ansbacher Denkschrift; Ansbacher Memoire)中,蒙特格拉斯就已经提出了改革的主张。1806年他出任内政大臣后,开始实施有关改革。他的改革虽然受到法国革命的影响,但基本原则仍建立在理性主义和启蒙精神之上。在巴登,改革大致可分为三个阶段。第一和第二阶段改革的推行者为枢密顾问约翰·尼古劳斯·弗里德里希·布劳尔(Johann Nicolaus Friedrich Brauer, 1754—1813)。第一阶段开始于1803年。在这一阶段,为了使调整归并和教产还俗过程中新并入的领地顺利地融入巴登,已经采取了一些温和的改革措施。第二阶段开始于1806年。在这一阶段,受法国的影响更加直接,布劳尔开始将拿破仑法典引入巴登。改革的第三阶段开始于1809/1810年,是在国务内阁大臣西吉斯蒙德·冯·赖岑施泰因男爵(Freiherr Sigismund von Reitzenstein, 1766—1847)领导下进行的。在这一阶段,赖岑施泰因以法国为榜样,在开明专制理念的指导下,推行了激进的现代化改革。符滕堡的改革是在国王弗里德里希一世亲自主持下进行的。他在位19年(1797—1816年),把一个传统等级制的邦国变

① Hans-Ulrich Wehler, *Deutsche Gesellschaftsgeschichte*, *Erster Band*, *Vom Feudalismus des Alten Reiches bis Zur Defensiven Modernisierung der Reformära*, *1700–1815*, München: Verlag C. H. Beck 1996, S. 373.

② Eberhard Weis, *Montgelas*, *Zweiter Band*, *Der Architekt des Modernen bayerischen Staates*, *1799–1838*, München: Verlag C. H. Beck, 2005; Alan Forrest and Peter H. Wilson (eds.), *The Bee and the Eagle*: *Napoleonic France and the End of the Holy Roman Empire*, Basingstoke: Palgrave and Macmillan Publishers, 2009, p. 95.

成了具有自由主义倾向的宪法国家。至于威斯特伐利亚王国和贝格大公国,则是大刀阔斧地推行改革,毫不犹豫地引入法国的各种规章制度。

（二）改革的基本内容

宪法国家是现代国家和现代公民社会的基本特征,莱茵邦联在迈向现代宪法国家方面取得了巨大的进步。推动莱茵邦联诸邦向宪法国家转型的原因主要有三点:旧帝国的解体使各邦失去了帝国宪法和帝国法的保护,因此有必要制订自己的宪法;各邦政府需要通过制定宪法来融合原有领地和新并入的领地,加强中央集权,统一国家管理;作为莱茵邦联"保护者"的拿破仑要求制定并实施宪法,以便使这里的人们感受到"新秩序的温暖",进而巩固法国的影响或为并入法国做好准备。①

在莱茵邦联各邦中,威斯特伐利亚、法兰克福和贝格等"示范邦国"成为宪法国家的先锋。1807 年 11 月 15 日,拿破仑在枫丹白露颁布了威斯特伐利亚王国宪法。宪法明确规定"法律面前人人平等",宗教礼拜自由,宣布废除农奴制度,王国境内所有居民享有同等权利等。② 威斯特伐利亚王国由此成为德意志第一个拥有现代宪法的邦国。法兰克福大公国则于 1810 年 8 月 16 日颁布了自己的宪法,宣布废除农奴制度,减少贵族特权等。贝格大公国扮演的是"模仿者"的角色,它于 1812 年 3 月 15 日颁布了以威斯特伐利亚王国宪法和法兰克福大公国宪法为参照的国家宪法。

在南德诸邦中,巴伐利亚在迈向现代宪法国家方面取得了显著的进步。1807 年的米兰会议上,巴伐利亚明确表示,将仿照法国制定宪法。1808 年 5 月 1 日,巴伐利亚公布了以威斯特伐利亚王国宪法为蓝本的宪法,25 日又在官方报纸上以庆典形式宣布了由马克斯国王和蒙特格拉斯

---

① Bettina Severin-Barboutie, *Französische Herrschaftspolitik und Modernisierung*: *Verwaltungs-und Verfassungsreformen im Großherzogtum Berg*（1806 - 1813）, München: Oldenbourg Wissenschaftsverlag, 2008, S. 33 - 34.

② Walter Demel und Uwe Puschner（Hrsg.）, *Deutsche Geschichte in Quellen und Darstellung*, *Band 6*, *Von der Französischen Revolution bis zum Wiener Kongreß*, *1789 - 1815*, S. 114 - 119.

等三位大臣签署的这部宪法。1808 年巴伐利亚宪法的出台有其深刻的内外动因。就内部而言，加强国家整合，保障公民的基本权利，限制君权，利用民众代表制来解决国家的庞大债务，通过宪法来缓和迈向现代国家进程中的各种矛盾等，都是巴伐利亚政府力推宪法治国的重要考虑；从外部因素看，则与拿破仑的施压有关，目的在于通过颁布自己的宪法来对抗法国制定统一的莱茵邦联宪法的计划。1808 年的巴伐利亚宪法明确宣布了取消特权、保障公民人身和财产安全、法律面前人人平等和纳税平等的原则，但诸如选举国民代表等目标没有兑现。①

巴登政府也在 1808 年开始接受有关宪法的咨议，但是以布劳尔为首的保守派内阁对宪法草案进行了严格限制，阻挠其出台。直到 1815 年以后，巴登、符滕堡等才颁布了类似巴伐利亚的宪法。

为了有效治理那些新并入的帝国直属领地和教会地产，莱茵邦联各邦还对国家行政管理体制进行了改革，以此剔除各种封建分离因素，加强中央集权，统一行政管理体制，提高效率。其改革取向是，按照法国模式建立中央、中层和地方三级行政管理机构，取消原来的等级和城市自治管理，由此实现了从君主专制主义向官僚专制主义的转变。具体说来，在中央，行政管理实现部门化，在内阁之下建立 4 到 6 个责任明确的管理部门。例如，巴登于 1809 年 11 月 26 日颁布了由赖岑施泰因起草的"十一月敕令"（Novemberedikt），对该邦行政管理体制进行改革。根据法令，中央设立由 5 个部组成的内阁，由内阁大臣领导，直接向大公负责。在地方上，全国划分为 10 个行政管理区，每个区设立一名区长，负责贯彻中央指令。巴伐利亚和符滕堡则分别在 1799 年和 1806 年进行了行政管理改革，在中央实行分工明确的内阁制，中层则仿照法国的省

---

① Walter Demel und Uwe Puschner（Hrsg.），*Deutsche Geschichte in Quellen und Darstellung*，*Band 6*，*Von der Französischen Revolution bis zum Wiener Kongreβ*，*1789 - 1815*，S. 119 - 123；Hans-Ulrich Wehler，*Deutsche Gesellschaftsgeschichte*，*Erster Band*，*Vom Feudalismus des Alten Reiches bis Zur Defensiven Modernisierung der Reformära*，*1700 - 1815*，S. 383 - 384.

长制,分别由总专员和地方总督管理地方事务。在这种行政管理体制下,地方的自我管理权力受到削弱,教会的相关社会权利受到限制,国家开始直接介入诸如婚姻、行业规则的制订和教育事业等社会生活各个领域。

与国家行政管理体制改革相适应,官员服务法规等也进行了改革,开始形成具有德国特色的职业官员制度,主要包括不能中止聘用和给予生活物质保障等内容。通常情况下,高层官员必须具有法学或财政学专业背景,要通过分级考试并遵守法纪。巴伐利亚颁布的"1805 年官员服务条例"(Dienstpragmatik von 1805)[①]对官员的权利和纪律做了明确规定,可视为莱茵邦联其他成员的榜样。政府与君主的关系也出现了明显改变。传统的不负责任的王家顾问减少,具有明确责任的大臣组成的政府与君主之间的合作变得日益重要。除了仍在实行专制统治的符滕堡外,法律和规章的颁布须经大臣副署成为一种常态。

司法制度改革是莱茵邦联改革运动的一个亮点,但各成员邦改革力度不一。威斯特伐利亚和贝格等"示范邦国"改革力度最大,它们不仅全面引入了拿破仑法典,而且取消了封建的领地裁判法庭。巴登和法兰克福则在拿破仑法典的基础上推出了较温和的文本。在巴伐利亚,由于贵族抵制等因素,没有能够引入拿破仑法典,而只是对刑法进行了改革。但凡引入拿破仑法典的邦国,封建等级特权被取消,取而代之的是资产阶级的财产和平等权利。符滕堡和巴登分别于 1809 年和 1811 年废除了领地裁判法庭,巴伐利亚则加强了对这类法庭的国家控制。南德诸邦还试图取消贵族的免税特权、兵役豁免权和对教会及学校的监督权,并且取得了一些成就。此外,修道院也失去了裁判权、庇护权和领地。

财政和经济改革是莱茵邦联改革运动的又一重要内容。由于诸侯们的奢侈生活支出、高昂的军事费用和建立新的行政管理体制的需要,

[①] 见 Walter Demel und Uwe Puschner (Hrsg.), *Deutsche Geschichte in Quellen und Darstellung*, Band 6, *Von der Französischen Revolution bis zum Wiener Kongreß*, *1789 - 1815*, S. 131 - 136。

莱茵邦联各邦财政入不敷出，国家债务不断增加。以巴登为例，1808 至 1809 年会计年度的收入为 300 万古尔登，支出则为 350 万古尔登，财政赤字 50 万古尔登。巴伐利亚 1811 年时积累的国家债务则已经达 11800 万古尔登。[①] 巨大的财政压力迫使各邦政府进行现代化财政体制改革，在收入方面开源节流。具体做法是：首先在法律上明确君主与国家在财富、收入、债务方面分离，由此奠定现代国债制度的基础；其次是国家明确自己的最高财政权，建立高效的财政管理体系。巴登政府的 1808 年税收敕令明确了税收的去特权化原则，将原本拥有免税特权的贵族纳入税收管理体系，纳税群体得到扩大，从而有利于税收制度的统一和国家化。巴伐利亚政府于 1807 年 6 月 8 日颁布了取消税收特权和等级税收管理的法令，规定每个公民都要纳税，明确征税和税收管理为国家之事。[②] 巴伐利亚还进行关税改革，先后于 1799 年和 1808 年颁布关税法，逐渐撤销内部关卡，代之以边境关税，由此成为德意志历史上第一个具有统一关境的邦国。莱茵邦联时期的关税政策为日后创立关税同盟做了准备。

各邦在进行财政改革的同时，还积极推行新的经济政策，统一货币和度量衡。威斯特伐利亚和贝格等邦实行了营业自由原则，剔除了行会限制和职业垄断等封建因素。南德诸邦虽然没有达到这种改革力度，但已经着手清除行会制度，国家开始成为颁发职业许可证的唯一机关。到 19 世纪 60 年代，营业自由原则已经在这些地区得到普遍的贯彻。需要指出的是，虽然莱茵邦联内部的经济改革程度不一，但它们都为即将启动的工业化做了准备。

---

① Eberhard Weis (Hrsg.), *Reformen im rheinbündischen Deutschland*, München: Oldenbourg Verlag, 1984, S. 100; Hans-Ulrich Wehler, *Deutsche Gesellschaftsgeschichte*, *Erster Band*, *Vom Feudalismus des Alten Reiches bis Zur Defensiven Modernisierung der Reformära*, 1700 – 1815, S. 382.

② Walter Demel und Uwe Puschner (Hrsg.), *Deutsche Geschichte in Quellen und Darstellung*, *Band 6*, *Von der Französischen Revolution bis zum Wiener Kongreβ*, 1789 – 1815, S. 276 – 279.

进行农业改革,废除封建权利关系是莱茵邦联改革的最核心内容之一,它关系到依附农民从封建束缚下解放出来,实现其公民身份的转变,更关系到建立中央集权的政治、财税体制。必须说明的是,在这一领域,尽管资本主义已经渗入经济生活,商业化和货币化开始瓦解原有的封建关系,但是由于各种阻力,相关改革进程缓慢,而且不尽彻底。

在威斯特伐利亚和贝格,虽然颁布了一系列赎免封建义务的法令,但效果并不明显。1808年,贝格宣布废除农奴制度,1811年又颁布了反对封建制度的法令,但遭到贵族们的抵制。此外,农民也无力交付高额赎金。因此,通过赎免方式来废除封建农奴制度在整体上是失败的。南德诸邦的农业改革进展同样缓慢。在巴伐利亚,1803年进行的教产还俗使国家成了拥有76%的农民的大地主。根据1778/1779年的法律,本来这些农民可以通过赎买的方式取消各类基于土地的封建关系,但是由于国家每年都需要地税收入来维持运转,因此政府在土地私有化方面明显迟疑不决。① 贵族们则更反对在自己领地上的农民赎免封建义务。其结果是,农民从封建土地关系下解放出来的进程特别缓慢。直到1848年革命前夕,该邦的农民解放进程才告结束。在法律方面,1808年巴伐利亚宪法明确规定废除农奴制度,此后的有关敕令又对租金和劳役等进行了规范。农民可以通过赎免方式摆脱封建关系,将土地转变为自由财产。符腾堡和巴登的统治者也因顾虑国家收入的流失而不愿加速解放农民的进程。它们分别在1817年和1820年之后才开始加快农民的赎免速度。

教育和宗教改革也是莱茵邦联时期改革运动的涉及领域。教育领域的改革取向是明确推行教育事业国家化政策,即由国家重组教育机构。巴登、巴伐利亚和符腾堡等南德邦国一方面秉持启蒙运动后期的实用主义原则,另一方面则受到法国的影响,引入了专科教育模式,推广职

---

① Hans-Ulrich Wehler, *Deutsche Gesellschaftsgeschichte*, *Erster Band*, *Vom Feudalismus des Alten Reiches bis Zur Defensiven Modernisierung der Reformära*, *1700 – 1815*, S. 379. 巴伐利亚国家收入中地税占15%到25%。

业教育。巴伐利亚还建立了德国第一所农业高等学校。从此,培养具有专业技能的公民以及实现基于这种公民之上的高效率国家就成了教育追求的目标。① 综合性大学也在改革中得到发展。在巴登,赖岑施泰因主政期间大力改革大学教育。他以哥廷根大学为榜样,采取国家直接介入方式,亲自重组并改革海德堡大学,大力推行哲学和教育学研讨班,使这所古老的德国大学生机勃发,进入了全盛时期。在巴伐利亚,建立于旧的因戈尔施塔特大学之上的兰茨胡特大学不仅摆脱了天主教会的传统影响,而且一反保守的和反改革的倾向,聘请北德意志地区和信奉新教的教授来校任教,使该校迅速发展成为德国高等教育的最重要中心之一。

在宗教领域,莱茵邦联各邦的改革目标非常明确,即继续专制主义时期的政策,加强国家对教会及其支配之下的相关机构的控制。为此,巴登(1807 年)、巴伐利亚(1804、1809 年)和符滕堡(1806 年)都颁布了有关教会的法令,明确了教会在国家中的地位。② 根据这些法令,不仅教会控制之下的教育事业转移到国家手中,济贫机构和慈善机构等也被纳入国家控制之下,教会活动处于国家监督之下。教会的各种特权也被取消了。与此同时,实行宗教宽容原则,努力使不同宗教信仰者和平共处。新教徒拥有在天主教徒占多数之地安家的自由,反之亦然。甚至犹太人也逐渐获得了平等的权利。巴登在 1807 年和 1809 年宣布犹太人为自由的、具有同等权利的国家公民。巴伐利亚则于 1813 年颁布了类似的法令。③ 符滕堡在这方面的行动相对较晚,在 1828 年才颁布了相关法令。

---

① Winfried Speitkamp, *Jugend in der Neuzeit: Deutschland vom 16. bis zum 20. Jahrhundert*, Göttingen: Vandenhoeck und Ruprecht Verlag, 1998, S. 75.

② Walter Demel und Uwe Puschner (Hrsg.), *Deutsche Geschichte in Quellen und Darstellung*, Band 6, *Von der Französischen Revolution bis zum Wiener Kongreß, 1789 - 1815*, S. 195 - 206.

③ Eberhard Weis (Hrsg.), *Reformen im rheinbündischen Deutschland*, S. 272.

（三）改革的历史地位

莱茵邦联的改革运动就其结果和影响而言都具有重大的历史意义。改革在很大程度上为德意志特别是南德诸邦的现代化进程注入了巨大的推动力,其影响力在时空上远远超越莱茵邦联阶段和莱茵邦联的范围,延及整个19世纪的国家和社会发展进程。

从国家政治层面看,莱茵邦联时期的宪法运动实际上成了1815年以后以南德诸邦为核心的德意志立宪运动的发端,为德国迈向现代宪法国家打下了基础。德意志邦联(Deutscher Bund 1815—1866)时期,巴伐利亚(1818年5月26日)、巴登(1818年8月22日)、符滕堡(1819年9月25日)等南德诸邦率先颁布了宪法。而萨克森(1831年9月4日)、不伦瑞克(1832年10月12日)、汉诺威(1833年9月26日)等北德诸邦也受到1830年革命的推动,相继成为立宪国家。此外,行政管理改革、职业官员制度的形成、司法制度改革和宗教、教育改革等,也都有利于建立现代"统一而有效率的行政管理"制度和"国家主权的彻底贯彻"①。

必须看到的是,改革在加强各邦国家权力的同时,也提升了各邦的自信,使其内部开始形成一种"国家意识",进而导致了主权意志的增长。作为这种"国家意识"和主权意志增长的结果,一方面加强了巴伐利亚等南德诸邦抵制拿破仑将莱茵邦联变为更严密的政治实体的计划,另一方面也使它们对日后的德意志民族统一运动保持一种相对冷淡的态度,不利于德意志的团结和统一。

就社会影响而言,各项改革在一定程度上减轻乃至清除了传统封建因素,有利于向现代资本主义社会的转型。首先,传统的贵族特权在很大程度上受到削弱或被取消。这主要表现为贵族对国家高级职位的垄断被打破,贵族的免税特权被取消,贵族在法律面前的特权地位被废除,"法律面前人人平等"成为法定原则。此外,到1812年为止,南德所有邦

---

① Thomas Nipperdey, *Deutsche Geschichte 1800 - 1866: Bürgerwelt und starker Staat*, München: Verlag C. H. Beck 1984, S. 70 - 72.

国实行了普遍义务兵役制,从而废除了贵族的兵役豁免权。其次,从社会群体角度看,营业自由原则的推行打破了传统的行会限制和职业垄断,有利于职业领域的自由发展。在农业改革方面,虽然各邦改革进程有些犹豫迟缓,效果也不甚明显,但是农奴制度在法律意义上的废除毕竟弱化了农民的依赖性,有利于农民摆脱封建的土地和人身关系的束缚。

总之,莱茵邦联的改革运动在一定程度上革除了陈旧的政治和社会经济因素,既给国家也给民众带来了好处,有利于德意志的现代化进程。同时,我们必须看到,莱茵邦联的改革运动毕竟是一次"上层革命",以君主为代表的国家扮演了"现代化的发动机"①的角色,因此不可避免地带有较浓厚的保守色彩。

三、普鲁士改革运动

在19世纪初的德意志改革大潮中,普鲁士因其改革所取得的巨大成就和独具特色而令人瞩目。在德国历史上,这一时期的普鲁士改革又以其发起者之名而称为"施泰因-哈登贝格改革"(Stein-Hardenberg Reformen)。

（一）改革的背景和目的

与莱茵邦联的改革相比,普鲁士的改革有其独特的历史背景,其目标也不尽相同。莱茵邦联的改革主要是为了巩固新建立的或扩大了疆域的邦国,融合新并入的地区,建立中央集权的管理体制。普鲁士的改革动力则首先是源于一场灾难,即1806年对拿破仑战争的彻底失败和国家濒于崩溃边缘。战争的失败不仅使普鲁士丧失了一半的领土,沦为欧洲二流国家,而且必须支付大量战争赔款和法军占领费用,整个国家陷入深重的财政危机之中。在这种形势下,普鲁士统治者必须面对两个问题:维持国家的生存并进行重建;探究战败的深层次原因并为重振普

---

① Thomas Nipperdey, *Deutsche Geschichte 1800－1866：Bürgerwelt und starker Staat*, S. 79.

鲁士积蓄能量。很显然，对法战争失败决不仅仅是因为拿破仑的军事天才和普鲁士统治者的错误决策，其根源在于普鲁士国家内部的陈腐结构。要解决这两个问题，就必须革新陈旧体制，为国家注入新的活力。普鲁士与莱茵邦联改革的另一区别在于，莱茵邦联的改革在很大程度上是屈服于拿破仑的压力，普鲁士改革的目的则在于积蓄力量，为从拿破仑统治下解放出来做准备。

　　普鲁士有着改革的传统。早在18世纪它就已经是一个实行开明专制的典范国家，弗里德里希大帝统治时期的普鲁士就明显具有一种进步和改革的取向。然而，弗里德里希大帝之后，普鲁士出现了一种僵化和停滞的趋势，社会现代化进程明显滞后。1794年颁布的《普鲁士通用国家法令》虽然旨在实现国家与公民社会之间的法律和权利对接，但同时却把一些封建秩序固定化和合法化。从当时普鲁士的实际情况来看，有诸多领域必须进行改革，以适应向现代社会转型的需要。普王弗里德里希·威廉三世和王后路易莎也都认识到，如果普鲁士想重温弗里德里希大帝时代的辉煌，就必须紧跟时代节拍，顺应历史潮流进行改革，而不能僵化守旧。[1] 统治集团中的一些有识之士也意识到了改革的必要性。改革发起者施泰因认为"在旧的分崩离析和腐朽的道路上"，唯一的出路在于改革；改革推行者哈登贝格也认为，只有根本改变普鲁士的陈旧体制，才能"再次赋予普鲁士国家以全新的生命"[2]。

　　普鲁士统治者实行改革的一个重要目的是要防止法国革命在本国重演，使普鲁士通过"自由、和平的努力"而非革命暴力，以一种"最好的和最人道的方式"迈入资本主义"现代社会"[3]。施泰因和哈登贝格都曾

---

[1] Eberhard Orthbandt, *Illustrierte deutsche Geschichte*, München：Südwest Verlag, 1963, S. 271. Hans-Joachim Schoeps, *Preussen：Geschichte eines Staates*, S. 115.

[2] Manfred Schlenke, *Preussen：Beiträge zu einer politischen Kultur*, Berlin：Rowohlt Taschenbuch Verlag, 1981, S. 183.

[3] Manfred Schlenke, *Preussen：Beiträge zu einer politischen Kultur*, S. 185.

明确表示反对暴力革命,希望能够在君主制政府下实行"民主原则"①,即赞成法国革命的内容,但不赞成法国革命的方式。因此,哈登贝格在给普王的奏折中表示:普鲁士"必须自上而下地做法国人自下而上地做的事"②。可见,普鲁士统治者改革的目的就是要将可能爆发的革命引入和平的改革发展轨道上。

普鲁士改革的另一个重要动机是维护传统统治者的利益,以稳健的方式实现新旧社会的对接。面对法国革命和拿破仑统治带来的巨大冲击,统治集团中的有识之士已经意识到,旧的封建统治形式已经无法继续存在,统治阶级要想生存下去,不被历史淘汰,就必须建立顺应历史发展的新的资本主义统治方式。如果顽固坚持旧的统治秩序,最终招来的必将是革命的惩罚。因此,旧的统治阶级只有采取以攻为守的"防御性"改革,掌握历史发展的主动权,才能继续"把握未来",在日后社会政治生活中继续维护自己的利益。③

还有一点必须指出,普鲁士改革的实际推动和实施者,包括施泰因和哈登贝格在内,大多不是普鲁士人。他们之所以投身于普鲁士改革事业,一个重要目的在于,把它当作解放和统一德意志事业的一部分。施泰因在写给恩斯特·冯·明斯特伯爵(Graf Ernst Friedrich Herbert von Münster,1766—1839)的一封信中就明确表达了这种思想:"我只有一个祖国,那就是德国。根据传统的宪法,我只属于她而非她的任何一个部分,因而我的整个灵魂只忠于她而非她的一个部分。"④

普鲁士改革也有其特定的思想和理论根源。改革明显受到康德哲学思想的影响。根据康德的道德自由观,一个有道德价值的行为不仅要

---

① Walter Demel und Uwe Puschner (Hrsg.), *Deutsche Geschichte in Quellen und Darstellung*, Band 6, *Von der Französischen Revolution bis zum Wiener Kongreß, 1789–1815*, S. 88.

② Ralf Dahrendorf, *Gesellschaft und Demokratie in Deutschland*, München: R. Piper und Co., Verlag, 1968, Ungekürzte Sonderausgabe, S. 49.

③ Hans-Joachim Schoeps, *Preussen: Geschichte eines Staates*, S. 118.

④ Jacob Venedey, *Heinrich Friedrich Karl von Stein*, Iserlohn: Verlag von J. Bädeker, 1868, S. 98.

合乎规范，而且要出于意志的自愿，从而能够培育人的心灵不断地向善，达到"真、善、美"的和谐境界，将人塑造为一种既有自由又有责任感的人。当时的普鲁士国家过于强调后者而忽略了前者，因此改革的目标就是要塑造具有自由意志的"新人"。这种自由意志包含两层含义：个体相对于国家和封建团体力量的自由；自我力量的发展自由。这种自由将极大地释放出个体的能量，使公民积极参与国家生活，增强国家的力量。施泰因在谈到普鲁士改革的方向时曾指出，改革"要打破官僚机构用来阻碍人的活动积极性的束缚"，改善国家机构组织，实现国家和个人的有机结合。这实际上是要用资产阶级的治国原则来改造国家。[①]

普鲁士改革的另一理论来源是亚当·斯密（Adam Smith，1723—1790）及其在柯尼斯堡大学任教的学生、经济学家克里斯蒂安·雅可布·克劳斯（Christian Jacob Kraus，1753—1807）的自由主义经济理论，即自由经营和竞争是生产增长的根本动力，每个人的利己主义会增进全体的福祉。根据这一理论，国家应当完全放开营业限制，通过自由经营和竞争来提升生产效率。

正是出于上述原因和目的，普鲁士国家踏上了现代化改革的征程。

（二）改革的进程和内容

1. 改革的领导者施泰因和哈登贝格

普鲁士改革主要是在施泰因和哈登贝格的领导下进行的。施泰因男爵1757年10月25日出生于拿骚，是帝国骑士的后裔，1780年进入普鲁士国家机关任职，1804年被任命为普鲁士财政和经济大臣。其间，他试图通过取消邦内关税、统一盐价等改革来提高政府收入，应付日益迫近的战争威胁。在耶拿和奥尔施泰特战役之后，施泰因看到了普鲁士政治和军事体制的陈腐，要求进行国家结构改革，废除无能而专制的枢密院，建立新的由负责任的大

---

① Dieter Raff，*Deutsche Geschichte vom Alten Reich zur Zweiten Republik*，München：Max Hueber Verlag，1985，S. 51；Eberhard Orthbandt，*Illustrierte deutsche Geschichte*，S. 271；Gottfried Korff，*Preussen：Versuch einer Bilanz*，Berlin：Rowohlt Taschenbuch Verlag，1981，S. 290.

臣组成的国务院。施泰因的尖锐批评,加之他拒绝出任外交大臣担负签订对法和约,普王于 1807 年 1 月 3 日解除了他的职务。解职后的施泰因回到了在拿骚的庄园,在那里完成了作为他的普鲁士国家改革纲领的《拿骚备忘录》(*Nassauer Denkschrift*)①。这一备忘录突出强调了两点:彻底改革国家中央机构;在省、县、市实行有产者和有教养阶层负责的自治。

施泰因成为普鲁士改革的发起者,缘于诸种外在和内在因素。从外在因素看,《蒂尔西特和约》签订后,拿破仑错误地认为施泰因是法国的支持者,要求普王予以重用。在国内,王后路易莎也把普鲁士复兴的希望寄托在施泰因身上,称其为"我的最后希望"②。哈登贝格为首的改革派也支持施泰因。1807 年 9 月 30 日,施泰因到达梅梅尔,出任普鲁士首席大臣,着手改革工作。施泰因在位仅 14 个月,在这短短的一年多时间中,其推行的改革涉及国家行政管理、城市自治、解放农民等诸多方面,为普鲁士国家的复兴奠定了基础。

施泰因的改革思想与莱茵邦联改革的主导思想不一样。他的理念在很大程度上是反启蒙的,带有传统的、贵族专制主义的色彩。他对中央集权主义的官僚制度持怀疑态度,支持的是行政管理中的合作和非中央集权主义化。他主张"恢复公共精神和公民精神","重振对祖国的情感,独立性和民族尊严",认为只有发挥公民的主动性,让被统治者参加管理,实现公民自治,在政府和人民之间建立起紧密的联系,才能使国家呈现蓬勃生机。此外,他的改革并非像莱茵邦联改革那样,受到拿破仑的推动,而是要富国强兵,把祖国从拿破仑统治下解放出来,因此是反拿破仑的。正是这种反拿破仑的态度最终迫使他过早离开了改革的舞台。

---

① 全称为《关于普鲁士君主国中央和地方、财政、警察行政机关的适当构成》(Über die zweckmäßige Bildung der oberst und der Provinzial-、Finanz-und Polizei-Behörden in der preußischen Monarchie)。Walter Demel und Uwe Puschner (Hrsg.), *Deutsche Geschichte in Quellen und Darstellung*, *Band 6*, *Von der Französischen Revolution bis zum Wiener Kongreß*, *1789 - 1815*, S. 136 - 144.

② Friedrich Meinecke, *The Age of German Liberation*, *1795 - 1815*, Berkeley: University of California Press, 1977, p. 49.

施泰因起初对拿破仑采取履行和约和合作的政策,包括与法国结盟以及向法国支付高额的军税等。但是拿破仑无度的勒索使施泰因的抵制情绪不断加强。因此,当西班牙反法起义和奥地利准备反抗法国统治的消息传来后,施泰因认为"解放德国"的时机已经到来,着手准备在北德地区发动普遍起义和与奥地利结盟。但是,他写给俄军元帅维特根施泰因(Ludwig Adolf Peter Fürst zu Sayn-Wittgenstein,1769—1843)的信件不慎落入法国人手中并刊登于法国官方报纸《监察报》(Le Moniteur)上,反法态度因此暴露。拿破仑遂利用此信向普鲁士施压,如前所述,于1808年9月8日迫使普鲁士签订《巴黎协定》,规定赔款增加1400万法郎,普军总数不得超过4.2万人。此后拿破仑又提出,只有施泰因解职,法军才会从普鲁士撤军。11月24日,施泰因被迫辞职。不久拿破仑发布施泰因不受法律保护的命令,迫使这位普鲁士改革的发起者匆匆逃往奥属波希米亚。

施泰因辞职后,阿尔滕施泰因男爵(Karl Freiherr von Stein zum Altenstein,1770—1840)接任首席大臣。他将主要精力放在解决财政困难方面,以便完成法国下达的军税任务,相关改革因此一度陷于停顿。他试图征收普遍所得税,但这一计划因贵族的反抗而失败。1810年春,由于无法筹集付法款项,无计可施的阿尔滕施泰因竟提出割让西里西亚给法国。最后,普王在王后路易莎的敦促下罢免了阿尔滕施泰因。哈登贝格接管政府事务。

哈登贝格出生于汉诺威的埃森罗德,1790—1798年间在普鲁士所属的安斯巴赫-拜伊洛特担任管理工作。1798年,他应召来到柏林,1803年被任命为外交事务大臣,1806年因受到拿破仑压力而辞职。1807年4月,他在沙皇推荐下出任普鲁士首席大臣。哈登贝格主张俄普联合共同对抗拿破仑,因此《蒂尔西特和约》后在拿破仑命令之下辞职。1810年6月,哈登贝格被任命为政府首脑,10月27日出任王国总理大臣[1]。

---

[1] 普鲁士总理大臣(Preußischer Staatskanzler)是1808—1848年间普鲁士王国的最高大臣,也是日后的普鲁士首相(Preußischer Ministerpräsident)的前身称呼。

与施泰因相比,哈登贝格在政治理念方面更倾向于开明专制的传统,同时在更大程度上接受了法国革命的原则和莱茵邦联改革实践的影响,更具"国家主义"色彩,主张通过国家调节来解决各类社会和经济问题,通过强有力的、组织起来的行政管理来加强国家力量。1807 年,哈登贝格接受普王的委托,撰写普鲁士国家改革的建议,于 12 月完成了著名的《里加备忘录》(*Rigaer Denkschrift*)①。该备忘录指出,要对国家进行根本性改革,关键在于领悟"时代精神"。他提出的改革理念是,"尽可能的自由和平等"。具体说来,一是在经济领域要实行经济自由的原则和取消各种传统特权;二是政治生活中要在君主制政府之中实行"民主原则"。只要实现了这些理念,普鲁士就会赢得它已经失去的大国地位。哈登贝格从上任到 1822 年去世为止,利用集外交、内政和财政大权于一身的权力,推进改革事业,内容涉及农业改革、营业自由、解放犹太人等诸多方面,取得了巨大的成就。

2. 行政管理和财政改革;营业自由原则的确立

国家和行政管理改革在普鲁士改革中置于优先地位。到 1806 年为止,所谓的普鲁士王国,只是由许多地区、省份和邦国组成的大杂烩,缺乏统一的行政管理系统。在中央,虽然也有大臣,但起决定作用的是枢密院和枢密顾问们。因此,施泰因上台后首先就是把普鲁士变成一个真正的统一国家。

在中央,施泰因不仅废除了旧的枢密院体制,而且于 1808 年解散了总执行局,代之以内政、外交、财政、司法和国防等职能分明的五个国家部门,分别由五个对国王负责的专职大臣领导。大臣们因此获得了一种强势地位。专制主义则由于官僚和君主的双重统治而受到削弱,从此国王要与大臣合作或通过大臣来进行统治。这实际上是从专制王权向立

① 全称为《关于普鲁士国家的重组:依据国王陛下指令撰写》(Über die Reorganisation des Preußischen Staats, verfaßt auf höchsten Befehl Sr. Majestät des Königs)。Walter Demel und Uwe Puschner (Hrsg.), *Deutsche Geschichte in Quellen und Darstellung*, Band 6, *Von der Französischen Revolution bis zum Wiener Kongreß*, 1789 - 1815, S. 86 - 97.

宪王权迈出的第一步。在施泰因时期,没有设立首席大臣,实行的是集体领导。由于施泰因过早离职,他的中央行政管理改革措施在 1808 年 12 月 16 日颁布的普鲁士最高行政机构改革的法令中才明确下来。哈登贝格上台后,继续施泰因的行政管理改革,于 1810 年 10 月 27 日颁布法令,增设了大权独揽的总理大臣,使之成为控制各部大臣与国王之间交流的中枢。[①]

在地方上,普鲁士被划分为多个行政专区,其政府构成如中央各部一样,也是根据职责范围设立相应的部门。地方行政长官是地方与中央之间的桥梁,但他与莱茵邦联诸邦中的行政长官不同,没有全能的权限,只是众多同级官员中的首席长官而已。普鲁士的这种行政管理模式为日后其他德意志邦国和大企业所仿效。

行政管理改革的目标还对准了农村地区,目的在于清除阻碍国家行政管理一体化的乡村贵族特别法。1812 年 7 月 30 日,普鲁士政府颁布《宪兵队敕令》(*Gendarmerie-Edikt*),设立国家控制的县级行政单位,作为由村庄、小城镇和庄园组成的统一管理机构。担任县长者不再是当地贵族,而是国家任命的拥有全权的管理官员。此外,传统的贵族世袭裁判权将由国家法院接管,庄园警察权则由于县长领导的宪兵队的建立而受到了限制。农村地区也由此实现了"行政管理的国家化"。但是县级行政管理改革严重损害乡村贵族特权,受到贵族的强烈抵制而在实际上归于失败。1816 年以后,由于规定县长必须由指定的庄园主担任,贵族在乡村的地位反而得到进一步加强。

---

① 有关普鲁士行政管理改革和机构设置等,在施泰因辞职后,阿尔滕施泰因等已经通过法令形式确定了下来。见 „Publikandum, betreffend die veränderte Verfassung der obersten Staatsbehörden der Preußischen Monarchie, in Beziehung auf die innere Landes-und Finanzverwaltung. Vom 16ten Dezember 1808."1810 年 10 月 27 日,哈登贝格主持的普鲁士政府又颁布法令,使国家行政机关改革得以完善。见 „Verordnung über die veränderte Verfassung aller obersten Staatsbehörden in der Preußischen Monarchie"。Walter Demel und Uwe Puschner (Hrsg.), *Deutsche Geschichte in Quellen und Darstellung*, *Band 6*, *Von der Französischen Revolution bis zum Wiener Kongreß*, *1789 -1815*, S. 145 - 155.

　　普鲁士行政管理改革的另一项重要内容是城市改革,这一改革的主要目标是实现"自治原则"。早在普王弗里德里希·威廉一世时期,普鲁士就已经取消了城市自治,将城市管理置于国家的控制之下。这种管理模式不利于市民参政。施泰因从中世纪的城市制度和英国的"自我管理"模式中得到启示,想通过引入自治管理模式来激发市民参与公共活动的兴趣,提升整个国家的力量。负责拟定城市改革法规的柯尼斯堡警察总监约翰·戈特弗里德·弗赖(Johann Gottfried Frey,1762—1831)在谈到城市改革引入自治原则时曾指出:"信任使人高尚,永久的保护使人无法成熟。"[1]城市改革还有另一个现实目标,那就是通过城市自治,减轻国家财政负担,缓解因对法赔款造成的财政困境。

　　1808 年 11 月 9 日,普鲁士政府颁布了《城市规程》(*Städteordnung vom 19．November 1808*)[2],启动了城市改革进程。城市改革对基层的行政管理模式进行了根本性的改造,实际上成为施泰因在拿骚备忘录中设定的"普鲁士行政管理改革的第一步"[3]。新的《城市规程》基于社区自治的原则之上,预算、税收征管、内部安全、市议员、市政府和市长的选举等,都由城市中有地产或者有一定收入的居民选举决定,最后只需国家确认其结果。市议员最重要的任务是选举履行城市管理职责的市政府,市长则是市政府的最高官员。城市的所有公民都拥有公民权,"等级、出生、宗教信仰、特别是个人的境况等,在取得公民权方面没有任何影响"。公民在拥有相关权利的同时,也必须承担相应的义务,即"维护秩序并尽最大努力促进城市的福祉"。由于贵族的抵抗以及很快辞职等原因,施泰因没有能够把这种社区自治的模式推广到乡村。

---

① Otto Büsch, Wolfgang Neugebauer(Hrsg.),*Modern preussische Geschichte 1648 - 1947*, Berlin：Verlag Walter de Gruyter,1981,S. 1342.

② Walter Demel und Uwe Puschner(Hrsg.),*Deutsche Geschichte in Quellen und Darstellung*,*Band 6*,*Von der Französischen Revolution bis zum Wiener Kongreβ*,*1789 - 1815*,S. 155 - 165.

③ Otto Büsch,Wolfgang Neugebauer(Hrsg.),*Modern preussische Geschichte 1648 - 1947*, S. 686.

财政改革是普鲁士改革的最迫切议题。当时普鲁士面临着筹措向法国支付的高额赔款和军税的任务。阿尔滕施泰因因为无法完成这一任务而下台。因此,哈登贝格上台后的首要任务是增加国家的财政收入,支付每月达400万法郎的款项。这位圆滑而实际的普鲁士政治家认为,要实现这一目标,必须采取行政管理改革和财政改革的联动,大大强化自己的权力。因此,他首先利用行政管理改革的机会,使自己成为大权独揽的总理大臣,以便排除改革的阻力。与此同时,在转让和出卖国家领地、缓和财政危机的基础上,又对普鲁士的税收制度进行全面改革。1810年10月27日,哈登贝格政府颁布了《财政敕令》(*Finanzedikt von 1810*)①。新财政敕令突出了三点原则:一是在整个王国境内实现统一的税收;二是简化单一税种,征收普遍的所得税、财产税和消费税等;三是所有国家公民纳税平等。此后,消费税、奢侈品税、财产税、收入所得税等税种相继引入普鲁士税收体系中。但是,征收土地税由于贵族抵制而失败。

必须指出,哈登贝格为了解决筹集资金而将大量国家领地加以转让和出卖,虽然暂时使普鲁士政府摆脱了财政困境,但许多土地因此落入贵族阶层手中,进一步加强了以马尔维茨(Friedrich August Ludwig von der Marwitz,1777—1837)和芬肯施泰因(Graf Finck von Finckenstein,1745—1818)②为代表的旧贵族势力的力量,从而使普鲁士政治生活长期处于保守僵化状态。他们全力阻止施泰因和哈登贝格等改革派推动的宪法改革,使普鲁士的宪法进程陷于停顿,以至于当莱茵邦联诸邦向宪法国家转变时,普鲁士仍长期无法建立议会政治。

工商业领域的改革是普鲁士改革最引人注目的内容之一。"营业自

---

① Walter Demel und Uwe Puschner (Hrsg.), *Deutsche Geschichte in Quellen und Darstellung*, Band 6, *Von der Französischen Revolution bis zum Wiener Kongreß*, 1789 - 1815, S. 281 - 285.

② 马尔维茨,普鲁士将军和政治家,也是旧普鲁士贵族的代表,施泰因-哈登贝格改革的反对者,认为改革危及贵族的传统特权。芬肯施泰因曾任普鲁士库斯特林(今波兰境内)行政专区主席,与马尔维茨一道坚持抗拒哈登贝格的改革。

由是哈登贝格改革的普遍基本原则。"①哈登贝格力求依据亚当·斯密的经济理论来制订普鲁士的工商业政策,试图通过工商业领域的平等、自由的职业选择和自由竞争,使每个个体都能释放出最大的能量,从而推动普鲁士工商业的发展和繁荣。基于这种想法,1810 年 10 月 28 日,哈登贝格政府颁布了《营业税敕令》(*Gewerbesteueredikt*),对工商业领域的捐税进行简化,宣布取消行会垄断特权,实行"完全的营业自由"。不论在城市或农村,每个成年人只要获得国家颁发的营业证书,缴纳规定的营业税,就可以从事相关行业活动。1811 年 9 月 7 日,普鲁士政府又颁布《营业治安敕令》(*Gewerbepolizeiedikt*)②,依据"公共安全和秩序的利益",对"营业自由"进行了限制和规范,表明了国家的监管权力。根据相关规定,在实行完全的营业自由原则的同时,医生、药剂师、饭店店主等30 多种职业必须获得培训证书。《营业税敕令》和《营业治安敕令》共同奠定了普鲁士国家经济生活的法律基础。此后它们通过 1845 年 1 月 17日的《普鲁士营业条例》(*Preußische Gewerbeordnung*)以及 1869 年 6 月21 日的《北德意志联邦营业条例》(*Gewerbeordnung für den Norddeutschen Bund*)等又得到了进一步发展,成为当今德国营业领域相关规定的直接来源。③

3. 农业改革的普鲁士式道路

农业改革是 19 世纪初普鲁士改革的最核心内容,它奠定了普鲁士从封建社会向现代资本主义社会转变的社会和经济基础,关乎日后普鲁士国家的发展方向。

16 世纪初德国农民战争失败后,封建贵族地主将许多已经获得自由

---

① Hans-Ulrich Wehler, *Deutsche Gesellschaftsgeschichte*, *Erster Band*, *Vom Feudalismus des Alten Reiches bis Zur Defensiven Modernisierung der Reformära*, *1700 - 1815*, S. 428.

② Walter Demel und Uwe Puschner (Hrsg.), *Deutsche Geschichte in Quellen und Darstellung*, *Band 6*, *Von der Französischen Revolution bis zum Wiener Kongreß*, *1789 - 1815*, S. 290 - 300.

③ Reiner Schmidt (Hrsg.), *Öffentliches Wirtschaftsrecht*, *Besonderer Teil 1*, Berlin: Springer Verlag, 1995, S. 8.

的农民重新置于农奴地位,许多地区出现了"农奴制再版"现象。结果,到 18 世纪末 19 世纪初,德国绝大多数农民还处于农奴制桎梏之下。从地主和农民的关系来看,这种再版农奴制对德国社会经济的影响突出表现在三个方面:第一,地主对农民的法律支配权。农民处于一种完全从属的地位,没有人身自由,不能自由迁徙,没有自己的地产,世代为奴;地主拥有对农民的独立管理支配权。农民或世代继承、或终身、或在某一指定时间内耕种某块土地;地主还拥有对领地内农民的警察管理权和司法审判权。第二,地主在经济上对农民的统治权。农民须承担手工和使役牲畜的义务劳役;农民的孩子须到地主的工场做工或为地主做家务;农民须根据地主的需要缴纳实物地租等。第三,社会生活陷入僵化状态。由于农民对地主的紧密依附关系,整个社会,特别是农村地区呈现毫无生气的非流动状态。农民不能自由迁移,也不能选择职业,甚至结婚也要经过主人的批准。

18 世纪下半期以后,随着资本主义因素的增长,农奴制在德国的处境日益困难。首先,落后的农奴制庄园经济无法满足当时西欧迅速发展的资本主义商品经济对粮食和原料的需求。一些新的农业技术,诸如休耕地的利用、牲畜在夏天的圈养等等,都无法在这种农奴制庄园经济下得到充分运用。更重要的是,农奴制束缚下的农民没有任何生产积极性。一位经济学家在 1761 年时就已经指出了农奴制经济的这种弊端。[1]因此,面对生产的低效率和日益提高的粮食价格的刺激,一些开明的庄园主开始放弃封建农奴制经营方式,采用新的资本主义生产方式,雇用自由的农业工人进行生产。这种新的经营方式基于科学之上,生产者有积极性,不仅利润较高,而且生产质量更高。[2] 其次,在启蒙思想的影响下,普鲁士和奥地利等邦的君主纷纷实行"开明专制",试图使农民获得

---

[1] Peter Brandt, *Preussen*: *Zur Sozialgeschichte eines Staates*: *Eine Darstellung in Quellen*, Berlin: Rowohlt Taschenbuch Verlag, 1981, S. 100.

[2] Friedrich-Wilhelm Henning, *Die Industrialisierung in Deutschland 1800 –1914*, Paderborn: Verlag Schöningh, 1984, S. 41.

自由,确保他们的权利。① 正是在这种背景下,出现了"解放农民"的问题。

普鲁士的"解放农民"实际上经历了一个很长的过程,主要集中于 1765—1850 年期间。如前所述,实际上,从 1713 年国王弗里德里希·威廉一世发布《王室领地谕令》开始,普鲁士已经开始废除王室领地的农奴制。到普王弗里德里希二世时期不仅就已经宣布解放王室领地上的农民,而且发布了一系列保护农民的法令。这就是所谓的"预先改革"时期。据统计,在这场国家领地的农奴解放中,东普鲁士有 55% 的农民获得自由,但西里西亚只有 7% 的农民获得自由。② 后来,因解放农民影响到国家的财政收入,普鲁士政府停止了这一政策。

真正意义上的普鲁士农业改革和解放农民是在法国大革命和拿破仑战争推动下进行的。就历史意义而言,普鲁士农业改革道路在德意志诸邦中最为典型,是近代农业资本主义发展道路的主要类型之一,形成了所谓的"农业资本主义发展的普鲁士式道路"(Preußischer Weg der Entwicklung des Kapitalismus in der Landwirtschaft)。

1807 年 10 月 9 日,普王弗里德里希·威廉三世颁布了由施泰因政府起草的《十月敕令》(Oktoberedikt von 1807)③。该敕令包含三项重要内容:一、从 1810 年圣马丁节(11 月 11 日)起,废除普鲁士境内的农奴制,所有居住者都将获得完全的人身自由,在普鲁士只有"自由人"。农

---

① Manfred Botzenhart, *Reform*, *Restauration*, *Krise*, *Deutschland 1789 – 1847*, Frankfurt am Main: Suhrkamp Verlag, 1985, S. 50.

② Thomas Nipperdey, *Deutsche Geschichte 1800 – 1866: Bürgerwelt und starker Staat*, S. 43; Walter Demel und Uwe Puschner (Hrsg.), *Deutsche Geschichte in Quellen und Darstellung*, *Band 6*, *Von der Französischen Revolution bis zum Wiener Kongreß*, *1789 – 1815*, S. 327.

③ 全称为《关于放宽土地占有条件和自由使用地产以及有关农村居民人身关系的敕令》(Edikt über den erleichterten Besitz und den freien Gebrauch des Grundeigentums so wie die personlichen Verhältnisseder Landbewohner betreffend)。Hans Joachim Hennig, *Quellen zur sozialgeschichtlichen Entwicklung in Deutschland von 1815 bis 1860*, Paderborn: Verlag Schöningh, 1977, S. 9; Walter Demel und Uwe Puschner (Hrsg.), *Deutsche Geschichte in Quellen und Darstellung*, *Band 6*, *Von der Französischen Revolution bis zum Wiener Kongreß*, *1789 – 1815*, S. 328 – 332.

民拥有财产、人身、迁徙、婚姻等自由。但敕令没有对有关的财产关系、农民的劳役和租金问题作出规定；二、解除地产买卖和流通中的限制，市民和农民可以购买贵族地产。每个居民，不管其身份如何，都享有获得土地和财产的权利；三、自由选择职业的原则。贵族可以"从事市民职业"，农民和市民也无须拘泥于从事其相关的职业。当然，《十月敕令》还保留有封建残余的痕迹。敕令第十二款明确规定，"不言而喻，自由人因为占有土地或者有特定约定的，必须遵守所有的义务"。

《十月敕令》的重要历史和社会意义在于，通过自由迁徙、自由买卖土地和选择职业自由的规定，使传统僵化的、与出身紧密联系在一起的等级社会走向解体，标志着普鲁士开始向权利平等的，以财产、能力和成就为衡量标准的现代阶级社会转型。

需要指出的是，《十月敕令》虽然明确宣布废除农奴制，而且允许土地自由买卖，但实际情况是，许多贵族地主趁机将给农民耕种的土地重新收回，"解放农民"成了"驱除农民"。在这种情况下，施泰因政府于1808 年 2 月 14 日颁布了由自由派大臣提奥多尔・冯・舍恩（Heinrich Theodor von Schön，1773—1856）起草的新法令，对扩大庄园土地进行限制，规定贵族地主须在收回的土地上雇用无地的农民耕作。新法令的目的在于，通过土地自由流通和土地合并来引导大农业的发展。[1]

农民们获得人身解放后，接下来面临的主要问题是，将他们经营的土地转变成自己的财产，废除他们负担的各种封建劳役义务。但是，政府的农业改革措施遭到以马尔维茨为代表的大多数贵族地主的强烈反对。他们担心，改革不仅会使自己的传统特权受到损害，使农民陷入资本和高利贷桎梏之中，而且会使国家干预社会生活的力度加强，从而改变传统生活。因此，他们"宁愿再有三次奥尔施泰特的败绩，也不要一个十月敕令"[2]。

---

[1] Ernst Klein, *Von der Reform Zur Restauration*, *Veröffentlichungen der Historischen Kommission zu Berlin*, *Band 16*, Berlin: Verlag Walter de Gruyter, 1964, S. 128 - 129.

[2] Thomas Nipperdey, *Deutsche Geschichte 1800 - 1866*: *Bürgerwelt und starker Staat*, S. 44 - 45.

　　面对贵族的反抗,在施泰因辞职后,哈登贝格政府虽然仍继续推行农业改革,但不得不做出一定的让步,试图通过赎免方式来实现农民对自己所耕种土地的所有权,取消各种封建劳役和捐税。1811 年 9 月 14日,哈登贝格政府颁布了由克里斯蒂安·弗里德里希·沙恩韦伯(Christian Friedrich Scharnweber,1770—1822)起草的《关于调整地主与农民关系的敕令》,即所谓的《调整敕令》(Regulierungsedikt)①,在敦促贵族地主解除农民的人身依附关系的同时,规定所有农民可以通过赎买或割让部分土地的方式获得对自己耕种土地的所有权。敕令规定,依附农必须将部分地产割让给地主,作为解除其原先负担的地租、劳役义务等的赔偿。但是,由于反抗拿破仑解放战争的进行,加之贵族地主的反抗,这一敕令在实际上并没有得到落实。此后,为了进一步缓和贵族地主的反抗,1816 年 5 月 29 日,哈登贝格政府又发布了《1811 年 9 月 14日敕令的声明》(Deklation des Edikts vom 14ten September 1811)②,提高了农民获得解放的前提条件。声明规定,只有那些能够养活自己,使用牛马耕地,且其财产在纳税册上登记在册的富裕农民才有权赎免有关封建关系。这样一来,大部分农民因够不上规定的条件而被排除出了改革的进程。③ 这些被排除在改革进程之外的农民到 1850 年之前仍承担着各种劳役和捐税。④ 此外,普鲁士政府还于 1821 年 6 月 7 日颁布了

---

① Walter Demel und Uwe Puschner (Hrsg.), *Deutsche Geschichte in Quellen und Darstellung*, Band 6, *Von der Französischen Revolution bis zum Wiener Kongreβ*, 1789 - 1815, S. 338 - 345.

② Walter Demel und Uwe Puschner (Hrsg.), *Deutsche Geschichte in Quellen und Darstellung*, Band 6, *Von der Französischen Revolution bis zum Wiener Kongreβ*, 1789 - 1815, S. 346 - 348.

③ 根据一些悲观的估计,由于 1816 年敕令的限制,1816—1849 年间,易北河以东的普鲁士的独立小农数目反而下降了 2%,其耕地面积下降了 3%。参见:Manfred Botzenhart, *Reform, Restauration, Krise, Deutschland 1789 - 1847*, S. 54. 另:根据德国著名经济史学家库钦斯基的统计,到 1848 年革命前夕,在普鲁士的勃兰登堡、波美拉尼亚、西里西亚、普鲁士和波森等 5 个省份中,共有 24 万农民获得了自由。见 Jürgen Kuczynski, *Die Bewegungder deutschen Wirtschaft von 1800 bis 1946*, Meisenheim am Glan: Westkulturverlag Anton Hain, 1948, S. 41。

④ Klaus Türk, Thomas Lemke, Michael Bruck, *Organisation in der modernen Gesellschaft. Eine historische Einführung*, Wiesbaden: VS Verlag für Sozialwissenschaften, 2006, S. 121.

《公有地分配法案》(*Gemeinheitsteilungsgesetz*),规定按比例将村社公用地分配给地主和农民,结果使大部分公用地落入了贵族地主手中。

在普鲁士农业改革过程中,之所以农民的境况变得越来越糟,贵族地主的抵制、哈登贝格本人的圆滑和漠不关心、大土地所有者对劳动力的需求以及 1815 年维也纳会议以后出现的复辟浪潮等,都是重要原因。①

史实表明,由于统治阶级竭力维护自身利益,普鲁士的农业改革进程步履维艰。事实上,直到 1848 年革命以后,普鲁士才最终完成了农民的解放进程。不过,与莱茵邦联的农业改革相比,普鲁士农业改革中采用割让土地方式来赎免农民的封建义务,无疑具有优越性。它有利于缓和地主的抵制,减轻农民的压力。但是,这种改革的局限性也是相当明显的。改革对农民而言决不仅仅是一场"解放"运动,同时也是一场变相的掠夺。在改革过程中,贵族地主利用调整和补偿之机,将原先农民耕种的大量土地占为己有,1.2 万个普鲁士骑士庄园的土地面积因此大大扩张。到 1860 年为止,普鲁士东部各省共有约 400 万摩尔根(1 摩尔根大约等于 0.25 到 0.34 公顷)的农民的土地被并入各骑士庄园。大部分农村公用地也落入了贵族地主手中:86% 转入庄园主之手,农民仅获得其中 14%。许多小农因此失去了赖以生存的基础,由于负债累累,他们不得不将土地卖给庄园主,自己转变为靠打工为生的农业工人。

但是,农业改革毕竟在一定程度上推动了普鲁士农业的发展。改革不仅调动了农民们的生产积极性,一些失去土地但人身获得自由的农民也转而开垦闲置的或贫瘠的土地,使可耕地面积得到扩大,农业生产因此得到提高。到 1848 年为止,普鲁士耕地面积从 730 万公顷增加到 1246 万公顷,生产提高了约 40%。② 普鲁士的主要粮食产量也由 1816

① Thomas Nipperdey, *Deutsche Geschichte 1800 - 1866*: *Bürgerwelt und starker Staat*, S. 47.
② Elisabeth Fehrenbach, *Vom Ancien Régime zum Wiener Kongress*, S. 118.

年的 55.5 万多吨增加到了 1840 年的近 1300 万吨。①

　　普鲁士农业改革的社会政治后果也很明显。其一,随着骑士庄园的扩大,贵族地主的力量进一步壮大,他们在普鲁士的社会和政治地位更加巩固,进而影响到日后普鲁士乃至整个德国的历史发展;其二,形成了一个广泛的农村阶层。许多农民因无法筹集赎金而不得不将自己多达一半的耕地割让给庄园主,余下的耕地则已经不够维持其生活。一些小农也因村社公用地的大部分落入富裕农民和庄园主手中而无法继续独立经营。他们不得不成为大土地所有者雇用的农业工人。因此,农业工人群体迅速崛起,农场固定工人、仆役、临时工的数量增加了 250%。一些富裕的农民则成为改革的受益者,他们开始独立经营自己的小块地产,小土地所有者数量因此增加了三到四倍。

　　4. 教育改革

　　教育改革在普鲁士国家改革中具有关键性意义。因为所有的改革都是以建设一种新的具有自治和责任感的公民社会为前提的,即只有在新的现代公民社会的基础上才能完全贯彻改革的精神,而新的现代公民意识的培养只有通过教育来实现,所以建立新型的教育体制和贯彻全新的教育理念,关乎普鲁士改革的成功与否。此外,教育改革也成为普鲁士国家救亡图存的一种重要手段。诚如费希特 1807/1808 年冬天在柏林发表的《对德意志民族的演讲》(Rede an die deutsche Nation)中所指出的那样,面对强大的法国军队,德国人已经不再具有积极抵抗的物质能力,唯有通过教育,从精神上"筑起抵抗外族统治的长城"。普王也同样宣称,普鲁士"国家必须用精神的力量来弥补其物质上的损失"②。

　　普鲁士教育改革的领导者是威廉·冯·洪堡。他在教育方面反对

---

① Wolfram Fischer, Jochen Krengel und Jutta Wietog, *Sozialgeschichtliches Arbeitsbuch*, Band I, *Materialien zur Statistik des Deutschen Bundes 1815 – 1870*, München: Verlag C. H. Beck, 1982, S. 58.

② Hans-Joachim Schoeps, *Preussen: Geschichte eines Staates*, S. 130; Martin Vogt (Hrsg.), *Deutsche Geschichte: Von den Anfängen bis zur Wiedervereinigung*, S. 362.

启蒙运动奉行的功利思想，主张贯彻新人文主义的教育理想，认为教育的首要任务是进行普遍的人的教育，"寻求促进人的各种力量的发展"，用古希腊人所具有的情操、寻求真理的勇气和能力以及对善与美的热爱来培养具有个性和特性的人，具有真正人的意义的自由人。因此，他的口号就是"用希腊模式塑造你们自己"。在这种教育理念之下，各类学校教育的目标非常明确：教育"每一个臣民成为合乎道德的人和善良的公民"①。在此基础上，人们根据职业需要再来进行专门的知识教育。洪堡在 1809 年 12 月给普王的报告中指出，"显然，每个人只有他本身以及在无关其特殊职业的情况下就是一个善良、正派之公民，且就其身份而论属开明豁达之列，那么他才能是一个好的手工业者、商人、士兵和生意人。"②1809 年 2 月，担任普鲁士驻罗马公使的洪堡应召出任普鲁士内政部下属的文化和课程司大臣，在尼可罗维乌斯（Georg Heinrich Ludwig Nicolovius，1767—1839）和聚费恩（Johann Wilhelm Süvern，1775—1829）等人的协助下进行教育改革。洪堡在职仅一年多时间，但是他确立的全新的教育理念和制度却奠定了普鲁士乃至整个德国在未来一个世纪的教育发展的基础。

教育改革的一项重要内容是强化国家对教育的控制。早在 1794 年颁布的《普鲁士通用国家法令》中就已经明确规定，"各类学校和大学是国家机构"③。1808 年，普鲁士政府在内政部之下设立文化和课程司，专门管理国家教育事务。教育改革启动之后，全国所有的教育机构皆纳入国家掌控之下。这种控制表现为：一、排除教会对教育的影响，将教会学

① Jonas Flöter，*Eliten-Bildung in Sachsen und Preußen. Die Fürsten-und Landesschulen Grimma，Meißen，Joachimstahl und Pforta（1868 - 1933）*，Köln：Böhlau Verlag，2009，S. 55.

② Dieter Kreft und Ingrid Mielenz（Hrsg.），*Wörterbuch Soziale Arbeit：Aufgaben，Praxisfelder，Begriffe und Methoden der Sozialarbeit und Sozialpädagogik*，Weinheim und München：Juventa Verlag，2005，S. 174.

③ Walter Demel und Uwe Puschner（Hrsg.），*Deutsche Geschichte in Quellen und Darstellung*，*Band 6*，*Von der Französischen Revolution bis zum Wiener Kongreß*，*1789 - 1815*，S. 349.

校转为国民学校。① 二、建立国家考试制度,通过对升入大学学习、毕业资格和职员能力等进行认定的考试,确立国家在教育领域的权威地位。1810年,洪堡引入"国家哲学考试",加强了国家对中学师资、学生升入大学学习等的"控制权"②。三、严格教师录用,加强教师培训。洪堡把统一培养教师和提高教师质量视为实现"普遍的人的教育"目标的重要前提。根据1810年7月12日的考选教师法令,教师选拔改由柏林大学等代表组成的"教育代表团"负责,未经考试合格人员不得录用为中等学校教师,由此创立了以国家考试形式确定教师录用的标准。他还设立了教师研讨班等教师教育机构培训教师。到1840年,普鲁士的教师研讨班已经发展到38个,专门对国民学校的教师进行为期三年的教育培训。

教育改革的第二项内容是建立统一的三级学校教育体制,所有学校划分为国民小学、文科中学和综合性大学等三类。

在初等教育领域,洪堡坚持"教育服务于国民"③的理念,严格贯彻强迫义务教育。他派遣教师到瑞士学习著名教育家裴斯泰洛齐的教育思想④,对教学内容和方法进行改革,减少宗教神学课程,增设实用知识课程。相关改革使普鲁士初等教育得到迅速发展。1816年,普鲁士适龄儿童入学率约60%,到1848年,适龄入学儿童已经达到82%。

在中等教育方面,洪堡主要进行了两项改革。一是整顿诸如文科中学和拉丁中学等各类中学,规定只有9年制文科中学毕业生才有资格升入大学和充任国家官吏。二是调整中学教学计划,削减古典学科内容,

① Sonja Wende, *Briefe an Lehrer. Ein Beitrag zur Schulgeschichte des 19. Jahrhunderts*, Frankfurt am Main: Verlag Peter Lang GmbH, 1994, S. 24.

② Hans-Georg Herrlitz, Wulf Hopf, Hartmut Titze, *Deutsche Schulgeschichte von 1800 bis zur Gegenwart*, Königstein/Ts.: Athemäum Verlag, 1981, S. 33.

③ Sonja Wende, *Briefe an Lehrer. Ein Beitrag zur Schulgeschichte des 19. Jahrhunderts*, S. 23.

④ 裴斯泰洛齐认为,人生来就蕴藏着各种能力和力量的萌芽,人人都应该受到教育,由于将来从事的职业不一样,其所受的教育也应有差别。教师的任务是指导儿童自然发展的过程并为他们在社会上取得职位做准备。见王天一等编著:《外国教育史》,上册,北京师范大学出版社1984年版,第298—299页;[英]博伊德、金:《西方教育史》,任宝祥、吴元训译,人民教育出版社1985年版,第318页。

扩大普通基础学科内容,增设历史、地理和自然科学学科内容,使中学课程的设置更加接近于现实生活。改革后的文科中学发展相对缓慢。1818 年,普鲁士有 91 所文科中学,1848 年时仍只有 118 所。但是,文科中学的在校学生增长较快,在 1816 年到 1846 年间增加了 73%。①

大学改革是洪堡教育改革最辉煌的一页。洪堡将大学看成是一个民族的文化的最崇高所在,因此非常重视新型大学的建设和发展。他在上任的第 5 个月,便向普王提交了建立柏林大学的申请,并于 1810 年创立了新型的柏林大学。该大学改变了大学仅为教会输送神职人员和为政府训练高级官员的传统任务,将学术研究作为主要任务,同时将科学研究与科学知识的传授结合起来,提倡研究和教学自由的理念,使大学成为科学研究与教育的机构典型。学生通过参与研究来培养独立的思想意识和学术能力。有学者在评价新的柏林大学时指出:"柏林大学的建立不只是增加了一所大学而已,而是创造了一种体现大学教育的新概念。重点在于进行科学研究而不在于教学和考试。"②在教学课程设置方面,新大学减少了神学课程的教学,更加突出哲学、法学和医学等现代性和应用性学科。

柏林大学于 1810/1811 年冬季开学,首批只有 256 名学生,但洪堡招罗了一批著名学者聚集于此,其中包括著名哲学家费希特(首任校长),神学家施莱尔马赫,法学家、历史法学派创立者萨维尼(Friedrich Karl Savigny,1779—1861),艾希霍恩(Karl Friedrich Eichhorn,1781—1859),古语文学家、古典学家弗里德里希·奥古斯特·沃尔夫(Friedrich August Wolf,1759—1824),伯克(August Boeckh,1785—1867),历史学家尼布尔(Barthold Georg Niebuhr,1776—1831),农学家

---

① Thomas Nipperdey,*Deutsche Geschichte 1800 - 1866:Bürgerwelt und starker Staat*,S. 454;Hans-Ulrich Wehler,*Deutsche Gesellschaftsgeschichte*,*Erster Band*,*Vom Feudalismus des Alten Reiches bis Zur Defensiven Modernisierung der Reformära*,1700 - 1815,S. 492.
② [英]博伊德、金:《西方教育史》,第 330 页。

特尔（Albrecht David Thaer，1752—1828），国民经济学家霍夫曼（Johann Gottfried Hoffmann，1765—1847），医学家胡费兰（Christoph Wilhelm Hufeland，1762—1836）等。由于有了这样一批杰出的学者，新成立的柏林大学迅速成为德国学术研究的中心和新型大学的榜样。

1810 年 6 月，洪堡由于与哈登贝格意见不合而辞职。尽管如此，他的教育改革对普鲁士乃至整个德国的教育事业产生了深远的影响。洪堡离职以后，教育改革在尼可罗维乌斯和聚费恩的推动下继续进行。

5. 军事改革

军事改革在普鲁士改革中占有非常突出的地位。与南德诸邦不同，普鲁士改革从一开始就有一个非常明确的目标：推翻法国在欧洲大陆的霸权，将法国军队驱逐出德意志。而这一目标的实现有赖于建设一支现代化的强大军事力量。

1806 年 10 月普军在耶拿战役和奥尔施泰特战役中遭受毁灭性军事打击不久，部分普鲁士军官就已经提出了军事改革的要求。《蒂尔西特和约》之后，弗里德里希・威廉三世就设立了一个"军事重组委员会"，谋求适应时代变化，进行军队改革，建立一支全新的强大武装力量。军事重组委员会成员包括军事委员会主席沙恩霍斯特少将以及格奈泽瑙、博伊恩（Hermann von Boyen，1771—1848）、格罗尔曼（Karl von Grolman，1777—1843）和克劳塞维茨（Carl von Clausewitz，1780—1831）等军官。普鲁士改革启动之后，沙恩霍斯特与施泰因、哈登贝格等密切配合，也展开了军事领域的改革。

普鲁士军事改革的目标很明确。鉴于旧的普鲁士军队已经无法抗衡法国军队，那么，向法国学习，激发全民的力量，实行"全民战争"策略，"使普鲁士国家建立于由普鲁士民族承载的军队之上"[1]就成为大势所

---

① 有关法国对普鲁士军事改革的影响，见 Michael Sikora，„Scharnhorst, Frankreich und preußische Heeresreform "，inMartin Aust，Daniel Schönpflug（Hrsg.），*Vom Gegner Lernen：Feindschaften und Kulturtransfers im Europa des 19. und 20. Jahrhunderts*，Frankfurt/Main：Campus Verlag，2007；Martin Vogt（Hrsg.），*Deutsche Geschichte：Von den Anfängen bis zur Wiedervereinigung*，S. 361。

趋。为此,沙恩霍斯特等人对普鲁士军队进行了全方位的改革。

一是建立速成兵制。鉴于拿破仑在《蒂尔西特和约》中规定普军总数由原先的 20 万人减少到了 4.2 万人,沙恩霍斯特决定通过短期训练士兵来绕过这一限制。根据 1807 年 7 月 31 日的规定,每个连队每年要有一定数量的士兵退伍,同时招入相同数量的新兵,以便使尽可能多的适龄青年接受军事训练。退伍后的士兵加入预备役行列,继续进行军事训练。速成兵制度为日后解放战争准备了充足的兵员。到 1812 年,普鲁士通过速成兵制度训练出来的士兵已经达到 12 万人。

二是进行军法改革。在旧的等级制度下,士兵在贵族军官们的眼中只是毫无意志的机器,违犯军规的士兵都会受到包括鞭笞在内的严厉刑罚。在这种情况下,士兵没有任何的主动性和积极性。新的改革则试图废除旧的殴打士兵的刑罚体制,提升士兵的尊严和地位,唤醒他们的主人翁意识和爱国主义热情。1808 年 4 月,军事重组委员会向普王提交了新的军法草案,提出以监禁代替旧的鞭刑;5 月,该委员会又对草案进行了完善,彻底废除了夹道藤鞭刑①和棍刑等残酷的刑罚。

三是改革军队领导机构,其中最重要的举措是建立国防部。根据施泰因的行政改革方案,1808 年 12 月 25 日设立了新的国防部,负责全部军事事务。它下辖两个局,第一局为"战争总局",负责有关作战指挥事宜,第二局为"军事经济局",负责军队的后勤经济保障和管理。军队领导机构改革的另一项重大举措是在军需总监部的基础上建立了总参谋部。早在 1802 年,克里斯蒂安·冯·马森巴赫(Christian von Massenbach,1758—1827)和莱温·冯·戈伊绍(Levin von Geusau,1734—1808)等普军将领就提出了组建总参谋部的必要性及其设想。国防部建立后,总参谋部成了该机构的军事指挥的核心,其任务也大大扩展,包括加强军队各部分的协调,在和平时期培训军事指挥官和探讨战

---

① 夹道藤鞭刑(Spießrutenlaufen)是用于惩罚逃兵和顶撞长官的一种刑罚,受刑者要赤裸上身穿过由 200 名执法士兵面对面排成的夹道,接受他们藤鞭的抽打。

争策略等。总参谋部由此成为普鲁士军队的大脑和军事改革的中坚,对日后普鲁士、德国乃至世界许多国家的军事发展都产生了巨大影响。

四是改革军官团,提高军官素质。贵族对军官职位的垄断特权被废除,军官职位在原则上开始向资产阶级开放。许多不称职的中低级军官遭到辞退或降级。军官职位的晋升不再依赖于资历或贵族身份,而是取决于个人的成就和能力。军官的培养也进行了改革。根据 1808 年 8 月 6 日颁布"军事重组委员会关于选拔军官的规章草案"规定,要根据才能选拔候补军官,"完全中止迄今为止在军事方面的一切等级特权,每个人都拥有相同的义务和平等的权利。"①但是,由于遭到约克将军(Ludwig Yorck von Wartenburg,1759—1830)为代表的贵族军官的反对,不久普鲁士政府又颁布军官增补法,规定贵族候补军官具有优先权。尽管如此,新的规定毕竟使每个有才能的人都有了晋升军官的希望。普鲁士政府还于 1810 年在柏林、布雷斯劳和柯尼斯堡建立了三所军事学校,强化对候补军官的专业教育和实践训练。1810 年 10 月 15 日建立的普鲁士军事学院则是普鲁士国家最高军事学府,主要培养参谋军官等军事人才。

五是实行全民皆兵和普遍义务兵役制。全民皆兵是沙恩霍斯特军事改革的中心内容。他在 1806 年的备忘录中指出,"只有组织全国民兵,才能唤起民族的军事精神。"②要想维护国家主权,除了增加军队的数量之外,最重要的手段就是全民皆兵,即实现人民和军队的一体化。为了实现这一目标,沙恩霍斯特为首的军事重组委员会在 1807 年和 1808 年间数次向普王提出组建民兵和普遍征兵的建议。最后,虽然普王同意废止雇佣兵制度,但由于贵族和军官团的阻挠以及出于对拿破仑的恐

---

① Rudolf Hoke, Ilse Reiter, *Quellensammlung zur österreichischen und deutschen Rechtsgeschichte*, Wien: Böhlau Verlag, 1993, S. 373; Elisabeth Fehrenbach, *Vom Ancien Régime zum Wiener Kongress*, S. 124.

② Michael Sikora, „Scharnhorst, Frankreich und preußische Heeresreform", inMartin Aust, Daniel Schönpflug (Hrsg.), *Vom Gegner Lernen: Feindschaften und Kulturtransfers im Europa des 19. und 20. Jahrhunderts*, S. 85.

惧,有关建立民众武装和实行普遍义务兵役制的计划并没有获准实施。

　　直到1813年解放战争开始后,普鲁士才开始落实全民皆兵和普遍义务兵役制的改革计划,掀起了一场反对拿破仑统治的"人民战争"。首先是于1813年2月9日正式宣布实行普遍义务兵役制,并于1814年9月3日以法律的形式进行了确认。[1] 在全民皆兵的理念之下,除了正规军之外,还组建了民兵和战时后备军。根据1813年3月17日颁布的"民兵敕令",所有承担服役义务的男子在3年的军役和2年的预备役之后,直到32岁为止,隶属于第一系列民兵;到39岁为止隶属于第二系列民兵。根据1813年4月21日颁布的"战时后备军敕令",战时后备军是普鲁士武装力量的最后一道防线。凡50岁以下的男子皆纳入该武装力量之中。民兵在组织上是独立的,有自己的军事编制和军官,负责保卫家乡。

　　除了上述各项改革外,1812年3月11日颁布的"普鲁士解放敕令",或称"普鲁士犹太人敕令"(Preußisches Judenedikt)[2],也具有重要的历史意义。这是以"成就原则"和"权利平等"等现代社会准则为基础而颁布的敕令。根据该敕令,在普鲁士生活的犹太人一律被视为"国家公民",拥有同等的权利和义务。他们可以自由谋取各类职业和经商。事实上,从18世纪起,许多犹太人由于在财政上与普鲁士王室的紧密关系以及支持中央集权等,早就获得了各种权利。[3] 新的敕令只从法律上再次明确了犹太人的相关权利。需要指出的是,1812年的解放敕令只适用于勃兰登堡、波美拉尼亚、西普鲁士、东普鲁士和西里西亚等老普鲁士地

① Walter Demel und Uwe Puschner (Hrsg.), *Deutsche Geschichte in Quellen und Darstellung*, Band 6, *Von der Französischen Revolution bis zum Wiener Kongreß*, 1789 – 1815, Stuttgart: Philipp Reclam jun. 1995, S. 393 – 399.

② 全称为"关于普鲁士国家中犹太人公民关系的敕令"(Edikt betreffend die bürgerlichen Verhältnisse der Juden im Preußischen Staate)。

③ Hans-Ulrich Wehler, *Deutsche Gesellschaftsgeschichte*, Erster Band, *Vom Feudalismus des Alten Reiches bis Zur Defensiven Modernisierung der Reformära*, 1700 – 1815, S. 407 – 408.

区,在波森以及新获得的萨克森等地区,并没有推行该敕令。直到 1847 年以后,该敕令适用范围才覆盖到整个普鲁士。

(三)改革的评价

19 世纪初的普鲁士改革对于普鲁士乃至整个德国的历史发展都产生了极其重大的影响。在某种程度上,这次改革奠定了 19 世纪普鲁士乃至德国政治和经济发展的基础。改革后释放出的巨大政治、经济和军事活力使普鲁士迅速成为德意志乃至欧洲舞台上的一颗明星。

总体上看,改革通过和平的"上层革命"①的方式将法国大革命追求的平等和自由的原则移植到了普鲁士。普鲁士开始从传统的封建等级社会向现代公民社会转型,平稳地实现了新旧社会的和平对接,走出了一条独特的"保守性的现代化"道路。②

行政管理和财政改革在一定程度上提高了普鲁士国家的运行效率,增强了国家力量。在这场改革中,现代职业官员制度开始形成。在新的制度下,官员终身获得国家定期发给的充裕薪金,以防其依赖其他收入或接受贿赂。与这种终身的安全保障相一致,主管当局也要求官员们保持绝对忠诚和具有献身精神。与此同时,当局为担任官职规定了相应的受教育程度、须经过考试等一系列的条件。官员的选录和升迁更加取决于客观标准而非出身等级或录取者的宠信。因此,官员的素质得到一定的提高。

在工商业领域,营业自由原则的推行大大促进了普鲁士工商业资本主义的发展。1810 年 12 月 3 日《柏林晚报》的一篇文章曾高度评价营业自由原则在普鲁士的确立,称其是"一种正义之举",因为"根据喜好来谋

---

① Elisabeth Weisser-Lohmann und Dietmar Köhler (Hg.), *Verfassung und Revolution: Hegels Verfassungskonzeption und die Revolutionen der Neuzeit*, Hamburg: Felix Meiner Verlag, 2000, S. 168.

② Peter Lundgreen, „Gegensatz und Verschmelzung von , alter ' und , neuer ' Bürokratie im Ançien Régime: Ein Vergleich von Frankreich und Preußen ", inHans-Ulrich Wehler (Hrsg.), *Sozialgeschichte Heute*, Göttingen: Vandenhoeck und Ruprecht Verlag, 1974, S. 115.

取自己的生计是天赋人权"①。营业自由原则的推行，不仅清除了经济领域的各种传统限制，刺激了工商业的发展，也取消了城市与农村的从业界限，有利于农村人口加速向城市流动，为普鲁士在第一次工业革命中的崛起创造了条件。

就农业领域而言，尽管相关改革有诸多不尽如人意之处，但农业改革本身，特别是解放农民法令的通过，对社会的巨大进步意义是显而易见的。首先，市民和农民可以购买贵族地产以及贵族可以从事工商业的规定，表明了对财产流通限制的取消。这是用财产来衡量一个人的社会地位，用财产的不平等取代了原来门第出身的不平等，用现代意义上的阶级代替了封建的等级制。它动摇了农村的封建统治的基础，有利于农村经济的进一步商品化和农业资本主义的发展。其次，农民人身自由的获得，职业选择自由等的规定，为自由迁徙和社会流动创造了有利条件，有利于打破社会的僵化稳定状态，为日后的资本主义农场的发展和工业化准备了充足的自由劳动力来源。事实上，在19世纪上半期，德国已经出现了一个农业工人阶层，他们通常是一些季节性的或工期为一两年的流动打工者。②

教育改革的影响也是巨大的。有学者在评价洪堡教育改革的历史地位时指出，"这一时期的大学以及中小学所采取的发展方向，历经一个世纪之久，除去极少量的修改之外，始终保持未变。"③从此，普鲁士教育事业迅速发展，一跃成为德国的先锋，并且成为整个欧洲乃至美国的典范。④ 更为重要的是，教育改革对普鲁士社会的发展产生了积极影响。国家考试制度等的实行，大大压缩了传统等级特权的空间，使普鲁士国

---

① Walter Demel und Uwe Puschner (Hrsg.)，*Deutsche Geschichte in Quellen und Darstellung*，*Band 6*，*Von der Französischen Revolution bis zum Wiener Kongreß，1789－1815*，S. 290.
② Hubert Kiesewetter，*Industrielle Revolution in Deutschland 1815－1914*，Frankfurt am Main:Suhrkamp Verlag，1989，S. 154.
③ [德]弗·鲍尔生:《德国教育史》，滕大春、滕大生译，人民教育出版社1985年版，第123页。
④ [美]S. E. 佛罗斯特:《西方教育的历史和哲学基础》，吴元训等译，华夏出版社1987年版，第402页。

家逐渐奠基于教育基础之上而非出身门第之上。

军事改革也取得了丰硕成果。就军事改革本身而言,它为普鲁士重新赢得军事强国地位打下了坚实的基础。从这次军事改革的特点看,它是"有计划的、迅速的、大规模的、同时也是高质量的"[1]。这次军事改革也具有积极的社会意义。它打破了国家和人民的隔离状态,打破了贵族对于军队要职的垄断地位,使民众有机会积极参与国家事务,普鲁士军队开始向全民军队转变,有利于普鲁士向现代公民社会的进步。

当然,19世纪初的普鲁士改革也存在诸多缺憾。由于贵族千方百计地维护自己的传统利益,顽固地抵制各项有损于自己传统特权的改革,普鲁士国家在迈向现代社会的进程中,只能艰难前行,通过渐进的方式慢慢克服各种陈旧痼疾,因而显得不尽彻底。由于贵族的反对,施泰因和哈登贝格试图在普鲁士实行宪法改革的努力没有任何结果;在行政管理改革中,由于乡村贵族的抵制,国家控制县级行政管理的目标没有实现,贵族仍把持着县乡行政管理大权以及庄园的司法和警察权。施泰因试图将社区自治模式推广到农村的计划也遭到了失败;在财政改革方面,由于贵族反对,征收土地税的计划归于失败;营业自由原则虽然在城市经济生活中得到贯彻,在农村地区却进展缓慢;农业改革的最大受益者是贵族地主。他们依靠农民缴付的大量赎金和割让的土地作为原始资本积累,逐渐走上了农业资本主义发展的"普鲁士式道路"。许多农民在获得人身自由的同时成了一无所有的农业无产者。教育改革虽然取得了引人注目的成就,其不足之处也显而易见。教育中仍存在严重的"双轨制",平民子弟通常只能接受免费初等教育,只有贵族和有产者子弟才能通过文科中学学习升入大学,接受高等教育。劳动阶级子弟无缘

---

[1] Michael Sikora, "Gerhard von Scharnhorst-die, Verkörperung der preußischen Heeresreform", in Hans Ehlert und Michael Epkenhans (Hrsg.), *Militärische Reformer in Deutschland im 19. und 20. Jahrhundert*, Potsdam: Militärgeschichtliches Forschungsamt, 2007, S. 24.

高等教育的状况直到 19 世纪中期也没有什么改变。[1] 在军事方面,虽然规定废除军队中的一切等级特权,任何人在晋升军官职位时都有平等机会,但在事实上,贵族军官仍占据着特权性的支配地位。

四、改革浪潮中的奥地利

当莱茵邦联各邦和普鲁士纷纷进行改革,以图自保或重新崛起之时,奥地利也没有置身于这场改革大潮之外。在考察这一时期奥地利的改革时,需要考虑两个因素:一是在对法战争屡战屡败的奥地利需要进行改革,以图重新崛起;二是由于自身的特殊性,其改革方向以及改革力度与德意志其他邦国相比,有所不同。

1805—1806 年是奥地利历史的转折时期。其一,1805 年底签订的《普雷斯堡和约》使奥地利丧失了在南德意志的一些重要领地,哈布斯堡家族对德意志的影响力严重下降;其二,1806 年神圣罗马帝国的终结使奥地利在德意志的统领地位发生了动摇;其三,国际形势也对奥地利乃至整个德意志不利。德意志另一大邦普鲁士在拿破仑的军事打击下崩溃;沙皇亚历山大一世与拿破仑在蒂尔西特言归于好。所有这一切都表明,奥地利必须改革,革除各种陈疴积疾,发展和壮大自身的力量,只有这样,才能重新回到昔日的强势地位。

不过,还需要明白的一点在于,虽然奥地利和普鲁士一样,亟需通过改革来克服严重的政治、经济和社会危机,重新恢复欧洲强权的地位,然而,它在政治、历史和文化等方面都有其独特的一面,这种独特性使它虽需要改革,也有改革的动作,但最终没有出现普鲁士和莱茵邦联那种以"上层革命"为特征的现代性"改革浪潮"[2]。

首先,从国家构成来看,奥地利面临着德意志其他邦国所没有的尴

① Walter Rüegg (ed.), *A History of The University in Europe*, vol. III, *Universities in the Nineteenth and Early Twentieth Centuries* (1800 – 1945), Cambridge: Cambridge University Press, 2004, p. 260.

② Thomas Nipperdey, *Deutsche Geschichte 1800 -1866*: *Bürgerwelt und starker Staat*, S. 80.

尬困境。普鲁士在 1806 年以后由于大片领土的丧失，呈现单一的德意志色彩，民族鼓动成为普鲁士改革的精神力量。而哈布斯堡帝国本身就是一个由多民族构成的庞杂国家。随着奥地利帝国的建立以及大量的在德意志南部领地的丧失，这一帝国内部的德意志因素日益弱化。在这一多民族的国家中，任何以民族主义作为鼓动宣传的改革都会触动帝国内其他民族的神经，进而导致帝国的分裂。因此，统治者不可能打出民族主义的旗帜来进行改革。

其次，18 世纪下半期的开明专制统治在普鲁士和奥地利留下了不同的结果。在普鲁士，弗里德里希二世的开明专制给后人留下了丰富的遗产，充满着开明专制的改革传统。奥地利则不然。约瑟夫二世激进的开明专制改革遗留下了诸多问题。[①] 约瑟夫二世的改革包括废除农奴制度、农民后代择业自由、宗教信仰自由、司法现代化和行政管理中央集权化等诸多方面，相关改革范围过广，操之过急，结果遭到贵族的强烈抵抗。改革后的奥地利没有形成中央集权的统治模式，仍是一个以哈布斯堡王朝为纽带的"诸王国的混合物"。相反，有关加强中央集权的改革却促使匈牙利、波希米亚等地的保守势力起而抵制中央政府的政策。到弗兰茨皇帝时，改革已经成了革命的同义语。皇帝和主要政治领导人都反对改革，"反对任何社会力量的自由释放，反对接受任何新的运动"[②]，希望保持原状。所有这些，都给改革增加了难度和阻力。

虽然困难重重，但改革毕竟是当时奥地利克服危机和恢复强国地位的唯一希望。因此，在遭受 1805—1806 年的连续打击后，奥地利国内仍出现了两个改革集团。

一个改革集团是要求以法国为榜样，建立强有力的中央集权的国家。这一改革方向实际上是约瑟夫改革传统的延续，也符合弗兰茨二世

---

① Karl Otmar von Aretin, *Vom Deutschen Reich zum Deutschen Bund*, Göttingen：Vandenhoeck und Ruprecht Verlag, 1993, S. 129 – 130.

② Karl Otmar von Aretin, *Vom Deutschen Reich zum Deutschen Bund*, S. 130；Thomas Nipperdey, *Deutsche Geschichte 1800 – 1866：Bürgerwelt und starker Staat*, S. 80.

加强专制统治的愿望。但是,这种改革取向必然进一步加剧维也纳政府与其治下的其他民族的紧张关系,危及多民族的哈布斯堡君主国的生存。在对外政策方面,该改革集团主张与法国结盟,以便为改革争取时间。尽管这种改革倾向得到皇帝胞弟赖纳大公(Erzherzog Rainer von Österreich,1783—1853)等人的强有力的支持,却遭到奥地利保守势力的反对,因此难以施行。

另一种改革倾向以施塔迪翁首相和他的胞兄、驻慕尼黑公使弗里德里希·洛塔尔·冯·施塔迪翁伯爵(Friedrich Lothar Graf von Stadion,1761—1811)为代表。施塔迪翁首相的改革理念建立于一种保守性的期望之上,即通过唤醒古老的特权等级代表来"革新欧洲"。在他看来,专制主义撕裂了统治者与社会之间的有效纽带,法国革命正是国家与社会分离造成的危机的结果。因此,他希望通过唤醒哈布斯堡君主国境内各民族的政治精神的方式来加强国家的力量。而所谓唤醒帝国境内各民族的政治精神,就是要激发历史上形成的诸侯的力量。这实际上是一种联邦主义的倾向。在对外政策方面,施塔迪翁则主张联合俄国和普鲁士,以武力反对拿破仑的统治。

弗兰茨皇帝忙于日常事务,无暇顾及上述两派改革势力的斗争。由于以施塔迪翁为首的集团得到了坚决主张反对拿破仑统治的新皇后玛丽亚·鲁道维卡(Maria Ludovika Beatrix von Österreich-Este,1787—1816)的支持,在两派的斗争中占了上风。

施塔迪翁虽然主张通过激发诸侯力量的方式来释放奥地利境内各民族的力量,增强国力,观念上显得有些保守陈旧,在内部改革方面却沿袭了开明专制时期的一些做法,旨在把人民当作负责任的国家公民,调动他们的积极性,战胜强大的敌人。施塔迪翁及其之后的相关改革主要集中在以下方面:一是进行法律制度建设。制定了新的民事诉讼法、刑法和民法,并于1811年形成了普通公民法律汇编,其中规定了基于自由、财产和平等之上的基本权利。二是进行司法和行政管理方面的改革,实现司法和行政管理的分离。三是进行教育改革。这一时期奥地利的教育改革与普鲁士的教育改革取向有所不同。它在发展中小学教育的同时,较早地建立起了综合技术高等学校,包括1806年建立的布拉格综合技术学校和1815年建立的维也纳综合技术学校等。

但是相关改革见效不大。在行政管理改革方面,弗兰茨皇帝并没有接受改革者们的建议,建立分类管理的部门制,而是重新建立了枢密院。政策大权仍由皇帝一人独揽;在官僚机构方面,不仅没有改变贵族独占统治的局面,反而进一步巩固了贵族统治;财政和税制改革也以失败而告终。贵族在纳税方面仍然拥有一定的特权;农业改革进展很小。农民仍然要负担沉重的封建义务和劳役。①

在各项改革中,军事改革最引人注目。施塔迪翁和卡尔大公都认为,要战胜拿破仑,必须学习法国,发动民众,建立全民武装。在他们的努力下,犹豫不决的弗兰茨皇帝终于在1808年4月21日同意在普遍义务兵役制的基础上进行军事改革。奥地利的普遍义务兵役制非常严格,免除兵役有明确的法律规定,没有社会特权可言。1808年6月9日,根据约翰大公的建议,开始实施民兵制度。民兵的组建和经费都由各省特别是贵族特权等级承担。结果,在蒂罗尔、施泰尔马克和波希米亚等地,特权等级利用机会再次沉渣泛起,加强自己的势力。

总体上看,振兴奥地利的改革没有取得明显进展,施塔迪翁也就没有条件和基础与拿破仑进行对抗。但是这位奥地利爱国者执迷不悟,全身心地准备对拿破仑的战争。他有计划地通过政论家亚当·穆勒和诗人克莱斯特等一些知名人士进行爱国主义宣传,号召所有德意志人支持奥地利的抗法战争,使整个奥地利陷入爱国主义的狂热之中。同时,各种不实的消息也在很大程度上误导了这位奥地利政治家的乐观期待。他的胞兄从慕尼黑传来的消息是,与法国结盟的莱茵邦联在私下里是同

---

① Thomas Nipperdey, *Deutsche Geschichte 1800 - 1866 : Bürgerwelt und starker Staat*, S. 81;
Karl Otmar von Aretin, *Vom Deutschen Reich zum Deutschen Bund*, S. 132.

情奥地利的。而驻法国大使梅特涅从巴黎传来的消息则使施塔迪翁相信,拿破仑在法国的统治已经陷入严重危机之中。在这种情况下,即使与普、俄两国讨论对法联合作战的谈判失败,施塔迪翁仍一意孤行,准备新的对法战争。而事实上,奥地利正面临着一场新的灾难。

第十章　解放战争与德意志的新秩序

　　拿破仑对德意志的统治激活了德意志人的民族意识,推翻异族统治,建立统一的德意志民族国家成为大多数德国人民的期待和向往。19世纪初的改革则为德意志民族解放战争准备了物质方面的条件。1812年拿破仑远征俄国的失败及其引发的欧洲国际政治形势的变化为德意志的解放提供了有利的国际条件。1813年春,德意志掀起了反抗拿破仑统治的起义风暴,开始了"伟大的解放战争"(Der große Freiheitskrieg)。经过一年的战争,曾经不可一世的拿破仑帝国在第六次反法联盟的打击下崩溃,德意志获得解放。在确立战后欧洲新秩序的维也纳会议上,德意志问题成为主要议题之一。根据会议最终决议确定的德意志新秩序,德意志各邦的领土出现了新的调整,邦国数量有所减少,各邦以松散的邦联形式联系在一起,德国人民建立统一的民族国家的愿望没有实现。

第一节　普鲁士起义和德意志的解放

一、异族统治与德意志民族意识的激活

　　在德国学术界,法国大革命和拿破仑战争是公认的德国现代民族主

义的根源。① 法国大革命和拿破仑战争期间,法兰西民族爆发出的巨大能量和包括普鲁士、奥地利在内的德意志诸邦的失败使德国人深受震撼。前者的胜利使德国人找到了学习的榜样,后者的失败使之深感建立统一而强大的德意志民族国家的必要。

拿破仑在德意志的统治具有两重性。从积极方面看,拿破仑通过帝国直属领地归并和教产还俗等一系列举措,沉重打击了德意志的分离势力,德国的分裂状况大大减轻。由于贯彻法国革命的原则,推行具有教化作用的《拿破仑法典》,废除封建特权,德国人享受到了"从未享受过的自由、平等",拿破仑的统治起初受到许多德国人的欢迎。巴伐利亚作家冯·阿雷廷男爵(Christoph Freiherr von Aretin,1773—1824)称拿破仑代表了"真正的德意志精神",达尔贝格大主教也称其"是一个超常之人",不只是"某个民族的恩人",而是"整个人类的恩惠者"②。黑格尔甚至在耶拿战役的前一天还写道:"正如我早先所期望的那样,现在每个人都希望法国军队获胜。"③因此,在许多德国人的眼里,拿破仑成了"革命之子"④。

然而,随着时间的推移,拿破仑的独裁专制政策和在德意志推行的"帝国主义"政策日渐激起德国人的反感和愤怒。他在1804年加冕为皇帝表明,他已经背离了共和制的原则,从而失去了一些拥护共和制的德国人的支持。著名音乐家贝多芬(Ludwig van Beethoven,1770—1827)

---

① Hans-Ulrich Wehler, *Deutsche Gesellschaftsgeschichte*, *Erster Band*, *Vom Feudalismus des Alten Reiches bis zur Defensiven Modernisierung der Reformära 1700 – 1815*, S. 506; Thomas Nipperdey, *Deutsche Geschichte 1800 –1866: Bürgerwelt und starker Staat*, S. 302; Johannes Willms, *Nationalismus ohne Nation: Deutsche Geschichte von 1789 bis 1914*, Frankfurt am Main: Fischer Taschenbuch Verlag, 1985, S. 105.

② Hans Kohn, "The Eve of German Nationalism", *Journal of the History of Ideas*, 1951, No. 2, pp. 276, 273.

③ Hans Kohn, "The Eve of German Nationalism", *Journal of the History of Ideas*, 1951, No. 2, p. 277.

④ Martin Vogt (Hrsg.), *Deutsche Geschichte: Von den Anfängen bis zur Wiedervereinigung*, S. 355.

就把准备以"波拿巴"为题献给他的第三交响曲改名为"英雄",以示对他的不满。

与此同时,拿破仑对德意志两大强国的胜利虽然使他成了德意志的统治者,却也大大刺痛了德国人的民族自尊心。他的以战养战政策,对普鲁士、奥地利等德意志邦国的掠夺性赔款政策等,大大恶化了德国人的经济生活,引起德国人的强烈不满;沉重的军役负担、强迫征税等则使德国人开始憎恨法国人的统治。尤其令德国人不能容忍的是,拿破仑在德国实行严格的新闻管制和严厉的镇压政策。1806 年 8 月 26 日,纽伦堡书商约翰·菲利普·帕尔姆(Johnn Philip Palm,1766—1806)因在其出版的《深受凌辱的德国》(*Deutschland in seiner tiefen Erniederigung*)小册子中号召武力反抗法国的侵略而被处死。①

德国知识分子是一个在思想意识方面最为敏感的群体。曾几何时,他们为法国革命的自由和平等原则欢呼雀跃,如今面对拿破仑的独裁统治和压迫,这一群体也首先萌生了现代性的民族意识,出现了以反对拿破仑统治为背景的民族觉醒。早在 1797 年,歌德就在他与席勒合作出版的《讽刺体短诗》(*Xenien*)中,带着失望的情感提出了德意志民族的问题:"德国! 她在哪里? 要找到这一国度,显然只有在梦里。"随后,这位大文豪又以同样的心态写道:"构成一个民族,是你们的希望,但是,德意志人,那只是徒然空想。"②萨克森作家约翰·戈特弗里德·索伊默(Johann Gottfried Seume,1763—1810)也表达了与歌德相类似的看法,认为德国的问题首先来自内部,国家分裂和社会不平等造成了德意志民族的软弱无力。德国要强大起来,必须割除陈腐的旧制度,凝聚全民族的力量。他指出,德意志战败的原因在于其腐朽的封建特权和等级制度,"是诸侯和贵族们的杰作","只要我们不废除特权,我们可以给法国

---

① Hans Kohn,"The Eve of German Nationalism",*Journal of the History of Ideas*,1951,No. 2. ,p. 275.

② Eduard Boas,*Schiller und Goethe im Xenien-Kampf*,*Erster Theil*,Stuttgart und Tübingen:J. G. Cotta'scher Verlag,1854,S. 85.

人以打击,但永远无法战胜他们⋯⋯一个民族更有必要防范内部的敌人而不是外来之敌。外来之敌鲜少能摧毁一个民族。"①

著名哲学家费希特在"唤醒"德意志民族精神和德意志"国家民族"的政治认同方面占有非常突出的地位。如前所提及,他在 1807 年末至 1808 年 3 月的柏林科学院星期日讲座上,以"对德意志民族的演讲"为题,连续发表演说,要求振奋德意志的民族精神。在回顾德国历史以及德意志人在宗教、政治、文化等领域取得的成就后,他得出结论,德意志民族是最完美地代表整个人类的"原始民族",存在一种不可磨灭的"德意志精神",要为建立独立的民族国家而努力。② 著名诗人恩斯特·莫里茨·阿恩特则成了当时德国最具影响力的民族主义鼓动家之一。他以真切感人的诗句鼓动人们为建立统一的德意志民族国家而斗争。在《德意志人的祖国》(Des Deutschen Vaterland)这首名诗中,他以反问的形式问道:"德意志人的祖国是什么? 是普鲁士? 是士瓦本? 是葡萄映红的莱茵河畔? 还是海鸥翱翔的波罗的海沿岸? 噢,不! 不! 不! 他的祖国必须更大。"③

宗教界人士也加入了促进德意志"国家民族"认同的行列。著名新教神学家施莱尔马赫将民族问题与神学挂钩,提出"民族是上帝的造物"的命题,认为国家不仅是一种法律意义上的统治机构和秩序,也是民族共同体的代表,超越个体的民族共同体是以国家为载体进行生活的。因此,德意志民族应该在一个统一的德意志国家中生活。④

文化界的其他重要人物也明确地提出了建立统一的德意志国家的

---

① Otto Dann, *Nation und Nationalismus in Deutschland*, *1770 - 1990*, S. 68 - 69.

② Johann Gottlieb Fichte, *Rede an die deutsche Nation*, in Bernhard Pollmann (Hrsg.), *Lesebuch zur Deutschen Geschichte*, Dortmund: Harenberg Kommunikation Verlags-und Mediengesellschaft, 1989, S. 558 - 572.

③ Wilhelm Bauer, *Ernst Moritz Arnts Leben*, *Thaten und Meinungen*, *nebst einigen seiner geistlichen und Vaterlands-Lieber*, Zwickau: Eigentum des Vereins zur Verbreitung guter und wohlfeiler Volkschriften, 1861, S. 198.

④ Thomas Nipperdey, *Deutsche Geschichte 1800 -1866: Bürgerwelt und starker Staat*, S. 304.

民族认同问题。体操之父弗里德里希·路德维希·雅恩（Friedrich Ludwig Jahn，1778—1852）不仅鼓励德意志青年强身健体，而且专门撰写了《为统一而奋斗》（*Streben nach Einheit*）一书，认为人类最庄严的礼物是"一个上帝，一个祖国，一个家园，一种爱"，要求建立统一的德意志民族国家。威廉·冯·洪堡也明确表达了相同的思想：德意志必须"构成一个整体"；对于德意志人而言，德国永远是"一个民族，一个人民，一个国家"（Eine Nation，Ein Volk，Ein Staat）。①

　　这一时期德意志民族意识上升的一个重要因素是，反法和仇法成为凝聚民族意识的共同平台。对抗强大的法国和反抗法国军事占领的需要，使德意志人感到有必要建立一个强大、统一的民族国家来面对共同的敌人。当时德国社会上下各界几乎都对法国抱以极端敌视的态度。在社会上层，自身统治受到法国革命和拿破仑军队威胁的德意志传统贵族也明确站到了反法的前列。早在法国大革命爆发不久，施泰因男爵就提出要组织一支反对"肮脏、无耻和淫荡的法兰西种族"的十字军。出身贵族、以《战争论》闻名于世的军事理论家克劳塞维茨也视法兰西民族为一个"自负""傲慢""残暴"的"可恶民族"，宣称每个德国人都必须以"仇恨和敌视"待之。

　　在文化界，反法仇法的声音更是不绝于耳。弗里德里希·施莱格尔直接号召发动一场"彻底毁灭"的"圣战"，反对西边"那个该死的民族"。著名作家克莱斯特则用饱含仇恨的作品来号召反抗法国人。他在 1808 年创作了著名戏剧《赫尔曼战役》（*Die Hermannsschlacht*），表明了德意志人的民族信条，强调日耳曼人从古代起就是反抗罗曼国家统治的英雄，具有反抗世界统治和暴政的传统。既然德意志人的祖先曾战胜罗马人，他们当今应该毫不留情地"毁灭"罗曼语族人而证明自己的尊严。他的名言是："打死他！末日审判不会询问原因。"②诗人阿恩特也呼吁"消

---

① Hans-Ulrich Wehler，*Deutsche Gesellschaftsgeschichte*，*Erster Band*，*Vom Feudalismus des Alten Reiches bis zur Defensiven Modernisierung der Reformära 1700 – 1815*，S. 516.

② Golo Mann，*Deutsche Geschichte des 19. und 20. Jahrhunderts*，S. 89.

灭所有恶魔般的法国人",直言不讳地表示:"我无一例外地痛恨所有的法国人","我要让我的儿子记住这一仇恨……我的整个一生都将奉献于此:在德意志人心中扎下对这一民族的蔑视和仇恨。"①为此,这位诗人甚至提出了全民皆兵,反抗法国侵略者的主张。② 体操之父雅恩也宣布:"德国需要一场独当一面的战争……一场反对法国人的武力自卫战争,以充分发展德意志的民族性。"约瑟夫・冯・格雷斯(Joseph von Görres,1776—1848)则形容法国是十足的"恶魔",宣称一场反对法国的战争将给德意志民族带来翘首以盼的统一。换言之,反法战争是建立统一的德意志民族国家的垫脚石。在一些学者眼中,正是基于这种思想,以施塔迪翁领导的奥地利反拿破仑战争为核心的一系列起义,包括霍费尔在蒂罗尔的起义和席尔等在北德意志地区发动的起义等,就成了"第一次德意志民族主义运动"的开端。③

一些反法的爱国主义团体和组织也应运而生。其中有柏林出版商格奥尔格・安德里亚斯・赖默尔(Georg Andreas Reimer,1776—1842)在家中定期召集的爱国者团体,1810 年由弗里德里希・弗里森(Friedrich Friesen,1784—1814)和雅恩组织的"德意志同盟",1811 年由阿希姆・冯・阿尼姆(Achim von Arnim,1781—1831)和亚当・穆勒在柏林成立的"宴席社团"。还有两个全德性联合组织:一是 1808 年在柯尼斯堡成立的秘密反拿破仑组织"倡导公德社团",也称"道德联盟"。二是雅恩于 1811 年在柏林城外的哈森海德建立的第一个全德性爱国青年组织"体操运动"。该组织宗旨在于,通过锻炼体格这种新的社会生活方式来参与德意志民族运动。④

德意志统治阶层最高集团也打出了德意志民族的大旗,以获取支

① Hans-Ulrich Wehler, *Deutsche Gesellschaftsgeschichte*, *Erster Band*, *Vom Feudalismus des Alten Reiches bis zur Defensiven Modernisierung der Reformära 1700 – 1815*, S. 522 – 523.
② Johannes Willms, *Nationalismus ohne Nation*: *Deutsche Geschichte von 1789 bis 1914*, S. 106 – 107.
③ Otto Dann, *Nation und Nationalismus in Deutschland*, *1770 – 1990*, S. 72.
④ Otto Dann, *Nation und Nationalismus in Deutschland*, *1770 – 1990*, S. 72 – 73.

持。1809 年奥地利反对拿破仑的战争虽然失败,但已经具有"民族解放战争"的精神蕴藏其中。卡尔大公在 1809 年 4 月发表的《致德意志民族》(*An die deutsche Nation*)的呼吁中写道:"我们的事就是德国的事。拥有奥地利的德国才是独立和幸福的;只有得到奥地利的支持,德国才能再次回到既独立又幸福的状态。"①普王弗里德里希·威廉三世也成了德国民族主义运动的推动者。1813 年春,他发表《致我的人民》(*An mein Volk*),号召德国人民掀起反抗拿破仑统治的战争,宣布斗争的目标就是建立德国人民所期望的德意志国家。

可见,法国大革命和拿破仑战争,特别是拿破仑在德意志的统治,已经全面激活了德意志人的民族意识,预示着一场大规模的反对拿破仑统治的民族风暴即将来临。

二、第六次联盟战争与德意志的解放

第六次联盟战争(Sechster Koalitionskrieg,1812—1814)起因于法俄两国为争霸欧洲大陆而引发的矛盾,主要包括拿破仑远征俄国失败和德意志解放战争两大内容。新的反法联盟是在拿破仑远征俄国及其失败的过程中逐渐形成的。在此期间,瑞典、英国、普鲁士、奥地利和一些德意志小邦先后加入对法作战,结成了新的反对法国霸权的战争联盟。

(一)拿破仑远征俄国及其失败

正当德意志各邦展开改革以求"新生"和反法民族主义情绪不断上升之际,欧洲政治形势出现了新的重大变化。一方面,经过第五次联盟战争,拿破仑彻底摧毁了奥地利的抗争意志,在欧洲大陆的统治达到巅峰状态。他还通过政治联姻方式进一步确认自己统治的正统性,巩固自己的地位,在 1810 年 4 月与欧洲最古老的哈布斯堡王朝联姻,娶奥地利公主玛丽·路易莎为妻。次年,新的皇位继承人诞生,拿破仑赐以罗马王称号。但是在另一方面,这一通过战争建立起来的帝国已经潜伏着严

---

① Otto Dann, *Nation und Nationalismus in Deutschland*, 1770 - 1990, S. 71.

重危机。这种危机不仅表现为伊比利亚半岛的西班牙、葡萄牙的反法民族起义风起云涌和德意志反抗异族统治的民族主义情绪不断高涨,还特别表现在法俄两国矛盾的日益激化。

法俄关系的恶化首先表现在波兰问题上。1807 年签订《蒂尔西特和约》时,拿破仑为了削弱普鲁士和抑制俄国,试图恢复波兰。但这一计划遭到亚历山大一世的反对,他担心因此危及瓜分得来的波兰领土。最后,拿破仑妥协,只在普鲁士瓜分到的波兰地区建立了华沙公国,回避使用波兰国名。1809 年第五次联盟战争结束后,拿破仑不顾俄国的反对,又把奥地利在瓜分波兰中得到的加里西亚并入华沙公国。此外,他曾想通过联姻方式加强法俄两国在《蒂尔西特和约》中开始的联盟关系,向亚历山大一世的妹妹卡塔琳娜·帕芙罗芙娜(Katharina Pawlowna Romanowa,1788—1819)①提出了求婚,但遭到拒绝。拿破仑因此感到不满。他不仅没有批准沙皇与法国大使在 1810 年 1 月签订的规定永远不得重建波兰的条约,反而答应波兰贵族恢复 1772 年的波兰疆界,从而直接威胁到俄国的既得利益。

法俄两国在德意志问题上的矛盾也日益凸显。亚历山大一世不能容忍拿破仑统治莱茵邦联,更不能容忍他操控普鲁士和奥地利。因此俄国虽然在《蒂尔西特和约》中不得不与强势的法国结盟,却同时保持着与反法联盟的友谊。亚历山大一世甚至还鼓励普鲁士等待复仇时机,要求拿破仑从普鲁士撤军,鼓动奥地利举兵反法。1809 年奥地利起兵反法时,作为法国盟国的俄国只是象征性地摆了一下姿态,而没有实际行动。所有这些都使拿破仑大为不满,他因此在 1810 年 12 月兼并了与沙皇有亲缘关系的奥尔登堡大公国,以为报复。亚历山大一世为此非常恼怒。

_____

① 卡塔琳娜·帕芙罗芙娜在 1809 年与奥尔登堡王子格奥尔格·冯·奥尔登堡(Peter Friedrich Georg von Oldenburg,1784—1812)结婚。格奥尔格为彼得·弗里德里希·路德维希·冯·奥尔登堡公爵(Herzog Peter Friedrich Ludwig von Oldenburg,1755—1829)和弗里德里卡·伊丽莎白·阿马莉·奥古斯塔·冯·符滕堡(Friedrike Elesabeth Amalie Augusta von Württenberg,1765—1785)之子,他的兄弟是奥古斯特·冯·奥尔登堡大公(Großherzog August von Oldenburg,1783—1853)。

东方问题也是法俄两国矛盾激化的重要因素。自彼得一世(Peter Ⅰ der Große，1672—1725)以来，夺取土耳其的欧洲部分一直是俄国所追求的目标，而拿破仑也想把巴尔干地区置于自己的控制之下。他不仅鼓动土耳其反对俄国，而且阻止多瑙河两公国摩尔多瓦和瓦拉几亚并入俄国。俄国因此非常不满。

两国围绕大陆封锁的斗争也日趋激烈。根据《蒂尔西特和约》，俄国接受拿破仑的大陆封锁体系。然而拿破仑在实行大陆封锁时，采取了内外有别的政策。他一方面允许法国商人与英国进行贸易，另一方面却要求俄国没收那些装有英国货物驶入俄国港口的中立国船只。更重要的是，大陆封锁给俄国经济带来了极大损害。根据大陆封锁令，俄国不得向英国出口谷物、木材、亚麻等产品，也不得从英国进口纺织品、咖啡、茶叶、烟草、蔗糖等产品。依赖进出口贸易的俄国企业因此陷于破产境地，俄国国家财政税收受到严重影响。因此，1810 年以后俄国方面的封锁已经形同虚设。1810 年底，俄国正式表示脱离大陆封锁体系。此后，大量源自英国及其殖民地的商品涌入俄国，又从俄国转运到欧洲其他国家，大陆封锁体系趋于瓦解。此外，为了保持贸易平衡，俄国还于 12 月 31 日宣布禁止进口奢侈品，使许多向俄国出口丝绸、葡萄酒和香水的法国企业受到重创。法俄之间的矛盾已经无法调和。①

1811 年，法俄两国都开始从军事方面准备战争。拿破仑不仅在国内征集和训练新兵，而且不断征集和扩充受其控制的包括德意志各邦在内的其他国家的军队。到 1812 年初，法国征集的军队已达到 60 多万人。亚历山大一世也深知与法国的冲突不可避免，故而大力进行军事准备。俄军不仅在里加和基辅等地大量建设防御工事，而且快速扩充兵员。到 1812 年 5 月，俄军总兵力已经达到 43 万人。

在这场即将到来的战争中，德意志各邦，特别是普鲁士和奥地利两

---

① Dieter Ruloff，*Wie Kriege beginnen. Ursachen und Formen*，München：Verlag C. H. Beck，1987，S. 131.

大邦国成为法俄拉拢的对象。

　　亚历山大一世先是通过许诺把挪威给予瑞典而将后者拉到自己的一边,然后又转而拉拢普鲁士和奥地利。1811年2月底,他致信普王和奥皇,向他们透露了准备与法国开战的计划。普王也有意谋求俄国的支持,派沙恩霍斯特前往圣彼得堡,于10月17日签订了俄普联盟协定。根据该协定,如果普鲁士遭到法国攻击,普军将后撤到俄国领土上,与俄军联合作战。此后沙恩霍斯特又受托前往维也纳,打探奥地利对结成反法联盟的态度。但是1809年10月接替施塔迪翁出任首相的梅特涅认为,此时法国过于强大,必须与法国友好相处,以保证奥地利的安全,因此在1811年12月拒绝了普鲁士的结盟建议。他甚至多次劝告沙皇避免对法战争。[1]

　　普奥两国也成为拿破仑竭力拉拢的对象。不过,与亚历山大一世不同,这位如日中天的法国皇帝采取的是不可一世的威胁手段。他迫使普鲁士于1812年2月下旬签订了联盟条约。根据该条约,普鲁士不仅允许法国军队驻扎境内,为法军提供给养,而且要派兵参加征俄大军。3月,被法军吓怕了的普王批准了条约。一些普鲁士军队中主张对法作战的将领因失望而辞职或出逃:沙恩霍斯特引退,格奈泽瑙出使伦敦,博伊恩和克劳塞维茨等人逃往俄国。施泰因也应亚历山大一世的邀请去了俄国。奥地利则于1812年3月与法国签订了同盟条约,答应出兵3万参加远征俄国。

　　虽然普奥两国迫于拿破仑的压力而不得不与法国结盟,但它们都不想得罪俄国。普王在与法国签订同盟条约的同时,明确告诉俄方,一旦战争爆发,普鲁士只会在万不得已的情况下才与俄国交恶,因为普鲁士还期待着有朝一日与俄国结盟。奥地利也明确向沙皇表示,奥地利对俄国作战只是形式上的,"在任何情况下决不增派援军"。两国甚至在6月签订了秘密协定。梅特涅的这种两面派手法保证了奥地利的安全,同时

---

① [法]乔治·勒费弗尔:《拿破仑时代》下卷,第150页。

也为其日后留下了选择空间。

有趣的是,战争开始后,双方阵营中都有德意志因素在起作用。

1812 年春天,拿破仑远征俄国的备战工作完成。2 月法军占领了波罗的海沿岸瑞典所属前波美拉尼亚①和吕根岛。3 月 28 日,法军进入柏林。5 月下旬,拿破仑到达德累斯顿,在此举行了包括奥皇、普王和众多附庸国君主在内的君主会议,决定发动对俄国的远征。

6 月 24 日,拿破仑率领的庞大军团渡过涅曼河,开始了俄罗斯远征。在这次远征俄国的战争中,法国方面投入军力达 70 万人以上,其中 61 万多人在战争过程中相继越过边界。② 这是一支庞杂的大军,除了法军外,还有波兰人、荷兰人、比利时人、意大利人、西班牙人和葡萄牙人等。

需要指出的是,来自德意志各邦的军队占据了拿破仑远征俄国军团的 1/3。莱茵邦联各成员提供了 10 万以上的兵员,其中巴伐利亚提供 3 万多人,威斯特伐利亚提供 2.7 万人,小邦绍姆堡-利珀提供的兵员仅 150 人。除了巴伐利亚、威斯特伐利亚和萨克森等邦的军队组成自己的军团外,其他小邦的军队直接编入法军。奥地利和普鲁士则分别提供 3 万人和 2 万人参加远征俄国。

从整个战略布局看,拿破仑率领的主力部队在中间,主攻维尔纽斯和斯摩棱斯克方向;麦克唐纳元帅(Étienne Jacques Joseph Alexandre Macdonald,1765—1840)率领一支包括普军在内的军团从北侧推进;施瓦岑贝格侯爵(Karl Philipp Fürst zu Schwarzenberg,1771—1820)率领的奥军从南侧呼应,负责监视俄军。拿破仑企图速战速决,尽快与俄军主力决战,给予其毁灭性打击,结束战争。

---

① 瑞典控制的前波美拉尼亚是波美拉尼亚的一部分,1648 年到 1815 年间归瑞典所有,但同时又是神圣罗马帝国的"永久"采邑,是德意志的一部分。

② 有关 1812 年远征俄国的拿破仑大军的人数,相关统计不尽一致。参见［法］乔治·勒费弗尔:《拿破仑时代》下卷,第 304 页;Ludwig August Friedrich von Liebenstein, *Der Krieg Napoléons gegen Russland in den Jahren 1812 und 1813*, Frankfurt am Main: Verlag der Hermannschen Buchhandlung, 1819, S. 289; Phillipe Paul Ségur, *Geschichte Napoleons und der großen Armee im Jahre 1812*, Mannheim: Verlag von Heinrich Hoff, 1835, S. 74.

俄国的军事准备不如法国。俄军总兵力只有 40 多万人,而且分散驻扎。其优势在于:国土广袤,可以争取时间,以逸待劳;冬天寒冷,不利于劳师远征的敌人作战。更重要的是,这里聚集了来自德意志的许多反法志士,包括施泰因等人,他们成为沙皇反对法国入侵的重要顾问。此外,在奥尔登堡公爵彼得・弗里德里希・路德维希(Peter Friedrich Ludwig von Oldenburg,1755—1829)的鼓动下和沙皇亚历山大一世的指示下,包括阿恩特、克劳塞维茨等在内的一批德意志反法自由斗士于1812 年组成了"俄德军团"。在战略方面,面对优势的法军,俄军接受了流亡的普鲁士将军法尔(Karl Ludwig August Friedrich von Phull,1757—1826)的建议,采取以空间换时间的策略,大举后撤,避免决战,坚壁清野,使敌人在追击中精疲力竭,消耗实力。

法军进入俄国之后,俄军总司令巴克莱(Barclay de Tolly,1761—1818)为避开拿破仑大军的锐气,采取了后退避免决战的策略。俄军接连撤出维尔纽斯、德里萨、维特布斯克等地。8 月 17 日俄军在斯摩棱斯克与法军展开血战,然后主动撤出该城,继续撤退。由于没有决战就放弃斯摩棱斯克并焚毁该城,亚历山大一世为平息不满,解除了巴克莱的职务,67 岁的库图佐夫接替俄军总司令之职。库图佐夫继续巴克莱的撤退策略。9 月 4 日俄军退至博罗季诺,次日法军也赶到该地。9 月 7 日,双方军队在此激战,即著名的博罗季诺战役(Schlacht von Borodino)。在这一战役中,双方损失巨大,法军损失 3 万人,俄军损失 5 万人。此后,库图佐夫为保存实力,决定放弃莫斯科。9 月 14 日拿破仑率领法军进入已经撤离一空和被烧毁的莫斯科城。

拿破仑原本以为占领俄国首都就会迫使俄国议和,但是俄国拖延不予答复,以致法军在莫斯科停留了一个多月。由于严冬来临,给养不济,加之俄国军民的打击,法军最终不得不于 10 月 19 日从莫斯科撤退。沿途之上,由于严寒、饥饿和疫病侵袭,加之俄军正规军、哥萨克骑兵和游击队的追击,当法军渡过别列津纳河逃出俄军包围圈,于 12 月底抵达涅曼河时,60 万大军已经只剩下 2 万余人。拿破仑本人则丢下军队,先行返回法国,准备重新组织军队。

参加拿破仑征俄大军的德意志各邦军队,特别是莱茵邦联的军队,损失极其惨重。巴伐利亚3万士兵参加远征,到12月中旬只剩下68人;2.7万名威斯特伐利亚军队只有800人返回故里;符滕堡派出的军队只有380多人踏上归途;到12月底,巴登派出的7000名军队只剩下40名可作战人员和100名病号;萨克森骑兵旅在博罗季诺战役中几乎完全被消灭,只有55人生还;梅克伦堡派出2000名军人,仅有59人生还。只有作为支援军团的普军和奥军损失相对较小。2万人的普军还剩下1.5万人。奥军则从出发时的3万人减少到了2万人。

(二)德意志解放战争;拿破仑帝国的垮台

拿破仑在俄国的军事失败成为雄霸一时的拿破仑帝国走向终结的转折点,也是欧洲大陆政治格局的转折点,为德意志的解放提供了机遇。

实际上,在拿破仑征俄大军撤出俄国后,已经筋疲力尽的库图佐夫并没有越界追击。他认为俄国无需再继续战争。但是亚历山大一世在施泰因的鼓动下,决定继续向溃退的法军进攻。[1] 他们还号召德国人民奋起反抗,要求德意志各邦诸侯反正,否则将被废黜。[2]

在德意志各邦中,普鲁士首先打出了解放的大旗。早在1812年11月,俄军将领保卢茨(Philipp Marquis Paulucci,1779—1849)就已经与率领普军支援军团的约克将军联系,敦促其参与对法作战。12月,约克将军率领的普军与麦克唐纳元帅的法军被俄军切开。于是这位早有反法之心的普鲁士将军在未经普王授权的情况下,于12月30日和以克劳塞维茨为顾问的俄国将军迪比奇(Hans Karl Friedrich Anton Graf von Diebitsch-Sabalkanski,1785—1831)在陶罗根附近帕舍仑村的磨坊签订"陶罗根协定"(Konvention von Tauroggen),宣布普军停火中立,并允许

---

[1] 施泰因早在1812年6月20日的备忘录中就已经鼓动沙皇要扮演"欧洲的解放者"的角色。
Karl Otmar von Aretin, *Vom Deutschen Reich zum Deutschen Bund*, S. 151.
[2] [法]乔治·勒费弗尔:《拿破仑时代》下卷,第311页。

俄军进入东普鲁士追击敌人。① 克劳塞维茨称这一行为是"历史上最勇敢的举动"②，它成为随之而来的德意志解放战争（Deutscher Befreiungskrieg)的发端。在陶罗根协定之后，作为沙皇顾问的施泰因以沙皇代表的身份到达东普鲁士，于1813年2月5日在柯尼斯堡召集等级议会，建立了临时行政管理机构，组建民兵和自由射手，形成了全民皆兵的局面。

普王弗里德里希·威廉三世起初对于约克的擅自主张颇为不满。他在获悉约克签订陶罗根协定的消息后，以违背命令为由，宣布协定无效，并免去约克的职务。只是相关指令并没有真正落实。此外，他也对施泰因在东普鲁士的作为表示不满，担心反拿破仑的起义会归于失败。然而，受拿破仑在俄国惨败的消息的鼓励和阿恩特诗歌的感染，此时一股爱国主义的热流已经席卷普鲁士各省，德意志民族解放运动已经不可遏制。

面对上述形势，弗里德里希·威廉三世才听从哈登贝格的意见，于1813年1月22日从法国控制下的柏林来到布雷斯劳。2月3日，普王号召建立志愿狙击军团。2月9日，在沙恩霍斯特的敦促下，普王又宣布，整个战争期间取消17岁到24岁男子的免役待遇，实行普遍义务兵役制，通过解放战争实现普鲁士和德意志的自由和权利。同时，他派遣克内泽贝克（Karl Friedrich von dem Knesebeck，1768—1848)前往俄军大本营拜见沙皇，商讨联盟问题。起初，双方在领土问题上无法达成协议。普鲁士要求恢复1806年时的边界，而亚历山大希望得到原先普鲁士占有的波兰领土，只答应给普鲁士等量的领土。最后，施泰因受沙皇委托前往布雷斯劳，说服普王让步。2月27日和28日，俄普两国分别在布雷斯劳和俄军最高司令官库图佐夫的卡利施大本营签订同盟条约，普鲁士

① Walter Demel und Uwe Puschner（Hrsg.），*Deutsche Geschichte in Quellen und Darstellung*，*Band 6*，*Von der Französischen Revolution bis zum Wiener Kongreß*，*1789 - 1815*，S. 60 - 61.

② Joachim Streisand，*Deutsche Geschichte von den Anfängen bis zur Gegenwart*，S. 145.

结束了摇摆不定的立场,最终站到了俄国一边。根据《卡利施条约》
(*Vertrag von Kalisch*),俄国出兵15万,普鲁士出兵8万,共同对法国作
战。3月10日是王后路易莎的生日,弗里德里希·威廉三世专门设立了
"铁十字"勋章,用于奖赏献身解放战争者。3月15日沙皇到达布雷斯
劳。3月16日普鲁士正式向法国宣战。

　　3月17日,普王发表由国务顾问希佩尔(Theodor Gottlieb von
Hippel,1775—1843)起草的《致我的人民》书①,号召普鲁士和德意志人
起来进行一场反对拿破仑统治的解放战争,宣称这是"最后的决定性的
斗争",关乎"我们的生存、独立和福祉"。普王还命令实行普遍义务兵役
制,组建民兵和战时后备军。普王的号召被视为德意志解放战争开始的
标志。② 与普王3月17日的号召相呼应,俄军总司令库图佐夫也以沙皇
的名义于3月25日发表《卡利施宣言》(*Proklamation von Kalisch*)③,
号召每一个有尊严的德意志人参加俄国和普鲁士的解放计划,将德国从
"异族压迫下解放出来",由德意志各邦诸侯和人民作主,制定一部具有
"德意志民族固有精神的"德国宪法。

　　虽然普鲁士对法宣战是拿破仑在俄国战场失败的结果,普王在选择
与俄国结盟时也犹豫再三,而且扮演的只是配角,但是就其影响而言无
疑具有重大的历史意义。它实际上将普鲁士国王放到了德意志民族反
对拿破仑统治的解放战争的领袖位置上,从而有利于提升普鲁士的政治
和军事地位。④ 由普鲁士开始的解放战争立即在德国掀起一股爱国主义
的热潮,人们表现出一种极大的兴奋和献身精神。许多德国人踊跃组建

---

① Walter Demel und Uwe Puschner (Hrsg.),*Deutsche Geschichte in Quellen und Darstellung*,
　Band 6,*Von der Französischen Revolution bis zum Wiener Kongreß*,*1789 - 1815*,S. 414 -
　416.

② Hans-Joachim Schoeps,*Preussen:Geschichte eines Staates*,S. 140.

③ 宣言原名为"致德意志人公告!"(Proklamation an die Deutschen!)。见:Walter Demel und
　Uwe Puschner (Hrsg.),*Deutsche Geschichte in Quellen und Darstellung*,*Band 6*,*Von der
　Französischen Revolution bis zum Wiener Kongreß*,*1789 - 1815*,S. 62 - 64。

④ Joachim Streisand,*Deutsche Geschichte von den Anfängen bis zur Gegenwart*,S. 146.

志愿军团,投身反抗拿破仑统治的行列,其中以吕措夫军团(Lützowsches Freikorps)[1]最为著名。

在国际上,1813 年 3 月 3 日瑞典与英国结成联盟,3 月 23 日瑞典向法国宣战。4 月英国与普鲁士、俄国签订条约,向两国提供补助金。第六次反法联盟形成。只有奥地利仍处于摇摆不定的状态。梅特涅既惧怕拿破仑卷土重来的力量,又担心俄国力量过于强大,害怕出现"前门驱狼,后门进虎"的局面,因此他宁愿继续观望。

虽然新的反法联盟已经形成,但是该联盟在 1813 年春季所面临的形势依然很严峻。尽管英国、瑞典已经加入联盟,但是在战场上暂时仍只有俄、普两国对付拿破仑。拿破仑在 1813 年春天迅速重新组建了一支 35 万人的军队,通过法兰克福向萨克森进军,他还命令与法国结盟的相关德意志邦国派出军队同行。而当时俄国派往第一线的兵力只有 7 万人左右,普鲁士经过动员征召,正规军达到 12 万余人,另有约 15 万后备民兵。因此,拿破仑在军队规模上仍处于优势。面对法军的优势兵力,联军最高指挥官库图佐夫并没有采纳沙恩霍斯特提出的迅速纵深进击德国的建议,而是缓慢地经过萨克森,向图林根进发。

1813 年 4 月初,得到加强的法军在易北河下游和中游地区迎击俄普联军。4 月 2 日和 5 日,两军分别在吕讷堡和缪尔凯恩展开血战。4 月底,接替库图佐夫(已经去世)的俄军总司令维特根施泰因侯爵率领俄普联军 9 万人到达图林根东部的莱比锡地区,与拿破仑率领的 12 万大军相遇。5 月 2 日,双方军队在吕岑附近爆发大格尔申会战(Schlacht bei Großgörschen),结果联军失败,被迫撤出萨克森,退到施普雷河右岸布防。沙恩霍斯特在这一战役中腿部受伤,不久去世。萨克森国王弗里德

---

[1] 吕措夫军团是普军少校吕措夫(Ludwig Adolf Wilhelm Freiherr von Lützow,1782—1834)1813 年 2 月在西里西亚组建的一个志愿军团,队伍中集中了雅恩、诗人科尔纳(Theodor Körner,1791—1813)等一些著名人物。吕措夫军团成员身着黑色制服,红色衣领和肩章,佩以金色的纽扣。因为该军团制服为黑色,所以又称"黑色支队"(Schwaze Schar)。黑、红、金三色此后成为德国人民追求民主、自由的象征。

里希·奥古斯特（Friedrich August Ⅰ，1750—1827）也因此又站到了法国一边。5 月 20—21 日，双方军队又在包岑展开激战，法军虽然遭受重大伤亡，仍取得胜利，俄普联军则再次遭到重创，被迫继续向西里西亚后撤。

然而，就在这时，拿破仑犯了一个"最严重的错误"①。他没有乘胜追击，而是向联军提出了停火的建议。6 月 1 日双方临时停火 36 小时，6 月 4 日双方签订了《普莱斯维茨停战协定》（*Waffenstillstand von Pleiswitz*），又称《波伊施维茨停战协定》（*Waffenstillstand von Poischwitz*）②，规定正式停火至 7 月 26 日。后来停火期限又延长至 8 月 10 日。他想借此机会加强自己的军力，却同时给了对手以喘息之机。实际上，此时拿破仑手中尚有 10 万兵力，而联军已经只有 6.5 万人。③

在停战期间，双方都积极备战，但联军受益明显多于法军。俄普两国不仅在失败和惊恐中稳住了阵脚，而且进一步扩大了反法联盟的力量。6 月 14 日，普鲁士与英国签订《赖兴巴赫协定》（*Konvention von Reichenbach*），规定英国从财政和军事上支持解放被法国占领的普鲁士和汉诺威。奥地利也加入到反法联盟行列。拿破仑原本想把保持中立的奥地利拉入自己的阵营，他甚至提出由皇后玛丽·路易莎担任摄政，以讨好奥地利。但是梅特涅的目标是，在欧洲大陆构建一种均势，既不想法国也不想俄国过于强大。同时他也想扮演调停者的角色，以强化奥地利的政治地位。6 月 27 日，俄普奥三个大陆强国签订《赖兴巴赫条约》（*Vertrag von Reichenbach*），确定了对法国媾和的条件，并由奥地利以最后通牒的方式通知拿破仑：解散华沙公国；伊利里亚归还奥地利；恢复汉萨同盟各城市的独立地位；重建普鲁士，法军从普鲁士各要塞撤出。若

---

① Karl Otmar von Aretin，*Vom Deutschen Reich zum Deutschen Bund*，S. 153.

② 普莱斯维茨（Pleiswitz，也称 Pläswitz）位于施特里高县，波伊施维茨位于尧尔县，二者位于西里西亚，互相交界。

③ Friedrich Saalfeld，*Geschichte Napoleon Buonaparte's，zweiter Theil*，Stuttgart：Verlag August Friedrich Macklotz，1818，S. 414.

法国拒绝上述条件,奥地利将出兵 15 万参加对法战争。随后梅特涅以调停人身份到德累斯顿会见拿破仑,称奥地利在强制调停,若调停被拒绝,奥地利将加入联军方面作战。但是拿破仑拒绝了奥地利的调停。8 月 11 日,奥地利向法国宣战。联军力量因此大大加强。

面对余威犹在的军事天才拿破仑,多次遭到失败的联军也开始改变战略。6 月 12 日,普王弗里德里希·威廉三世、沙皇亚历山大一世和瑞典王储贝尔纳多特(Jean-Baptiste Bernadotte, 1763—1844)[1]共同制订了"特拉亨贝格战争计划"(Trachenberg-Plan; Trachenberger Kriegplan)。该计划是听取了曾经是法军元帅的贝尔纳多特和奥军总参谋长拉德茨基(Josef Wenzel Radetzky von Radetz, 1766—1858)的意见后形成的。根据该计划,联军分成相互照应的三支队伍,它们分别是:施瓦岑贝格率领的主力部队波希米亚方面军,共 25 万余人(奥军 12.7 万人,俄军 8.2 万人,普军 4.5 万人);布吕歇尔将军率领的西里西亚方面军,共 10 万余人(俄军6.6 万人,普军 3.8 万人);贝尔纳多特率领的北方军,共 12 万多人(普军 7.3 万人,俄军 2.9 万人,瑞军 2.3 万人)。战争原则是,敌进我退,有计划地回避拿破仑,只与其下属交战,以避敌军锋芒。最后目标是,三支队伍汇合,与法军进行决战。

8 月 15 日,布吕歇尔首先在包博尔河畔向法军发起进攻,揭开了 1813 年秋季战役的序幕。拿破仑试图通过迅速有力的决战挫败新的反法联盟。因此他立即赶来迎击,但是布吕歇尔却迅速撤出了战斗。此后,他转而向德累斯顿进发,迎击施瓦岑贝格。8 月 26 日和 27 日的德累斯顿战役(Schlacht von Dresden)中,拿破仑取得了对联军的胜利。然而其他各路法军却纷纷被联军打败。8 月 26 日麦克唐纳元帅在卡茨巴赫被布吕歇尔打败,8 月 30 日旺达姆将军(Dominique Joseph Vandamme, 1771—1830)在库尔姆被克莱斯特(Friedrich von Kleist,1762—1823)打

---

[1] 贝尔纳多特即瑞典国王卡尔十四世·约翰(Karl XIV Johann,1763—1844,1818—1844 年在位)和挪威国王卡尔三世·约翰(Karl III Johann,1818—1844 在位)。

败,9 月 6 日奈伊统率的法军在登讷维茨被比洛(Friedrich Wilhelm Freiherr von Bülow,Graf von Dennewitz,1755—1816)打败。法军开始陷于被动。

与拿破仑的不利形势相反,反法联盟由于胜利而进一步得到巩固和壮大。9 月 9 日,哈登贝格、梅特涅和俄国国务秘书涅谢尔罗杰(Karl Robert Graf von Nesselrode,1780—1862)在泰普利茨签订普奥和普俄双边条约,即所谓的《泰普利茨同盟条约》(*Allianzverträge von Teplitz*)。该条约规定:要在欧洲"重建合理的力量均衡";将根据 1805 年的状况重建普鲁士、奥地利、汉诺威和北德各邦;解散莱茵邦联。10 月 3 日,英奥两国也在泰普利茨签订同盟条约。[①] 10 月 8 日,由于梅特涅的鼓动,巴伐利亚的弗雷德伯爵(Karl Philipp Graf von Wrede,1767—1838)与奥地利的罗伊斯侯爵(Fürst Heinrich ⅩⅤ zu Reuβ,1751—1825)签订《里德条约》(*Vertrag von Ried*),据此,巴伐利亚的主权和领土得到保证;巴伐利亚脱离莱茵邦联,转而加入反法联盟,出兵参加对拿破仑的战争。[②]《里德条约》是对拿破仑极其沉重的打击,它不仅在面临决战之际削弱了法军力量,而且为其他莱茵邦联成员树立了仿效的榜样。

与此同时,一场决定性的会战已经在莱比锡悄然准备着。由于法军在 8 月和 9 月遭到一系列的军事失败,而且又无法找到敌人决战,加上补给困难和部队减员迅速,拿破仑不得不从德累斯顿后撤,于 10 月 14 日到达莱比锡附近集结。联军则遵循已有计划,由贝尔纳多特从北面,

---

① Walter Demel und Uwe Puschner (Hrsg.), *Deutsche Geschichte in Quellen und Darstellung*, Band 6, *Von der Französischen Revolution bis zum Wiener Kongreβ*, *1789 - 1815*, S. 66 - 68; Katja Frehland-Wildeboer, *Treue Freunde? Das Bündnis in Europa 1714 - 1914*, München: Oldenbourg Wissenschaftsverlag, 2010, S. 195 - 196.

② Walter Demel und Uwe Puschner (Hrsg.), *Deutsche Geschichte in Quellen und Darstellung*, Band 6, *Von der Französischen Revolution bis zum Wiener Kongreβ*, *1789 - 1815*, S. 69 - 71; Andreas Klaus, Max Spindler, *Geschichte Frankens bis zum Ausgang des 18. Jahrhunderts*, München: Verlag C. H. Beck, 1997, S. 531.

施瓦岑贝格从南面,分头进击莱比锡。这时,拿破仑在莱比锡周围的军队只有 16 万人,而联军则有 32 万人①,占有明显优势。

10 月 16 日,决定欧洲和德意志命运的莱比锡民族大会战(Völkerschlacht bei Leipzig)在莱比锡周围展开。从阵势上看,在这一战役中,欧洲大陆上所有的统治者几乎悉数登场,包括三位皇帝、三位国王、两位王储和众多的亲王和诸侯。② 清晨,施瓦岑贝格的联军主力首先在城南的瓦豪发起进攻。拿破仑因等待麦克唐纳的援军,没有进行决定性的进攻。在北面,布吕歇尔属下的约克军团向马尔蒙(Auguste de Marmont,Duc de Raguse,1774—1852)率领的法国军团发起进攻,并将敌人赶出了默凯恩。与此同时,贝尔纳多特的北方军和俄奥两国的支援部队正在赶来。面对这一不利局面,拿破仑于 17 日向联军提出停火建议,以争取时间,同时将他的部队转入防御阵地。但是,联军没有接受拿破仑的建议,并于 18 日发起进攻。此后,虽然拿破仑打退了波希米亚方面军的进攻,西里西亚方面军和北方军却在莱比锡北面取得了决定性的胜利,诺曼伯爵(Karl Graf von Normann-Ehrenfels,1784—1822)率领的萨克森军队和符滕堡军队阵前倒戈,更加速了法军的失败。最后,法军被迫退入莱比锡城内。18 日夜间直到 19 日,法军开始撤退。19 日中午,当比洛率军攻克莱比锡时,城内已经只有法军丢下的 2 万伤兵和病号。在这场战役中,双方都遭受了重大损失,其中,联军伤亡 5 万多人,法军死伤 6 万人。联军之所以在该战役中能够取得胜利,一是大的战略格局非常有利,二是在兵力上拥有绝对优势。

莱比锡战役标志着拿破仑在德意志的统治开始崩溃。战役结束后,这位法国皇帝带着 8 万残兵败将一路向西狂奔,经爱尔福特等地,抵达

---

① 有关联军的数量,相关记载有所出入,有史著认为是 30.9 万人,但不影响联军拥有数量优势的史实。见 Paus Rittel (Hrsg.), *Die deutschen Befreiungskriege*: *Deutschlands Geschichte von 1806 - 1815*, *Zweiter Band*, Berlin: Verlag von Paul Rittel, 1901, S. 667 - 668。

② Paus Rittel (Hrsg.), *Die deutschen Befreiungskriege*: *Deutschlands Geschichte von 1806 - 1815*, *Zweiter Band*, S. 668.

美因河。10 月 30—31 日，拿破仑在哈瑙击败了准备拦截他的弗雷德将军指挥的巴伐利亚和奥地利军队，11 月 1 日在美因茨渡过莱茵河，回到法国境内。曾经加入法国方面作战的各德意志邦国也纷纷倒戈或瓦解。在得到梅特涅给予的主权和领土完整的保证后，符滕堡、巴登、黑森-达姆施塔特和拿骚等莱茵邦联成员立即效仿巴伐利亚，投入联盟一边。威斯特伐利亚、贝格和法兰克福等法国扶植起来的邦国则解体，其所属领土，一部分由原先被赶走的诸侯占领，一部分由施泰因领导的中央委员会管理。到 1813 年底，莱茵河东岸的德意志地区已经基本解放。

　　在联军节节胜利的形势下，联军内部就是否越过莱茵河进攻法国出现了分歧。梅特涅担心过于强大的俄国会危及奥地利的利益，企图与拿破仑妥协，以便保留一个强大的法国与俄国抗衡；同时他也和德意志各邦的统治者一样，一方面需要动员人民积极参加反对拿破仑的战争，为"自由"和"解放"而斗争，另一方面又要抑制因此鼓动起来的臣民们的民族激情。① 因此，他力主议和。普王实际上也倾向于放弃早在 1795 年就已经割让出去的莱茵河西岸地区。只有沙皇力主把战争推进到法国。②11 月召开的法兰克福和平会议上，根据梅特涅的建议，反法联盟提出在保留莱茵河、阿尔卑斯山和比利牛斯山为法国"天然疆界"的基础上与法国和谈，但遭到拿破仑的拒绝。

　　1814 年 1 月，联军兵分三路越过莱茵河，进入法国境内。施瓦岑贝格的主力军团在巴塞尔渡过莱茵河，占领朗格勒高地；布吕歇尔的军队则于除夕之夜在考布渡过中莱茵，进入香槟地区；北方军的一部由贝尔纳多特率领对丹麦作战，另一部则在比洛的率领下经比利时进入法国北部。此后，战争双方互有胜负。布吕歇尔于 2 月 1 日在拉罗特埃尔取得了对拿破仑的一次重大胜利，但在 2 月 10—14 日的尚波贝尔、蒙米赖和

① Wolfram Pyta（Hrsg.）, *Das europäische Mächtekonzert：Friedens-und Sicherheitspolitik vom Wiener Kongress 1815 bis zum Krimkrieg 1853*, Köln, Weimar, Wien：Böhlau Verlag, 2009, S. 18 - 19.

② Karl Otmar von Aretin, *Vom Deutschen Reich zum Deutschen Bund*, S. 156.

沃尚等战役中被法军打败。施瓦岑贝格则于 2 月 27 日在奥布河畔巴尔打败了法军。3 月 7 日拿破仑在克拉奥讷战役(Schlacht bei Craonne)中打败了俄军,却在 9—10 日的拉昂战役(Schlacht bei Laon)中被俄军打败。

在此期间,联盟内部再次出现分歧。梅特涅主张暂停军事行动,进行和谈。沙皇主张坚决进行战争,推翻拿破仑,除去其最可怕的对手。他的主张得到英国外交大臣卡斯尔雷(Henry Robert Stewart Viscound Castlereagh,1769—1822)的支持。3 月 1 日,联盟在肖蒙召开会议,协调立场。3 月 9 日英、奥、俄、普四国签订《肖蒙条约》(Vertrag von Chaumont),重申不单独与法国媾和,法国必须退回到 1792 年以前的疆界,恢复波旁王朝在法国的统治,要在民族独立和均势的基础上重建欧洲和平。①

此后,联军迅速向巴黎推进。3 月 21—22 日,联军在奥布河畔阿尔西战胜拿破仑。3 月 25 日联军又在打败了马尔蒙和莫蒂埃(Édouard Mortier,1768—1835)率领的防守巴黎的法军。3 月 30 日普军和俄军分别从北面和东面攻入巴黎。31 日亚历山大一世和弗里德里希·威廉三世进入巴黎。4 月 6 日拿破仑不得不在枫丹白露宣布退位。4 月 11 日,拿破仑与奥、俄、普等国签订《枫丹白露条约》(Vertrag von Fontainebleau),拿破仑及其继承人放弃法国和意大利的王位,但是他获得地中海上的厄尔巴岛(Elba)作为终身居住地,并享受君主权力;皇后玛丽·路易莎获得意大利的帕尔马公国;其子将继承母亲的遗产和帕尔马公爵头衔。法王路易十六的弟弟普罗旺斯伯爵(Graf von Provence)回国登位,即路易十八(Ludwig ⅩⅧ,1755—1824,1814—1824 年在位)。第六次联盟战争结束。

5 月 9 日,反法联盟与法国开始和平谈判。由于法国外交大臣塔列

---

① *Allgemeine deutsche Real-Enzyklopädie für die gebildeten Stände*, *Zweiter Band*, Leipzig: Verlag F. A. Brockhaus,1824,S. 477.

朗利用反法联盟的分歧，取得了亚历山大一世的支持，加之联盟各国政治家不愿让复辟的波旁王朝承担过重的压力，双方于 5 月 30 日签订了对法国相当宽容的《第一巴黎和约》(*Erster Pariser Frieden*)[①]：法国保持 1792 年 1 月 1 日前的疆界；荷兰、瑞士、德意志各邦恢复独立；英国归还战时获得的除毛里求斯、马耳他、多巴哥和圣卢西亚外的大部分法国殖民地；订约各方在两个月内赴维也纳，讨论补充和完善该和约的各项安排。和约既没有要求战争赔款，也没有要求归还拿破仑从被征服国家掠夺来的艺术品。

《第一巴黎和约》对德意志问题的处置明显违背了德国人民的民族愿望。德意志各邦除了从拿破仑的统治下解放出来外，在领土问题上根本就不像胜利者。莱茵河西岸等许多原先属于德意志的地区仍处于法国统治之下。所有这些问题，都有待于即将召开的维也纳会议来解决。

第二节　维也纳会议和德意志的新秩序

一、维也纳会议

拿破仑帝国垮台后，各战胜国根据《第一巴黎和约》的规定，于 1814 年 10 月 1 日至 1815 年 6 月 9 日在奥地利首都维也纳召开全欧性国际会议，即著名的维也纳会议(Wiener Kongreβ)[②]。200 个左右国家、领地、城市的代表应邀参加了这次会议。众多的皇帝、国王、大公、公爵、侯爵、政治家、外交家聚会维也纳，核心人物是俄国沙皇亚历山大一世、普鲁士国王弗里德里希·威廉三世、英国外交大臣卡斯尔雷、奥地利首相梅特

[①] Walter Demel und Uwe Puschner (Hrsg.)，*Deutsche Geschichte in Quellen und Darstellung*，Band 6，*Von der Französischen Revolution bis zum Wiener Kongreβ*，*1789 - 1815*，S. 72 - 75.

[②] 有关维也纳会议的详细文献资料见 Johann Ludwig Klüber (Hrsg.)，*Acten des Wiener Congresses in den Jahren 1814 und 1815*，*Erster Band bis Neunter Band*，Erlangen：Palm und Ernst Enke Verlag，1815 - 1835.

涅、普鲁士总理大臣哈登贝格等人。法国外交大臣塔列朗也参加了会议。会议中起主要作用的是俄、英、奥、普四大战胜国。实际上,一切重大问题都是由这四个国家策划决定的。大会的主要目的是要在长达22年的战争之后重新确定欧洲各国的疆界和秩序。这次大会的东道主是奥皇弗兰茨一世,实际扮演主角的却是主导奥地利外交事务的梅特涅。正是在梅特涅的杰出外交手腕的运作下,古老的哈布斯堡君主国最后一次在欧洲外交舞台上担任了"领导性的力量角色"[1]。梅特涅办公所在的巴尔豪斯普拉茨宫(Palais am Ballhausplatz)则成了欧洲的政治中心。

维也纳会议是一次别开生面的国际盛会。其一,除土耳其之外的欧洲政要几乎都参加了会议。担任大会秘书长的弗里德里希·冯·根茨在一封信中描绘了这一大会的盛况:"维也纳这座城市展示出从未有过的不可思议的光景。这里汇聚了欧洲所有的显赫人物,他们都以引人注目的方式登场。"[2]其二,会期长达8个多月,延续时间之长前所未有。其三,会议打破了传统的国际会议模式,整个会议在歌舞升平中进行。当时的奥地利政府竭尽所能,力图使来自全欧洲的政要们都过得舒服些,因此会议安排了一系列的社交和娱乐活动。与会的奥地利元帅利格纳侯爵(Charles Joseph Fürst de Ligne,1735—1814)戏称维也纳会议为一次"跳舞会议",因为会议始终在"跳舞"中进行。几乎所有重要的决定都是在歌舞中作出的。他有关此次会议的描述也成为日后史家争相引证的经典素材:"欧洲就在维也纳。政治的地毯完全由各种庆典交织而成。会议不是在走着而是在跳着前行。"[3]

各战胜国宣扬维也纳会议的目的是处理战后问题,重建欧洲的社会秩序和建立"持久和平",实际任务则主要集中在三个方面:恢复法国大

---

[1] Peter Csendes, Ferdinand Opll (Hrsg.), *Wien: Geschichte einer Stadt von 1790 bis zur Gegenwart*, Wien, Köln, Weimar: Böhlau Verlag, 2006, S. 97.

[2] Manfred Görtemaker, *Deutschland im 19. Jahrhundert*, Opladen: Verlag Leske + Budrich, 1986, S. 69.

[3] Karl Otmar von Aretin, *Vom Deutschen Reich zum Deutschen Bund*, S. 158.

革命前的旧欧洲政治秩序；重新划分欧洲版图和瓜分海外殖民地；建立新的欧洲国际政治体系。其中，受法国大革命和拿破仑战争冲击最大的德意志无疑是各列强关注的焦点。

维也纳会议是一个传统贵族居于支配地位的会议，其政治取向不言而喻。俄、奥、英、普四国在恢复欧洲封建秩序问题上态度一致，但是在分割领土以及建立新的欧洲国际政治体系方面充满了矛盾。奥地利首相梅特涅的主要目标是：恢复奥地利对意大利的统治；保持奥地利哈布斯堡王朝在德意志乃至整个中欧地区的领导地位；在欧洲建立一种均势体系，既防止俄国也防止法国在欧洲大陆称霸。沙皇亚历山大一世自恃在打败拿破仑的过程中发挥了决定性作用，希望获得波兰的绝大部分作为报酬，建立由他兼任国王的波兰王国；保持德意志的分裂局面，以便控制中欧；倚仗强大的军事力量确立在欧洲大陆的霸主地位。英国代表卡斯尔雷也主张建立一个均势的和保守稳定的欧洲，既反对俄国过分强大，也希望削弱法国这个海外殖民争霸的老对手。他希望加强中欧的奥地利和普鲁士，以便牵制法俄两国。普王弗里德里希·威廉三世则希望利用这次会议为普鲁士谋取最大的利益。他要求尽可能多地获得领土补偿，提高普鲁士的地位，准备与奥地利争夺在德意志的领导权。战败国法国的主要目标则是尽可能减少损失，维护它的大国地位和领土完整，同时反对德意志的统一努力。圆滑的法国外交大臣塔列朗充分利用反法联盟内部的矛盾来改善自己的处境，最后把四强会议变成了五强会议。

维也纳会议在处理相关问题时遵循了五条原则。一是塔列朗提出的所谓"正统原则"（Legitimitätsprinzip）。根据该原则，必须清除拿破仑建立起来的欧洲国际体系，恢复波旁王朝等旧的合法王朝的统治。塔列朗提出这项原则，目的有二：一方面想以此来保障革命前的法国疆界，另一方面他要以此掩饰法国的战败国地位，取得与其他战胜国同等的权利。第二是所谓的"复辟原则"（Restaurationsprinzip），即恢复1789年以前的政治和社会状况。根据这一原则，虽然无法完全恢复因革命造成的所有变动,但必须尽可能地消除诸如自由主义和民族主义运动等革命的因素。第三个原则是对内"君主专制"(monarchische Autorität)。第四个原则是对外政策方面的"团结一致"(Solidarität)。这两大原则主要是用以确保恢复革命前的政治和社会秩序,稳定传统贵族精英的统治,使各国君主在面对革命思想和革命运动时能够一致对敌。第五是均势原则(Gleichgewichtsprinzip)。这一原则的目标是要重新建立欧洲的均势格局,防止因争霸而发生战争。

欧洲各国君主为了维持和巩固自己的统治,恢复旧的政治和社会秩序,都接受了"正统原则"。但是在疆界的重新划分等问题上,列强之间显然矛盾重重。

波兰和萨克森问题是列强斗争最激烈的焦点,会议为此一度险些破裂。1813 年,在追击拿破仑军队的过程中,俄军占领了华沙公国。沙皇亚历山大一世因此明确提出在华沙公国之上建立由自己担任国王的波兰王国。这一要求遭到其他列强的强烈反对。普鲁士认为,自己是对法战争的胜利者,应该恢复 1805 年以前的领土状况,并在此基础上有更多的斩获,其中包括得到汉诺威,因此不愿意把瓜分波兰过程中获得的领土转让给俄国。但是它不敢得罪俄国,而汉诺威又是英国国王的属地,所以转而要求得到拿破仑的同盟者萨克森作为补偿。俄国为了获得波兰,明确支持普鲁士的要求。[1] 奥地利既反对俄国吞并华沙公国,也反对普鲁士吞并萨克森,担心两者会因此增强力量,威胁欧洲均势和奥地利在德意志的领导地位。英国也反对俄国和普鲁士的要求,担心俄国过分强大会破坏欧洲均势格局。法国既不愿意俄国得到波兰,也不愿意普鲁士吞并萨克森。塔列朗担心一旦普鲁士获得富庶的萨克森,力量会迅速增强,威胁邻国的安全。起初,这位法国外交大臣以"正统原则"为幌子,要求让在战争中被俘的维廷王室(Haus Wettin;Wettiner)的萨克森国

---

[1] Friedrich Bülau, *Geschichte Deutschlands von 1806 – 1830*,Hamburg:Friedrich Perthes Verlag,1842,S. 312.

王兼华沙公国公爵弗里德里希·奥古斯特一世①复位,在没有得到其他列强响应的情况下,就加入奥地利和英国一方。得不到萨克森的普鲁士十分恼怒,开始进行军事准备,欲通过战争来实现自己的目标。反法联盟开始分裂,陷于战争边缘。②

基于反对俄普两国扩张计划方面的一致性,加之面临着普鲁士的战争威胁,英、奥、法三国在英国的推动下,于 1815 年 1 月 3 日签订了一个针对俄、普的秘密同盟条约。③ 荷兰、巴伐利亚和汉诺威也加入了这一条约。根据该条约,如果缔约国一方遭到来自一国或几国的威胁时,其他两国要给予援助;若和平方式的援助不能奏效,其他两国应各出兵 15 万援助遭受进攻的盟国。三国相约不单独与敌人媾和。

亚历山大一世不愿冒险与三大国开战,遂在波兰和萨克森问题上做出一些让步。他提议分割萨克森和再次瓜分波兰。卡斯尔雷也支持这一建议。冲突风险因此得以化解。1815 年 1 月 7 日召开了包括法国第一次参加的五强大臣委员会会议。2 月 11 日,经过激烈的斗争,各方终于在波兰和萨克森问题上达成了协议。据此,俄、普、奥对波兰进行了第四次瓜分,普鲁士在萨克森问题上的要求也得到了部分满足。

二、欧洲政治地理的变化和德意志的新秩序

维也纳会议通过领土疆域的划分确立起新的欧洲政治地理。战败的法国和丹麦等国领土有所损失。就法国而言,由于塔列朗以退为进,提出"正统原则",虽然必须退还 1795 年到 1810 年间兼并的领土,却保住了 1792 年以前的疆域,实际上是一个巨大的胜利;同时法国还获得了

---

① 弗里德里希·奥古斯特一世从 1806 年开始为萨克森第一任国王,1791 年被选为波兰国王,1807 到 1815 年为华沙公爵。

② Peter Csendes, Ferdinand Opll (Hrsg.), *Wien: Geschichte einer Stadt von 1790 bis zur Gegenwart*, S. 98.

③ 有关这一秘密同盟条约(法文)见 Johann Ludwig Klüber (Hrsg.), *Acten des Wiener Congresses in den Jahren 1814 und 1815*, *Neunter Band*, Erlangen: Palm und Ernst Enke, 1835, S. 177 - 184. 缔结同盟的具体情况见此条约的编者附言,S. 184 - 186。

与其他欧洲列强平等的权利,大国地位得到确认。丹麦由于支持拿破仑而受到惩罚。根据 1814 年 1 月 14 日英国、瑞典与丹麦之间签订的《基尔和约》(*Frieden von Kiel*),丹麦必须割让挪威给瑞典。与此同时,它获得吕根岛和前波美拉尼亚,但这两块地方要割让给普鲁士。作为补偿,丹麦获得劳恩堡公国和一笔补偿金。

俄国获得了华沙公国的大部分,组成了新的由沙皇统治的波兰。同时,它抢夺的芬兰领土和比萨拉比亚地区也得到确认,俄国势力因此进一步向西方扩张。英国在拿破仑统治时期获得的好处得到确认。马耳他、黑尔戈兰等岛屿仍保留在英国的控制之下,地中海上的爱奥尼亚群岛也落入英国人保护之下。

此外,为了遏制法国,防止其再次威胁欧洲均势,会议决定增强法国周边国家的力量。在法国东边,德意志大邦普鲁士成为与之相邻的国家;在东北部,荷兰由于兼并了原来的奥属尼德兰和马斯河地区而进一步扩大;在东南部,撒丁王国收回萨伏依、皮埃蒙特和尼斯,还获得了热那亚。两国因此上升为中等强国。[①]

其他国家,诸如西班牙、葡萄牙和那不勒斯等,都恢复了旧的王朝统治。意大利则由于奥地利控制着上意大利地区,仍处于四分五裂状态。

维也纳会议的一个中心议题是德意志问题。德意志问题的处理最终要根据各欧洲列强的要求来加以设定。1814 年 5 月 30 日的《第一巴黎和约》第六条规定,"德意志各邦独立并且通过联邦形式统一起来"。但是有关战后德意志问题的具体安排,包括各邦领土的划分和调整、新的宪法结构和政治秩序等,并没有明确的规定。在维也纳会议上,各大国根据意见一致的原则对德意志各邦的领土进行了调整和重新划分,相关结果一并纳入维也纳会议最后决议中。有关领土的调整和重新划分

[①] 有关维也纳会议对于欧洲政治地理的安排,见 „Der Wiener Kongreβ und die politische Geographie Europas", in Louis Bergeron, François Furet, Reinhart Koselleck (Hrsg.), *Das Zeitalter der europäischen Revolution 1780—1848*, Frankfurt am Main: Fischer Taschenbuch Verlag, 1969.

对德意志的未来走向产生了重要影响。

　　普鲁士虽然没有完全实现其在领土方面的愿望，但通过补偿形式，仍收获颇丰。在东部地区，它必须放弃第三次瓜分波兰时获得的大部分领土，只能得到但泽、托伦和波森。包括首都华沙在内的大部分地区组成了俄国控制下的"波兰王国"（Königreich Polen）；作为在东部地区损失的补偿，普鲁士在北部和西部的疆域面积有明显增长。在北部地区，它用汉诺威的劳恩堡换取了丹麦在波罗的海沿岸的前波美拉尼亚和吕根岛；在西部地区，它获得了特里尔、科隆、亚琛、威斯特伐利亚、于利希、贝格等地区，还得到了明斯特和帕德博恩。由此在德意志西部地区构成了与易北河以东的本土分离的第二块普鲁士领土。此外，普鲁士还得到了包括维滕贝格、托尔高和格尔利茨在内的萨克森北部地区，构成了新的萨克森省（Provinz Sachsen）。

　　普鲁士的新领土构成对其本身乃至整个德国都具有重大的历史影响。其一，由于获得了莱茵兰的大片土地，普鲁士成为直接与法国相邻的德意志邦国。英国支持普鲁士增加其在西部的疆土，目的就是为了让普鲁士抗衡法国。[1]　其二，领土分成东西两块的这种不利格局使得普鲁士无法"满足于"现状，它必然会要求将两者合并连接起来。其三，随着在德意志西部的领土的增长，普鲁士这一边陲蛮邦更加"德意志化"，为其日后进一步影响德意志历史的发展奠定了基础。正是从这一意义上，著名历史学家托马斯·尼佩代（Thomas Nipperdey，1927—1992）认为，"普鲁士在莱茵河附近的加强是德意志历史最重要的事实之一，是1866年到1871年德意志帝国建立的基础。"[2]

　　与普鲁士相比，奥地利在领土调整中并没有获得很大利益。它虽然拿回了拿破仑战争时期失去的蒂罗尔、福拉尔贝格、的里雅斯特、克莱

---

[1] Martin Vogt(Hrsg.)，*Deutsche Geschichte：Von den Anfängen bis zur Wiedervereinigung*，S. 365.

[2] Wolfram Siemann，*Vom Staatenbund zum Nationalstaat：Deutschland 1806 - 1871*，München：Verlag C. H. Beck，1995，S. 314.

恩、伊斯特里亚、达尔马提亚、萨尔茨堡、因菲特尔等地，在上意大利地区也夺回了威尼西亚和伦巴底，弗兰茨大公回到了摩德纳，费迪南德大公回到了托斯卡纳，拿破仑的妻子玛丽·路易莎获得了帕尔马，但是，它却不得不放弃对于原先的奥属尼德兰的诉求。更为重要的是，奥地利原先在上莱茵的领地①再也没有能拿回来，从而丧失了它在南德意志地区的强势地位。这意味着奥地利的领土构成出现了与普鲁士截然相反的发展趋势，它正在从德意志撤出自己的影响力。

德意志其他邦国的领土也有调整。巴伐利亚由于将蒂罗尔还给了奥地利，得到了整个法兰克尼亚和普法尔茨的一部分作为补偿。它原本希望得到的美因茨却给了黑森-达姆施塔特，因此领土野心没有得到满足。至于符滕堡、巴登、黑森-达姆施塔特和拿骚公国，则保住了它们在莱茵邦联时的领土。在德意志的世袭王朝邦国中，除了原先莱茵邦联的伊森堡和莱恩外，其他邦国都保存了下来。除了汉诺威外，不伦瑞克、奥尔登堡、黑森-卡塞尔、黑森-洪堡也都成为拥有主权的诸侯邦国。汉堡、吕贝克、不来梅和美因河畔法兰克福则成为城市诸侯邦。

在这次领土的调整中，萨克森成了德意志各邦中领土损失最大的邦国。作为对其在解放战争中与拿破仑重新结盟的惩罚，萨克森几乎丧失了 2/3 的领土和 40% 的人口。其割让的领土主要落入普鲁士手中，萨克森-魏玛-埃森纳赫也获得了其中的一部分。

需要指出的是，虽然维也纳会议奉行"正统原则"，要求恢复法国大革命之前各封建王朝的合法统治，但是在德意志，这一原则显然已经无法完全实现。拿破仑统治时期的帝国直属领地归并和教会地产世俗化并没有因为被合并的原统治者们的抗议而取消。因此，与革命前相比，德意志邦国的数量还是有明显的减少，德国四分五裂状况有了一定的改善。

德意志问题的另一项重要内容是宪法问题。1813 年的《卡利施宣

---

① 即前奥地利（Vorderöstereich），是蒂罗尔和巴伐利亚以西哈布斯堡家族占有的领地的总称。

言》中已经明确提出了由德意志各邦诸侯和人民作主,制定一部具有"德意志民族固有精神的"德国宪法的问题。但是,要制定这样一部宪法显然有很大的困难,因为旧帝国已经不复存在,而且德意志的未来架构不仅涉及到欧洲各列强的利益,还涉及到德意志各邦的主权利益。①

第一个有关德意志国家的未来架构问题是在 1814 年 3 月由施泰因、威廉·冯·洪堡和汉诺威的代表明斯特伯爵一起敲定的。施泰因和洪堡为制定未来的德意志国家宪法提出了具体的设想,这一设想类似旧的帝国宪法,即将奥地利、普鲁士都纳入一个由皇帝领导的德国之中。它反映了施泰因想重建神圣罗马帝国的愿望。一些小邦和已经被取消独立的邦国的代表也支持建立一个由皇帝统治的帝国,想借机巩固或恢复原有的地位。但是中等邦国都反对过于严格的统一。普鲁士从自身的利益出发,也不愿意对各邦的自主性加以限制。因此,哈登贝格对这一设想进行了修改,于 1814 年 8 月形成了所谓的"四十一条"(Die 41 - Artikel),于 9 月初提交给了梅特涅。该方案贯彻的是以普奥两强统治为基础的联邦制思想。根据该方案,居于帝国最高端的是执政府,由奥地利和普鲁士组成;整个德国划分为 9 个区,其中奥地利和普鲁士各负责三个,汉诺威、巴伐利亚和符腾堡各负责一个。各区执政官组成有表决权的各区最高长官委员会,每区一票,从而保证普鲁士和奥地利在委员会中的优势地位。委员会设执行主席,决定宣战、媾和,负责外交事务和指挥武装力量。与各区最高长官委员会相对应的是诸侯委员会,它仅仅负责制定法律。②

梅特涅则提出了自己的"十二点计划"(12-Punkte-Plan)。该计划与哈登贝格的方案都主张建立一个具有联邦性质的、联系紧密的新德意志国家。因此,经过协商沟通之后,1814 年 10 月普奥两国推出了一个共同的宪法草案。该草案与哈登贝格的方案没有质的区别,只是执政府改由

---

① Wolfgang Hardtwig und Helmut Hinze（Hrsg.）, *Deutsche Geschichte in Quellen und Darstellung*, Band 7, *Vom Deutschen Bund zum Kaiserreich 1815 - 1871*, S. 35.

② Karl Otmar von Aretin, *Vom Deutschen Reich zum Deutschen Bund*, S. 160.

奥地利主导。①

　　但是普奥两国的宪法草案最终遭到失败。巴伐利亚和符滕堡等中等邦国既反对对自己主权的限制,又反对普鲁士和奥地利的霸主地位。更重要的是,有关萨克森和波兰问题上的冲突使梅特涅转而站到了汉诺威和巴伐利亚等反对力量一边。普鲁士明目张胆的扩张意图显然是他无法忍受的。对于他而言,奥地利在德意志的强权地位比许多德国人所渴望的统一强大的德意志国家更重要。此外,无论从国际政治环境还是德意志的内部环境来看,建立关系紧密的联邦制宪政结构的条件都还不太成熟。在国际上,德意志东西两侧的俄国和法国都不想看到一个统一强大的德意志国家出现于中欧地区。在德意志内部,奥地利和普鲁士双雄并立的格局也是建立紧密的德意志联邦国家的关键性障碍因素。所有这些因素都使未来的德意志国家宪政结构只能基于低限度的联盟之上。② 1814 年 12 月 24 日,梅特涅最后提出了由符滕堡起草的宪法方案,根据该方案,帝国内部各邦一律平等,也不分区。

　　6 月 8 日,即作为维也纳会议总决议的《维也纳会议文件》(*Wiener Kongreβakte*)签署的前一天,终于签订了《德意志邦联文件》(*Deutsche Bundesakte*)③。根据该文件,德国 34 个行使主权的诸侯和 4 个自由市④

---

① Thomas Nipperdey, *Deutsche Geschichte 1800 – 1866*: *Bürgerwelt und starker Staat*, S. 95.

② Ebd. , S. 96.

③ 有关《德意志邦联文件》见 Udo Sautter, *Deutsche Geschichte seit 1815*: *Daten*, *Fakten*, *Dokumente*, *Bd. 2*, *Verfassungen*, Tübingen und Basel: A. Francke Verlag, 2004, S. 1 - 10。

④ 34 个邦分别是:奥地利、普鲁士、萨克森、巴伐利亚、汉诺威、符滕堡、巴登、黑森选帝侯国、黑森大公国、荷尔斯泰因、卢森堡、不伦瑞克、梅克伦堡-什未林、拿骚、萨克森-魏玛、萨克森-哥达、萨克森-科堡、萨克森-希尔德堡豪森、梅克伦堡-施特雷利茨、荷尔斯泰因-奥尔登堡、安哈尔特-德绍、安哈尔特-贝恩堡、安哈尔特-科滕、施瓦岑堡-松德斯豪森、施瓦岑堡-鲁道尔施塔特、霍亨索伦-赫兴根、列支敦士登、霍亨索伦-锡格马林根、瓦尔德克、大罗伊斯系、小罗伊斯系、绍姆堡-利珀、利珀。4 个自由市是:吕贝克、法兰克福、不来梅、汉堡。此后,黑森-洪堡作为第 39 个成员加入联盟。Udo Sautter, *Deutsche Geschichte seit 1815*: *Daten*, *Fakten*, *Dokumente*, *Bd. 2*, *Verfassungen*, Tübingen und Basel: A. Francke Verlag, 2004, S. 3 - 4; Joachim Streisand, *Deutsche Geschichte von den Anfängen bis zur Gegenwart*, Köln: Pahl-Rugenstein Verlag, 1983, S. 150.

依据 1814 年 5 月 30 日签订的《第一巴黎和约》第六条，"为了德国的安全和独立"，"结成持久的邦联"。文件主要内容为：（1）邦联的目的在于"维护德国的内外安全以及德意志各邦的独立和不可伤害性"。换言之，德意志各邦相互保障各自独立性。（2）普鲁士和奥地利两个邦国的领土中只有以前属于帝国的部分加入邦联。[①]（3）三位非德意志的君主，即作为汉诺威国王的英国国王，作为荷尔斯泰因公爵的丹麦国王，作为卢森堡大公的荷兰国王，也成为德意志邦联的成员。（4）邦联的唯一机构是设在美因河畔法兰克福的邦联大会，后改称邦联议会。大会主席由奥地利担任。邦联大会负责处理联盟事务。大会按照各邦大小分配投票权，奥地利、普鲁士、萨克森、巴伐利亚、汉诺威、符腾堡各有 4 票，其他邦分别拥有 1 票到 3 票的投票权，共计 69 票，任何决定必须有 2/3 多数才能通过，修改宪法时则须全体一致同意。另设一个负责准备决议的核心委员会，在该委员会中，11 个较大的邦各有 1 票表决权，其他邦合有 6 票，相关决定以简单多数通过。（5）邦联成员不得在战争期间与敌人单独谈判，不得缔结危害邦联或各邦安全的同盟（第 11 条）。（6）所有邦联成员都要制定一部邦议会宪法（第 13 条）。从以上相关内容可以得出以下几点印象。

第一，新建立的德意志邦联没有实现《第一巴黎和约》关于"以联邦形式统一起来"的规定。从其机构设置看，它没有国家元首，没有中央政府，也没有最高法院，只有一个象征性的邦联大会；在对外政策方面，邦联既不能行使外交权力，也不能缔结国际条约。在国内，它没有统一的邮政，也没有统一的货币和度量衡。各邦拥有完全的主权和独立。这样一个由主权邦国组成的邦联显然缺少联邦的特征，更不是统一的民族国家，只能算作一个松散的国家联合。[②]

[①] 1818 年以后，奥属加里西亚的西部成为德意志邦联的一部分，而普鲁士的普鲁士省、波森省的西部和北部地区则在 1848 年到 1851 年加入德意志邦联。

[②] 1820 年的"维也纳最后议定书"明确重申"德意志邦联是德意志各主权诸侯和自由市的国际法的联合会"(Der deutsche Bund ist ein völkerrechtlicher Verein der deutschen Souveränen Fürsten und Freien Städten)。Dieter Grimm, *Deutsche Verfassungsgeschichte 1776 - 1866*, Frankfurt am Main：Suhrkamp Verlag, 1988, S. 65.

第二,新建立的德意志邦联具有明显的"欧洲特征"。一方面,在德意志邦联中,丹麦、英国和荷兰等外国君主通过在德意志拥有的领地成为德意志邦联大会的成员,普鲁士和奥地利等德意志邦国则拥有德意志邦联之外的领土;另一方面,由于《德意志邦联文件》第一部分(第1至11条)最终成为维也纳会议总决议的一部分,意味着有关德意志邦联的规定成了欧洲国际政治框架的组成部分。所有这些因素,都为日后其他欧洲列强干涉德国内政提供了借口,也容易使日后欧洲的"一切国际性紧张局势波及德国"[1]。实际上,从1816年开始,法国、英国等国都明确表示,有关德意志邦联宪法的任何改动,都必须得到相关签约国家的同意。[2]

第三,新建立的德意志邦联使渴望建立统一的德意志民族国家的人们大失所望。施泰因指出,德意志邦联"与德意志民族的期待、与这一民族的努力程度、忧患、活力不相适应。在这一组织中,德意志民族既看不到对她的公民及其政治自由的保障,也看不到在战时的对外安全。"[3]来自莱茵兰的著名政论家约瑟夫·冯·格雷斯在他的《莱茵信使报》(*Rheinischer Merkur*)上甚至猛烈抨击《德意志邦联文件》是一个"可悲的、奇怪的、畸形的、丑陋的宪法"[4]。

必须承认,新建立的德意志邦联尽管有诸多令人不满意之处,与旧帝国相比,它毕竟在一定程度上加强了德意志各邦之间的联系。《德意志邦联文件》有关邦联成员不得在战争期间与敌人单独谈判,不得缔结危害邦联或各邦安全的同盟的规定,都有利于德意志内部的团结和一致对外。

---

[1] Joachim Streisand,*Deutsche Geschichte von den Anfängen bis zur Gegenwart*,S. 151.

[2] Michael Kotulla,*Deutsche Verfassungsgeschichte*:*Vom Alten Reich bis Weimar*(*1495 - 1934*),Berlin:Springer-Verlag,2008,S. 328.

[3] Thomas Nipperdey,*Deutsche Geschichte 1800 -1866*:*Bürgerwelt und starker Staat*,S. 97.

[4] Martin Vogt(Hrsg.),*Deutsche Geschichte*:*Von den Anfängen bis zur Wiedervereinigung*,S. 368.

三、维也纳会议总决议的影响；从第七次联盟战争到《第二巴黎和约》

正当各列强在维也纳会议上争吵不休之际，拿破仑从厄尔巴岛重返法国，推翻波旁王朝并重建了自己的统治。消息传来，人们匆忙达成妥协，以便团结一致进行新的对法战争。1815 年 6 月 9 日，各国代表签订了包括《德意志邦联文件》第一部分在内的《维也纳会议文件》。作为维也纳会议的总决议，它是对会议召开以来"各种讨论结果"的一个总结，对前文所述及的欧洲政治地理等方面的变化的一种确认，同时也对欧洲未来的政治发展等作出了指标性的规定。①

首先，会议实现了恢复法国大革命和拿破仑战争以前欧洲政治状态的主要目标，形成了由俄、普、奥、英、法构成的"五强共治"均势体系。它使欧洲在很长一段时期内实现了相对的和平，也成为欧洲协调的开端，在很长时间内影响着欧洲国际局势的走向。② 因此，至今有学者在谈到维也纳会议的影响时仍声称，"时隔近 200 年之后，维也纳会议以及在这次会议上设计的欧洲战后秩序依然不无意义。"③

其次，在新建立的维也纳体系（Wiener System）中，俄国因其在打败拿破仑过程中扮演了主要角色以及它强大的军事力量而在欧洲大陆居于明显优势。俄国占领下的波兰有如一个楔子插入中欧，使柏林和维也纳都处于俄军刺刀的直接威胁之下。沙皇因此在一定程度上成为左右德意志局势之人。

---

① Walter Demel und Uwe Puschner（Hrsg. ），*Deutsche Geschichte in Quellen und Darstellung*，*Band 6*，*Von der Französischen Revolution bis zum Wiener Kongreß*，*1789 - 1815*，S. 76 - 78.

② Gerd Helm，„Europa als Argument：Das politische Äquilibrium der Großmächte von 1814/1815 als sinnstiftende Erfahrungsdeutung"，in Wolfram Pyta（Hrsg. ），*Das europäische Mächtekonzert*：*Friedens-und Sicherheitspolitik vom Wiener Kongreß 1815 bis Krimkrieg 1853*，S. 299 - 300.

③ Reiner Marcowitz，„Frankreich-Akteur oder Objekt des europäischen Mächtekonzerts"，in Wolfram Pyta（Hrsg. ），*Das europäische Mächtekonzert*：*Friedens-und Sicherheitspolitik vom Wiener Kongreß 1815 bis Krimkrieg 1853*，S. 103.

此外,我们必须看到,维也纳会议建立起来的秩序也潜伏着多种不稳定因素。一方面,维也纳会议无视法国革命和拿破仑战争对欧洲封建势力的打击和冲击,在"正统原则"下强制恢复欧洲各国的封建统治,罔顾民族因素,任意宰割和瓜分弱小国家。这些违背历史发展潮流的做法,将在资产阶级自由主义和民族主义潮流的双重冲击下土崩瓦解。另一方面,维也纳会议决议是欧洲各大国妥协的产物,它虽然构筑起暂时的欧洲均势体系,但列强之间的斗争,诸如在"东方问题"上的矛盾等,并未因此化解。俄国的明显优势也受到其他列强的嫉视,引起它们的恐惧。这些都必将引发新的矛盾和冲突。

维也纳会议确定的秩序对德意志的影响很大。其一,在"正统原则"和"复辟原则"之下,德意志大部分邦国重新确立起旧的封建统治秩序,德国历史进入了"复辟"时期。这种历史的倒退严重阻碍了资本主义社会经济的发展和政治的进步。施泰因曾毫不隐讳地指出,"维也纳会议上确立起来的德国新秩序使得这个欧洲的政治和地理中心变成了直到1848 年为止的复辟运动的重要载体。"①其二,维也纳会议完全不顾德国人民要求建立统一的民族国家的愿望,继续保持德意志的分裂局面,并且通过国际文件将这种分裂局面确定下来,为欧洲列强特别是俄法两国干涉德意志内部事务埋下了伏笔,阻碍了德意志民族统一运动的发展。其三,维也纳体系之下的德意志形成了居于领袖地位的奥地利、图谋争霸德国的普鲁士和试图保持独立的巴伐利亚、符滕堡等中小邦组成的"第三德国"(Drittes Deutschland)三分天下的政治局面。内部的这种对立既为其他列强操控德意志政治事务提供了方便,也预示着它的未来政治走向。

诚然,经过法国革命和拿破仑战争洗礼的德意志毕竟没有完全回复到往日的状态。古老的神圣罗马帝国永远结束了它的历史,帝国骑士和

---

① Martin Vogt(Hrsg.), *Deutsche Geschichte : Von den Anfängen bis zur Wiedervereinigung*, S. 368.

教会诸侯消失了。更重要的是,不管维也纳会议最后决议承认与否,在反抗拿破仑统治斗争中激发出来的德意志民族意识再也无法消弭,建立统一的民族国家已经成为德国人民努力追求的目标。

1815 年 6 月 9 日的维也纳会议最后决议确定了战后的欧洲政治秩序和国际关系格局,重返法国的拿破仑却让各列强寝食难安。倘若拿破仑东山再起,争论数月才达成的维也纳会议总决议将成为一堆废纸。

1815 年 3 月 1 日,拿破仑率领 1000 人的军队离开厄尔巴岛,在法国东南部登陆并向巴黎进发。路易十八仓皇逃出巴黎,拿破仑顺利接掌政权,开始了所谓的百日统治(Herrschaft der Hundert Tage)。此后,尽管拿破仑声明承认《第一巴黎和约》,遵守 1792 年的疆界,愿意与邻国和平相处,但可怕的记忆令各战胜国无法接受这位曾经震撼欧洲的前法国皇帝。3 月 13 日,出席维也纳会议的各列强宣布拿破仑不受法律保护。25 日,英、奥、俄、普四国再次缔结联盟条约,组成第七次反法联盟(Siebte Koalition),展开新的对拿破仑的战争。拿破仑在 6 月 16 日的利尼战役(Schlacht von Ligny)中击败了布吕歇尔率领的普军,但在 1815 年 6 月 18 日的滑铁卢战役(Schlacht bei Waterloo)①中却遭到威灵顿公爵率领的英、荷、德联军和布吕歇尔率领的普军的联合打击而大败。这场战役最终结束了法兰西第一帝国(Erstes Französisches Kaiserreich)。6 月 22 日,拿破仑再次宣布退位。英国人把这位法国皇帝作为俘虏流放到了南大西洋上的圣赫勒拿岛(St. Helena),以免再生事端。1821 年 5 月,拿破仑在该岛去世。

尽管拿破仑"百日统治"匆匆结束,德国人的民族主义情绪却因此再起波澜,他们希望能借此修改已经确定的秩序。包括格雷斯、阿恩特在内的一些德意志爱国者提出了收回以往被法国夺走的所有领土的要求。格雷斯在 1815 年 7 月初的《莱茵信使报》上写道:德国"受尽了骗,被所

---

① 该战役以位于滑铁卢附近的贝尔-阿莱恩斯庄园(La Belle-Alliance)为中心进行,故而又称贝尔-阿莱恩斯战役(Schlacht bei Belle-Alliance)。

有的人出卖了"。它受着法国的威胁,"那里所有边界都是开放的";俄国"在波兰将强有力的楔子深深打入德国";英国则将所有的德国海岸纳入其控制之下。阿恩特在他的宣传小册子中也指责欧洲列强和德意志诸侯阻挠建立强大的"日耳曼尼亚"(Germania;Germanien)。他们要求修改德法边界,夺回阿尔萨斯、洛林等地,呼吁通过战争惩罚法国人,甚至包括施塔迪翁和卡尔大公在内的一些爱国贵族也表达了相同的看法。然而,英国人和俄国人都希望保持欧洲均势和法国国内的稳定[①],反对德国爱国者们的想法,梅特涅也不愿意因此得罪这两大强国。最后的结果是几无所成,只有德法边界做了小幅改动。

神圣同盟(Heilige Allianz)的建立再次反映了欧洲大陆主要列强维护旧有秩序的立场,表明德意志民族主义情绪没有为欧洲主要列强所接受。1815 年 9 月 26 日,俄、普、奥三国君主在巴黎发表宣言,建立所谓的神圣同盟。它是亚历山大一世在其顾问、宗教狂热分子克吕德纳伯爵夫人(Juliane von Krüdener,1764—1824)等人的影响下发起的。克吕德纳伯爵夫人也因此被称为"神圣同盟之母"。宣言称,三国君主以"神圣的不可分的三位一体"的上帝之名,根据基督教的教义结成同盟,反对一切资产阶级和民族主义的运动,同时通过集体保证的方式防止某一大国谋求新的霸权,维护现存秩序。[②] 神圣同盟对所有承认其原则的列强开放。神圣同盟实际上是作为东正教代表的俄国、作为新教代表的普鲁士和作为天主教代表的奥地利以"基督教信仰原则"为基础,共同反对革命和维护旧秩序的一种尝试。

1815 年 11 月 20 日,普王弗里德里希·威廉三世、奥皇弗兰茨一世和沙皇亚历山大一世与法国签订了《第二巴黎和约》(*Zweiter Pariser*

---

① Thomas Nipperdey,*Deutsche Geschichte 1800 - 1866*:*Bürgerwelt und starker Staat*,S. 98 - 99.

② 有关神圣同盟条约的内容参见 Wolfgang Hardtwig und Helmut Hinze(Hrsg.),*Deutsche Geschichte in Quellen und Darstellung*,Band 7,*Vom Deutschen Bund zum Kaiserreich 1815 -1871*,S. 58 - 60。

Frieden)。根据该和约：(1) 法国退回到 1790 年的边界，其中，萨尔河畔的德意志领土划归普鲁士，兰道划归巴伐利亚，瑞士得到韦尔苏瓦等地，撒丁王国获得整个萨伏依；(2) 法国必须赔款 7 亿法郎；(3) 法国必须归还拿破仑在德国和意大利掠夺去的艺术品等。[①] 同一天，为了防止法国东山再起，根据英国的建议，俄、普、奥、英四国新订"四国同盟"（Quadrupelallianz），旨在以武力维护维也纳会议决议和《第二巴黎和约》，有效期为 20 年。它实际上是神圣同盟的补充。1818 年 11 月，法国加入同盟，四国同盟因此变成了五强共治（Pentarchie）。

维也纳会议总决议的通过，神圣同盟、四国同盟的建立和《第二巴黎和约》的签订，完成了欧洲新秩序的构建。

第一，在均势原则的基础上形成了新的欧洲国际力量态势。英国是这种新秩序的最大受益者。欧洲大陆均势格局的形成，使得其他欧洲列强无暇外顾，从而有助于进一步巩固英国的海上和殖民霸主地位。同时，这种均势格局也使英国在欧洲大陆各列强的博弈中处于执牛耳的地位。俄国凭借其军事力量和打败拿破仑过程中所扮演的角色，在战后欧洲的分配中显示出强势地位，但是由于英国和奥地利的阻挠，它并没有在欧洲大陆取得绝对的霸权。法国利用战胜国之间的矛盾，重新恢复了它的强国地位。就奥地利而言，多民族国家的结构特征使它在国际政治博弈中相当脆弱，但是无论在欧洲国际事务中还是在德意志事务中，它都扮演着十分重要的角色。从欧洲范围看，它是阻止俄国霸权的重要平衡因素；在德意志，它起着抑制普鲁士的作用。普鲁士在新的领土调整中收获颇丰，但领土分成东西两部分的构成状况无法令其满意。就其政治地位而言，在欧洲它必须看俄国的眼色行事，在德国它受到奥地利的

[①] Karl von Rotteck, *Allgemeine Geschichte vom Anfang der historischen Kentniss bis auf unsere Zeiten*, *Neunter Band*, Freiburg im Breisgau: Herder'sche Kunft-und Buchhandlung, 1833, S. 519–520.

压制,因此只是一个二流的角色。①

　　第二,从德意志和整个欧洲大陆看,新秩序都具有明显的"复辟"特征。它违背了自由主义、民族主义的历史发展潮流,违背了民族自决的原则,在"正统原则"大旗下最大限度地恢复了往日的封建王朝统治。

　　第三,新秩序在很长一段时期内确定了欧洲社会的"稳定"运行特征。从国际政治层面看,这种稳定性既表现为"五强共治"的均势的构建,也表现为神圣同盟、四国同盟等多边国际机制对现有秩序的维护。

---

① Thomas Nipperdey,*Deutsche Geschichte 1800－1866*:*Bürgerwelt und starker Staat*,S. 100.

第十一章　法国大革命时期的德意志思想和文化运动

　　18 世纪末 19 世纪初,德国思想文化界受法国大革命和拿破仑战争的影响,出现了巨大的变化和转向,也取得了辉煌的成就。这一时期德国思想文化界的变化和成就突出表现在三个方面:一是古典主义发展进入巅峰时期;二是形成了独具德国特色的浪漫主义思潮;三是出现了文化民族主义向政治民族主义的转变。人们对这一时期德国思想文化发展所取得的辉煌成就给予了极高的评价,从不同的视角称之为"艺术时代""德国古典主义和浪漫主义时期""歌德和席勒时代""德国诗歌的黄金时代",等等。①

第一节　古典主义的辉煌成就

　　在德国文化史上,可称为古典时期者有两个文化发展阶段:一是公元 1200 年前后的德意志中世纪文化顶峰时期,即"施陶芬古典时代"

---

① Wolfgang Beutin, Klaus Ehlert, Wolfgang Emmerich, Helmut Hoffacker, Bernd Lutz, Volker Meid, Ralf Schnell, Peter Stein and Inge Stephanp, *A History of German Literature*: *From the beginnings to the present day*, translated by Clare Krojzl, London and New York: Routledge Press, 1993, p. 167.

(Staufische Klassik);二是 1800 年左右以歌德和席勒居于魏玛时期合作创作为标志的"魏玛古典时代"(Weimarer Klassik),也包括作为欧洲和德国音乐巅峰标志的维也纳古典主义乐派(Wiener Klassik)时期。[1] 1800 年左右的古典主义时代可谓德国思想文化史上最辉煌的时期。在某种程度上可以说,这一时期的德意志文化奠定了德意志民族现代文化的基础,使德意志民族在世界文化圣殿中有了傲人的资本。在这一时期,德国思想文化界涌现出一批世界级的哲学大师、文学巨匠和音乐奇才,德国的哲学、文学和音乐也随着这些巨人的步伐迈入了世界文化的最高殿堂,并因此声名远播,长期为世人所景仰。

一、古典主义时代

古典主义(Klassizismus)是一种风格和思潮。就文学领域而言,古典主义在 17 世纪的法国最为流行。它在理论和创作实践方面强调模仿古代,以古希腊和罗马为典范。此后这一风格和思潮波及西欧其他国家和地区。从时间上看,古典主义延续达两个世纪之久,直到 19 世纪初浪漫主义兴起后才逐渐退出历史舞台。关于德国的古典主义,学界有不同的看法,法国和英语国家的许多学者甚至拒绝认同德国曾经有古典主义时代一说。[2] 其中主要原因在于,德国的古典主义虽然推崇古希腊罗马文化,在创作方面却没有像法国的古典主义那样喜欢取材于古希腊罗马的文学和历史。但是,在 18 世纪到 19 世纪初,德国存在古典主义思潮是一个不争的事实,只是德国的古典主义有自己的内涵。

德国古典主义中的"古典"(Klassik)一词包含多层意义,它不仅意味着崇尚古希腊罗马的历史和文化,而且包含着一种价值取向,具有典范、

---

[1] Simon Richter (ed.), *The Literature of Weimar Classicism*, New York: Camden House, 2005, p. 45; Claus J. Gigl, *Deutsche Literaturgeschichte*, Hallbergmoos: Stark Verlag, 1999, S. 49.

[2] 这里指魏玛古典时期。Simon Richter (ed.), *The Literature of Weimar Classicism*, pp. 45 - 46.

和谐、划时代的含义。[①]　此外,德国的古典主义还具有明显的特征,它包括鲜明的反封建特性,富有民族性、理性主义和个人主义色彩。[②]　德国的古典主义思潮波及哲学、文学和音乐等多个领域,虽然各个领域的文化巨人们表现殊异,但他们所表达的价值取向和基本看法却体现着上述这样一些共同的特征。

从根本上看,1800 年左右出现的德国的古典主义文化思潮具有明显的资产阶级性质。

首先,这一时期的德国古典主义文化思潮是德国资产阶级要求的反映。18 世纪末 19 世纪初,西欧资本主义发展进入新的时期,英国工业革命大规模展开,法国爆发了轰轰烈烈的资产阶级革命。所有这一切都大大改变了西欧的经济和政治面貌。德国资产阶级也深刻感受到这种变化。他们要求摆脱封建制度的束缚,结束分裂局面,发展资本主义,贯彻资产阶级的道德观和自由、平等权利。代表德国资产阶级要求的思想文化界则开始为资产阶级政治变革进行思想和文化方面的准备。

其次,德国古典主义文化思潮也反映了资产阶级的价值取向和审美情趣。随着社会的进步和资本主义的发展,包括文学、音乐等在内的文化载体逐渐从贵族阶层向资产阶级市民群体转移,人们的情感和思想在发生巨大变化。传统贵族所追求的华美和高度装饰性的文化逐渐被资产阶级所追求的简朴凝重的文化所取代。

此外,这一时期的德国古典主义文化思潮也从思想文化的角度充分反映了德国资产阶级的软弱特性。一方面,他们有自己的要求和价值取向,另一方面,他们的力量相对弱小,不敢也不愿看到法国大革命那种疾风暴雨式的社会革命,而是期望通过完善个人的道德水准,在和谐和稳定中逐渐实现人类社会的进步。

---

① Simon Richter (ed.), *The Literature of Weimar Classicism*, pp. 49 - 50.
② [美]科佩尔·S. 平森:《德国近现代史:它的历史和文化》上册,第 23—34 页。

二、古典唯心主义哲学

德国古典哲学是 18 世纪末到 19 世纪上半期德国资产阶级的哲学体系。它一反以笛卡尔(René Descartes，1596—1650)为代表的理性主义哲学和洛克(John Locke，1632—1704)为代表的经验主义哲学的形而上学体系，把人以及人的意识活动当成哲学研究的对象，开拓了从主客体关系讨论哲学根本问题的新方向，提出了包括认识论、本体论、伦理学、美学、法哲学、历史哲学等种种重大问题和范畴，是德国和欧洲反封建的资产阶级唯心主义哲学发展的顶峰。主要代表人物有康德、费希特、谢林、黑格尔等人。

德国古典哲学是欧洲社会政治经济变革的产物。按照恩格斯的说法，18 世纪末 19 世纪初，当法国爆发震撼全欧的大革命时，在德国"发生了哲学革命"[①]。这两次革命的区别是，一个发生在社会生活中，一个发生在人的心灵深处。它们的方式虽然不同，但都对人类历史的发展进程产生了巨大影响。就后者而言，它没有法国革命那样浩大的声势，却成了影响人类社会发展的马克思主义哲学的直接理论前提。

德国人之所以没有像法国人那样直接在社会生活领域中打起革命的大旗，而潜心于思想领域的革命，其原因植根于当时德国的现实状况和德国人的特性。

从当时的现实状况看，德国在政治和经济上远远落后于英、法等国，资产阶级力量弱小，加之德国人向来服从权威的传统，他们不愿像法国雅各宾派那样用利刃清除权威，而宁愿从思想领域去寻找凝聚的中心，达成共识。因此，面对英国工业革命、法国革命引发的一系列巨大的经济、政治和社会变革，德国资产阶级一方面渴望在德国也能确立起资产阶级的政治和经济统治，另一方面却害怕由此引发社会的动荡，缺乏用社会革命去推翻旧的封建统治的勇气。他们希望通过思想文化领域的

---

① 《马克思恩格斯全集》第 1 卷，人民出版社 1956 年版，第 588 页。

革命性思考和呼吁,展示自己的利益诉求和愿望。例如,康德认为,共和政体是最好的社会制度形式,却又认为,"达到共和政体的道路是人类道德的进步,而不是暴力推翻专制制度"。因此,他对法国雅各宾派的恐怖杀戮感到失望。① 费希特要求行动,但这种行动只是理论上的,即通过"实行国民教育、保障思想自由、个人自由和权利是达到共和制的道路"②。因此,就上述情况而论,德国古典哲学其实就是法国革命的德国理论。

德国人习惯于把各种外在的期盼内在化,通过精神上的追求和解脱来达到一种内在的心理平衡。早在宗教改革时期,马丁·路德就曾分析过人的本性:"人有一个双重的本性,一个心灵的本性和一个肉体的本性。"就心灵的本性来说,人是内在的,也是自由的,就肉体的本性来说,人是外在的,受束缚的。既然如此,人们的外在行为就要受到一定的约束。"人作为世界上的一种存在,通过自然和责任而自我限制。"③基于这样一种认识,当法国人打着资产阶级革命的大旗威震并涤荡欧洲社会的时候,德国人在哲学领域中掀起了思想革命的狂涛。

康德是德国古典哲学的开山鼻祖,近代西方哲学史上划时代的哲学家。他出生于柯尼斯贝格,1740 年进入柯尼斯堡大学学习,1755 年在柯尼斯堡大学谋得编外讲师职位。此后到 1804 年去世为止,从未走出过他的出生地,一辈子过着单调刻板的学者生活。著名诗人海因里希·海涅(Heinrich Heine, 1797—1856)曾指出,哲学家康德是没有什么生平可说的。

康德称自己的哲学为批判哲学。所谓批判哲学,就是对人类的理性

---

① Claus J. Gigl, *Deutsche Literaturgeschichte*, S. 50.

② [苏]B. 汪吉克:《论费希特的哲学思想》,载哲学研究编辑部编:《论十八—十九世纪德国古典哲学》,三联书店 1961 年版,第 184 页。

③ Paul Guyer, "The Unity of Nature and Freedom: Kant's Conception of the System of Philosophy", in Sally Sedgwick (ed.), *The Reception of Kant's Pholosophy: Fichte, Schelling, and Hegel*, Cambridge: Cambridge University Press, 2000, p. 19.

能力进行自由、客观、冷静的剖析和探究的哲学。① 海涅把他的哲学和法国革命相提并论,称法国革命把国王送上了断头台,康德的"革命"则将上帝送上了断头台。综观康德的思想和学术发展,可以分为两个时期:前批判期和批判期。康德认为有两样东西最使他感到震撼和赞美,一是"我头上的星空",二是"我心中的道德命令"。在前批判时期,康德的着眼点在"头上的星空",学术成果主要体现在对自然科学的研究上。他通过对牛顿力学等的研究,推出了《自然通史和天体论》等一系列著作,提出了"关于潮汐延缓地球自转的假说"(第一假说)和"关于天体起源的星云假说"(第二假说)。

就哲学领域而言,康德的主要成果集中在批判期。1770 年,他获得了为之长期奋斗的柯尼斯堡大学教授职位,并在同年以拉丁文发表了《论感觉界和理智界的形式和原则》,把时间和空间看成是把握世界的直观形式,表明其观点已达到了批判的水平。《纯粹理性批判》《实践理性批判》和《判断力批判》三部著作的相继问世,则是其批判哲学体系诞生的标志。这三部著作分别对人类理性的知识、意志和情感能力作了批判性考察,构成了一个完整的哲学体系。《纯粹理性批判》探讨理性认识。康德认为,人们可以把凭借人的固有本性对事物的先验认识称为纯粹理性,这种认识能力必须经过批判性的检验和判断,否则知识的真理就不能证实。《实践理性批判》探讨道德意志,提出了"实践理性"的基本法则。任何人在碰到任何矛盾时都能够采取伦理方面的正确决断。对于可知的,靠人的天智作进一步的认识,对于不可知的,依靠的是信仰。对此,要完全出自内心的自我直觉,假如你认为应该如此,那么你也就能够如此。"能够"出自"应该",这是"实践理性"的基本法则。但人的自由意志应该与道德规范相符。《判断力批判》则是要通过反思判断力来实现理性认识和道德伦理两大领域的沟通,进而达到自然界的必然王国和道德界的自由王国的和谐。在《判断力批判》中,康德还阐述了他的形式主

---

① 丁建弘、李霞:《普鲁士的精神和文化》,浙江人民出版社 1993 年版,第 194 页。

义美学理论，认为不能离开审美判断来谈论美，强调主观的审美判断。

康德哲学推翻了当时流行于欧洲的旧形而上学体系，开拓了从主客体关系去讨论哲学根本问题的新方向，因此具有划时代意义。有人把它比作蓄水池，前人思想汇集于此，后人思想则源流于此。也有人将他的哲学比作一座桥，想入哲学之门就得过康德之桥。

首先走过康德之桥者是康德的学生、著名哲学家费希特。费希特出身于萨克森一个穷困的纺织工人之家。他 18 岁进入耶拿大学学习，青年时代因迷恋于康德哲学而专门前往柯尼斯堡请教。1794 年，费希特在耶拿大学谋得教授哲学的教职，1805 年获得埃尔兰根大学教职，1809 年受聘柏林大学教授，1810 年出任柏林大学哲学学院院长，不久成为柏林大学第一任校长。费希特的代表作有《知识学基础》(*Grundlage der gesammten Wissenschaftslehre*，1794/1795)、《知识学原理下的自然法基础》(*Grundlagen des Naturrechts nach Prinzipien der Wissenschaftslehre*，1796)和《知识学原理的道德学体系》(*System der Sittenlehre nach den Prinzipien der Wissenschaftslehre*，1798)等。

费希特称自己的哲学为"知识学"(Wissenschaftslehre)。它所探讨的是知识的源泉、知识成立的先决条件、知识构成的基本要素及其相互联系等有关知识发生的一般问题。他从思维和存在同一性出发，认为思想是第一性的，客观世界就是意识的世界，物质的东西融化在纯粹的思想中，"一切现实只存在于自我之中"[①]。其哲学核心在于"自我"(Das Ich)的概念，即自我意识。根据自我理解和认识活动的进程，可分为三步：首先是"自我设定自身"，即自我是一切根据的根据。其次是"自我设定非我"。在自我之外还有一个非我的外部世界，它是意识通过感觉观察和经验的结果。两者互相对立。自我意识活动的第三步是"自我与非我的统一"。因此费希特的知识学是一种主观唯心主义的哲学体系。

[①] Robert Pippen, "Fichte's Alleged Subjective, Psychological, One-Sided Idealism", in Sally Sedgwick (ed.), *The Reception of Kant's Pholosophy：Fichte, Schelling, and Hegel*, p. 147.

哲学家谢林出生于符滕堡的莱昂贝格,1790 年进入蒂宾根神学院学习。1797 年出版《自然哲学观念》(*Ideen zu einer Philosophie der Natur*),1798 年出版《论世界灵魂》(*Von der Weltseele*),同年被聘为耶拿大学教授。1802—1803 年,他与黑格尔一道主编《哲学评论杂志》(*Kritisches Journal der Philosophie*)。1803 年他受聘维尔茨堡大学(Universität Würzburg)教授,1806 年被任命为巴伐利亚科学院(Bayerische Akademie der Wissenschaften)院士。1820 年以后,谢林先后受聘埃尔兰根大学荣誉教授、慕尼黑大学(Universität München)教授和柏林大学教授。耶拿时期是谢林哲学创造活动的高峰期。在这里,他完成了《自然哲学体系初稿》(*Erste Entwurf zu einem System der Naturphilosophie*)和《先验唯心论体系》(*System des transcendentalen Idealismus*,1800)等著作,奠定了他在古典哲学中的地位。

谢林起初是费希特哲学的追随者,但是随着研究和思考的深入,很快就意识到费希特哲学的不足,转而对其采取批判态度。[1] 他试图校正费希特的主观唯心主义的片面性,恢复自然界的合法地位。他认为,费希特把"自我"作为哲学的出发点和至高无上的原则,忽视了客观自然的重要性。"自我"不能离开"非我"而存在,"非我"也不能离开"自我"而无条件地存在。要真正解决"自我"和"非我"的关系,就必须寻找一种超越二者的最高原则,即绝对的同一性。在这种同一性里,"自我"和"非我"、主体和客体、思维和存在融合为一,没有任何差别。因此,"绝对同一性",即主客观的毫无差别的同一性,就成了谢林哲学的核心。这就是谢林所提出的谋求精神和自然和解的"同一哲学"(Identitätsphilosophie)。他企图用"同一哲学"去超越唯物主义和唯心主义的对立。但谢林费尽心思创立的学说,不久被德国古典哲学的集大成者黑格尔斥为"黑夜观牛,其色皆黑"。即便如此,谢林的哲学思想对于黑格尔哲学思想的发展

---

[1] Andrew Bowie, *Schelling and Modern European Philosophy*: *An Introduction*, London and New York: Routledge Press, 1993, pp. 57 – 59.

无疑具有"先驱"的意义。①

三、古典主义文学

(一)歌德、席勒与德国古典主义文学

人们通常把 18 世纪末 19 世纪初以歌德和席勒为代表所创作的文学称为"古典主义文学",这一时期也习惯地称为德国古典主义文学时期。② 实际上,虽然 18 世纪的德国文坛已经盛行"古典"一词,但直到 19 世纪 30 年代末 40 年代初,德国文学史研究的开创者,"哥廷根七君子"(Göttinger Sieben)之一的吉尔维努斯(Georg Gottfried Gervinus,1805—1871)才在其五卷本《德意志民族文学史》(*Geschichte der deutschen Nationalliteratur*,1835/1842)中第一次提出了"古典主义文学"一词,以此特指 18 世纪末和 19 世纪初歌德和席勒合作创作的文学。

德国古典主义文学具有几个非常明显的特征:一是与欧洲其他国家的古典主义文学一样,以古希腊罗马的文化为效仿的典范。这种效仿并非简单地模仿古希腊罗马文化的内容和素材,而是追求体现于古希腊罗马文化中的精神;二是糅合了启蒙运动所追求的理性、宽容、进步以及狂飙突进运动(Sturm und Drang)所强调的情感、自然和自由,表现出情感与理性、人与自然、自由与必然的和谐统一;三是不满现实,但回避现实,把目光转向未来,试图以人道主义精神来塑造资产阶级世界的理想图像。

德国古典主义文学时期的到来并非偶然。它是德国文学界对法国革命的一种反应。当时的德国文学界一方面欢迎法国革命的理想和原则,另一方面又对法国革命过程中出现的恐怖暴力感到不安。于是,德国在无需革命的情况下取得进步,通过渐进变革来实现社会的转变,就

---

① Andrew Bowie, *Schelling and Modern European Philosophy*: *An Introduction*, p. 1.
② 人们通常把从 1786 年歌德意大利之行到 1805 年席勒去世这一时期称为"古典主义文学时期"。Simon Richter (ed.), *The Literature of Weimar Classicism*, p. 3;Claus J. Gigl, *Deutsche Literaturgeschichte*, S. 49.

成为歌德和席勒代表的文学界进步精英们努力争取的目标。古典主义文学就是这种努力的体现。它强调提高人们的道德素养的重要性，主张在不使用暴力的情况下实现社会和政治的转变。这些原则体现在席勒所著《审美教育书简》中。①

歌德和席勒为代表的德国古典主义文学的出现还受到康德唯心主义哲学的影响和艺术史家温克尔曼(Johann Joachim Winckelmann，1717—1768)的艺术理论和艺术史研究的推动。18世纪下半期，包括席勒、克莱斯特等在内的许多德国作家都受到康德哲学思想的影响。康德在《实践理性批判》中提出信仰具有绝对性，是一种绝对命令，在这种绝对命令下，人的自由意志应该与道德规范相符，其《判断力批判》则强调人的主观审美判断。这些观点在很大程度上成为古典主义文学作家们的价值取向。温克尔曼曾长期管理罗马、佛罗伦萨和那不勒斯的古代文物，著有《古代文物艺术史》(Geschichte der Kunst des Altertums，1764)等著作。他根据自己的考察和研究，提出了关于古代艺术风格的独到见解，认为古希腊罗马艺术完全不同于沉闷和毫无节制的巴洛克艺术，在美感方面追求的是一种"高贵的简洁、静穆的伟大"，其特点是于质朴、简洁、明快中现永恒之美。② 温克尔曼的这些见解得到歌德和席勒的回应，他们把这种古典审美意识融入自己的文学创作之中。歌德的《陶里斯的伊菲格妮》(Iphigenie auf Tauris，1779)和席勒的《希腊诸神》(Die Götter Griechenlands，1787)都采用了古希腊的素材，创作上开始从奔放的狂飙突进向稳健的古典风格转变。

歌德是德国古典主义文学的最杰出的代表。这位文学巨匠真正从狂飙突进向古典主义的转变是以1786年9月至1788年6月的意大利之行为标志的。在此期间，他访问了维罗纳、威尼斯、佛罗伦萨和罗马等城

---

① Wolfgang Beutin，Klaus Ehlert，Wolfgang Emmerich，Helmut Hoffacker，Bernd Lutz，Volker Meid，Ralf Schnell，Peter Stein and Inge Stephanp，*A History of German Literature：From the beginnings to the present day*，pp. 168 - 169.

② Claus J. Gigl，*Deutsche Literaturgeschichte*，S. 51 - 52.

市,参观了意大利的各种古代建筑和艺术品,艺术思想迅速向古典主义审美取向转变。1787 年初,他改写的取材于希腊神话的《陶里斯的伊菲格妮》出版。其中,原本被用来祭神的伊菲格妮最终因神的感动而被释放,陶里斯岛上的杀人祭奠的野蛮规定最终被取消,由此反映出古代的人道主义精神。1790 年完成的《托夸多·塔索》(*Torquato Tasso*)则通过意大利宫廷诗人塔索在费拉拉宫廷中与国务秘书安东尼奥由冲突到和解以及向公爵妹妹求爱失败的剧情,表达了作者在追求自由的同时又要与现实妥协、自我克制的思想,是歌德从狂飙突进向深沉的古典风格转变的反映,也是作为中等阶级的歌德在魏玛宫廷中尴尬角色的自我写照①。

在歌德转向古典主义文学创作的过程中,另一文坛巨星席勒也开始从狂飙突进运动闯将向古典主义文学代表转变。1787 年,席勒完成了他青年时代的最后一部剧作《唐·卡洛斯》(*Don Carlos*),脱离了狂飙突进运动。同年夏天,经济拮据的他来到文化中心魏玛谋求生计。在此他从事古典和历史研究,并与维兰德、赫尔德等人建立起了友谊。不久他就出版了《尼德兰独立史》(*Geschichte des Abfalls der Vereinigten Niederlande von der spanischen Regierung*,1788)和《三十年战争史》。1789 年,他在歌德帮助下获得耶拿大学历史学教授职位。此后,到 1805 年去世为止,席勒在文学、哲学和历史学等领域推出了大批具有古典色彩的创作和研究成果。

魏玛古典时代是以歌德和席勒这两位文坛巨人的合作及其作品为标志的。在席勒到达魏玛的最初几年中,两位文坛巨人之间的关系并没有走得很近。1794 年,时为耶拿大学历史学教授的席勒请求歌德合作出版文化艺术杂志《时序女神》(*Horen*)。由于两人在反对革命、赞赏古典风格等方面有着共同的看法,关系日益密切。双方致力于探讨审美原则

---

① Wolfgang Beutin, Klaus Ehlert, Wolfgang Emmerich, Helmut Hoffacker, Bernd Lutz, Volker Meid, Ralf Schnell, Peter Stein and Inge Stephanp, *A History of German Literature*:*From the beginnings to the present day*, p. 176.

等问题,共同推进文学和艺术创作,名作迭出,成就了著名的"魏玛古典主义文学时代"。两人的合作对双方的创作都产生了重大影响,歌德在给席勒的信中写道:"您成就了我第二次青春,让我重新变成了诗人。"①

在合作时期,歌德在理论和实践创作上成果极为丰硕。其主要作品有:叙事诗《列那狐的故事》(*Reineke Fuchs*,1794)、小说《威廉·迈斯特的学习时代》(*Wilhelm Meisters Lehrjahre*,1795/96)和诗剧《浮士德》第一部等。此外,他还与席勒在 1796 年合作出版了讽刺德国文坛和社会的《讽刺体短诗》。特别是他的教育小说《威廉·迈斯特的学习时代》通过富商之子威廉·迈斯特的经历告知人们:只有将艺术教育和实际生活教育结合起来,才有可能实现人道主义的、完整的人格,美和务实结合在一起才能构成"完整的人"②。《威廉·迈斯特的学习时代》成为日后德国教育小说的典范。这一时期歌德创作的作品还有叙事诗《寻宝者》(*Der Schatzgräber*,1797)和与席勒合作的审美论著《论业余艺术趣味》(*Über den Dilletantismus*,1799)等。

席勒在这一时期也成果迭出。他主编的月刊《时序女神》于 1795 年第一次出版。包括赫尔德、奥古斯特·威廉·冯·施莱格尔、费希特、洪堡兄弟、荷尔德林等在内的一些最著名的德国哲学家和作家都是该刊的合作者。同时他在美学、戏剧、诗歌等领域推出了一系列有影响力的成果。

在美学领域,除了与歌德合作的著作外,席勒还先后出版了《审美教育书简》、《论朴素的诗和感伤的诗》(*Über naive und sentimentalische Dichtung*,1795)、《论崇高》(*Über das Erhabene*,1801)等。《审美教育书简》提出,要达到自由而理性的社会,就必须使人先成为自由而理性的人,要做到这一点只能通过审美教育。审美教育是改善政治和社会的先决条件。"要在社会中获得政治自由,必须首先实现自己内心的自由,而

---

① Petra Oberhauser (Red.), *Goethe-Jahrbuch 2005*,*Band 122*,Göttingen:Wallstein Verlag,2005,S. 22.
② Claus J. Gigl, *Deutsche Literaturgeschichte*,S. 62.

这只有通过审美教育才有可能。"①这实际上曲折地表达了对暴力革命的抵触情绪。《论朴素的诗和感伤的诗》把诗人分为"自然"的朴素诗人和追寻"自然"的感伤诗人两种,诗歌也因此分为反映现实的朴素的诗和追寻理想的感伤诗。在戏剧领域,席勒完成了历史剧《华伦斯坦》三部曲的创作,推出了《玛丽·斯图亚特》(*Maria Stuart*,1800)、《奥尔良的姑娘》(*Die Jungfrau Orléans*,1801)和《威廉·退尔》(*Wilhelm Tell*,1803/04)等多部戏剧。《华伦斯坦》三部曲是席勒戏剧的重要代表作。该剧通过对三十年战争中皇帝的军事统帅华伦斯坦的悲剧性描写,反映了历史人物的复杂性。它奠定了席勒在德国古典主义文学中的重要地位。

席勒在古典主义文学时期创作的重要诗歌大多根据古代传说或神话改编而成,主要作品有《世界的分裂》(*Teilung der Erde*,1795)、《潜水者》(*Der Taucher*,1797)、《伊壁库斯之鹤》(*Die Kraniche der Ibykus*,1797)、《波吕克拉特斯的指环》(*Der Ring des Polykrates*,1798)、《屠龙之战》(*Der Kampf mit dem Drachen*,1798)、《大钟之歌》(*Das Lied von der Glocke*,1799)、《新世纪的开始》(*Der Antritt des neuen Jahrhunderts*,1800)等。其中,1797 年因席勒创作了多部叙事诗而成为德国古典主义文学的"叙事诗之年"(Balladenjahr)。

1804 年,席勒因紧张创作而积劳成疾。1805 年 5 月 9 日,这位才华横溢的德国文坛巨星因肺病英年早逝。德国古典主义文学时代划上了句号。

(二)介于古典主义文学与浪漫主义文学之间的德国文学

18 世纪末 19 世纪初的德国文学无论从数量还是从质量上看,都处于辉煌阶段。这一时期,除了歌德和席勒为代表的古典主义文学外,还存在着诸如浪漫主义文学、消遣文学、德意志雅各宾文学和晚期启蒙文学等文学流派。一些重要作家,如荷尔德林、克莱斯特、让·保罗(Jean

① Christian Clement:"'Offenbares Geheimnis' oder 'geheime Offenbarung'? Goethes Märchen und die Apokalypse",in Daniel Purdy,*Goethe Yearbook 17*,New York:Camden House,2010,S. 249.

Paul,1763—1825)等,并没有特别明显的理由将他们划入古典主义文学阵营或归类于浪漫主义文学作家之列,但他们在这一时期文学中所占据的重要地位以及对德国社会的影响都很大。作为雅各宾文学作家的格奥尔格・福斯特、格奥尔格・雷布曼(Georg Rebmann,1768—1824),消遣文学作家奥古斯特・威廉・伊夫兰德(August Wilhelm Iffland,1759—1814)、奥古斯特・冯・科策布(August von Kotzebue,1761—1819)和克里斯蒂娜・乌尔皮乌斯(Christine Vulpius,1765—1816)等人也在这一时期的德国文坛留下了足迹。①

荷尔德林出身于内卡河畔劳芬。他与席勒关系密切,在诗歌创作上受到席勒的巨大影响,作品却呈现一种介于古典主义与浪漫主义之间的独立风格。在1794—1795年逗留耶拿期间,荷尔德林曾与歌德、诺瓦里斯②、赫尔德和席勒等人多有交往。青年时期的荷尔德林是法国革命的崇拜者,称法国是"人权卫士",以至有人认为他是雅各宾党人。③ 荷尔德林在诗歌领域硕果累累,主要作品有《生命历程》(Lebenslauf)、《人民之声》(Stimme des Volks)、《日耳曼尼亚》(Germanien)、《莱茵河》(Der Rhein)、《和平颂》(Friedensfeier)等。其作品既带有古典主义内涵,又流露出忧郁、孤独的情绪,反映出理想和现实之间的矛盾,具有浪漫主义色彩。

让・保罗原名约翰・保罗・弗里德里希・里希特(Johann Paul

---

① Wolfgang Beutin, Klaus Ehlert, Wolfgang Emmerich, Helmut Hoffacker, Bernd Lutz, Volker Meid, Ralf Schnell, Peter Stein and Inge Stephanp, *A History of German Literature: From the beginnings to the present day*, p. 172; Claus J. Gigl, *Deutsche Literaturgeschichte*, S. 68.

② 诺瓦里斯(Novalis)是格奥尔格・菲利普・弗里德里希・冯・哈登贝格男爵(Georg Philipp Friedrich Freiherr von Hardenberg, 1772—1801)的笔名。

③ Eric L. Santner (ed.), *Friedrich Hölderlin: Hyperion and Selected Poems*, New York: The Continuum Publishing Company, 1990, Chronology, xi; Wolfgang Beutin, Klaus Ehlert, Wolfgang Emmerich, Helmut Hoffacker, Bernd Lutz, Volker Meid, Ralf Schnell, Peter Stein and Inge Stephanp, *A History of German Literature: From the beginnings to the present day*, p. 204.

Friedrich Richter，1763—1825），出生于温西德尔。1793 年，出于对卢梭的崇拜，他将自己的名字改为雅恩，开始以让·保罗为笔名发表小说。主要作品有《玛丽亚·武茨》(*Leben des vergnügten Schulmeisterleins Maria Wutz in Auenthal*，1793)、《黑斯佩罗斯》(*Hesperus*，1795)、《年少气盛的岁月》(*Flegeljahre*，1805)等。其中《黑斯佩罗斯》是其成名作。其作品在内容上混合着感伤和讽刺，思想意识上既具有现实主义因素，又有不切实际的对未来的幻想。由于作品深刻地表达了德国人的理想主义与实际生活以及灵魂与肉体之间的冲突与矛盾，让·保罗因此成为德国"最伟大的文学天才之一"[①]。他在文学上的成就也受到歌德和席勒的关注。他们曾邀请他去魏玛。在魏玛逗留期间，主张共和的让·保罗一方面与歌德、席勒等在政治立场上有分歧，同时却与当时"最具激情的共和派"赫尔德、维兰德等成了至交。[②] 由于作品风格怪异离奇、幽默，让·保罗成了当时最受欢迎的作家之一。

　　克莱斯特也是这一时期德国文学创作领域的独行侠，是"他所处时代文学领域的局外人"[③]。他出身于奥得河畔法兰克福的一个贵族世家，在戏剧、小说和诗歌创作方面多有成就。他受康德哲学的影响至深，认为客观世界无法认识，世界无法得到真实。这导致他怀疑一切，形成所谓的"康德危机"(Kant-Krise)，最终在 1811 年时以自杀结束了自己的生命。克莱斯特的主要成就在戏剧方面。1802/1803 年，他完成了第一部悲剧《施洛芬施泰因一家》(*Die Familie Schroffenstein*)，此后推出的重要剧作有《破瓮记》(*Der zerbrochne Krug*，1805/06)、《赫尔曼战役》、

---

① Frank G. Ryder and Robert M. Browning（eds.），*Heinrich von Kleist and Jean Paul：German Romantic Novellas*，New York：The Continuum Publishing Company，2001，Forword，xii.

② Wolfgang Beutin，Klaus Ehlert，Wolfgang Emmerich，Helmut Hoffacker，Bernd Lutz，Volker Meid，Ralf Schnell，Peter Stein and Inge Stephanp，*A History of German Literature：From the beginnings to the present day*，p. 199.

③ Wolfgang Beutin，Klaus Ehlert，Wolfgang Emmerich，Helmut Hoffacker，Bernd Lutz，Volker Meid，Ralf Schnell，Peter Stein and Inge Stephanp，*A History of German Literature：From the beginnings to the present day*，p. 200.

《彭特西勒亚》(*Penthesilea*，1808)、《洪堡亲王》(*Prinz Friedrich von Homburg*，1809/11)等。克莱斯特的戏剧有两大特点：一是反古典性。《彭特西勒亚》等取材于古希腊史前传说的作品充满了奇特和浪漫幻想。二是政治色彩浓厚，具有强烈的民族性。《赫尔曼战役》实际上是以条顿人反抗罗马人的事例为榜样，鼓动人们起来进行反对拿破仑的战争。克莱斯特在小说创作方面也颇具成就，代表性作品有《智利地震》(*Das Erdbeben in Chili*，1807)、《O 侯爵夫人》(*Die Marquise von O*，1808)等。

福斯特是德意志雅各宾文学的主要代表。与德国的大部分知识分子不同，福斯特自始至终拥护法国革命。其主要作品有：游记《1772—1775 年环球旅行记》(*Reise um die Welt 1772—1775*，1777)、《莱茵河下游风光》(*Ansichten vom Niederrhein*，1791/92)，随笔《论治国才干与人类幸福的关系》(*Über die Beziehung der Staatskunst auf das Glück der Menschheit*)等。

四、维也纳古典主义乐派

18 世纪下半期到 19 世纪初，约瑟夫・海顿(Franz Joseph Haydn，1732—1809)、沃尔夫冈・莫扎特(Wolfgang Amadeus Mozart，1756—1791)和路德维希・凡・贝多芬等音乐家发展形成了一种新的简洁的古典主义音乐风格。由于他们的活动中心在奥地利首都维也纳，因此也被称为"维也纳古典主义乐派"。

古典主义音乐的出现和盛行并非偶然。首先，18 世纪下半期以来，随着启蒙运动的发展，理性、宽容、进步、人道主义等开始为人们广泛接受。在这种观念之下，人们的价值取向转向唯美主义，崇尚古希腊罗马艺术中简洁时尚的审美标准。其次，从社会和政治角度看，18 世纪下半期到 19 世纪初的欧洲正处于大变革的时代。资本主义的发展、工业革命和殖民扩张等，在西方造就了大批的资产阶级和中等阶级。他们取代传统贵族，逐渐成为音乐艺术的主体消费群体，公共音乐会日益盛行。

与此同时,原先作为音乐艺术主要支持者的欧洲贵族受到法国大革命和拿破仑战争的沉重打击,"旧的资助人机制开始崩溃"①。

在西方,古典主义音乐是一个综合性的概念。广义上讲,它指中世纪以来直至当代的一切高雅的、严肃的、具有代表性和典范意义的音乐。狭义上讲,它则专指 18 世纪下半期到 19 世纪早期以海顿、莫扎特和早期的贝多芬所创作的音乐。我们在此仅指后者,即形成于维也纳的古典主义乐派。这一乐派的特点是:理智和情感的高度统一,思想内容和艺术形式的高度一致。在音乐风格上,古典主义音乐与华丽而充满贵族气息的巴洛克音乐(Barockmusik)不同,它表现出对于古希腊罗马简约淳朴的艺术风格的认同;在创作技法上,该乐派在继承欧洲传统的复调和主调音乐成就的基础上,发展形成了奏鸣曲、交响曲、协奏曲以及各种室内乐的体裁和形式,对西方音乐发展产生了深远的影响。其中,奏鸣曲形式是古典主义音乐的最主要特征,也是古典主义音乐创作的结构原则。②

约瑟夫·海顿是继约翰·塞巴斯蒂安·巴赫(Johann Sebastian Bach,1685—1750)之后西方音乐界的领军人物,维也纳古典主义乐派的旗手③。他出身于下奥地利的洛劳一个车辆制造工之家。1738 年,年仅6 岁的海顿被送到唱诗班进行音乐训练。1740 年,维也纳施特凡大教堂乐长洛伊特尔(Georg Reutter,1707—1772)在寻找合唱团男孩时注意到海顿,把他带到维也纳。1759 年,他出任莫尔钦伯爵(Graf Karl von Morzin,1717—1783)的宫廷乐长,并创作了第一部交响乐。1761 年他在埃斯特哈奇侯爵(Paul Ⅱ Anton Esterházy,1711—1762)处获得了副乐长职位,1766 年获得了乐长职位。海顿为埃斯特哈奇家族(Familie Esterházy)服务长达 30 年之久。在此期间,他不仅创作出大量音乐作品,

---

① John Burrows (ed.), *Classical Music*, London:Dorling Kindersley,2005,p. 127.

② 奏鸣曲一般分为三个部分:呈示部、展开部和再现部,一般包括两个主题,两个主题旋律的反复变化和相互对比使音乐的整体效果逐渐增强。John Burrows (ed.), *Classical Music*, p. 128.

③ Waldo Selden Pratt, *The Histoy of Music*, New York:G. Schirmer,1907,p. 336.

也发展了自己的音乐风格。

海顿一生创作非常丰富,音乐作品体裁广泛,对交响乐和弦乐四重奏的形成、完善和发展方面有着突出的贡献,是世人公认的"交响乐之父"和弦乐四重奏的奠基者。他的主要音乐成就是创作了100多首交响曲。最具代表性的交响乐作品是1791年到1795年两次受邀访问伦敦期间所创作的12部《伦敦交响曲》(*Londoner Sinfonien*)。他还创作了80多首弦乐四重奏,代表作有《皇帝四重奏》(*Kaiserquartett*)等。他在声乐创作方面也有不斐的成就,包括著名的大型清唱剧《创世记》(*Die Schöpfung*)、《四季》(*Die Jahreszeiten*)等。前者描述了上帝创造天地万物以及亚当、夏娃的幸福生活,后者则用象征春夏秋冬的四个乐章表达了农民的劳动与欢乐。海顿的作品反映了处于革命和危机年代中的人们渴望从纷乱中解脱出来,获得愉悦和自我满足的心情。

海顿在音乐领域的巨大成就使之成为维也纳古典主义乐派的当之无愧的奠基者。他的音乐作品对同时期另一位大音乐家莫扎特和日后的大音乐家贝多芬都产生了深远的影响。1781年,海顿与比自己小24岁的莫扎特结识,并与这位音乐神童结下了深厚的友谊。1792年海顿从英国回德国的途中,在波恩附近见到了年轻的贝多芬,视其为音乐天才。不久,贝多芬前往维也纳,拜师海顿门下。海顿的作品也对后世产生了重大影响。他在1797年出于爱国主义激情创作的《皇帝颂》(*Kaiserhymne*)"上帝保佑弗兰茨皇帝"(Gott erhalte Franz, den Kaiser)成了海因里希·霍夫曼·冯·法勒斯莱本(August Heinrich Hoffmann von Fallersleben, 1798—1874)创作的《德意志之歌》(*Lied der Deutschen*)的曲调①。1809年,这位音乐巨匠在法军占领维也纳的隆隆炮声中去世,享年77岁。

沃尔夫冈·莫扎特出身于奥地利萨尔茨堡的一个宫廷乐师之家,父亲利奥波德·莫扎特(Leopold Mozart,1719—1787)是提琴手和萨尔茨

---

① 《皇帝颂》也是当今联邦德国的国歌曲调。

堡大主教的宫廷作曲家。莫扎特从幼年起就显示出极高的音乐天赋。
他 4 岁开始跟父亲学习钢琴,5 岁开始作曲。1762 年,年仅 6 岁的莫扎
特随父亲到慕尼黑、帕骚、维也纳等地开始第一次音乐巡演,获得极大成
功。1763 年,莫扎特随其父亲开始了在整个德国和西欧的巡演,直到
1766 年才回到萨尔茨堡。此后他又到维也纳、波希米亚、米兰、弗罗伦
萨、罗马、威尼斯等地演出,受到热烈欢迎。①

　　1772 年,莫扎特结束了 10 年之久的巡演生涯,出任萨尔茨堡大主教
的宫廷乐长之职。如果说早期的音乐会巡演是莫扎特音乐天赋的锋芒
初露,接下来的 10 年则是这位音乐奇才的创作成熟期。在此期间他利
用巡演时期获得的知识和素材创作了大量作品。与此同时,已经成人的
莫扎特开始对自己作为仆人的卑微地位感到不满。1781 年,无法忍受大
主教凌辱的莫扎特到维也纳谋生,成为德国第一个摆脱宫廷和教会而自
谋生路的自由作曲家。此后到他去世为止的 10 年是其音乐创作最重要
的时期,许多极富思想性和艺术性的作品相继问世。然而这样一位才华
横溢的音乐神童却长期处于经济拮据之中。1791 年 12 月,年仅 36 岁的
莫扎特在贫病交加中去世。死后,他被葬于维也纳平民公墓,准确葬处
无人知晓。

　　莫扎特在短短一生中留下了 600 多部音乐作品。歌剧是莫扎特音
乐作品中最亮丽的风景。在其创作的 22 部歌剧中,《费加罗的婚礼》
(*Die Hochzeit des Figaro*,1786)、《唐璜》(*Don Giovanni*, 1787)、《魔笛》
(*Die Zauberflöte*, 1791)为代表作。其中德语歌剧《魔笛》取材于著名作
家维兰德搜集的神话素材,它以年轻的王子塔米诺与黑夜女王的女儿帕
米娜的婚事为线索,讲述了代表光明的君主与代表黑暗的黑夜女王之间
的斗争。《魔笛》是莫扎特发展德意志民族童话歌剧的代表作,为后来德
国浪漫主义歌剧的产生打下了基础。

---

① Simon P. Keefe, "Chronology of Mozart's life and works", in Simon P. Keefe (ed.), *The Cambridge Companion to Mozart*, Cambridge: Cambridge University Press, 2003.

莫扎特的音乐作品具有极其鲜明的特点。一方面,它们给人以典雅
隽秀之感,另一方面则有如阳光一般散发着热情和活力。他主张音乐要
表现现实生活和人类的理性与感情,因此他的音乐作品语言平易近人,
结构清晰严谨,成为古典主义音乐的丰碑。有人对莫扎特的评价是,他
的音乐有如"阳光一般的灿烂和纯洁","明亮,剔透,永远散发着青春活
力,富有才华却大智若愚"①。

路德维希·凡·贝多芬是维也纳古典主义乐派的又一代表。他是
18 世纪德国古典主义音乐发展的巅峰人物,但其后期的音乐作品中又呈
现浪漫主义特征,因此可谓 19 世纪上半期浪漫主义音乐的开启者。他
出身于波恩一个音乐世家,祖籍是佛兰德②的梅希伦。父亲是科隆选帝
侯宫廷乐队的男高音歌手。虽然家庭出身卑微,但是家庭环境有利于他
在音乐的道路上发展。在他很小时,父亲就教其弹奏钢琴,希望他能像
莫扎特一样成为一名音乐神童。1782 年,贝多芬开始跟随波恩宫廷乐队
指导克里斯蒂安·戈特洛布·内弗(Christian Gottlob Neefe,1748—
1798)学习钢琴和作曲课程。内弗被贝多芬的音乐天赋所震撼,称他将
成为"莫扎特第二"。1787 年,贝多芬前往维也纳拜莫扎特为师。莫扎特
对贝多芬的评价是:"总有一天他会名扬天下。"③此后贝多芬因母亲病危
而回到波恩。1792 年 11 月,贝多芬应海顿之邀再次前往"音乐之都"维
也纳并师从后者。此后他一直定居维也纳,直到去世。在海顿那里,贝
多芬在交响乐和室内乐方面受益匪浅。海顿去英国后,贝多芬又师从约
翰·格奥尔格·阿尔布莱希茨贝格(Johann Georg Albrechtsberger,
1736—1809)和安东尼奥·萨里热(Antonio Salieri,1750—1825)。1795
年 3 月 29 日,他首次在维也纳举行音乐会,演奏自己创作的钢琴协奏
曲,获得巨大成功。

贝多芬一生创作近 200 部作品。1804/1805 年以前是他音乐创作的

---

① Simon P. Keefe (ed.), *The Cambridge Companion to Mozart*, p. 1.
② 荷兰语为 Vlaanderen。
③ John Burrows (ed.), *Classical Music*, p. 156.

早期阶段。这一时期，他受到海顿、莫扎特的古典主义风格的影响，创作集中于交响乐、钢琴奏鸣曲和弦乐四重奏等，作品风格轻快流畅，表现出对古典主义传统的明显依赖。1795年以后，尽管他的听觉因耳疾而逐渐丧失，却创作激情不减，接连创作了震惊乐坛的名作：1799年完成了第8号钢琴奏鸣曲《悲怆》（*Pathétique*），1800/1802年完成了《第一交响曲》（*1. Sinfonie*）以及著名的《月光奏鸣曲》（*Mondscheinsonate*，1801）①的创作，1802/1803年完成了《第二交响曲》（*No. 2 Sinfonie*），1804年完成了最伟大的作品之一《第三交响曲》（*No. 3 Sinfonie*），即《英雄交响曲》（*Eroica*）。同年，他完成了《热情奏鸣曲》（*Appassionata*）。1805年创作了唯一的歌剧《费黛丽奥》（*Fidelio*）。1805年到1814年左右是贝多芬音乐创作的盛期，相关作品已经形成了自己独特的风格。1808年，他先后完成了著名的《第五交响曲》（*No. 5 Sinfonie*），即《命运交响曲》（*Schicksalssinfonie*）、《第六交响曲》（*No. 6 Sinfonie*），即《田园交响曲》（*Pastorale*）。1809年他完成了《皇帝钢琴协奏曲》（*Kaiserkonzert*）的创作。1815年以后，贝多芬的创作进入后期。作品开始呈现一种内在的和深邃的精神意境，自省而神秘，已经带有浪漫主义的色彩。

需要指出的是，贝多芬早期和中期的作品不仅将古典主义音乐在形式上发挥到极致，而且表现出鲜明的理想和强烈的诉求。贝多芬音乐创作的盛期正值法国大革命和拿破仑战争时期。法国大革命"自由、平等、博爱"的思想强烈地吸引着这位深受封建等级制度之害的音乐家。他把这些资产阶级的革命原则融入自己的音乐作品之中，充满着对平等、自由和正义的向往。前文曾提到，为了向共和制的法国表示敬意，他曾准备将《第三交响曲》以"波拿巴"之名呈献给拿破仑，得知其称帝后，他愤怒地斥之为"凡夫俗子"，把曲名改成了《英雄》。在1813—1814年解放战争期间，他还创作了一系列爱国主义作品，诸如战场交响曲《威灵顿的胜利》（*Wellingtons Sieg*）和康塔塔《光荣的时刻》（*Die glorreiche*

---

① 贝多芬自己给该曲起的另一个名称为《幻想奏鸣曲》（Sonata quasi una Fantasia）。

Augenblick)等,以表示对战胜拿破仑的庆贺。[1] 贝多芬毫不掩饰地借音乐表达自己的情感。《命运交响曲》就是在他在人生的困难时期的感悟性作品。日后另一位德国音乐巨匠理查德·瓦格纳(Richard Wagner, 1813—1883)给了贝多芬极高的评价,称其为"音乐家的真正代表","他用最纯净的语言向所有人表明,德意志精神通过他才从深度的卑贱中回复到了人类的精神"[2]。

维也纳古典主义乐派三位著名作曲家所处的年代比较接近,但是从思想角度而言,贝多芬与海顿、莫扎特有明显不同。海顿一生逆来顺受,为生活而小心伺候权贵,其作品永远呈现一种平和的情绪和愉悦的心境。莫扎特有一种强烈的自尊心,宁愿贫困潦倒也不愿忍受大主教的侮辱,因此人们在其音乐中感受到阳光和青春活力的同时,不免体会到忧郁和感伤。与他们相比,贝多芬则更具"性情"。他不畏权贵,在作品中鲜明地表达自己的政治意愿,反映了一位伟大艺术家的独立人格和追求自由的意志。

第二节 浪漫主义的兴起和发展

1800 年前后的德国思想文化界,古典主义与浪漫主义是对立的两极。[3] 所不同的是,古典主义走向衰落时,浪漫主义正开始兴起并走向极盛。从时间上看,德国的浪漫主义作为一种思想和文化运动,开端于 18 世纪 90 年代,结束于 19 世纪中期[4]。从涉及领域看,它波及绘画、文学、音乐等多个领域,确切地说,波及文化和哲学的一切领域[5];从影响范围

---

[1] William Kinderman, *Beethoven*, Berkeley, Los Angeles: University of California Press, 1995, p. 2.

[2] Richard Wagner, *Beethoven*, Translated by Edward Dannreuther, London: WM. Reeves, ³1903, pp. 32, 41.

[3] Simon Richter (ed.), *The Literature of Weimar Classicism*, p. 50.

[4] Claus J. Gigl, *Deutsche Literaturgeschichte*, S. 73.

[5] Frederick C. Beiser, *The Romantic Imperative: The Concept of Early German Romanticism*, Cambridge, Massachusetts: Harvard University Press, 2003, p. 24.

看,浪漫主义最终走出德国,成为全欧甚至波及美国的思想文化潮流①。

一、德国浪漫主义兴起的政治、社会和文化背景

德国浪漫主义的兴起与法国大革命有着密切的关系。法国革命之初,德国文化界普遍为法国革命提出的"自由、平等、博爱"理想原则叫好和欢呼,然而,革命过程中出现的恐怖杀戮使德国思想文化界精英们感到失望,产生了厌恶之感。而拿破仑统治带来的神圣罗马帝国的解体、帝国直属领地归并和教会地产世俗化等一系列事件也大大增加了人们的不安全感。于是,人们转而与拿破仑的统治进行斗争,并由此产生了一种反对异族统治的民族情感。从这一角度讲,浪漫主义与古典主义一样,是作为法国革命的否定者出现的。

从社会层面看,当时德国仍处于封建专制主义统治之下。一部分资产阶级对于自己的软弱无力以及国家的四分五裂状态感到不满和无奈,但他们又不愿仿效法国革命,于是,幻想自由,逃避现实,渴望重新回到古老的半自然的政治和社会秩序中,就成为他们的选择,"文学和艺术的浪漫主义的复兴"成为克服自法国大革命以来在社会秩序和个人生活方式方面所面临的危机的良方②。

德国浪漫主义的出现也有其文化动因。它的出现实际上是对一味强调理性而忽视情感价值的启蒙运动哲学以及以此为基础的古典主义的反动。启蒙运动和作为启蒙运动当然结果的法国大革命所展示的普世主义、理性主义等政治理想,遭到浪漫主义的回应性批判。浪漫主义认为,启蒙运动过度宣扬理性主义而忽视人类心理的复杂性和矛盾性,变得刻板和毫无生气。启蒙运动以及古典主义作家们都强调文学艺术

---

① Dennis F. Mahoney, *The Literature of German Romanticism*, New York: Camden House, 2004, p. 1.

② Claus J. Gigl, *Deutsche Literaturgeschichte*, S. 73 - 74; Wolfgang Beutin, Klaus Ehlert, Wolfgang Emmerich, Helmut Hoffacker, Bernd Lutz, Volker Meid, Ralf Schnell, Peter Stein and Inge Stephanp, *A History of German Literature: From the beginnings to the present day*, p. 186.

的社会功能,视之为社会的"进步之舟",浪漫主义则表达了文学艺术的自主思想,把它们当作逃避现实社会政治冲突和获取精神自由的手段。[①] 浪漫主义产生和发展也有其群众文化基础。随着社会的发展和进步,接受教育的民众日益增多,文学、艺术等的受众基础不断扩大,情感需求成为人们提高自己精神生活质量的重要取向。

康德、费希特、谢林等的主观唯心主义哲学则是浪漫主义出现的哲学基础。康德认为,物自体是感性认识之源,但人无法认识物自体,人们对世界的认识只限于对表象的主观感觉。若要深刻认识世界,只能靠人的天智。这种理论就给神秘主义的发展留下了空间。费希特的知识学以"自我"为中心,"自我"设定"非我","自我"成了"一切奋斗的目标"和出发点。[②] 谢林的同一哲学强调主体和客体的绝对同一,也成了浪漫主义强调自我、把幻想当现实的理论依据。神学家施莱尔马赫的宗教个人主义也对浪漫主义产生了重大影响。施莱尔马赫认为,人要认识和理解上帝并非智慧和意志所能达到,而是要依靠人的感觉和直觉。感觉具有神奇的力量。正是这些突出个人主观作用的看法成了浪漫主义的思想和理论基础。

此外,赫尔德关于民族特性的意义的论述,狂飙突进运动对于民族诗歌、天才以及个性的热情称颂等,也在一定程度上唤醒了浪漫主义。

二、德国浪漫主义及其特征

浪漫主义(Romantik)一词源于古法语 Roman 或 Romance,前者指中世纪在法国发展起来的传奇小说,后者原意为与拉丁语相对的民族语言罗曼语,也有传奇虚构之意。此后该词演变成为一种生活和艺术用

---

① Wolfgang Beutin, Klaus Ehlert, Wolfgang Emmerich, Helmut Hoffacker, Bernd Lutz, Volker Meid, Ralf Schnell, Peter Stein and Inge Stephanp, *A History of German Literature: From the beginnings to the present day*, p. 170.

② George Seidel: "From Idealism to Romanticism and Leibniz' Logic", in Daniel Breazeale and Tom Rockmore (eds.), *Fichte, German Idealism, and Early Romanticism*, Amsterdam-New York: Rodopi Press, 2010, p. 179.

语。浪漫主义首先是指一种状态,特别强调情感和幻想,钟情于惊奇、异国情调、冒险、多愁善感、古怪荒诞;其次它主张远离现代文明,回归人的内在和外在自然属性,重返已经过时的社会形态,回到中世纪时代。

德国浪漫主义有明显的自身特点和价值取向。它是一种世界观,代表着一种保守的民族主义。德国浪漫主义的出现与法国大革命以及拿破仑统治的冲击有着密切的关系。它的矛头直接指向法国人和法国革命所代表的资产阶级精神,是对法国人占领德国的一种无奈的精神回应。因此,它逃避政治现实,主张回归中世纪,从重现中世纪神圣罗马帝国的辉煌中寻找安慰,在文学的想像世界中求生。史学家戈洛·曼对德国浪漫主义的解释是,"逃离现实,寻求美好的过去、失落的梦想,深深沉迷于史前时期以及内心世界中,追求自由自在",强调一种情感的寄托。①就此而言,德国浪漫主义是一种消极的浪漫主义。

德国浪漫主义的基本心理特征或者说驱动力,是一种无休止的病态"渴望"(Sehnsucht)。这种"渴望"的向往之地和表现是雾气笼罩的山林幽谷、中世纪的修道院废墟、大自然以及古老的童话和神话等。换言之,它渴望的是一种无法达到的、已经失去的、正在消失或幻想中的事物。这种"渴望"的象征和目标就是诺瓦利斯在他的小说《海因里希·冯·奥夫特丁根》(*Heinrich von Ofterdingen*)②中的同名主人公、中世纪诗人梦想和追求的"蓝花"(blaue Blume),"蓝花"也因此成为德国浪漫主义带有忧郁、乡愁情结的完美化身。

德国浪漫主义呈现极强的非理性特征,强调情感和热情的重要性。它力图打破启蒙运动哲学所强调的并且为古典主义所遵从的刻板而机械的理性主义,将情感、苦难、个性、个人的经历和心理(特别是扭曲的心理)作为探究和宣传的对象。因此,渴望、神秘、隐秘等成为浪漫主义的中心话题。德国早期浪漫主义的代表性人物,如诺瓦利斯和施莱尔马赫

① Golo Mann, *Deutsche Geschichte des 19. und 20. Jahrhunderts*, S. 87.
② 诺瓦利斯于 1801 年去世,该小说在其死后于 1802 年出版。

等,都是虔敬派(Pietismus)家庭出身,而虔敬主义特别强调精神经历的重要性,注重信仰的培育。正是这种虔诚的宗教情感在很大程度上成为他们抵制理性主义的精神源泉。①

德国浪漫主义还特别强调"个性"(Individualität)。在德国浪漫主义者看来,人类并非一个模式,而是复杂和多样的。施莱尔马赫的观点就是,"每一个单个的人都以自己的方式代表人类"②。弗里德里希·冯·施莱格尔则强调,评价一部作品,必须首先了解其"个性",只有抛弃普遍的标准而只考虑到作者自己的目的和环境时,才能对一部作品进行恰当的评判。③

反现代性是德国浪漫主义的又一重要特征。18 世纪 90 年代,社会正处于新旧交替时代,现代公民社会的一些价值观开始出现,社会呈现多元发展趋势,传统社会秩序受到挑战。在这种情况下,浪漫主义者希望通过他们的诗歌等作品来抚慰整个世界乃至个人的裂痕和创伤,重建每个人以及自然的整体性,让一切都回归以前的和谐和一致的状态。④正是从这一意义上,浪漫主义采用了"诗人神父"(Dichterpriester)一词,期盼通过"浪漫主义化"来克服内心和外部世界的异化,重新找到生活的本来意义。⑤ 诺瓦利斯曾经指出,"诗人和神父原本是一个人,他们是后来才分开的。然而,正如真正的神父总是诗人一样,真正的诗人永远是神父。"⑥

---

① Dennis F. Mahoney, *The Literature of German Romanticism*, p. 63.
② [美]科佩尔·S. 平森:《德国近现代史:它的历史和文化》,上册,第 67 页。
③ Frederick C. Beiser, *The Romantic Imperative: The Concept of Early German Romanticism*, p. 23.
④ Frederick C. Beiser, *The Romantic Imperative: The Concept of Early German Romanticism*, pp. 30 – 31.
⑤ Wolfgang Beutin, Klaus Ehlert, Wolfgang Emmerich, Helmut Hoffacker, Bernd Lutz, Volker Meid, Ralf Schnell, Peter Stein and Inge Stephanp, *A History of German Literature: From the beginnings to the present day*, p. 186.
⑥ Wolfgang Beutin, Klaus Ehlert, Wolfgang Emmerich, Helmut Hoffacker, Bernd Lutz, Volker Meid, Ralf Schnell, Peter Stein and Inge Stephanp, *A History of German Literature: From the beginnings to the present day*, p. 171.

回归历史传统和民族特性是德国浪漫主义的显著特征。在浪漫主义者看来,植根于主观个性之中的情感等非理性因素并非自发产生的,它们深埋于个人的早期记忆以及所生活的文化环境之中。而文化是一定的历史积淀的产物,是一个民族区别于其他民族的符号,因此,回归历史和民族就成为浪漫主义的当然选择。这种回归历史和民族的最突出的表现就是对于本乡本土和民间的文化遗产显示出强烈的兴趣。于是搜集流传于民间的、具有民族的和特定的国家集体记忆的"民族诗歌"(Volksdichtung)和"民族文学"(Volksliteratur),就成了浪漫主义者努力的目标。① 他们从童话、民间传说、民歌、中世纪的神秘主义和基于等级等之上的相互忠诚的社会秩序中去寻找已经失落的世界。阿希姆·冯·阿尼姆和克莱门斯·布伦塔诺(Clems Brentano,1778—1842)对德国民歌的采集,雅可布·格林(Jacob Grimm,1785—1863)和威廉·格林(Wilhelm Grimm,1786—1859)兄弟对各种口耳相传的德国民间传说和童话的搜集等,就是明显例证。

浪漫主义与魏玛古典主义都坚持美学观,但两者有明显的不同。歌德和席勒的古典主义美学观强调艺术本身的自主性,浪漫主义的美学观则把美学的方法推广到生活的所有领域,并且以此解决所有的人类问题。具体说来,就是用诗人的直觉方法审视一切,包括哲学、宗教、历史和政治等问题。"唯有诗人才知道把各种事物巧妙地联结在一起的艺术","诗创造生命"。浪漫主义者这种用美学来审视一切的目的在于,希望以此影响政治变化,缩小理想与现实之间的鸿沟。②

三、浪漫主义运动的发展

浪漫主义在德国的发展经历了半个多世纪,可划分为三个发展阶

---

① Dennis F. Mahoney, *The Literature of German Romanticism*, p. 171.

② [美]科佩尔·S. 平森:《德国近现代史:它的历史和文化》,上册,第 67 页;Dennis F. Mahoney, *The Literature of German Romanticism*, p. 9。

段:早期浪漫主义(Frühromantik)时期、中期浪漫主义(Hochromantik)时期和晚期浪漫主义(Spätromantik)时期。1815年以前经历了早期和中期浪漫主义两个发展阶段。与古典主义仅聚焦于歌德和席勒所在的魏玛不同,浪漫主义运动在其发展过程中形成了多个中心。

早期浪漫主义指18世纪90年代中期以耶拿为中心开始形成的浪漫主义思潮和运动,大约到1804年结束。其主要代表有施莱格尔兄弟、路德维希·蒂克、威廉·海因里希·瓦肯罗德(Wilhelm Heinrich Wackenroder,1773—1798)和诺瓦利斯等人。哲学家费希特、谢林,新教神学家施莱尔马赫也在其列。由于他们的主要活动地点在耶拿,因此也被称为"耶拿浪漫派"(Jenaer Romantik)或老浪漫派(Ältere Romantik)。

早期浪漫主义始于1793年路德维希·蒂克和威廉·海因里希·瓦肯罗德穿越法兰克人地区的一次徒步漫游。在这次漫游中,纽伦堡等地保存的中世纪的宗教和艺术给他们留下了极深的印象,认为这些中世纪的艺术中蕴藏着人类的爱和宽容精神。因此,在他们看来,中世纪才是最理想的"黄金时代",应该要回归这一时代。[①] 瓦肯罗德发表的唯一著作《一个爱好艺术的修士的心灵倾诉》(*Herzensergießung eines kunstliebenden Klosterbruders*,1796)则具体反映了这种看法,它描写了一个在修道院的孤独生活的修士对中世纪文化艺术的见解。

弗里德里希·冯·施莱格尔与其兄长奥古斯特·威廉·冯·施莱格尔是早期浪漫主义的理论旗帜。1798—1800年间,他们在耶拿出版《雅典娜神庙》(*Athenäum*)杂志,该杂志与席勒的《时序女神》分别成了传播浪漫主义和古典主义的喉舌。弗里德里希·冯·施莱格尔将浪漫主义在文学中的情感和精神的表达定义为"进步的普遍诗情"(Progressive Universalpoeise),即要用诗人的感觉审视一切,在内容上要把哲学、诗歌、评论等融为一体,形式上要打破界限,把诗歌、童话、信

---

① Claus J. Gigl, *Deutsche Literaturgeschichte*, S. 75.

件、随笔等糅合在一起,以此构建文学作品。① 这种要把"诗情"作为最高准则的看法,表达了人的主观精神高于一切的价值观,是费希特以"自我"为出发点的主观唯心主义哲学观点在文学领域的反映。他的小说《路清德》(*Lucinde*)就是这种理论的实践。而 1802—1804 年间奥古斯特·威廉·冯·施莱格尔在柏林做的"论美的文学和艺术"(*Über schöne Literatur und Kunst*)和 1808 年在维也纳做的"论戏剧艺术和文学"(*Über dramatische Kunst und Literatur*)等讲座则是对浪漫主义文学评论的概括。

如果说施莱格尔兄弟是浪漫主义理论家,诺瓦利斯和蒂克则是早期浪漫派的创作实践者。诺瓦利斯英年早逝,著述不多,一些作品在其去世后才出版。主要作品有诗作《黑夜颂歌》(*Hymnen an die Nacht*,1800)、小说《海因里希·冯·奥夫特丁根》。《黑夜颂歌》将黑夜赞颂为一种引发人们想象力的生命和死亡的神秘事物,《海因里希·冯·奥夫特丁根》中的"蓝花"则如前所述,成了德国浪漫主义的象征。它们都是浪漫主义的代表性作品。路德维希·蒂克是最多产的浪漫主义作家之一,主要作品有小说《威廉·洛威尔的故事》(*DieGeschichte des Herrn William Lovell*,1795/96)、《弗兰茨·施泰恩巴尔德漫游记》(*Franz Sternbalds Wanderungen*,1798),童话《金发的埃克贝特》(*Blonder Eckbert*,1796)、《民间童话》(*Volksmärchen*,1797)、《神秘山》(*Runenberg*,1802)等。他的童话作品将人们带入一种无意识而又充满渴望的想象世界中。

耶拿浪漫派有其深刻的哲学思想基础。费希特从 1794 年开始在耶拿大学任教,实际上成为耶拿浪漫派的精神导师。弗里德里希·冯·施莱格尔就曾在他的门下学习。他的唯心主义的自我中心观在很大程度

---

① Claus J. Gigl, *Deutsche Literaturgeschichte*, S. 76;Wolfgang Beutin, Klaus Ehlert, Wolfgang Emmerich, Helmut Hoffacker, Bernd Lutz, Volker Meid, Ralf Schnell, Peter Stein and Inge Stephanp, *A History of German Literature*:*From the beginnings to the present day*, p. 186.

上鼓励了浪漫主义的主观个性的放纵。耶拿浪漫派强调创作的绝对自由,放纵幻想,追求神秘和奇异,虽然给人以"病态"之感,却在很大程度上促进了"想像的解放"①。

在 1801 年诺瓦利斯去世以及 1802 年施莱格尔兄弟离开耶拿后,耶拿作为德国浪漫主义运动中心的地位随之消失。

中期浪漫主义的发展大约从 1804 年到 1815 年。由于这一时期浪漫主义运动的中心已经转移到了海德堡,因此也被称为"海德堡浪漫派"(Heidelberger Romantik)。其成员大多比耶拿浪漫派要年轻,而且在形成时间上晚于耶拿浪漫派,因此又被称为"青年浪漫派"(Jüngere Romantik)。又因这一时期的浪漫主义运动更关注于民族问题,故而又被称为"民族浪漫派"或民族浪漫主义(Nationalromantik)。

中期浪漫主义可追溯到其代表性人物阿希姆·冯·阿尼姆和克莱门斯·布伦塔诺在 1802 年的一次莱茵之旅。当时法国的胜利和德意志各邦在战争中的失败深深地刺痛了阿希姆·冯·阿尼姆和克莱门斯·布伦塔诺,他们决定通过旅行的方式来搜集口耳相传的德意志民歌,以提升德意志的民族意识,同时也以此作为逃离现实的精神避难所。1804 年到 1809 年间,越来越多的浪漫主义代表人物聚集于海德堡大学。其间,阿希姆·冯·阿尼姆和克莱门斯·布伦塔诺正在此整理他们搜集来的民歌《男童的神奇号角》(Des Knaben Wunderhorn: Alte deutsche Lieder),并出版了《隐士报》(Zeitung für Einsiedler)。此外,约瑟夫·冯·格雷斯、约瑟夫·冯·艾辛多夫(Joseph von Eichendorff, 1788—1857)、格林兄弟等浪漫派代表或聚集于此,或与之有着密切的联系。与此同时,还有亚当·米勒、克莱斯特等一些中期浪漫派代表聚集在柏林。

以海德堡浪漫派为代表的中期浪漫主义和耶拿浪漫派为代表的早期浪漫主义有所不同。它没有早期浪漫主义那种对于理论和哲学的关

---

① Wolfgang Beutin, Klaus Ehlert, Wolfgang Emmerich, Helmut Hoffacker, Bernd Lutz, Volker Meid, Ralf Schnell, Peter Stein and Inge Stephanp, *A History of German Literature: From the beginnings to the present day*, p. 187.

注,而是更多地将目光倾注于有关德意志民族特性的元素,侧重于搜集民歌、民间诗歌、民间童话、民间传说等民间文学遗产和素材,发掘民族书籍,藉以维护德意志民族的文化传统和特性。这种倾向的发展与当时欧洲政治形势的变化有着密切的关系。① 1804 年,拿破仑加冕为法兰西帝国皇帝。与此相应,在莱茵河东岸地区,尽管古老的神圣罗马帝国没有正式解体,但巴登、符滕堡和巴伐利亚等南德诸邦已经开始转向法国一边。在这种形势下,中期浪漫主义开始把目光集中于象征德意志民族团结、统一、强大和辉煌的神圣罗马帝国、皇帝、骑士制度、哥特式艺术,把早期浪漫主义对过去的病态眷恋极致化。这种倾向既反映了对于统一的德意志国家的渴望和对德意志历史和文化的依恋,同时也是把遁入历史、沉湎于过去当成逃避现实政治的手段。

中期浪漫主义的辉煌成就突出地体现在对德意志民间文学的发掘和整理方面。1805 到 1809 年间,布伦塔诺和阿希姆·冯·阿尼姆合作出版了三卷本德意志民歌和民间诗歌集《男童的神奇号角》;1812 到 1815 年间,格林兄弟出版了二卷本《儿童和家庭故事》(*Kinder-und Hausmärchen*),即众所周知的《格林童话》(*Grimms Märchen*)。1816 年,他们又出版了《德意志传奇》(*Deutsche Sagen*)。此外,格雷斯也出版了他的代表作《德国民间故事书籍》(*Die deutschen Volksbücher*,1807)和两卷本《古代神话故事集》(*Mythengeschichten der alten Welt*,1810)。在当时的形势下,这些书籍不仅成为反对国家分裂的爱国主义文献,也是反对现代文明之下出现的内心和外部世界不断异化的有力工具。②

作为中期浪漫主义的主要领袖,阿希姆·冯·阿尼姆一生创作十分丰富。除了与布伦塔诺合编的《男童的神奇号角》外,中篇小说《埃及的伊莎贝拉》(*Isabella von Aegypten*,1812)是其代表作。小说描写了吉

---

① Dennis F. Mahoney, *The Literature of German Romanticism*, p. 10.

② Wolfgang Beutin, Klaus Ehlert, Wolfgang Emmerich, Helmut Hoffacker, Bernd Lutz, Volker Meid, Ralf Schnell, Peter Stein and Inge Stephanp, *A History of German Literature*: *From the beginnings to the present day*, p. 191.

普赛姑娘伊莎贝拉通过努力,为四处流浪、受人歧视的吉普赛人争得自由的故事。布伦塔诺的代表性作品则有宗教故事诗《花冠传奇》(*Romanzen von Rosenkranz*,1852)、叙事诗《罗累莱》(*Die Lorelay*,1802)等。根据民间传说创作的《罗累莱》叙述了莱茵河畔一个悬崖上的美丽女妖的传说,广为人知。

值得注意的是,在早期和中期浪漫主义阶段,女性通过"沙龙文化"(Salonkultur)开始进入文学领域。当时,浪漫派聚集于一些较大的城市中,依托某些对文学艺术感兴趣的女性沙龙,进行交流活动。这些女性在事实上成为浪漫派文化圈的核心人物。其中,在柏林有拉埃尔·法恩哈根(Rahel Varnhagen,1771—1833)和亨丽埃特·赫茨(Henriette Herz,1764—1847)等犹太女性的文学沙龙,在维也纳有女作家、诗人卡罗琳娜·皮希勒(Karoline Pichler,1769—1843)主持的文学沙龙等。此外,还有一批活跃于文学领域的浪漫派女作家和女诗人,代表人物有卡罗琳娜·伯默尔(Caroline Böhmer,1763—1809)[1]、弗里德里希·施莱格尔的妻子窦洛蒂娅·法伊特-施莱格尔(Dorothea Veit-Schlegel,1763—1839)、嫁给布伦塔诺为妻的索菲·梅里奥(Sophie Mereau,1770—1806)、卡罗琳娜·冯·贡德罗德(Karoline von Günderode,1780—1806),布伦塔诺的妹妹、阿尼姆的妻子贝蒂纳·布伦塔诺(Bettina Brentano,1785—1859),蒂克的妹妹、女诗人索菲·蒂克(Sophie Tieck,1775—1833)等。其中,卡罗琳娜·冯·贡德罗德被称为18世纪末19世纪初德国最著名的女诗人。[2] 她们打破传统的性别界限,进入文学艺术领域,为这一时期德国文化的繁荣作出了贡献。她们的代表性作品有索菲·梅里奥的《情感的全盛时代》(*Das Blüthenalter derEmpfindung*,1794)、《阿曼达和爱德华》(*Amanda und Eduard*,

---

[1] 伯默尔是其一任丈夫姓氏,第一任丈夫去世后,先后嫁给奥古斯特·威廉·施莱格尔和哲学家谢林。

[2] Jo Catling (ed.), *A History of Women's Writing in Germany*, *Austria and Switzerland*, Cambridge:Cambridge University Press,2000,p. 73.

1803)，卡罗琳娜·冯·贡德罗德的《诗歌和幻想》(*Gedichte und Phantasien*，1804)、《诗歌片断》(*Poetische Fragmente*，1805)等。

浪漫主义是作为启蒙运动的反题出现的，是对启蒙运动过于强调理性主义的一种反向回应。浪漫主义的许多观点，诸如个性的张扬、共同体的维系、人与自然的和谐、文化传统的珍视等，都有其积极的意义。它通过对感知、体验、情感、爱的突出性强调，弥补了理性主义所忽略的一面。1815年以后，德国浪漫主义运动进入了晚期发展阶段。

第三节 文化民族主义向政治民族主义的转变

民族主义是1800年前后德国思想文化界的又一重要思潮。在这一时期，受激于法国大革命和拿破仑的统治，德意志民族意识不断高涨，民族主义因子日益强化，18世纪上半期出现的文化民族主义形态开始向政治民族主义形态转型。

一、德意志民族认同的早期形态：文化民族主义

出于客观政治现实和传统的缘故，德意志民族意识首先萌生于文化领域。18世纪上半期，以英国经验主义哲学和法国理性主义哲学为思想基础的启蒙运动，高举理性、宽容、进步的大旗，向整个欧洲扩散，德意志思想文化界也汇入了这一运动的洪流之中。但是由于国情差异，启蒙运动在德国的发展呈现一种独特性。它针对德国分裂落后的现状，将启蒙运动的理性思考与民族情感的诉求结合在一起，在宣扬理性、宽容、进步等启蒙观念的同时，注入了一种浓烈的民族情感，最终形成了启蒙思想与民族意识的共生。由于这样一个特点，启蒙运动在德国的发展同时也催生了文化领域的民族意识以及由此表现出的文化民族主义。[1]

---

[1] Helga Schultz, „Mythos und Aufklärung: Frühformen des Nationalismus in Deutschland", *Historische Zeitschrift*, Bd. 263, H. 1. (Aug., 1996), S. 31 - 67.

对强势的法国文化的反感是德国文化领域民族意识萌生的重要现实动因。17世纪以来,法国国势强盛,法兰西文化也因此成为包括德国在内的欧洲各国追捧的强势文化。18世纪上半期的德意志,以上层社会为代表,媚法之风盛行。各邦贵族阶层无不热衷于法国的生活方式和文化。各邦宫廷纷纷仿效法国宫廷,维也纳、波茨坦、德累斯顿等都打上了"凡尔赛"的烙印。文化界和学术界也盛行媚法之风。德国演出的戏剧中有2/3是法国的剧本或法国剧本的改编本。德国的著名大学则流行着法国宫廷风格的诗歌、音乐,俨然成了"成了法国化的据点"①。有鉴于此,德意志思想文化界的部分精英出于对本民族文化滞后现状的忧虑,借助于启蒙运动带来的思想和文化动力,不仅在哲学、文学、音乐等领域创造出前所未有的辉煌成就,而且有意识地强调和弘扬带有民族印记的文化,凸显德意志民族特性。从这一意义上讲,正是"知识分子精英们""创造了民族"②。

18世纪上半期的早期启蒙运动中,德国文化界已经开始有意识地突显民族文化。在哲学界,如前所述,以托马西乌斯、沃尔夫等为代表的著名学者在创立自己的理性主义哲学体系的同时,强化自身的民族倾向。在文学领域,著名作家高特谢德(Johann Christoph Gottsched,1700—1766)作为德国文学界的领军人物,大力呼吁使用纯洁的民族语言。结果,在高特谢德的周围聚集了一批以讲德语为荣的作家。这一时期德国文坛的另一位重要人物是"标志着德国伟大诗歌开端"的"第一位德国职业诗人"克洛普施托克。③ 在他的笔下,大败罗马人的日耳曼人首领赫尔曼成了自由的斗士。德国因此掀起了一股崇拜赫尔曼之风,德意志民族

---

① [德]莱奥·巴莱特、埃·格哈德:《德国启蒙运动时期的文化》,王昭仁、曹其宁译,商务印书馆1990年版,第21页。

② Helga Schultz, „Mythos und Aufklärung: Frühformen des Nationalismus in Deutschland", *Historische Zeitschrift*, Bd. 263, H. 1. (Aug., 1996), S. 31.

③ Arnold Hauser, *Sozialgeschichte der Kunst und Literatur*, Band 2, München: Verlag C. H. Beck, 1953, S. 114; Diether Raff, *Deutsche Geschichte. Vom Alten Reich zur Zweiten Republik*, S. 44.

的自豪感以及由此带来的历史和文化认同感也因此而大大提升。① 在音乐领域,启蒙运动早期不仅成了德国音乐盛世的开端,涌现了巴赫、亨德尔(Georg Friedrich Handel,1685—1759)、格鲁克(Christoph Willibald Gluck,1714—1787)等一批誉冠欧洲的音乐巨匠,也成了音乐民族化的起点。被后人称为"欧洲音乐之父"的音乐大师巴赫,针对当时德国社会的"媚法"浪潮,勇敢地顶风而上,明确要求用德语演唱自己的宗教和世俗声乐作品,表达了自己的民族倾向。

18世纪中后期,进入盛期的德国启蒙运动进一步"民族化",民族意识进一步彰显。这一时期的德意志文学因其非凡的成就和鲜明的民族特色而成为欧洲的翘楚。有"德意志的伏尔泰"之称的莱辛第一个站出来,要求开辟德意志民族自己的文学道路,挖掘民族题材和素材,创作和演出充满德意志民族感情的作品。莱辛因此成为"德意志民族文学的开路先锋"②。著名诗人和小说家维兰德更是直白地指出德意志文学的目的就在于"激发起只有伟大、高尚、勇敢和进步的人民才具有的那种共同体精神"③。

在实践层面,包括歌德在内的年轻诗人和作家以德国的文化和现实为基础,在"狂飙突进"中成就了大量经典之作,"人们对德语文学传统的兴趣日益高涨"④。在哲学领域,作为"18世纪下半期德国精神和艺术生活最杰出推动者"⑤,赫尔德不仅创立了极具影响力的民族主义文学理论,而且形成了一套完整的民族主义历史哲学,提出每个民族都表现出独特的"民族精神"(Volksgeist),都必须对其自身独特的传统忠贞不贰,

---

① Gerhard Lohse,„Die Homerrezeption im ‚Sturm und Drang'und deutscher Nationalismus im 18. Jahrhundert",in*International Journal of the Classical Tradition*,vol. 4,No. 2,Fall 1997,pp. 195 – 231.

② Klaus Schulz,*Deutsche Geschichte und Kultur*:500 *Bilder aus* 2000 *Jahren*,Königstein im Taunus:Karl Robert Langewiesche Nachfolger Hans Köster,1987,S. 87.

③ H. -J. Hahn,*German Thought and Culture from the Holy Roman Empire to the Present Day*,pp. 92 – 93.

④ [美]彼德·赖尔等:《启蒙运动百科全书》,第75页。

⑤ Diether Raff,*Deutsche Geschichte. Vom Alten Reich zur Zweiten Republik*,S. 44.

并发出了"让我们尽量为民族增添光荣"①的号召。

在其他领域,德国学者也努力促进民族的文化认同。历史学家、奥斯纳布吕克(Osnabrück)的尤斯图斯·默泽尔(Justus Möser,1720—1794)提出了国家共同体起源于民众和民族特性的观点。著名政论家弗里德里希·卡尔·冯·莫泽尔(Friedrich Karl von Moser,1723—1798)也鼓吹德意志人是一个民族,一个有共同语言和共同首脑的"利益共同体"②。

总体上看,18世纪中后期之前,德意志民族意识的提升和民族认同感已经在文化领域得到普遍发展,表现出典型的"文化"特征,处于开放型的"文化民族"(Kulturnation)③的认同阶段。这种文化层面的民族认同是由当时的主观和客观条件决定的:就主观认知而言,德国民众的民族意识尚处于萌生阶段,人们最原始和最直接的感受就是对自己周围有共同语言、共同风俗习惯、共同祖先和共同历史记忆的群体的文化认同;从客观现实看,德意志自中世纪以来一直处于分裂割据状态,数以百计的主权邦是德国政治分裂的基础。在这种基础上,要迅速形成一种对德意志民族的政治认同,不仅各邦统治者不会接受,长期效忠于各自邦君的民众也难以理解。相反,一种相对宽泛和开放、不受现实边界限制的、具有"联邦特征"的民族文化认同④则更容易被民众所接纳。与这种民族的文化认同相对应,这一时期的民族主义呈现为一种文化认同也就不足为奇了。

二、法国统治与德意志民族认同意识的强化

如果说来自法国的强势文化和启蒙运动在一定程度上催生了德国

---

① Thomas Nipperdey,*Deutsche Geschichte 1800 - 1866*,S. 301;[美]科佩尔·S. 平森:《德国近现代史:它的历史和文化》,上册,第31—32页。

② Joachim Streisand,*Deutsche Geschichte von den Anfängen bis zur Gegenwart*,S. 104.

③ Thomas Nipperdey,*Deutsche Geschichte 1800 - 1866*,S. 303.

④ H. -J. Hahn,*German Thought and Culture from the Holy Roman Empire to the Present Day*,p. 95.

的文化民族主义,那么1789年到1815年期间的法国大革命和拿破仑在德国的统治则是进一步刺激了德国人,成为提升德意志民族认同的新推手,使德意志民族认同意识由开放型文化认同上升到以主权为特征的国家民族(Staatsnation)认同阶段。这种新发展既是前期民族文化认同的后续结果,也是现实政治的需要。按照著名学者汉斯-乌尔里希·韦勒(Hans-Ulrich Wehler,1931—　)的说法,法国大革命使德国的民族主义"从前民族的、地方性的从属意识"中摆脱出来,从部族骄傲和家乡情感,特别是从传统的、基于地区性领地邦国及王朝之上的地方爱国主义中摆脱出来。① 宣扬德意志民族的整体概念,消除分裂局面,建立统一强大的德意志民族国家,成为德意志民族主义追求的新目标。在这种新目标下,一方面德国人在文化领域的民族认同进一步深化,另一方面这种民族认同出现了从文化领域向政治领域的溢移。

这一时期体现德意志民族认同意识发展的一个重要内容是,文化领域的民族认同在浪漫主义思潮下浸润进一步强化,由强调德意志民族文化的共性特征转而强调德意志民族文化的整体性,强调以文化为基础的共同历史传统以及个体与共同体之间关系的独特性。换言之,原先的文化民族认同主要强调德意志民族的共性特征,现在则突出德意志民族在文化上的不可分割性。18世纪中叶以来赫尔德等人对民族独特性的认识和民族传统价值的肯定,引导着德国文化界更多地关注本国的人文传统和自然风光;同时,法军的占领使德国的文化精英们认识到,在物质和军事上已经失败的情况下,从精神、历史和文化角度保持德意志民族的认同感显得尤其重要。正是以上因素使德国文化界出现了浪漫主义与民族主义相结合的浪漫主义的民族主义思潮。因此,文化界的浪漫主义思潮实际上是一场反对法国的民族文化解放战争。

诺瓦利斯、施莱尔马赫和亚当·米勒等浪漫派代表人物发展起来的

---

① Hans-Ulrich Wehler, *Deutsche Gesellschaftsgeschichte*, *Erster Band*, *Vom Feudalismus des Alten Reiches bis zur Defensiven Modernisierung der Reformära 1700–1815*, S. 506.

所谓的"有机体"理论极大地强化了民族共同体思想,是德意志民族认同意识从松散、宽泛的文化民族层面向紧密、不可分割的国家民族层面转变的突出体现。根据这一理论,国家是一个活的有机体,是许多个人的总和,他们由于共同的血统、传统和历史而有机地联系在一起。在这一国家中,每个人就像手足一样,与整体不可分离。有机的国家有自己的精神和独特的个性。这种对民族独特性的肯定,使民族共同体认同成为德国浪漫主义思潮的共同平台。

文学领域是凸显浪漫主义的民族主义最具代表性的场所。如前所述,当德意志处于法军占领之下时,无力面对现实的德国文人转而从历史和文化中寻找德意志民族的慰藉,希望通过历史和文化的研究,从过去找到自己民族的未来发展之路。他们沉湎于中世纪德意志国家的辉煌,从历史中挖掘德意志民族的文化特性,希望分裂的德意志能统一起来,再现神圣罗马帝国的强盛。约瑟夫・冯・格雷斯、克莱门斯・布伦塔诺、阿希姆・冯・阿尼姆等人专门进行包括民歌、童话、传说、绘画等在内的德国中世纪文化的研究,取得了丰硕的成果。[1] 正是出于这种认识,威廉・冯・洪堡在谈及浪漫主义发掘"过去"的意义时指出:德国的基础不仅存在于共同的风俗、语言和文学之中,而且还体现为"对共同获得的荣誉和所处的危险的追忆,在于对祖先们建立起来的紧密联系的怀念"[2]。

这一时期体现德意志民族认同意识上升的另一个重要内容是,在进一步挖掘德意志民族文化特性、追求民族的整体文化认同的同时,开始进入"国家民族"意识的认同阶段。建立统一的德意志民族国家开始成为人们的努力目标。法国大革命过程中形成的法兰西民族主义明显具有"国家民族"的特征。它强调民族的"单一而不可分裂",认为民族是国民的总称,是主权独立的政治实体。国家由全体国民集合而成,是民族

---

① Golo Mann, *Deutsche Geschichte des 19. und 20. Jahrhunderts*, S. 87.

② Thomas Nipperdey, *Deutsche Geschichte 1800 - 1866*, S. 305.

政治精神的展现等。于是,民族就成了等同于国家的、与领土结合起来的政治实体。①

　　事实也表明,随着民族认同意识的不断提升和强化,建立统一的德意志民族国家已经成为社会各阶层的一致政治目标。著名诗人阿恩特是德国社会下层的代表,他出身于前波美拉尼亚的农奴家庭,却成了当时最具影响力的民族主义鼓动家之一。他以真切感人的诗句鼓动人们为建立统一的德意志民族国家而斗争。施泰因男爵出身于拿骚贵族等级,位居普鲁士首相,却能放眼于整个德国,明确表示希望建立统一强大的德意志国家,毫不隐讳地表示:"我的信仰就是统一。"②甚至普王也发表《致我的人民》,表达了建立德意志国家的愿望。

　　这一时期德意志民族认同意识强化的又一重要体现和特征是民族主义与自由主义紧密结合,建立统一的德意志国家成为两者的共同努力目标。当时德国面临着建立统一的民族国家和反对封建专制的双重任务。由于各邦统治者兼德意志分裂的守望者和封建制度的维护者于一身,是统一的民族国家和资本主义公民社会的阻挠者,民族主义者和资产阶级自由派就在这一共同的敌人面前联合起来,从而使得"政治上的'自由主义'与建立一个统一的德意志国家为目标的民族理想主义在同一个躯干上生长。"③

　　综上可见,在法国大革命和拿破仑战争时期,德意志民族认同已经从开放型文化民族认同层面转向强调民族整体性和不可分割性,主权性的国家民族认同开始提上日程。

_____

① 有关"国家民族"的论述见 Thomas Nipperdey, *Deutsche Geschichte 1800 - 1866*, S. 302 - 303; Jürgen Mirow, *Deutsche Geschichte-keine Nationalgeschichte*: *Staatliche Einheit und Mehrstaatlichkeit*, *Volkszugehörigkeit und Nation in der Deutschen Geschichte*, Gernsbach: Casimir Katz Verlag, 2002, S. 191 - 192; [英]埃里克·霍布斯鲍姆:《民族与民族主义》,李金梅译,上海人民出版社 2000 年版,第 20—21 页; Sylvain Coiplet, *Kulturnation*, *Staatsnation und Wirtschaftsnation am Beispiel von Fichte und Herder*, Berlin: Dreigliederungsverlag, 2002, 1. Digitalauflage, S. 7。

② Diether Raff, *Deutsche Geschichte. Vom Alten Reich zur Zweiten Republik*, S. 51。

③ Thomas Nipperdey, *Deutsche Geschichte 1800 - 1866*, S. 308; Johannes Willms, *Nationalismus ohne Nation*: *Deutsche Geschichte von 1789 bis 1914*, S. 111.

附　录

一 地 图①

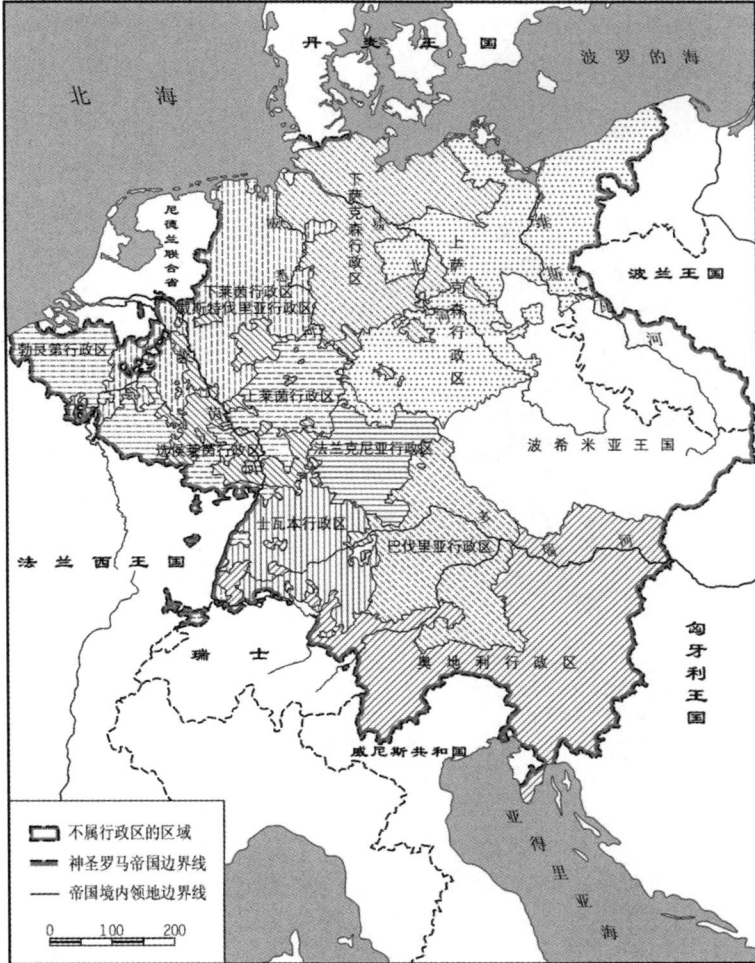

图 1　17 至 18 世纪末神圣罗马帝国的行政区划

---

① 宫红征,依据 Bruckmüller, E. u. Hartmann, P. C., *Putzger historischer Weltatlas*, Berlin: Cornelsen Verlag, 2001 绘制。

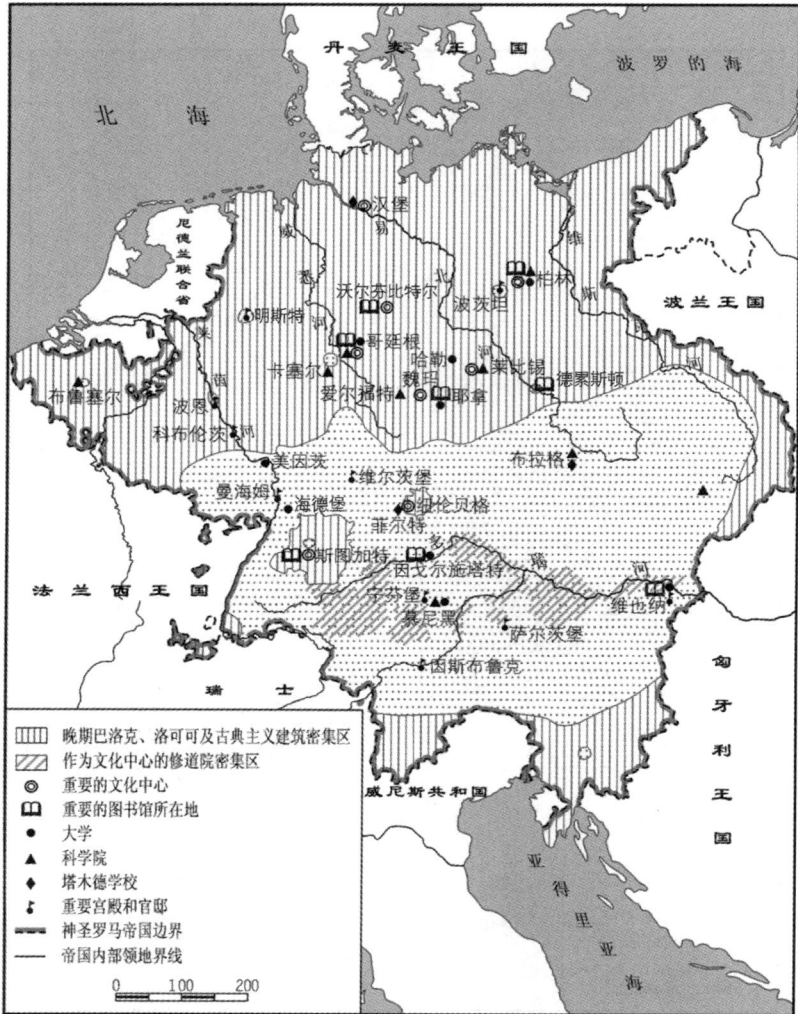

图2 18世纪神圣罗马帝国的文化

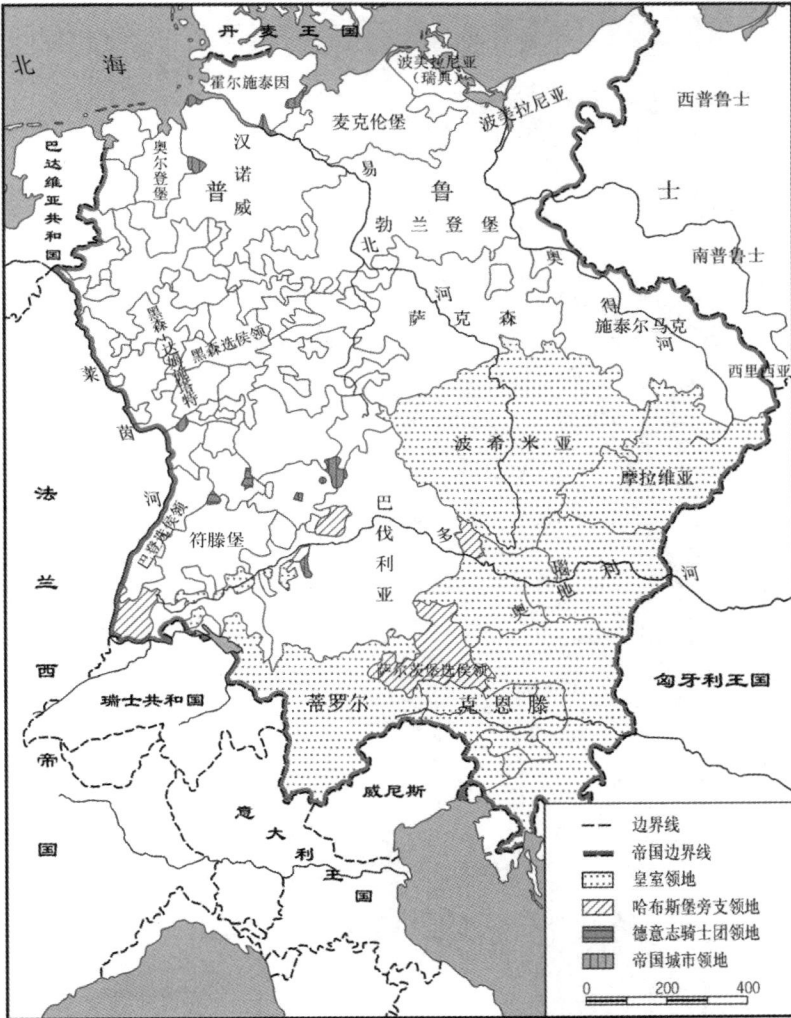

图 3 1803 年的德国

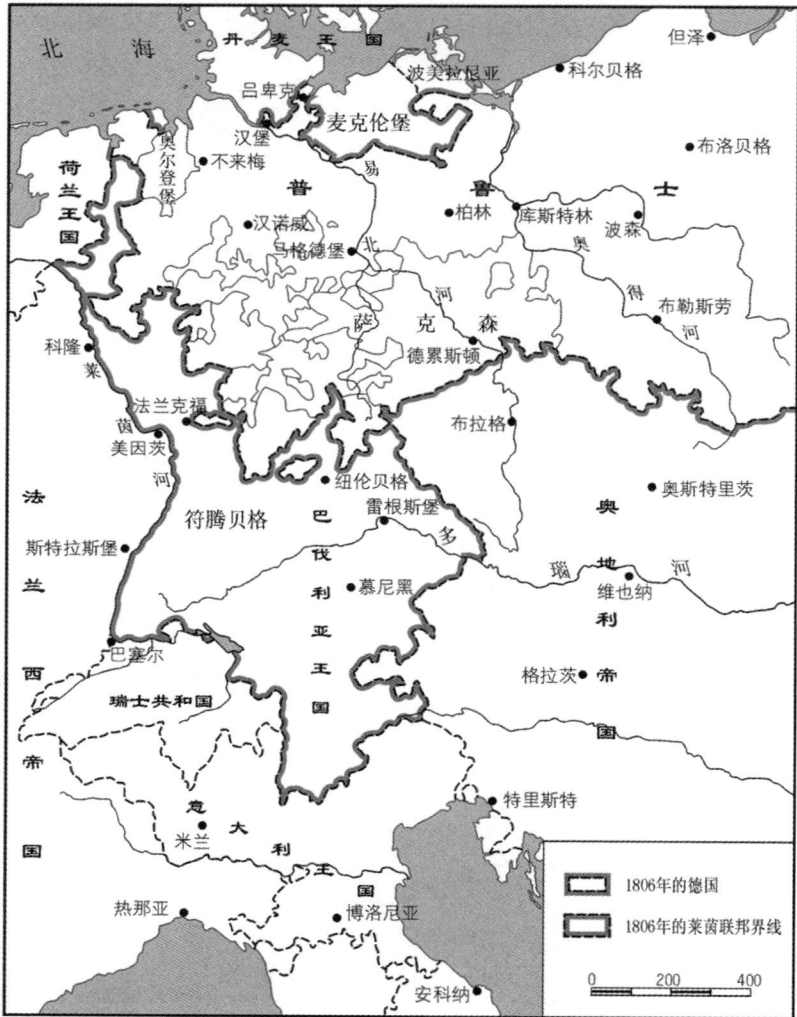

图 4　1806 年的德国

二 大事年表

1648 年 10 月 24 日三十年战争的参战各方缔结《威斯特伐利亚和约》

1649 年普法尔茨选帝侯复位,确认帝国八位选帝侯

1651 年 9 月 27 日费迪南德·马利亚继任巴伐利亚选帝侯

1652 年"利奥波第娜·卡罗丽娜皇后科学院"在施魏因富特成立

1653 年 6 月 3 日瑞士农民起义

 6 月 4 日瑞士农民起义被血腥镇压

 6 月 18 日罗马人国王费迪南德四世加冕

1654 年 3 月 11 日第一次不来梅-瑞典战争爆发

 4 月 5 日英国与尼德兰签署《威斯敏斯特和约》,结束战争

 5 月 17 日雷根斯堡帝国议会发布决议,开启帝国"永久议会"

 7 月 9 日罗马人国王费迪南德四世去世

 11 月 28 日不来梅与瑞典签订《施达德第一和约》,结束战争

1655 年瑞士公布《1655 年联邦草案》

 7 月 1 日瑞典入侵波兰—立陶宛,第二次北方战争爆发

 7 月 3 日俄国—波兰战争爆发

 10 月 14 日杜伊斯堡大学开学典礼

1656 年 1 月 17 日瑞典与勃兰登堡签订《柯尼斯堡条约》,普鲁士公国附属瑞典

 5 月 17 日瑞典向俄国宣战

 6 月 23 日勃兰登堡与瑞典签订《马林堡条约》,支持瑞典第二次北方战争

 10 月 8 日萨克森选侯约翰·格奥尔格二世继位

 11 月 20 日《拉碧奥条约》,瑞典失去对普鲁士公国的宗主权

1657 年 9 月 19 日勃兰登堡与波兰签订《韦劳条约》,支持波兰第二次北方战争

1658 年 7 月 18 日利奥波德一世加冕为神圣罗马帝国皇帝

　　　8 月 14 日"莱茵同盟"建立

1659 年 11 月 7 日西班牙与法国签订《比利牛斯和约》,法国控制西属尼德兰

1660 年 5 月 3 日第二次北方战争的参战各方签订《奥利瓦和约》,结束战争

1663 年 9 月奥地利再次开始对抗土耳其人的入侵

1664 年 5 月第二次英荷战争爆发

1664 年 8 月 1 日神圣罗马帝国与土耳其人签订《艾森堡和约》,双方停战 20 年

1665 年 10 月 5 日基尔大学开学典礼

1666 年 11 月 15 日《哈本豪森条约》,结束不来梅与瑞典之间的战争

　　　9 月 9 日勃兰登堡与普法尔茨-诺伊堡签订《克雷弗和约》

1667 年 7 月 31 日《布雷达和约》,结束第二次英荷战争

　　　5 月 24 日法国军队进入尼德兰,"尼德兰遗产战争"爆发

1668 年"莱茵同盟"自行解散

1668 年春法国与西班牙签订《亚琛和约》,结束"尼德兰遗产战争"

1669 年法国开始迫害胡格诺

1669 年 10 月 15 日因斯布鲁克大学开学典礼

1670 年 7 月 25 日皇帝利奥波德一世下令驱逐维也纳利奥波德城区的犹太人

1671 年"库鲁茨起义"爆发

1672 年 3 月英国向荷兰宣战,第三次英荷战争爆发

　　　4 月 6 日法国向荷兰宣战

1674 年 2 月 19 日《威斯敏斯特第二和约》,结束第三次英荷战争

1678 年 9 月 17 日《尼姆韦根和约》,结束法国与荷兰的战争

1679 年 5 月 26 日马克斯·埃曼努尔继任巴伐利亚选帝侯

　　　6 月 29 日《圣格尔曼条约》,普鲁士失去前波莫瑞

1680 年 8 月 22 日约翰·格奥尔格三世继任萨克森选帝侯

　　　8 月 28 日卡尔二世继任普法尔茨选帝侯

1681 年 9 月 30 日帝国城市施特拉斯堡议会决议:归附法国

1683 年法国开始"重并战争"

1683 年 5 月 3 日土耳其军队逼近贝尔格莱德

　　　7 月 13 日土耳其军队开始围攻维也纳

　　　9 月 12 日卡伦贝格战役,土耳其军队大败

1684 年 3 月 5 日帝国与波兰—立陶宛和威尼斯结成"神圣同盟",抵抗土耳其人

1684 年秋《雷根斯堡停战协议》,"重并战争"结束

1685 年"库鲁茨起义"遭到镇压

1685 年 5 月 16 日腓利普·威廉继任普法尔茨选帝侯

　　　8 月 16 日格兰战役,土耳其军队大败

10 月 29 日勃兰登堡选帝侯发布《波茨坦敕令》,实行宗教宽容政策

1686 年 3 月 22 日帝国皇帝与勃兰登堡选帝侯结成攻守同盟,对抗法国扩张

7 月 9 日帝国组成"奥格斯堡同盟",对抗法国扩张

1687 年帝国皇帝设立"血腥法庭",处死库鲁茨起义军领袖

1688 年哈勒大学教授创刊《月谈》,开启了德意志启蒙运动

5 月 9 日普鲁士大选侯弗里德里希·威廉去世,弗里德里希三世继任

9 月 24 日法国向"奥格斯堡同盟"宣战,普法尔茨继承战爆发

1691 年 8 月 2 日弗里德里希二世继任萨克森-哥达-阿尔滕堡公爵

8 月 19 日斯兰卡门战役,土耳其人大败

9 月 12 日约翰·格奥尔格四世继任萨克森选帝侯

10 月 18 日克里斯蒂安二世继任萨克森-梅尔斯堡公爵

1692 年 3 月 22 日汉诺威公爵成为神圣罗马帝国的第九位选帝侯

1693 年帝国最高法院从施佩耶尔迁往韦茨拉尔

1693 年 5 月 22 日法国军队烧毁海德堡城中宫殿

1694 年勃兰登堡选帝侯创办哈勒大学

1696 年 4 月俄国沙皇彼得一世进入反土耳其战争

1697 年 6 月 1 日萨克森选侯"强壮者"奥古斯特一世改信天主教,以获得波兰王位

9 月 11 日岑塔战役,土耳其人被彻底打败

9 月 15 日萨克森选侯"强壮者"奥古斯特一世加冕为波兰国王

10 月 30 日《里斯维克和约》,结束普法尔茨继承战

1698 年 1 月 23 日汉诺威选侯格奥尔格·路德维希加冕英国国王,即乔治一世

11 月 10 日约翰·威廉继任萨克森-埃森纳赫公爵

1699 年 1 月 26 日《卡尔洛维茨和约》,结束土耳其战争

2 月 6 日西班牙王位继承人去世,出现王位继承问题

1700 年 3 月丹麦军队进攻瑞典领地,大北方战争爆发

7 月 11 日柏林王家科学院成立,莱布尼茨为第一任院长

11 月 1 日西班牙国王卡洛斯二世去世

11 月 16 日帝国皇帝承认勃兰登堡选帝侯为"在普鲁士的"国王

11 月 24 日法国安茹伯爵继任西班牙国王,即腓利普五世

1701 年 1 月 18 日在普鲁士的国王弗里德里希一世加冕

2 月 18 日西班牙王位继承战争爆发

9 月 7 日帝国与英国、尼德兰及普鲁士组成"海牙大联盟",对抗法国

1702 年 5 月 4 日英国参与西班牙王位继承战,向法国宣战

1705 年汉诺威选帝侯统一家族领地

5 月 5 日约瑟夫一世继任神圣罗马帝国皇帝

1708 年帝国议会承认汉诺威公爵为第九位选帝侯

1709 年大批普法尔茨人向不列颠和美洲移民

1710 年在迈森出现欧洲第一家瓷器制作工场

1711 年 12 月 22 日卡尔六世加冕为神圣罗马帝国皇帝

1712 年圣彼得堡正式成为俄国首都

1712 年 4 月 11 日《乌得勒支和约》,试图结束西班牙王位继承战,遭皇帝反对

1713 年 2 月 25 日弗里德里希·威廉一世继任"在普鲁士的"国王

　　　3 月 11 日重申《乌得勒支和约》,西班牙王位继承战争实际结束

　　　4 月 19 日皇帝公布《国事诏书》,宣布女性有权继承哈布斯堡家族产业

1714 年 3 月皇帝接受"经修改的"《乌得勒支和约》

1715 年 6 月 27 日土耳其船队进攻威尼斯领域

1716 年 4 月 13 日皇帝重申 1684 年的"神圣同盟",土耳其人向奥地利宣战

　　　8 月 5 日彼得瓦岱战役,土耳其人大败

1718 年 7 月 21 日《帕萨洛维茨和约》,土耳其人退出战争,奥地利赢得部分土地

1721 年 8 月 30 日《纳斯塔德条约》,结束大北方战争

　　　11 月 2 日彼得一世加冕为俄罗斯帝国皇帝

1722 年罗马教皇将两西西里王国封予神圣罗马帝国皇帝

1724 年由萨克森选侯主持编纂的《奥古斯特法典》在莱比锡出版

　　　5 月 15 日"维斯特巴赫家族同盟"建立,对抗哈布斯堡家族扩张

1725 年 4 月 30 日奥地利与西班牙缔结《维也纳盟约》,后者支持《国事诏书》

1725 年 9 月 3 日法国、英国与普鲁士签订《海伦豪森盟约》,对抗奥西同盟

1726 年 8 月 16 日俄国参与奥地利与西班牙的《维也纳盟约》,支持《国事诏书》

1727 年哈勒大学和奥得河畔的法兰克福大学开设内政管理讲座

1727 年 2 月 11 日西班牙引发"英西战争"(1729 年结束)

1727 年 5 月 17 日俄国女皇卡塔琳娜一世去世

1727 年 6 月 11 日英国国王乔治一世去世

1728 年 12 月 23 日普鲁士国王与神圣罗马帝国皇帝签订《柏林秘密条约》

1729 年 9 月 20 日普鲁士与俄国重申 1726 年签订的同盟条约

1729 年 11 月 9 日西班牙结束与英国的战争

1730 年 5 月 31 日萨克森举办的"蔡特罕军营检阅庆典"开幕

1730 年 6 月 28 日"蔡特罕军营检阅庆典"闭幕

1733 年 2 月 1 日波兰国王奥古斯特二世逝世

1733 年爆发波兰王位继承战(至 1738 年)

1733 年符滕堡公爵发布宗教宽容政策

1735 年匈牙利国王创建矿山学校,奠定了西匈牙利大学的基础

1735 年萨克森邦国建立财政委员会

1735 年奥地利与俄罗斯之间的土耳其战争在波黑地区开火

1735 年 10 月 3 日皇帝卡尔六世与法国缔结《初步和约》

1737 年科隆选帝侯开始建造克莱门斯维特宫

1737 年 9 月 17 日格奥尔格·奥古斯特大学（哥廷根大学）宣布正式建立

1738 年符滕堡公爵卡尔·亚历山德去世

1738 年 11 月 18 日法国和奥地利签订《维也纳和约》

1739 年奥地利与俄罗斯签订《贝尔格莱德和约》

1740—1748 年奥地利王位继承战

1740 年 5 月 31 日普鲁士国王弗里德里希二世上任

　　6 月 27 日普鲁士王国政府设置"总执行局"的第五部

　　普鲁士国王弗里德里希二世发表《反马基雅维里主义》

　　10 月 20 日奥地利玛丽亚·特蕾西亚宣布继承哈布斯堡家族产业

　　12 月 16 日普鲁士国王弗里德里希二世宣布战争，夺取奥地利占领的西里西亚

西亚

1741 年萨克森-魏玛-埃森纳赫大公国成立

1741 年 3 月 13 日玛丽亚·特蕾西亚的长子、将来的皇帝约瑟夫诞生

　　9 月奥地利女皇玛丽亚·特蕾西亚前往普雷斯堡，动员迎战普鲁士

　　11 月 26 日奥地利阵营占领布拉格，普鲁士的军队受挫

1742 年 1 月 24 日神圣罗马帝国皇帝卡尔七世登基

　　7 月 28 日普鲁士军队占领奥地利的西里西亚，普奥签订《柏林和约》

　　12 月 31 日卡尔·特奥多尔继任普法尔茨选帝侯

1743 年 9 月 13 日奥地利与英国建立"国事同盟"，共同抵抗普鲁士的扩张

1744 年在柏林最终建立"普鲁士王国科学院"

　　6 月 5 日普鲁士与法国建立"反国事同盟"，对抗奥地利

　　8 月 16 日普鲁士军队进入波希米亚，开始第二次西里西亚战争

1745—1748 年普鲁士国王弗里德里希二世撰写《战争总论》

1745 年 1 月 8 日奥地利与英国、萨克森和俄国组成"四国同盟"，对抗普鲁士

扩张

　　1 月 20 日神圣罗马帝国皇帝卡尔七世病逝

　　6 月 4 日霍亨弗里德战役，普鲁士胜，奥地利败

　　9 月 30 日索尔战役，弗里德里希二世实践其创制的"斜形战列战术"取胜

　　10 月 4 日神圣罗马帝国皇帝弗兰茨一世登基

　　12 月 25 日奥普签订《德累斯顿和约》，奥地利王位继承战暂时停战

1746 年埃森纳赫等级代表抗议萨克森公爵侵犯传统的等级权利

1746 年海伦胡特兄弟会皈依路德教

1747 年 5 月 1 日普鲁士国王的波茨坦无忧宫落成典礼

1748 年梅克伦堡-施特雷利茨公爵与其妹夫签订秘密条约

1748 年 10 月 18 日普奥等国签订《亚琛和约》,标志奥地利王位继承战争结束

1749 年 10 月柏林启蒙思想家组建"星期一俱乐部"

1750 年普鲁士王国颁布《普鲁士王国犹太人特权修正法》

1752 年梅克伦堡-施特雷利茨阿道夫·弗里德里希三世去世

1755 年梅克伦堡两部分别签署《邦国依法继承协议》

1756—1763 年七年战争

1756 年 1 月 16 日普鲁士与英国签订《威斯敏斯特协定》,共同对抗奥地利

　　3 月 24 日普鲁士国王颁布《土豆谕令》,推广种植土豆

　　5 月 1 日奥地利与法国签订《凡尔赛协定》,共同对抗普鲁士

　　8 月 29 日普鲁士国王弗里德里希二世宣布战争:夺取奥地利占领的西里西亚

　　10 月 1 日罗伯西茨战役,普鲁士胜,奥地利败

1757 年 5 月 1 日奥地利与法国第二次签订《凡尔赛协定》,共同对抗普鲁士

　　5 月 6 日布拉格战役,普鲁士胜,奥地利败

　　6 月 18 日科林战役,奥地利胜,普鲁士败

　　11 月 5 日罗斯巴赫会战,普鲁士胜,奥地利败

　　12 月 5 日罗伊腾会战,普鲁士胜,奥地利败

1758 年 8 月 25 日佐伦多夫战役,普鲁士胜,奥地利败

　　10 月 14 日霍赫奇尔舍战役,奥地利胜,普鲁士败

1759 年 8 月 12 日库讷斯多夫战役,奥地利胜,普鲁士败

1760 年 8 月 15 日利格尼茨战役,普鲁士胜,奥地利败

　　10 月 25 日汉诺威选帝侯兼任英国国王乔治三世登基

　　11 月 3 日托尔高战役,普鲁士胜,奥地利败

1762 年 7 月 21 日布克尔斯多夫战役,普鲁士胜,奥地利败

1763 年 2 月 15 日普奥等国签订《胡贝图斯堡和约》,标志七年战争结束

1765 年 8 月 18 日神圣罗马帝国皇帝约瑟夫二世登基

1766 年奥地利颁布《特蕾西亚法典》

1772 年 8 月 5 日俄罗斯、奥地利和普鲁士第一次瓜分波兰

1773 年 8 月 21 日罗马教皇宣布解散耶稣会

1777 年 12 月 30 日普法尔茨伯爵卡尔·特奥多尔继任巴伐利亚选帝侯

1778 年 7 月 3 日普鲁士向奥地利宣战,巴伐利亚继承战开始

1779 年 5 月 13 日普奥等国签订《泰森和约》,标志巴伐利亚继承战争结束

1780 年 11 月 29 日奥地利女皇玛丽亚·特蕾西亚去世

1781 年 10 月 13 日神圣罗马帝国皇帝颁布《宗教宽容敕令》

　　11 月 1 日神圣罗马帝国皇帝约瑟夫二世颁布《仆臣诏令》,解放农奴

1783 年柏林启蒙思想家组建"星期三学会"

1786 年 8 月 17 日普鲁士国王弗里德里希二世去世

　　10 月三大教会选帝侯起草《埃姆斯草案》,反对罗马教皇干涉德国教会

1789 年 7 月 14 日法国人民起义,占领巴士底狱,法国大革命开始

1790 年 7 月 27 日奥普两国签订《赖兴巴赫协定》,停止敌对状态

　　8 月萨克森农民起义

1791 年 8 月 27 日奥地利和普鲁士联合发表《皮尔尼茨声明》,支持法王路易十六反对法国革命

1792—1797 年第一次联盟战争

1792 年 4 月 20 日法国向奥地利宣战

　　7 月 25 日"不伦瑞克宣言"

　　9 月 20 日瓦尔米炮战

1792/1793 年美因茨共和国

1793 年 1 月 21 日路易十六被送上断头台

　　1 月 23 日俄普第二次瓜分波兰

　　3 月 23 日累根斯堡帝国议会通过向法国宣战的决议

　　3—7 月德国历史上第一个资产阶级议会制共和国——美因茨共和国

1795 年 1 月 3 日俄奥两国签订第三次瓜分波兰协议

　　4 月 5 日普法两国签订《巴塞尔和约》

　　10 月 24 日俄普奥三国第三次瓜分波兰

1797 年 9 月 16 日普王弗里德里希·威廉二世逝世,弗里德里希·威廉三世继位

　　10 月 17 日奥法两国签订《坎波福米奥和约》,第一次反法联盟崩溃

1798—1801 年第二次联盟战争

1801 年 2 月 9 日法国与德国签订《吕内维尔和约》,第二次联盟战争结束

1803 年 2 月 25 日通过《帝国代表会议总决议》

1804 年 8 月 10 日神圣罗马帝国皇帝弗兰茨二世宣布建立奥地利帝国,加冕为奥皇弗兰茨一世

1805 年第三次联盟战争

　　12 月 2 日奥斯特利茨战役(三皇会战)

　　12 月 26 日奥法两国签订《普雷斯堡和约》,第三次联盟战争结束

1806—1807 年第四次联盟战争

1806 年 7 月 12—16 日 16 个德意志邦国宣布脱离帝国,建立"莱茵邦联"

　　10 月 14 日耶拿战役和奥尔施泰特战役,普军大败

　　11 月 21 日拿破仑颁布柏林敕令,宣布对英国实行封锁

1807 年 7 月 7 日法俄签订《蒂尔西特和约》

7月9日法普签订《蒂尔西特和约》

10月9日普鲁士颁布"十月敕令"，开始农业改革

11月15日拿破仑颁布威斯特法伦王国宪法，威斯特法伦成为德意志第一个宪法邦国

1808年11月9日普鲁士颁布《城市规程》

1809年第五次联盟战争

10月14日法奥签订《舍恩布伦条约》

1810年10月柏林大学建立

10月28日普鲁士颁布《营业税敕令》，确立"营业自由原则"

1812—1814年第六次联盟战争

1812年6—12月拿破仑远征俄国失败

12月30日约克将军与俄方签订《陶罗根协定》

1813年2月28日普俄签订《卡利施条约》，共同对法作战

3月16日普鲁士正式向法国宣战

3月17日普王发表《告我的人民》书，成为德意志解放战争开始的标志

10月16—18日莱比锡民族大会战

1814年3月31日联军进入巴黎

4月6日拿破仑宣布退位

5月30日反法联盟与法国签订《第一巴黎和约》

1814年—1815年维也纳会议（1814年10月1日—1815年6月9日）

1815年3—6月拿破仑"百日统治"；第七次反法联盟

1815年6月8日　通过《德意志邦联文件》

6月9日　通过维也纳会议总决议

6月12日　耶拿大学学生建立第一个大学生协会

9月26日　神圣同盟建立

三　参考书目

一、西文部分

Aretin, Karl Otmar von, *Vom Deutschen Reich zum Deutschen Bund*, Göttingen: Vandenhoeck und Ruprecht Verlag, 1993.

Aust, Martin, Schönpflug, Daniel (Hrsg.), *Vom Gegner Lernen: Feindschaften und Kulturtransfers im Europa des 19. und 20. Jahrhunderts*, Frankfurt/Main: Campus Verlag, 2007.

Barfoot, C. C., and D'haen, Theo, *Tropes of Revolution: Writers' Revolution to Real and Imagined Revolutions 1789 - 1989*, Amsterdam: Editions Rodopi B. V., 1991.

Barth, Eberhard, *Nachwort zu: Was ist Aufklärung? Thesen und Definitionen*, Stuttgart: Reclam Verlag, 1974.

Bauer, Wilhelm, *Ernst Moritz Arnts Leben, Thaten und Meinungen, nebst einigen seiner geistlichen und Vaterlands-Lieber*, Zwickau: Eigentum des Vereins zur Verbreitung guter und wohlfeiler Volkschriften, 1861.

Becker, Karl Friedrich, *Friedrich der Grosse*, Oxford: the Clarendon Press, 1893.

Boas, Eduard, *Schiller und Goethe im Xenien-Kampf, Erster Theil*, Stuttgart und Tübingen: J. G. Cotta'scher Verlag, 1854.

Bollmann, Peter, March, Ulrich, Petersen, Traute, *Kleine Geschichte der Deutschen*, Stuttgart: Seewald Verlag, 1984.

Botzenhart, Manfred, *Reform, Restauration, Krise, Deutschland 1789 - 1847*, Frankfurt am Main: Suhrkamp Verlag, 1985.

Brandt, Peter, *Preussen: Zur Sozialgeschichte eines Staates: Eine Darstellung in Quellen*, Berlin: Rowohlt Taschenbuch Verlag, 1981.

Bruckmüller, E. u. Hartmann, P. C., *Putzger historischer Weltatlas*, Berlin: Cornelsen Verlag, 2001.

Bülau, Friedrich, *Geschichte Deutschlands von 1806 - 1830*, Hamburg: Friedrich Perthes Verlag, 1842.

Burke, Edmund, *Reflections on the Revolution in France*, London: Rivingtons, 1868.

Burkhardt, J. *Der Dreißigjährige Krieg*, Frankfurt a. M: Suhrkamp Verlag, 1992.

Büsch, Otto, Neugebauer, Wolfgang (Hrsg.), *Modern preussische Geschichte 1648 - 1947*, Berlin: Verlag Walter de Gruyter, 1981.

Catling, Jo (ed.), *A History of Women's Writing in Germany, Austria and Switzerland*, Cambridge: Cambridge University Press, 2000.

Csendes, Peter, Opll, Ferdinand (Hrsg.), *Wien: Geschichte einer Stadt von 1790 bis zur Gegenwart*, Wien, Köln, Weimar: Böhlau Verlag, 2006.

Dahrendorf, Ralf, *Gesellschaft und Demokratie in Deutschland*, München: R. Piper und Co., Verlag, 1968, Ungekürzte Sonderausgabe.

Dann, Otto, *Nation und Nationalismus in Deutschland, 1770 - 1990*, München: Verlag C. H. Beck, 1993.

Demel, Walter und Puschner, Uwe (Hrsg.), *Deutsche Geschichte in Quellen und Darstellung, Band 6, Von der Französischen Revolution bis zum Wiener Kongreß, 1789 - 1815*, Stuttgart: Reclam Verlag, 1995.

Dodge, Theodore Ayrault, *Napoleon: A History of the Art of War, from the Beginning of the Consulate to the End of Friedland Compaign, with a Detailed Account of the Napoleonic Wars, vol. II*, Boston: Houghton, Mifflin and Company, 1904.

Dörr, Nikolas, "Friedrich Schiller und die Französische Revolution. Die *Rezeption der französischen Revolution bei Schiller und anderen deutschen Intellektuellen*", MRM-MenschenRechtsMagazin Heft 1/2006.

Ehlert, Hans und Epkenhans, Michael (Hrsg.), *Militärische Reformer in Deutschland im 19. und 20. Jahrhundert*, Potsdam: Militärgeschichtliches Forschungsamt, 2007.

Fehrenbach, Elisabeth, *Politischer Umbruch und gesellschaftliche Bewegung: Frankreich und Deutschland im 19. Jahrhundert*, München: Oldenbourg Verlag, 1997.

Fehrenbach, Elisabeth, *Vom Ancien Régime zum Wiener Kongress*, München: Oldenbourg Verlag, 2001.

Findeisen, J-P. *Der Dreißigjährige Krieg: eine Epoche in Lebensbildern*, Darmstadt: Wissenschaftliche Buch Gemeinschaft Verlag, 1998.

Fischer, Wolfram, Krengel, Jochen und Wietog, Jutta, *Sozialgeschichtliches Arbeitsbuch, Band I, Materialien zur Statistik des Deutschen Bundes 1815 – 1870*, München: Verlag C. H. Beck, 1982.

Fitchett, W. H., *How England Saved Europe: The Story of the Great War (1793 – 1815), vo. Ⅲ, The War in the Peninsula*, London: Smith, Elder, & CO., 1900.

Flöter, Jonas, *Eliten-Bildung in Sachsen und Preußen. Die Fürsten-und Landesschulen Grimma, Meißen, Joachimstahl und Pforta (1868 – 1933)*, Köln: Böhlau Verlag, 2009.

Forrest, Alan and Wilson, Peter H. (eds.), *The Bee and the Eagle: Napoleonic France and the End of the Holy Roman Empire*, Basingstoke: Palgrave and Macmillan Publishers, 2009.

Frehland-Wildeboer, Katja, *Treue Freunde? Das Bündnis in Europa 1714 – 1914*, München: Oldenbourg Wissenschaftsverlag, 2010.

Frotscher, Werner, Pieroth, Bodo, *Verfassungsgeschichte*, München: Verlag C. H. Beck, 1997.

Gooch, G. P., *Germany and the French Revolution*, London: Longmans, Green, and Co., 1920.

Görtemaker, Manfred, *Deutschland im 19. Jahrhundert*, Opladen: Verlag Leske + Budrich, 1986.

Grab, Alexander, *Napoleon and the Transformation in Europe*, New York: Palgrave Macmillan Publishers, 2003.

Grimm, Dieter, *Deutsche Verfassungsgeschichte 1776 – 1866*, Frankfurt am Main: Suhrkamp Verlag, 1988.

Hahn, H.-J., *German Thought and Culture. From the Holy Roman Empire to the Present Day*, Manchester and New York: Manchester University Press, 1995.

Hartmann, P. C., *Bayerns Weg in die Gegenwart, vom Stammesherzogtum zum Freistaat heute*, Regensburg: Verlag Friedrich Pustet 1989.

P. C. Hartmann, *Bayerns Weg in die Gegenwart, vom Stammesherzogtum zum Freistaat heute*, Regensburg: Friedrich Pustet Verlag, 1989.

Hennig, Hans Joachim, *Quellen zur sozialgeschichtlichen Entwicklung in Deutschland von 1815 bis 1860*, Paderborn: Verlag Schöningh, 1977.

Henning, Friedrich-Wilhelm, *Die Industrialisierung in Deutschland 1800 – 1914*, Paderborn: Verlag Schöningh, 1984.

Herrlitz, Hans-Georg, Wulf Hopf, Hartmut Titze, *Deutsche Schulgeschichte von 1800 bis zur Gegenwart*, Königstein/Ts.: Athemäum Verlag, 1981.

Kiesewetter, Hubert, *Industrielle Revolution in Deutschland 1815 - 1914*, Frankfurt am Main: Suhrkamp Verlag, 1989.

Klaus, Andreas, Spindler, Max, *Geschichte Frankens bis zum Ausgang des 18. Jahrhunderts*, München: Verlag C. H. Beck, 1997.

Klein, Ernst, *Von der Reform Zur Restauration*, *Veröffentlichungen der Historischen Kommission zu Berlin*, *Band 16*, Berlin: Verlag Walter de Gruyter, 1964.

Klüber, Johann Ludwig (Hrsg.), *Acten des Wiener Congresses in den Jahren 1814 und 1815*, *Erster Band bis Neunter Band*, Erlangen: Palm und Ernst Enke Verlag, 1815 - 1835.

Klüber, Johann Ludwig (Hrsg.), *Acten des Wiener Congresses in den Jahren 1814 und 1815*, *Neunter Band*, Erlangen: Palm und Ernst Enke, 1835.

Kohn, Hans, "The Eve of German Nationalism", *Journal of the History of Ideas*, 1951, No. 2.

Kohn, Hans, "The Eve of German Nationalism", *Journal of the History of Ideas*, vol. 12, 1951, no. 2.

Kopf, A., *Die Grundherrlichkeit in den aelteren Bestandtheiten des Koenigreiches Baiern*, Landshut: Hagensche Schriften, 1809.

Kotulla, Michael, *Deutsche Verfassungsgeschichte: Vom Alten Reich bis Weimar (1495 - 1934)*, Berlin: Springer-Verlag, 2008.

Kreft, Dieter und Mielenz, Ingrid (Hrsg.), *Wörterbuch Soziale Arbeit: Aufgaben, Praxisfelder, Begriffe und Methoden der Sozialarbeit und Sozialpädagogik*, Weinheim und München: Juventa Verlag, 2005.

Kuczynski, Jürgen, *Die Bewegung der deutschen Wirtschaft von 1800 bis 1946*, Meisenheim am Glan: Westkulturverlag Anton Hain, 1948.

Kunisch, Johannes, *Friedrich der Grosse: der König und Seine Zeit*, München: Verlag C. H. Beck, 2005.

Liebenstein, Ludwig August Friedrich von, *Der Krieg Napoléons gegen Russland in den Jahren 1812 und 1813*, Frankfurt am Main: Verlag der Hermannschen Buchhandlung, 1819.

Liu Xinli(刘新利), *Bauerntum im 18. Jahrhundert*, *Ein Strukturenvergleich zwischen der chinesischen Provinz Shandong und Altbayern*, Westhofen: WVA-Verlag Skulima, 2006.

Mann, Golo, *Deutsche Geschichte des 19. und 20. Jahrhunderts*, Frankfurt am Main: Büchergilde Gutenberg, 1958.

Meinecke, Friedrich, *The Age of German Liberation*, *1795 - 1815*, Berkeley: University of California Press, 1977.

Meyers Enzyklopädische Lexikon, Bd. 22:*Artikel Staat und Kirche*. Mannheim

u. a. 1978.

Müller, Helmut, *Schlaglichter der deutschen Geschichte*, Mannheim: Mezers Lexikonverlag, 1986.

Nipperdey, Thomas, *Deutsche Geschichte 1800 – 1866 : Bürgerwelt und starker Staat*, München: Verlag C. H. Beck 1984.

Oestreich, G. *Verfassungsgeschichte vom Ende des Mittelalters bis zum Ende des alten Reiches*, München: Deutscher Taschenbuch Verlag 1974.

Orthbandt, Eberhard, *Illustrierte deutsche Geschichte*, S. 271; Gottfried Korff, *Preussen: Versuch einer Bilanz*, Berlin: Rowohlt Taschenbuch Verlag, 1981.

Ozment, Steven, *A Mighty Fortress. A New History of The German People*, New York: Harper Collins Publishers, 2004.

Pollmann, Bernhard (Hrsg.), *Lesebuch zur Deutschen Geschichte*, Dortmund: Harenberg Kommunikation Verlags-und Mediengesellschaft, 1989.

Press, Volker: *Kriege und Krisen. Deutschland 1600 – 1715*. München: Beck, 1991.

Pufendorf, Samuel von, *Die Verfassung des deutschen Reiches*. Hg. und üs. von Horst Denzer, Leipzig, 1994.

Raff, Dieter, *Deutsche Geschichte vom Alten Reich zur Zweiten Republik*, München: Max Hueber Verlag, 1985.

Rittel, Paus (Hrsg.), *Die deutschen Befreiungskriege: Deutschlands Geschichte von 1806 – 1815*, *Zweiter Band*, Berlin: Verlag von Paul Rittel, 1901.

Roeck, Bernd (Hrsg.), *Deutsche Geschichte in Quellen und Darstellung*, Band 4, *Gegenreformation und Dreißigjähriger Krieg 1555 – 1648*, Stuttgart: Reclam Verlag, 1996.

Rotteck, Karl von, *Allgemeine Geschichte vom Anfang der historischen Kentniss bis auf unsere Zeiten*, *Neunter Band*, Freiburg im Breisgau: Herder'sche Kunft-und Buchhandlung, 1833.

Rowe, Michael, *9*, Cambridge: Cambridge University Press, 2003.

Rüegg, Walter (ed.), *A History of The University in Europe*, *vol. Ⅲ*, *Universities in the Nineteenth and Early Twentieth Centuries (1800 – 1945)*, Cambridge: Cambridge University Press, 2004.

Ruloff, Dieter, *Wie Kriege beginnen. Ursachen und Formen*, München: Verlag C. H. Beck, 1987.

Saalfeld, Friedrich, *Geschichte Napoleon Buonaparte's*, *zweiter Theil*, Stuttgart: Verlag August Friedrich Macklotz, 1818.

Sautter, Udo, *Deutsche Geschichte seit 1815 : Daten, Fakten, Dokumente*, Bd. 2, *Verfassungen*, Tübingen und Basel: A. Francke Verlag, 2004.

Schieder, Theodor (Hrsg.), *Handbuch der Europäischen Geschichte. Band 4*, *Europa im Zeitalter des Absolutismus und der Aufklärung*. Stuttgart: Ernst Klett Verlag, 1976.

Schilling, Heinz, *Höfe und Allianzen*, *Deutschland 1648 - 1763*, Berlin: Siedler Verlag, 1989.

Schlögl, R. , *Bauern*, *Krieg und Staat. Oberbayerische Bauernwirtscchaft und frühmoderner Staat im 17. Jahrhundert*, Göttingen: Vandenhoeck und Ruprecht, 1988.

Schmidt, Reiner (Hrsg.), *Öffentliches Wirtschaftsrecht*, *Besonderer Teil 1*, Berlin: Springer Verlag, 1995.

Schoeps, Hans-Joachim, *Preussen: Geschichte eines Staates*, Berlin: Propzläen Verlag, 1966.

Ségur, Phillipe Paul, *Geschichte Napoleons und der großen Armee im Jahre 1812*, Mannheim: Verlag von Heinrich Hoff, 1835.

Severin-Barboutie, Bettina, *Französische Herrschaftspolitik und Modernisierung: Verwaltungs-und Verfassungsreformen im Großherzogtum Berg (1806 - 1813)*, München: Oldenbourg Wissenschaftsverlag, 2008.

Siemann, Wolfram, *Vom Staatenbund zum Nationalstaat: Deutschland 1806 - 1871*, München: Verlag C. H. Beck, 1995.

Speitkamp, Winfried, *Jugend in der Neuzeit: Deutschland vom 16. bis zum 20. Jahrhundert*, Göttingen: Vandenhoeck und Ruprecht Verlag, 1998.

Streisand, Joachim, *Deutsche Geschichte von den Anfängen bis zur Gegenwart*, Köln: Pahl-Rugenstein Verlag, 1983.

Timmermann, Heiner (Hrsg.), *Die Französische Revolution und Europa 1789 - 1799*, Saarbrücken: Verlag Rita Dadder, 1989.

Türk, Klaus, Thomas Lemke, Michael Bruck, *Organisation in der modernen Gesellschaft. Eine historische Einführung*, Wiesbaden: VS Verlag für Sozialwissenschaften, 2006.

Venedey, Jacob, *Heinrich Friedrich Karl von Stein*, Iserlohn: Verlag von J. Bädeker, 1868.

Vogt, Martin (Hrsg.), *Deutsche Geschichte: Von den Anfängen bis zur Wiedervereinigung*, Stuttgart: J. B. Metzlersche Verlagsbuchhandlung, 1991.

Wehler, Hans-Ulrich (Hrsg.), *Sozialgeschichte Heute*, Göttingen: Vandenhoeck und Ruprecht Verlag, 1974.

Wehler, Hans-Ulrich, *Deutsche Gesellschaftsgeschichte*, *Erster Band*, *Vom Feudalismus des Alten Reiches bis Zur Defensiven Modernisierung der Reformära*, *1700 - 1815*, München: Verlag C. H. Beck 1996.

Weis, Eberhard (Hrsg.), *Reformen im rheinbündischen Deutschland*,

München：Oldenbourg Verlag，1984.

Weis，Eberhard，*Montgelas*，*Zweiter Band*，*Der Architekt des Modernen bayerischen Staates*，*1799-1838*，München：Verlag C. H. Beck，2005.

Weisser-Lohmann，Elisabeth und Köhler，Dietmar（Hg.），*Verfassung und Revolution*：*Hegels Verfassungskonzeption und die Revolutionen der Neuzeit*，Hamburg：Felix Meiner Verlag，2000.

Wende，Sonja，*Briefe an Lehrer. Ein Beitrag zur Schulgeschichte des 19. Jahrhunderts*，Frankfurt am Main：Verlag Peter Lang GmbH，1994.

Willms，Johannes，*Nationalismus ohne Nation*：*Deutsche Geschichte von 1789 bis 1914*，Frankfurt am Main：Fischer Taschenbuch Verlag，1985.

Wuermeling，Henric L.，*1705. Der bayerische Volksaufstand*，München/Wien：Langen-Müller，1995.

Wyduckel，D.［Hg.］，*Johannes Althusius Politik*，Berlin，2003.

Zeumer，Karl（Hrsg.），*Quellensammlung zur Geschichte der Deutschen Reichsverfassungs in Mittelalter und Neuzeit*：*Quellensammlungen zum Staats-*，*Verwaltungs-und Völkerrecht*，*Band 2*，Tübingen：Verlag von J. C. B. Mohr 1913，Nr. 212.

二、中文部分

［德］阿雷廷：《从德意志帝国到德意志联邦》，刘新利译，济南：山东大学出版社 1995 年版。

［英］埃尔顿：《新编剑桥世界近代史》第二卷，中国社会科学院世界历史研究所组译，北京：中国社会科学出版社 2003 年版。

［德］爱克曼辑录：《歌德谈话录》，朱光潜译，北京：人民文学出版社 1978 年版。

［美］史蒂文·奥茨门特：《德国史》，邢来顺等译，北京：中国大百科全书出版社 2009 年版。

［英］罗伯特·拜德勒克斯：《东欧史》，韩炯译，北京：东方出版中心 2013 年版。

［德］弗·鲍尔生：《德国教育史》，滕大春等译，北京：人民教育出版社 1985 年版。

［苏］波梁斯基：《外国经济史（封建主义时代）》，北京大学经济史经济学说史教研室译，北京：生活·读书·新知三联书店 1958 年版。

［英］博伊德、金：《西方教育史》，任宝祥、吴元训译，北京：人民教育出版社 1985 年版。

［德］布劳巴赫等：《德意志史：第二卷　从宗教改革至专制主义结束（1500—1800）》，陆世澄、王昭仁译，北京：商务印书馆 1998 年版。

［奥］埃里希·策尔纳：《奥地利史：从开端至现代》，李澍泖等译，北京：商务印书馆 1981 年版。

邸文：《莱茵河：走近德意志》，郑州：黄河水利出版社 2007 年版。

丁建弘、陆世澄主编:《德国通史简编》,北京:人民出版社1991年版。

丁建弘:《德国通史》,上海:上海社会科学院出版社2003年版。

丁建弘:《大国通史:德国通史》,上海:上海社会科学院出版社2007年版。

丁建弘:《普鲁士精神和文化》,上海:上海社会科学院出版社2012年版。

[美]威尔・杜兰:《世界文明史》,幼狮文化公司译,北京:东方出版社1998年版。

冯作民编著:《西洋全史(八)宗教改革》,台北:燕京文化事业股份有限公司1980年版。

[美]S. E. 佛罗斯特:《西方教育的历史和哲学基础》,吴元训等译,北京:华夏出版社1987年版。

[美]彼得・盖伊:《启蒙时代(上):现代异教精神的兴起》,刘北城译,上海:上海人民出版社2015年版。

[德]格里美尔斯豪森:《痴儿西木传》,李淑、潘再平译,北京:人民文学出版社1984年版。

[德]格隆德曼等:《德意志史:第一卷　古代和中世纪》,张载扬等译,北京:商务印书馆1999年版。

[美]谷勒本:《教会历史》,李少兰译,香港:道声出版社1979年版。

[德]塞巴斯提安・哈夫纳:《不含传说的普鲁士》,周全译,北京:北京大学出版社2016年版。

[德]约翰・格奥尔格・哈曼:《纪念苏格拉底:哈曼文选》,刘新利译,北京:华夏出版社2009年版。

[德]彼得・克劳斯・哈特曼:《神圣罗马帝国文化史:帝国法、宗教和文化》,刘新利等译,北京:东方出版社2005年版。

[德]亨利希・海涅:《论德国》,薛华、海安译,北京:商务印书馆1980年版。

[德]亨利希・海涅:《论浪漫派》,张玉书译,北京:人民文学出版社1980年版。

[瑞典]何礼魁:《马丁路德传》,陈建勋、戴怀仁译,香港:道声出版社1983年版。

[德]黑格尔:《历史哲学》,王造时译,北京:生活・读书・新知三联出版社1956年版。

侯树栋:《德意志中古史——政治、经济社会及其他》,北京:商务印书馆2006年版。

[美]华尔克:《基督教会史》,谢受灵、赵毅之译,香港:基督教文艺出版社1982年版。

黄正柏、邢来顺:《未竟的中兴:18世纪的奥地利改革》,南京:南京大学出版社2001年版。

孔祥民编著:《德国宗教改革与农民战争》,北京:北京师范大学出版社1992年版。

[美]彼得・赖尔等:《启蒙运动百科全书》,刘北成、王皖强编译,上海:上海人民出版社2004年版。

［德］莱辛：《历史与启示：莱辛神学文选》，朱雁冰译，北京：华夏出版社 2006年版。

［德］沃尔夫冈·兰德格拉夫：《马丁·路德》，北京：新华出版社 1988 年版。

［法］乔治·勒费弗尔：《拿破仑时代》上卷，北京：商务印书馆 1985 年版。

《历代基督教信条》，香港：基督教文艺出版社 1999 年版。

李工真：《德意志现代化进程与德意志知识界》，北京：商务印书馆 2010 年版。

［英］托马斯·马丁·林赛：《宗教改革史：德国的宗教改革，从开始到奥格斯堡宗教和约》，孔祥民等译，北京：商务印书馆 1992 年版。

刘林海：《加尔文思想研究》，北京：中国人民大学出版社 2006 年版。

刘明翰：《罗马教皇列传》，北京：东方出版社 1995 年版。

刘明翰主编：《欧洲文艺复兴史》，12 卷，北京：人民出版社 2008—2010 年版。

刘新利：《德意志历史上的民族与宗教》，北京：商务印书馆 2009 年版。

刘新利、陈志强：《欧洲文艺复兴史》（宗教卷），北京：人民出版社 2008 年版。

刘新利：《基督教历史十二讲》，北京：人民出版社 2011 年版。

［西］拉蒙·鲁尔：《异教徒与三智者》，刘新利译，香港：道风书社 2013 年版。

［德］维纳·洛赫：《德国史》，北京大学世界近现代史教研室译，北京：生活·读书·新知三联书店 1959 年版。

［美］罗伦培登：《这是我的立场：改教先导马丁·路德传记》，陆中石、古乐人译，南京：译林出版社 1993 年版。

［英］罗斯：《简明犹太民族史》，黄福武、王丽丽等译，济南：山东大学出版社 2004年版。

［英］罗素：《西方哲学史》，马元德译，北京：商务印书馆 1982 年版。

［俄］《列宁全集》，第 16 卷，北京：人民出版社 1988 年版。

［匈］马加什等：《匈牙利史》，阚思静等译，柴鹏飞校，哈尔滨：黑龙江人民出版社1982 年版。

《马克思恩格斯全集》，北京：人民出版社 1965 年版。

［德］梅林：《中世纪末期的德国史》，张才尧译，北京：生活·读书·新知三联书店 1984 年版。

［德］摩西·门德尔松：《耶路撒冷：论宗教权利与犹太教》，刘新利译，济南：山东大学出版社 2007 年版。

孟钟捷：《德国简史》，北京：北京大学出版社 2012 年版。

孟钟捷、霍仁龙：《地图上的德国史》，北京：东方出版社 2014 年版。

［法］米涅：《法国革命史》，北京编译社译，北京：商务印书馆 1977 年版。

［美］科佩尔·S. 平森：《德国近现代史：它的历史和文化》，上册，范德一译，北京：商务印书馆 1987 年版。

［德］戚美尔曼：《伟大的德国农民战争》，北京编译社译，北京：商务印书馆 1982年版。

［德］吕迪格尔·萨弗兰斯基：《荣耀与丑闻：反思德国浪漫主义》，卫茂平译，上

海:上海人民出版社 2014 年版。

《圣经新译本》,环球圣经公会,2002 年版。

[英]露丝·斯科尔:《罗伯斯庇尔与法国大革命》,张雅楠译,北京:商务印书馆 2015 年版。

孙立新:《百年巨变——19 世纪德意志的历史和文化》,济南:山东大学出版社 1994 年版。

孙立新、蒋锐主编:《东西方之间》,济南:山东大学出版社 2005 年版。

[美]詹姆斯·W.汤普逊:《中世纪晚期欧洲经济社会史》,徐家玲等译,北京:商务印书馆 1996 年版。

陶理主编:《基督教二千年史:自第一世纪至当代》,香港:海天书楼 1997 年版。

王天一等编著:《外国教育史》,上册,北京:北京师范大学出版社 1984 年版。

王亚平:《修道院的变迁》,北京:东方出版社 1998 年版。

王亚平:《西欧法律演变的社会根源》,北京:人民出版社 2009 年版。

[美]维塞尔:《对启蒙运动内在问题的探讨:莱辛思想再释》,贺志刚译,北京:华夏出版社 2002 年版。

[德]汉斯-乌尔里希·韦勒:《德意志帝国》,邢来顺译,西宁:青海人民出版社 2009 年版。

邢来顺:《德国工业化经济—社会史》,武汉:湖北人民出版社 2003 年版。

邢来顺:《德国贵族文化史》,北京:人民出版社 2006 年版。

徐健:《近代普鲁士官僚制度研究》,北京:北京大学出版社 2005 年版。

徐健:《"往东方去":16—18 世纪德意志与东方贸易》,北京:社会科学文献出版社 2013 年版。

杨真:《基督教史纲》上册,北京:生活·读书·新知三联书店 1968 年版。

余匡复:《德国文学史》,上海:上海外语教育出版社 1991 年版。

[苏]约阿克雷维列夫:《宗教史》,王先睿等译,北京:中国社会科学出版社 1984 年版。

郑寅达:《德国史》,北京:人民出版社 2014 年版。

周春生等:《欧洲文艺复兴史·法学卷》,北京:人民出版社 2010 年版。

朱孝远:《宗教改革与德国近代化道路》,北京:人民出版社 2011 年版。

邹自平:《德国富格尔家族衰落的原因探析》,载《中外企业家》,2008 年第 11 期。

四 译名对照

A

阿本斯贝格（Abensberg）

阿道夫·弗里德里希二世，梅克伦堡公
爵（Adolf Friedrich,1658—1708,
1695—1708 年在位）

阿道夫·弗里德里希三世，梅克伦堡-
施特雷利茨公爵（Adolf Friedrich Ⅲ,
1686—1752,1708—1752 年在位）

阿道夫·弗里德里希四世，梅克伦堡-
施特雷利茨公爵（Adolf Friedrich Ⅳ,
1738—1794,1752—1794 年在位）

阿道夫·弗里德里希一世，梅克伦堡公
爵（Adolf Friedrich Ⅰ,1588—1658,
1592—1628/1631—1658 年在位）

《阿德里安堡和约》（Frieden von
Adrianopel,1568）

阿恩特（Arndt, Ernst Moritz, 1769—
1860）

阿尔布莱希特，巴伐利亚公爵继承人
（Albrecht,1528—1579）

阿尔布莱希特四世，巴伐利亚-慕尼黑
公爵（Albrecht Ⅳ,1447—1508,
1505—1508 年在位）

阿尔布莱希特支,维廷家族的
（Albrechter）

阿尔登霍芬（Aldenhoven）

阿尔诺德（Arnold,G. ,1666—1714）

阿尔萨斯（Elsaβ）

阿尔特多夫（Altdorf）

阿尔特马克（Altmark）

阿尔滕堡（Altenburg）

阿尔滕基尔辛（Altenkirchen）

阿尔滕施泰因（Altenstein, Karl Freiherr
von Stein zum, 1770—1840）

阿尔托纳（Altona）

阿格里科拉（G. Agricola,1494—1555）

阿科莱（Arcole）

阿拉贡（Aragón）

阿雷廷男爵,冯（Aretin, Christoph
Freiherr von, 1773—1824）

阿历克斯,黑森-达姆施塔特公主（Alix
von Hessen-Darmstadt, 1872—1918）

阿鲁迈,多米尼库斯（Dominicus Arumaeus,
1579—1637）

阿伦贝格（Ahremberg）

阿玛利亚（Amalie von Hessen-Darmstadt,

不来梅(Bremen)

不来梅公国(Herzogtum Bremen)

不列颠诸岛(Britische Inseln)

不伦瑞克(Braunschweig)

不伦瑞克-吕讷堡(Braunschweig-
Lüneburg)

不伦瑞克-吕讷堡-卡伦贝格公国
(Herzogtum von Braunschweig-
Lüneburg-Calenberg)

不伦瑞克-吕讷堡-卡伦贝格-格鲁本哈
根-策勒(Braunschweig-Lüneburg-
Calenberg-Grubenhagen-Celle)

不伦瑞克-吕讷堡-沃尔芬比特尔
(Braunschweig-Lüneburg-Wolfenbüttel)

不伦瑞克-沃尔芬比特尔-奥尔斯
(Braunschweig-Wolfenbüttel-Oels)

不伦瑞克-沃尔芬比特尔-贝沃恩
(Braunschweig-Wolfenbüttel-Bevern)

不伦瑞克-沃尔芬比特尔
(Braunschweig-Wolfenbüttel)

《不伦瑞克宣言》(*Manifest des
Herzogs von Braunschweig*)

布格豪森(Burghausen)

布格河(Bug)

布科维纳(Bukovina)

布拉班特革命(Brabante Revolution)

《布拉格和约》(*Prager Frieden*,1635)

布拉格综合技术学校(Prager
Polytechnikum)

布拉克(Brake)

布赖斯高(Breisgau)

布兰德斯,恩斯特(Brandes,Ernst,
1758—1810)

布劳尔,约翰·尼古劳斯·弗里德里希
(Brauer,Johann Nicolaus Friedrich,
1754—1813)

布劳瑙(Braunau)

布里格(Brieg)

布里克森(Brixen)

布里斯托尔(Bristol)

布里索(Brissot de Warville,Jacques-
Pierre,1754—1793)

布列塔尼(Bretagne)

布吕恩(Brünn)

布鲁赫萨尔(Bruchsal)

布鲁塞尔(Brüssel)

布吕尔,海因里希·冯(Brühl,Heinrich
von,1700—1763)

布吕歇尔(Blücher,Gebhard Leberecht
von,1742—1819)

布洛涅(Boulogne)

布龙贝格(Bromberg)

C

《财政敕令》(*Finanzedikt von 1810*)

财政改革(Finanzreform)

蔡德利茨,K. A. 冯(K. A. von Zedlitz,
1731—1793)

蔡森,腓利普·冯(Philipp von Zesen,
1619—1689)

"蔡特罕军营检阅庆典"(Lustlager von
Zeithain)

策勒(Celle)

查理十世,法国国王(Karl X,1757—
1836,1824—1830 年在位)

查理一世,英国国王(Charles I,1600—
1649,1625—1649 年在位)

《场地书》(*Ständebuch*)

《诚实的渴望》(*Pia desideria*)

城市改革(Städtereform)

城市规程(*Städteordnung vom 19.
November 1808*)

城市院(Städterat)

《痴儿西木历险记》(*Der abenteuerliche
Simplicissimus*)

《茨奈姆停战协定》(*Znaimer
Waffenstillstand*)

俄德军团（Russisch-Deutsche Legion）

俄国（Rußland）

厄斯纳（Oelsner, Konrad Engelbert, 1764—1828）

恩斯特·奥古斯特（Ernst August, 1629—1698）

恩斯特·奥古斯特一世, 萨克森-魏玛公爵（Ernst August Ⅰ, 1688—1748, 1707—1748 年在位）

恩斯特支, 维廷家庭的（Ernster）

F

法尔（Phull, Karl Ludwig August Friedrich von, 1757—1826）

法尔肯施泰因伯爵（Graf Falkenstein）

法国大革命（Französische Revolution）

法兰克福, 奥得河畔（Frankfurt an der Oder）

法兰克福, 美因河畔（Frankfurt am Main）

法兰克尼亚（Franken）

法兰克尼亚行政区（Fränkische Reichskreis）

法兰西帝国（Französisches Reich; Kaiserreich Frankreich）

法兰西第一帝国（Erstes Französisches Kaiserreich）

法兰西共和国（Französische Republik）

法兰西斯修会（Franziskaner）

法兰西斯一世, 法国国王（Francois Ⅰ, 1494—1547, 1515—1547 年在位）

"法西战争"（Französisch-Spanischer Krieg, 1635—1659）

凡尔登（Verdun）

凡尔赛（Versailles）

反教权主义（Anti-ultramontanismus）

菲尔特（Fürth）

菲斯滕贝格, 威廉·冯（Wilhelm von Fürstenberg, 1629—1704）

腓利普二世, 法国国王（Philippe Ⅱ, 1165—1223, 1180—1223 年在位）

腓利普二世, 西班牙国王（Philip Ⅱ, 1527—1598, 1556—1598 年在位）

腓利普四世, 法国国王（Philippe Ⅳ, 1268—1314, 1285—1314 年在位）

腓利普四世, 西班牙国王（Philip Ⅳ, 1605—1665, 1621—1665 年在位）

腓利普·威廉, 普法尔茨-诺伊堡公爵（Philipp Wilhelm von Pfalz-Neuburg, 1615—1690, 1685—1690 年在位）

腓利普五世, 西班牙国王（Philip Ⅴ, 1683—1746, 1700—1746 年在位）

费伯罗（Justinus Febronius, 1701—1790）

费伯罗主义（Febronianismus）

费迪南德大公（Erzherzog Ferdinand Karl von Habsburg-Este, 1781—1850）

费迪南德二世, 神圣罗马帝国皇帝（Ferdinand Ⅱ, 1578—1637, 1620—1637 年在位）

费迪南德·弗兰茨, 神圣罗马帝国皇子（Ferdinand Franz, 1633—1654）

费迪南德·马利亚, 巴伐利亚选帝侯（Ferdinand Maria, 1636—1679, 1651—1679 年在位）

费迪南德三世, 神圣罗马帝国皇帝（Ferdinand Ⅲ, 1608—1657, 1637—1657 年在位）

费迪南德四世, 神圣罗马帝国皇帝（Ferdinand Ⅳ, 1633—1654, 1653—1654 年在位）

费迪南德一世, 神圣罗马帝国皇帝（Ferdinand Ⅰ, 1503—1564, 1531—1564 年在位）

费尔比格（J. I. Felbiger, 1724—1788）

菲拉赫（Villach）

（Habsburgermonarchie）

哈布斯堡-洛林家族（Habsburg-Lothringer）

哈布斯堡王朝（Habsburge Dynastie）

哈登贝格（Hardenberg，Karl August von，1750—1822）

哈尔伯施塔特（Halberstadt）

哈尔茨（Harz）

哈弗尔河（Havel）

哈格瑙（Hagenau）

哈勒（Halle）

哈曼，J. G.（Hamann，J. G.，1730—1788）

哈默勒（Hammerer，Johann Friedrich von，1745—1822）

哈森海德（Hasenheide）

哈斯多夫，格奥尔格·腓利普（Georg Philipp Harsdörffer，1607—1658）

海德堡（Heidelberg）

海德堡大学（Universität Heidelberg）

海尔布隆（Heilbronn）

海尔维第共和国（Helvetische Republik）

海克尔（J. J. Hecker，1707—1768）

海雷丁，巴巴罗萨（Barbarossa Hayreddin，1478—1546）

"海伦胡特兄弟会"（Herrnhute Brüdergemeine）

海因里希，普鲁士亲王（Heinrich von Preußen，1726—1802）

海因尼茨，F. A. 冯（F. A. von Heinitz，1725—1802）

汉堡（Hamburg）

《汉堡继承协议》（Hamburger Vergleich，1701）

汉诺威（Hannover）

汉萨同盟（Hanse；Düdesche Hanse；Deutsche Hanse）

豪格维茨（Haugwitz，Christian August Heinrich Kurt Graf von，1752—1831）

豪格维茨，F. W. 冯（Haugwitz，F. W. von，1702—1765）

豪斯提乌斯，雅各布-马洛（Jakob Marlo-Horstius，1597—1644）

荷尔德林（Hörderlin，Johann Christian Friedrich，1770—1843）

荷尔施泰因（Holstein）

荷尔施泰因-奥尔登堡（Holstein Oldenburg）

荷尔施泰因公国（Herzogtum Holstein）

荷兰（Niederlande）

"荷兰战争"（Holländischer Kriege，1672—1678）

赫尔德（Herder，Johann Gottfried，1744—1803）

黑尔福德（Herford）

黑尔戈兰岛（Helgoland）

黑尔姆施塔特（Helmstedt）

赫伦豪森（Herrenhäusen）

赫瓦泰尔（Herwarthel，1675—1720）

赫希施泰特（Höchstädt）

黑格尔（Hegel，Georg Wilhelm Friedrich，1770—1831）

黑色支队（Schwaze Schar）

黑森-达姆施塔特（Hessen-Darmstadt）

黑森大公国（Großherzogtum Hessen）

黑森-洪堡（Hessen-Homburg）

黑森-卡塞尔（Hessen-Kassel）

黑森林（Schwarzwald）

黑森选帝侯国（Kurfürstentum Hessen，简称 Kurhessen）

亨利八世，英国国王（Henry Ⅷ，1491—1547，1509—1547 年在位）

亨利二世，英国国王（Henry Ⅱ，1133—1189，1154—1189 年在位）

亨利七世，英国国王（Henry Ⅶ，1457—

"科隆同盟"(Kölner Allianz,1654)

科伦(Kohren)

科罗伊茨,E. B. 冯(Creutz,E. B. von,约 1670—1733)

科塞基(S. Cocceji,1679—1755)

科沙可夫(Korsakov, Alexander, 1753—1840)

科斯秋什科(Kosciusko, Tadeusz, 1746—1817)

科特布斯(Cottbus)

克恩滕(Kärnten)

克拉科夫(Krakau)

克拉奥讷战役(Schlacht bei Craonne)

克莱恩(Krain)

克莱门斯维特(Clemenswerth)

克莱门特十四世,罗马教皇(Clement ⅩⅣ,1705—1774,1769—1774 年在位)

克莱门特十一世,罗马教皇(Clemens Ⅺ,1649—1721,1700—1721 年在位)

克莱佩达(Klaipeda)

克莱斯特(Kleist, Heinrich von, 1777—1811)

克莱斯特(Kleist, Friedrich von, 1762—1823)

克莱伊,约翰(Johann Klaj,1616—1656)

克莱因(Klein)

克莱因,艾恩斯特·费迪南德(Klein, Ernst Ferdinand, 1744—1810)

克赖(Krajova und Topola, Paul Freiherr Kray von, 1735—1804)

克劳迪乌斯,马蒂亚斯(Claudius, Matthias,1740—1815)

克劳塞维茨(Clausewitz, Carl von, 1780—1831)

克劳斯,克里斯蒂安·雅可布(Kraus, Christian Jacob, 1753—1807)

克劳特,J. A. 冯(Kraut, J. A. Von, 1661—1723)

克劳特,约翰·安德里亚斯(Johann Andreas Kraut,1661—1723)

克勒法伊特(Clerfayt, Charles Joseph de Croix Graf von, 1733—1798)

克勒伏公国(Herzogtum Cleve)

克勒曼(Kellermann, François Christophe, 1735—1820)

克雷弗(Kleve)

克雷弗公国(Herzogtum Kleve)

《克雷弗和约》(*Frieden von Kleve*, 1666)

克里斯蒂安·奥古斯特,萨克森-蔡茨的(Christian August von Sachsen-Zeitz,1666—1725)

克里斯蒂安·路德维希二世,梅克伦堡-什未林公爵(Christian Ludwig Ⅱ, 1683—1756,1728—1756 年在位)

克里斯蒂安·路德维希一世,梅克伦堡-什未林公爵(Christian Ludwig Ⅰ,1623—1692,1658—1692 年在位)

克吕德纳伯爵夫人(Krüdener, Juliane von,1764—1824)

克罗地亚(Kroatien)

克罗伊茨堡(Kreuzburg)

克罗伊茨纳赫(Kreuznach)

克洛普施托克(Klopstock, Friedrich Gottlieb, 1724—1803)

克内泽贝克(Knesebeck, Karl Friedrich von dem, 1768—1848)

克尼格男爵,A.(Adolph Freiherr Knigge,1752—1796)

《克桑滕条约》(*Vertrag von Xanten*, 1614)

孔多塞(Condorcet, Marquis de, 1743—1794)

库尔德斯坦(Kurdistane)

库尔马克(Kurmark)

库尔姆(Kulm)

兰茨胡特大学(Universität Landshut)

兰道(Landau)

朗格勒高地(Plateau von Langres)

劳查(Glaucha)

"劳得民"(Laudemien)

劳恩堡(Lauenburg)

劳西茨(Lausitz)

勒阿弗尔(Le Havre)

勒凯努瓦(Le Quesnoy)

雷奥(Rehau)

雷贝格,奥古斯特·威廉(Rehberg,
　　August Wilhelm，1757—1836)

雷恩(Rennes)

雷根斯堡(Regensburg)

雷根斯堡帝国议会(Reichstag in
　　Regensburg；Reichstag zu
　　Regensburg)

《雷根斯堡停战协议》
　　(Waffenstillstand von Regensburg，
　　1684)

雷曼(B. Lehmann,1661—1730)

莱奥本(Leoben)

黎塞留,法国首相(A. J. du P. de
　　Richelieu,1585—1642,1624—1642
　　年在任)

李斯特,约翰·冯(Johann von Rist，
　　1607—1667)

"里昂货"(Leonische Waren)

《里德条约》(Vertrag von Ried)

利格尼茨(Liegnitz)

里加(Riga)

《里加备忘录》(Rigaer Denkschrift)

《赖斯韦克宫和约》(Frieden von
　　Rijswijk,1697)

里沃利(Rivoli)

立陶宛(Litauens)

立宪君主制(Konstitutionelle
　　Monarchie)

利奥波德二世,神圣罗马帝国皇帝
　　(Leopold Ⅱ,1747—1792，1790—
　　1792 年在位)

利奥波德,神圣罗马帝国皇子(Leopold,
　　1640—1705)

利奥波德,托斯卡纳大公(Großherzog
　　der Toskana,1747—1792, 1765—
　　1790 年在位)见利奥波德二世,神圣
　　罗马帝国皇帝

利奥波德·威廉,神圣罗马帝国皇弟
　　(Leopold Wilhelm,1614—1662)

利奥波德五世,奥地利大公(Leopold
　　Ⅴ,1586—1632,1625—1632 年在位)

利奥波德一世,神圣罗马帝国皇帝
　　(Leopold Ⅰ,1640—1705,1658—
　　1705 年在位)

利夫兰(Livland)

利格纳侯爵(Ligne, Charles Joseph
　　Fürst de，1735—1814)

利古里亚共和国(Ligurische Republik)

利珀(Lippe)

联盟战争(Koalitionskriege)

列康吉斯达运动(Naz'at Reconkista)

列日(Lüttich)

列支敦士登(Liechtenstein)

林根(Lingen)

利尼战役(Schlacht von Ligny)

《灵魂的条约权利》(Tractatus de
　　iuribus incorporalibus,1679)

领主(Herrn)

隆维(Longwy)

卢布林(Lublin)

卢塞恩(Luzern)

卢森堡(Luxemburg)

卢梭(Rousseau, J-J, 1712—1778)

卢瓦尔河(La Loire)

卢歇西尼(Lucchesini, Girolamo,
　　1751—1825)

M

马蒂亚斯,神圣罗马帝国皇帝
　　(Matthias,1557—1619,1609—1619
　　年在位)

马尔博罗(Marlborough,1650—1722)

马尔克(Mark)

马尔蒙(Marmont,Auguste de,Duc de
　　Raguse,1774—1852)

马尔维茨(Marwitz,Friedrich August
　　Ludwig von der,1777—1837)

马耳他岛(Malta)

马耳他骑士团(Malteser Orden)

马格德堡(Magdeburg)

马基雅维里(Machiavel,1469—1527)

马克西米连二世·艾曼努尔,巴伐利亚
　　选帝侯(Maximilian Ⅱ Emanuel,
　　1679—1726年在位)

《马克西米连法典》(Codex
　　Maximilianeus)

马克西米连·海因里希,科隆选侯
　　(Maximilian Heinrich,1621—1688,
　　1650—1688年在位)

马克西米连三世·约瑟夫,巴伐利亚选
　　帝侯(Maximilian Ⅲ Joseph,1727—
　　1777;1745—1777年在位)

马克西米连四世,巴伐利亚选帝侯
　　(Maximilian Ⅳ,1756—1825,
　　1799—1805年在位),马克西米连一
　　世·约瑟夫,巴伐利亚国王

马克西米连,特劳特曼斯多夫的
　　(Maximilian von Trautmannsdorf,
　　1584—1650)

马克西米连一世,巴伐利亚公爵
　　(Maximilian Ⅰ,1573—1651,
　　1597—1651年在位,1623年起为选帝
　　侯)

马克西米连一世,神圣罗马帝国皇帝
　　(Maximilian Ⅰ,1459—1519,1486—

1519年在位)

马克西米连一世·约瑟夫(Maximilian
　　Ⅰ Joseph,1756—1825),巴伐利亚国
　　王(1806—1825)

马拉帕内(Malapane)

马林堡(Marienburg)

《马林堡条约》(Vertrag von
　　Marienburg,1656)

马伦哥会战(Schlacht bei Marengo)

马帕格(P. J. Marperger,1656—1730)

马塞纳(Masséna,André,1758—1817)

马森巴赫,克里斯蒂安·冯
　　(Massenbach,Christian von,1758—
　　1827)

马沙尔,S. 冯(S. von Marschall,
　　1683—1749)

马斯河(Maas)

马斯河地区(Maasgebiet)

马斯特里赫特(Maastricht)

马扎林,法国首相(Mazarin,1602—
　　1661)

马札尔人(Magyarok)

马索维亚(Masovien)

玛丽·安托内特(Marie Antoinette,
　　1755—1793)

玛丽,黑森-达姆施塔特公主(Marie von
　　Hessen-Darmstadt,1824—1880)

玛丽·路易莎(Marie-Louise von
　　Österreich,1791—1847)

玛丽亚·阿玛利亚(Maria Amalia,
　　1701—1756)

玛丽亚·鲁道维卡(Maria Ludovika
　　Beatrix von Österreich-Este,1787—
　　1816)

玛丽亚·特蕾西亚,奥地利女大公、匈
　　牙利和波希米亚女王(Maria
　　Theresia,1717—1780,1740—1780
　　年在位)

玛丽亚・约瑟法(Maria Josepha，
　　1699—1757)

迈森(Meißen)

迈森瓷器工场(Meißener
　　Porzellanmanufaktur，1710)

麦克唐纳(Macdonald，Étienne Jacques
　　Joseph Alexandre，1765—1840)

曼，戈洛・(Mann，Golo，1909—1994)

曼海姆(Mannheim)

曼特法尔康纳(Mantelfalcone)

曼图亚(Mantua)

"漫长战争"(Langer Türkenkrieg)，又称
　　"十三年战争"

毛里求斯(Mauritius)

玫瑰十字团(Rosenkreuzer)

玫瑰战争(Rosenkriege，1455—1485)

梅斯(Metz)

梅克伦堡(Mecklenburg)

梅克伦堡-施特雷利茨(Meklenburg
　　Strelitz)

梅克伦堡-什未林(Meklenburg-
　　Schwerin)

梅拉斯(Melas，Michael Friedrich
　　Benedikt von，1729—1806)

梅兰希顿(Philip Melanchthon，1497—
　　1560)

梅特涅伯爵(Metternich，Clemens
　　Lothar Wenzel Graf von，1773—
　　1859)

美因茨(Mainz)

美因茨大学(Universität Mainz)

美因茨大主教(Erzbischöf von Mainz)

美因茨共和国(Mainzer Republik)

美因茨雅各宾俱乐部(Mainzer
　　Jakobinerklub)

美因河界线(Main-Linie)

美因河畔法兰克福(Frankfurt am
　　Main)

美因河畔赫希斯特(Höchst)

门德尔松，摩西(Mendelssohn，Moses，
　　1729—1786)

门诺派(Mennonites)

门诺・西蒙斯(Menno Simons，1496—
　　1561)

蒙米赖(Montmirail)

蒙特格拉斯(Montgelas，Maximilian
　　von，1759—1838)

蒙特-托内尔(Mont-Tonnerre)

孟，托马斯(Thomas Mun，1571—1641)

米尔豪森(Mühlhausen)

米开朗基罗(Michelangelo，1475—1564)

米拉波伯爵(Comte de Mirabeau，
　　1749—1791)

米兰(Mailand)

米歇尔・奈伊(Ney，Michel，1769—
　　1815)

《民兵敕令》(*Landwehredikt*)

民选官(Ephor)

明斯特(Münster)

明斯特伯爵，恩斯特・冯(Münster，
　　Graf Ernst Friedrich Herbert von，
　　1766—1839)

明登(Minden)

缪尔凯恩(Mörckern)

缪拉(Murat，Joachim，1767—1815)

摩尔多瓦(Moldau，Moldawien)

摩尔人(Berber)

摩拉维亚(Mähren)

摩泽尔河(Mosel)

摩德纳(Modena)

莫蒂埃(Mortier，Édouard，1768—
　　1835)

莫尔斯(Moers)

莫拉努斯，格哈德・沃尔特(Gerhard
　　Wolter Molanus，1633—1722)

莫罗(Moreau，Jean Victor Marie，

1763—1813)

莫佩尔蒂(de Maupertuis,1698—1759)

莫舍罗什,约翰·米沙埃尔(Johann Michael Moscherosch,1601—1669)

莫斯科(Moskau)

莫斯科公国(Großfürstentum Moskau)

默凯恩(Möckern)

默伦多夫(Möllendorff,Wichard von, 1724—1816)

梅梅尔(Memel)

慕尼黑(München)

慕寿伯爵(L. W. Graf von Münchow, 1712—1753)

穆尔河(Mur)

穆罕默德二世,奥斯曼帝国苏丹 (Muhammad Ⅱ,1432—1481,1451— 1481 年在位)

穆罕默德四世,奥斯曼帝国苏丹 (Muhammad Ⅳ,1642—1693,1648— 1693 年在位)

穆斯林(Muslim)

N

拿卡特努斯,威廉(Wilhelm Nacatenus, 1617—1682)

拿破仑(Napoléon I Bonaparte,1769— 1821)

拿破仑法典(*Code Napoléon*；*Code Civil*)

拿破仑远征俄国(Russlandfeldzug 1812；Feldzug gegen Russland 1812)

拿破仑战争(Napoleonische Kriege, 1799—1815)

拿破仑战争(Napoleonische Kriege)

拿骚(Nassau)

拿骚备忘录(*Nassauer Denkschrift*)

拿骚-哈达马尔(Nassau-Hadamar)

拿骚-萨尔布吕肯(Nassau-Saarbrücken)

拿骚-魏尔堡(Nassau-Weilburg)

拿骚-乌辛根(Nassau-Usingen)

拿骚-西根(Nassau-Siegen)

那不勒斯(Naples)

纳厄河(Nahe)

奈特,约翰·F(Johann F. Nette, 1672—1714)

《南特敕令》(*Édit de Nantes*)

内阿尔卑斯共和国(Cisalpinische Republik)

讷德林根(Nördlingen)

内尔温登(Neerwinden)

内卡河畔埃伯巴赫(Eberbach am Neckar)

尼布尔(Niebuhr,Barthold Georg, 1776—1831)

尼德兰(Niederlande)

尼德兰联合省(Republik der Sieben Vereinigten Provinzen der Niederlande)

尼古拉二世,俄国沙皇(Nikolaus Ⅱ, 1868—1917,1894—1917 年在位)

尼古拉一世,俄国沙皇(Nicolaus Ⅰ, 1796—1855,1825—1855 年在位)

内卡河(Neckar)

尼柯莱,Ch. F.(Nickolai,Ch. F., 1733—1811)

尼科尔斯堡(Nikolsburg)

尼可罗维乌斯(Nicolovius,Georg Heinrich Ludwig,1767—1839)

《尼姆韦根和约》(*Friedensvertag von Nimwegen*,1678)

尼佩代,托马斯(Nipperdey,Thomas, 1927—1992)

尼斯(Nizza,Nice)

涅曼河(Njemen)

涅谢尔罗杰(Nesselrode,Karl RobertGraf von,1780—1862)

宁芬堡宫(Nymphenburg)

普雷韦扎海战（Seeschlacht von Preveza，1538）

普利尔迈尔，科比尼安（Korbinian Prielmair，1643—1707）

普鲁士（Preußen）

普鲁士改革（Preußische Reformen）

普鲁士解放敕令（Preußisches Emanzipationsedikt）

普鲁士军事学院（Preußische Kriegsakademie）

普鲁士首相（Preußischer Ministerpräsident）

普鲁士通用国家法令（*Allgemeines Landrecht für die Preußischen Staaten*，简称 ALR）

普鲁士王国（Das Königreich Preußen）

《普鲁士邀请条例》（*Preußische Einladungspatent*，1732）

普鲁士营业条例（*Preußische Gewerbeordnung*）

普鲁士犹太人敕令（*Preußisches Judenedikt*）

普鲁士战争党（preußische Kriegspartei）

普鲁士总理大臣（Preußischer Staatskanzler）

普伦茨劳（Prenzlau）

普罗旺斯（Provence）

普乌图斯克（Pultusk）

普属埃劳（Preußisch Eylau）

普属埃劳战役（Schlacht bei Preußisch Eylau）

Q

七年战争（Der Siebenjähriger Krieg）

齐本彪根（Siebenbürgen）又，特兰西瓦尼亚

齐林斯基，尼古劳斯（Nikolaus Zrinski，1620—1664）

奇尔舍，阿塔纳修（Athanasius Kircher，1601—1680）

"祈求基督，尊崇圣徒"（Christum adoremus et Sanctos Veneremur）

骑士团首领（Hochmeister）

骑士庄园（Rittergut）

启蒙运动（Aufklärung）

前奥地利（Vorder-österreich）

前波美拉尼亚（Vorpommern）

乔治二世，英国国王（George Ⅱ August，1683—1760，1727 年即位），即汉诺威选帝侯格奥尔·奥古斯特二世

亲岑多夫伯爵，尼古劳斯·路德维希（Nikolaus Ludwig von Zinzendorf，1700—1760）

"穷人康拉德"（Armer Konrad）

驱除农民（Bauernvertreibung）

屈斯蒂纳（Custine，Adam-Philippe de，1740—1793）

屈斯特林（Küstrin）

屈斯特洛夫（Güstrow）

全民皆兵（Volksbewaffnung；Volk in Waffen）

全民战争（Volkskrieg）

R

热罗姆（Jérôme Bonaparte，1784—1860）

热马普（Jemappes）

热那亚（Genua，Genova）

热月党人（Thermidorian）

日耳曼尼亚（Germania；Germanien）

茹尔当，让-巴蒂斯特（Jourdan，Jean-Baptiste，1762—1833）

瑞典（Schweden）

瑞典-波美拉尼亚领主（Herr von Schweden-Pommern）

瑞典所属前波莫瑞（Schwedisch-Vorpommern）

因菲特尔（Innviertel）

因河（Inn）

因斯布鲁克（Innsbruck）

因戈尔施塔特（Ingolstadt）

因戈尔施塔特大学（Universität Ingolstadt）

英格斯雷本，冯·J. L.（Ingersleben, J. L. von, 1703—1757）

英国（England; Großbritannien）

营业税敕令（Gewerbesteueredikt）

营业治安敕令（Gewerbepolizeiedikt）

营业自由（Gewerbefreiheit）

"永久同盟"（Alte Eidgenossenschaft, 1291）

尤里·达尼洛维奇，莫斯科大公（Juri Daniilowitsch, 约 1281—1325, 1303—1325 年在任）

尤斯蒂（Justi, J. H. G. von, 约 1717—1771）

犹太教（Judentum）

犹太拉比（Rabbi）

于利希（Jülich）

于利希-贝格（Jülich-Berg）

于利希-克雷弗-贝格（Jülich-Kleve-Berg）

"愈显主荣"（Ad Majorem Dei Gloriam）

约尔丹，É.（Jordan, É., 1700—1745）

约翰·阿尔布莱希特一世，梅克伦堡公爵（Johann Albrecht Ⅰ, 1525—1576, 1547—1576 年在位）

约翰大公（Erzherzog Johann von Österreich, 1782—1859）

约翰·弗里德里希，不伦瑞克-吕讷堡的（Johann Friedrich von Braunschweig-Lüneburg, 1625—1679）

约翰·格奥尔格二世，萨克森选帝侯（Johann Georg Ⅱ, 1613—1680, 1656—1680 年在位）

约翰·格奥尔格三世，萨克森选帝侯（Johann Georg Ⅲ, 1647—1691, 1680—1691 年在位）

约翰·格奥尔格一世，萨克森选帝侯（Johann Georg Ⅰ, 1585—1656, 1611—1656 年在位）

约翰·路德维希，拿骚-哈达马尔的（Johann Ludwig von Nassau-Hadamar, 1606—1653）

约翰内斯·米勒（Müller, Johannes von, 1752—1809）

约翰七世，梅克伦堡公爵（Johann Ⅶ, 1558—1592, 1576—1592 年在位）

约翰七世，拿骚-西根公爵（Johann Ⅶ von Siegen, 1561—1623, 1609—1623 年在位）

约翰·西吉斯蒙德，勃兰登堡选帝侯（Johan Sigismund, 1676—1620, 1608—1619 年在位）

约克公爵（Herzog von York und von Albanien, 1763—1827）

约克将军（Ludwig Yorck von Wartenburg, 1759—1830）

约瑟芬（Joséphine de Beauharnais, 1763—1814）

约瑟夫二世，神圣罗马帝国皇帝（Joseph Ⅱ, 1741—1790, 1765—1790 年在位）

约瑟夫·费迪南德（Josef Ferdinand, 1662—1699）

约瑟夫·克里门（Josef Clement, 1671—1723）

约瑟夫·温策尔，列支敦士登亲王（Josef Wenzel Ⅰ, 1696—1772）

约瑟夫一世，神圣罗马帝国皇帝（Josef Ⅰ, 1678—1711, 1705—1711 年在位）

后　记

　　本卷作者分工如下：刘新利撰写第一编和第二编；邢来顺撰写第三编；孙立新撰写第二章第一节；宫红征绘制地图。刘新利统稿。